Reden Gotama Buddhas
Aus der Mittleren Sammlung

DAS AUCH NUR ZWEI MENSCHEN
DIE AUF... EN UND,
IN FRIED... LEBEN,
IST SELT... IGER,
ALS JED... CHE
UND INT... SUNG,

Hermann Hesse

SERIE PIPER
Band 668

Zu diesem Buch

Die »Mittlere Sammlung« der Reden Buddhas, so genannt, weil sie die Reden von mittlerer Länge enthält, ist von den fünf Sammlungen des Pālikanons diejenige, in der alle wesentlichen Elemente der buddhistischen Lehre behandelt werden.

Aus den insgesamt 152 Reden hat der ausgezeichnete Buddha-Kenner Hellmuth Hecker 55 ausgewählt, die eine möglichst repräsentative Darstellung der Gesamtlehre geben sollen. Reden in Gesprächsform wurden bevorzugt, um die Lebendigkeit der Darstellung zu gewährleisten, Texte, die eines allzu umfassenden Kommentars bedurft hätten, wurden weggelassen. Alle Reden werden vollständig wiedergegeben, da jede Kürzung ihrem meditativen Grundcharakter widersprechen würde: »Buddhas Reden nämlich sind nicht Kompendien einer Lehre, sondern sind Beispiele von Meditationen, und das meditierende Denken eben ist es, was wir bei ihnen lernen können.« (Hermann Hesse)

REDEN GOTAMA BUDDHAS

Aus der Mittleren Sammlung

Ausgewählt und erläutert von
Hellmuth Hecker

Übertragen von
Karl Eugen Neumann

Piper
München Zürich

ISBN 3-492-10668-4
Originalausgabe
März 1987

Umschlag: Federico Luci unter Verwendung eines Fotos
einer Buddha-Statue aus dem Buddhistischen Haus in Frohnau.
Gesamtherstellung: Clausen & Bosse, Leck
Printed in Germany

Inhalt

IV. DER WEG DER TUGENDLÄUTERUNG

V. DER WEG DER HERZENSLÄUTERUNG

VI. VERTIEFUNG

ANHANG

Vorbemerkung

Die »Mittlere Sammlung« der Reden des Buddha, d. h. der Reden von mittlerer Länge, ist von den fünf Sammlungen von Lehrreden des Pālikanons diejenige, in der alle wesentlichen Elemente der buddhistischen Lehre behandelt sind. 1888 druckte die Pāli Text Society in London die Mittlere Sammlung erstmals in lateinischen Buchstaben. 1894 erschien der erste Band in der deutschen Übersetzung des Wiener Indologen Karl Eugen Neumann (1865–1915)[1] im theosophischen Verlag von W. Friedrich in Leipzig; die beiden weiteren Bände folgten 1900 und 1902. Erst als der Münchner Verleger Reinhard Piper 1919 die Mittlere Sammlung in ansprechender Form neu verlegte, erlangte sie die ihr gebührende Verbreitung, so daß schon 1921 und 1922 zwei weitere Auflagen gedruckt werden konnten. Nachdem die 36000 Exemplare dieser Auflagen vergriffen waren, brachten die Verlage Artemis in Zürich und Zsolnay in Wien 1956/7 eine – inzwischen nahezu vergriffene – Neuausgabe heraus, bei der die Mittlere Sammlung erstmals in einem einzigen Band im Großformat erschien.

Außer Neumann hat bisher niemand die Mittlere Sammlung vollständig ins Deutsche übersetzt. Der Berliner Dr. med. Paul Dahlke, ein überzeugter Buddhist, gab 1919 im eigenen Neubuddhistischen Verlag eine Auswahl von 41 der 152 Reden heraus, die noch zwei weitere Auflagen erlebte. Ein anderer Berliner Buddhist, Dr. jur. Kurt Schmidt, veröffentlichte 1961 bei Rowohlt eine oft stark verkürzte und zurechtgeschnittene Übersetzung von etwa zwei Drittel der 152 Reden. Ein Reprint kam 1978 im Kristkeitz-Verlag (Berlin) heraus. Die Übersetzung Neumanns blieb aber nicht nur an Vollständigkeit unerreicht, sondern auch in der Form. Hermann Hesse sagt dazu:

> »Keine frühere oder spätere Übersetzung kommt der Neumanns irgend gleich. Der sanfte, feierliche, würdige Tonfall der Reden des Buddha ist in diesen Verdeutschungen wunderbar echt und lebendig geblieben.«[2]
>
> »Buddhas Reden nämlich sind nicht Kompendien einer Lehre, sondern sind Beispiele von Meditationen, und das meditierende Denken eben ist es, was wir bei ihnen lernen können.«[3]
>
> »Wer aufmerksam auch nur eine kleine Zahl der zahllosen ›Re-

den‹ Buddhas liest, dem tönt daraus bald eine Harmonie entgegen, eine Seelenstille, ein Lächeln und ein Darüberstehen, eine völlig unerschütterliche Festigkeit, aber auch unerschütterliche Güte, unendliche Duldung. Und über die Wege und Mittel, zu dieser heiligen Seelenstille zu gelangen, sind die Reden voll von Ratschlägen, von Vorschriften, von Winken.«[4]

Es ist gewiß kein Zufall, daß sich so viele Dichter über Neumanns Übersetzungswerk aussprachen, und zwar ausnahmslos mit höchster Anerkennung. Unter denen, die das künstlerische Genie Neumanns klar erkannten und würdigten, sind nicht weniger als sechs Träger des Nobelpreises für Literatur: Maurice Maeterlinck (1911), Gerhart Hauptmann (1912), Karl Gjellerup (1917), Bernard Shaw (1925), Thomas Mann (1929) und Hermann Hesse (1946).[5]

Neumanns Übersetzungen haben jedoch nicht nur Anerkennung geerntet. So wurde z. B. darauf hingewiesen, daß er seinem Grundsatz, zentrale Pālibegriffe durch das gleiche deutsche Wort wiederzugeben, oft ohne erkennbaren Grund untreu geworden sei. Auch mag man hie und da treffendere Begriffe finden.[6] Wenn ein Pionier ein Bauwerk aus dem Nichts hingestellt hat, haben es Spätere leicht, Verbesserungen daran vorzunehmen. Aber keiner vermittelt wie Neumann bereits vor dem Begreifen der Lehrzusammenhänge schon eine solche Ahnung der Dimension eines Erwachten.

Neumanns Text wird in diesem Buch, abgesehen von der Modernisierung der Rechtschreibung, unverändert wiedergegeben. Es hätten sich gewiß manche Verbesserungen, Verdeutlichungen und Vereinfachungen anbringen lassen, aber dies erschien allzu problematisch: Neumanns Übersetzung ist von ihm als ein sprachschöpferisches Kunstwerk gedacht und als solches ist es auch allgemein empfunden worden. Jede Änderung hätte als Eingriff die Gefahr mit sich gebracht, um der inhaltlichen Verbesserung willen der Form Gewalt anzutun und den Sprachrhythmus zu stören. Daher erschien es angebracht, Neumanns künstlerische Gestaltung als solche zu respektieren und als notwendig empfundene Korrekturen getrennt davon in den Anmerkungen anzugeben. Eine Ausnahme wurde nur beim Titel gemacht: Die von Neumann verwendete Nominativform Gotamo Buddho wurde in die bei uns inzwischen gebräuchlichere Stammform Gotama Buddha umgeändert. Die Interpunktion Neumanns wurde auch da beibehalten, wo sie vom Duden abweicht.

Die Auswahl – etwa ein Drittel der 152 Reden – erstrebt zwar inhaltlich eine möglichst repräsentative Auslese der Gesamtlehre, da aber – entgegen landläufiger Meinung – schon zur Zeit des Buddha die weitaus meisten Anhänger keine Mönche waren, so sollten Reden über gutes zwischenmenschliches Verhalten für Menschen in Familie und Beruf ihren gebührenden Platz finden. Ferner wurden Reden in Gesprächsform wegen ihrer größeren Lebendigkeit bevorzugt. Gewicht wurde auch mehr auf Gesamtüberblicke als auf Detailfragen gelegt. Da es ein Grundsatz der Auswahl war, nur vollständige Reden abzudrucken, sollten Doppelaussagen möglichst vermieden werden, jedoch ließen sich Wiederholungen nicht ganz ausschalten. Reden, die ohne umfangreiche Erläuterungen unverständlich wären, konnten nicht aufgenommen werden, darunter leider auch M 1, 10, 38 und andere.

Die Reihenfolge der Reden richtet sich hier nicht nach der Überlieferung, die mehr formale Gesichtspunkte berücksichtigt – wie z. B. den Stand der auftretenden Personen im ganzen zweiten Band. Für die Mnemotechnik der Tradierung war dies gewiß zweckmäßig, aber für die vorliegende Auswahl schienen eher inhaltliche Einteilungen wichtig: An den Anfang gestellt wurden Reden über Entwicklungsgang und Leben des Buddha.[7] Es folgen Texte, die einen Überblick über die Lehre geben und deren zentrale Phänomene behandeln.[8] Der dritte und umfangreichste Teil ist dann dem Heilsweg, der Praxis, gewidmet, sowohl dem achtfältigen Pfad als Ganzem wie seinen Stufen (Tugendläuterung, Herzensläuterung, Vertiefung).[9]

Seine Anmerkungen richtete Neumann an die wissenschaftliche Welt der Jahrhundertwende und er sagt selbst über sie: »Wer Ablenkungen nicht liebt und nicht braucht, der lasse sich nicht beirren«.[10] Sie wurden hier durch kurze Hinweise zu jeder Rede zum besseren Verständnis für uns Heutige ersetzt. Dabei konnte auch auf deutsche Erläuterungen zu den einzelnen Reden verwiesen werden, besonders auf die Brücken für den westlichen Leser, die Paul Debes in seiner seit 1955 erscheinenden Zeitschrift »Wissen und Wandel« veröffentlichte.[11] Auf Parallelen zu anderen Religionen, auf die Neumann zu Recht Wert legte, mußte aus Raumgründen verzichtet werden.[12] Pālibegriffe wurden herangezogen, wenn es für das Verständnis unerläßlich schien.[13]

1 Vgl. meinen Aufsatz »Der erste deutsche Buddhist. Leben und Werk Karl Eugen Neumanns, des Erstübersetzers der Reden des Buddha ins Deutsche« in der österreichischen Zeitschrift »Bodhi Baum« 1985, S. 195–216.
2 R. Piper, Vormittag, München 1947, S. 388.
3 H. Hesse, Mein Glaube, Frankfurt 1971, S. 30.
4 a. a. O., S. 32.
5 Eine größere Zahl dieser Stimmen findet sich bei Piper, a. a. O., S. 384–389, im Piper-Almanach 1925, S. 131–134, im »Piperboten« 1924, S. 52 ff. und 1925, S. 17–20.
6 Beispiel: Statt mit dem Begriff »Unterscheidungen« wäre das Pāliwort *Sankhārā* besser mit »Gestaltungen« oder »Aktivitäten« wiederzugeben. Das von KEN mit »Hörerschaft« übersetzte Wort *sota-patti* kann ebensogut »Stromeintritt« bedeuten, weil *soto* sowohl Gehör wie Strom heißt. Möglich ist, daß der Buddha bewußt ein Wort wählte, das beide Bedeutungen anklingen läßt.
7 Dazu ausführlich: H. Hecker, Das Leben des Buddha, Hamburg 1973.
8 Dazu ausführlich: P. Debes, Meisterung der Existenz durch die Lehre des Buddha, Bindlach 1982.
9 Vgl. H. Hecker, Der Heilsweg des Erwachten, Hamburg 1979.
10 LS Bd. II, Vorrede S. XIX.
11 Das von ihm 1948 begründete Buddhistische Seminar verlegte 1976 seinen Sitz von Hamburg nach Katzeneichen, Gemeinde Bindlach, bei Bayreuth.
12 Für solche Parallelen kann ich auf meine Bücher »Asiatische Mystiker«, Wien 1981, bzw. »Indische Mystiker«, Wien 1986, verweisen.
13 Die Betonung der Pāliworte hält sich, der lateinischen ähnlich, möglichst am Anfang. Es wird die drittletzte Silbe von hinten betont, außer wenn die zweite lang ist. Als lang gelten die Vokale mit einem Strich, ebenso e und o, ferner Silben mit Doppelkonsonanz, also: Gótamo, Pasénadi, aber Nikāya, Sahámpati. Zusammengesetzte Worte haben, wie im Deutschen, meist zwei Hebungen: Kápilavátthu, ánu-rúddho, Ráma-pútto.
Zur Aussprache:
c = tsch
j = dsch
y = j (wie »ja«)
v = w
s = stets scharf
h = auch bei Konsonanten stets hörbar zu sprechen
ñ = nasal (wie señor)
Punktierte Lettern (lingual) und unterstrichene sind im Deutschen kaum unterscheidbar wiederzugeben.

Einleitung

Es gibt einige Staaten der Welt, in deren Gesetzblatt das wichtigste Gesetz, das Grundgesetz, die Staatsverfassung, überhaupt nicht auftaucht, und zwar deshalb, weil es erst die Grundlage dafür bildet, daß Gesetze erlassen werden können. Ebenso taucht in den zahlreichen Begriffsreihen und Aufzählungen von Daseinsphänomenen im Buddhismus die wichtigste gar nicht auf, nämlich der Lehrplan selbst, der allen Lehrdarlegungen des Buddha zugrunde liegt. Dieser Lehrplan oder dieses Seminarprogramm wird vielmehr als allgemein bekannt vorausgesetzt und nach ihm richtet sich jede Lehrtätigkeit des Gründers und seiner heiligen Jünger. Immer wieder wird im Pālikanon darauf Bezug genommen, und zwar zumeist mit folgender Formulierung:

> »Da sprach der Erhabene erst mit ihm vom Geben, von der Tugend, von seliger Welt, machte des Begehrens Elend, Ungemach, Trübsal, und der Entsagung Vorzüglichkeit offenbar. Als der Erhabene merkte, daß er im Herzen bereitsam, geschmeidig, unbehindert, aufgerichtet, heiter geworden war, da gab er die Darlegung jener Lehre, die den Erwachten eigentümlich ist: das Leiden, die Entwicklung, die Auflösung, den Weg.« (M 56, 91 usw.)

Von den darin angesprochenen fünf Lehren finden sich die ersten vier auch in anderen Religionen und Weisheitsschulen, wenn auch nicht in dieser klaren Reihenfolge und nicht so ausführlich begründet wie vom Buddha. Nur die fünfte und letzte Lehre ist allein beim Buddha zu finden, nämlich die Lehre von den vier Heilswahrheiten. Die unverzichtbaren vier ersten Lehren sind also nicht spezifisch buddhistisch, sondern sind die Quintessenz aller Religiosität und vernünftigen Einsicht in die Daseinsgesetze. Der Buddha sagt unmißverständlich, daß nur auf ihrer Grundlage die fünfte Lehre zu verstehen ist.

Daher gibt es nichts Wichtigeres für das Verständnis des Buddhismus und eine Einführung in seinen Grundgehalt als eine Erläuterung dieser fünf Lehren. Im Folgenden soll versucht werden, diese so kurz wie möglich für uns Menschen des Abendlandes darzustellen.

Was ist der Mensch? Er ist nicht allein Körper – dieser ist nur ein Werkzeug, eine Hülle, ein Kleid. Der Mensch selbst, sein Wesen – das ist das, was will, fühlt, erlebt, denkt. Und dies Wollen besteht aus den tausendfältigen Trieben, Tendenzen, Neigungen und Wünschen, die als ein Verlangen auf Erlangen aus sind. Der Mensch ist ein Bedürftiger, er lebt im Mangel; er will haben, er muß haben: Besitz, Genuß, Macht, Anerkennung, Information, Hilfe. Unzählige Polypenarme des Verlangens greifen in die Welt, um das Begehrte heranzuholen, das Verabscheute wegzustoßen und Hindernisse zu beseitigen. Die gesamte Aktivität des Menschen wurzelt in der ungeheuren Dynamik seiner Psyche, die religiös Seele, poetisch Herz, ethisch Charakter, philosophisch Wille genannt wird.

Wenn alle Menschen immer nur haben wollten, dann herrschte immer Krieg, d. h. es würde allen alles genommen. Das Problem, wie Verlangtes erlangt wird, ist nur zu lösen durch Geben, Gewähren, Teilen, Opfern, bis zur Selbstaufgabe als höchster Gabe. Wer haben will, der muß geben. Wer nehmen will, muß geben, nicht nur Geld, sondern vor allem Arbeitskraft, Zeit, Wissen und Aufmerksamkeit. Die Welt kann mir nur etwas geben, wenn ich ihr etwas gebe, wozu auch das Aufgeben gehören kann. Geben ist das erste Gebot der Existenz:

> »Mann mit zugeknöpften Taschen,
> dir tut keiner was zulieb:
> Hand wird nur von Hand gewaschen,
> wenn du nehmen willst, so gib.« (Goethe)

Abgeben, Mitgeben, Wohltätigkeit, Fürsorge, das Schenken von Aufmerksamkeit – das sind Erscheinungsformen der Haltung, die seit altersher Nächstenliebe heißt. Geben ist angewandte Liebe, in der Familie, gegenüber Nachbarn, Kollegen, Freunden, Landsleuten, bis hin zur ganzen Menschheit.

So beginnen die heilsamen Ratschläge des Buddha immer mit dem Hinweis, daß Geben einen Sinn hat, daß jede menschliche Gemeinschaft nur durch Geben bestehen kann. Die gewährende, wohlwollende, wohltuende Einstellung bestimmt das »Betriebsklima« der Existenz. Geben an Eltern, Ehegatten und Kinder, Freunde, Arbeitgeber, Arbeitnehmer, spirituelle Vorbilder – das sind die sechs Sektoren des Daseins, die durch Geben befriedet, gesichert, erhellt und erwärmt werden. Nur durch Geben wird das Leben in diesen sechs Bezirken, die das gesamte gesellschaftliche Umfeld ausmachen, möglich, wie der Buddha es in der »Magna Charta« seiner Soziallehre (D 31) ausführt. Und diese *caritas* ist zeitlos, diese *humanitas* veraltet nie – sie ist heute ebenso aktuell wie vor 2500 Jahren. Das ist die erste Lehre des Buddha.

Tugend

Nun gibt es aber Wünsche und Verlangensrichtungen, die ihrer Erfüllung selbst im Wege stehen. Das sind die maßlosen Triebe der Hab- und Genußsucht, wie etwa die Wünsche nach Rausch und Betäubung, die durch Erfüllung zunehmen. Solche Wünsche krankhafter Hemmungslosigkeit machen nur immer unzufriedener und unglücklicher: Je mehr er hat, je mehr er will. Die Wünsche nach Glücksspiel, Alkohol, Drogen, pausenloser Reizüberflutung, wahlloser Sexualität, ständiger Magenüberladung sind solche Moloche, die viel verschlingen, aber den Menschen nicht weiter bringen. Die Psyche wird immer bedürftiger, der Körper immer unfähiger, die Erfüllung heranzuschaffen, und die Umwelt verschließt sich den sinnlosen Ansprüchen des Berauschten. So bringt er sich selbst ins Elend. Er braucht eine Entziehungskur, um zu lernen, die natürlichen Schranken des Körperlebens zu berücksichtigen. Das ist die Tugend des Maßhaltens: Rücksicht auf sich zu nehmen, anstatt sich zu ruinieren.

Es gibt ferner Wünsche, die zwar für eine Zeitlang erfüllbar sind, die aber dazu führen, daß einem später das Erraffte wieder entrissen wird. Wenn wir Wünsche auf Kosten anderer erfüllen, ihnen etwas entreißen, sie darben lassen, wenn wir andere beleidigen, verhöhnen, belügen, betrügen, verleumden, dann mögen wir uns im Moment zwar als die Stärkeren fühlen, aber die anderen werden auf Rache sinnen oder uns zumindest Hilfe verweigern, wenn wir sie nötig haben. Wer mit rücksichtslosem Egoismus die Welt ausbeutet, kalt anderen verweigert, triumphierend seine Stärke fühlen läßt, Schwächen anderer ausnutzt, der schafft sich immer mehr Feindschaft, Kälte, Ablehnung. Er macht die Welt liebeleer. Die Welt gibt ihm dann nicht mehr, sondern sie nimmt ihm. Voller Wünsche steht er da und trifft auf taube Ohren, verschlossene Türen und Herzen.

Was not tut, ist Selbsterziehung durch die Erkenntnis, daß das soziale Leben eine Symbiose ist und daß jeder von jedem abhängt. Die sozialen Gesetze sind die ethischen. Wer zu seinen Zielen kommen will, muß

»moralisch« handeln. Was die Griechen *ethos*, die Römer *mores*, die Inder *sīla* nennen, heißt übereinstimmend: Gewohnheit, und zwar im Sinne guter Gewöhnung. Gut ist die Gewohnheit, die sich angewöhnt, weiter zu blicken, die sozialen Folgen zu sehen und die untrennbare Einheit zu berücksichtigen. Es ist die uralte goldene Regel: »Was Du nicht willst, daß man dir tu, das füg auch keinem andern zu.« Es ist der kategorische Imperativ Kants, es ist Gandhis Gewaltlosigkeit, es sind die Gebote sozialer Vernunft.

Dazu gehört auch, untugendhaftes Verhalten anderer nicht mit gleicher Münze heimzuzahlen. Der Teufelskreis der Eskalation kann nur aufgebrochen werden, wenn man Ertragen und Verzeihen lernt. Ich kann das Unheil der Vergeltung stoppen. »Die Welt streitet mit mir, aber ich streite nicht mit der Welt«, sagt der Buddha (S 22,94), oder:

> »Es wird ja Feindschaft nimmermehr
> durch Feindschaft wieder ausgesöhnt:
> Nichtfeindschaft gibt Versöhnung an,
> das ist Gesetz von Ewigkeit.« (M 128)

All das ist die zweite Lehre des Buddha.

Fortexistenz

Je mehr der Mensch auf seine Antriebe achtet und seinen Motivhaushalt kennenlernt, desto mehr entdeckt er, daß die psychischen Kräfte das eigentlich Weltbewegende sind und wie Glück und Unglück von ihrer Beherrschung und Steuerung abhängen. Dabei erfährt er, daß es nur eine einzige Kraft gibt, die die Psyche wirklich verändern kann: die geistige Einsicht. Die Bewertung einer Sache durch den Geist bestimmt, ob ein Trieb verstärkt oder abgeschwächt wird. Blickt der Verstand lediglich auf die unmittelbaren Folgen einer angenehmen Tat, dann wird er den Trieb dazu bejahen; schaut die Vernunft aber weitere unangenehme Folgen, dann wird sie im Maße des Einleuchtens dessen zur Verneinung kommen. Wo keine solchen Werturteile erfolgen, bleiben die Neigungen so, wie sie sind. Das Gesetz von der Erhaltung der Energie gilt in besonderem Maße für die Psyche, die ein reines Geistesprodukt ist. Mit einer Fülle von Trieben tritt das Neugeborene ins Dasein und der Alte verläßt es mit dem Triebkomplex, wie er ihn im Laufe des Lebens verändert hat; Geburt und Tod sind nicht Geburt und Tod der Psyche; nur der Körper stirbt, das eigentlich Lebendige und Bewegende bleibt bestehen. Dabei ist die Psyche des Menschen so eng an seine physische Darstellung gebunden, daß sie ein feinstoffliches Abbild des Leibes auch über den Tod hinaus mitnimmt. Schon während des Lebens läßt sich das Psi-Feld dieser Anti-Materie einer Od-Gestalt – oder der pneumatische Leib, wie ihn schlichter Paulus nennt (1. Kor. 15,44) – sichtbar machen. Im Tode verläßt die Psyche mitsamt dem »Astralleib« den »natürlichen Leib« und existiert in einer metaphysischen Dimension. Dort setzen sich die Folgen von Tugend und Untugend fort – und das nennen die Religionen Himmel und Hölle. Wer sich schon hier zum Engel in Menschengestalt entwickelte, dem ist sein Paradies gewiß; wer sich zum Teufel in Menschengestalt machte, der kann dem Inferno nicht entgehen. Angelus Silesius sagt:

»Der Tod bewegt mich nicht:
Ich komme nur durch ihn,
wo ich schon nach dem Geist
mit dem Gemüte bin.« (Cherub. Wandersmann IV,81)

Die Verantwortung für unsere Gedanken und Taten wächst damit ins Unendliche. Das nennen die Inder *karma* (Pāli: *kamma*) und Wiedergeburt. Die Seele kommt aus dem Jenseits, inkarniert sich hier, wandelt sich und wandert dann weiter, um sich weiter zu wandeln. Nach rückwärts und vorwärts ist kein Ende der Existenzen abzusehen. Jeder ist seines Glückes und Unglückes Schmied. Jeder hat sein Schicksal – besser »Schaffsal« – in der Hand und nichts kann einen treffen, was man nicht selber ausgeschickt hat. Ungerechtigkeit kann nur dem begegnen, der ungerecht säte, Gnade kann nur dem begegnen, der verzieh. Alle Schicksalsfäden entwirren sich im universalen Gesetz von Saat und Ernte: Die Weltgeschichte ist das Weltgericht (Schiller), »denn ihre Werke folgen ihnen nach« (Off. 14,13).

Dies ist die dritte Lehre des Buddha.

Mystik

Um in diesem Leben Glück zu erleben, um in jenem Leben Glück zu haben, d. h. um zu erlangen, wonach die Psyche verlangt, muß man sich ständig bemühen: muß Rücksicht auf seinen Körper und auf die Bedürfnisse des Nächsten nehmen, muß sich aufmerksam mit Geben und Tugend bestmöglich durch alle Klippen der Existenz hindurchschiffen. Doch selbst wenn einem das gelingt, so bleiben doch die hungrigen Triebe, die nach Erfüllung drängen. Und es bleiben Alter und Tod:

»Gesetzt den Fall,
die Wünsche all,
wärn uns erfüllt für 100 Lebensjahre,
so wär auch dies
kein Paradies:
es ständ am End doch nur die Bahre.«
(Altfranz. Lied, zit. bei KEN, Sn, S. 521)

Kurz: Die Erfüllung heischenden und an den Leib fesselnden Triebe selbst sind das Problem. Nur wenn das ewige Lungern und Lechzen als solches beendet wird, ist echtes Glück möglich. Im Grunde sucht jeder Trieb ja seine eigene Auflösung, die Befriedigung aber bringt nur momentan Scheinfrieden. Der Trieb kommt wieder und durch Genießen werden die Triebe allmählich stärker und die Gewöhnung an Genuß schwächt die Fähigkeit, ihn zu erreichen.

Die dies erkannt haben, sind die Mystiker aller Religionen. Sie erfuhren, daß Befriedigung nicht Frieden ist, sondern daß wahrer Friede nur im selbstgenügsamen, gestillten und befreiten Herzen wohnt. »Gott in der Seele finden«, nennen sie es. Der Buddha nennt es das selbstleuchtende Gemüt, das in sich genug hat, indem es die Eigenschaften Liebe und Barmherzigkeit, Geduld und Dankbarkeit, Zufriedenheit und heitere Gelassenheit ausbildete. In dieser Verinnerlichung besitzt man die ganze Welt. Man gewinnt einen seelischen Reichtum, der über alle Glücksvorstellungen und bisher bekannten Erfüllungsmöglichkeiten weit hinausgeht:

»Ich habe die selige Ewigkeit funden!
ich hab sie gefunden im innersten Grunde:
des freut sich mein Herz und es jubelt die Seele,
besiegt ist die Erde, verschwunden die Zeit.

Unendlicher Lohn für so ärmliche Werke!
Ruft innen die Seele in süßer Verzückung.
Die Zeit hat die Ewigkeit nun sich erkaufet!
Wie wunderbar bist du, unendliches Gut.«

So singt der Selige Jan von Ruisbroek, einer der größten Mystiker des christlichen Mittelalters. Was die Mystiker des Abendlandes *unio mystica* nennen, heißt bei den Indern *samādhi*. Hier ist die Schere von Verlangen und Erlangen überstiegen, es ist Einheit statt der Zwieheit von Wunsch und Gegenstand. Der Mystiker ist überall in Frieden, er kann zeitweise auch die ganze schwerfällige Körpermaschinerie abstellen und dem Geistleib ebenfalls Frieden gönnen. Diese ungeahnten Möglichkeiten der Seele, diese unendlichen Bewußtseinserweiterungen, diese ganz andere Dimension der Existenz hat der Buddha im Blick, wenn er des Begehrens Elend, Ungemach, Trübsal und die Vorzüglichkeit des Darüberhinausschreitens in die Weite offenbar macht. All die 10000 Probleme der Begehrenserfüllung und Weltveränderung sind da gelöst, in der Einheit ist alles ungemein vereinfacht: »Der Verzicht nimmt nicht, der Verzicht gibt. Er gibt die unerschöpfliche Kraft des Einfachen« (Heidegger, Der Feldweg, Gesamtausgabe Bd. 13, Frankfurt a. M. 1983, S. 90). Verzichtet wird nur auf Elend, Leiden, Unbefriedigung, Wandelbarkeit. Dafür gewinnt man mehr als den Besitz der ganzen Welt.

Das ist die vierte Lehre des Buddha.

Wahrheit

Wahrheit ist das, was ist. Das Sein ist der Grund alles Seienden, das Erscheinen ist der Untergrund alles Erschienenen, das Leuchten ist der Hintergrund allen Lichtes. Das Sein als phänomenale Kraft ist der Halt, der überhaupt erst In-halte ermöglicht. Der Buddha spricht vom *viññānam* – wörtlich »auseinander-wissen«, meist übersetzt mit »Bewußt-Sein«.

Er sagt: Alles, was ist, ist nichts anderes als ein Standort des Bewußtseins (Sn 1114). Das Bewußtsein sei wie ein Zauberkünstler, der aus Nichts etwas machend seine Projektionen suggeriere und so eine *Māya* (»Mache«) entwerfe (S 22,95). Im Gemächte dieser Mache stehen alle Dimensionen, alles Meßbare und Maßgebende, vor allem eben Raum und Zeit. Der Buddha vergleicht die Psyche mit einem Maler, der bunte Bilder – Mannsbilder und Weibsbilder – male (S 22,100). Sie erwecken den Eindruck von Raum und Zeit. Diese Dimensionen und Kategorien setzen nämlich ein Nacheinander, Werden, Fließen, eine Ursachenverknüpfung, eben Zeit; und sie setzen ein Nebeneinander, eine Vielfalt von Ich-Perspektiven und Ich-Punkten, d. h. Raum. Indem das Bewußtsein sich in Raum und Zeit erstreckt und ausdehnt, projiziert es Welt, und zwar sowohl Materie, Form, Bild (fünf Sinnesobjekte) als auch Geistiges, Gedankengebilde, Erinnerungen, Begriffe (Geistobjekte). Bewußtsein als Sein setzt Bild und Begriff als Seiendes: »Durch Bewußtsein bedingt ist Bild und Begriff«, mit dem Bewußtsein steht und fällt die Welt. Ohne Bewußtsein gibt es keine Welt, und ohne Weltinhalte gibt es kein Bewußtsein. Beide stützen sich wie zwei Schilfbündel, die nur miteinander oder gar nicht stehen (S 12,67).

Das Bewußtsein ist wie ein Träumer, der seine Trauminhalte projiziert, dann davon fasziniert wird und schließlich die geträumten Freuden und Leiden für etwas ansieht, das einem Ich wirklich zustößt. Ebenso wird das Bewußtsein von seinen eigenen Produkten betroffen und reagiert mit Gefühl: »Wohl tut das, weh tut das, weder wohl noch weh tut das.« (M 43) Das derart subjekt-gebundene Gefühl stellt dann seine Objekte so vor, wie es sie empfand, d. h. so wie gefühlt wird, wird wahrgenommen. Der perspektivisch entworfene Wahrnehmer glaubt an die ihm gegenüberstehenden Gegen-stände als Gefühlsauslöser (Unwissen), so daß Verlangen nach ihrem Wohl entsteht (Durst). Auf diese Konstellation aufmerkend macht sich dann das Denken Ansichten, Wertmaßstäbe und Urteile, eben seine Weltanschauung und Ichanschauung. Mit diesem Bewerten spricht das Denken unaufhörlich ins Bewußtsein hinein und verstärkt seine Gewöhnungstendenzen, so und so zu laufen, solche und solche Standorte einzunehmen, kurz: so und so zu sein. Darum sagt der Buddha: »Was ein Mensch lange erwägt und überlegt, dahin neigt sich das Herz« (M 19). Und damit ernährt der innere Sinn des Bewußtseins wieder Bilder und Begriffe, Weltbilder, Traumbilder, Mannsbilder, Weibsbilder.

Das ist das Perpetuum mobile der »Fünf Stücke des Anhangens«, die immer wieder im Kreise laufen und sich selbst im Gang halten: Form, Gefühl, Wahrnehmung (Vorstellung), Unterscheidungen (Gestaltungen, Aktivitäten) und Bewußtsein. Bewußtsein spaltet Form ab, die Formen beziehen sich zurück auf das Bewußtsein, das fühlend, wahrnehmend, unterscheidend reagiert. Die Unterscheidungen des geistigen Beabsichtigens aber sind der Schöpfer, der das Schwungrad des Bewußtseins ernährt und damit die ganze Schöpfung unterhält. Alles ist zusammengesetzt und zusammengesonnen, ist ausgesponnen und ausgestaltet.

Alles, was in und mit diesen fünf Schöpfungselementen besteht, ist Stückwerk, ist unvollkommen, haltlos und verfallend. Diese Vergänglichkeit aber macht dem Herzen, das dauerndes Wohl ersehnt, Kummer und Sorgen und Leiden. Es erlangt auf die Dauer nie, was es verlangt. Alles zerfließt wieder. Nichts bleibt beständig als die beständige Unbeständigkeit. Worunter ich derart leide, das ist ein Fremdes, das ich nicht beherrschen kann, das gehört mir nicht. Das ist nicht das Eigentliche, nicht das Wesentliche, nicht das Wirkliche: »Dies Ganze gilt nicht wirklich« (Sn 9). – Das ist die erste und die zweite heilige Wahrheit.

Wo das Sein sich als Werden entpuppt, da ist dies Werdesein nicht das wahre Sein, nicht das absolute Sein. Das Wandelsein des Daseinskreislaufes (*Samsāro*) mit seinen strengen Gesetzen von Saat und Ernte, Ursachen und Wirkungen, ist nur der Gegenstand der relativen Wahrheit, die alle einzeln gültigen Wahrheiten der ersten vier Lehren auf letzte Bausteine zurückführt. Die absolute Wahrheit aber eröffnet sich erst, wo der Durst der Triebe nach den Trauminhalten blasser wird. Da entbirgt sich die Wahrheit, daß das Auflösen des Verlangens das eigentliche Wohl ist, ein Wohl, das alle Erfüllungen des Verlangens unvergleichlich übertrifft. »Der Kern aller Dinge ist die Erlösung« (A X/58), nämlich die Ablösung von den vergänglichen Dingen. Das einzig unvergängliche Ding ist das *Nirvāna* (Pāli: *Nibbānam*), die Auflösung von Gier, Haß und Verblendung: »Nirvāna ist das höchste Wohl« (M 75). Es ist immer da, durch nichts bedingt, unabhängig von allem Geschaffenen, vor und jenseits aller Schöpfung:

> »Es gibt, ihr Mönche, ein Ungeborenes, Ungewordenes, Ungeschaffenes, Unzusammengesetztes. Gäbe es dieses Ungeborene, Ungewordene, Ungeschaffene, Unzusammengesetzte nicht, dann wäre ein Entrinnen aus dem Geborenen, Gewordenen, Geschaffenen, Zusammengesetzten nicht zu erkennen.« (Ud VIII/3)

Das ist die dritte heilige Wahrheit.

Der Weg aber, wie man vom Geschaffenen und Relativen zum Ungeschaffenen und Absoluten kommt, ist der heilige achtfältige Pfad, der Heilsweg zum Erwachen, die vierte heilige Wahrheit. Auch zur Erhellung, Veredlung und Verfeinerung des Geschaffenen zeigt der Buddha einen Achtpfad, aber der wahnlose Achtpfad der vierten Wahrheit führt ganz aus dem Geschaffenen heraus:

1. Den Wahn als Wahn erkennen, den Traum weise als Traum durchschauen, damit beginnt im Geiste die Erwachung mittels der wahnfreien rechten Erkenntnis.
2. In der Besinnung und Meditation die in die Welt gerichteten Planungen bremsen, das ist wahnfreie rechte Gesinnung.

3.–5. Die den *Samsāro* fortsetzenden körperlichen Unternehmungen beruhigen, das ist wahnfreies Reden, Handeln und Wandeln.
6. Die Gier und den Haß im Herzen unmittelbar mindern und auflösen und das Herz auf Erwachung programmieren, das ist wahnfreies rechtes Mühen.
7. Die Vorstellungen, die das Ich mit Vergänglichem identifizieren, durch Kontemplation entlassen, das ist wahnfreie rechte Einsicht.
8. Das Herz ganz einigen und einschmelzen, das Wohl des Herzensfriedens empfinden und die Entlastung von Vergänglichem erleben, das ist wahnfreie rechte Einigung. Sie einigt zuerst die sinnliche Vielfalt, übersteigt dann die Einfalt und entläßt auch die formfreie Keinfalt.

Diejenige Weisheit, die diese vier Wahrheiten versteht, läßt sich mit folgendem Gleichnis (S 35,197) verdeutlichen:

Die erste Wahrheit zeigt den *Samsāro* als das diesseitige Ufer voller Gefahren, weil alles zerbricht und auch zeitweiser Friede nicht anhält. Indem man dies Nest der Gewohnheit durchschaut, beseitigt man mit der Kraft der Einsicht die falschen Vorstellungen.

Die zweite Wahrheit entdeckt einen breiten, reißenden Strom, der vom sicheren anderen Ufer trennt. Das sind die hinreißenden Triebe, die mit der Kraft der Willenstärke überwunden werden müssen, indem die Aktivitäten die unheile Scheinsicherheit des Ufers verlassen und sich auf die heilende Unsicherheit des strömenden Wassers – das Meer der Seele – hinauswagen.

Die dritte Wahrheit merkt, daß das andere Ufer die wahre Heimat ist, die einzige echte Sicherheit, das gelobte Land, wo man solchen Boden unter die Füße bekommt, der nie wieder zerbricht. Das sichere Vertrauen in das *Nirvāna* als Stätte der Triebfreiheit und Durststillung verwirklicht das Heil.

Die vierte Wahrheit besteht darin, sich aus den vier ersten Lehren ein Floß zu bauen und mit ihm über die Triebströmung hinüberzurudern, in der unerschütterlichen Gemütsruhe, die erfährt, daß man nur Bruch verläßt und dem Wohl des Heiles immer näherkommt. Wahrheitwonne, Tugendwohl, Friede der Sinnenzügelung, Glück der Aufhebung der fünf Hemmungen, das sind die Stimmungen, die sich auf dem Floß entfalten.

Und das alles ist in größtmöglicher Kürze die fünfte Lehre des Erwachten.

I. DER ERWACHTE, DER BUDDHA

1. BODHI DER KÖNIGSSOHN

85. Rede

Das hab' ich gehört. Zu einer Zeit weilte der Erhabene im Lande der Bhagger, bei der Stadt Suṃsumāragiram, im Forste des Bhesakaḷā-Waldes.

Damals hatte Bodhi der Königssohn eben erst ein Landhaus, Lotusrose genannt, sich erbauen lassen, und niemand noch hatte darin gewohnt, kein Asket und kein Priester noch irgendein menschliches Wesen.

Da nun wandte sich Bodhi der Königssohn also an Sañjikāputto den jungen Brāhmanen:

»Komm', bester Sañjikāputto, und geh' zum Erhabenen hin und bring' dem Erhabenen zu Füßen meinen Gruß dar und wünsche Gesundheit und Frische, Munterkeit, Stärke und Wohlsein: ›Bodhi‹, sage, ›o Herr, der Königssohn, bringt dem Erhabenen zu Füßen Gruß dar und wünscht Gesundheit und Frische, Munterkeit, Stärke und Wohlsein;‹ und füge hinzu: ›möge, o Herr‹, läßt er sagen, ›der Erhabene Bodhi dem Königssohne die Bitte gewähren, morgen mit den Mönchen bei ihm zu speisen!‹«

»Jawohl, Herr!« entgegnete da gehorsam Sañjikāputto der junge Brāhmane Bodhi dem Königssohne. Und er begab sich dorthin, wo der Erhabene weilte, tauschte höflichen Gruß und freundliche, denkwürdige Worte mit dem Erhabenen und setzte sich seitwärts nieder. Seitwärts sitzend sprach nun Sañjikāputto der junge Brāhmane zum Erhabenen also:

»Bodhi, o Gotamo, der Königssohn, bringt Herrn Gotamo zu Füßen Gruß dar und wünscht Gesundheit und Frische, Munterkeit, Stärke und Wohlsein; und er läßt sagen: ›Möge, o Herr‹, sprach er, ›der Erhabene Bodhi dem Königssohne die Bitte gewähren, morgen mit den Mönchen bei ihm zu speisen!‹«

Schweigend gewährte der Erhabene die Bitte.

Als nun Sañjikāputto der junge Brāhmane der Zustimmung des Erhabenen gewiß war, stand er auf, begab sich zu Bodhi dem Königssohne zurück und sprach also zu ihm:

»Ausgerichtet haben wir Herrn Gotamo eure Botschaft: und Herr Gotamo hat angenommen.«

Da ließ nun Bodhi der Königssohn am nächsten Morgen in seiner Behausung ausgewählte feste und flüssige Speise auftragen und den Boden in seinem Landhause Lotusrose mit weißen Geweben bespreiten, bis zur untersten Treppenstufe herab. Dann befahl er Sañjikāputto dem jungen Brāhmanen:

»Eile dich, bester Sañjikāputto, geh' hin zum Erhabenen und melde: ›Es ist Zeit, o Herr, das Mahl ist bereit.‹«

»Jawohl, Herr!« entgegnete da gehorsam Sañjikāputto der junge Brāhmane Bodhi dem Königssohne. Und er begab sich dorthin wo der Erhabene weilte, und gab dem Erhabenen Meldung:

»Es ist Zeit, o Gotamo, das Mahl ist bereit.«

Und der Erhabene rüstete sich beizeiten, nahm Mantel und Almosenschaale und begab sich zur Wohnung Bodhi des Königssohns. Um diese Zeit aber stand Bodhi der Königssohn vor dem Eingange seines Hauses, den Erhabenen erwartend. Und Bodhi der Königssohn sah den Erhabenen von ferne herankommen, und als er ihn gesehn schritt er ihm entgegen, bot ehrerbietigen Gruß dar, ließ den Erhabenen vorangehn und geleitete ihn zu der Lotusrose Landhaus. An die unterste Treppenstufe gelangt blieb der Erhabene stehn. Und Bodhi der Königssohn lud den Erhabenen ein:

»Möge, o Herr, der Erhabene die Gewebe beschreiten, möge der Willkommene die Gewebe beschreiten, auf daß es mir lange zum Wohle, zum Heile gereiche!«

Also eingeladen schwieg der Erhabene still. Und zum zweiten Male sprach Bodhi der Königssohn zum Erhabenen also; und zum zweiten Male schwieg der Erhabene still. Und zum dritten Male wandte sich Bodhi der Königssohn an den Erhabenen:

»Möge, o Herr, der Erhabene die Gewebe beschreiten, möge der Willkommene die Gewebe beschreiten, auf daß es mir lange zum Wohle, zum Heile gereiche!«

Da blickte nun der Erhabene auf den ehrwürdigen Ānando zurück. Und der ehrwürdige Ānando sprach also zu Bodhi dem Königssohne:

»Laß' die Gewebe, Königssohn, fortschaffen; nicht will der Erhabene über Teppiche schreiten: auf die Nachfolger hat der Vollendete zurückgeblickt.«

Und Bodhi der Königssohn ließ die Gewebe fortschaffen und auf dem Söller der Lotusrose die Stühle bereitstellen. Und der Erhabene stieg die Terrasse empor und nahm mit den Mönchen auf den dargebotenen

Sitzen Platz. Und Bodhi der Königssohn bediente und versorgte eigenhändig den Erwachten und seine Jünger mit ausgewählter fester und flüssiger Speise.

Nachdem nun der Erhabene gespeist und das Mahl beendet hatte, nahm Bodhi der Königssohn einen von den niederen Stühlen zur Hand und setzte sich zur Seite hin. Zur Seite sitzend sprach nun Bodhi der Königssohn zum Erhabenen also:

»Ich hab' es, o Herr, bei mir bedacht: ›Man kann nicht Wohl um Wohl gewinnen: um Wehe läßt sich Wohl gewinnen.‹«

»Auch ich hab' es, Königssohn, noch vor der vollen Erwachung, als unvollkommen Erwachter, Erwachung erst Erringender, bei mir bedacht: ›Man kann nicht Wohl um Wohl gewinnen: um Wehe läßt sich Wohl gewinnen.‹ Und da bin ich, Königssohn, nach einiger Zeit, noch in frischer Blüte, glänzend dunkelhaarig, im Genusse glücklicher Jugend, im ersten Mannesalter, gegen den Wunsch meiner weinenden und klagenden Eltern, mit geschorenem Haar und Barte, mit fahlem Gewande bekleidet, vom Hause fort in die Hauslosigkeit gezogen.

»Also Pilger geworden, das wahre Gut suchend, nach dem unvergleichlichen höchsten Friedenspfade forschend, begab ich mich zu Āḷāro Kālāmo und sprach zu ihm: ›Ich möchte, Bruder Kālāmo, in dieser Lehre und Ordnung das Asketenleben führen.‹ Hierauf, Königssohn, erwiderte mir Āḷāro Kālāmo: ›Bleibt, Ehrwürdiger! Solcherart ist diese Lehre, daß ein verständiger Mann, sogar binnen kurzem, sich die eigene Meisterschaft begreiflich und offenbar machen und ihren Besitz erlangen kann.‹ Und ich begriff, Königssohn, binnen kurzem, sehr bald diese Lehre. Ich lernte nun soviel, Königssohn, als Lippen und Laute mitzuteilen vermögen, das Wort des Wissens und das Wort der älteren Jünger, und ich und die anderen wußten: ›Wir kennen und verstehn es.‹ Da kam mir, Königssohn, der Gedanke: ›Āḷāro Kālāmo verkündet nicht die ganze Lehre nach seinem Glauben ›Mir selbst begreiflich und offenbar gemacht verweil' ich in ihrem Besitze‹, sicher kennt Āḷāro Kālāmo diese Lehre genau.‹ Ich ging nun, Königssohn, zu Āḷāro Kālāmo hin und sprach also: ›Inwiefern, Bruder Kālāmo, erklärst du, daß wir diese Lehre begriffen, uns offenbar gemacht und ihren Besitz erlangt haben?‹ Hierauf, Königssohn, stellte Āḷāro Kālāmo das Reich des Nichtdaseins dar. Da kam mir, Königssohn, der Gedanke: ›Nicht einmal Āḷāro Kālāmo hat Zuversicht, ich aber habe Zuversicht; nicht einmal Āḷāro Kālāmo hat Standhaftigkeit, ich aber habe Standhaftigkeit; nicht einmal Āḷāro Kālāmo hat Einsicht, ich aber habe Einsicht; nicht einmal Āḷāro Kālāmo hat Selbstvertiefung, ich aber habe Selbstvertiefung; nicht einmal Āḷāro Kālāmo hat Weisheit, ich aber habe Weisheit. Wie, wenn ich nun diese Lehre, von welcher Āḷāro Kālāmo sagt ›Mir selbst begreiflich und offenbar gemacht verweil' ich in ihrem Besitze‹, mir anzueignen suchte, damit sie mir völlig klar würde?‹ Und binnen kurzem, sehr bald, Königssohn, hatte ich diese Lehre begriffen, mir offenbar gemacht und ihren Besitz erlangt. Ich ging nun, Königssohn, wieder zu Āḷāro Kālāmo hin und sprach also: ›Ist diese Lehre, Bruder Kālāmo, insofern von uns begriffen, offenbar gemacht und erlangt worden?‹ – ›Insofern, o Bruder, ist diese Lehre begriffen, offenbar gemacht und erlangt worden.‹ – ›Ich habe nun, Bruder Kālāmo, diese Lehre insofern begriffen, mir offenbar gemacht und erlangt.‹ – ›Beglückt sind wir, o Bruder, hoch begünstigt, die wir einen solchen Ehrwürdigen als echten Asketen erblicken! So wie ich die Lehre verkünde, so hast du sie erlangt; so wie du sie erlangt hast, so verkünde ich die Lehre. So wie ich die Lehre kenne, so kennst du die Lehre; so wie du die Lehre kennst, so kenne ich die Lehre. So wie ich bin, so bist du; so wie du bist, so bin ich. Komm' denn, Bruder: selbander wollen wir diese Jüngerschar lenken.‹ So, Königssohn, erklärte Āḷāro Kālāmo, mein Lehrer, mich, seinen Schüler, als ihm ebenbürtig und ehrte mich mit hoher Ehre. Da kam mir, Königssohn, der Gedanke: ›Nicht diese Lehre führt zur Abkehr, zur Wendung, zur Auflösung, zur Aufhebung, zur Durchschauung, zur Erwachung, zur Erlöschung, sondern nur zur Einkehr in das Reich des Nichtdaseins.‹ Und ich fand diese Lehre, Königssohn, ungenügend; und unbefriedigt von ihr zog ich fort.

»Ich begab mich nun, Königssohn, das wahre Gut suchend, nach dem unvergleichlichen höchsten Friedenspfade forschend, zu Uddako, dem Sohne des Rāmo, und sprach zu ihm: ›Ich möchte, Bruder Rāmo, in dieser Lehre und Ordnung das Asketenleben führen.‹ Hierauf, Königssohn, erwiderte mir Uddako Rāmaputto: ›Bleibt, Ehrwürdiger! Solcherart ist diese Lehre, daß ein verständiger Mann, sogar binnen kurzem, sich die eigene Meisterschaft begreiflich und offenbar machen und ihren Besitz erlangen kann.‹ Und ich begriff, Königssohn, binnen kurzem, sehr bald diese Lehre. Ich lernte nun soviel, Königssohn, als Lippen und Laute mitzuteilen vermögen, das Wort des Wissens und das Wort der älteren Jünger, und ich und die anderen wußten: ›Wir kennen und verstehn es.‹ Da kam mir, Königssohn, der Gedanke: ›Rāmo hat nicht die ganze Lehre nach seinem Glauben ›Mir selbst begreiflich und offenbar gemacht verweil' ich in ihrem Besitze‹ verkündet, sicher hat Rāmo diese Lehre genau gekannt.‹ Ich ging nun, Königssohn, zu Uddako, dem Sohne Rāmos, hin und sprach also: ›Inwiefern, Bruder, hat

Rāmo diese Lehre als von uns begriffen, offenbar gemacht und erlangt erklärt?‹ Hierauf, Königssohn, stellte Uddako, der Sohn Rāmos, das Reich der Grenze möglicher Wahrnehmung dar. Da kam mir, Königssohn, der Gedanke: ›Nicht einmal Rāmo hatte Zuversicht, ich aber habe Zuversicht; nicht einmal Rāmo hatte Standhaftigkeit, ich aber habe Standhaftigkeit; nicht einmal Rāmo hatte Einsicht, ich aber habe Einsicht; nicht einmal Rāmo hatte Selbstvertiefung, ich aber habe Selbstvertiefung, nicht einmal Rāmo hatte Weisheit, ich aber habe Weisheit. Wie, wenn ich nun diese Lehre, von welcher Rāmo sagte ›Mir selbst begreiflich und offenbar gemacht verweil' ich in ihrem Besitze‹, mir anzueignen suchte, damit sie mir völlig klar würde?‹ Und binnen kurzem, sehr bald, Königssohn, hatte ich diese Lehre begriffen, mir offenbar gemacht und ihren Besitz erlangt. Ich ging nun, Königssohn, wieder zu Uddako, dem Sohne Rāmos, und sprach also: ›Ist diese Lehre, Bruder, der Darlegung Rāmos gemäß insofern von uns begriffen, offenbar gemacht und erlangt worden?‹ – ›Insofern, Bruder, hat Rāmo diese Lehre als begriffen, offenbar gemacht und erlangt dargestellt.‹ – ›Ich habe nun, Bruder, diese Lehre insofern begriffen, mir offenbar gemacht und erlangt.‹ – ›Beglückt sind wir, o Bruder, hoch begünstigt, die wir einen solchen Ehrwürdigen als echten Asketen erblicken! So wie Rāmo die Lehre verkündet hat, so hast du die Lehre erlangt; so wie du sie erlangt hast, so hat Rāmo die Lehre verkündet. So wie Rāmo die Lehre gekannt hat, so kennst du die Lehre; so wie du die Lehre kennst, so hat Rāmo die Lehre gekannt. So wie Rāmo war, so bist du; so wie du bist, so war Rāmo. Komm' denn, o Bruder: sei du das Haupt dieser Jüngerschar.‹ So, Königssohn, belehnte Uddako Rāmaputto, mein Ordensbruder, mich mit der Meisterschaft und ehrte mich mit hoher Ehre. Da kam mir, Königssohn, der Gedanke: ›Nicht diese Lehre führt zur Abkehr, zur Wendung, zur Auflösung, zur Aufhebung, zur Durchschauung, zur Erwachung, zur Erlöschung, sondern nur zur Einkehr in das Reich der Grenze möglicher Wahrnehmung.‹ Und ich fand diese Lehre, Königssohn, ungenügend; und unbefriedigt von ihr zog ich fort.

»Ich wanderte nun, Königssohn, das wahre Gut suchend, nach dem unvergleichlichen höchsten Friedenspfade forschend, im Māgadhā-Lande von Ort zu Ort und kam in die Nähe der Burg Uruvelā. Dort sah ich einen entzückenden Fleck Erde: einen heiteren Waldesgrund, einen hell strömenden Fluß, zum Baden geeignet, erfreulich, und rings umher Wiesen und Felder. Da kam mir, Königssohn, der Gedanke: ›Entzückend, wahrlich, ist dieser Fleck Erde! Heiter ist der Waldesgrund, der Fluß strömt hell dahin, zum Baden geeignet, erfreulich, und rings umher liegen Wiesen und Felder. Das genügt wohl einem Askese begehrenden edlen Sohne zur Askese.‹ Und ich setzte mich nun, Königssohn, dort nieder: ›Das genügt zur Askese.‹

»Da sind mir nun, Königssohn, drei Gleichnisse aufgeleuchtet, naturgemäße, nie zuvor gehörte.

»Gleichwie etwa, Königssohn, wenn ein feuchtes, leimiges Holzscheit ins Wasser geworfen würde; da träte ein Mann hinzu, mit einem Reibholz versehn: ›Ich will Feuer erwecken, Licht hervorbringen.‹ Was meinst du nun, Königssohn: könnte wohl dieser Mann, mit dem Reibholz das feuchte, leimige, ins Wasser geworfene Holzscheit reibend, Feuer erwecken, Licht hervorbringen?«

»Gewiß nicht, o Herr!«

»Und warum nicht?«

»Jenes Holzscheit, o Herr, ist ja feucht, leimig und überdies noch ins Wasser geworfen! Alle Plage und Mühe des Mannes wäre vergeblich.«

»Ebenso nun auch, Königssohn, steht es mit jenen Asketen oder Priestern, die des Körpers nicht, nicht der Wünsche entwöhnt sind, die was bei ihren Wünschen Wunscheswille, Wunschesleim, Wunschestaumel, Wunschesdurst, Wunschesfieber ist, die das nicht innerlich ausgetrieben, ausgeglüht haben: wenn da jene lieben Asketen und Priester herantretende schmerzliche, brennende, bittere Gefühle erfahren, so sind sie unfähig zum Wissen, zur Klarsicht, zur unvergleichlichen Erwachung; und auch wenn jene lieben Asketen und Priester keine herantretenden schmerzlichen, brennenden, bitteren Gefühle erfahren, so sind sie auch dann unfähig zum Wissen, zur Klarsicht, zur unvergleichlichen Erwachung. Dieses Gleichnis nun, Königssohn, war das erste mir aufleuchtende, das naturgemäße, nie zuvor gehörte.

»Und hierauf ist mir nun, Königssohn, ein zweites Gleichnis aufgeleuchtet, ein naturgemäßes, nie zuvor gehörtes. Gleichwie etwa, Königssohn, wenn ein feuchtes, leimiges Holzscheit fern vom Wasser ans Land geworfen würde; da träte ein Mann hinzu, mit einem Reibholz versehn: ›Ich will Feuer erwecken, Licht hervorbringen.‹ Was meinst du nun, Königssohn: könnte wohl dieser Mann, mit dem Reibholz das feuchte, leimige, fern vom Wasser ans Land geworfene Holzscheit reibend, Feuer erwecken, Licht hervorbringen?«

»Gewiß nicht, o Herr!«

»Und warum nicht?«

»Jenes Holzscheit, o Herr, ist ja feucht, leimig, und wenn es auch außerhalb des Wassers am Lande liegt, alle Plage und Mühe des Mannes wäre vergeblich.«

»Ebenso nun auch, Königssohn, steht es mit jenen Asketen oder Priestern, die des Körpers, die auch der Wünsche entwöhnt sind, die aber was bei ihren Wünschen Wunscheswille, Wunschesleim, Wunschestaumel, Wunschesdurst, Wunschesfieber ist, die das nicht innerlich ausgetrieben, ausgeglüht haben: wenn da jene lieben Asketen und Priester herantretende schmerzliche, brennende, bittere Gefühle erfahren, so sind sie unfähig zum Wissen, zur Klarsicht, zur unvergleichlichen Erwachung; und auch wenn jene lieben Asketen und Priester keine herantretenden schmerzlichen, brennenden, bitteren Gefühle erfahren, so sind sie auch dann unfähig zum Wissen, zur Klarsicht, zur unvergleichlichen Erwachung. Dieses Gleichnis nun, Königssohn, war das zweite mir aufleuchtende, das naturgemäße, nie zuvor gehörte.

»Und hierauf ist mir nun, Königssohn, ein drittes Gleichnis aufgeleuchtet, ein naturgemäßes, nie zuvor gehörtes. Gleichwie etwa, Königssohn, wenn ein trockenes, ausgedörrtes Holzscheit fern vom Wasser ans Land geworfen würde; da träte ein Mann hinzu, mit einem Reibholz versehn: ›Ich will Feuer erwecken, Licht hervorbringen.‹ Was meinst du nun, Königssohn: könnte wohl dieser Mann, mit dem Reibholz das trockene, ausgedörrte, fern vom Wasser ans Land geworfene Holzscheit reibend, Feuer erwecken, Licht hervorbringen?«

»Freilich, o Herr!«

»Und warum das?«

»Jenes Holzscheit, o Herr, ist ja trocken und ausgedörrt und liegt fern vom Wasser am Lande.«

»Ebenso nun auch, Königssohn, steht es mit jenen Asketen oder Priestern, die des Körpers, die auch der Wünsche entwöhnt sind, die was bei ihren Wünschen Wunscheswille, Wunschesleim, Wunschestaumel, Wunschesdurst, Wunschesfieber ist, die das innerlich ausgetrieben, ausgeglüht haben: wenn da jene lieben Asketen und Priester herantretende, schmerzliche, brennende, bittere Gefühle erfahren, so sind sie fähig zum Wissen, zur Klarsicht, zur unvergleichlichen Erwachung; und auch wenn jene lieben Asketen und Priester keine herantretenden schmerzlichen, brennenden, bitteren Gefühle erfahren, so sind sie auch dann fähig zum Wissen, zur Klarsicht, zur unvergleichlichen Erwachung. Dieses Gleichnis nun, Königssohn, war das dritte mir aufleuchtende, das naturgemäße, nie zuvor gehörte.

»Diese drei Gleichnisse, Königssohn, sind mir aufgeleuchtet, naturgemäße, nie zuvor gehörte.

»Da kam mir, Königssohn, der Gedanke: ›Wie, wenn ich nun mit aufeinandergepreßten Zähnen und an den Gaumen gehefteter Zunge durch den Willen das Gemüt niederzwänge, niederdrückte, niederquälte?‹ Und ich zwang nun, Königssohn, mit aufeinandergepreßten Zähnen und an den Gaumen gehefteter Zunge durch den Willen das Gemüt nieder, drückte es nieder, quälte es nieder. Und indem ich also, Königssohn, mit aufeinandergepreßten Zähnen und an den Gaumen gehefteter Zunge durch den Willen das Gemüt niederzwang, niederdrückte, niederquälte, rieselte mir der Schweiß aus den Achselhöhlen. Gleichwie etwa, Königssohn, wenn ein starker Mann einen schwächeren, beim Kopf oder bei der Schulter ergreifend, niederzwingt, niederdrückt, niederquält, ebenso rieselte mir da, Königssohn, indem ich also mit aufeinandergepreßten Zähnen und an den Gaumen gehefteter Zunge durch den Willen das Gemüt niederzwang, niederdrückte, niederquälte, der Schweiß aus den Achselhöhlen. Gestählt war zwar, Königssohn, meine Kraft, unbeugsam, gewärtig die Einsicht, unverrückbar, aber regsam war da mein Körper, nicht ruhig geworden durch diese so schmerzliche Askese, die mich antrieb.

»Da kam mir, Königssohn, der Gedanke: ›Wie, wenn ich mich nun in atemlose Selbstverlierung verlöre?‹ Und ich hielt nun, Königssohn, die Ein- und Ausatmungen von Mund und Nase an. Und indem ich also, Königssohn, die Ein- und Ausatmungen von Mund und Nase anhielt, wurde mir das überlaute Geräusch der Blutströmungen im Ohre vernehmbar. Gleichwie etwa, Königssohn, der geblähte Blasebalg einer Schmiede überlautes Geräusch erzeugt, ebenso wurde mir da, Königssohn, indem ich also die Ein- und Ausatmungen von Mund und Nase anhielt, das überlaute Geräusch der Blutströmungen im Ohre vernehmbar. Gestählt war zwar, Königssohn, meine Kraft, unbeugsam, gewärtig die Einsicht, unverrückbar, aber regsam war da mein Körper, nicht ruhig geworden durch diese so schmerzliche Askese, die mich antrieb.

»Da kam mir, Königssohn, der Gedanke: ›Wie, wenn ich mich nun noch weiter in atemlose Selbstverlierung verlöre?‹ Und ich hielt nun, Königssohn, die Ein- und Ausatmungen von Mund, Nase und Ohr an. Und indem ich also, Königssohn, die Ein- und Ausatmungen von Mund, Nase und Ohr anhielt, schlugen mir überheftige Strömungen auf die Schädeldecke auf. Gleichwie etwa, Königssohn, wenn ein starker Mann mit scharfer Dolchspitze die Schädeldecke zerhämmerte, ebenso schlugen mir da, Königssohn, indem ich also die Ein- und Ausatmungen von Mund, Nase und Ohr anhielt, überheftige Strömungen auf die Schädeldecke auf. Gestählt war zwar, Königssohn, meine Kraft, unbeugsam, gewärtig die Einsicht, unverrückbar, aber regsam war da mein Körper, nicht ruhig geworden durch diese so schmerzliche Askese, die mich antrieb.

»Da kam mir, Königssohn, der Gedanke: ›Wie, wenn ich mich nun noch weiter in atemlose Selbstverlierung verlöre?‹ Und ich hielt nun, Königssohn, die Ein- und Ausatmungen von Mund, Nase und Ohr an. Und indem ich also, Königssohn, die Ein- und Ausatmungen von Mund, Nase und Ohr anhielt, hatte ich im Kopfe betäubende Kopfgefühle. Gleichwie etwa, Königssohn, wenn ein starker Mann feste Riemenstränge auf dem Kopfe peitschend tanzen ließe, ebenso hatte ich da, Königssohn, indem ich also die Ein-und Ausatmungen von Mund, Nase und Ohr anhielt, im Kopfe betäubende Kopfgefühle. Gestählt war zwar, Königssohn, meine Kraft, unbeugsam, gewärtig die Einsicht, unverrückbar, aber regsam war da mein Körper, nicht ruhig geworden durch diese so schmerzliche Askese, die mich antrieb.

»Da kam mir, Königssohn, der Gedanke: ›Wie, wenn ich mich nun noch weiter in atemlose Selbstverlierung verlöre?‹ Und ich hielt nun, Königssohn, die Ein- und Ausatmungen von Mund, Nase und Ohr an. Und indem ich also, Königssohn, die Ein- und Ausatmungen von Mund, Nase und Ohr anhielt, schnitten mir überheftige Strömungen durch den Bauch. Gleichwie etwa, Königssohn, wenn ein geschickter Schlächter oder Schlächtergeselle mit scharfem Schlachtmesser den Bauch durchschlitzte, ebenso schnitten mir da, Königssohn, indem ich also die Ein- und Ausatmungen von Mund, Nase und Ohr anhielt, überheftige Strömungen durch den Bauch. Gestählt war zwar, Königssohn, meine Kraft, unbeugsam, gewärtig die Einsicht, unverrückbar, aber regsam war da mein Körper, nicht ruhig geworden durch diese so schmerzliche Askese, die mich antrieb.

»Da kam mir, Königssohn, der Gedanke: ›Wie, wenn ich mich nun noch weiter in atemlose Selbstverlierung verlöre?‹ Und ich hielt nun, Königssohn, die Ein- und Ausatmungen von Mund, Nase und Ohr an. Und indem ich also, Königssohn, die Ein- und Ausatmungen von Mund, Nase und Ohr anhielt, hatte ich im Körper überheftig glühende Qual. Gleichwie etwa, Königssohn, wenn zwei starke Männer einen schwächeren Mann an beiden Armen ergriffen und in eine Grube voll glühender Kohlen hineinquälten, hineinrollten, ebenso hatte ich da, Königssohn, indem ich also die Ein- und Ausatmungen von Mund, Nase und Ohr anhielt, im Körper überheftig glühende Qual. Gestählt war zwar, Königssohn, meine Kraft, unbeugsam, gewärtig die Einsicht, unverrückbar, aber regsam war da mein Körper, nicht ruhig geworden durch diese so schmerzliche Askese, die mich antrieb.

»Da sahn mich nun, Königssohn, Gottheiten und sagten: ›Gestorben ist der Asket Gotamo.‹ Andere Gottheiten sagten: ›Nicht gestorben ist der Asket Gotamo, aber er stirbt.‹ Und andere Gottheiten sagten: ›Nicht gestorben ist der Asket Gotamo und nicht stirbt er, heilig ist der Asket Gotamo, ein Zustand ist es nur des Heiligen, von solcher Art.‹

»Da kam mir, Königssohn, der Gedanke: ›Wie, wenn ich mich nun gänzlich der Nahrung enthielte?‹ Da traten, Königssohn, Gottheiten zu mir heran und sprachen: ›Wolle nicht, Würdiger, dich gänzlich der Nahrung enthalten! Wenn du dich, Würdiger, gänzlich der Nahrung enthalten willst, so werden wir dir himmlischen Tau durch die Poren einflößen: dadurch wirst du am Leben bleiben.‹ Da kam mir, Königssohn, der Gedanke: ›Wenn ich nun auch gänzliches Fasten hielte, diese Gottheiten mir aber himmlischen Tau durch die Poren einflößten und ich also gefristet würde, so wär' es bloßer Schein.‹ Und ich wies, Königssohn, die Gottheiten zurück und sagte: ›Schon gut!‹

»Da kam mir, Königssohn, der Gedanke: ›Wie, wenn ich nun wenig, wenig Nahrung zu mir nähme, eine hohle Hand voll und noch eine, als wie Bohnenbrühe oder Erbsenbrühe oder Linsenbrühe?‹ Und ich nahm, Königssohn, wenig, wenig Nahrung zu mir, eine hohle Hand voll und noch eine, als wie Bohnenbrühe oder Erbsenbrühe oder Linsenbrühe. Und indem ich also, Königssohn, wenig, wenig Nahrung zu mir nahm, eine hohle Hand voll und noch eine, als wie Bohnenbrühe oder Erbsenbrühe oder Linsenbrühe, wurde mein Körper außerordentlich mager. Wie dürres, welkes Rohr wurden da meine Arme und Beine durch diese äußerst geringe Nahrungsaufnahme, wie ein Kamelhuf wurde da mein Gesäß durch diese äußerst geringe Nahrungsaufnahme, wie eine Kugelkette wurde da mein Rückgrat mit den hervor- und zurücktretenden Wirbeln durch diese äußerst geringe Nahrungsaufnahme, wie sich die Dachsparren eines alten Hauses querkantig abheben, hoben sich da meine Rippen, querkantig ab durch diese äußerst geringe Nahrungsaufnahme, wie in einem tiefen Brunnen die unten liegenden Wasserspiegel verschwindend klein erscheinen, so erschienen da in meinen Augenhöhlen die tiefliegenden Augensterne verschwindend klein durch diese äußerst geringe Nahrungsaufnahme, wie ein Bitterkürbis, frisch angeschnitten, in heißer Sonne hohl und schrumpf wird, so wurde da meine Kopfhaut hohl und schrumpf durch diese äußerst geringe Nahrungsaufnahme. Und indem ich, Königssohn, die Bauchdecke befühlen wollte, traf ich auf das Rückgrat, und indem ich das Rückgrat befühlen wollte, traf ich wieder auf die Bauchdecke. So nahe war mir, Königssohn, die Bauchdecke und das Rückgrat gekommen durch diese äußerst geringe Nahrungsaufnahme. Und ich wollte, Königssohn, Kot und Harn entleeren, da fiel ich vornüber hin durch diese äußerst geringe Nahrungsaufnahme. Um nun diesen Körper da zu stärken, Königssohn, rieb ich mit der Hand die Glieder. Und indem ich also, Königssohn, mit der Hand die Glieder rieb, fielen die wurzelfaulen Körperhaare aus durch die äußerst geringe Nahrungsaufnahme.

»Da sahn mich nun, Königssohn, Menschen und sagten: ›Blau ist der Asket Gotamo!‹ Andere Menschen sagten: ›Nicht blau ist der Asket Gotamo, braun ist der Asket Gotamo!‹ Und andere Menschen sagten: ›Nicht blau ist der Asket Gotamo und nicht braun ist der Asket Gotamo, gelbhäutig ist der Asket Gotamo!‹ So sehr war nun, Königssohn, meine helle, reine Hautfarbe angegriffen worden durch diese äußerst geringe Nahrungsaufnahme.

»Da kam mir, Königssohn, der Gedanke: ›Was für Asketen oder Priester auch je in der Vergangenheit herangetretene schmerzliche, brennende, bittere Gefühle erfahren haben: das ist das höchste, weiter geht es nicht. Was für Asketen oder Priester auch je in der Zukunft herantretende schmerzliche, brennende, bittere Gefühle erfahren werden: das ist das höchste, weiter geht es nicht. Was für Asketen oder Priester auch jetzt in der Gegenwart herantretende schmerzliche, brennende, bittere Gefühle erfahren: das ist das höchste, weiter geht es nicht. Und doch erreiche ich durch diese bittere Schmerzensaskese kein überirdisches, reiches Heiltum der Wissensklarheit! Es gibt wohl einen anderen Weg zur Erwachung.‹

»Da kam mir, Königssohn, der Gedanke: ›Ich erinnere mich, einst, während der Feldarbeiten bei meinem Vater Sakko, im kühlen Schatten eines Rosenapfelbaumes sitzend, den Wünschen erstorben, dem Unheil entronnen, in sinnend gedenkender ruhegeborener seliger Heiterkeit die Weihe der ersten Schauung errungen zu haben: das mag wohl der Weg sein zur Erwachung.‹

»Da kam mir, Königssohn, das einsichtgemäße Bewußtsein: ›Das ist der Weg zur Erwachung.‹

»Da kam mir, Königssohn, der Gedanke: ›Wie, sollt' ich etwa jenes Glück fürchten, jenes Glück jenseits der Wünsche, jenseits des Schlechten?‹

»Da kam mir, Königssohn, der Gedanke: ›Nein, ich fürchte jenes Glück nicht, jenes Glück jenseits der Wünsche, jenseits des Schlechten.‹

»Da kam mir, Königssohn, der Gedanke: ›Nicht leicht kann wohl jenes Glück erreicht werden mit so außerordentlich entkräftetem Körper; wie, wenn ich nun feste Nahrung zu mir nähme, gekochten Reisbrei?‹ Und ich nahm, Königssohn, feste Nahrung zu mir, gekochten Reisbrei.

»Zu jener Zeit aber, Königssohn, lebten fünf verbündete Mönche um mich herum: ›Wenn uns der Asket Gotamo die Wahrheit erkämpft haben wird, wird er sie uns mitteilen!‹ Als ich nun, Königssohn, feste Nahrung zu mir nahm, gekochten Reisbrei, da wandten sich jene fünf verbündeten Mönche von mir ab und gingen fort: ›Üppig wird der Asket Gotamo, der Askese untreu, geneigt der Üppigkeit.‹

»Und ich nahm nun, Königssohn, feste Nahrung zu mir, gewann Kraft und erwirkte, gar fern von Begierden, fern von unheilsamen Dingen, in sinnend gedenkender ruhegeborener seliger Heiterkeit die Weihe der ersten Schauung.

»Nach Vollendung des Sinnens und Gedenkens, Königssohn, erwirkte ich die innere Meerestille, die Einheit des Gemütes, die von Sinnen, von Gedenken freie, in der Einigung geborene selige Heiterkeit, die Weihe der zweiten Schauung.

»In heiterer Ruhe, Königssohn, weilte ich gleichmütig, einsichtig, klar bewußt, ein Glück empfand ich im Körper, von dem die Heiligen sagen: ›Der gleichmütig Einsichtige lebt beglückt‹; so erwirkte ich die Weihe der dritten Schauung.

»Nach Verwerfung der Freuden und Leiden, Königssohn, nach Vernichtung des einstigen Frohsinns und Trübsinns erwirkte ich die Weihe der leidlosen, freudlosen, gleichmütig einsichtigen vollkommenen Reine, die vierte Schauung.

»Solchen Gemütes, innig, geläutert, gesäubert, gediegen, schlackengeklärt, geschmeidig, biegsam, fest, unversehrbar, richtete ich das Gemüt auf die erinnernde Erkenntnis früherer Daseinsformen. Ich erinnerte mich an manche verschiedene frühere Daseinsform, als wie an ein Leben, dann an zwei Leben, dann an drei Leben, dann an vier Leben, dann an fünf Leben, dann an zehn Leben, dann an zwanzig Leben, dann an dreißig Leben, dann an vierzig Leben, dann an fünfzig Leben, dann an hundert Leben, dann an tausend Leben, dann an hunderttausend Leben, dann an die Zeiten während mancher Weltenentstehungen, dann an die Zeiten während mancher Weltenvergehungen, dann an die Zeiten während mancher Weltenentstehungen-Weltenvergehungen. ›Dort war ich, jenen Namen hatte ich, jener Familie gehörte ich an, das war mein Stand, das mein Beruf, solches Wohl und Wehe habe ich erfahren, so war mein Lebensende; dort verschieden trat ich anderswo wieder ins Dasein: da war ich nun, diesen Namen hatte ich, dieser Familie gehört ich an, dies war mein Stand, dies mein Beruf, solches Wohl und Wehe habe ich erfahren, so war mein Lebensende; da verschieden trat ich hier wieder ins Dasein.‹ So erinnerte ich mich mancher verschiedenen früheren Daseinsformen, mit je den eigentümlichen Merkmalen, mit je den eigenartigen Beziehungen. Dieses Wissen, Königssohn, hatte ich nun in den ersten Stunden der Nacht als erstes errungen, das Nichtwissen zerteilt, das Wissen gewonnen, das Dunkel zerteilt, das Licht gewonnen, wie ich da ernsten Sinnes, eifrig, unermüdlich verweilte.

»Solchen Gemütes, innig, geläutert, gesäubert, gediegen, schlackengeklärt, geschmeidig, biegsam, fest, unversehrbar, richtete ich das Gemüt auf die Erkenntnis des Verschwindens-Erscheinens der Wesen. Mit dem himmlischen Auge, dem geläuterten, über menschliche Grenzen hinausreichenden, sah ich die Wesen dahinschwinden und wiedererscheinen, gemeine und edle, schöne und unschöne, glückliche und unglückliche, ich erkannte wie die Wesen je nach den Taten wiederkehren. ›Diese lieben Wesen sind freilich in Taten dem Schlechten zugetan, in Worten dem Schlechten zugetan, in Gedanken dem Schlechten zugetan, tadeln Heiliges, achten Verkehrtes, tun Verkehrtes; bei der Auflösung des Leibes, nach dem Tode, gelangen sie auf den Abweg, auf schlechte Fährte, zur Tiefe hinab, in untere Welt. Jene lieben Wesen sind aber in Taten dem Guten zugetan, in Worten dem Guten zugetan, in Gedanken dem Guten zugetan, tadeln nicht Heiliges, achten Rechtes, tun Rechtes; bei der Auflösung des Leibes, nach dem Tode, gelangen sie auf gute Fährte, in selige Welt.‹ So sah ich mit dem himmlischen Auge, dem geläuterten, über menschliche Grenzen hinausreichenden, die Wesen dahinschwinden und wiedererscheinen, gemeine und edle, schöne und unschöne, glückliche und unglückliche, ich erkannte wie die Wesen je nach den Taten wiederkehren. Dieses Wissen, Königssohn, hatte ich nun in den mittleren Stunden der Nacht als zweites errungen, das Nichtwissen zerteilt, das Wissen gewonnen, das Dunkel zerteilt, das Licht gewonnen, wie ich da ernsten Sinnes, eifrig, unermüdlich verweilte.

»Solchen Gemütes, innig, geläutert, gesäubert, gediegen, schlackengeklärt, geschmeidig, biegsam, fest, unversehrbar, richtete ich das Gemüt auf die Erkenntnis der Wahnversiegung. ›Das ist das Leiden‹ verstand ich der Wahrheit gemäß. ›Das ist die Leidensentwicklung‹ verstand ich der Wahrheit gemäß. ›Das ist die Leidensauflösung‹ verstand ich der Wahrheit gemäß. ›Das ist der zur Leidensauflösung führende Pfad‹ verstand ich der Wahrheit gemäß. ›Das ist der Wahn‹ verstand ich der

Wahrheit gemäß. ›Das ist die Wahnentwicklung‹ verstand ich der Wahrheit gemäß. ›Das ist die Wahnauflösung‹ verstand ich der Wahrheit gemäß. ›Das ist der zur Wahnauflösung führende Pfad‹ verstand ich der Wahrheit gemäß. Also erkennend, also sehend ward da mein Gemüt erlöst vom Wunscheswahn, erlöst vom Daseinswahn, erlöst vom Nichtwissenswahn. ›Im Erlösten ist die Erlösung‹, diese Erkenntnis ging auf. ›Versiegt ist die Geburt, vollendet das Asketentum, gewirkt das Werk, nicht mehr ist diese Welt‹ verstand ich da. Dieses Wissen, Königssohn, hatte ich nun in den letzten Stunden der Nacht als drittes errungen, das Nichtwissen zerteilt, das Wissen gewonnen, das Dunkel zerteilt, das Licht gewonnen, wie ich da ernsten Sinnes, eifrig, unermüdlich verweilte.

»Da kam mir, Königssohn, der Gedanke: ›Entdeckt hab' ich diese tiefe Satzung, die schwer zu gewahren, schwer zu erkunden ist, die stille, erlesene, unbekrittelbare, feine, Weisen erfindliche. Vergnügen aber sucht ja dieses Geschlecht, Vergnügen liebt es, Vergnügen schätzt es. Dem Vergnügen suchenden Geschlechte nun aber, Vergnügen liebenden, Vergnügen schätzenden ist ein solches Ding kaum verständlich: als wie das auf gewisse Weise bedingt sein, die bedingte Entstehung; und auch ein solches Ding wird es kaum verstehn: eben dieses Aufgehn aller Unterscheidung, die Abwehr aller Anhaftung, das Versiegen des Durstes, die Wendung, Auflösung, Erlösung. Wenn ich also die Satzung darlege und die anderen mich doch nicht begreifen, so ist mir Plage gewiß und Anstoß.‹ Und es sind mir, Königssohn, diese naturgemäßen Sprüche aufgeleuchtet, die vorher nie gehörten:

›Mit heißer Mühe was ich fand
Nun offenbaren wär' umsonst:
Das gier- und haßverzehrte Volk
Ist solcher Satzung nicht geneigt.

›Die stromentgegen gehende
Tief innig zart verborgene
Bleibt Gierergetzten unsichtbar
In dichter Finsternis verhüllt.‹

»Also erwägend, Königssohn, neigte sich mein Gemüt zur Verschlossenheit, nicht zur Darlegung der Lehre. Da nun gewahrte, Königssohn, Brahmā Sahampati meines Herzens Bedenken und klagte: ›Verderben, ach, wird ja die Welt, elend verderben, wenn des Vollendeten, Heiligen, vollkommen Erwachten Gemüt sich zur Verschlossenheit neigt und nicht zur Darlegung der Lehre!‹ Da verschwand nun, Königssohn, Brahmā Sahampati, so schnell wie etwa ein kräftiger Mann den eingezogenen Arm ausstrecken oder den ausgestreckten Arm einziehn mag, aus der Brahmawelt und erschien vor mir. Da nun entblößte, Königssohn, Brahmā Sahampati eine Schulter, faltete die Hände zu mir und sprach hierauf also:

»›O daß doch der Erhabene, o Herr, die Lehre darlege, o daß doch der Willkommene die Lehre darlege! Es gibt Wesen edlerer Art: ohne Gehör der Lehre verlieren sie sich; sie werden die Lehre verstehn.‹
»Das sagte, Königssohn, Brahmā Sahampati; und hierauf sprach er fernerhin also:

›Verkündet ward in Magadhā Verkehrtes,
Vertrübte Lehre von Unreinen ausgedacht:
Eröffne du jetzt dieses Tor des Lebens,
Der Reine weise zur entdeckten Wahrheit uns.

›Wie einer, der am Gipfel hoher Berge steht
Und in die Lande blickt nach allen Seiten hin,
So blick', Allauge du, vom Turm der Wahrheit
In dieses Schmerzenreich, du Schmerzenlöser!
Sieh' hin, o Weiser, auf das Sein:
Entstehn-Vergehn ist seine Pein.

›Wohlan, o Helde, siegreicher Kampfesherr,
Geh' hin zur Welt, entsühnt, o Meisterführer du!
Die Lehre mögest, Herr, verkünden:
Es werden sich Verständige finden.‹

»Auf das Anliegen Brahmās nun, Königssohn, und aus Erbarmen zu den Wesen blickte ich mit dem erwachten Auge in die Welt. Und ich sah, Königssohn, mit dem erwachten Auge in die Welt blickend, Wesen edlerer Art und gemeinerer Art, scharfsinnige und stumpfsinnige, gut begabte und schlecht begabte, leicht begreifende und schwer begreifende und manche, die das Anpreisen einer anderen Welt für arg erachten. Gleichwie etwa, Königssohn, in einem Lotosweiher einzelne blaue oder rote oder weiße Lotosrosen im Wasser entstehn, im Wasser sich entwickeln, unter dem Wasserspiegel bleiben, aus der Wassertiefe Nahrung aufsaugen; einzelne blaue oder rote oder weiße Lotosrosen im

Wasser entstehn, im Wasser sich entwickeln, bis zum Wasserspiegel dringen; einzelne blaue oder rote oder weiße Lotosrosen im Wasser entstehn, im Wasser sich entwickeln, über das Wasser emporsteigen und dastehn unbenetzt von Wasser: ebenso nun auch, Königssohn, sah ich, mit dem erwachten Auge in die Welt blickend, Wesen edlerer Art und gemeinerer Art, scharfsinnige und stumpfsinnige, gut begabte und schlecht begabte, leicht begreifende und schwer begreifende und manche, die das Anpreisen einer anderen Welt für arg erachten.

»Und ich erwiderte nun, Königssohn, Brahmā Sahampati mit dem Spruche:

»Erschlossen sind zur Ewigkeit die Tore:
Wer Ohren hat zu hören komm' und höre.
Den Anstoß ahnend wahrt' ich unberedsam
Das köstlich Edle vor den Menschen, Brahmā.«

»Da nun, Königssohn, sagte Brahmā Sahampati: ›Gewährung hat mir der Erhabene verheißen, die Lehre darzulegen‹, begrüßte mich ehrerbietig, ging rechts herum und war alsbald verschwunden.

»Da kam mir, Königssohn, der Gedanke: ›Wem könnt' ich nun wohl zuerst die Lehre darlegen, wer wird diese Lehre gar bald begreifen?‹ Da kam mir, Königssohn, der Gedanke: ›Jener Āḷāro Kālāmo ist weise, entfremdet, tiefsinnig, lebt seit langer Zeit der Entsagung; wenn ich nun ihm zuerst die Lehre darlege, wird er diese Lehre gar bald begreifen.‹ Da nun kamen, Königssohn, Gottheiten zu mir und sagten: ›Vor sieben Tagen, o Herr, ist Āḷāro Kālāmo gestorben.‹ Die klare Gewißheit ging mir nun auf: ›Vor sieben Tagen ist Āḷāro Kālāmo gestorben.‹ Da kam mir, Königssohn, der Gedanke: ›Ein großer Geist war Āḷāro Kālāmo: hätte er diese Lehre vernommen, er hätte sie gar bald begriffen.‹ Da kam mir, Königssohn, der Gedanke: ›Wem könnt' ich nun wohl zuerst die Lehre darlegen, wer wird diese Lehre gar bald begreifen?‹ Da kam mir, Königssohn, der Gedanke: ›Jener Uddako Rāmaputto ist weise, entfremdet, tiefsinnig, lebt seit langer Zeit der Entsagung; wenn ich nun ihm zuerst die Lehre darlege, wird er diese Lehre gar bald begreifen.‹ Da nun kamen, Königssohn, Gottheiten zu mir und sagten: ›Am Abend, o Herr, ist Uddako Rāmaputto gestorben.‹ Die klare Gewißheit ging mir nun auf: ›Am Abend ist Uddako Rāmaputto gestorben.‹ Da kam mir, Königssohn, der Gedanke: ›Ein großer Geist war Uddako Rāmaputto: hätte er diese Lehre vernommen, er hätte sie gar bald begriffen.‹ Da kam mir, Königssohn, der Gedanke: ›Wem könnt' ich nun wohl zuerst die Lehre darlegen, wer wird diese Lehre gar bald begreifen?‹ Da kam mir, Königssohn, der Gedanke: ›Zugetan sind mir ja die Fünf verbündeten Mönche, die meiner warteten, als ich mich der Askese hingab; wie, wenn ich nun zuerst den Fünf verbündeten Mönchen die Lehre darlegen möchte?‹ Da kam mir, Königssohn, der Gedanke: ›Wo weilen wohl jetzt die Fünf verbündeten Mönche?‹ Und ich sah, Königssohn, mit dem himmlischen Auge, dem geläuterten, über menschliche Grenzen hinausreichenden, den Aufenthalt der Fünf verbündeten Mönche bei Benāres, am Sehersteine, im Wildparke. Und ich begab mich nun, Königssohn, da ich in Uruvelā nach Belieben geweilt hatte, auf die Wanderung nach Benāres.

»Da begegnete mir, Königssohn, Upako, ein Nackter Büßer, auf dem Wege vom Baum der Erwachung nach Gayā, und als er mich gesehn hatte, sprach er also zu mir:

»›Heiter, o Bruder, ist dein Angesicht, hell die Hautfarbe und rein! Um wessen willen, o Bruder, bist du hinausgezogen? Wer ist wohl dein Meister? Oder zu wessen Lehre bekennst du dich?‹

»Auf diese Worte, Königssohn, sprach ich zu Upako dem Nackten Büßer die Sprüche:

»Allüberwinder, Allerkenner bin ich,
Von allen Dingen ewig abgeschieden,
Verlassend alles, lebenswahngeläutert,
Durch mich allein belehrt, wen kann ich nennen?

»Kein Lehrer hat mich aufgeklärt,
Kein Wesen gibt es, das mir gleicht,
Die Welt mit ihren Göttern hat
Nicht Einen Ebenbürtigen.

»Denn ich bin ja der Herr der Welt,
Der höchste Meister, der bin ich,
Ein einzig Allvollendeter,
Vollkommen Wahnerloschener.

»Der Wahrheit Reich erricht' ich nun
Und wandre zur Benāresstadt:
Erdröhnen soll in finster Welt
Die Trommel der Unsterblichkeit.«

›So glaubst du also, Bruder, daß du der Heilige bist, der Unumschränkte Sieger?‹

»Mir gleich, ja, werden Siegende,
Ist Wahnvertilgung ausgeübt:
Besiegt hab' ich das Sündige,
Bin darum Sieger, Upako.«

»Auf diese Worte, Königssohn, erwiderte Upako der Nackte Büßer: ›Wenn's nur wäre, Bruder!‹, schüttelte das Haupt, schlug einen Seitenweg ein und entfernte sich.

»Und ich zog nun, Königssohn, von Ort zu Ort nach Benāres, kam zum Seherstein, in den Wildpark, wo die Fünf verbündeten Mönche weilten. Da erblickten mich, Königssohn, die Fünf verbündeten Mönche von ferne herankommen, und als sie mich gesehn bestärkte einer den anderen: ›Da kommt, Bruder, jener Asket Gotamo heran, der Üppige, der von der Askese abgefallen ist und sich der Üppigkeit ergeben hat: wir wollen ihn weder begrüßen, noch uns erheben um ihm Mantel und Schale abzunehmen, aber ein Sitz sei zugewiesen; wenn er will, mag er sich setzen.‹ Je mehr ich mich aber, Königssohn, näherte, desto weniger vermochten die Fünf verbündeten Mönche bei ihrem Entschluß zu verharren: einige kamen entgegen und nahmen mir Mantel und Schale ab, einige baten mich Platz zu nehmen, einige machten ein Fußbad zurecht, und sie gingen mich mit dem Namen und dem Bruderworte an. Da sagte ich, Königssohn, zu den Fünf verbündeten Mönchen:

›Nicht gehet, ihr Mönche, den Vollendeten mit dem Namen und dem Bruderworte an: heilig, ihr Mönche, ist der Vollendete, der vollkommen Erwachte. Leihet Gehör, ihr Mönche, die Unsterblichkeit ist gefunden. Ich führe ein, ich lege die Lehre dar. Der Führung folgend werdet ihr in gar kurzer Zeit jenes Ziel, um dessen willen edle Söhne gänzlich vom Hause fort in die Hauslosigkeit ziehen, die höchste Vollendung der Heiligkeit noch bei Lebzeiten euch offenbar machen, verwirklichen und erringen.‹

»Auf diese Worte, Königssohn, erwiderten mir die Fünf verbündeten Mönche: ›Selbst durch deine so harte Buße, o Bruder Gotamo, durch deine Kasteiung, durch deine Schmerzensaskese hast du das überirdische, reiche Heiltum der Wissensklarheit nicht errungen: wie magst du nun jetzt, wo du üppig geworden, von der Askese abgefallen bist, der Üppigkeit dich ergeben hast, das überirdische, reiche Heiltum der Wissensklarheit besitzen?‹ Auf diese Worte, Königssohn, erwiderte ich den Fünf verbündeten Mönchen:

›Nicht ist, ihr Mönche, der Vollendete üppig geworden, von der Askese abgefallen, der Üppigkeit ergeben: heilig, ihr Mönche, ist der Vollendete, der vollkommen Erwachte. Leihet Gehör, ihr Mönche, die Unsterblichkeit ist gefunden. Ich führe ein, ich lege die Lehre dar. Der Führung folgend werdet ihr in ganz kurzer Zeit jenes Ziel, um dessen willen edle Söhne gänzlich vom Hause fort in die Hauslosigkeit ziehn, die höchste Vollendung der Heiligkeit noch bei Lebzeiten euch offenbar machen, verwirklichen und erringen.‹

»Und zum zweiten Mal nun, Königssohn, erwiderten mir die Fünf verbündeten Mönche: ›Selbst durch deine so harte Buße, o Bruder Gotamo, durch deine Kasteiung, durch deine Schmerzensaskese hast du das überirdische, reiche Heiltum der Wissensklarheit nicht errungen: wie magst du nun jetzt, wo du üppig geworden, von der Askese abgefallen bist, der Üppigkeit dich ergeben hast, das überirdische, reiche Heiltum der Wissensklarheit besitzen?‹ Und zum zweiten Mal nun, Königssohn, erwiderte ich den Fünf verbündeten Mönchen:

›Nicht ist, ihr Mönche, der Vollendete üppig geworden, von der Askese abgefallen, der Üppigkeit ergeben: heilig, ihr Mönche, ist der Vollendete, der vollkommen Erwachte. Leihet Gehör, ihr Mönche, die Unsterblichkeit ist gefunden. Ich führe ein, ich lege die Lehre dar. Der Führung folgend werdet ihr in ganz kurzer Zeit jenes Ziel, um dessen willen edle Söhne gänzlich vom Hause fort in die Hauslosigkeit ziehn, die höchste Vollendung der Heiligkeit noch bei Lebzeiten euch offenbar machen, verwirklichen und erringen.‹

»Und zum dritten Mal nun, Königssohn, erwiderten mir die Fünf verbündeten Mönche: ›Selbst durch deine so harte Buße, o Bruder Gotamo, durch deine Kasteiung, durch deine Schmerzensaskese hast du das überirdische, reiche Heiltum der Wissensklarheit nicht errungen: wie magst du nun jetzt, wo du üppig geworden, von der Askese abgefallen bist, der Üppigkeit dich ergeben hast, das überirdische, reiche Heiltum der Wissensklarheit besitzen?‹ Auf diese Worte, Königssohn, sagte ich zu den Fünf verbündeten Mönchen:

›Entsinnet ihr euch, ihr Mönche, daß ich je zuvor also gesprochen hätte?‹

›Nein, o Herr!‹

›Heilig, ihr Mönche, ist der Vollendete, der vollkommen Erwachte. Leihet Gehör, ihr Mönche, die Unsterblichkeit ist gefunden. Ich führe ein, ich lege die Lehre dar. Der Führung folgend werdet ihr in gar kurzer

Zeit jenes Ziel, um dessen willen edle Söhne gänzlich vom Hause fort in die Hauslosigkeit ziehn, die höchste Vollendung der Heiligkeit noch bei Lebzeiten euch offenbar machen, verwirklichen und erringen.‹

»Und es gelang mir, Königssohn, den Fünf verbündeten Mönchen meine Erkenntnis mitzuteilen. Erst trug ich zweien Mönchen die Lehre vor, drei Mönche gingen um Almosenspeise, und was die drei Mönche an Almosenspeise brachten, das teilten wir in sechs Teile und lebten davon. Dann trug ich, Königssohn, dreien Mönchen die Lehre vor, zwei Mönche gingen um Almosenspeise, und was die zwei Mönche an Almosenspeise brachten, das teilten wir in sechs Teile und lebten davon.

»Und die Fünf verbündeten Mönche, Königssohn, von mir also belehrt, also eingeführt, hatten sich da gar bald jenes Ziel, um dessen willen edle Söhne gänzlich vom Hause fort in die Hauslosigkeit ziehn, die höchste Vollendung der Heiligkeit noch bei Lebzeiten offenbar gemacht, verwirklicht und errungen.«

Nach dieser Rede wandte sich Bodhi der Königssohn also an den Erhabenen:

»Wie lange braucht wohl, o Herr, ein Mönch, der den Vollendeten zum Lenker hat, um jenes Ziel, warum edle Söhne gänzlich vom Hause fort in die Hauslosigkeit ziehn, die höchste Vollendung der Heiligkeit noch bei Lebzeiten sich offenbar zu machen, zu verwirklichen und zu erringen?«

»Da will ich dir nun, Königssohn, eben hierüber eine Frage stellen: wie es dir gutdünkt magst du sie beantworten. Was meinst du wohl, Königssohn: ist dir die Kunst Elefanten zu besteigen und zu lenken genau bekannt?«

»Gewiß, o Herr, genau ist mir die Kunst Elefanten zu besteigen und zu lenken bekannt.«

»Was meinst du wohl, Königssohn: da käme ein Mann herbei: ›Bodhi der Königssohn versteht die Kunst Elefanten zu besteigen und zu lenken; bei ihm will ich diese Kunst erlernen.‹ Aber er hätte kein Zutrauen, was man durch Zutrauen erreichen kann, das erreichte er nicht. Aber er wäre kränklich, was man durch Rüstigkeit erreichen kann, das erreichte er nicht. Aber er wäre listig und gleißnerisch, was man durch Ehrlichkeit und Offenheit erreichen kann, das erreichte er nicht. Aber er wäre feig, was man durch Tapferkeit erreichen kann, das erreichte er nicht. Aber er wäre blöde, was man durch Witz erreichen kann, das erreichte er nicht. Was meinst du wohl, Königssohn: könnte da nun dieser Mann die Kunst Elefanten zu besteigen und zu lenken bei dir erlernen?«

»Und hätte, o Herr, dieser Mann auch nur eine solche Eigenschaft, so könnt' er die Kunst Elefanten zu besteigen und zu lenken bei mir nicht erlernen, geschweige mit fünf solchen Eigenschaften!«

»Was meist du wohl, Königssohn: da käme ein Mann herbei: ›Bodhi der Königssohn versteht die Kunst Elefanten zu besteigen und zu lenken; bei ihm will ich diese Kunst erlernen.‹ Aber er hätte Zutrauen, was man durch Zutrauen erreichen kann, das erreichte er. Aber er wäre rüstig, was man durch Rüstigkeit erreichen kann, das erreichte er. Aber er wäre ehrlich und offen, was man durch Ehrlichkeit und Offenheit erreichen kann, das erreichte er. Aber er wäre tapfer, was man durch Tapferkeit erreichen kann, das erreichte er. Aber er wäre witzig, was man durch Witz erreichen kann, das erreichte er. Was meinst du wohl, Königssohn; könnte da nun dieser Mann die Kunst Elefanten zu besteigen und zu lenken bei dir erlernen?«

»Und hätte, o Herr, dieser Mann auch nur eine solche Eigenschaft, so könnt' er die Kunst Elefanten zu besteigen und zu lenken bei mir erlernen, geschweige mit fünf solchen Eigenschaften!«

»Ebenso nun, Königssohn, gibt es auch hier fünf Kampfeseigenschaften: welche fünf? Da hat, Königssohn, der Mönch Zutrauen, er traut der Wachheit des Vollendeten, so zwar: ›Das ist der Erhabene, der Heilige, vollkommen Erwachte, der Wissens- und Wandelsbewährte, der Willkommene, der Welt Kenner, der unvergleichliche Leiter der Männerherde, der Meister der Götter und Menschen, der Erwachte, der Erhabene.‹ Rüstig ist er und munter, seine Kräfte sind gleichmäßig gemischt, weder zu kühl noch zu heiß, den mittleren Kampf zu bestehn. Ehrlich ist er und offen und gibt sich der Wahrheit gemäß dem Meister oder erfahrenen Ordensbrüdern zu erkennen. Mut hat er und Kraft unheilsame Dinge zu verleugnen und heilsame Dinge zu erringen, er dauert stark und standhaft aus, gibt den heilsamen Kampf nicht auf. Witzig ist er, mit der Weisheit begabt, die Aufgang und Untergang sieht, mit der heiligen, durchdringenden, die zur völligen Leidensversiegung führt. Das sind, Königssohn, die fünf Kampfeseigenschaften. Mit diesen fünf Kampfeseigenschaften begabt, Königssohn, mag ein Mönch, der den Vollendeten zum Lenker hat, um jenes Ziel, warum edle Söhne gänzlich vom Hause fort in die Hauslosigkeit ziehn, die höchste Vollendung der Heiligkeit noch bei Lebzeiten sich offenbar zu machen, zu verwirklichen und zu erringen, sieben Jahre brauchen.

»Sei es, Königssohn, um die sieben Jahre: mit diesen fünf Kampfeseigenschaften begabt mag ein Mönch, der den Vollendeten zum Lenker hat, um jenes Ziel, warum edle Söhne gänzlich vom Hause fort in die

Hauslosigkeit ziehn, die höchste Vollendung der Heiligkeit noch bei Lebzeiten sich offenbar zu machen, zu verwirklichen und zu erringen, sechs Jahre, fünf Jahre, vier Jahre, drei Jahre, zwei Jahre, ein Jahr brauchen.

»Sei es, Königssohn, um das Jahr: mit diesen fünf Kampfeseigenschaften begabt mag ein Mönch, der den Vollendeten zum Lenker hat, um jenes Ziel, warum edle Söhne gänzlich vom Hause fort in die Hauslosigkeit ziehn, die höchste Vollendung der Heiligkeit noch bei Lebzeiten sich offenbar zu machen, zu verwirklichen und zu erringen, sieben Monate, sechs Monate, fünf Monate, vier Monate, drei Monate, zwei Monate, einen Monat brauchen.

»Sei es, Königssohn, um den Monat, sei es um den halben Monat, sei es um sieben Tage, um sechs Tage, um fünf Tage, um vier Tage, um drei Tage, sei es, Königssohn, um zwei Tage: mit diesen fünf Kampfeseigenschaften begabt mag ein Mönch, der den Vollendeten zum Lenker hat, um jenes Ziel, warum edle Söhne gänzlich vom Hause fort in die Hauslosigkeit ziehn, die höchste Vollendung der Heiligkeit noch bei Lebzeiten sich offenbar zu machen, zu verwirklichen und zu erringen, einen Tag brauchen.

»Sei es, Königssohn, um einen Tag: mit diesen fünf Kampfeseigenschaften begabt kann ein Mönch, der den Vollendeten zum Lenker hat, am Abend eingeführt am Morgen den Ausgang finden, am Morgen eingeführt am Abend des Ausgang finden.«

Auf diese Worte wandte sich Bodhi der Königssohn also an den Erhabenen:

»O herrlich Erwachter, o herrliche Wahrheit, o herrlich verkündete Wahrheit, wo da einer am Abend eingeführt am Morgen den Ausgang finden kann, am Morgen eingeführt am Abend den Ausgang finden kann!«

Da meinte Sañjikāputto, der es gehört, der junge Brāhmane, sich an Bodhi den Königssohn wendend:

»So hat eben hier Herr Bodhi nur gesagt ›O herrlich Erwachter, o herrliche Wahrheit, o herrlich verkündete Wahrheit‹, aber nicht gesagt, daß er bei Ihm, dem Herrn Gotamo Zuflucht nehme, bei der Lehre und bei der Jüngerschaft.«

»Nicht also rede, bester Sañjikāputto, nicht also rede, bester Sañjikāputto! Von meinem Mütterchen selber, bester Sañjikāputto, hab' ich Folgendes erfahren, aus ihrem Munde vernommen. Es war einmal, bester Sañjikāputto, da weilte der Erhabene zu Kosambī, im Stiftungsgarten. Und das Mütterchen, schwanger mit mir, begab sich dorthin wo der

Erhabene weilte, begrüßte den Erhabenen ehrerbietig und setzte sich seitwärts nieder. Seitwärts sitzend sprach nun mein Mütterchen also zum Erhabenen: ›Was ich da, o Herr, im Leibe trage, das Knäblein oder das Mägdlein, das nimmt beim Erhabenen Zuflucht, bei der Lehre und bei der Jüngerschaft: als Anhänger mög' es der Erhabene betrachten, von heute an zeitlebens getreu.‹ Es war einmal, bester Sañjikāputto, da weilte der Erhabene eben hier, im Bhagger-Lande, bei Suṃsumāragiram, im Forste des Bhesakaḷā-Waldes. Und meine Amme nahm mich zu Hüften, und begab sich dorthin wo der Erhabene weilte, begrüßte den Erhabenen ehrerbietig und stellte sich seitwärts hin. Seitwärts stehend sprach nun meine Amme also zum Erhabenen: ›Dieser Bodhi, o Herr, der Königssohn, nimmt beim Erhabenen Zuflucht, bei der Lehre und bei den Jüngern: als Anhänger möge ihn der Erhabene betrachten, von heute an zeitlebens getreu.‹ Und so nehm' ich denn, bester Sañjikāputto, zum dritten Mal beim Erhabenen Zuflucht, bei der Lehre und bei der Jüngerschaft: als Anhänger möge mich der Erhabene betrachten, von heute an zeitlebens getreu.«

2. ZWEIERLEI ERWÄGUNGEN

19. Rede

Das hab' ich gehört. Zu einer Zeit weilte der Erhabene bei Sāvatthī, im Siegerwalde, im Garten Anāthapiṇḍikos. Dort nun wandte sich der Erhabene an die Mönche: »Ihr Mönche!« – »Erlauchter!« antworteten da jene Mönche dem Erhabenen aufmerksam. Der Erhabene sprach also:

»Früher, ihr Mönche, noch vor der vollen Erwachung, kam mir, dem unvollkommen Erwachten, Erwachung erst Erringenden, dieser Gedanke: ›Wie, wenn ich nun die Erwägungen nach der einen und nach der anderen Seite sonderte?‹ Und ich sonderte nun, ihr Mönche, die Erwägungen des Begehrens, Schadens und Wütens nach der einen Seite, und sonderte die Erwägungen des Entsagens, Nichtschadens, Nichtwütens nach der anderen Seite. Als mir nun, Mönche, bei diesem ernsten, eifrigen, heißen Mühn eine Erwägung des Begehrens aufstieg, sagte ich mir: ›Aufgestiegen ist mir da diese Erwägung des Begehrens; und sie führt zu eigener Beschränkung und führt zu fremder Beschränkung, sie führt zu beider Beschränkung, rodet die Weisheit aus, bringt

Verstörung mit sich, führt nicht zur Wahnerlöschung, führt zu eigener Beschränkung‹: da ich also sann, ihr Mönche, löste sie sich auf. ›Führt zu fremder Beschränkung‹: da ich also sann, ihr Mönche, löste sie sich auf. ›Führt zu beider Beschränkung‹: da ich also sann, ihr Mönche, löste sie sich auf. ›Rodet die Weisheit aus, bringt Verstörung mit sich, führt nicht zur Wahnerlöschung‹: da ich also sann, ihr Mönche, löste sie sich auf. Und so oft nun, ihr Mönche, eine Erwägung des Begehrens in mir aufstieg, da verleugnete, vertrieb, vertilgte ich sie eben.

»Als mir nun, Mönche, bei diesem ernsten, eifrigen, heißen Mühn eine Erwägung des Schadens, eine Erwägung des Wütens aufstieg, sagte ich mir: ›Aufgestiegen ist mir da diese Erwägung des Schadens, diese Erwägung des Wütens; und sie führt zu eigener Beschränkung und führt zu fremder Beschränkung, sie führt zu beider Beschränkung, rodet die Weisheit aus, bringt Verstörung mit sich, führt nicht zur Wahnerlöschung, führt zu eigener Beschränkung‹: da ich also sann, ihr Mönche, löste sie sich auf. ›Führt zu fremder Beschränkung‹: da ich also sann, ihr Mönche, löste sie sich auf. ›Führt zu beider Beschränkung‹: da ich also sann, ihr Mönche, löste sie sich auf. ›Rodet die Weisheit aus, bringt Verstörung mit sich, führt nicht zur Wahnerlöschung‹: da ich also sann, ihr Mönche, löste sie sich auf. Und so oft nun, ihr Mönche, eine Erwägung des Schadens, eine Erwägung des Wütens in mir aufstieg, da verleugnete, vertrieb, vertilgte ich sie eben.

»Was da, ihr Mönche, ein Mönch lange erwägt und überlegt, dahin neigt sich der Sinn. Wenn der Mönch, ihr Mönche, eine Erwägung des Begehrens lange erwägt und überlegt, so hat er die Erwägung des Entsagens verleugnet, die Erwägung des Begehrens großgezogen, und sein Herz neigt sich zur Erwägung des Begehrens. Wenn der Mönch, ihr Mönche, eine Erwägung des Schadens, eine Erwägung des Wütens lange erwägt und überlegt, so hat er die Erwägung des Nichtschadens, die Erwägung des Nichtwütens verleugnet, die Erwägung des Schadens, die Erwägung des Wütens großgezogen, und sein Herz neigt sich zur Erwägung des Schadens, zur Erwägung des Wütens.

»Gleichwie etwa, ihr Mönche, ein Rinderhirt im letzten Monat der Regenzeit, im Herbste, wenn die Ernte eingebracht ist, seine Herde sammelt, die Rinder von da und von dort herantreibt, herzutreibt und in die Hürden und Ställe bringt, und warum das? Weil ja sonst, ihr Mönche, der Hirt gewissen Verlust oder Nachteil, Unglück oder Unbill gewärtigen müßte: ebenso nun auch, ihr Mönche, merkte ich da des Schlechten Elend, Erbärmlichkeit und Besudelung und des Guten heilsamen Einfluß in der Entsagung.

»Als mir nun, Mönche, bei diesem ernsten, eifrigen, heißen Mühn eine Erwägung des Entsagens aufstieg, sagte ich mir: ›Aufgestiegen ist mir da diese Erwägung des Entsagens; und sie führt wahrlich nicht zu eigener Beschränkung, nicht zu fremder Beschränkung, führt zu keines Beschränkung, fördert die Weisheit, bringt keine Verstörung mit sich, führt zur Wahnerlöschung. Ob ich sie nun, ihr Mönche, bei Nacht erwäge und überlege, ob ich sie nun, ihr Mönche, bei Tag erwäge und überlege, ich kann in ihr nichts Schreckliches finden: ob ich sie gleich, ihr Mönche, Tag und Nacht erwäge und überlege, ich kann in ihr nichts Schreckliches finden. Aber gäbe ich mich dem Erwägen und Überlegen zu lange hin, so würde mein Körper ermüden, bei müdem Körper das Herz matt werden, und das matte Herz ist fern von der Selbstvertiefung.‹ Da faßte ich denn, ihr Mönche, mein Herz innig zusammen, beruhigte es, einigte es, festigte es, und warum das? Damit mein Herz nicht matt werde.

»Als mir nun, ihr Mönche, bei diesem ernsten, eifrigen, heißen Mühn eine Erwägung des Nichtschadens, eine Erwägung des Nichtwütens aufstieg, sagte ich mir: ›Aufgestiegen ist mir da diese Erwägung des Nichtschadens, diese Erwägung des Nichtwütens; und sie führt wahrlich nicht zu eigener Beschränkung, nicht zu fremder Beschränkung, führt zu keines Beschränkung, fördert die Weisheit, bringt keine Verstörung mit sich, führt zur Wahnerlöschung. Ob ich sie nun, ihr Mönche, bei Nacht erwäge und überlege, ob ich sie nun, ihr Mönche, bei Tag erwäge und überlege, ich kann in ihr nichts Schreckliches finden: ob ich sie gleich, ihr Mönche, Tag und Nacht erwäge und überlege, ich kann in ihr nichts Schreckliches finden. Aber gäbe ich mich dem Erwägen und Überlegen zu lange hin, so würde mein Körper ermüden, bei müdem Körper das Herz matt werden, und das matte Herz ist fern von der Selbstvertiefung.‹ Da faßte ich denn, ihr Mönche, mein Herz innig zusammen, beruhigte es, einigte es, festigte es, und warum das? Damit mein Herz nicht matt werde.

»Was da, ihr Mönche, ein Mönch lange erwägt und überlegt, dahin neigt sich der Sinn. Wenn der Mönch, ihr Mönche, eine Erwägung des Entsagens lange erwägt und überlegt, so hat er die Erwägung des Begehrens verleugnet, die Erwägung des Entsagens großgezogen, und sein Herz neigt sich zur Erwägung des Entsagens. Wenn der Mönch, ihr Mönche, eine Erwägung des Nichtschadens, eine Erwägung des Nichtwütens lange erwägt und überlegt, so hat er die Erwägung des Schadens, die Erwägung des Wütens verleugnet, die Erwägung des Nichtschadens, die Erwägung des Nichtwütens großgezogen, und sein Herz neigt sich zur Erwägung des Nichtschadens, zur Erwägung des Nichtwütens.

»Gleichwie etwa, ihr Mönche, ein Rinderhirt im letzten Monat des Sommers, wenn das Korn auf den Feldern ringsum in voller Reife steht, seine Herde hüten und im Walde wie auf der Wiese wohl achthaben muß: ›Die Rinder sind da‹: ebenso nun auch, ihr Mönche, mußte ich da wohl achthaben: ›Die Dinge sind da.‹

»Gestählt war aber, ihr Mönche, meine Kraft, unbeugsam, gewärtig die Einsicht, unverrückbar, beruhigt der Körper, ohne Regung, vertieft das Gemüt, einig. Und ich weilte nun, ihr Mönche, gar fern von Begierden, fern von unheilsamen Dingen, in sinnend erwägender ruhegeborener seliger Heiterkeit, in der Weihe der ersten Schauung. Nach Vollendung des Sinnens und Erwägens erwirkte ich innere Meeresstille, Einheit des Gemütes, sinnes- und erwägensfreie, in der Einigung geborene selige Heiterkeit, die Weihe der zweiten Schauung. In heiterer Ruhe weilte ich gleichmütig, einsichtig, klar bewußt, ein Glück empfand ich im Körper, von dem die Heiligen sagen: ›Der gleichmütig Einsichtige lebt beglückt‹; so erwirkte ich die Weihe der dritten Schauung. Nach Verwerfung der Freuden und Leiden, nach Vernichtung des einstigen Frohsinns und Trübsinns erwirkte ich die Weihe der leidlosen, freudlosen, gleichmütig einsichtigen vollkommenen Reine, die vierte Schauung.

»Solchen Gemütes, innig geläutert, gesäubert, gediegen, schlackengeklärt, geschmeidig, biegsam, fest, unversehrbar, richtete ich das Gemüt auf die erinnernde Erkenntnis früherer Daseinsformen. Ich erinnerte mich an manche verschiedene frühere Daseinsform, als wie an ein Leben, dann an zwei Leben, dann an drei Leben, dann an vier Leben, dann an fünf Leben, dann an zehn Leben, dann an zwanzig Leben, dann an dreißig Leben, dann an vierzig Leben, dann an fünfzig Leben, dann an hundert Leben, dann an tausend Leben, dann an hunderttausend Leben, dann an die Zeiten während mancher Weltenentstehungen, dann an die Zeiten während mancher Weltenvergehungen, dann an die Zeiten während mancher Weltenentstehungen-Weltenvergehungen. ›Dort war ich, jenen Namen hatte ich, jener Familie gehörte ich an, das war mein Stand, das mein Beruf, solches Wohl und Wehe habe ich erfahren, so war mein Lebensende; dort verschieden trat ich anderswo wieder ins Dasein: da war ich nun, diesen Namen hatte ich, dieser Familie gehörte ich an, dies war mein Stand, dies mein Beruf, solches Wohl und Wehe habe ich erfahren, so war mein Lebensende; da verschieden trat ich hier wieder ins Dasein.‹ So erinnerte ich mich mancher verschiedenen früheren Daseinsform, mit je den eigentümlichen Merkmalen, mit je den eigenartigen Beziehungen. Dieses Wissen, ihr Mönche, hatte ich da in den ersten Stunden der Nacht als erstes errungen, das Nichtwissen zerteilt, das Wissen gewonnen, das Dunkel zerteilt, das Licht gewonnen, als ich in so ernstem, eifrigem, heißem Mühn verweilte.

»Solchen Gemütes, innig, geläutert, gesäubert, gediegen, schlackengeklärt, geschmeidig, biegsam, fest, unversehrbar, richtete ich das Gemüt auf die Erkenntnis des Verschwindens-Erscheinens der Wesen. Mit dem himmlischen Auge, dem geläuterten, über menschliche Grenzen hinausreichenden, sah ich die Wesen dahinschwinden und wiedererscheinen, gemeine und edle, schöne und unschöne, glückliche und unglückliche, ich erkannte wie die Wesen je nach den Taten wiederkehren. ›Diese lieben Wesen sind freilich in Taten dem Schlechten zugetan, in Worten dem Schlechten zugetan, in Gedanken dem Schlechten zugetan, tadeln Heiliges, achten Verkehrtes, tun Verkehrtes; bei der Auflösung des Leibes, nach dem Tode, gelangen sie auf den Abweg, auf schlechte Fährte, zur Tiefe hinab, in untere Welt. Jene lieben Wesen sind aber in Taten dem Guten zugetan, in Worten dem Guten zugetan, in Gedanken dem Guten zugetan, tadeln nicht Heiliges, achten Rechtes, tun Rechtes; bei der Auflösung des Leibes, nach dem Tode, gelangen sie auf gute Fährte, in selige Welt.‹ So sah ich mit dem himmlischen Auge, dem geläuterten, über menschliche Grenzen hinausreichenden, die Wesen dahinschwinden und wiedererscheinen, gemeine und edle, schöne und unschöne, glückliche und unglückliche, ich erkannte wie die Wesen je nach den Taten wiederkehren. Dieses Wissen, ihr Mönche, hatte ich da in den mittleren Stunden der Nacht als zweites errungen, das Nichtwissen zerteilt, das Wissen gewonnen, das Dunkel zerteilt, das Licht gewonnen, als ich in so ernstem, eifrigem, heißem Mühn verweilte.

»Solchen Gemütes, innig, geläutert, gesäubert, gediegen, schlackengeklärt, geschmeidig, biegsam, fest, unversehrbar, richtete ich das Gemüt auf die Erkenntnis der Wahnversiegung. ›Das ist das Leiden‹ verstand ich der Wahrheit gemäß. ›Das ist die Leidensentwicklung‹ verstand ich der Wahrheit gemäß. ›Das ist die Leidensauflösung‹ verstand ich der Wahrheit gemäß. ›Das ist der zur Leidensauflösung führende Pfad‹ verstand ich der Wahrheit gemäß. ›Das ist der Wahn‹ verstand ich der Wahrheit gemäß. ›Das ist die Wahnentwicklung‹ verstand ich der Wahrheit gemäß. ›Das ist die Wahnauflösung‹ verstand ich der Wahrheit gemäß. ›Das ist der zur Wahnauflösung führende Pfad‹ verstand ich der Wahrheit gemäß. Also erkennend, also sehend ward da mein Gemüt erlöst vom Wunscheswahn, erlöst vom Daseinswahn, erlöst vom Nichtwissenswahn. ›Im Erlösten ist die Erlösung‹, diese Erkenntnis ging auf. ›Versiegt ist die Geburt, vollendet das Asketentum, gewirkt das Werk, nicht mehr ist diese Welt‹ verstand ich da. Dieses Wissen, ihr Mönche, hatte ich nun in den letzten Stunden der Nacht als drittes errungen, das Nichtwissen zerteilt, das Wissen gewonnen, das Dunkel zerteilt, das Licht gewonnen, als ich in so ernstem, eifrigem, heißem Mühn verweilte.

»Gleichwie, etwa, ihr Mönche, wenn eine große Herde Wildes in waldigem Tale auf weiten sumpfigen Moorgrund geraten wäre, und irgend ein Mensch wollte ihr übel, sänne auf ihr Verderben und Unheil; da versperrte er den Weg, der sicher, günstig, fröhlich zu wandeln ist, und ließe den Abweg offen, der zum Sumpfe führt, triebe sie hin: so würde nun, Mönche, diese große Herde Wildes bald schwinden und abnehmen. Doch wenn sich, ihr Mönche, irgend ein Mensch dieser großen Herde Wildes erbarmte, auf ihr Wohl und Heil sänne, möchte er den Weg, der sicher, günstig, fröhlich zu wandeln ist, offenbar machen, den Abweg versperren, die sumpfige Fährte verrammeln, die Tiere von dort verscheuchen: so würde nun, Mönche, diese große Herde Wildes bald zunehmen, blühn und gedeihen.

»Ein Gleichnis habe ich da, meine Mönche, gegeben, um den Sinn zu erklären. Das aber ist nun der Sinn. Der weite sumpfige Moorgrund: das ist, ihr Mönche, eine Bezeichnung der Begierden. Die große Herde Wildes: das ist, ihr Mönche, eine Bezeichnung der Lebendigen. Der Mensch, der übelwill, auf Verderben und Unheil sinnt: das ist, ihr Mönche, eine Bezeichnung der Natur, der bösen. Der Abweg: das ist, ihr Mönche, eine Bezeichnung des achtfältigen falschen Weges, nämlich falscher Erkenntnis, falscher Gesinnung, falscher Rede, falschen Handelns, falschen Wandelns, falschen Mühns, falscher Einsicht, falscher Einigung. Die sumpfige Fährte: das ist, ihr Mönche, eine Bezeichnung der Genügenslust. Der Gang in den Sumpf: das ist, ihr Mönche, eine Bezeichnung des Nichtwissens. Der Mensch aber, der sich erbarmt, auf Wohl und Heil sinnt: das ist, ihr Mönche, eine Bezeichnung des Vollendeten, des Heiligen, vollkommen Erwachten. Und der sichere Weg, der günstig und fröhlich zu wandeln ist: das ist, ihr Mönche, eine Bezeichnung des heiligen achtfältigen Weges, nämlich rechter Erkenntnis, rechter Gesinnung, rechter Rede, rechten Handelns, rechten Wandelns, rechten Mühns, rechter Einsicht, rechter Einigung.

»Und so habe ich, Mönche, den sicheren Weg, der günstig und fröhlich zu wandeln ist, offenbar gemacht, den Abweg versperrt, die sumpfige Fährte verrammelt, den Gang in den Sumpf verleidet. Was ein Meister, ihr Mönche, den Jüngern aus Liebe und Teilnahme, von Mitleid bewogen, schuldet, das habt ihr von mir empfangen. Da laden, ihr Mönche, Bäume ein, und dort leere Klausen. Wirket Schauung, Mönche, auf daß ihr nicht lässig werdet, später nicht Reue empfindet: das haltet als unser Gebot.«

Also sprach der Erhabene. Zufrieden freuten sich jene Mönche über das Wort des Erhabenen.

3. FURCHT UND ANGST

4. Rede

Das hab' ich gehört. Zu einer Zeit weilte der Erhabene bei Sāvatthī, im Siegerwalde, im Garten Anāthapiṇḍikos. Da kam nun Jāṇussoṇi, ein Brāhmane, zum Erhabenen hin, begrüßte den Erhabenen ehrerbietig, wechselte freundliche, denkwürdige Worte mit dem Erhabenen und setzte sich zur Seite nieder. Zur Seite sitzend wandte sich nun der Brāhmane Jāṇussoṇi also an den Erhabenen:

»Die edlen Söhne hier, o Gotamo, die um des verehrten Gotamo willen, aus Zuversicht vom Hause fort in die Hauslosigkeit gezogen sind, die folgen dem verehrten Gotamo nach, halten den verehrten Gotamo hoch, haben den verehrten Gotamo zum Lenker erkoren, und des verehrten Gotamo Lebensansicht und Lebensführung wird diesen Leuten zur eigenen.«

»So ist es, Brāhmane, so ist es, Brāhmane. Die edlen Söhne hier, Brāhmane, die um meinetwillen, aus Zuversicht vom Hause fort in die Hauslosigkeit gezogen sind, die folgen mir nach, halten mich hoch, haben mich zum Lenker erkoren, und meine Lebensansicht und Lebensführung wird diesen Leuten zur eigenen.«

»Schwer lebt es sich aber, o Gotamo, im tiefen Walde, an abgelegenen Orten, schwer ist es Einsamkeit zu pflegen, schwer Alleinsein genießen; die Waldschluchten müssen wohl einem Mönche, der keine Fassung gewinnen kann, das Herz im Leibe stocken lassen.«

»So ist es, Brāhmane, so ist es, Brāhmane. Schwer lebt es sich freilich, Brāhmane, im tiefen Walde, an abgelegenen Orten, schwer ist es Einsamkeit zu pflegen, schwer Alleinsein genießen; die Waldschluchten müssen wohl einem Mönche, der keine Fassung gewinnen kann, das Herz im Leibe stocken lassen.

»Auch mir, Brāhmane, ist es, noch vor der vollen Erwachung, dem unvollkommen Erwachten, Erwachung erst Erringenden, also ergangen: ›Schwer lebt es sich, ach, im tiefen Walde, an abgelegenen Orten, schwer ist es Einsamkeit zu pflegen, schwer Alleinsein genießen; die Waldschluchten müssen ja einem Mönche, der keine Fassung gewinnen kann, das Herz im Leibe stocken lassen.‹

»Da sagte ich mir, Brāhmane: ›Alle die lieben Asketen oder Brāhmanen, die, an Taten ungeläutert, tief im Walde abgelegene Orte aufsuchen, die erfahren, eben weil ihr Tun nicht geläutert ist, schuldige Furcht und Angst; ich aber, der ich, an Taten nicht ungeläutert, tief im Walde abgelegene Orte aufsuche, übe lauteres Tun: habt ihr Heilige, die, lauter an Taten, tief im Walde abgelegene Orte aufsuchen, so bin ich einer von ihnen.‹ Als ich, Brāhmane, merkte, diese Lauterkeit des Tuns eigne mir, nahm mein Wohlgefallen am Waldleben zu.

»Und ich sagte mir, Brāhmane: ›Alle die lieben Asketen oder Brāhmanen, die, an Worten ungeläutert, tief im Walde abgelegene Orte aufsuchen, die erfahren, eben weil ihre Rede nicht geläutert ist, schuldige Furcht und Angst; ich aber, der ich, an Worten nicht ungeläutert, tief im Walde abgelegene Orte aufsuche, übe lautere Rede: habt ihr Heilige, die, lauter an Worten, tief im Walde abgelegene Orte aufsuchen, so bin ich einer von ihnen.‹ Als ich, Brāhmane, merkte, diese Lauterkeit der Rede eigne mir, nahm mein Wohlgefallen am Waldleben zu.

»Und ich sagte mir, Brāhmane: ›Alle die lieben Asketen oder Brāhmanen, die, an Gedanken ungeläutert, tief im Walde abgelegene Orte aufsuchen, die erfahren, eben weil ihr Denken nicht geläutert ist, schuldige Furcht und Angst; ich aber, der ich, an Gedanken nicht ungeläutert, tief im Walde abgelegene Orte aufsuche, übe lauteres Denken: habt ihr Heilige, die, lauter an Gedanken, tief im Walde abgelegene Orte aufsuchen, so bin ich einer von ihnen.‹ Als ich, Brāhmane, merkte, diese Lauterkeit des Denkens eigne mir, nahm mein Wohlgefallen am Waldleben zu.

»Und ich sagte mir, Brāhmane: ›Alle die lieben Asketen oder Brāhmanen, die ungeläuterten Wesens tief im Walde abgelegene Orte aufsuchen, die erfahren, eben weil ihr Wesen nicht geläutert ist, schuldige Furcht und Angst; ich aber, der ich nicht ungeläuterten Wesens tief im Walde abgelegene Orte aufsuche, übe lauteres Wesen: habt ihr Heilige, die lauteren Wesens tief im Walde abgelegene Orte aufsuchen, so bin ich einer von ihnen.‹ Als ich, Brāhmane, merkte, diese Lauterkeit des Wesens eigne mir, nahm mein Wohlgefallen am Waldleben zu.

»Und ich sagte mir, Brāhmane: ›Alle die lieben Asketen oder Brāhmanen, die begierig, voller heftiger Wünsche tief im Walde abgelegene Orte aufsuchen, die erfahren, eben weil sie begierig, von heftigen Wünschen erfüllt sind, schuldige Furcht und Angst; ich aber, der ich nicht begierig, nicht voller heftiger Wünsche tief im Walde abgelegene Orte aufsuche, bin ohne Begier: habt ihr Heilige, die ohne Begier tief im Walde abgelegene Orte aufsuchen, so bin ich einer von ihnen.‹ Als ich, Brāhmane, merkte, diese Begierlosigkeit eigne mir, nahm mein Wohlgefallen am Waldleben zu.

»Und ich sagte mir, Brāhmane: ›Alle die lieben Asketen oder Brāhmanen, die gehässig, verbitterten Sinnes tief im Walde abgelegene Orte aufsuchen, die erfahren, eben weil sie gehässig, verbitterten Sinnes sind, schuldige Furcht und Angst; ich aber, der ich ohne Haß, ohne Verbitterung tief im Walde abgelegene Orte aufsuche, fühle Mitleid: habt ihr Heilige, die mitleidig tief im Walde abgelegene Orte aufsuchen, so bin ich einer von ihnen.‹ Als ich, Brāhmane, merkte, dieses Mitleid eigne mir, nahm mein Wohlgefallen am Waldleben zu.

»Und ich sagte mir, Brāhmane: ›Alle die lieben Asketen oder Brāhmanen, die matt und müde tief im Walde abgelegene Orte aufsuchen, die erfahren, eben weil sie sich von matter Müde beschleichen lassen, schuldige Furcht und Angst; ich aber, der ich matter Müde wehrend tief im Walde abgelegene Orte aufsuche, bin frei von matter Müde: habt ihr Heilige, die frei von matter Müde tief im Walde abgelegene Orte aufsuchen, so bin ich einer von ihnen.‹ Als ich, Brāhmane, merkte, diese matte Müde sei mir fremd, nahm mein Wohlgefallen am Waldleben zu.

»Und ich sagte mir, Brāhmane: ›Alle die lieben Asketen und Brāhmanen, die aufgeregt, unruhigen Geistes tief im Walde abgelegene Orte aufsuchen, die erfahren, eben weil sie aufgeregt, unruhigen Geistes sind, schuldige Furcht und Angst; ich aber, der ich ohne Erregung, ohne Unruhe tief im Walde abgelegene Orte aufsuche, weile ruhigen Gemütes: habt ihr Heilige, die ruhigen Gemütes tief im Walde abgelegene Orte aufsuchen, so bin ich einer von ihnen.‹ Als ich, Brāhmane, merkte, diese Ruhe eigne mir, nahm mein Wohlgefallen am Waldleben zu.

»Und ich sagte mir, Brāhmane: ›Alle die lieben Asketen und Brāhmanen, die schwankend und zweifelnd tief im Walde abgelegene Orte aufsuchen, die erfahren, eben weil sie schwankenden, unsicheren Geistes sind, schuldige Furcht und Angst; ich aber, der ich sicher und zweifellos tief im Walde abgelegene Orte aufsuche, bin meiner Sache gewiß: habt ihr Heilige, die ihrer Sache gewiß tief im Walde abgelegene Orte aufsuchen, so bin ich einer von ihnen.‹ Als ich, Brāhmane, merkte, diese Gewißheit eigne mir, nahm mein Wohlgefallen am Waldleben zu.

»Und ich sagte mir, Brāhmane: ›Alle die lieben Asketen und Brāhmanen, die mit Selbstlob und Nächstentadel tief im Walde abgelegene Orte aufsuchen, die erfahren, eben weil sie sich brüsten und andere verachten, schuldige Furcht und Angst; ich aber, der ich ohne mich zu brüsten, ohne andere zu verachten tief im Walde abgelegene Orte aufsuche, bin frei von Selbstlob und Nächstentadel: habt ihr Heilige, die frei von Selbstlob und Nächstentadel tief im Walde abgelegene Orte aufsuchen, so bin ich einer von ihnen.‹ Als ich, Brāhmane, merkte, Selbstlob und Nächstentadel sei mir fremd, nahm mein Wohlgefallen am Waldleben zu.

»Und ich sagte mir, Brāhmane: ›Alle die lieben Asketen oder Brāhmanen, die zitternd und zagend tief im Walde abgelegene Orte aufsuchen, die erfahren, eben weil sie zittern und zagen, schuldige Furcht und Angst; ich aber, der ich ohne Zittern, ohne Zagen tief im Walde abgelegene Orte aufsuche, bin frei von Zittern und Zagen: habt ihr Heilige, die frei von Zittern und Zagen tief im Walde abgelegene Orte aufsuchen, so bin ich einer von ihnen.‹ Als ich, Brāhmane, merkte, Zittern und Zagen sei mir fremd, nahm mein Wohlgefallen am Waldleben zu.

»Und ich sagte mir, Brāhmane: ›Alle die lieben Asketen oder Brāhmanen, die nach Gaben, Ehre und Ansehn geizend tief im Walde abgelegene Orte aufsuchen, die erfahren, eben weil sie Gaben, Ehre und Ansehn erhoffen, schuldige Furcht und Angst; ich aber, der ich Gaben, Ehre und Ansehn verschmähend tief im Walde abgelegene Orte aufsuche, bescheide mich: habt ihr Heilige, die sich bescheidend tief im Walde abgelegene Orte aufsuchen, so bin ich einer von ihnen.‹ Als ich, Brāhmane, merkte, diese Bescheidenheit eigne mir, nahm mein Wohlgefallen am Waldleben zu.

»Und ich sagte mir, Brāhmane: ›Alle die lieben Asketen und Brāhmanen, die gebrochen und mutlos tief im Walde abgelegene Orte aufsuchen, die erfahren, eben weil sie gebrochen und mutlos sind, schuldige Furcht und Angst; ich aber, der ich ungebrochen, nicht mutlos tief im Walde abgelegene Orte aufsuche, bin standhaft: habt ihr Heilige, die standhaft tief im Walde abgelegene Orte aufsuchen, so bin ich einer von ihnen.‹ Als ich, Brāhmane, merkte, diese Standhaftigkeit eigne mir, nahm mein Wohlgefallen am Waldleben zu.

»Und ich sagte mir, Brāhmane: ›Alle die lieben Asketen und Brāhmanen, die mit verstörter, trüber Vernunft tief im Walde abgelegene Orte aufsuchen, die erfahren, eben weil sie verstörter, trüber Vernunft sind, schuldige Furcht und Angst; ich aber, der ich ohne Verstörung, ohne Trübung tief im Walde abgelegene Orte aufsuche, bin bei klarer Vernunft: habt ihr Heilige, die bei klarer Vernunft tief im Walde abgelegene Orte aufsuchen, so bin ich einer von ihnen.‹ Als ich, Brāhmane, merkte, diese klare Vernunft eigne mir, nahm mein Wohlgefallen am Waldleben zu.

»Und ich sagte mir, Brāhmane: ›Alle die lieben Asketen oder Brāhmanen, die unsteten, zerstreuten Sinnes tief im Walde abgelegene Orte aufsuchen, die erfahren, eben weil sie unstet und zerstreut sind, schuldige Furcht und Angst; ich aber, der ich nicht unstet, nicht zerstreut tief im Walde abgelegene Orte aufsuche, bin gefaßt: habt ihr Heilige, die gefaßt tief im Walde abgelegene Orte aufsuchen, so bin ich einer von ihnen.‹ Als ich, Brāhmane, merkte, diese Fassung eigne mir, nahm mein Wohlgefallen am Waldleben zu.

»Und ich sagte mir, Brāhmane: ›Alle die lieben Asketen und Brāhmanen, die töricht und stumpf tief im Walde abgelegene Orte aufsuchen, die erfahren, eben weil sie töricht und stumpf sind, schuldige Furcht und Angst; ich aber, der ich nicht töricht, nicht stumpf tief im Walde abgelegene Orte aufsuche, bin weise: habt ihr Heilige, die weise tief im Walde abgelegene Orte aufsuchen, so bin ich einer von ihnen.‹ Als ich, Brāhmane, merkte, diese Weisheit eigne mir, nahm mein Wohlgefallen am Waldleben zu.

»Da sagte ich mir, Brāhmane: ›Wie, wenn ich nun in gewissen, verrufenen Nächten, bei Vollmond und bei Neumond, bei zunehmendem und bei abnehmendem Viertel Grabhügel in Hainen, in Wäldern, unter Bäumen aufsuchte, an Stätten des Grausens und Entsetzens weilte, damit ich doch erführe, was es mit jener Furcht und Angst sei?‹ Und im Laufe der Zeit, Brāhmane, suchte ich in gewissen, verrufenen Nächten, bei Vollmond und bei Neumond, beim ersten und beim letzten Viertel Grabhügel auf, in Hainen, in Wäldern, unter Bäumen, weilte an Stätten des Grauens und Entsetzens. Da saß ich nun, Brāhmane, und ein Reh kam herbei, oder ein Waldhuhn knickte einen Ast, oder Wind schüttelte das Laubwerk. Ich aber dachte: ›Hier wird sich wohl jene Furcht und Angst einstellen.‹ Und ich sagte mir, Brāhmane: ›Was wart' ich denn unverwandt auf das Erscheinen der Furcht? Wie, wenn ich nun, sobald sich jene Furcht und Angst irgend zeigen sollte, auch schon alsbald jener Furcht und Angst begegnete?‹ Und jene Furcht und Angst, Brāhmane, kam über mich, als ich auf und ab ging. Aber weder stand ich da, Brāhmane, still, noch setzte ich mich nieder, noch legte ich mich hin, bis ich auf und ab gehend jener Furcht und Angst begegnet hatte. Und jene Furcht und Angst, Brāhmane, fand sich ein als ich stille stand. Aber weder ging ich da, Brāhmane, auf und ab, noch setzte ich mich nieder, noch legte ich mich hin, bis ich stille stehend jener Furcht und Angst begegnet hatte. Und jene Furcht und Angst, Brāhmane, nahte mir als ich saß. Aber weder legte ich mich da, Brāhmane, hin, noch stand ich auf, noch ging ich umher, bis ich sitzend jener Furcht und Angst begegnet hatte. Und jene Furcht und Angst, Brāhmane, kam heran als ich lag. Aber weder hob ich mich da, Brāhmane, empor, noch stand ich auf, noch ging ich hin und her, bis ich liegend jener Furcht und Angst begegnet hatte.

»Doch gibt es, Brāhmane, manche Asketen und Brāhmanen, die halten die Nacht für Tag und den Tag für Nacht. Das nenn' ich, Brāhmane, einen Wahn jener Asketen und Brāhmanen. Ich aber, Brāhmane, halte die Nacht für Nacht und den Tag für Tag. Wer nun, Brāhmane, mit Recht von einem Manne sagen kann: ›Ein wahnloses Wesen ist in der Welt erschienen, vielen zum Wohle, vielen zum Heile, aus Erbarmen zur Welt, zum Nutzen, Wohle und Heile für Götter und Menschen‹, der kann eben von mir mit Recht sagen: ›Ein wahnloses Wesen ist in der Welt erschienen, vielen zum Wohle, vielen zum Heile, aus Erbarmen zur Welt, zum Nutzen, Wohle und Heile für Götter und Menschen.‹

»Standhaft aber, Brāhmane, hielt ich aus, ohne zu wanken, bei klarer Vernunft, ohne Verstörung, gestillten Körpers, ohne Regung, gefaßten Gemütes, einig. Gar fern von Begierden, fern von unheilsamen Dingen weilte ich da, Brāhmane, in sinnend gedenkender ruhegeborener seliger Heiterkeit, erwirkte die Weihe der ersten Schauung.

»Nach Vollendung des Sinnens und Gedenkens gewann ich die innere Meeresstille, die Einheit des Gemütes, die von Sinnen, von Gedenken freie, in der Einigung geborene selige Heiterkeit, die Weihe der zweiten Schauung.

»In heiterer Ruhe verweilte ich gleichmütig, einsichtig, klar bewußt, ein Glück empfand ich im Körper, von dem die Heiligen sagen: ›Der gleichmütig Einsichtige lebt beglückt‹; so erwirkte ich die Weihe der dritten Schauung.

»Nach Verwerfung der Freuden und Leiden, nach Vernichtung des einstigen Frohsinns und Trübsinns erwirkte ich die Weihe der leidlosen, freudlosen, gleichmütig einsichtigen vollkommenen Reine, die vierte Schauung.

»Solchen Gemütes, innig, geläutert, gesäubert, gediegen, schlackengeklärt, geschmeidig, biegsam, fest, unversehrbar, richtete ich das Gemüt auf die erinnernde Erkenntnis früherer Daseinsformen. Ich erinnerte mich an manche verschiedene frühere Daseinsform, als wie an ein Leben, dann an zwei Leben, dann an drei Leben, dann an vier Leben, dann an fünf Leben, dann an zehn Leben, dann an zwanzig Leben, dann an dreißig Leben, dann an vierzig Leben, dann an fünfzig Leben, dann an hundert Leben, dann an tausend Leben, dann an hunderttausend Leben, dann an die Zeiten während mancher Weltenentstehungen, dann an die Zeiten während mancher Weltenvergehungen, dann an die Zeiten während mancher Weltenentstehungen-Weltenvergehungen. ›Dort war ich, jenen Namen hatte ich, jener Familie gehörte ich an, das war mein Stand, das mein Beruf, solches Wohl und Wehe habe ich erfahren, so war mein Lebensende; dort verschieden trat ich anderswo wieder ins Dasein: da war ich nun, diesen Namen hatte ich, dieser Familie gehörte ich an, dies war mein Stand, dies mein Beruf, solches Wohl und Wehe habe ich erfahren, so war mein Lebensende; da verschieden trat ich hier wieder ins Dasein.‹ So erinnerte ich mich mancher verschiedenen früheren Daseinsformen, mit je den eigentümlichen Merkmalen, mit je den eigenartigen Beziehungen. Dieses Wissen, Brāhmane, hatte ich nun in den ersten Stunden der Nacht als erstes errungen, das Nichtwissen zerteilt, das Wissen gewonnen, das Dunkel zerteilt, das Licht gewonnen, wie ich da ernsten Sinnes, eifrig, unermüdlich weilte.

»Solchen Gemütes, innig, geläutert, gesäubert, gediegen, schlackengeklärt, geschmeidig, biegsam, fest, unversehrbar, richtete ich das Gemüt auf die Erkenntnis des Verschwindens-Erscheinens der Wesen. Mit dem himmlischen Auge, dem geläuterten, über menschliche Grenzen hinausreichenden, sah ich die Wesen dahinschwinden und wiedererscheinen, gemeine und edle, schöne und unschöne, glückliche und unglückliche, ich erkannte wie die Wesen je nach den Taten wiederkehren. ›Diese lieben Wesen sind freilich in Taten dem Schlechten zugetan, in Worten dem Schlechten zugetan, in Gedanken dem Schlechten zugetan, tadeln Heiliges, achten Verkehrtes, tun Verkehrtes; bei der Auflösung des Leibes, nach dem Tode, gelangen sie auf den Abweg, auf schlechte Fährte, zur Tiefe hinab, in untere Welt. Jene lieben Wesen sind aber in Taten dem Guten zugetan, in Worten dem Guten zugetan, in Gedanken dem Guten zugetan, tadeln nicht Heiliges, achten Rechtes, tun Rechtes; bei der Auflösung des Leibes, nach dem Tode, gelangen sie auf gute Fährte, in selige Welt.‹ So sah ich mit dem himmlischen Auge, dem geläuterten, über menschliche Grenzen hinausreichenden, die

Wesen dahinschwinden und wiedererscheinen, gemeine und edle, schöne und unschöne, glückliche und unglückliche, ich erkannte wie die Wesen je nach den Taten wiederkehren. Dieses Wissen, Brāhmane, hatte ich nun in den mittleren Stunden der Nacht als zweites errungen, das Nichtwissen zerteilt, das Wissen gewonnen, das Dunkel zerteilt, das Licht gewonnen, wie ich da ernsten Sinnes, eifrig, unermüdlich weilte.

»Solchen Gemütes, innig, geläutert, gesäubert, gediegen, schlackengeklärt, geschmeidig, biegsam, fest, unversehrbar, richtete ich das Gemüt auf die Erkenntnis der Wahnversiegung. ›Das ist das Leiden‹ verstand ich der Wahrheit gemäß. ›Das ist die Leidensentwicklung‹ verstand ich der Wahrheit gemäß. ›Das ist die Leidensauflösung‹ verstand ich der Wahrheit gemäß. ›Das ist der zur Leidensauflösung führende Pfad‹ verstand ich der Wahrheit gemäß. ›Das ist der Wahn‹ verstand ich der Wahrheit gemäß. ›Das ist die Wahnentwicklung‹ verstand ich der Wahrheit gemäß. ›Das ist die Wahnauflösung‹ verstand ich der Wahrheit gemäß. ›Das ist der zur Wahnauflösung führende Pfad‹ verstand ich der Wahrheit gemäß. Also erkennend, also sehend ward da mein Gemüt erlöst vom Wunscheswahn, erlöst vom Daseinswahn, erlöst vom Nichtwissenswahn. ›Im Erlösten ist die Erlösung‹, diese Erkenntnis ging auf. ›Versiegt ist die Geburt, vollendet das Asketentum, gewirkt das Werk, nicht mehr ist diese Welt‹ verstand ich da. Dieses Wissen, Brāhmane, hatte ich nun in den letzten Stunden der Nacht als drittes errungen, das Nichtwissen zerteilt, das Wissen gewonnen, das Dunkel zerteilt, das Licht gewonnen, wie ich da ernsten Sinnes, eifrig, unermüdlich weilte.

»Aber nun möchtest du, Brāhmane, vielleicht meinen: ›Auch heute wohl ist der Asket Gotamo noch nicht ganz lauter von Gier, Haß und Wahn: darum sucht er tief im Walde abgelegene Orte auf.‹ Doch also, Brāhmane, sollst du es nicht verstehn. Zwei Gründe sind es, Brāhmane, die mich tief im Walde abgelegene Orte aufsuchen lassen: mein eigenes Wohlbefinden in dieser Zeitlichkeit und das Mitleid zu denen, die mir nachfolgen.«

»Mitleid geschenkt hat wahrlich Herr Gotamo denen, die ihm nachfolgen, wie's eben dem Heiligen, vollkommen Erwachten geziemt. – Vortrefflich, o Gotamo, vortrefflich, o Gotamo! Gleichwie etwa, o Gotamo, als ob einer Umgestürztes aufstellte, oder Verdecktes enthüllte, oder Verirrten den Weg wiese, oder Licht in die Finsternis brächte: ›Wer Augen hat wird die Dinge sehn‹: ebenso auch hat Herr Gotamo die Lehre gar mannigfach dargelegt. Und so nehm' ich bei Herrn Gotamo

Zuflucht, bei der Lehre und bei der Jüngernschaft: als Anhänger soll mich Herr Gotamo betrachten, von heute an zeitlebens getreu.«

4. VERSCHLACKUNG

128. Rede

Das hab' ich gehört. Zu einer Zeit weilte der Erhabene bei Kosambī, in der Gartenstiftung. Zu jener Zeit nun war unter den Mönchen von Kosambī Zank und Streit ausgebrochen, sie haderten miteinander und scharfe Wortgefechte fanden statt.

Da begab sich denn einer der Mönche dorthin wo der Erhabene weilte, begrüßte den Erhabenen ehrerbietig und stellte sich seitwärts hin. Seitwärts stehend sprach nun jener Mönch zum Erhabenen also:

»Es ist da, o Herr, zu Kosambī unter den Mönchen Zank und Streit ausgebrochen, sie hadern miteinander und scharfe Wortgefechte finden statt. Gut wär' es, o Herr, wenn sich der Erhabene zu jenen Mönchen hinbegeben wollte, von Mitleid bewogen.«

Schweigend gewährte der Erhabene die Bitte.

Und der Erhabene begab sich zu jenen Mönchen hin und sprach also zu ihnen:

»Genug, ihr Mönche: gemieden sei Zank und Streit, gemieden Zwist und Hader.«

Also ermahnt wandte sich ein anderer der Mönche an den Erhabenen und sagte:

»Möge, o Herr, der Erhabene, der Wahrheit Gebieter, hingehn: selbstgenügsam möge, o Herr, der Erhabene seliger Gegenwart genießen; wir werden uns in diesem Zank und Streite, Zwist und Hader verständigen.«

Und ein zweites Mal, und ein drittes Mal sprach der Erhabene also zu jenen Mönchen:

»Genug, ihr Mönche: gemieden sei Zank und Streit, gemieden Zwist und Hader.«

Und ein zweites Mal, und ein drittes Mal sprach jener andere Mönch also zum Erhabenen:

»Möge, o Herr, der Erhabene, der Wahrheit Gebieter, hingehn: selbstgenügsam möge, o Herr, der Erhabene seliger Gegenwart genießen; wir werden uns in diesem Zank und Streite, Zwist und Hader verständigen.«

Und der Erhabene, zeitig gerüstet, mit Mantel und Schale versehn, machte sich auf den Gang nach Kosambī um Almosenspeise, trat in der Stadt von Haus zu Hause hin, nahm das Mahl ein, kehrte zurück, räumte sein Lager zurecht, behielt Mantel und Schale und ließ nun, schon aufgebrochen, folgende Weise verlauten:

»Wo jeder lärmend ein sich mengt,
Als Tor Vernunft erlangt man nie;
Den Brüderbund, zerbrecht ihr ihn,
Hört keiner auf den andern mehr.

Vergessen ward ein weiser Spruch
Des Kenners, der erfahren sprach;
Die Zunge zügeln, das ist not,
Und lenken sie: man lernt es nicht.

›Gescholten hat man mich, verletzt,
Hat mich besiegt, hat mich verlacht‹:
Wer solchen Sinn im Herzen hegt,
Von Feindschaft läßt er nimmer ab.

›Gescholten hat man mich, verletzt,
Hat mich besiegt, hat mich verlacht‹:
Wer solchen Sinn zu bannen weiß,
Von Feindschaft läßt er eilig ab.

›Es wird ja Feindschaft nimmermehr
Durch Feindschaft wieder ausgesöhnt:
Nichtfeindschaft gibt Versöhnung an;
Das ist Gesetz von Ewigkeit.‹

Die Menschen sehn es selten ein,
Daß Dulden uns geduldig macht:
Doch wer es einsieht, wer es weiß
Gibt alles Eifern willig auf.

Der Henker, Scherge, Mörder, Dieb,
Wer Rinder, Rosse, Schätze rafft,
Landstreichersippe, Räubervolk,
Zusammen halten solche schon:
Warum nur solltet ihr es nicht?

Hat man den abgeklärten Freund gefunden,
Der mitgeht, mutig mitbestrebt in Tugend,
Entgangen aller dräuenden Bedrängnis
Mit ihm zufrieden wandern mag der weise Mann.

Muß man den abgeklärten Freund vermissen,
Der mitgeht, mutig mitbestrebt in Tugend,
Als König, der sein Königreich verloren,
Alleinig wandern mag man wie der wilde Ilph.

Allein ist bessre Wanderschaft,
Mit Toren schließt man keinen Bund;
Alleinig wandre man und meide böse Tat,
Geworden selbstgenügsam wie der wilde Ilph.«

Als nun der Erhabene, schon aufgebrochen, diese Weise gesagt hatte, ging er hinweg, nach dem Dorfe Niedersoolenbrunn. Damals aber weilte der ehrwürdige Bhagu bei dem Dorfe Niedersoolenbrunn. Und es sah der ehrwürdige Bhagu den Erhabenen von ferne herankommen, und als er ihn gesehn, machte er einen Sitz bereit und Wasser für die Füße. Es setzte sich der Erhabene auf den dargebotenen Sitz, und als er saß, spülte er sich die Füße ab. Und auch der ehrwürdige Bhagu setzte sich, nach des Erhabenen Begrüßung, zur Seite nieder. An den ehrwürdigen Bhagu, der zur Seite saß, wandte sich nun der Erhabene also:

»Geht es dir, Mönch, leidlich, kommst du wohl aus, ohne Mangel an Nahrung?«

»Leidlich, Erhabener, geht es mir, wohl, Erhabener, komme ich aus, ich ermangle, o Herr, nicht der Nahrung.«

Und der Erhabene ermunterte und ermutigte, erregte und erheiterte den ehrwürdigen Bhagu in lehrreichem Gespräche, erhob sich alsdann von seinem Sitze und begab sich nach dem östlichen Bambushaine.

Um diese Zeit aber weilte der ehrwürdige Anuruddho, der ehrwürdige Nandiyo und der ehrwürdige Kimbilo im östlichen Bambushaine. Da sah ein Waldhüter den Erhabenen von ferne herankommen, und als er den Erhabenen gesehn sprach er also zu ihm:

»Gehe nicht in diesen Forst, o Asket: drei edle Jünglinge weilen hier, die selbstzufrieden scheinen, störe sie nicht!«

Der ehrwürdige Anuruddho hörte aber des Waldhüters Gespräch mit dem Erhabenen, und als er es gehört sprach er also zum Waldhüter:

»Wehre nicht, Bruder Waldhüter, dem Erhabenen: unser Meister, der Erhabene ist gekommen.«

Und der ehrwürdige Anuruddho begab sich nun zum ehrwürdigen Nandiyo und zum ehrwürdigen Kimbilo und sprach also zu ihnen:

»Kommt herbei, ihr Brüder, kommt herbei, ihr Brüder: unser Meister, der Erhabene ist da.«

Und der ehrwürdige Anuruddho, der ehrwürdige Nandiyo und der ehrwürdige Kimbilo gingen nun dem Erhabenen entgegen. Einer nahm dem Erhabenen Mantel und Schale ab, einer machte einen Sitz zurecht, einer brachte Wasser zur Fußwaschung herbei. Es setzte sich der Erhabene auf den dargebotenen Sitz, und als er saß, spülte er sich die Füße ab. Jene Ehrwürdigen aber setzten sich, nach des Erhabenen Begrüßung, zur Seite nieder. Und der Erhabene wandte sich nun an den ehrwürdigen Anuruddho, der zur Seite saß, und sprach also:

»Geht es euch, Anuruddher, leidlich, kommt ihr wohl aus, ohne Mangel an Nahrung?«

»Leidlich, Erhabener, geht es uns, wohl, Erhabener, kommen wir aus, wir ermangeln, o Herr, nicht der Nahrung.«

»Vertragt ihr euch aber, Anuruddher, einig, ohne Zwist, mild geworden, und seht euch sanften Auges an?«

»Freilich, o Herr, vertragen wir uns, einig, ohne Zwist, mild geworden, und sehn uns sanften Auges an.«

»Inwiefern aber, Anuruddher, vertragt ihr euch, einig, ohne Zwist, mild geworden, und seht euch sanften Auges an?«

»Da gedenk' ich, o Herr, also: ›Erreicht habe ich's, wohl getroffen, fürwahr, der ich mit solchen wahren Asketen vereint lebe.‹ Und ich Glücklicher, o Herr, diene diesen Ehrwürdigen mit liebevoller Tat, so offen als verborgen, mit liebevollem Wort, so offen als verborgen, mit liebevoller Gesinnung, so offen als verborgen. Und also verweilend, o Herr, denke ich: ›Wenn ich nun meinen eigenen Willen aufgäbe und mich nur dem Willen dieser Ehrwürdigen unterwürfe?‹ Und ich habe, o Herr, meinen eigenen Willen aufgegeben und mich dem Willen dieser Ehrwürdigen unterworfen. Verschieden, o Herr, sind zwar unsere Körper, aber ich glaube, wir haben nur einen Willen.«

Und der ehrwürdige Nandiyo, und der ehrwürdige Kimbilo sprach zum Erhabenen:

»Auch ich, o Herr, gedenke also: ›Erreicht habe ich's, wohl getroffen, fürwahr, der ich mit solchen wahren Asketen vereint lebe.‹ Und ich Glücklicher, o Herr, diene diesen Ehrwürdigen mit liebevoller Tat, so offen als verborgen, mit liebevollem Wort, so offen als verborgen, mit liebevoller Gesinnung, so offen als verborgen. Und also verweilend, o Herr, denke ich: ›Wenn ich nun meinen eigenen Willen aufgäbe und mich nur dem Willen dieser Ehrwürdigen unterwürfe?‹ Und ich habe, o Herr, meinen eigenen Willen aufgegeben und mich dem Willen dieser Ehrwürdigen unterworfen. Verschieden, o Herr, sind zwar unsere Körper, aber ich glaube, wir haben nur einen Willen.

»Also, o Herr, verweilen wir verträglich, einig, ohne Zwist, mild geworden, und sehn uns sanften Auges an.«

»Recht so, recht so, Anuruddher. Und verweilt ihr auch ernsten Sinnes, Anuruddher, eifrig, unermüdlich?«

»Freilich, o Herr, verweilen wir ernsten Sinnes, eifrig, unermüdlich.«

»Inwiefern aber, Anuruddher, verweilt ihr ernsten Sinnes, eifrig, unermüdlich?«

»Wer da zuerst von uns, o Herr, vom Almosengang aus dem Dorfe zurückkehrt, der bereitet die Plätze und setzt Trinkwasser, Waschwasser und den Spülnapf vor. Wer zuletzt vom Almosengang aus dem Dorfe zurückkehrt, und es ist noch Speise übrig und er verlangt danach, so nimmt er davon; wo nicht, so wirft er sie fort, auf grasfreien Grund oder in fließendes Wasser. Dann ordnet er die Sitze, räumt Trinkwasser, Waschwasser und Spülnapf weg und fegt den Speiseplatz rein. Wer bemerkt, daß man den Trinknapf oder den Waschkrug oder den Mistkübel nicht mehr braucht, der stellt ihn gesäubert auf. Wenn er es allein nicht kann, so winkt er einen Zweiten herbei, und wir kommen und helfen, ohne daß wir, o Herr, aus solchem Grunde das Schweigen brächen. Und jeden fünften Tag, o Herr, sitzen wir die ganze Nacht hindurch in Gesprächen über die Lehre beisammen. Also, o Herr, verweilen wir ernsten Sinnes, eifrig, unermüdlich.«

»Recht so, recht so, Anuruddher. Habt ihr aber, Anuruddher, die ihr also ernsten Sinnes, eifrig, unermüdlich verweilet, ein überirdisches, reiches Heiltum errungen, selige Ruhe?«

»Während wir da, o Herr, ernsten Sinnes, eifrig, unermüdlich verweilen, nehmen wir einen Abglanz wahr und den Anblick der Umrisse. Aber dieser Abglanz entschwindet uns alsbald und der Anblick der Umrisse; und diese Erscheinung ergründen wir nicht.«

»Aber diese Erscheinung, Anuruddher, muß nun von euch ergründet werden. Auch ich hatte einst, Anuruddher, noch vor der vollen Erwachung, als unvollkommen Erwachter, Erwachung erst Erringender, einen Abglanz wahrgenommen und den Anblick der Umrisse. Aber dieser Abglanz war mir alsbald entschwunden und der Anblick der Umrisse. Da hab' ich, Anuruddher, bei mir gedacht: ›Was ist wohl der

Grund, was ist die Ursach, daß mir der Abglanz entschwindet und der Anblick der Umrisse?‹ Da hab ich mir, Anuruddher, gesagt: ›Schwankend war ich geworden; Schwanken aber ist der Anlaß gewesen, daß meine Sammlung zerfiel: und weil meine Sammlung zerfiel, ist der Abglanz entschwunden und der Anblick der Umrisse. So will ich darauf hinarbeiten, nicht mehr in Schwanken zu geraten.‹ Und während ich nun, Anuruddher, ernsten Sinnes, eifrig, unermüdlich verweilte, nahm ich den Abglanz wahr und den Anblick der Umrisse. Aber dieser Abglanz war mir alsbald entschwunden und der Anblick der Umrisse. Da hab' ich, Anuruddher, bei mir gedacht: ›Was ist wohl der Grund, was ist die Ursach, daß mir der Abglanz entschwindet und der Anblick der Umrisse?‹ Da hab' ich mir, Anuruddher, gesagt: ›Unachtsam war ich geworden; Unachtsamkeit aber ist der Anlaß gewesen, daß meine Sammlung zerfiel: und weil meine Sammlung zerfiel, ist der Abglanz entschwunden und der Anblick der Umrisse. So will ich darauf hinarbeiten, nicht mehr in Schwanken zu geraten, noch in Unachtsamkeit.‹ Und während ich nun, Anuruddher, ernsten Sinnes, eifrig, unermüdlich verweilte, nahm ich den Abglanz wahr und den Anblick der Umrisse. Aber dieser Abglanz war mir alsbald entschwunden und der Anblick der Umrisse. Da hab' ich, Anuruddher, bei mir gedacht: ›Was ist wohl der Grund, was ist die Ursach, daß mir der Abglanz entschwindet und der Anblick der Umrisse?‹ Da hab' ich mir, Anuruddher, gesagt: ›Matt und müde war ich geworden; matte Müde aber ist der Anlaß gewesen, daß meine Sammlung zerfiel: und weil meine Sammlung zerfiel, ist der Abglanz entschwunden und der Anblick der Umrisse. So will ich darauf hinarbeiten, nicht mehr in Schwanken zu geraten, noch in Unachtsamkeit, noch in matte Müde.‹ Und während ich nun, Anuruddher, ernsten Sinnes, eifrig, unermüdlich verweilte, nahm ich den Abglanz wahr und den Anblick der Umrisse. Aber dieser Abglanz war mir alsbald entschwunden und der Anblick der Umrisse. Da hab' ich, Anuruddher, bei mir gedacht: ›Was ist wohl der Grund, was ist die Ursach, daß mir der Abglanz entschwindet und der Anblick der Umrisse?‹ Da hab' ich mir, Anuruddher, gesagt: ›Entsetzt war ich geworden; Entsetzen aber ist der Anlaß gewesen, daß meine Sammlung zerfiel: und weil meine Sammlung zerfiel, ist der Abglanz entschwunden und der Anblick der Umrisse.‹ Gleichwie etwa, Anuruddher, wenn ein Mann auf der Landstraße hinschritte, und es träten ihm von beiden Seiten Mörder entgegen; da würde er alsbald in Entsetzen geraten: ebenso nun auch, Anuruddher, war ich entsetzt geworden; Entsetzen aber ist der Anlaß gewesen, daß meine Sammlung zerfiel: und weil meine Sammlung zerfiel, ist der Abglanz entschwunden und der Anblick der Umrisse. ›So will ich darauf hinarbeiten, nicht mehr in Schwanken zu geraten, noch in Unachtsamkeit, noch in matte Müde, noch in Entsetzen.‹ Und während ich nun, Anuruddher, ernsten Sinnes, eifrig, unermüdlich verweilte, nahm ich den Abglanz wahr und den Anblick der Umrisse. Aber dieser Abglanz war mir alsbald entschwunden und der Anblick der Umrisse. Da hab' ich, Anuruddher, bei mir gedacht: ›Was ist wohl der Grund, was ist die Ursach, daß mir der Abglanz entschwindet und der Anblick der Umrisse?‹ Da hab' ich mir, Anuruddher, gesagt: ›Entzückt war ich geworden; Entzücken aber ist der Anlaß gewesen, daß meine Sammlung zerfiel: und weil meine Sammlung zerfiel, ist der Abglanz entschwunden und der Anblick der Umrisse.‹ Gleichwie etwa, Anuruddher, wenn ein Mann einer Schatzgrube nachspürte und auf einmal fünf Schatzgruben entdeckte; da würde er alsbald in Entzücken geraten: ebenso nun auch, Anuruddher, war ich entzückt geworden; Entzücken aber ist der Anlaß gewesen, daß meine Sammlung zerfiel: und weil meine Sammlung zerfiel, ist der Abglanz entschwunden und der Anblick der Umrisse. ›So will ich darauf hinarbeiten, nicht mehr in Schwanken zu geraten, noch in Unachtsamkeit, noch in matte Müde, noch in Entsetzen, noch in Entzücken.‹ Und während ich nun, Anuruddher, ernsten Sinnes, eifrig, unermüdlich verweilte, nahm ich den Abglanz wahr und den Anblick der Umrisse. Aber dieser Abglanz war mir alsbald entschwunden und der Anblick der Umrisse. Da hab' ich, Anuruddher, bei mir gedacht: ›Was ist wohl der Grund, was ist die Ursach, daß mir der Abglanz entschwindet und der Anblick der Umrisse?‹ Da hab' ich mir, Anuruddher, gesagt: ›Schwerfällig war ich geworden; Schwerfälligkeit aber ist der Anlaß gewesen, daß meine Sammlung zerfiel: und weil meine Sammlung zerfiel, ist der Abglanz entschwunden und der Anblick der Umrisse. So will ich darauf hinarbeiten, nicht mehr in Schwanken zu geraten, noch in Unachtsamkeit, noch in matte Müde, noch in Entsetzen, noch in Entzücken, noch in Schwerfälligkeit.‹ Und während ich nun, Anuruddher, ernsten Sinnes, eifrig, unermüdlich verweilte, nahm ich den Abglanz wahr und den Anblick der Umrisse. Aber dieser Abglanz war mir alsbald entschwunden und der Anblick der Umrisse. Da hab' ich, Anuruddher, bei mir gedacht: ›Was ist wohl der Grund, was ist die Ursach, daß mir der Abglanz entschwindet und der Anblick der Umrisse?‹ Da hab' ich mir, Anuruddher, gesagt: ›Zu straff gespannt war ich geworden; zu straffe Spannung aber ist der Anlaß gewesen, daß meine Sammlung zerfiel: und weil meine Sammlung zerfiel, ist der Abglanz entschwunden und der Anblick der Umrisse.‹ Gleichwie etwa, Anuruddher, wenn ein Mann eine Wachtel mit beiden Händen fest umklammert hielte, sie alsbald verschmachten müßte: ebenso nun auch, Anuruddher, war ich zu straff gespannt geworden; zu straffe Spannung aber ist der Anlaß gewesen, daß meine Sammlung zerfiel: und weil meine Sammlung zerfiel, ist der Abglanz entschwunden und der Anblick der Umrisse. ›So will ich darauf hinarbeiten, nicht mehr in Schwanken zu geraten, noch in Unachtsamkeit, noch in matte Müde, noch in Entsetzen, noch in Entzücken, noch in Schwerfälligkeit, noch in zu straffe Spannung.‹ Und während ich nun, Anuruddher, ernsten Sinnes, eifrig, unermüdlich verweilte, nahm ich den Abglanz wahr und den Anblick der Umrisse. Aber dieser Abglanz war mir alsbald entschwunden und der Anblick der Umrisse. Da hab' ich, Anuruddher, bei mir gedacht: ›Was ist wohl der Grund, was ist die Ursach, daß mir der Abglanz entschwindet und der Anblick der Umrisse?‹ Da hab' ich mir, Anuruddher, gesagt: ›Zu schlaff gespannt war ich geworden; zu schlaffe Spannung aber ist der Anlaß gewesen, daß meine Sammlung zerfiel: und weil meine Sammlung zerfiel, ist der Abglanz entschwunden und der Anblick der Umrisse.‹ Gleichwie etwa, Anuruddher, wenn ein Mann eine Wachtel lose umklammert hielte, sie alsbald seiner Hand entflatterte: ebenso nun auch, Anuruddher, war ich zu schlaff gespannt worden; zu schlaffe Spannung aber ist der Anlaß gewesen, daß meine Sammlung zerfiel: und weil meine Sammlung zerfiel, ist der Abglanz entschwunden und der Anblick der Umrisse. ›So will ich darauf hinarbeiten, nicht mehr in Schwanken zu geraten, noch in Unachtsamkeit, noch in matte Müde, noch in Entsetzen, noch in Entzücken, noch in Schwerfälligkeit, noch in zu straffe Spannung, noch in zu schlaffe Spannung.‹ Und während ich nun, Anuruddher, ernsten Sinnes, eifrig, unermüdlich verweilte, nahm ich den Abglanz wahr und den Anblick der Umrisse. Aber dieser Abglanz war mir alsbald entschwunden und der Anblick der Umrisse. Da hab' ich, Anuruddher, bei mir gedacht: ›Was ist wohl der Grund, was ist die Ursach, daß mir der Abglanz entschwindet und der Anblick der Umrisse?‹ Da hab' ich mir, Anuruddher, gesagt: ›Beifällig war ich geworden; Beifall aber ist der Anlaß gewesen, daß meine Sammlung zerfiel: und weil meine Sammlung zerfiel, ist der Abglanz entschwunden und der Anblick der Umrisse. So will ich darauf hinarbeiten, nicht mehr in Schwanken zu geraten, noch in Unachtsamkeit, noch in matte Müde, noch in Entsetzen, noch in Entzücken, noch in Schwerfälligkeit, noch in zu straffe Spannung, noch in zu schlaffe Spannung, noch in Beifall.‹ Und während ich nun, Anuruddher, ernsten Sinnes, eifrig, unermüdlich verweilte, nahm ich den Abglanz wahr und den Anblick der Umrisse. Aber dieser Abglanz war mir alsbald entschwunden und der Anblick der Umrisse. Da hab' ich, Anuruddher, bei mir gedacht: ›Was ist wohl der Grund, was ist die Ursach, daß mir der Abglanz entschwindet und der Anblick der Umrisse?‹ Da hab' ich mir, Anuruddher, gesagt: ›Vielheit hatte ich wahrgenommen; Vielheitwahrnehmen aber ist der Anlaß gewesen, daß meine Sammlung zerfiel: und weil meine Sammlung zerfiel, ist der Abglanz entschwunden und der Anblick der Umrisse. So will ich darauf hinarbeiten, nicht mehr in Schwanken zu geraten, noch in Unachtsamkeit, noch in matte Müde, noch in Entsetzen, noch in Entzücken, noch in Schwerfälligkeit, noch in zu straffe Spannung, noch in zu schlaffe Spannung, noch in Beifall, noch in Vielheitwahrnehmen.‹ Und während ich nun, Anuruddher, ernsten Sinnes, eifrig, unermüdlich verweilte, nahm ich den Abglanz wahr und den Anblick der Umrisse. Aber dieser Abglanz war mir alsbald entschwunden und der Anblick der Umrisse. Da hab' ich, Anuruddher, bei mir gedacht: ›Was ist wohl der Grund, was ist die Ursach, daß mir der Abglanz entschwindet und der Anblick der Umrisse?‹ Da hab' ich mir, Anuruddher, gesagt: ›Zu scharf hatte ich die Umrisse betrachtet; zu scharfe Betrachtung der Umrisse aber ist der Anlaß gewesen, daß meine Sammlung zerfiel: und weil meine Sammlung zerfiel, ist der Abglanz entschwunden und der Anblick der Umrisse. So will ich darauf hinarbeiten, nicht mehr in Schwanken zu geraten, noch in Unachtsamkeit, noch in matte Müde, noch in Entsetzen, noch in Entzücken, noch in Schwerfälligkeit, noch in zu straffe Spannung, noch in zu schlaffe Spannung, noch in Beifall, noch in Vielheitwahrnehmen, noch in zu scharfe Betrachtung der Umrisse.‹

»So hatte ich denn, Anuruddher, Schwanken als Herzensverschlakkung richtig entdeckt und schaffte das Schwanken, die Herzensverschlackung, ab; hatte Unachtsamkeit als Herzensverschlackung richtig entdeckt und schaffte die Unachtsamkeit, die Herzensverschlackung, ab; hatte matte Müde als Herzensverschlackung richtig entdeckt und schaffte die matte Müde, die Herzensverschlackung, ab; hatte Entsetzen als Herzensverschlackung richtig entdeckt und schaffte das Entsetzen, die Herzensverschlackung, ab; hatte Entzücken als Herzensverschlakkung richtig entdeckt und schaffte das Entzücken, die Herzensverschlakkung, ab; hatte Schwerfälligkeit als Herzensverschlackung richtig entdeckt und schaffte die Schwerfälligkeit, die Herzensverschlackung, ab; hatte zu straffe Spannung als Herzensverschlackung richtig entdeckt und schaffte die zu straffe Spannung, die Herzensverschlackung, ab;

hatte zu schlaffe Spannung als Herzensverschlackung richtig entdeckt und schaffte die zu schlaffe Spannung, die Herzensverschlackung, ab; hatte Beifall als Herzensverschlackung richtig entdeckt und schaffte den Beifall, die Herzensverschlackung, ab; hatte Vielheitwahrnehmen als Herzensverschlackung richtig entdeckt und schaffte das Vielheitwahrnehmen, die Herzensverschlackung, ab; hatte zu scharfe Betrachtung der Umrisse als Herzensverschlackung richtig entdeckt und schaffte die zu scharfe Betrachtung der Umrisse, die Herzensverschlackung, ab.

»So verweilte ich denn, Anuruddher, ernsten Sinnes, eifrig, unermüdlich, und nahm nun wohl den Abglanz wahr, aber nicht den Anblick der Umrisse; und nahm wohl den Anblick der Umrisse wahr, aber nicht den Abglanz: eine ganze Nacht hindurch, einen ganzen Tag hindurch, eine ganze Nacht, einen ganzen Tag hindurch. Da hab' ich, Anuruddher, bei mir gedacht: ›Was ist wohl der Grund, was ist die Ursach, daß ich nun wohl den Abglanz wahrnehme, aber nicht den Anblick der Umrisse; und wohl den Anblick der Umrisse wahrnehme, aber nicht den Abglanz: eine ganze Nacht hindurch, einen ganzen Tag hindurch, eine ganze Nacht, einen ganzen Tag hindurch?‹ Da hab' ich mir, Anuruddher, gesagt: ›Zu einer Zeit, wo ich ohne auf die Erscheinung der Umrisse achtzuhaben auf die Erscheinung des Abglanzes achthabe, nehm' ich da wohl den Abglanz wahr, aber nicht den Anblick der Umrisse; und wieder zu einer Zeit, wo ich ohne auf die Erscheinung des Abglanzes achtzuhaben auf die Erscheinung der Umrisse achthabe, nehm' ich da wohl den Anblick der Umrisse wahr, aber nicht den Abglanz: eine ganze Nacht hindurch, einen ganzen Tag hindurch, eine ganze Nacht, einen ganzen Tag hindurch.‹

»So verweilte ich denn, Anuruddher, ernsten Sinnes, eifrig, unermüdlich, und nahm einen bestimmten Abglanz wahr und den Anblick bestimmter Umrisse; und nahm unermeßlichen Abglanz wahr und den Anblick unermeßlicher Umrisse: eine ganze Nacht hindurch, einen ganzen Tag hindurch, eine ganze Nacht, einen ganzen Tag hindurch. Da hab' ich, Anuruddher, bei mir gedacht: ›Was ist wohl der Grund, was ist die Ursach, daß ich einen bestimmten Abglanz wahrnehme und den Anblick bestimmter Umrisse; und unermeßlichen Abglanz wahrnehme und den Anblick unermeßlicher Umrisse: eine ganze Nacht hindurch, einen ganzen Tag hindurch, eine ganze Nacht, einen ganzen Tag hindurch?‹ Da hab' ich mir, Anuruddher, gesagt: ›Zu einer Zeit, wo meine Sammlung eine bestimmte ist, ist da mein Auge ein bestimmtes, und mit einem bestimmten Auge nehm' ich einen bestimmten Abglanz wahr und den Anblick bestimmter Umrisse; und wieder zu einer Zeit, wo meine Sammlung unermeßlich ist, ist da mein Auge unermeßlich, und mit dem unermeßlichen Auge nehm' ich unermeßlichen Abglanz wahr und den Anblick unermeßlicher Umrisse: eine ganze Nacht hindurch, einen ganzen Tag hindurch, eine ganze Nacht, einen ganzen Tag hindurch.‹

»Sobald nun von mir, Anuruddher, Schwanken als Herzensverschlakkung richtig entdeckt worden und das Schwanken, die Herzensverschlackung, abgeschafft war; Unachtsamkeit als Herzensverschlackung richtig entdeckt worden und die Unachtsamkeit, die Herzensverschlakkung, abgeschafft war; matte Müde als Herzensverschlackung richtig entdeckt worden und die matte Müde, die Herzensverschlackung, abgeschafft war; Entsetzen als Herzensverschlackung richtig entdeckt worden und das Entsetzen, die Herzensverschlackung, abgeschafft war; Entzücken als Herzensverschlackung richtig entdeckt worden und das Entzücken, die Herzensverschlackung, abgeschafft war; Schwerfälligkeit als Herzensverschlackung richtig entdeckt worden und die Schwerfälligkeit, die Herzensverschlackung, abgeschafft war; zu straffe Spannung als Herzensverschlackung richtig entdeckt worden und die zu straffe Spannung, die Herzensverschlackung, abgeschafft war; zu schlaffe Spannung als Herzensverschlackung richtig entdeckt worden und die zu schlaffe Spannung, die Herzensverschlackung, abgeschafft war; Beifall als Herzensverschlackung richtig entdeckt worden und der Beifall, die Herzensverschlackung, abgeschafft war; Vielheitwahrnehmen als Herzensverschlackung richtig entdeckt worden und das Vielheitwahrnehmen, die Herzensverschlackung, abgeschafft war; zu scharfe Betrachtung der Umrisse als Herzensverschlackung richtig entdeckt worden und die zu scharfe Betrachtung der Umrisse, die Herzensverschlackung, abgeschafft war: da hab' ich mir, Anuruddher, gesagt: ›Was bei mir Herzensverschlackung gewesen hab' ich abgeschafft. Wohl denn: jetzt will ich dreifach die Sammlung vollbringen.‹

»So hab' ich denn, Anuruddher, mit Sinnen und Gedenken Sammlung vollbracht, habe ohne Sinnen, nur gedenkend Sammlung vollbracht, habe ohne Sinnen und Gedenken Sammlung vollbracht; und habe erheiternde Sammlung vollbracht, habe entheiternde Sammlung vollbracht, habe hellmütige Sammlung vollbracht; und habe gleichmütige Sammlung vollbracht.

»Sobald nun von mir, Anuruddher, mit Sinnen und Gedenken Sammlung vollbracht war, ohne Sinnen, nur gedenkend Sammlung vollbracht war, ohne Sinnen und Gedenken Sammlung vollbracht war; und erheiternde Sammlung vollbracht war, entheiternde Sammlung vollbracht war, hellmütige Sammlung vollbracht war; und gleichmütige Sammlung vollbracht war: da ist mir dann das Wissen und der Anblick aufgegangen:

Auf ewig bin erlöst ich,
Das ist das letzte Leben,
Und nicht mehr gibt es Wiedersein.«

Also sprach der Erhabene. Zufrieden freute sich der ehrwürdige Anuruddho über das Wort des Erhabenen.

5. BRAHMĀYU

91. Rede

Das hab' ich gehört. Zu einer Zeit wanderte der Erhabene im Videher-Lande von Ort zu Ort, von vielen Mönchen begleitet, einer Schar von fünfhundert Mönchen.

Um diese Zeit nun weilte Brahmāyu der Priester zu Mithilā, alt und greis, hochbetagt, dem Ende nahe, ausgelebt, im hundertzwanzigsten Lebensjahre, ein Meister der drei Veden, samt ihrer Auslegung und Deutung, samt ihrer Laut- und Formenlehre, und ihren Sagen zufünft, der Gesänge kundig und ein Erklärer, der die Merkmale eines großen Weltweisen aufwies. Und es hörte Brahmāyu der Priester reden: »Der Asket, wahrlich, Herr Gotamo, der Sakyersohn, der dem Erbe der Sakyer entsagt hat, wandert im Videher-Lande von Ort zu Ort, von vielen Mönchen begleitet, einer Schar von fünfhundert Mönchen. Diesen Herrn Gotamo aber begrüßt man allenthalben mit dem frohen Ruhmesrufe, so zwar: ›Das ist der Erhabene, der Heilige, vollkommen Erwachte, der Wissens- und Wandelsbewährte, der Willkommene, der Welt Kenner, der unvergleichliche Leiter der Männerherde, der Meister der Götter und Menschen, der Erwachte, der Erhabene. Er zeigt diese Welt mit ihren Göttern, ihren bösen und heiligen Geistern, mit ihrer Schar von Büßern und Priestern, Göttern und Menschen, nachdem er sie selbst verstanden und durchdrungen hat. Er verkündet die Lehre, deren Anfang begütigt, deren Mitte begütigt, deren Ende begütigt, die sinn- und wortgetreue, er legt das vollkommen geläuterte, geklärte Asketentum dar. Glücklich wer da nun solche Heilige sehn kann!‹«

Damals nun hatte Brahmāyu der Priester einen jungen Brāhmanen als Schüler bei sich, Uttaro mit Namen, der ebenso gelehrt wie er selbst war. Und Brahmāyu der Priester wandte sich also an Uttaro den jungen Brāhmanen:

»Komm, lieber Uttaro, und geh zum Asketen Gotamo hin und erforsche den Asketen Gotamo, ob er wirklich so ist, wie ihn der Ruf begrüßt, oder nicht so ist: und ob da Herr Gotamo solche Art hat, oder nicht hat: durch dich wollen wir ihn, den Herrn Gotamo, kennenlernen.«

»Auf welche Weise aber, Herr, soll ich ihn, den Herrn Gotamo, erforschen, ob Herr Gotamo wirklich so ist, wie ihn der Ruf begrüßt, oder nicht so ist; und ob da Herr Gotamo solche Art hat, oder nicht hat?«

»Es werden, lieber Uttaro, in unseren Sprüchen zweiunddreißig Merkmale eines großen Mannes genannt, mit denen begabt ein solcher nur zwei Bahnen betreten kann, keine dritte. Wenn er im Hause bleibt, wird er König werden, Kaiser, ein gerechter und wahrer Herrscher, ein Sieger bis zur Mark der See, der seinem Reiche Sicherheit schafft, mit sieben Juwelen begabt ist. Das aber sind seine sieben Juwelen, und zwar: das beste Land, der beste Elefant, das beste Roß, die beste Perle, das beste Weib, der beste Bürger, und siebentens der beste Staatsmann. Und er wird über tausend Söhne haben, tapfer, heldensam, Zerstörer der feindlichen Heere. So wird er diese Erde bis zum Ozean hin, ohne Stock und ohne Stahl gerecht obsiegend, beherrschen. Wenn er aber aus dem Hause in die Hauslosigkeit zieht, wird er heilig werden, vollkommen auferwacht, der Welt den Schleier hinwegnehmen. Wohl hab' ich dir schon, lieber Uttaro, die Sprüche gesagt, und du hast sie bei dir behalten.«

»Ja, Herr!« entgegnete da Uttaro der junge Brāhmane, Brahmāyu dem Priester zustimmend. Und er erhob sich von seinem Sitze, bot ehrerbietigen Gruß dar, ging rechts herum und begab sich nach Videhā, auf die Wanderung zum Erhabenen hin. Von Ort zu Ort wandernd kam er dorthin, wo der Erhabene weilte. Und er tauschte höflichen Gruß und freundliche, denkwürdige Worte mit dem Erhabenen und setzte sich seitwärts nieder. Seitwärts sitzend gedachte nun Uttaro der junge Brāhmane bei sich: ›Begabt ist der Asket Gotamo mit den zweiunddreißig Merkmalen eines großen Mannes; wie, wenn ich nun dem Asketen Gotamo nachfolgte, um sein Betragen kennenzulernen?‹ Und Uttaro der junge Brāhmane folgte dem Erhabenen sieben Monate nach, dem untrennbaren Schatten gleich.

Als nun sieben Monate um waren, kehrte Uttaro der junge Brāhmane von Videhā wieder nach Mithilā zurück. Von Ort zu Ort wandernd kam er dorthin, wo Brahmāyu der Priester weilte. Dort angelangt bot er ehrerbietigen Gruß dar und setzte sich zur Seite nieder. Und an Uttaro, der da zur Seite saß, wandte sich nun Brahmāyu der Priester also:

»Ist denn, lieber Uttaro, der Herr Gotamo wirklich so, wie ihn der Ruf begrüßt, oder ist er nicht so? Und hat er, der Herr Gotamo, solche Art und keine andere?«

»Wie er eben wirklich ist, Herr, begrüßt Herrn Gotamo der Ruf, nicht anders; und solche Art hat er, der Herr Gotamo, und keine andere. Begabt ist Herr Gotamo mit den zweiunddreißig Merkmalen eines großen Mannes. Wohlgefestet sind die Füße des Herrn Gotamo: und das ist eben eines der Merkmale eines großen Mannes, das Herrn Gotamo eignet. Unten sind bei Herrn Gotamo, an den Sohlen der Füße, Räder zu sehn, mit tausend Speichen, mit Felge und Nabe und allen Abzeichen geziert. Schmal ist die Ferse des Herrn Gotamo, lang sind die Zehen. Sanft und zart sind Hände und Füße des Herrn Gotamo. Die Bindehaut zwischen Fingern und Zehen ist breit geschweift wie ein Netz. Muschelwölbig ist der Rist. Gazellenbeinig ist Herr Gotamo; stehend kann Herr Gotamo, ohne sich zu beugen, mit beiden Handflächen die Knie befühlen und berühren. In der Vorhaut verborgen ist das Schamglied. Gülden leuchtet der Körper des Herrn Gotamo, wie Gold erglänzt seine Haut. Sie ist geschmeidig, so geschmeidig, daß kein Staub und Schmutz daran haften bleibt. Einzelflaumig ist Herr Gotamo, je einzeln ist das Flaumhaar in der Pore gewachsen. Nach oben gerichtet ist der Flaum des Herrn Gotamo, die Flaumhaare sind nach oben gewachsen. Schwarz wie Augenschminke, wie Ringe geringelt, rechts herum sind sie gedreht. Heilig erhaben ragt Herr Gotamo empor, ist gar heiter anzuschauen. Wie beim Löwen ist der Vorderleib des Herrn Gotamo, mit der breiten Brust. Eine Klafter hoch ist Herr Gotamo; seine Körperlänge entspricht seiner Armweite: seine Armweite entspricht seiner Körperlänge. Gleichgeformte Schultern hat Herr Gotamo. Mächtige Ohrmuscheln hat Herr Gotamo. Ein Löwenkinn hat Herr Gotamo. Alle Zähne hat Herr Gotamo; gleichmäßig gefügt, nicht auseinanderstehend, glänzend weiß ist das Gebiß. Gewaltig ist die Zunge des Herrn Gotamo. Heilig tönt seine Stimme, wie Waldvogelsang. Tiefschwarz sind die Augen des Herrn Gotamo; die Wimpern wie beim Rinde. Eine Flocke ist Herrn Gotamo zwischen den Brauen gewachsen, weiß und weich wie Baumwolle. Einen Scheitelkamm hat Herr Gotamo: und auch das ist eines der Merkmale eines großen Mannes, das Herrn Gotamo eignet. Das sind, Herr, die zweiunddreißig Merkmale eines großen Mannes, mit denen Herr Gotamo begabt ist.

»Im Gange schreitet Herr Gotamo mit dem rechten Fuße voran. Er macht keine zu großen, macht keine zu kleinen Schritte. Er geht nicht zu schnell, geht nicht zu langsam. Beim Gehn stößt er nicht mit den Waden, nicht mit den Knöcheln aneinander; er dreht die Schenkel nicht nach oben, nicht nach unten, nicht einwärts, nicht auswärts. Während Herr Gotamo hinschreitet ist sein Körper gerade gerichtet, schwankt nicht, tritt nicht mit Leibeswucht auf. Beim Umblicken blickt Herr Gotamo mit dem ganzen Körper um. Er schaut nicht hinauf, er schaut nicht herab, läßt die Blicke nicht hin- und herschweifen, er blickt vier Spannen weit vor sich: so hat er höhere, unbehinderte Wissensklarheit gewonnen.

»Beim Betreten eines Hauses dreht er den Körper nicht nach oben, nicht nach unten, nicht einwärts, nicht auswärts. Nicht zu ferne, nicht zu nahe tritt er an den Stuhl heran, ohne ihn mit der Hand anzufassen nimmt er Platz, er läßt sich nicht jählings nieder. Und hat er im Hause Platz genommen, so macht er keine unnütze Handbewegung, keine unnütze Fußbewegung. Er sitzt da und hat nicht Wade über Wade geschlagen, nicht Knöchel über Knöchel geschlagen, nicht das Kinn in die Hand gestützt. Im Hause hat er sich niedergesetzt und bangt und bebt nicht und zittert und zagt nicht: ohne Bangen und Beben, ohne Zittern und Zagen, frei von Angst, mit Einsicht umgetan, nimmt Herr Gotamo Platz im Hause.

»Nimmt er Wasser in der Almosenschale entgegen, so dreht er die Schale nicht nach oben, nicht nach unten, nicht einwärts, nicht auswärts, er läßt sich das Wasser eingießen, nicht zu wenig, nicht zu viel. Er wäscht die Schale aus, ohne zu plätschern, ohne sie umzustülpen, er stellt sie nicht auf den Boden, um sich die Hände zu waschen; indem er die Schale wäscht, wäscht er die Hände: indem er die Hände wäscht, wäscht er die Schale. Dann gießt er das Wasser weg, nicht zu ferne, nicht zu nahe, verspritzt es nicht.

»Nimmt er den Reisbrei entgegen, so dreht er die Schale nicht nach oben, nicht nach unten, nicht einwärts, nicht auswärts, er läßt sich den Reisbrei einfüllen, nicht zu wenig, nicht zu viel. Die Brühe aber nimmt Herr Gotamo nur als Brühe hinzu und taucht den Bissen nicht mehr als nötig ein. Zwei- bis dreimal läßt Herr Gotamo den Bissen im Munde herumgehn, bevor er ihn verschlingt, so daß kein Reiskorn unzerkaut in den Magen gelangt, so daß kein Reiskorn im Munde zurückbleibt: dann nimmt er den nächsten Bissen auf. Den Geschmack empfindet

Herr Gotamo, indem er die Nahrung einnimmt, aber er genießt ihn nicht. Achtfach ausgezeichnet ist die Nahrung, die Herr Gotamo einnimmt, nicht zur Letzung noch Ergötzung, nicht zur Schmuckheit und Zier, sondern nur um diesen Körper zu erhalten, zu fristen, um Schaden zu verhüten, um ein heiliges Leben führen zu können: ›So werd ich das frühere Gefühl abtöten und ein neues Gefühl nicht aufkommen lassen, und ich werde ein Fortkommen haben, ohne Tadel bestehn, mich wohl befinden.‹

»Nimmt er, nach dem Mahle, Wasser in der Almosenschale entgegen, so dreht er die Schale nicht nach oben, nicht nach unten, nicht einwärts, nicht auswärts, er läßt sich das Wasser eingießen, nicht zu wenig, nicht zu viel. Er wäscht die Schale aus, ohne zu plätschern, ohne sie umzustülpen, er stellt sie nicht auf den Boden, um sich die Hände zu waschen; indem er die Schale wäscht, wäscht er die Hände: indem er die Hände wäscht, wäscht er die Schale. Dann gießt er das Wasser weg, nicht zu ferne, nicht zu nahe, verspritzt es nicht. Er stellt die Schale, wenn er gespeist, nicht gleich auf den Boden hin, nicht zu ferne, nicht zu nahe, er hebt sie nicht unnötig auf, behält sie auch nicht zu lange.

»Nach dem Mahle sitzt er eine Weile schweigsam da; doch nicht zu lange läßt er sich genügen. Es genügt ihm, daß er gespeist hat; weder tadelt er das Mahl noch verlangt er wiederum: vielmehr ermuntert er nun die Umsitzenden in lehrreichem Gespräche, ermutigt sie, erregt und erheitert sie. Und hat er die Umsitzenden in lehrreichem Gespräche ermuntert, ermutigt, erregt und erheitert, so steht er von seinem Sitze auf und geht fort. Er geht nicht zu schnell, geht nicht zu langsam, und geht nicht als ob er sich fortschleichen wollte.

»Und des Herrn Gotamo Gewand ist nicht zu hoch geschürzt und nicht zu tief geschürzt, es liegt am Körper nicht zu knapp und nicht zu lose an; und es wird Herrn Gotamo vom Wind nicht aufgeweht, und nicht bleibt Herrn Gotamo am Körper Staub und Schmutz haften.

»Er sucht den Waldhain auf und sitzt an einem geeigneten Orte nieder. Dann spült er die Füße ab, nicht aber läßt sich Herr Gotamo der Füße Schmuckheit angelegen sein. Hat er die Füße abgespült, so setzt er sich mit verschränkten Beinen nieder, den Körper gerade aufgerichtet, und pflegt der Einsicht. Er denkt weder zu eigener Beschwer, noch zu des Nächsten Beschwer, noch zu beider Beschwer: sich selber zum Wohle, dem Nächsten zum Wohle, beiden zum Wohle, der ganzen Welt zum Wohle denkend sitzt Herr Gotamo da.

»Er weilt im Waldhaine, und legt den Leuten die Lehre dar, redet ihnen nicht zu, redet ihnen nicht ab, ermuntert sie vielmehr in lehrreichem Gespräche, ermutigt sie, erregt und erheitert sie. Achtfach ausgezeichnet ist die Stimme, die aus dem Munde des Herrn Gotamo hervorgeht: deutlich und verständlich, angenehm und ansprechend, gebunden, nicht gebrochen, tief und volltönig. Wie da Herr Gotamo in einer Versammlung zu sprechen pflegt, geht der Klang seiner Stimme nicht über die Versammlung hinaus. Und sind die Versammelten von Herrn Gotamo in lehrreichem Gespräche ermuntert, ermutigt, erregt und erheitert worden, so stehn sie von ihren Sitzen auf und entfernen sich, indem sie sich umwenden, nur ungern Abschied nehmen.

»Gesehn haben wir, Herr, den Herrn Gotamo gehn, gesehen stillestehn, gesehn in das Haus eintreten, gesehn im Hause schweigsam sitzen, gesehn im Hause Nahrung einnehmen, gesehn nach dem Mahle schweigsam sitzen, gesehn nach dem Mahle freundlich sein, gesehn zum Waldhaine schreiten, gesehn im Waldhaine schweigsam sitzen, gesehn im Waldhaine den Leuten die Lehre darlegen. Also und also ist er, der Herr Gotamo: und noch mehr als das.«

Als Brahmāyu der Priester diesen Bericht vernommen, erhob er sich von seinem Sitze, entblößte eine Schulter, verneigte sich ehrerbietig nach der Richtung wo der Erhabene weilte, und ließ dann dreimal den Gruß ertönen:

»Verehrung dem Erhabenen,
Dem heilig auferwachten Herrn!

»Verehrung dem Erhabenen,
Dem heilig auferwachten Herrn!

»Verehrung dem Erhabenen,
Dem heilig auferwachten Herrn!

»O daß wir doch einmal Gelegenheit hätten, mit Ihm, mit Herrn Gotamo zusammenzutreffen, daß doch irgendeine Unterredung zwischen uns stattfände!«

Und der Erhabene zog im Videher-Lande von Ort zu Ort weiter und kam allmählich nach Mithilā.

Zu Mithilā weilte nun der Erhabene, im Mangohaine Makhadevos.

Und es hörten die brāhmanischen Hausleute in Mithilā reden: ›Der Asket, wahrlich, Herr Gotamo, der Sakyersohn, der dem Erbe der Sakyer entsagt hat, wandert in unserem Lande von Ort zu Ort und ist mit vielen Mönchen, einer Schar von fünfhundert Mönchen in Mithilā angekommen, weilt bei Mithilā, im Mangohaine Makhadevos. Diesen Herrn Gotamo aber begrüßt man allenthalben mit dem frohen Ruhmesrufe, so zwar: ›Das ist der Erhabene, der Heilige, vollkommen Erwachte, der Wissens- und Wandelsbewährte, der Willkommene, der Welt Kenner, der unvergleichliche Leiter der Männerherde, der Meister der Götter und Menschen, der Erwachte, der Erhabene. Er zeigt diese Welt mit ihren Göttern, ihren bösen und heiligen Geistern, mit ihrer Schar von Büßern und Priestern, Göttern und Menschen, nachdem er sie selbst verstanden und durchdrungen hat. Er verkündet die Lehre, deren Anfang begütigt, deren Mitte begütigt, deren Ende begütigt, die sinn- und wortgetreue, er legt das vollkommen geläuterte, geklärte Asketentum dar. Glücklich wer da nun solche Heilige sehn kann!‹

Und die brāhmanischen Hausleute von Mithilā begaben sich nun dorthin, wo der Erhabene weilte. Dort angelangt verneigten sich einige vor dem Erhabenen ehrerbietig und setzten sich zur Seite nieder, andere wechselten höflichen Gruß und freundliche, denkwürdige Worte mit dem Erhabenen und setzten sich zur Seite nieder, einige wieder falteten die Hände gegen den Erhabenen und setzten sich zur Seite nieder, andere wieder gaben beim Erhabenen Namen und Stand zu erkennen und setzten sich zur Seite nieder, und andere setzten sich still zur Seite nieder.

Brahmāyu der Priester aber hörte reden: ›Der Asket, wahrlich, Herr Gotamo, der Sakyersohn, der dem Erbe der Sakyer entsagt hat, ist in Mithilā angekommen, weilt bei Mithilā, im Mangohaine Makhadevos.‹ Und Brahmāyu der Priester begab sich mit einer großen Schar seiner Schüler zum Mangohaine Makhadevos hin. Da nun gedachte Brahmāyu der Priester, nicht ferne vom Mangohaine: ›Das steht mir nicht an, daß ich ohne vorher gemeldet zu sein den Asketen Gotamo besuchen ginge.‹ Und Brahmāyu der Priester wandte sich an einen seiner Jünger:

»Geh, lieber Knabe, und begib dich zum Asketen Gotamo hin und wünsche in meinem Namen dem Asketen Gotamo Gesundheit und Frische, Munterkeit, Stärke und Wohlsein: ›Brahmāyu‹, sage, ›o Gotamo, der Priester, wünscht Herrn Gotamo Gesundheit und Frische, Munterkeit, Stärke und Wohlsein;‹ und füge hinzu: ›Brahmāyu, o Gotamo, der Priester, ist alt und greis, hochbetagt, dem Ende nahe, ausgelebt, im hundertzwanzigsten Lebensjahre, ein Meister der drei Veden, samt ihrer Auslegung und Deutung, samt ihrer Laut- und Formenlehre, und ihren Sagen zufünft, der Gesänge kundig und ein Erklärer, der die Merkmale eines großen Weltweisen aufweist. So viel auch, Herr, der brāhmanischen Hausleute zu Mithilā wohnen, der Brāhmane Brahmāyu gilt unter ihnen als erster, was da Reichtum anlangt, der Brāhmane Brahmāyu gilt unter ihnen als erster, was da Wissen anlangt, der Brāhmane Brahmāyu gilt unter ihnen als erster, was da Alter und Berühmtheit anlangt. Der möchte Herrn Gotamo aufsuchen.‹«

»Schön, Herr!« entgegnete da gehorsam jener Jünger Brahmāyu dem Priester. Und er begab sich dorthin, wo der Erhabene weilte, tauschte höflichen Gruß und freundliche, denkwürdige Worte mit dem Erhabenen und stellte sich seitwärts hin. Seitwärts stehend sprach nun jener Jünger zum Erhabenen also:

»Brahmāyu, o Gotamo, der Priester, wünscht Herrn Gotamo Gesundheit und Frische, Munterkeit, Stärke und Wohlsein. Brahmāyu, o Gotamo, der Priester, ist alt und greis, hochbetagt, dem Ende nahe, ausgelebt, im hundertzwanzigsten Lebensjahre, ein Meister der drei Veden, samt ihrer Auslegung und Deutung, samt ihrer Laut- und Formenlehre, und ihren Sagen zufünft, der Gesänge kundig und ein Erklärer, der die Merkmale eines großen Weltweisen aufweist. So viel auch, Herr, der brāhmanischen Hausleute zu Mithilā wohnen, der Brāhmane Brahmāyu gilt unter ihnen als erster, was da Reichtum anlangt, der Brāhmane Brahmāyu gilt unter ihnen als erster, was da Wissen anlangt, der Brāhmane Brahmāyu gilt unter ihnen als erster, was da Alter und Berühmtheit anlangt. Der möchte Herrn Gotamo aufsuchen.«

»Wie es nun, Knabe, Brahmāyu dem Priester belieben mag.«

Da begab sich denn jener Jünger zu Brahmāyu dem Priester zurück und sprach also zu ihm:

»Angenommen ist der Herr vom Asketen Gotamo: wie es nun dem Herrn belieben mag.«

Und Brahmāyu der Priester begab sich zum Erhabenen hin. Und die Leute dort sahn Brahmāyu den Priester von ferne herankommen, und als sie ihn gesehn, machten sie ihm von beiden Seiten Platz, als einem so angesehnen, berühmten Manne. Aber Brahmāyu der Priester sprach also zu ihnen:

»Schon gut, Liebe, bleibt auf eueren Sitzen: ich werde mich hier nahe beim Asketen Gotamo niederlassen.«

Und Brahmāyu der Priester schritt zum Erhabenen hin, wechselte höflichen Gruß und freundliche, denkwürdige Worte mit dem Erhabenen und setzte sich seitwärts nieder. Seitwärts sitzend gedachte nun Brahmāyu der Priester bei sich: ›Angenommen hat mich der Asket Gotamo: was soll ich wohl den Asketen Gotamo fragen, über ein äußeres Verhältnis oder ein inneres?‹ Und Brahmāyu der Priester sagte zu sich: ›Ich kenne die äußeren Verhältnisse, und die Leute fragen mich bei solchen Dingen um Rat; wie, wenn ich nun den Asketen Gotamo eben um ein inneres Verhältnis befragte?‹ Und Brahmāyu der Priester wandte sich an den Erhabenen mit den Sprüchen:

»Wie kann man wohl ein Priester sein
Und Vedenmeister, sag' es mir,
Drei Wissen, Herr, wie hegt man die,
Und was bedeutet ausgelernt?

»Geheiligt leben, kann man das,
Vollkommensein erkämpfen wie,
Wer ist es, der alleinig west,
Und auferwacht, wen heißt man so?«

Und der Erhabene wandte sich wieder an Brahmāyu den Priester mit den Sprüchen:

»Vergangen Dasein, wer das kennt,
So Unterwelt wie Oberwelt,
Und die Geburten hat versiegt,
Alleinig durch die Dinge schaut,

»Und wer das Herz geläutert weiß,
Von allem Hangen abgelöst,
Geburtenheil und grabesheil,
Asketenhaft vollkommen ist,
Als Überwinder aller Art:
Den Auferwachten heißt man ihn.«

Also beschieden erhob sich Brahmāyu der Priester von seinem Sitze, entblößte eine Schulter, fiel dem Erhabenen zu Füßen und bedeckte des Erhabenen Füße mit Küssen und umschlang sie mit den Händen. Und er nannte seinen Namen:

»Brahmāyu bin ich, o Gotamo, der Priester.«

Da wurden die Umsitzenden durch den außerordentlichen, wunderbaren Vorgang im Innersten getroffen: ›Außerordentlich, o, wunderbar, ach, ist die mächtige Kraft, die mächtige Gewalt des Asketen! Daß da sogar dieser berühmte, gepriesene Priester Brahmāyu eine so hohe

Huldigung darbringen mag!‹ Doch der Erhabene wandte sich also an Brahmāyu den Priester:

»Genug, Brāhmane, steh auf, setze dich wieder hin, da dein Herz mir so zugetan ist.«

Und Brahmāyu der Priester stand auf und setzte sich wieder hin. Und der Erhabene führte nun Brahmāyu den Priester allmählich in das Gespräch ein, sprach erst mit ihm vom Geben, von der Tugend, von seliger Welt, machte des Begehrens Elend, Ungemach, Trübsal, und der Entsagung Vorzüglichkeit offenbar. Als der Erhabene merkte, daß Brahmāyu der Priester im Herzen bereitsam, geschmeidig, unbehindert, aufgerichtet, heiter geworden war, da gab er die Darlegung jener Lehre, die den Erwachten eigentümlich ist: das Leiden, die Entwicklung, die Auflösung, den Weg.

Gleichwie etwa ein reines Kleid, von Flecken gesäubert, vollkommen die Färbung annehmen mag, ebenso auch ging da Brahmāyu dem Priester, während er noch da saß, das abgeklärte, abgespülte Auge der Wahrheit auf:

›Was irgend auch entstanden ist
Muß alles wieder untergehn.‹

Und Brahmāyu der Priester, der die Wahrheit gesehn, die Wahrheit gefaßt, die Wahrheit erkannt, die Wahrheit ergründet hatte, zweifelentronnen, ohne Schwanken, in sich selber gewiß, auf keinen anderen gestützt im Orden des Meisters, der wandte sich nun an den Erhabenen also:

»Vortrefflich, o Gotamo, vortrefflich, o Gotamo! Gleichwie etwa, o Gotamo, wenn einer Umgestürztes aufstellte, oder Verdecktes enthüllte, oder Verirrten den Weg wiese, oder Licht in die Finsternis brächte: ›Wer Augen hat wird die Dinge sehn‹: ebenso auch hat Herr Gotamo die Lehre gar mannigfach gezeigt. Und so nehm' ich bei Herrn Gotamo Zuflucht, bei der Lehre und bei der Jüngerschaft: als Anhänger möge mich Herr Gotamo betrachten, von heute an zeitlebens getreu. Und möge mir Herr Gotamo die Bitte gewähren, morgen mit den Mönchen bei mir zu speisen!«

Schweigend gewährte der Erhabene die Bitte.

Als nun Brahmāyu der Priester der Zustimmung des Erhabenen sicher war, stand er von seinem Sitze auf, begrüßte den Erhabenen ehrerbietig, ging rechts herum und entfernte sich.

Und Brahmāyu der Priester ließ am nächsten Morgen in seiner Behausung ausgewählte feste und flüssige Speise auftragen und sandte einen Boten an den Erhabenen mit der Meldung: ›Es ist Zeit, o Gotamo, das Mahl ist bereit.‹ Und der Erhabene rüstete sich beizeiten, nahm Mantel und Almosenschale und begab sich zur Wohnung Brahmāyu des Priesters. Dort angekommen nahm der Erhabene mit den Mönchen auf den dargebotenen Sitzen Platz. Und Brahmāyu der Priester bediente und versorgte eigenhändig den Erwachten und seine Jünger eine Woche lang mit ausgewählter fester und flüssiger Speise. Und als die Woche um war, zog der Erhabene wieder im Videher-Lande weiter.

Bald aber, nachdem der Erhabene von dannen gezogen, starb Brahmāyu der Priester.

Da begaben sich denn viele Mönche zum Erhabenen hin, begrüßten den Erhabenen ehrerbietig und setzten sich seitwärts nieder. Seitwärts sitzend sprachen nun diese Mönche zum Erhabenen also:

»Brahmāyu, o Herr, der Priester, ist gestorben. Wo ist er jetzt, was ist aus ihm geworden?«

»Weise, ihr Mönche, ist Brahmāyu der Priester gewesen, nachgefolgt ist er der Lehre gelehrig, und nicht hat er an meiner Belehrung Anstoß genommen. Brahmāyu, ihr Mönche, der Priester, ist nach Vernichtung der fünf niederzerrenden Fesseln emporgestiegen, um von dort aus zu erlöschen, nicht mehr zurückzukehren nach jener Welt.«

Also sprach der Erhabene. Zufrieden freuten sich jene Mönche über das Wort des Erhabenen.

6. WAHRE DENKMALE

89. Rede

Das hab' ich gehört. Zu einer Zeit weilte der Erhabene im Lande der Sakyer, bei Metāḷumpam, einer Burg im Sakyergebiete.

Um diese Zeit nun war König Pasenadi von Kosalo nach Nagarakam gekommen, irgend ein Geschäft zu erledigen.

Und König Pasenadi von Kosalo befahl Dīgho dem Kanzler:

»Lasse mir, bester Kanzler, prächtige Wagen bespannen: wir wollen eine Ausfahrt machen, in die schöne Umgebung hinaus.«

»Wohl, o König!« entgegnete da gehorsam Dīgho der Kanzler dem Herrscher. Und er ließ prächtige Wagen bespannen und dann melden: ›Bereit stehn, o König, die prächtigen Wagen: wie es dir nun belieben mag.‹

Und König Pasenadi von Kosalo bestieg einen prächtigen Wagen und fuhr, gefolgt von manchen anderen, mit überaus reichem königlichem Gepränge aus der Stadt hinaus, nach einem Garten hin. So weit gefahren als man fahren konnte, stieg er vom Wagen ab und begab sich zu Fuß in den Garten. Da sah denn der König, als er im Garten lustwandelnd umherging, mächtige Bäume, erhebend, erheiternd, lärmentrückt, lärmverloren, von den Leuten gemieden, wo Menschen einsam sitzen und nachdenken können. Und es kam ihm bei diesem Anblick eben der Erhabene in den Sinn: ›Diese mächtigen Bäume erheben und erheitern mich, die lärmentrückten, lärmverlorenen, die von den Leuten gemieden werden, wo Menschen einsam sitzen und nachdenken können, wo wir da einst Ihn, den Erhabenen, aufgesucht haben, den Heiligen, vollkommen Erwachten.‹ Und König Pasenadi von Kosalo wandte sich also an Dīgho den Kanzler:

»Diese mächtigen Bäume, bester Kanzler, erheben und erheitern mich, die lärmentrückt, lärmverloren von den Leuten gemieden werden, wo Menschen einsam sitzen und nachdenken können, wo wir da einst Ihn, den Erhabenen, aufgesucht haben, den Heiligen, vollkommen Erwachten: wo mag Er doch, bester Kanzler, jetzt weilen, der Erhabene, der Heilige, vollkommen Erwachte?«

»Es gibt, großer König, eine Burg im Sakyergebiete, Metāḷumpam genannt: dort weilt Er jetzt, der Erhabene, der Heilige, vollkommen Erwachte.«

»Wie weit ist es wohl, bester Kanzler, von Nagarakam nach Metāḷumpam, der Sakyerburg?«

»Nicht weit, großer König, neun Meilen: man kann noch vor Abend hingelangen.«

»So lasse denn, bester Kanzler, wieder anspannen: wir wollen Ihn, den Erhabenen, besuchen, den Heiligen, vollkommen Erwachten.«

»Wohl, o König!« entgegnete da gehorsam Dīgho der Kanzler dem Herrscher. Und er ließ wieder anspannen und dann melden: ›Bereit stehn, o König, deine Wagen: wie es dir nun belieben mag.‹

Und König Pasenadi von Kosalo bestieg seinen prächtigen Wagen und fuhr, gefolgt von den anderen, von Nagarakam nach Metāḷumpam der Sakyerburg; und er kam noch vor Abend an und ließ sich zum Garten geleiten. So weit gefahren als man fahren konnte, stieg er vom

Wagen ab und begab sich zu Fuß in den Garten. Um diese Zeit nun erging sich eine Schar Mönche im Freien. Da trat König Pasenadi von Kosalo zu den Mönchen heran und sprach also zu ihnen:

»Sagt mir, Verehrte, wo weilt Er, der Erhabene, jetzt, der Heilige, vollkommen Erwachte: denn wir möchten Ihn, den Erhabenen, besuchen, den Heiligen, vollkommen Erwachten.«

»Das Wohnhaus dort, großer König, ist geschlossen; aber geh leise, ohne zu eilen, die Freitreppe hinauf, räuspere dich und klopfe an: öffnen wird dir der Erhabene das Tor.«

Da gab König Pasenadi von Kosalo Schwert und Krone erst Dīgho dem Kanzler über. Und Dīgho der Kanzler wußte nun: ›Allein will der König jetzt bleiben, ich aber muß hier warten.‹ Und König Pasenadi von Kosalo stieg leise, ohne zu eilen, die Freitreppe zum geschlossenen Wohnhaus empor, räusperte sich und klopfte an. Es öffnete der Erhabene das Tor. Und König Pasenadi von Kosalo trat in das Wohnhaus ein. Und er fiel dem Erhabenen zu Füßen und bedeckte des Erhabenen Füße mit Küssen und umschlang sie mit den Händen. Und er gab sich zu erkennen:

»Pasenadi bin ich, o Herr, der König von Kosalo, Pasenadi bin ich, o Herr, der König von Kosalo.«

»Was hast du, großer König, für eine Veranlassung diesem Körper da so hohe Huldigung darzubringen, Liebesbeweise zu bezeigen?«

»Es ist mir, o Herr, beim Erhabenen diese Ahnung der Wahrheit aufgegangen: ›Vollkommen erwacht ist der Erhabene, wohlkundgetan vom Erhabenen die Satzung, wohlvertraut des Erhabenen Jüngerschaft.‹ Da hab' ich, o Herr, manche Asketen und Priester gesehn, die eine Zeitlang das Asketenleben führen, zehn Jahre, oder zwanzig Jahre, oder dreißig Jahre, oder vierzig Jahre. Später dann leben sie wohlgebadet, wohlgesalbt, mit gepflegtem Haar und Barte, haben sich mit dem Besitz und Genuß der fünf Begehrungen umgeben. Und wiederum hab' ich, o Herr, Mönche gesehn, die zeitlebens, bis zum letzten Atemzug das vollkommene, vollendete Asketenleben führen: und nicht hab' ich, o Herr, noch anderswo als hier ein also vollkommenes, vollendetes Asketenleben kennen lernen. Da ist mir denn, o Herr, beim Erhabenen diese Ahnung der Wahrheit aufgegangen: ›Vollkommen erwacht ist der Erhabene, wohlkundgetan vom Erhabenen die Satzung, wohlvertraut des Erhabenen Jüngerschaft.‹

»Weiter sodann, o Herr: es streiten Könige mit Königen, Fürsten mit Fürsten, Priester mit Priestern, Bürger mit Bürgern, streitet die Mutter mit dem Sohne, der Sohn mit der Mutter, der Vater mit dem Sohne, der

Sohn mit dem Vater, streitet Bruder mit Bruder, Bruder mit Schwester, Schwester mit Bruder, Freund mit Freund. Hier aber, o Herr, seh' ich die Mönche einträchtig, einig, ohne Zwist, mild geworden, wie sie einander sanften Auges betrachten: und nicht hab' ich, o Herr, noch anderswo als hier eine also einträchtige Versammlung kennen lernen. Da ist mir denn, o Herr, beim Erhabenen diese Ahnung der Wahrheit aufgegangen: ›Vollkommen erwacht ist der Erhabene, wohlkundgetan vom Erhabenen die Satzung, wohlvertraut des Erhabenen Jüngerschaft.‹

»Weiter sodann, o Herr: ich habe manchen Hain, manchen Garten betreten, besucht. Und ich habe da oft Asketen und Priester bemerkt, elend, abgezehrt, übel anzuschauen, mit gelblichen Flecken auf der Haut, sehnigen, knorrigen Gliedern, die wohl kein Auge, mein ich, fesselten, sie anzusehn. Da ist mir, o Herr, der Gedanke gekommen: ›Gewiß führen diese Ehrwürdigen das Asketenleben ungern; oder aber sie haben irgend eine böse Tat begangen, die verborgen ist; darum sind sie elend, abgezehrt, übel anzuschauen, mit gelblichen Flecken auf der Haut, sehnigen, knorrigen Gliedern, und wollen kein Auge fesseln, sie anzusehn.‹ Und ich trat an sie heran und sprach also: ›Warum doch seid ihr, Ehrwürdige, elend, abgezehrt, übel anzuschauen, mit gelblichen Flecken auf der Haut, sehnigen, knorrigen Gliedern, so daß ihr wohl kein Auge fesseln mögt, euch anzusehn?‹ Und sie gaben mir zur Antwort: ›Fesseln fehlen uns, großer König.‹ Hier aber, o Herr, seh' ich die Mönche innig angeregt, hoch erheitert, sie scheinen zufrieden, sind frohsinnig, genügsam, nachgiebig, demütig, mild geworden im Herzen. Da ist mir, o Herr, der Gedanke gekommen: ›Gewiß haben diese Ehrwürdigen, vom Erhabenen gewiesen, ein großes, allmählich gemerktes Ergebnis gefunden; darum sind sie innig angeregt, hoch erheitert, scheinen zufrieden, sind frohsinnig, genügsam, nachgiebig, demütig, mild geworden im Herzen.‹ Da ist mir denn, o Herr, beim Erhabenen diese Ahnung der Wahrheit aufgegangen: ›Vollkommen erwacht ist der Erhabene, wohlkundgetan vom Erhabenen die Satzung, wohlvertraut des Erhabenen Jüngerschaft.‹

»Weiter sodann, o Herr: ich kann als König, als Herrscher, dessen Scheitel gesalbt ist, einen zum Tode Verurteilten hinrichten, oder einen in die Acht zu Erklärenden ächten, oder einen Bannwürdigen bannen lassen. Und während ich, o Herr, zu Gericht sitze, kommt es vor, daß Zwischenrede laut wird. Da bitt' ich vergebens: ›Wollet, ihr Herren, während ich zu Gericht sitze keine Zwischenrede verlauten lassen: die Beratung, meine Herren, sei geschlossen.‹ Aber man läßt mich, o Herr,

Zwischenrede vernehmen. Hier aber, o Herr, seh' ich die Mönche zu einer Zeit, wo der Erhabene einer vielhundertköpfigen Schar die Lehre darlegt; und zu einer solchen Zeit hört man eben bei des Erhabenen Jüngern nicht einmal das Geräusch des Niesens oder Sichräusperns. Eines Tages, o Herr, trug der Erhabene einer vielhundertköpfigen Schar die Lehre vor. Da ließ einer von des Erhabenen Jüngern ein Räuspern hören. Und einer der Ordensbrüder streifte ihn mit dem Knie an: ›Nicht so laut, Ehrwürdiger, bitte! Möge der Ehrwürdige sich leise verhalten: unser Meister, der Erhabene legt die Lehre dar.‹ Da hab' ich, o Herr, bei mir gedacht: ›Wunderbar, wahrlich, außerordentlich ist es, daß man da wirklich ohne Zwang, ohne Gewalt eine Versammlung derart wohlgefügig machen kann!‹ Und nicht hab' ich, o Herr, noch anderswo als hier eine also wohlgefügige Versammlung kennen lernen. Da ist mir denn, o Herr, beim Erhabenen diese Ahnung der Wahrheit aufgegangen: ›Vollkommen erwacht ist der Erhabene, wohlkundgetan vom Erhabenen die Satzung, wohlvertraut des Erhabenen Jüngerschaft.‹

»Weiter sodann, o Herr: ich habe da manche gelehrte Adelige gesehn, feine, erprobte Gegenredner, die Haare zu spalten schienen, die mit ihrem Scharfsinn die schönsten Ansichten, sozusagen, entzweischnitten. Denen war zu Ohren gekommen: ›Der Asket, wahrlich, Herr Gotamo wird auf der Wanderung dieses Dorf oder jene Stadt besuchen!‹ Da stellten sie eine Frage zusammen. ›Diese Frage wollen wir dem Asketen Gotamo vorlegen; gibt er uns auf diese Frage diese Antwort, so werden wir ihm auf diese Weise das Wort verdrehn: gibt er uns aber auf diese Frage jene Antwort, so werden wir ihm auf jene Weise das Wort verdrehn.‹ Und sie hörten: ›Der Asket, wahrlich, Herr Gotamo ist auf der Wanderung in diesem Dorfe oder in jener Stadt angekommen!‹ Und sie begaben sich hin. Und der Erhabene ermunterte, ermutigte, erregte und erheiterte sie in lehrreichem Gespräche. Und vom Erhabenen in lehrreichem Gespräche ermuntert, ermutigt, erregt und erheitert stellten sie dem Erhabenen weder eine Frage, geschweige daß sie ihm das Wort verdrehn wollten, wurden vielmehr des Erhabenen Anhänger. Da ist mir denn, o Herr, beim Erhabenen diese Ahnung der Wahrheit aufgegangen: ›Vollkommen erwacht ist der Erhabene, wohlkundgetan vom Erhabenen die Satzung, wohlvertraut des Erhabenen Jüngerschar.‹

»Weiter sodann, o Herr: ich habe da manche gelehrte Priester, gelehrte Bürger, gelehrte Asketen gesehn, feine, erprobte Gegenredner, die Haare zu spalten schienen, die mit ihrem Scharfsinn die schönsten

Ansichten, sozusagen, entzweischnitten. Denen war zu Ohren gekommen: ›Der Asket, wahrlich, Herr Gotamo wird auf der Wanderung dieses Dorf oder jene Stadt besuchen!‹ Da stellten sie eine Frage zusammen: ›Diese Frage wollen wir dem Asketen Gotamo vorlegen; gibt er uns auf diese Frage diese Antwort, so werden wir ihm auf diese Weise das Wort verdrehn; gibt er uns aber auf diese Frage jene Antwort, so werden wir ihm auf jene Weise das Wort verdrehn.‹ Und sie hörten: ›Der Asket, wahrlich, Herr Gotamo ist auf der Wanderung in diesem Dorfe oder in jener Stadt angekommen!‹ Und sie begaben sich hin. Und der Erhabene ermunterte, ermutigte, erregte und erheiterte sie in lehrreichem Gespräche. Und vom Erhabenen in lehrreichem Gespräche ermuntert, ermutigt, erregt und erheitert stellten sie dem Erhabenen weder eine Frage, geschweige daß sie ihm das Wort verdrehn wollten, flehten vielmehr den Erhabenen an, sie in den Orden aufzunehmen. Und der Erhabene nahm sie auf. Und in diesen Orden aufgenommen lebten sie einzeln, abgesondert, ernsten Sinnes, eifrig, unermüdlich. Und in gar kurzer Zeit hatten sie jenes Ziel, um dessen willen edle Söhne gänzlich vom Hause fort in die Hauslosigkeit ziehn, die höchste Vollendung der Heiligkeit noch bei Lebzeiten sich offenbar gemacht, verwirklicht und errungen. Und sie sprachen: ›Den Verstand mußten wir verloren haben, den Verstand müssen wir wiedergefunden haben! Die wir früher nichts weniger als Asketen waren, glaubten ›Wir sind Asketen‹, die wir nichts weniger als Heilige waren, glaubten ›Wir sind Heilige‹, die wir nichts weniger als Sieger waren, glaubten ›Wir sind Sieger‹: jetzt sind wir Asketen, jetzt sind wir Heilige, jetzt sind wir Sieger.‹ Da ist mir denn, o Herr, beim Erhabenen diese Ahnung der Wahrheit aufgegangen: ›Vollkommen erwacht ist der Erhabene, wohlkundgetan vom Erhabenen die Satzung, wohlvertraut des Erhabenen Jüngerschaft.‹

»Weiter sodann, o Herr: Isidatto und Purāṇo, die Kammerherren, die sind meine Diener, meine Werkzeuge: ich geb' ihnen den Unterhalt, ich fördere ihren Ruhm. Gleichwohl aber bringen sie mir keine solche Huldigung dar wie dem Erhabenen. Eines Tages, o Herr, als ich mit dem Heere ausgezogen war, schlug ich mein Lager mit Isidatto und Purāṇo den Kammerherren in einem kleinen Gehöfte auf, um sie zu erforschen. Und sie brachten, o Herr, einen großen Teil der Nacht in lehrreichem Gespräche zu; dann legten sie sich nieder, das Haupt dorthin gewandt wo sie wußten daß der Erhabene sei, gegen mich die Füße gewandt. Da hab' ich, o Herr, bei mir gedacht: ›Wunderbar, wahrlich, außerordentlich ist es! Isidatto und Purāṇo die Kammerherren, die sind meine Diener, meine Werkzeuge: ich geb' ihnen den Unterhalt, ich fördere ihren Ruhm. Gleichwohl aber bringen sie mir keine solche Huldigung dar wie dem Erhabenen. Gewiß haben diese Ehrwürdigen, vom Erhabenen gewiesen, ein großes, allmählich gemerktes Ergebnis gefunden.‹ Da ist mir denn, o Herr, beim Erhabenen diese Ahnung der Wahrheit aufgegangen: ›Vollkommen erwacht ist der Erhabene, wohlkundgetan vom Erhabenen die Satzung, wohlvertraut des Erhabenen Jüngerschaft.‹

»Weiter sodann, o Herr: der Erhabene ist adelig und auch ich bin adelig, der Erhabene ist ein Kosaler und auch ich bin ein Kosaler, der Erhabene ist achtzig Jahre alt und auch ich bin achtzig Jahre alt. Und weil nun, o Herr, der Erhabene adelig ist und auch ich adelig bin, der Erhabene ein Kosaler ist und auch ich ein Kosaler bin, der Erhabene achtzig Jahre alt ist und auch ich achtzig Jahre alt bin, darum steht es mir eben an, o Herr, dem Erhabenen so hohe Huldigung darzubringen, Liebesbeweise zu bezeigen. – Wohlan denn, o Herr, jetzt wollen wir gehn: manche Pflicht wartet unser, manche Obliegenheit.«

»Wie es dir nun, großer König, belieben mag.«

Und König Pasenadi von Kosalo stand auf von seinem Sitze, begrüßte den Erhabenen ehrerbietig, ging rechts herum und entfernte sich.

Da wandte sich denn der Erhabene, bald nachdem König Pasenadi von Kosalo gegangen, also an die Mönche:

»Dieser König, ihr Mönche, Pasenadi von Kosalo, hat wahre Denkmale gesprochen. Dann ist er aufgestanden und heimgekehrt. Merkt euch, ihr Mönche, die wahren Denkmale, eignet euch, ihr Mönche, die wahren Denkmale an, hütet, ihr Mönche, die wahren Denkmale: heilsam sind, ihr Mönche, die wahren Denkmale, urasketentümlich.«

Also sprach der Erhabene. Zufrieden freuten sich jene Mönche über das Wort des Erhabenen.

7. ABHAYO DER KÖNIGSSOHN

58. Rede

Das hab' ich gehört. Zu einer Zeit weilte der Erhabene bei Rājagaham, im Bambusparke, am Hügel der Eichhörnchen.

Da nun begab sich Abhayo der Königssohn dorthin wo der Freie Bruder Nāthaputto weilte, begrüßte den Freien Bruder Nāthaputto ehrerbietig und setzte sich seitwärts nieder. Und zu Abhayo dem Königssohn, der zur Seite saß, sprach der Freie Bruder Nāthaputto also:

»Gehe, du Königssohn, und nimm den Asketen Gotamo beim Worte: dann wird man dir mit dem frohen Ruhmesrufe begegnen: ›Abhayo der Königssohn hat den Asketen Gotamo, den so mächtigen, so gewaltigen, beim Worte genommen!‹«

»Wie aber, o Herr, soll ich den Asketen Gotamo, den so mächtigen, so gewaltigen, beim Worte nehmen?«

»Gehe du, Königssohn, hin wo der Asket Gotamo weilt, und sprich dann also zu ihm: ›Mag wohl, o Herr, der Vollendete Dinge sagen, die den anderen unlieb und unangenehm sind?‹ Wenn dir der Asket Gotamo auf diese Frage also antwortet: ›Sagen mag, o Königssohn, der Vollendete Dinge, die den anderen unlieb und unangenehm sind‹, so hast du also zu ihm zu reden: ›Aber was ist dann nur, o Herr, für ein Unterschied zwischen dir und einem gewöhnlichen Menschen? Denn auch der gewöhnliche Mensch mag Dinge sagen, die den anderen unlieb und unangenehm sind.‹ Doch wenn dir der Asket Gotamo auf deine Frage also antwortet: ›Nicht mag, o Königssohn, der Vollendete Dinge sagen, die den anderen unlieb und unangenehm sind‹, so hast du also zu ihm zu reden: ›Aber hast du denn nicht, o Herr, von Devadatto gesagt: ›Unselig ist Devadatto, unrettbar ist Devadatto, Zwecke sucht Devadatto, unheilbar ist Devadatto‹? Und diese deine Worte haben Devadatto zornig und unzufrieden gemacht!‹ Legst du, o Königssohn, dem Asketen Gotamo diese doppeldeutige Frage vor, so wird er weder ausschlingen noch einschlingen können. Gleichwie etwa ein Mann, dem ein eiserner Ring um den Hals gelegt ist, nicht ausschlingen kann und nicht einschlingen, ebenso nun auch, o Königssohn, wird der Asket Gotamo auf diese doppeldeutige Frage weder ausschlingen noch einschlingen können.«

»Gut, o Herr!« erwiderte da gehorsam Abhayo der Königssohn dem Freien Bruder Nāthaputto. Und er stand von seinem Sitze auf, begrüßte den Freien Bruder Nāthaputto ehrerbietig, ging rechts herum und begab sich dorthin wo der Erhabene weilte, begrüßte den Erhabenen ehrerbietig und setzte sich seitwärts nieder. Als nun Abhayo der Königssohn zur Seite saß, da sah er nach der Sonne und gedachte: ›Es ist heute nicht an der Zeit, den Erhabenen beim Worte zu nehmen; morgen dann will ich in meinem Hause den Erhabenen beim Worte nehmen‹: und er sprach zum Erhabenen also:

»Gewähre mir, o Herr, der Erhabene die Bitte, morgen selbviert bei mir zu speisen!«

Schweigend gewährte der Erhabene die Bitte.

Als nun Abhayo der Königssohn der Zustimmung des Erhabenen sicher war, stand er von seinem Sitze auf, begrüßte den Erhabenen ehrerbietig, ging rechts herum und entfernte sich.

Und der Erhabene begab sich am nächsten Morgen, zeitig gerüstet, mit Mantel und Schal versehn, nach dem Hause Abhayo des Königssohns. Dort angelangt nahm der Erhabene auf dem dargebotenen Sitze Platz. Und Abhayo der Königssohn bediente und versorgte eigenhändig den Erhabenen mit ausgewählter fester und flüssiger Speise.

Nachdem nun der Erhabene gespeist und das Mahl beendet hatte, nahm Abhayo der Königssohn einen von den niederen Stühlen zur Hand und setzte sich zur Seite hin. Zur Seite sitzend sprach dann Abhayo der Königssohn zum Erhabenen also:

»Mag wohl, o Herr, der Vollendete Dinge sagen, die den anderen unlieb und unangenehm sind?«

»Nicht wohl, Königssohn, einzig das.«

»Das haben, o Herr, die Freien Brüder vorgebracht.«

»Warum denn, Königssohn, sprichst du also: ›Das haben, o Herr, die Freien Brüder vorgebracht‹?«

»Da war ich, o Herr, zum Freien Bruder Nāthaputto hingegangen, hatte ihn ehrerbietig begrüßt und mich seitwärts niedergesetzt. Und als ich da saß, sprach der Freie Bruder Nāthaputto also zu mir: ›Gehe, du Königssohn, und nimm den Asketen Gotamo beim Worte: dann wird man dir mit dem frohen Ruhmesrufe begegnen: ›Abhayo der Königssohn hat den Asketen Gotamo, den so mächtigen, so gewaltigen, beim Worte genommen!‹ Auf diesen Rat, o Herr, erwiderte ich dem Freien Bruder Nāthaputto: ›Wie soll ich aber, o Herr, den Asketen Gotamo, den so mächtigen, so gewaltigen, beim Worte nehmen?‹ – ›Gehe, du Königssohn, hin wo der Asket Gotamo weilt, und sprich dann also zu ihm: Mag wohl, o Herr, der Vollendete Dinge sagen, die den anderen unlieb und unangenehm sind? Wenn dir der Asket Gotamo auf diese Frage also antwortet: Sagen mag, o Königssohn, der Vollendete Dinge, die den anderen unlieb und unangenehm sind, so hast du also zu ihm zu reden: Aber was ist dann nur, o Herr, für ein Unterschied zwischen dir und einem gewöhnlichen Menschen? Denn auch der gewöhnliche Mensch mag Dinge sagen, die den anderen unlieb und unangenehm sind. Doch wenn dir der Asket Gotamo auf deine Frage also antwortet: Nicht mag, o Königssohn, der Vollendete Dinge sagen, die den anderen unlieb und unangenehm sind, so hast du also zu ihm zu reden: Aber hast du denn nicht, o Herr, von Devadatto gesagt: Unselig ist Devadatto, unrettbar ist Devadatto, Zwecke sucht Devadatto, unheilbar ist Devadatto? Und diese deine Worte haben Devadatto zornig und unzufrieden gemacht! Legst du, o Königssohn, dem Asketen Gotamo diese doppeldeutige Frage vor, so wird er weder ausschlingen noch einschlingen können. Gleichwie etwa ein Mann, dem ein eiserner Ring um den Hals gelegt ist, nicht ausschlingen kann und nicht einschlingen, ebenso nun auch, o Königssohn, wird der Asket Gotamo auf diese doppeldeutige Frage weder ausschlingen noch einschlingen können.‹«

Während dieses Gespräches nun hatte Abhayo der Königssohn einen zarten Knaben, einen unvernünftigen Säugling auf dem Schoße sitzen. Da sprach nun der Erhabene zu Abhayo dem Königssohn also:

»Was meinst du wohl, Königssohn: wenn dieser Knabe infolge deiner Nachlässigkeit oder der Nachlässigkeit seiner Amme ein Holzstück oder einen Scherben in den Mund nähme, was würdest du mit ihm machen?«

»Ich würd' es ihm wegnehmen, o Herr! Wenn ich es, o Herr, nicht gleich von Anfang an wegnehmen könnte, so würd' ich mit der linken Hand seinen Kopf halten und mit der rechten einen Finger krümmen und es ihm, selbst blutig, herausziehen. Und warum das? Weil mich, o Herr, der Knabe erbarmt.«

»Ebenso nun auch, Königssohn, kennt der Vollendete Worte, von denen er weiß, daß sie unwahr, unecht, unheilsam und den anderen unlieb und unangenehm sind, und mag der Vollendete solche Worte nicht sagen; und kennt der Vollendete Worte, von denen er weiß, daß sie wahr und echt und unheilsam und den anderen unlieb und unangenehm sind, und mag der Vollendete auch solche Worte nicht sagen; doch kennt der Vollendete Worte, von denen er weiß, daß sie wahr und echt und heilsam und den anderen unlieb und unangenehm sind, und mag da der Vollendete die Zeit ermessen, solche Worte zu reden. Es kennt der Vollendete Worte, von denen er weiß, daß sie unwahr, unecht, unheilsam und den anderen lieb und angenehm sind, und mag der Vollendete solche Worte nicht sagen; und kennt der Vollendete

Worte, von denen er weiß, daß sie wahr und echt und unheilsam und den anderen lieb und angenehm sind, und mag der Vollendete auch solche Worte nicht sagen; doch kennt der Vollendete Worte, von denen er weiß, daß sie wahr und echt und heilsam und den anderen lieb und angenehm sind, und mag da der Vollendete die Zeit ermessen, solche Worte zu reden. Und warum das? Weil, Königssohn, den Vollendeten die Wesen erbarmen.«

»Wenn da, o Herr, gelehrte Fürsten und gelehrte Priester, gelehrte Bürger und gelehrte Asketen eine Frage zusammenstellen und den Vollendeten aufsuchen und sie vorlegen, hat da wohl, o Herr, der Erhabene schon vorher im Geiste daran gedacht: ›Wer mich aufsuchen und befragen wird, dem werd ich auf solche Fragen solche Antwort geben‹; oder kommt es eben erst im Augenblick dem Vollendeten in den Sinn?«

»Da will ich dir nun, Königssohn, eben hierüber eine Frage stellen: wie's dir gutdünkt magst du sie beantworten. Was meinst du wohl, Königssohn: sind dir die Teile und Stücke des Wagens genau bekannt?«

»Gewiß, o Herr, genau sind mir die Teile und Stücke des Wagens bekannt.«

»Was meinst du wohl, Königssohn: wenn man zu dir käme und dich fragte: ›Was ist denn das für ein Teil und Stück vom Wagen‹, würdest du etwa schon vorher im Geiste daran gedacht haben: ›Wer mich aufsuchen und befragen wird, dem werd ich auf solche Frage solche Antwort geben‹; oder käm es dir eben erst im Augenblick in den Sinn?«

»Ich bin ja, o Herr, ein erfahrener Wagenlenker, genau sind mir die Teile und Stücke des Wagens bekannt, alle Teile und Stücke des Wagens hab ich wohl erprobt: eben erst im Augenblicke käm es mir in den Sinn.«

»Ebenso nun auch, Königssohn, gehn da gelehrte Fürsten und gelehrte Priester, gelehrte Bürger und gelehrte Asketen den Vollendeten mit einer Frage an, und es kommt dem Vollendeten eben erst im Augenblick in den Sinn. Und warum das? Jene Eigenart der Dinge hat ja, Königssohn, der Vollendete von Grund aus erkannt, so daß es durch die gründliche Erkenntnis der Eigenart der Dinge dem Vollendeten eben erst im Augenblick in den Sinn kommt.«

Nach diesen Worten wandte sich Abhayo der Königssohn also an den Erhabenen:

»Vortrefflich, o Herr, vortrefflich, o Herr! Gleichwie etwa, o Herr, als ob man Umgestürztes aufstellte, oder Verdecktes enthüllte, oder Verirrten den Weg wiese, oder ein Licht in die Finsternis hielte: ›Wer Augen hat wird die Dinge sehn‹: ebenso auch hat der Erhabene die Lehre gar mannigfach gezeigt. Und so nehm ich, o Herr, beim Erhabenen Zuflucht, bei der Lehre und bei der Jüngerschaft: als Anhänger möge mich der Erhabene betrachten, von heute an zeitlebens getreu.«

II. DIE GRUNDLEHREN

8. DER WAHRHEIT ABZEICHEN

141. Rede

Das hab' ich gehört. Zu einer Zeit weilte der Erhabene bei Benāres, am Sehersteine, im Wildparke. Dort nun wandte sich der Erhabene an die Mönche: »Ihr Mönche!« – »Erlauchter!« antworteten da jene Mönche dem Erhabenen aufmerksam. Der Erhabene sprach also:

»Der Vollendete, ihr Mönche, der Heilige, vollkommen Erwachte hat zu Benāres, am Sehersteine, im Wildparke das höchste Reich der Wahrheit dargestellt: und darwiderstellen kann sich kein Asket und kein Priester, kein Gott, kein böser und kein heiliger Geist, noch irgendwer in der Welt; es ist das Anzeigen, Aufweisen, Darlegen, Darstellen, Enthüllen, Entwickeln, Offenbarmachen der vier heiligen Wahrheiten. Welcher vier? Der heiligen Wahrheit vom Leiden, der heiligen Wahrheit von der Leidensentwicklung, der heiligen Wahrheit von der Leidensauflösung, der heiligen Wahrheit von dem zur Leidensauflösung führenden Pfade. Der Vollendete, ihr Mönche, der Heilige, vollkommen Erwachte hat zu Benāres, am Sehersteine, im Wildparke das höchste Reich der Wahrheit dargestellt: und darwiderstellen kann sich kein Asket und kein Priester, kein Gott, kein böser und kein heiliger Geist, noch irgendwer in der Welt; es ist das Anzeigen, Aufweisen, Darlegen, Darstellen, Enthüllen, Entwickeln, Offenbarmachen dieser vier heiligen Wahrheiten.

»Wendet euch, Mönche, an Sāriputto und Moggallāno, haltet euch, Mönche, an Sāriputto und Moggallāno: weise Mönche sind Wohltäter ihrer Ordensgenossen. Wie ein Erzeuger, ihr Mönche, ist Sāriputto, wie des Erzeugten Ernährer Moggallāno zu gewahren. Sāriputto, ihr Mönche, führt euch dem Ziele der Hörerschaft zu, Moggallāno bestem Gewinne. Sāriputto, ihr Mönche, ist imstande die vier heiligen Wahrheiten je einzeln anzuzeigen, aufzuweisen, darzulegen, darzustellen, zu enthüllen, zu entwickeln, offenbar zu machen.«

Also sprach der Erhabene. Als der Willkommene das gesagt hatte, stand er auf und zog sich in das Wohnhaus zurück.

Da wandte sich dann der ehrwürdige Sāriputto, bald nachdem der Erhabene fortgegangen war, an die Mönche: »Brüder Mönche!« – »Bruder!« antworteten da jene Mönche dem ehrwürdigen Sāriputto aufmerksam. Der ehrwürdige Sāriputto sprach also:

»Der Vollendete, ihr Brüder, der Heilige, vollkommen Erwachte hat zu Benāres, am Sehersteine, im Wildparke das höchste Reich der Wahrheit dargestellt: und darwiderstellen kann sich kein Asket und kein Priester, kein Gott, kein böser und kein heiliger Geist, noch irgendwer in der Welt; es ist das Anzeigen, Aufweisen, Darlegen, Darstellen, Enthüllen, Entwickeln, Offenbarmachen der vier heiligen Wahrheiten. Welcher vier? Der heiligen Wahrheit vom Leiden, der heiligen Wahrheit von der Leidensentwicklung, der heiligen Wahrheit von der Leidensauflösung, der heiligen Wahrheit von dem zur Leidensauflösung führenden Pfade.

»Was ist aber, Brüder, die heilige Wahrheit vom Leiden? Geburt ist Leiden, Alter ist Leiden, Sterben ist Leiden, Kummer, Jammer, Schmerz, Gram und Verzweiflung sind Leiden, was man begehrt nicht erlangen, das ist Leiden, kurz gesagt: die fünf Stücke des Anhangens sind Leiden. – Was ist nun, Brüder, die Geburt? Der jeweiligen Wesen in jeweilig wesender Gattung Geburt, Gebärung, Bildung, Keimung, Empfängnis, das Erscheinen der Teile, das Ergreifen der Gebiete: das nennt man, Brüder, Geburt. Was ist nun, Brüder, das Alter? Der jeweiligen Wesen in jeweilig wesender Gattung altern und abnutzen, gebrechlich, grau und runzelig werden, der Kräfteverfall, das Abreifen der Sinne: das nennt man, Brüder, Alter. Was ist nun, Brüder, das Sterben? Der jeweiligen Wesen in jeweilig wesender Gattung Hinschwund, Auflösung, Zersetzung, Untergang, Todessterben, Zeiterfüllung, das Zerfallen der Teile, das Verwesen der Leiche: das nennt man, Brüder, Sterben. Was ist nun, Brüder, der Kummer? Was da, Brüder, bei solchem und solchem Verluste, den man erfährt, bei solchem und solchem Unglücke, das einen betrifft, Kummer, Kümmernis, Bekümmerung, innerer Kummer, innere Verkümmerung ist: das nennt man, Brüder, Kummer. Was ist nun, Brüder, der Jammer? Was da, Brüder, bei solchem und solchem Verluste, den man erfährt, bei solchem und solchem Unglücke, das einen betrifft, Klage und Jammer, Beklagen und Bejammern, Wehklage, Wehjammer ist: das nennt man, Brüder, Jammer. Was ist nun, Brüder, der Schmerz? Was da, Brüder, körperlich schmerzhaft, körperlich unangenehm ist, durch körperhafte Berührung schmerzhaft, unangenehm empfunden wird: das nennt man, Brüder, Schmerz. Was ist nun, Brüder, der Gram? Was da, Brüder, geistig schmerzhaft, geistig unangenehm ist, durch gedankenhafte Berührung schmerzhaft, unangenehm empfunden wird: das nennt man, Brüder, Gram. Was ist nun, Brüder, die Verzweiflung? Was da, Brüder, bei solchem und solchem Verluste, den man erfährt, bei solchem und solchem Unglücke, das einen betrifft, Verzagen und Verzweifeln, Verzagtsein und Verzweifeltsein ist: das nennt man, Brüder, Verzweiflung. Was ist nun, Brüder, was man begehrt nicht erlangen für Leiden? Die Wesen, Brüder, der Geburt unterworfen, kommt das Begehren an: ›O daß wir doch nicht der Geburt unterworfen wären, daß uns doch keine Geburt bevorstände!‹; aber das kann man durch Begehren nicht erreichen: das nun eben nicht erlangen, was man begehrt, ist Leiden. Die Wesen, Brüder, dem Alter, dem Sterben, dem Kummer, Jammer, Schmerz, dem Gram, der Verzweiflung unterworfen, kommt das Begehren an: ›O daß wir doch nicht dem Alter, dem Sterben, dem Kummer, Jammer, Schmerz, dem Gram, der Verzweiflung unterworfen wären, daß uns doch kein Altern und Sterben, kein Kummer und Jammer und Schmerz, kein Gram und keine Verzweiflung bevorstände!‹; aber das kann man durch Begehren nicht erreichen: das nun eben nicht erlangen, was man begehrt, ist Leiden. Was sind nun, Brüder, kurz gesagt, die fünf Stücke des Anhangens für Leiden? Es ist da ein Stück Anhangen an der Form, ein Stück Anhangen am Gefühl, ein Stück Anhangen an der Wahrnehmung, ein Stück Anhangen an der Unterscheidung, ein Stück Anhangen am Bewußtsein: das nennt man, Brüder, kurz gesagt, die fünf Stücke des Anhangens als Leiden. – Das heißt man, Brüder, heilige Wahrheit vom Leiden.

»Was ist aber, Brüder, die heilige Wahrheit von der Leidensentwicklung? Es ist dieser Durst, der Wiederdasein säende, gnügensgierverbundene, bald da bald dort sich ergötzende, ist der Geschlechtsdurst, der Daseinsdurst, der Wohlseinsdurst. Das heißt man, Brüder, heilige Wahrheit von der Leidensentwicklung.

»Was ist aber, Brüder, die heilige Wahrheit von der Leidensauflösung? Es ist ebendieses Durstes vollkommen restlose Auflösung, ihn abstoßen, austreiben, fällen, vertilgen. Das heißt man, Brüder, heilige Wahrheit von der Leidensauflösung.

»Was ist aber, Brüder, die heilige Wahrheit von dem zur Leidensauflösung führenden Pfade? Dieser heilige achtfältige Weg ist es, der zur Leidensauflösung führende Pfad, nämlich: rechte Erkenntnis, rechte Gesinnung, rechte Rede, rechtes Handeln, rechtes Wandeln, rechtes Mühn, rechte Einsicht, rechte Einigung. – Was ist nun, Brüder, rechte Erkenntnis? Das Leiden kennen, ihr Brüder, die Entwicklung des Leidens kennen, die Auflösung des Leidens kennen, den zur Auflösung des Leidens führenden Pfad kennen: das nennt man, Brüder, rechte Erkenntnis. Was ist nun, Brüder, rechte Gesinnung? Entsagung sinnen, keinen Groll hegen, keine Wut hegen: das nennt man, Brüder, rechte Gesinnung. Was ist nun, Brüder, rechte Rede? Lüge vermeiden, Verleumdung vermeiden, barsche Worte vermeiden, Geschwätz vermeiden: das nennt man, Brüder, rechte Rede. Was ist nun, Brüder, rechtes Handeln? Lebendiges umzubringen vermeiden, Nichtgegebenes zu nehmen vermeiden, Ausschweifung zu begehn vermeiden: das nennt man, Brüder, rechtes Handeln. Was ist nun, Brüder, rechtes Wandeln? Da hat, Brüder, der heilige Jünger falschen Wandel verlassen und fristet sein Leben auf rechte Weise: das nennt man, Brüder, rechtes Wandeln. Was ist nun, Brüder, rechtes Mühn? Da weckt, Brüder, der Mönch seinen Willen, daß er unaufgestiegene üble, unheilsame Dinge nicht aufsteigen lasse, er müht sich darum, mutig bestrebt, rüstet das Herz, macht es kampfbereit; weckt seinen Willen, daß er aufgestiegene üble, unheilsame Dinge vertreibe, er müht sich darum, mutig bestrebt, rüstet das Herz, macht es kampfbereit; weckt seinen Willen, daß er unaufgestiegene heilsame Dinge aufsteigen lasse, er müht sich darum, mutig bestrebt, rüstet das Herz, macht es kampfbereit; weckt seinen Willen, daß er aufgestiegene heilsame Dinge sich festigen, nicht lokkern, weiterentwickeln, erschließen, entfalten, erfüllen lasse, er müht sich darum, mutig bestrebt, rüstet das Herz, macht es kampfbereit: das nennt man, Brüder, rechtes Mühn. Was ist nun, Brüder, rechte Einsicht? Da wacht, Brüder, ein Mönch beim Körper über den Körper, unermüdlich, klaren Sinnes, einsichtig, nach Verwindung weltlichen Begehrens und Bekümmerns; wacht bei den Gefühlen über die Gefühle, unermüdlich, klaren Sinnes, einsichtig, nach Verwindung weltlichen Begehrens und Bekümmerns; wacht beim Gemüte über das Gemüt, unermüdlich, klaren Sinnes, einsichtig, nach Verwindung weltlichen Begehrens und Bekümmerns; wacht bei den Erscheinungen über die Erscheinungen, unermüdlich, klaren Sinnes, einsichtig, nach Verwindung weltlichen Begehrens und Bekümmerns: das nennt man, Brüder, rechte Einsicht. Was ist nun, Brüder, rechte Einigung? Da weilt, Brüder, ein Mönch, gar fern von Begierden, fern von unheilsamen Dingen, in sinnend gedenkender ruhegeborener seliger Heiterkeit, in der Weihe der ersten Schauung. Nach Vollendung des Sinnens und Gedenkens erwirkt er die innere Meeresstille, die Einheit des Gemütes, die von sinnen, von gedenken freie, in der Einigung geborene selige Heiterkeit, die Weihe der zweiten Schauung. In heiterer Ruhe verweilt er gleichmütig, einsichtig, klar bewußt, ein Glück empfindet er im Körper, von dem die Heiligen sagen: ›Der gleichmütig Einsichtige lebt beglückt‹; so erwirkt er die Weihe der dritten Schauung. Nach Verwerfung der Freuden und Leiden, nach Vernichtung des einstigen Frohsinns und Trübsinns erwirkt er die Weihe der leidlosen, freudlosen, gleichmütig einsichtigen vollkommenen Reine, die vierte Schauung. Das nennt man, Brüder, rechte Einigung. – Das heißt man, Brüder, heilige Wahrheit von dem zur Leidensauflösung führenden Pfade.

»Der Vollendete, ihr Brüder, der Heilige, vollkommen Erwachte hat zu Benāres, am Sehersteine, im Wildparke das höchste Reich der Wahrheit dargestellt: und darwiderstellen kann sich kein Asket und kein Priester, kein Gott, kein böser und kein heiliger Geist, noch irgendwer in der Welt; es ist das Anzeigen, Aufweisen, Darlegen, Darstellen, Enthüllen, Entwickeln, Offenbarmachen dieser vier heiligen Wahrheiten.«

Also sprach der ehrwürdige Sāriputto. Zufrieden freuten sich jene Mönche über das Wort des ehrwürdigen Sāriputto.

9. DIE RECHTE ERKENNTNIS

9. Rede

Das hab' ich gehört. Zu einer Zeit weilte der Erhabene bei Sāvatthī, im Siegerwalde, im Garten Anāthapiṇḍikos. Dort nun wandte sich der ehrwürdige Sāriputto an die Mönche: »Ihr Mönche!« – »Bruder!« antworteten da jene Mönche dem ehrwürdigen Sāriputto aufmerksam. Der ehrwürdige Sāriputto sprach also:

»›Die rechte Erkenntnis, die rechte Erkenntnis‹, so sagt man, ihr Brüder. Inwiefern nun aber, ihr Brüder, hat ein heiliger Jünger die rechte Erkenntnis, ist seine Erkenntnis eine ehrliche, seine Liebe zur Lehre erprobt, gehört er dieser edlen Lehre an?«

»Selbst von weit her, o Bruder, würden wir zum ehrwürdigen Sāriputto kommen, um Aufklärung hierüber zu erhalten; wohl wär' es gut, wenn eben der ehrwürdige Sāriputto diesen Gegenstand erläutern möchte: die Worte des ehrwürdigen Sāriputto werden die Mönche bewahren.«

»So höret denn, Brüder, und achtet wohl auf meine Rede.«

»Gewiß, Bruder!« antworteten da jene Mönche dem ehrwürdigen Sāriputto aufmerksam. Der ehrwürdige Sāriputto sprach also:

»Wenn, ihr Brüder, der heilige Jünger das Böse erkennt und die Wurzel des Bösen erkennt, das Gute erkennt und die Wurzel des Guten erkennt, hat er insofern, ihr Brüder, die rechte Erkenntnis, ist seine Erkenntnis eine ehrliche, seine Liebe zur Lehre erprobt, gehört er dieser edlen Lehre an. Was ist nun, Brüder, das Böse, was ist die Wurzel des Bösen, was ist das Gute, was ist die Wurzel des Guten? Töten, ihr Brüder, ist das Böse, stehlen ist das Böse, den Wünschen fröhnen ist das Böse, Lüge ist das Böse, Verleumdung ist das Böse, barsche Rede ist das Böse, geschwätzige Rede ist das Böse, Gier ist das Böse, Wut ist das Böse, falsche Erkenntnis ist das Böse. Das nennt man, Brüder, das Böse. Und was, Brüder, ist die Wurzel des Bösen? Sucht ist die Wurzel des Bösen, Haß ist die Wurzel des Bösen, Irre ist die Wurzel des Bösen. Das nennt man, Brüder, die Wurzel des Bösen. Und was, Brüder, ist das Gute? Überwindung des Tötens ist das Gute, Überwindung des Stehlens ist das Gute, Überwindung der Wünsche ist das Gute, Überwindung der Lüge ist das Gute, Überwindung der Verleumdung ist das Gute, Überwindung barscher Rede ist das Gute, Überwindung geschwätziger Rede ist das Gute, Gierlosigkeit ist das Gute, Wutlosigkeit ist das Gute, rechte Erkenntnis ist das Gute. Das nennt man, Brüder, das Gute. Und was, Brüder, ist die Wurzel des Guten? Suchtlosigkeit ist die Wurzel des Guten, Haßlosigkeit ist die Wurzel des Guten, Irrlosigkeit ist die Wurzel des Guten. Das nennt man, Brüder, die Wurzel des Guten.

»Erkennt nun, ihr Brüder, der heilige Jünger also das Böse, also die Wurzel des Bösen, also das Gute, also die Wurzel des Guten, und er hat die Regung des Wollens völlig verleugnet, die Regung des Scheuens verscheucht, die Regung der Ichheit vertilgt, das Nichtwissen verloren, das Wissen erworben, so macht er dem Leiden noch in diesem Leben ein Ende. Insofern, ihr Brüder, hat da ein heiliger Jünger die rechte Erkenntnis, ist seine Erkenntnis eine ehrliche, seine Liebe zur Lehre erprobt, gehört er dieser edlen Lehre an.«

»Wohl, Bruder!« sagten da jene Mönche, erfreut und befriedigt durch des ehrwürdigen Sāriputto Rede, und stellten nun eine fernere Frage: »Gibt es vielleicht, o Bruder, noch eine andere Art, wie der heilige Jünger die rechte Erkenntnis besitzt, seine Erkenntnis ehrlich, seine Liebe zur Lehre erprobt ist, er dieser edlen Lehre angehört?«

»Freilich, Brüder. Wenn, ihr Brüder, der heilige Jünger die Nahrung erkennt und der Nahrung Entwicklung, der Nahrung Auflösung erkennt und den zu der Nahrung Auflösung führenden Pfad, hat er insofern, ihr Brüder, die rechte Erkenntnis, ist seine Erkenntnis eine ehrliche, seine Liebe zur Lehre erprobt, gehört er dieser edlen Lehre an. Was ist nun, Brüder, die Nahrung, was ist der Nahrung Entwicklung, was ist der Nahrung Auflösung, was ist der zu der Nahrung Auflösung führende Pfad? Vier Arten der Nahrung, ihr Brüder, sind für die Wesen vorhanden, den entstandenen zur Erhaltung, den entstehenden zur Entwicklung; welche vier? Körperbildende Nahrung, grob oder fein, zweitens Berührung, drittens geistiges Innewerden, viertens Bewußtsein. Die Entwicklung des Durstes bedingt die Entwicklung der Nahrung, die Auflösung des Durstes bedingt die Auflösung der Nahrung. Das aber ist der heilige achtfältige Weg, der zu der Nahrung Auflösung führende Pfad, nämlich: rechte Erkenntnis, rechte Gesinnung, rechte Rede, rechtes Handeln, rechtes Wandeln, rechtes Mühn, rechte Einsicht, rechte Einigung.

»Erkennt nun, ihr Brüder, der heilige Jünger also die Nahrung, also die Entwicklung der Nahrung, also die Auflösung der Nahrung, also den zur Auflösung der Nahrung führenden Pfad, und er hat die Regung des Wollens völlig verleugnet, die Regung des Scheuens verscheucht, die Regung der Ichheit vertilgt, das Nichtwissen verloren, das Wissen erworben, so macht er dem Leiden noch in diesem Leben ein Ende. Insofern, ihr Brüder, hat da ein heiliger Jünger die rechte Erkenntnis, ist seine Erkenntnis eine ehrliche, seine Liebe zur Lehre erprobt, gehört er dieser edlen Lehre an.«

»Wohl, Bruder!« sagten da jene Mönche, erfreut und befriedigt durch des ehrwürdigen Sāriputto Rede, und stellten nun eine fernere Frage: »Gibt es vielleicht, o Bruder, noch eine andere Art, wie der heilige Jünger die rechte Erkenntnis besitzt, seine Erkenntnis ehrlich, seine Liebe zur Lehre erprobt ist, er dieser edlen Lehre angehört?«

»Freilich, Brüder. Wenn, ihr Brüder, der heilige Jünger das Leiden erkennt und die Leidensentwicklung, die Leidensauflösung erkennt und den zur Leidensauflösung führenden Pfad, hat er insofern, ihr Brüder, die rechte Erkenntnis, ist seine Erkenntnis eine ehrliche, seine Liebe zur Lehre erprobt, gehört er dieser edlen Lehre an. Was ist nun, Brüder, das Leiden, was ist die Leidensentwicklung, was ist die Leidensauflösung, was ist der zur Leidensauflösung führende Pfad? Geburt ist Leiden, Alter ist Leiden, Krankheit ist Leiden, Sterben ist Leiden, Kummer, Jammer, Schmerz, Gram und Verzweiflung sind Leiden, was man begehrt nicht erlangen, das ist Leiden, kurz gesagt: die fünf Stücke des Anhangens sind Leiden. Das nennt man, Brüder, Leiden. Was ist aber, Brüder, die Leidensentwicklung? Es ist dieser Durst, der Wiederdasein säende, gnügensgierverbundene, bald da bald dort sich ergötzende, ist der Geschlechtsdurst, der Daseinsdurst, der Wohlseinsdurst. Das nennt man, Brüder, Leidensentwicklung. Was ist aber, Brüder, die Leidensauflösung? Es ist ebendieses Durstes vollkommen restlose Auflösung, ihn abstoßen, austreiben, fällen, vertilgen. Das nennt man, Brüder, Leidensauflösung. Was ist aber, Brüder, der zur Leidensauflösung führende Pfad? Dieser heilige achtfältige Weg ist es, der zur Leidensauflösung führende Pfad, nämlich: rechte Erkenntnis, rechte Gesinnung, rechte Rede, rechtes Handeln, rechtes Wandeln, rechtes Mühn, rechte Einsicht, rechte Einigung.

»Erkennt nun, ihr Brüder, der heilige Jünger also das Leiden, also die Entwicklung des Leidens, also die Auflösung des Leidens, also den zur Auflösung des Leidens führenden Pfad, und er hat die Regung des Wollens völlig verleugnet, die Regung des Scheuens verscheucht, die Regung der Ichheit vertilgt, das Nichtwissen verloren, das Wissen erworben, so macht er dem Leiden noch in diesem Leben ein Ende. Insofern, ihr Brüder, hat da ein heiliger Jünger die rechte Erkenntnis, ist seine Erkenntnis eine ehrliche, seine Liebe zur Lehre erprobt, gehört er dieser edlen Lehre an.«

»Wohl, Bruder!« sagten da jene Mönche, erfreut und befriedigt durch des ehrwürdigen Sāriputto Rede, und stellten nun eine fernere Frage: »Gibt es vielleicht, o Bruder, noch eine andere Art, wie der heilige Jünger die rechte Erkenntnis besitzt, seine Erkenntnis ehrlich, seine Liebe zur Lehre erprobt ist, er dieser edlen Lehre angehört?«

»Freilich, Brüder. Wenn, ihr Brüder, der heilige Jünger das Altern und Sterben erkennt und die Entwicklung des Alterns und Sterbens, die Auflösung des Alterns und Sterbens erkennt und den zur Auflösung des Alterns und Sterbens führenden Pfad, hat er insofern, ihr Brüder, die rechte Erkenntnis, ist seine Erkenntnis eine ehrliche, seine Liebe zur Lehre erprobt, gehört er dieser edlen Lehre an. Was ist nun, Brüder, das Altern und Sterben, was ist die Entwicklung des Alterns und Sterbens, was ist die Auflösung des Alterns und Sterbens, was ist der zur Auflösung des Alterns und Sterbens führende Pfad? Der jeweiligen Wesen in jeweilig wesender Gattung altern und abnutzen, gebrechlich, grau und runzelig werden, der Kräfteverfall, das Abreifen der Sinne, das nennt man, Brüder, Altern. Der jeweiligen Wesen in jeweilig wesender Gattung Hinschwund, Auflösung, Zersetzung, Untergang, Todessterben, Zeiterfüllung, das Zerfallen der Teile, das Verwesen der Leiche, das nennt man, Brüder, Sterben. Und so ist dies das Altern und dies das Sterben. Das nennt man, Brüder, Altern und Sterben. Die Entwicklung der Geburt bedingt die Entwicklung des Alterns und Sterbens, die Auflösung der Geburt bedingt die Auflösung des Alterns und Sterbens. Das aber ist der heilige achtfältige Weg, der zur Auflösung des Alterns und Sterbens führende Pfad, nämlich: rechte Erkenntnis, rechte Gesinnung, rechte Rede, rechtes Handeln, rechtes Wandeln, rechtes Mühn, rechte Einsicht, rechte Einigung.

»Erkennt nun, ihr Brüder, der heilige Jünger also das Altern und Sterben, also die Entwicklung des Alterns und Sterbens, also die Auflösung des Alterns und Sterbens, also den zur Auflösung des Alterns und Sterbens führenden Pfad, und er hat die Regung des Wollens völlig verleugnet, die Regung des Scheuens verscheucht, die Regung der Ichheit vertilgt, das Nichtwissen verloren, das Wissen erworben, so macht er dem Leiden noch in diesem Leben ein Ende. Insofern, ihr Brüder, hat da ein heiliger Jünger die rechte Erkenntnis, ist seine Erkenntnis eine ehrliche, seine Liebe zur Lehre erprobt, gehört er dieser edlen Lehre an.

»Weiter sodann, ihr Brüder: wenn der heilige Jünger die Geburt erkennt und die Entwicklung der Geburt, die Auflösung der Geburt erkennt und den zur Auflösung der Geburt führenden Pfad, hat er insofern, ihr Brüder, die rechte Erkenntnis, ist seine Erkenntnis eine ehrliche, seine Liebe zur Lehre erprobt, gehört er dieser edlen Lehre an. Was ist nun, Brüder, die Geburt, was ist die Entwicklung der Geburt, was ist die Auflösung der Geburt, was ist der zur Auflösung der Geburt führende Pfad? Der jeweiligen Wesen in jeweilig wesender Gattung Geburt, Gebärung, Bildung, Keimung, Empfängnis, das Erscheinen der Teile, das Ergreifen der Gebiete, das nennt man, Brüder, Geburt. Die Entwicklung des Werdens bedingt die Entwicklung der Geburt, die Auflösung des Werdens bedingt die Auflösung der Geburt. Das aber ist der heilige achtfältige Weg, der zur Auflösung der Geburt führende Pfad, nämlich: rechte Erkenntnis, rechte Gesinnung, rechte Rede, rechtes Handeln, rechtes Wandeln, rechtes Mühn, rechte Einsicht, rechte Einigung.

»Erkennt nun, ihr Brüder, der heilige Jünger also die Geburt, also die Entwicklung der Geburt, also die Auflösung der Geburt, also den zur Auflösung der Geburt führenden Pfad, und er hat die Regung des Wollens völlig verleugnet, die Regung des Scheuens verscheucht, die Regung der Ichheit vertilgt, das Nichtwissen verloren, das Wissen erworben, so macht er dem Leiden noch in diesem Leben ein Ende. Insofern, ihr Brüder, hat da ein heiliger Jünger die rechte Erkenntnis, ist seine Erkenntnis eine ehrliche, seine Liebe zur Lehre erprobt, gehört er dieser edlen Lehre an.

»Weiter sodann, ihr Brüder: wenn der heilige Jünger das Werden erkennt und die Entwicklung des Werdens, die Auflösung des Werdens erkennt und den zur Auflösung des Werdens führenden Pfad, hat er insofern, ihr Brüder, die rechte Erkenntnis, ist seine Erkenntnis eine ehrliche, seine Liebe zur Lehre erprobt, gehört er dieser edlen Lehre an. Was ist nun, Brüder, das Werden, was ist die Entwicklung des Werdens, was ist die Auflösung des Werdens, was ist der zur Auflösung des Werdens führende Pfad? Drei Arten des Werdens, ihr Brüder, gibt es: geschlechtliches Werden, formhaftes Werden, formloses Werden. Die Entwicklung des Anhangens bedingt die Entwicklung des Werdens, die Auflösung des Anhangens bedingt die Auflösung des Werdens. Das aber ist der heilige achtfältige Weg, der zur Auflösung des Werdens führende Pfad, nämlich: rechte Erkenntnis, rechte Gesinnung, rechte Rede, rechtes Handeln, rechtes Wandeln, rechtes Mühn, rechte Einsicht, rechte Einigung.

»Erkennt nun, ihr Brüder, der heilige Jünger also das Werden, also die Entwicklung des Werdens, also die Auflösung des Werdens, also den zur Auflösung des Werdens führenden Pfad, und er hat die Regung des Wollens völlig verleugnet, die Regung des Scheuens verscheucht, die Regung der Ichheit vertilgt, das Nichtwissen verloren, das Wissen erworben, so macht er dem Leiden noch in diesem Leben ein Ende. Insofern, ihr Brüder, hat da ein heiliger Jünger die rechte Erkenntnis, ist seine Erkenntnis eine ehrliche, seine Liebe zur Lehre erprobt, gehört er dieser edlen Lehre an.

»Weiter sodann, ihr Brüder: wenn der heilige Jünger das Anhangen erkennt und die Entwicklung des Anhangens, die Auflösung des Anhangens erkennt und den zur Auflösung des Anhangens führenden Pfad, hat er insofern, ihr Brüder, die rechte Erkenntnis, ist seine Erkenntnis eine ehrliche, seine Liebe zur Lehre erprobt, gehört er dieser edlen Lehre an. Was ist nun, Brüder, das Anhangen, was ist die Entwicklung des Anhangens, was ist die Auflösung des Anhangens, was ist der zur Auflösung des Anhangens führende Pfad? Vier Arten des Anhangens, ihr Brüder, gibt es: den Hang zur Lust, den Hang zur Ansicht, den Hang zu Tugendwerk, den Hang zur Selbstbehauptung. Die Entwicklung des Durstes bedingt die Entwicklung des Anhangens, die Auflösung des Durstes bedingt die Auflösung des Anhangens. Das aber ist der heilige achtfältige Weg, der zur Auflösung des Anhangens führende Pfad, nämlich: rechte Erkenntnis, rechte Gesinnung, rechte Rede, rechtes Handeln, rechtes Wandeln, rechtes Mühn, rechte Einsicht, rechte Einigung.

»Erkennt nun, ihr Brüder, der heilige Jünger also das Anhangen, also die Entwicklung des Anhangens, also die Auflösung des Anhangens, also den zur Auflösung des Anhangens führenden Pfad, und er hat die Regung des Wollens völlig verleugnet, die Regung des Scheuens verscheucht, die Regung der Ichheit vertilgt, das Nichtwissen verloren, das Wissen erworben, so macht er dem Leiden noch in diesem Leben ein Ende. Insofern, ihr Brüder, hat da ein heiliger Jünger die rechte Erkenntnis, ist seine Erkenntnis eine ehrliche, seine Liebe zur Lehre erprobt, gehört er dieser edlen Lehre an.

»Weiter sodann, ihr Brüder: wenn der heilige Jünger den Durst erkennt und die Entwicklung des Durstes, die Auflösung des Durstes erkennt und den zur Auflösung des Durstes führenden Pfad, hat er insofern, ihr Brüder, die rechte Erkenntnis, ist seine Erkenntnis eine ehrliche, seine Liebe zur Lehre erprobt, gehört er dieser edlen Lehre an. Was ist nun, Brüder, der Durst, was ist die Entwicklung des Durstes, was ist die Auflösung des Durstes, was ist der zur Auflösung des Durstes führende Pfad? Sechs Arten des Durstes, ihr Brüder, gibt es: Durst nach Formen, Durst nach Tönen, Durst nach Düften, Durst nach Säften, Durst nach Tastungen, Durst nach Gedanken. Die Entwicklung des Gefühls bedingt die Entwicklung des Durstes, die Auflösung des Gefühls bedingt die Auflösung des Durstes. Das aber ist der heilige achtfältige Weg, der zur Auflösung des Durstes führende Pfad, nämlich: rechte Erkenntnis, rechte Gesinnung, rechte Rede, rechtes Handeln, rechtes Wandeln, rechtes Mühn, rechte Einsicht, rechte Einigung.

»Erkennt nun, ihr Brüder, der heilige Jünger also den Durst, also die Entwicklung des Durstes, also die Auflösung des Durstes, also den zur Auflösung des Durstes führenden Pfad, und er hat die Regung des Wollens völlig verleugnet, die Regung des Scheuens verscheucht, die Regung der Ichheit vertilgt, das Nichtwissen verloren, das Wissen erworben, so macht er dem Leiden noch in diesem Leben ein Ende. Insofern, ihr Brüder, hat da ein heiliger Jünger die rechte Erkenntnis, ist seine Erkenntnis eine ehrliche, seine Liebe zur Lehre erprobt, gehört er dieser edlen Lehre an.

»Weiter sodann, ihr Brüder: wenn der heilige Jünger das Gefühl erkennt und die Entwicklung des Gefühls, die Auflösung des Gefühls erkennt und den zur Auflösung des Gefühls führenden Pfad, hat er insofern, ihr Brüder, die rechte Erkenntnis, ist seine Erkenntnis eine ehrliche, seine Liebe zur Lehre erprobt, gehört er dieser edlen Lehre an. Was ist nun, Brüder, das Gefühl, was ist die Entwicklung des Gefühls, was ist die Auflösung des Gefühls, was ist der zur Auflösung des Gefühls führende Pfad? Sechs Arten des Gefühls, ihr Brüder, gibt es:

durch Sehberührung entstandenes Gefühl, durch Hörberührung entstandenes Gefühl, durch Riechberührung entstandenes Gefühl, durch Schmeckberührung entstandenes Gefühl, durch Tastberührung entstandenes Gefühl, durch Denkberührung entstandenes Gefühl. Die Entwicklung der Berührung bedingt die Entwicklung des Gefühls, die Auflösung der Berührung bedingt die Auflösung des Gefühls. Das aber ist der heilige achtfältige Weg, der zur Auflösung des Gefühls führende Pfad, nämlich: rechte Erkenntnis, rechte Gesinnung, rechte Rede, rechtes Handeln, rechtes Wandeln, rechtes Mühn, rechte Einsicht, rechte Einigung.

»Erkennt nun, ihr Brüder, der heilige Jünger also das Gefühl, also die Entwicklung des Gefühls, also die Auflösung des Gefühls, also den zur Auflösung des Gefühls führenden Pfad, und er hat die Regung des Wollens völlig verleugnet, die Regung des Scheuens verscheucht, die Regung der Ichheit vertilgt, das Nichtwissen verloren, das Wissen erworben, so macht er dem Leiden noch in diesem Leben ein Ende. Insofern, ihr Brüder, hat da ein heiliger Jünger die rechte Erkenntnis, ist seine Erkenntnis eine ehrliche, seine Liebe zur Lehre erprobt, gehört er dieser edlen Lehre an.

»Weiter sodann, ihr Brüder: wenn der heilige Jünger die Berührung erkennt und die Entwicklung der Berührung, die Auflösung der Berührung erkennt und den zur Auflösung der Berührung führenden Pfad, hat er insofern, ihr Brüder, die rechte Erkenntnis, ist seine Erkenntnis eine ehrliche, seine Liebe zur Lehre erprobt, gehört er dieser edlen Lehre an. Was ist nun, Brüder, die Berührung, was ist die Entwicklung der Berührung, was ist die Auflösung der Berührung, was ist der zur Auflösung der Berührung führende Pfad? Sechs Arten der Berührung, ihr Brüder, gibt es: Sehberührung, Hörberührung, Riechberührung, Schmeckberührung, Tastberührung, Denkberührung. Die Entwicklung des sechsfachen Reiches bedingt die Entwicklung der Berührung, die Auflösung des sechsfachen Reiches bedingt die Auflösung der Berührung. Das aber ist der heilige achtfältige Weg, der zur Auflösung der Berührung führende Pfad, nämlich: rechte Erkenntnis, rechte Gesinnung, rechte Rede, rechtes Handeln, rechtes Wandeln, rechtes Mühn, rechte Einsicht, rechte Einigung.

»Erkennt nun, ihr Brüder, der heilige Jünger also die Berührung, also die Entwicklung der Berührung, also die Auflösung der Berührung, also den zur Auflösung der Berührung führenden Pfad, und er hat die Regung des Wollens völlig verleugnet, die Regung des Scheuens verscheucht, die Regung der Ichheit vertilgt, das Nichtwissen verloren das

Wissen erworben, so macht er dem Leiden noch in diesem Leben ein Ende. Insofern, ihr Brüder, hat da ein heiliger Jünger die rechte Erkenntnis, ist seine Erkenntnis eine ehrliche, seine Liebe zur Lehre erprobt, gehört er dieser edlen Lehre an.

»Weiter sodann, ihr Brüder: wenn der heilige Jünger das sechsfache Reich erkennt und die Entwicklung des sechsfachen Reiches, die Auflösung des sechsfachen Reiches erkennt und den zur Auflösung des sechsfachen Reiches führenden Pfad, hat er insofern, ihr Brüder, die rechte Erkenntnis, ist seine Erkenntnis eine ehrliche, seine Liebe zur Lehre erprobt, gehört er dieser edlen Lehre an. Was ist nun, Brüder, das sechsfache Reich, was ist die Entwicklung des sechsfachen Reiches, was ist die Auflösung des sechsfachen Reiches, was ist der zur Auflösung des sechsfachen Reiches führende Pfad? Sechs Bereiche, ihr Brüder, gibt es: Gesichtbereich, Gehörbereich, Geruchbereich, Geschmackbereich, Getastbereich, Gedenkbereich. Die Entwicklung von Bild und Begriff bedingt die Entwicklung des sechsfachen Reiches, die Auflösung von Bild und Begriff bedingt die Auflösung des sechsfachen Reiches. Das aber ist der heilige achtfältige Weg, der zur Auflösung des sechsfachen Reiches führende Pfad, nämlich: rechte Erkenntnis, rechte Gesinnung, rechte Rede, rechtes Handeln, rechtes Wandeln, rechtes Mühn, rechte Einsicht, rechte Einigung.

»Erkennt nun, ihr Brüder, der heilige Jünger also das sechsfache Reich, also die Entwicklung des sechsfachen Reiches, also die Auflösung des sechsfachen Reiches, also den zur Auflösung des sechsfachen Reiches führenden Pfad, und er hat die Regung des Wollens völlig verleugnet, die Regung des Scheuens verscheucht, die Regung der Ichheit vertilgt, das Nichtwissen verloren, das Wissen erworben, so macht er dem Leiden noch in diesem Leben ein Ende. Insofern, ihr Brüder, hat da ein heiliger Jünger die rechte Erkenntnis, ist seine Erkenntnis eine ehrliche, seine Liebe zur Lehre erprobt, gehört er dieser edlen Lehre an.

»Weiter sodann, ihr Brüder: wenn der heilige Jünger Bild und Begriff erkennt und die Entwicklung von Bild und Begriff, die Auflösung von Bild und Begriff erkennt und den zur Auflösung von Bild und Begriff führenden Pfad, hat er insofern, ihr Brüder, die rechte Erkenntnis, ist seine Erkenntnis eine ehrliche, seine Liebe zur Lehre erprobt, gehört er dieser edlen Lehre an. Was ist nun, Brüder, Bild und Begriff, was ist die Entwicklung von Bild und Begriff, was ist die Auflösung von Bild und Begriff, was ist der zur Auflösung von Bild und Begriff führende Pfad? Gefühl, Wahrnehmung, Denken, Berührung, Aufmerksamkeit, das nennt man, Brüder, Begriff. Die vier Hauptstoffe und was durch die vier Hauptstoffe gebildet besteht, das nennt man, Brüder, Bild. Und so ist dies das Bild und dies der Begriff. Das nennt man, Brüder, Bild und Begriff. Die Entwicklung des Bewußtseins bedingt die Entwicklung von Bild und Begriff, die Auflösung des Bewußtseins bedingt die Auflösung von Bild und Begriff. Das aber ist der heilige achtfältige Weg, der zur Auflösung von Bild und Begriff führende Pfad, nämlich: rechte Erkenntnis, rechte Gesinnung, rechte Rede, rechtes Handeln, rechtes Wandeln, rechtes Mühn, rechte Einsicht, rechte Einigung.

»Erkennt nun, ihr Brüder, der heilige Jünger also Bild und Begriff, also die Entwicklung von Bild und Begriff, also die Auflösung von Bild und Begriff, also den zur Auflösung von Bild und Begriff führenden Pfad, und er hat die Regung des Wollens völlig verleugnet, die Regung des Scheuens verscheucht, die Regung der Ichheit vertilgt, das Nichtwissen verloren, das Wissen erworben, so macht er dem Leiden noch in diesem Leben ein Ende. Insofern, ihr Brüder, hat da ein heiliger Jünger die rechte Erkenntnis, ist seine Erkenntnis eine ehrliche, seine Liebe zur Lehre erprobt, gehört er dieser edlen Lehre an.

»Weiter sodann, ihr Brüder: wenn der heilige Jünger das Bewußtsein erkennt und die Entwicklung des Bewußtseins, die Auflösung des Bewußtseins erkennt und den zur Auflösung des Bewußtseins führenden Pfad, hat er insofern, ihr Brüder, die rechte Erkenntnis, ist seine Erkenntnis eine ehrliche, seine Liebe zur Lehre erprobt, gehört er dieser edlen Lehre an. Was ist nun, Brüder, das Bewußtsein, was ist die Entwicklung des Bewußtseins, was ist die Auflösung des Bewußtseins, was ist der zur Auflösung des Bewußtseins führende Pfad? Sechs Arten des Bewußtseins, ihr Brüder, gibt es: Sehbewußtsein, Hörbewußtsein, Riechbewußtsein, Schmeckbewußtsein, Tastbewußtsein, Denkbewußtsein. Die Entwicklung der Unterscheidung bedingt die Entwicklung des Bewußtseins, die Auflösung der Unterscheidung bedingt die Auflösung des Bewußtseins. Das aber ist der heilige achtfältige Weg, der zur Auflösung des Bewußtseins führende Pfad, nämlich: rechte Erkenntnis, rechte Gesinnung, rechte Rede, rechtes Handeln, rechtes Wandeln, rechtes Mühn, rechte Einsicht, rechte Einigung.

»Erkennt nun, ihr Brüder, der heilige Jünger also das Bewußtsein, also die Entwicklung des Bewußtseins, also die Auflösung des Bewußtseins, also den zur Auflösung des Bewußtseins führenden Pfad, und er hat die Regung des Wollens völlig verleugnet, die Regung des Scheuens verscheucht, die Regung der Ichheit vertilgt, das Nichtwissen verloren, das Wissen erworben, so macht er dem Leiden noch in diesem Leben ein Ende. Insofern, ihr Brüder, hat da ein heiliger Jünger die rechte Erkenntnis, ist seine Erkenntnis eine ehrliche, seine Liebe zur Lehre erprobt, gehört er dieser edlen Lehre an.

»Weiter sodann, ihr Brüder: wenn der heilige Jünger die Unterscheidung erkennt und die Entwicklung der Unterscheidung, die Auflösung der Unterscheidung erkennt und den zur Auflösung der Unterscheidung führenden Pfad, hat er insofern, ihr Brüder, die rechte Erkenntnis, ist seine Erkenntnis eine ehrliche, seine Liebe zur Lehre erprobt, gehört er dieser edlen Lehre an. Was ist nun, Brüder, die Unterscheidung, was ist die Entwicklung der Unterscheidung, was ist die Auflösung der Unterscheidung, was ist der zur Auflösung der Unterscheidung führende Pfad? Drei Arten der Unterscheidung, ihr Brüder, gibt es: körperliche Unterscheidung, sprachliche Unterscheidung, geistige Unterscheidung. Die Entwicklung des Nichtwissens bedingt die Entwicklung der Unterscheidung, die Auflösung des Nichtwissens bedingt die Auflösung der Unterscheidung. Das aber ist der heilige achtfältige Weg, der zur Auflösung der Unterscheidung führende Pfad, nämlich: rechte Erkenntnis, rechte Gesinnung, rechte Rede, rechtes Handeln, rechtes Wandeln, rechtes Mühn, rechte Einsicht, rechte Einigung.

»Erkennt nun, ihr Brüder, der heilige Jünger also die Unterscheidung, also die Entwicklung der Unterscheidung, also die Auflösung der Unterscheidung, also den zur Auflösung der Unterscheidung führenden Pfad, und er hat die Regung des Wollens völlig verleugnet, die Regung des Scheuens verscheucht, die Regung der Ichheit vertilgt, das Nichtwissen verloren, das Wissen erworben, so macht er dem Leiden noch in diesem Leben ein Ende. Insofern, ihr Brüder, hat da ein heiliger Jünger die rechte Erkenntnis, ist seine Erkenntnis eine ehrliche, seine Liebe zur Lehre erprobt, gehört er dieser edlen Lehre an.

»Weiter sodann, ihr Brüder: wenn der heilige Jünger das Nichtwissen erkennt und die Entwicklung des Nichtwissens, die Auflösung des Nichtwissens erkennt und den zur Auflösung des Nichtwissens führenden Pfad, hat er insofern, ihr Brüder, die rechte Erkenntnis, ist seine Erkenntnis eine ehrliche, seine Liebe zur Lehre erprobt, gehört er dieser edlen Lehre an. Was ist nun, Brüder, das Nichtwissen, was ist die Entwicklung des Nichtwissens, was ist die Auflösung des Nichtwissens, was ist der zur Auflösung des Nichtwissens führende Pfad? Das Leiden, ihr Brüder, nicht kennen, die Leidensentwicklung nicht kennen, die Leidensauflösung nicht kennen, den zur Leidensauflösung führenden Pfad nicht kennen, das nennt man, Brüder, Nichtwissen. Die Entwicklung des Wahns bedingt die Entwicklung des Nichtwissens, die Auflösung des Wahns bedingt die Auflösung des Nichtwissens. Das aber ist der heilige achtfältige Weg, der zur Auflösung des Nichtwissens führende Pfad, nämlich, rechte Erkenntnis, rechte Gesinnung, rechte Rede, rechtes Handeln, rechtes Wandeln, rechtes Mühn, rechte Einsicht, rechte Einigung.

»Erkennt nun, ihr Brüder, der heilige Jünger also das Nichtwissen, also die Entwicklung des Nichtwissens, also die Auflösung des Nichtwissens, also den zur Auflösung des Nichtwissens führenden Pfad, und er hat die Regung des Wollens völlig verleugnet, die Regung des Scheuens verscheucht, die Regung der Ichheit vertilgt, das Nichtwissen verloren, das Wissen erworben, so macht er dem Leiden noch in diesem Leben ein Ende. Insofern, ihr Brüder, hat da ein heiliger Jünger die rechte Erkenntnis, ist seine Erkenntnis eine ehrliche, seine Liebe zur Lehre erprobt, gehört er dieser edlen Lehre an.

»Weiter sodann, ihr Brüder: wenn der heilige Jünger den Wahn erkennt und die Wahnentwicklung, die Wahnauflösung erkennt und den zur Wahnauflösung führenden Pfad, hat er insofern, ihr Brüder, die rechte Erkenntnis, ist seine Erkenntnis eine ehrliche, seine Liebe zur Lehre erprobt, gehört er dieser edlen Lehre an. Was ist nun, Brüder, der Wahn, was ist die Wahnentwicklung, was ist die Wahnauflösung, was ist der zur Wahnauflösung führende Pfad? Drei Arten des Wahns, ihr Brüder, gibt es: Wunscheswahn, Daseinswahn, Nichtwissenswahn. Die Entwicklung des Nichtwissens bedingt die Entwicklung des Wahns, die Auflösung des Nichtwissens bedingt die Auflösung des Wahns. Das aber ist der heilige achtfältige Weg, der zur Wahnauflösung führende Pfad, nämlich: rechte Erkenntnis, rechte Gesinnung, rechte Rede, rechtes Handeln, rechtes Wandeln, rechtes Mühn, rechte Einsicht, rechte Einigung.

»Erkennt nun, ihr Brüder, der heilige Jünger also den Wahn, also die Wahnentwicklung, also die Wahnauflösung, also den zur Wahnauflösung führenden Pfad, und er hat die Regung des Wollens völlig verleugnet, die Regung des Scheuens verscheucht, die Regung der Ichheit vertilgt, das Nichtwissen verloren, das Wissen erworben, so macht er dem Leiden noch in diesem Leben ein Ende. Insofern, ihr Brüder, hat da ein heiliger Jünger die rechte Erkenntnis, ist seine Erkenntnis eine ehrliche, seine Liebe zur Lehre erprobt, gehört er dieser edlen Lehre an.«

Also sprach der ehrwürdige Sāriputto. Zufrieden freuten sich jene Mönche über das Wort des ehrwürdigen Sāriputto.

10. ALLES WÄHNEN

2. Rede

Das hab' ich gehört. Zu einer Zeit weilte der Erhabene bei Sāvatthī, im Siegerwalde, im Garten Anāthapiṇḍikos. Dort nun wandte sich der Erhabene an die Mönche: »Ihr Mönche!« – »Erlauchter!« antworteten da jene Mönche dem Erhabenen aufmerksam. Der Erhabene sprach also:

»Wie allem Wähnen gewehrt wird, Mönche, das will ich euch weisen: höret es und achtet wohl auf meine Rede.«

»Ja, o Herr!« antworteten da jene Mönche dem Erhabenen aufmerksam. Der Erhabene sprach also:

»Dem Kenner, ihr Mönche, dem Kundigen verheiße ich Wahnversiegung, keinem Unbekannten, keinem Unkundigen. Was soll aber, Mönche, gekannt, was erkundet sein zur Wahnversiegung? Gründliche Achtsamkeit und seichte Achtsamkeit. Seichte Achtsamkeit, ihr Mönche, zeitigt neues Wähnen und läßt das alte erstarken, gründliche Achtsamkeit, ihr Mönche, läßt neues Wähnen nicht aufkommen und zerstört das alte.

»Es gibt, Mönche, ein Wähnen, das wissend überwunden werden muß. Es gibt ein Wähnen, das wehrend überwunden werden muß. Es gibt ein Wähnen, das pflegend überwunden werden muß. Es gibt ein Wähnen, das duldend überwunden werden muß. Es gibt ein Wähnen, das fliehend überwunden werden muß. Es gibt ein Wähnen, das kämpfend überwunden werden muß. Es gibt ein Wähnen, das wirkend überwunden werden muß.

»Was ist das aber, ihr Mönche, für ein Wähnen, das wissend überwunden werden muß? Da hat einer, ihr Mönche, nichts erfahren, ist ein gewöhnlicher Mensch, ohne Sinn für das Heilige, der heiligen Lehre unkundig, der heiligen Lehre unzugänglich, ohne Sinn für das Edle, der Lehre der Edlen unkundig, der Lehre der Edlen unzugänglich und erkennt nicht was der Achtsamkeit wert ist und erkennt nicht was der Achtsamkeit unwert ist. Ohne Kenntnis der würdigen Dinge, ohne Kenntnis der unwürdigen Dinge achtet er auf das Unwürdige und nicht auf das Würdige. Was ist aber, Mönche, das Unwürdige, das er würdigt? Durch dessen Würdigung, ihr Mönche, neuer Wunscheswahn gezeitigt wird und alter erstarkt, neuer Daseinswahn gezeitigt wird und alter erstarkt, neuer Irrwahn gezeitigt wird und alter erstarkt, das ist das Unwürdige, das er würdigt. Und was ist, ihr Mönche, das Würdige, das er nicht würdigt? Durch dessen Würdigung, ihr Mönche, neuer Wunscheswahn nicht aufkommen kann und alter zerstört wird, neuer Daseinswahn nicht aufkommen kann und alter zerstört wird, neuer Irrwahn nicht aufkommen kann und alter zerstört wird, das ist das Würdige, das er nicht würdigt. Und indem er unwürdige Dinge würdigt und würdige Dinge nicht würdigt erhebt sich neues Wähnen in ihm und das alte erstarkt.

»Und seicht erwägt er also: ›Bin ich wohl in den vergangen Zeiten gewesen? Oder bin ich nicht gewesen? Was bin ich wohl in den vergangenen Zeiten gewesen? Wie bin ich wohl in den vergangenen Zeiten gewesen? Was geworden bin ich dann was gewesen? Werd' ich wohl in den zukünftigen Zeiten sein? Oder werde ich nicht sein? Was werd' ich wohl in den zukünftigen Zeiten sein? Wie werd' ich wohl in den zukünftigen Zeiten sein? Was geworden werd' ich dann was sein?‹ Und auch die Gegenwart erfüllt ihn mit Zweifeln: ›Bin ich denn? Oder bin ich nicht? Was bin ich? Und wie bin ich? Dieses Wesen da, woher ist das wohl gekommen? Und wohin wird es gehn?‹

»Und bei solchen seichten Erwägungen kommt er zu dieser oder zu jener der sechs Ansichten: die Ansicht ›Ich habe eine Seele‹ wird ihm zur festen Überzeugung, oder die Ansicht ›Ich habe keine Seele‹ wird ihm zur festen Überzeugung, oder die Ansicht ›Beseelt ahn' ich Beseelung‹ wird ihm zur festen Überzeugung, oder die Ansicht ›Beseelt ahn' ich Entseelung‹ wird ihm zur festen Überzeugung, oder die Ansicht ›Entseelt ahn' ich Beseelung‹ wird ihm zur festen Überzeugung, oder aber er kommt zur folgenden Ansicht: ›Mein selbiges Selbst, sag' ich, findet sich wieder, wenn es da und dort den Lohn guter und böser Werke genießt, und dieses mein Selbst ist dauernd, beharrend, ewig, unwandelbar, wird sich ewiglich also gleich bleiben.‹ Das nennt man, ihr Mönche, Gasse der Ansichten, Höhle der Ansichten, Schlucht der Ansichten, Dorn der Ansichten, Hag der Ansichten, Garn der Ansichten. Ins Garn der Ansichten geraten, ihr Mönche, wird der unerfahrene Erdensohn nicht frei vom Geborenwerden, Altern und Sterben, von Kummer, Jammer, Schmerz, Gram und Verzweiflung, er wird nicht frei, sag' ich, vom Leiden.

»Doch der erfahrene heilige Jünger, ihr Mönche, merkt das Heilige, ist der heiligen Lehre kundig, der heiligen Lehre wohlzugänglich, merkt das Edle, ist der Lehre der Edlen kundig, der Lehre der Edlen wohlzugänglich und erkennt was der Achtsamkeit wert ist und erkennt was der Achtsamkeit unwert ist. Bekannt mit den würdigen Dingen, bekannt mit den unwürdigen Dingen achtet er nicht des Unwürdigen, sondern des Würdigen. Was ist aber, Mönche, das Unwürdige, das er nicht würdigt? Durch dessen Würdigung, ihr Mönche, neuer Wunscheswahn gezeitigt wird und alter erstarkt, neuer Daseinswahn gezeitigt wird und alter erstarkt, neuer Irrwahn gezeitigt wird und alter erstarkt, das ist das Unwürdige, das er nicht würdigt. Und was ist, ihr Mönche, das Würdige, das er würdigt? Durch dessen Würdigung, ihr Mönche, neuer Wunscheswahn nicht aufkommen kann und alter zerstört wird, neuer Daseinswahn nicht aufkommen kann und alter zerstört wird, neuer Irrwahn nicht aufkommen kann und alter zerstört wird, das ist das Würdige, das er würdigt. Und indem er unwürdige Dinge nicht würdigt und würdige Dinge würdigt kommt neues Wähnen nicht auf und das alte vergeht.

»›Das ist das Leiden‹, erwägt er gründlich. ›Das ist die Leidensentwicklung‹ erwägt er gründlich. ›Das ist die Leidensauflösung‹, erwägt er gründlich. ›Das ist der zur Leidensauflösung führende Pfad‹, erwägt er gründlich.

»Und bei solcher gründlicher Erwägung lösen sich ihm drei Umgarnungen auf: der Glaube an Persönlichkeit, Zweifelsucht, sich klammern an Tugendwerk.

»Das nennt man, ihr Mönche, Wähnen, das wissend überwunden werden muß.

»Was ist das aber, ihr Mönche, für ein Wähnen, das wehrend überwunden werden muß? Da wahrt sich, ihr Mönche, ein Mönch Besonnenheit als gründliche Wehr und Waffe des Gesichts. Denn ließ' er, ihr Mönche, sein Gesicht wehrlos gewähren, so käme verstörendes, sehrendes Wähnen über ihn; doch das wehrlich gewahrte Gesicht hält das verstörende, sehrende Wähnen von ihm ab. Besonnenheit wahrt er sich als gründliche Wehr und Waffe des Gehörs. Denn ließ' er, ihr Mönche, sein Gehör wehrlos gewähren, so käme verstörendes, sehrendes Wähnen über ihn; doch das wehrlich gewahrte Gehör hält das verstörende, sehrende Wähnen von ihm ab. Besonnenheit wahrt er sich als gründliche Wehr und Waffe des Geruchs. Denn ließ' er, ihr Mönche, seinen Geruch wehrlos gewähren, so käme verstörendes, sehrendes Wähnen über ihn; doch der wehrlich gewahrte Geruch hält das verstörende, sehrende Wähnen von ihm ab. Besonnenheit wahrt er sich als gründliche Wehr und Waffe des Geschmacks. Denn ließ' er, ihr Mönche, seinen Geschmack wehrlos gewähren, so käme verstörendes, sehrendes Wähnen über ihn; doch der wehrlich gewahrte Geschmack hält das verstörende, sehrende Wähnen von ihm ab. Besonnenheit wahrt er sich als gründliche Wehr und Waffe des Getasts. Denn ließ' er, ihr Mönche, sein Getast wehrlos gewähren, so käme verstörendes, sehrendes Wähnen über ihn; doch das wehrlich gewahrte Getast hält das verstörende, sehrende Wähnen von ihm ab. Besonnenheit wahrt er sich als gründliche Wehr und Waffe des Gedenkens. Denn ließ' er, ihr Mönche, sein Gedenken wehrlos gewähren, so käme verstörendes, sehrendes Wähnen über ihn; doch das wehrlich gewahrte Gedenken hält das verstörende, sehrende Wähnen von ihm ab. Ließ' er sich also, ihr Mönche, wehrlos gehn, so käme verstörendes, sehrendes Wähnen über ihn; doch wehrlich gewahrt hält er das verstörende, sehrende Wähnen von sich ab.

»Das nennt man, ihr Mönche, Wähnen, das wehrend überwunden werden muß.

»Was ist das aber, ihr Mönche, für ein Wähnen, das pflegend überwunden werden muß? Da pflegt, ihr Mönche, ein Mönch gründlich besonnen der Kutte, nur um sich vor Kälte zu schützen, vor Hitze zu schützen, nur um sich vor Wind und Wetter, vor Mücken und Wespen und plagenden Kriechtieren zu schützen, nur um die Scham und Schande bedecken zu können. Gründlich besonnen pflegt er der Almosenspeise, nicht etwa zur Letzung und Ergötzung, nicht zur Schmuckheit und Zier, sondern nur um diesen Körper zu erhalten, zu fristen, um Schaden zu verhüten, um ein heiliges Leben führen zu können: ›So werd' ich das frühere Gefühl abtöten und ein neues Gefühl nicht aufkommen lassen, und ich werde ein Fortkommen haben, ohne Tadel bestehn, mich wohl befinden.‹ Gründlich besonnen pflegt er der Lagerstatt, nur um sich vor Kälte zu schützen, vor Hitze zu schützen, nur um sich vor Wind und Wetter, vor Mücken und Wespen und plagenden Kriechtieren zu schützen, nur um den Unbilden der Jahreszeit auszuweichen, um Ruhe genießen zu können. Gründlich besonnen pflegt er der Arzneien im Fall einer Krankheit, nur um anfällige niederzerrende Gefühle zu beschwichtigen, mit der Unabhängigkeit als letztem Ziel. Weil ihn also, ihr Mönche, ohne Pflege verstörendes, sehrendes Wähnen ergriffe, nimmt er der Pflege wahr und hält das verstörende, sehrende Wähnen von sich ab.

»Das nennt man, ihr Mönche, Wähnen, das pflegend überwunden werden muß.

»Was ist das aber, ihr Mönche, für ein Wähnen, das duldend überwunden werden muß? Da erträgt, ihr Mönche, ein Mönch gründlich besonnen Kälte und Hitze, Hunger und Durst, Wind und Wetter, Mükken und Wespen und plagende Kriechtiere, boshafte, böswillige Redeweisen, körperliche Schmerzgefühle, die ihn treffen, heftige, schneidende, stechende, unangenehme, leidige, lebensgefährliche dauert er duldend aus. Denn würde er ungeduldig, ihr Mönche, so käme verstörendes, sehrendes Wähnen über ihn: darum bleibt er geduldig und entgeht dem verstörenden, sehrenden Wähnen.

»Das nennt man, ihr Mönche, Wähnen, das duldend überwunden werden muß.

»Was ist das aber, ihr Mönche, für ein Wähnen, das fliehend überwunden werden muß? Da flieht, ihr Mönche, ein Mönch gründlich besonnen einen wütenden Elefanten, ein wütendes Pferd, einen wütenden Stier, einen wütenden Hund, er flieht Schlangen, meidet abgeholzten Grund. Dornengestrüpp, Klinzen und Klüfte, Pfützen und Sümpfe. Orte, die zum Weilen nicht taugen, Plätze, die zum Wandeln nicht taugen, Freunde, die zum Verkehr nicht taugen, von erfahrenen Ordensbrüdern entsprechend mißbilligt würden, solche Orte, solche Plätze, solche Freunde flieht er, gründlich besonnen. Denn wollte er nicht fliehn, ihr Mönche, so käme verstörendes, sehrendes Wähnen über ihn: darum flieht er und entgeht dem verstörenden, sehrenden Wähnen.

»Das nennt man, ihr Mönche, Wähnen, das fliehend überwunden werden muß.

»Was ist das aber, ihr Mönche, für ein Wähnen, das kämpfend überwunden werden muß? Da gönnt, ihr Mönche, ein Mönch gründlich besonnen einem aufgestiegenen Wunschgedanken keinen Raum, verleugnet ihn, vertreibt ihn, vertilgt ihn, erstickt ihn im Keime; gönnt einem aufgestiegenen Haßgedanken keinen Raum, verleugnet ihn, vertreibt ihn, vertilgt ihn, erstickt ihn im Keime; gönnt einem aufgestiegenen Wutgedanken keinen Raum, verleugnet ihn, vertreibt ihn, vertilgt ihn, erstickt ihn im Keime; gönnt diesen und jenen schlechten, verderblichen Gedanken, die aufsteigen, keinen Raum, verleugnet sie, vertreibt sie, vertilgt sie, erstickt sie im Keime. Gäbe er aber nach, ihr Mönche, so käme verstörendes, sehrendes Wähnen über ihn: darum kämpft er und bleibt frei vom verstörenden, sehrenden Wähnen.

»Das nennt man, ihr Mönche, Wähnen, das kämpfend überwunden werden muß.

»Was ist das aber, ihr Mönche, für ein Wähnen, das wirkend überwunden werden muß? Da wirkt, ihr Mönche, ein Mönch gründlich besonnen der Einsicht Erweckung, die abgeschieden gezeugte, abgelöst gezeugte, ausgerodet gezeugte, die in Endsal übergeht. Gründlich besonnen wirkt er des Tiefsinns Erweckung, die abgeschieden gezeugte, abgelöst gezeugte, ausgerodet gezeugte, die in Endsal übergeht.

Gründlich besonnen wirkt er der Kraft Erweckung, die abgeschieden gezeugte, abgelöst gezeugte, ausgerodet gezeugte, die in Endsal übergeht. Gründlich besonnen wirkt er der Heiterkeit Erweckung, die abgeschieden gezeugte, abgelöst gezeugte, ausgerodet gezeugte, die in Endsal übergeht. Gründlich besonnen wirkt er der Lindheit Erweckung, die abgeschieden gezeugte, abgelöst gezeugte, ausgerodet gezeugte, die in Endsal übergeht. Gründlich besonnen wirkt er der Innigkeit Erwekkung, die abgeschieden gezeugte, abgelöst gezeugte, ausgerodet gezeugte, die in Endsal übergeht. Gründlich besonnen wirkt er des Gleichmuts Erweckung, die abgeschieden gezeugte, abgelöst gezeugte, ausgerodet gezeugte, die in Endsal übergeht. Weil er also, ihr Mönche, ohne Wirken verstörendem, sehrendem Wähnen erläge, wirkt er, und kein verstörendes, sehrendes Wähnen kommt ihn an.

»Das nennt man, ihr Mönche, Wähnen, das wirkend überwunden werden muß.

»Hat nun, ihr Mönche, ein Mönch das Wähnen, das wissend überwunden werden muß, wissend überwunden, das Wähnen, das wehrend überwunden werden muß, wehrend überwunden, das Wähnen, das pflegend überwunden werden muß, pflegend überwunden, das Wähnen, das duldend überwunden werden muß, duldend überwunden, das Wähnen, das fliehend überwunden werden muß, fliehend überwunden, das Wähnen, das kämpfend überwunden werden muß, kämpfend überwunden, das Wähnen, das wirkend überwunden werden muß, wirkend überwunden: so nennt man ihn, Mönche, einen Mönch, der gegen alles Wähnen gefeit ist. Abgeschnitten hat er den Lebensdurst, weggeworfen die Fessel, durch vollständige Dünkeleroberung ein Ende gemacht dem Leiden.«

Also sprach der Erhabene. Zufrieden freuten sich jene Mönche über das Wort des Erhabenen.

11. KENNZEICHNUNG DER WERKE I

135. Rede

Das hab' ich gehört. Zu einer Zeit weilte der Erhabene bei Sāvatthī, im Siegerwalde, im Garten Anāthapiṇḍikos.

Da begab sich denn Subho, ein junger Brāhmane, der Sohn Todeyyos, dorthin wo der Erhabene weilte, wechselte mit dem Erhabenen höflichen Gruß und freundliche, denkwürdige Worte und setzte sich seitwärts nieder. Seitwärts sitzend sprach nun Subho der junge Brāhmane, der Sohn Todeyyos, zum Erhabenen also:

»Was ist wohl, o Gotamo, der Anlaß, was ist der Grund, daß man auch unter menschlichen Wesen, die als Menschen geboren sind, Verkommenheit und Vorzüglichkeit findet? Man sieht, o Gotamo, kurzlebige Menschen und man sieht langlebige, man sieht bresthafte und man sieht rüstige, man sieht unschöne und man sieht schöne, man sieht wenig vermögende und man sieht viel vermögende, man sieht wenig besitzende und man sieht viel besitzende, man sieht niedrig gestellte und man sieht hoch gestellte, man sieht stumpfsinnige und man sieht scharfsinnige: was ist da, o Gotamo, der Anlaß, was ist der Grund, daß man auch unter menschlichen Wesen, die als Menschen geboren sind, Verkommenheit und Vorzüglichkeit findet?«

»Eigner der Werke, Brāhmane, sind die Wesen, Erben der Werke, Kinder der Werke, Geschöpfe der Werke, Knechte der Werke: das Werk scheidet die Wesen ab, nach Verkommenheit und Vorzüglichkeit.«

»Nicht kann ich was da Herr Gotamo in Kürze gesagt, nicht ausführlich dargestellt hat, dem ganzen Sinne nach verstehn; gut wär' es, wenn mir Herr Gotamo die Satzung dergestalt zeigen wollte, daß ich den ganzen Sinn dieser kurzgefaßten Worte verstehn könnte.«

»Wohlan denn, Brāhmane, so höre und achte wohl auf meine Rede.«

»Ja, Herr!« sagte da Subho, der junge Brāhmane, der Sohn Todeyyos, aufmerksam zum Erhabenen. Der Erhabene sprach also:

»Da bringt, Brāhmane, irgendein Weib oder ein Mann Lebendiges um, ist grausam und blutgierig, an Mord und Totschlag gewohnt, ohne Mitleid gegen Mensch und Tier. Da läßt ihn solches Wirken, also vollzogen, also vollbracht, bei der Auflösung des Körpers, nach dem Tode, abwärts geraten, auf schlechte Fährte, zur Tiefe hinab, in höllische Welt; oder wenn er nicht dahin gelangt und Menschentum erreicht, wird er, wo er da neugeboren wird, kurzlebig sein. Das ist der Übergang, Brāhmane, der zu kurzem Leben führt, daß man da Lebendiges umbringt, grausam und blutgierig ist, an Mord und Totschlag gewohnt, ohne Mitleid gegen Mensch und Tier.

»Da hat wieder, Brāhmane, irgendein Weib oder ein Mann das Töten verworfen, vom Töten hält er sich fern: ohne Stock, ohne Schwert, fühlsam, voll Teilnahme, hegt er zu allen lebenden Wesen Liebe und Mitleid. Da läßt ihn solches Wirken, also vollzogen, also vollbracht, bei der Auflösung des Körpers, nach dem Tode, auf gute Fährte geraten, in himmlische Welt; oder wenn er nicht dahin gelangt und Menschentum erreicht, wird er, wo er da neugeboren wird, langlebig sein. Das ist der Übergang, Brāhmane, der zu langem Leben führt, daß man da das Töten verworfen hat, vom Töten sich fernhält, ohne Stock, ohne Schwert, fühlsam, voll Teilnahme zu allen lebenden Wesen Liebe und Mitleid hegt.

»Da behandelt, Brāhmane, irgendein Weib oder ein Mann die Wesen heftig und qualvoll, geht mit Fäusten, mit Steinen, mit Stöcken, mit Waffen gegen sie vor. Da läßt ihn solches Wirken, also vollzogen, also vollbracht, bei der Auflösung des Körpers, nach dem Tode, abwärts geraten, auf schlechte Fährte, zur Tiefe hinab, in höllische Welt; oder wenn er nicht dahin gelangt und Menschentum erreicht, wird er, wo er da neugeboren wird, bresthaft sein. Das ist der Übergang, Brāhmane, der zu Gebresten führt, daß man da die Wesen heftig und qualvoll behandelt, mit Fäusten, mit Steinen, mit Stöcken, mit Waffen gegen sie vorgeht.

»Da behandelt wieder, Brāhmane, irgendein Weib oder ein Mann die Wesen nicht heftig und qualvoll, geht nicht mit Fäusten, mit Steinen, mit Stöcken, mit Waffen gegen sie vor. Da läßt ihn solches Wirken, also vollzogen, also vollbracht, bei der Auflösung des Körpers, nach dem Tode, auf gute Fährte geraten, in himmlische Welt; oder wenn er nicht dahin gelangt und Menschentum erreicht, wird er, wo er da neugeboren wird, rüstig sein. Das ist der Übergang, Brāhmane, der zu Rüstigkeit führt, daß man da die Wesen nicht heftig und qualvoll behandelt, nicht mit Fäusten, mit Steinen, mit Stöcken, mit Waffen gegen sie vorgeht.

»Da ist, Brāhmane, irgendein Weib oder ein Mann zornig gesinnt, macht viel Geschrei; wenn ihm auch wenig gesagt wird fährt er auf, erregt sich, ärgert sich, widersetzt sich, legt Verdrossenheit, Haß und Mißtrauen an den Tag. Da läßt ihn solches Wirken, also vollzogen, also vollbracht, bei der Auflösung des Körpers, nach dem Tode, abwärts geraten, auf schlechte Fährte, zur Tiefe hinab, in höllische Welt; oder wenn er nicht dahin gelangt und Menschentum erreicht, wird er, wo er da neugeboren wird, unschön sein. Das ist der Übergang, Brāhmane, der zur Unschönheit führt, daß man da zornig gesinnt ist, viel Geschrei macht, wenn einem auch wenig gesagt wird auffährt, sich erregt, sich ärgert, sich widersetzt, Verdrossenheit, Haß und Mißtrauen an den Tag legt.

»Da ist wieder, Brāhmane, irgendein Weib oder ein Mann nicht zornig gesinnt, macht nicht viel Geschrei; wenn ihm auch viel gesagt wird fährt er nicht auf, erregt sich nicht, ärgert sich nicht, widersetzt sich nicht, legt nicht Verdrossenheit, Haß und Mißtrauen an den Tag. Da läßt ihn solches Wirken, also vollzogen, also vollbracht, bei der Auflösung des Körpers, nach dem Tode, auf gute Fährte geraten, in himmlische Welt; oder wenn er nicht dahin gelangt und Menschentum erreicht, wird er, wo er da neugeboren wird, anmutig sein. Das ist der Übergang, Brāhmane, der zur Anmut führt, daß man da nicht zornig gesinnt ist, nicht viel Geschrei macht, wenn einem auch viel gesagt wird nicht auffährt, sich nicht erregt, sich nicht ärgert, sich nicht widersetzt, nicht Verdrossenheit, Haß und Mißtrauen an den Tag legt.

»Da ist, Brāhmane, irgendein Weib oder ein Mann eifersüchtig: wenn andere Verdienste haben, wertgehalten, hochgeschätzt, geachtet, geehrt, gefeiert werden, ist er neidig, mißgünstig, fröhnt der Eifersucht. Da läßt ihn solches Wirken, also vollzogen, also vollbracht, bei der Auflösung des Körpers, nach dem Tode, abwärts geraten, auf schlechte Fährte, zur Tiefe hinab, in höllische Welt; oder wenn er nicht dahin gelangt und Menschentum erreicht, wird er, wo er da neugeboren wird, wenig vermögen. Das ist der Übergang, Brāhmane, der zu wenig vermögen führt, daß man da eifersüchtig ist, wenn andere Verdienste haben, wertgehalten, hochgeschätzt, geachtet, geehrt, gefeiert werden, neidig, mißgünstig ist, der Eifersucht fröhnt.

»Da ist wieder, Brāhmane, irgendein Weib oder ein Mann nicht eifersüchtig: wenn andere Verdienste haben, wertgehalten, hochgeschätzt, geachtet, geehrt, gefeiert werden, ist er nicht neidig, nicht mißgünstig, fröhnt keiner Eifersucht. Da läßt ihn solches Wirken, also vollzogen, also vollbracht, bei der Auflösung des Körpers, nach dem Tode, auf gute Fährte geraten, in himmlische Welt; oder wenn er nicht dahin gelangt und Menschentum erreicht, wird er, wo er da neugeboren wird, viel vermögen. Das ist der Übergang, Brāhmane, der zu viel vermögen führt, daß man da nicht eifersüchtig ist, wenn andere Verdienste haben, wertgehalten, hochgeschätzt, geachtet, geehrt, gefeiert werden, nicht neidig, nicht mißgünstig ist, keiner Eifersucht fröhnt.

»Da wendet, Brāhmane, irgendein Weib oder ein Mann Asketen oder Priestern keine Gabe zu, Speise und Trank und Kleidung, Wagen und

Schmuck und duftende Salben, Lager und Obdach und Licht. Da läßt ihn solches Wirken, also vollzogen, also vollbracht, bei der Auflösung des Körpers, nach dem Tode, abwärts geraten, auf schlechte Fährte, zur Tiefe hinab, in höllische Welt; oder wenn er nicht dahin gelangt und Menschentum erreicht, wird er, wo er da neugeboren wird, wenig besitzen. Das ist der Übergang, Brāhmane, der zu wenig Besitz führt, daß man da Asketen oder Priestern keine Gabe zuwendet, Speise und Trank und Kleidung, Wagen und Schmuck und duftende Salben, Lager und Obdach und Licht.

»Da wendet wieder, Brāhmane, irgendein Weib oder ein Mann Asketen oder Priestern Gaben zu, Speise und Trank und Kleidung, Wagen und Schmuck und duftende Salben, Lager und Obdach und Licht. Da läßt ihn solches Wirken, also vollzogen, also vollbracht, bei der Auflösung des Körpers, nach dem Tode, auf gute Fährte geraten, in himmlische Welt; oder wenn er nicht dahin gelangt und Menschentum erreicht, wird er, wo er da neugeboren wird, viel besitzen. Das ist der Übergang, Brāhmane, der zu viel Besitz führt, daß man da Asketen oder Priestern Gaben zuwendet, Speise und Trank und Kleidung, Wagen und Schmuck und duftende Salben, Lager und Obdach und Licht.

»Da ist, Brāhmane, irgendein Weib oder ein Mann trotzig und hochmütig, grüßt keinen, der Gruß verdient, erhebt sich vor keinem, vor dem man sich erheben soll, bietet keinen Sitz an wem ein Sitz gebührt, weicht auf dem Wege nicht aus wem auszuweichen ist, hält einen Wertzuhaltenden nicht wert, schätzt einen Hochzuschätzenden nicht hoch, achtet keinen Achtbaren, ehrt keinen Ehrwürdigen. Da läßt ihn solches Wirken, also vollzogen, also vollbracht, bei der Auflösung des Körpers, nach dem Tode abwärts geraten, auf schlechte Fährte, zur Tiefe hinab, in höllische Welt; oder wenn er nicht dahin gelangt und Menschentum erreicht, wird er, wo er da neugeboren wird, niedrig gestellt sein. Das ist der Übergang, Brāhmane, der zu niedriger Stellung führt, daß man da trotzig und hochmütig ist, keinen grüßt, der Gruß verdient, sich vor keinem erhebt, vor dem man sich erheben soll, keinen Sitz anbietet wem ein Sitz gebührt, auf dem Wege nicht ausweicht wem auszuweichen ist, einen Wertzuhaltenden nicht werthält, einen Hochzuschätzenden nicht hochschätzt, keinen Achtbaren achtet, keinen Ehrwürdigen ehrt.

»Da ist wieder, Brāhmane, irgendein Weib oder ein Mann nicht trotzig, nicht hochmütig, grüßt, wenn einer Gruß verdient, erhebt sich, wenn man sich vor einem erheben soll, bietet Sitz an wem ein Sitz gebührt, weicht auf dem Wege aus wem auszuweichen ist, hält einen

Wertzuhaltenden wert, schätzt einen Hochzuschätzenden hoch, achtet einen Achtbaren, ehrt einen Ehrwürdigen. Da läßt ihn solches Wirken, also vollzogen, also vollbracht, bei der Auflösung des Körpers, nach dem Tode, auf gute Fährte geraten, in himmlische Welt; oder wenn er nicht dahin gelangt und Menschentum erreicht, wird er, wo er da neugeboren wird, hoch gestellt sein. Das ist der Übergang, Brāhmane, der zu hoher Stellung führt, daß man da nicht trotzig, nicht hochmütig ist, grüßt, wenn einer Gruß verdient, sich erhebt, wenn man sich vor einem erheben soll, Sitz anbietet wem ein Sitz gebührt, auf dem Wege ausweicht wem auszuweichen ist, einen Wertzuhaltenden werthält, einen Hochzuschätzenden hochschätzt, einen Achtbaren achtet, einen Ehrwürdigen ehrt.

»Da ist, Brāhmane, irgendein Weib oder ein Mann einem Asketen oder einem Priester begegnet und erkundigt sich nicht: ›Was ist heilsam, o Herr, was ist unheilsam, was ist unrecht und was ist recht, was ist zu betreiben und was ist nicht zu betreiben? Was kann mir indem ich es tue lange zum Unheil und Leiden gereichen, und was kann mir wieder indem ich es tue lange zum Wohle, zum Heile gereichen?‹ Da läßt ihn solches Wirken, also vollzogen, also vollbracht, bei der Auflösung des Körpers, nach dem Tode, abwärts geraten, auf schlechte Fährte, zur Tiefe hinab, in höllische Welt; oder wenn er nicht dahin gelangt und Menschentum erreicht, wird er, wo er da neugeboren wird, unverständig sein. Das ist der Übergang, Brāhmane, der zur Unverständigkeit führt, daß man da einem Asketen oder einem Priester begegnet und sich nicht erkundigt: ›Was ist heilsam, o Herr, was ist unheilsam, was ist unrecht und was ist recht, was ist zu betreiben und was ist nicht zu betreiben; was kann mir indem ich es tue lange zum Unheil und Leiden gereichen, und was kann mir wieder indem ich es tue lange zum Wohle, zum Heile gereichen?‹

»Da ist wieder, Brāhmane, irgendein Weib oder ein Mann einem Asketen oder einem Priester begegnet und erkundigt sich: ›Was ist heilsam, o Herr, was ist unheilsam, was ist unrecht und was ist recht, was ist zu betreiben und was ist nicht zu betreiben? Was kann mir indem ich es tue lange zum Unheil und Leiden gereichen, und was kann mir wieder indem ich es tue lange zum Wohle, zum Heile gereichen?‹ Da läßt ihn solches Wirken, also vollzogen, also vollbracht, bei der Auflösung des Körpers, nach dem Tode, auf gute Fährte geraten, in himmlische Welt; oder wenn er nicht dahin gelangt und Menschentum erreicht, wird er, wo er da neugeboren wird, wissensmächtig sein. Das ist der Übergang, Brāhmane, der zur Wissensmacht führt, daß man da einem Asketen oder einem Priester begegnet und sich erkundigt: ›Was ist heilsam, o Herr, was ist unheilsam, was ist unrecht und was ist recht, was ist zu betreiben und was ist nicht zu betreiben; was kann mir indem ich es tue lange zum Unheil und Leiden gereichen, und was kann mir wieder indem ich es tue lange zum Wohle, zum Heile gereichen?‹

»So läßt denn, Brāhmane, der Übergang, der zu kurzem Leben führt, kurzlebig werden; der Übergang, der zu langem Leben führt, langlebig werden; der Übergang, der zu Gebresten führt, bresthaft werden; der Übergang, der zu Rüstigkeit führt, rüstig werden; der Übergang, der zur Unschönheit führt, unschön werden; der Übergang, der zur Anmut führt, anmutig werden; der Übergang, der zu wenig vermögen führt, wenig vermögend werden; der Übergang, der zu viel vermögen führt, viel vermögend werden; der Übergang, der zu wenig Besitz führt, wenig besitzend werden; der Übergang, der zu viel Besitz führt, viel besitzend werden; der Übergang, der zu niedriger Stellung führt, niedrig gestellt werden; der Übergang, der zu hoher Stellung führt, hoch gestellt werden; der Übergang, der zur Unverständigkeit führt, unverständig werden; der Übergang, der zur Wissensmacht führt, wissensmächtig werden. Eigner der Werke, Brāhmane, sind die Wesen, Erben der Werke, Kinder der Werke, Geschöpfe der Werke, Knechte der Werke: das Werk scheidet die Wesen ab, nach Verkommenheit und Vorzüglichkeit.«

Nach dieser Rede sprach Subho der junge Brāhmane, der Sohn Todeyyos, zum Erhabenen also:

»Vortrefflich, o Gotamo, vortrefflich, o Gotamo! Gleichwie etwa, o Gotamo, als ob einer Umgekehrtes aufkehrte, oder Verborgenes enthüllte, oder Verirrten den Weg wiese, oder Licht in die Finsternis brächte: ›Wer Augen hat wird die Dinge sehn‹: ebenso auch ist von Herrn Gotamo die Lehre gar mannigfach dargelegt worden. Und so nehm' ich bei Herrn Gotamo Zuflucht, bei der Lehre und bei der Jüngerschaft: als Anhänger möge mich Herr Gotamo betrachten, von heute an zeitlebens getreu.«

12. DIE GÖTTERBOTEN

130. Rede

Das hab' ich gehört. Zu einer Zeit weilte der Erhabene bei Sāvatthī, im Siegerwalde, im Garten Anāthapiṇḍikos. Dort nun wandte sich der Erhabene an die Mönche: »Ihr Mönche!« – »Erlauchter!« antworteten da jene Mönche dem Erhabenen aufmerksam. Der Erhabene sprach also:

»Gleichwie etwa, ihr Mönche, wenn da zwei Häuser wären, mit Türen, und es betrachtete ein scharfsehender Mann, in der Mitte stehend, die Menschen, wie sie das Haus betreten und verlassen, kommen und gehn: ebenso nun auch, ihr Mönche, seh' ich mit dem himmlischen Auge, dem geläuterten, über menschliche Grenzen hinausreichenden, die Wesen dahinschwinden und wiedererscheinen, gemeine und edle, schöne und unschöne, glückliche und unglückliche, erkenne wie die Wesen je nach den Taten wiederkehren. ›Diese lieben Wesen sind freilich in Taten dem Guten zugetan, in Worten dem Guten zugetan, in Gedanken dem Guten zugetan, tadeln nicht Heiliges, achten Rechtes, tun Rechtes; bei der Auflösung des Körpers, nach dem Tode, kehren sie auf gute Fährte, in himmlische Welt wieder. Und auch diese lieben Wesen sind in Taten dem Guten zugetan, in Worten dem Guten zugetan, in Gedanken dem Guten zugetan, tadeln nicht Heiliges, achten Rechtes, tun Rechtes; bei der Auflösung des Körpers, nach dem Tode, kehren sie unter die Menschen wieder. Jene lieben Wesen sind aber in Taten dem Schlechten zugetan, in Worten dem Schlechten zugetan, in Gedanken dem Schlechten zugetan, tadeln Heiliges, achten Verkehrtes, tun Verkehrtes; bei der Auflösung des Körpers, nach dem Tode, kehren sie in das Gespensterreich wieder. Und auch jene lieben Wesen sind in Taten dem Schlechten zugetan, in Worten dem Schlechten zugetan, in Gedanken dem Schlechten zugetan, tadeln Heiliges, achten Verkehrtes, tun Verkehrtes; bei der Auflösung des Körpers, nach dem Tode, kehren sie in die Tierheit wieder. Und auch jene lieben Wesen sind in Taten dem Schlechten zugetan, in Worten dem Schlechten zugetan, in Gedanken dem Schlechten zugetan, tadeln Heiliges, achten Verkehrtes, tun Verkehrtes; bei der Auflösung des Körpers, nach dem Tode, kehren sie abwärts, auf schlechte Fährte, zur Tiefe hinab, in höllische Welt wieder.‹

»Ein solcher, ihr Mönche, wird von den höllischen Wächtern unter den Armen ergriffen und vor den Richter der Schatten gebracht: ›Da ist, o König, ein Mann, der unbarmherzig war, kein Entsagen kannte, keine Lauterkeit, vor keinem ehrwürdigen Haupte Achtung hatte; ihm soll der König die Strafe erkennen.‹ Ein solcher, ihr Mönche, wird vom Richter der Schatten über den ersten Götterboten befragt, ausgeforscht, unterrichtet: ›Lieber Mann, hast du nicht bei den Menschen den ersten Götterboten erscheinen sehn?‹ Er aber antwortet: ›Ich hab' ihn nicht gesehn, o Herr.‹ Da sagt, ihr Mönche, der Richter der Schatten zu ihm: ›Lieber Mann, hast du nicht bei den Menschen ein kleines Kind, einen unvernünftigen Säugling, mit Kot und Harn beschmutzt daliegen sehn?‹ Er aber antwortet: ›Das hab' ich gesehn, o Herr.‹ Da sagt, ihr Mönche, der Richter der Schatten zu ihm: ›Lieber Mann, da du verständig geworden, erwachsen warst, hast du bedacht: Auch ich bin der Geburt unterworfen, habe die Geburt nicht überstanden; wohl denn, günstig will ich wirken, in Werken, in Worten, in Gedanken?‹ Er aber antwortet: ›Ich konnt' es nicht, o Herr, war unachtsam, o Herr.‹ Da sagt, ihr Mönche, der Richter der Schatten zu ihm: ›Lieber Mann, aus Unachtsamkeit hast du nicht günstig gewirkt in Werken, in Worten, in Gedanken: da wird man dir, lieber Mann, eben nur also begegnen wie einem Unachtsamen. Das aber nun, was du dort Böses begangen, hat nicht die Mutter getan und nicht der Vater, hat nicht der Bruder getan und nicht die Schwester, hat kein Freund und Genosse getan, hat kein Verwandter und Gevatter getan, hat kein Asket und Priester getan, hat keine Gottheit getan: du selber hast dort böse Tat getan, du selber hast die Ernte davon einzutragen.‹

»Ein solcher, ihr Mönche, vom Richter der Schatten also über den ersten Götterboten belehrt, wird über den zweiten Götterboten befragt, ausgeforscht, unterrichtet: ›Lieber Mann, hast du nicht bei den Menschen den zweiten Götterboten erscheinen sehn?‹ Er aber antwortet: ›Ich hab' ihn nicht gesehn, o Herr.‹ Da sagt, ihr Mönche, der Richter der Schatten zu ihm: ›Lieber Mann, hast du nicht bei den Menschen ein Weib oder einen Mann gesehn, im achtzigsten oder neunzigsten oder hundertsten Lebensjahre, gebrochen, giebelförmig geknickt, abgezehrt, auf Krücken gestützt schlotternd dahinschleichen, siech, welk, zahnlos, mit gebleichten Strähnen, kahlem, wackelndem Kopfe, verrunzelt, die Haut voller Flecken?‹ Er aber antwortet: ›Das hab' ich gesehn, o Herr.‹ Da sagt, ihr Mönche, der Richter der Schatten zu ihm: ›Lieber Mann, da du verständig geworden, erwachsen warst, hast du bedacht: Auch ich bin dem Alter unterworfen, habe das Alter nicht überstanden; wohl denn, günstig will ich wirken, in Werken, in Worten, in Gedanken?‹ Er aber antwortet: ›Ich konnt' es nicht, o Herr, war unachtsam, o Herr.‹ Da sagt, ihr Mönche, der Richter der Schatten zu ihm: ›Lieber Mann, aus Unachtsamkeit hast du nicht günstig gewirkt in Werken, in Worten, in Gedanken: da wird man dir, lieber Mann, eben nur also begegnen wie einem Unachtsamen. Das aber nun, was du dort Böses begangen, hat nicht die Mutter getan und nicht der Vater, hat nicht der Bruder getan und nicht die Schwester, hat kein Freund und Genosse getan, hat kein Verwandter und Gevatter getan, hat kein Asket und Priester getan, hat keine Gottheit getan: du selber hast dort böse Tat getan, du selber hast die Ernte davon einzutragen.‹

»Ein solcher, ihr Mönche, vom Richter der Schatten also über den zweiten Götterboten belehrt, wird über den dritten Götterboten befragt, ausgeforscht, unterrichtet: ›Lieber Mann, hast du nicht bei den Menschen den dritten Götterboten erscheinen sehn?‹ Er aber antwortet: ›Ich hab' ihn nicht gesehn, o Herr.‹ Da sagt, ihr Mönche, der Richter der Schatten zu ihm: ›Lieber Mann, hast du nicht bei den Menschen ein Weib oder einen Mann gesehn, unwohl, leidend, schwerkrank, mit Kot und Harn beschmutzt daliegend, von anderen gehoben, von anderen bedient?‹ Er aber antwortet: ›Das hab' ich gesehn, o Herr.‹ Da sagt, ihr Mönche, der Richter der Schatten zu ihm: ›Lieber Mann, da du verständig geworden, erwachsen warst, hast du bedacht: Auch ich bin der Krankheit unterworfen, habe die Krankheit nicht überstanden; wohl denn, günstig will ich wirken, in Werken, in Worten, in Gedanken?‹ Er aber antwortet: ›Ich konnt' es nicht, o Herr, war unachtsam, o Herr.‹ Da sagt, ihr Mönche, der Richter der Schatten zu ihm: ›Lieber Mann, aus Unachtsamkeit hast du nicht günstig gewirkt in Werken, in Worten, in Gedanken: da wird man dir, lieber Mann, eben nur also begegnen wie einem Unachtsamen. Das aber nun, was du dort Böses begangen, hat nicht die Mutter getan und nicht der Vater, hat nicht der Bruder getan und nicht die Schwester, hat kein Freund und Genosse getan, hat kein Verwandter und Gevatter getan, hat kein Asket und Priester getan, hat keine Gottheit getan: du selber hast dort böse Tat getan, du selber hast die Ernte davon einzutragen.‹

»Ein solcher, ihr Mönche, vom Richter der Schatten also über den dritten Götterboten belehrt, wird über den vierten Götterboten befragt, ausgeforscht, unterrichtet: ›Lieber Mann, hast du nicht bei den Menschen den vierten Götterboten erscheinen sehn?‹ Er aber antwortet: ›Ich hab' ihn nicht gesehn, o Herr.‹ Da sagt, ihr Mönche, der Richter der Schatten zu ihm: ›Lieber Mann, hast du nicht bei den Menschen gesehn wie Könige einen Räuber, einen Verbrecher ergreifen lassen und mancherlei Strafen verhängen, als wie Peitschen-, Stock- oder Rutenhiebe; Handverstümmlung, Fußverstümmlung oder Verstümmlung der

Hände und Füße; Ohrenverstümmlung, Nasenverstümmlung, Verstümmlung der Ohren und der Nase; den Breikessel, die Muschelrasur, das Drachenmaul; den Pechkranz, die Fackelhand; das Spießrutenlaufen, das Rindenliegen, den Marterbock; das Angelfleisch, den Münzengriff, die Laugenätze; den Schraubstock, das Bastgeflecht; die siedende Ölbeträufelung, das Zerreißen durch Hunde, die lebendige Pfählung, die Enthauptung?‹ Er aber antwortet: ›Das hab' ich gesehn, o Herr.‹ Da sagt, ihr Mönche, der Richter der Schatten zu ihm: ›Lieber Mann, da du verständig geworden, erwachsen warst, hast du bedacht: Wer da wahrlich Übeltaten verübt, wird schon bei Lebzeiten mit gar mancher Strafe gestraft: wie erst mag es dann drüben sein! Wohl denn, günstig will ich wirken, in Werken, in Worten, in Gedanken?‹ Er aber antwortet: ›Ich konnt' es nicht, o Herr, war unachtsam, o Herr.‹ Da sagt, ihr Mönche, der Richter der Schatten zu ihm: ›Lieber Mann, aus Unachtsamkeit hast du nicht günstig gewirkt in Werken, in Worten, in Gedanken: da wird man dir, lieber Mann, eben nur also begegnen wie einem Unachtsamen. Das aber nun, was du dort Böses begangen, hat nicht die Mutter getan und nicht der Vater, hat nicht der Bruder getan und nicht die Schwester, hat kein Freund und Genosse getan, hat kein Verwandter und Gevatter getan, hat kein Asket und Priester getan, hat keine Gottheit getan: du selber hast dort böse Tat getan, du selber hast die Ernte davon einzutragen.‹

»Ein solcher, ihr Mönche, vom Richter der Schatten also über den vierten Götterboten belehrt, wird über den fünften Götterboten befragt, ausgeforscht, unterrichtet: ›Lieber Mann, hast du nicht bei den Menschen den fünften Götterboten erscheinen sehn?‹ Er aber antwortet: ›Ich hab' ihn nicht gesehn, o Herr.‹ Da sagt, ihr Mönche, der Richter der Schatten zu ihm: ›Lieber Mann, hast du nicht bei den Menschen ein Weib oder einen Mann gesehn, einen Tag oder zwei Tage oder drei Tage nach dem Verscheiden, aufgedunsen, blauschwarz gefärbt, in Fäulnis übergegangen?‹ Er aber antwortet: ›Das hab' ich gesehn, o Herr.‹ Da sagt, ihr Mönche, der Richter der Schatten zu ihm: ›Lieber Mann, da du verständig geworden, erwachsen warst, hast du bedacht: Auch ich bin dem Sterben unterworfen, habe das Sterben nicht überstanden; wohl denn, günstig will ich wirken, in Werken, in Worten, in Gedanken?‹ Er aber antwortet: ›Ich konnt' es nicht, o Herr, war unachtsam, o Herr.‹ Da sagt, ihr Mönche, der Richter der Schatten zu ihm: ›Lieber Mann, aus Unachtsamkeit hast du nicht günstig gewirkt in Werken, in Worten, in Gedanken: da wird man dir, lieber Mann, eben nur also begegnen wie einem Unachtsamen. Das aber nun, was du dort

Böses begangen, hat nicht die Mutter getan und nicht der Vater, hat nicht der Bruder getan und nicht die Schwester, hat kein Freund und Genosse getan, hat kein Verwandter und Gevatter getan, hat kein Asket und Priester getan, hat keine Gottheit getan: du selber hast dort böse Tat getan, du selber hast die Ernte davon einzutragen.‹ Und hat einen solchen, ihr Mönche, der Richter der Schatten über den fünften Götterboten befragt, ausgeforscht, unterrichtet, so verstummt er.

»Da lassen ihn denn, ihr Mönche, die höllischen Wächter Fünffache Schmiede geheißene Strafe durchmachen. Einen glühenden Eisenkeil bohren sie ihm in die eine Hand, einen glühenden Eisenkeil bohren sie ihm in die andere Hand, einen glühenden Eisenkeil bohren sie ihm in den einen Fuß, einen glühenden Eisenkeil bohren sie ihm in den anderen Fuß, einen glühenden Eisenkeil bohren sie ihm mitten in die Brust. So hat er da schmerzliche, brennende, stechende Gefühle zu empfinden, und nicht eher kann er sterben, bis nicht sein böses Werk erschöpft ist.

»Da lassen ihn denn, ihr Mönche, die höllischen Wächter überfallen und mit Äxten zerspalten; Fuß oben, Kopf unten anpacken und mit Messern zerschlitzen; lassen ihn an einen Wagen schirren und treiben ihn über eine feurige, flammende, flackernde Fläche hinüber, herüber; lassen ihn einen hohen, glühenden, feurigen, flammenden, flackernden Felsen emporklimmen, herabklimmen; lassen ihn Fuß oben, Kopf unten anpacken und in einen siedenden, feurigen, flammenden, flackernden Schmelzofen werfen, wo er bis zu schaumigem Gischte aufgekocht wird und also bald emporsteigt und bald herabsinkt und bald quer durch treibt. So hat er da schmerzliche, brennende, stechende Gefühle zu empfinden, und nicht eher kann er sterben, bis nicht sein böses Werk erschöpft ist.

»Da lassen ihn denn, ihr Mönche, die höllischen Wächter in die Erzhölle werfen. Die Erzhölle aber, ihr Mönche, hat vier Winkel und vier Tore, genau nach den Seiten verteilt, ist mit eisernem Walle umschlossen, mit Eisen überwölbt. Ihr Boden, aus Eisen bestanden, von glühender Röte durchdrungen, erstreckt sich rings umher dreihundert Meilen weit überall hin. In dieser Erzhölle aber, ihr Mönche, steigt von der östlichen Wand eine Stichflamme auf und stößt bis an die westliche Wand, steigt von der westlichen Wand eine Stichflamme auf und stößt bis an die östliche Wand, steigt von der nördlichen Wand eine Stichflamme auf und stößt bis an die südliche Wand, steigt von der südlichen Wand eine Stichflamme auf und stößt bis an die nördliche Wand, steigt von unten eine Stichflamme auf und stößt bis oben empor, steigt von oben eine Stichflamme auf und stößt bis unten herab. So hat er da schmerzliche, brennende, stechende Gefühle zu empfinden, und nicht eher kann er sterben, bis nicht sein böses Werk erschöpft ist.

»Es kommt wohl, ihr Mönche, dann und wann einmal, im Verlaufe langer Zeiten vor, daß sich das östliche Tor der Erzhölle auftut. Da sucht er in eiliger Hast zu entfliehen: und wie er in eiliger Hast zu entfliehen sucht, wird ihm das Antlitz verzehrt und die Haut verzehrt und das Fleisch verzehrt und das Gerippe verzehrt und die Knochen gehn in Qualm auf, und emporgestiegen ist er wiederum derselbe geworden; und hat er es nun, ihr Mönche, oftmals erprobt, dann schließt sich das Tor wieder zu. So hat er da schmerzliche, brennende, stechende Gefühle zu empfinden, und nicht eher kann er sterben, bis nicht sein böses Werk erschöpft ist.

»Es kommt wohl, ihr Mönche, dann und wann einmal, im Verlaufe langer Zeiten vor, daß sich das westliche Tor, das nördliche Tor, das südliche Tor der Erzhölle auftut. Da sucht er in eiliger Hast zu entfliehen: und wie er in eiliger Hast zu entfliehen sucht, wird ihm das Antlitz verzehrt und die Haut verzehrt und das Fleisch verzehrt und das Gerippe verzehrt und die Knochen gehn in Qualm auf, und emporgestiegen ist er wiederum derselbe geworden; und hat er es nun, ihr Mönche, oftmals erprobt, dann schließt sich das Tor wieder zu. So hat er da schmerzliche, brennende, stechende Gefühle zu empfinden, und nicht eher kann er sterben, bis nicht sein böses Werk erschöpft ist.

»Es kommt wohl, ihr Mönche, dann und wann einmal, im Verlaufe langer Zeiten vor, daß sich das östliche Tor der Erzhölle auftut. Da sucht er in eiliger Hast zu entfliehen: und wie er in eiliger Hast zu entfliehen sucht, wird ihm das Antlitz verzehrt und die Haut verzehrt und das Fleisch verzehrt und das Gerippe verzehrt und die Knochen gehen in Qualm auf, und emporgestiegen ist er wiederum derselbe geworden, und er flüchtet sich durch das Tor hinaus. Dieser Erzhölle aber, ihr Mönche, ist ringsherum sogleich die große Dreckhölle angeschlossen: da stürzt er hinein. In der großen Dreckhölle nun, ihr Mönche, gibt es nadelmäulige Maden, die bohren sich in die Haut ein, und haben sie die Haut durchbohrt so bohren sie sich in das Fett ein, und haben sie das Fett durchbohrt so bohren sie sich in das Fleisch ein, und haben sie das Fleisch durchbohrt so bohren sie sich in die Sehnen ein, und haben sie die Sehnen durchbohrt so bohren sie sich in die Knochen ein, und haben sie die Knochen durchbohrt so fressen sie das Knochenmark auf. So hat er da schmerzliche, brennende, stechende Gefühle zu empfinden, und nicht eher kann er sterben, bis nicht sein böses Werk erschöpft ist.

»Dieser Dreckhölle aber, ihr Mönche, ist ringsherum sogleich die große Hundehölle angeschlossen: da stürzt er hinein. So hat er da schmerzliche, brennende, stechende Gefühle zu empfinden, und nicht eher kann er sterben, bis nicht sein böses Werk erschöpft ist.

»Dieser Hundehölle aber, ihr Mönche, ist rings herum sogleich der große Dornenwald angeschlossen, drei Meilen hoch gewachsen, mit sechzehnzölligen Samenstacheln besät, feurig, flammend, flackernd: den muß er da bald emporklettern, bald herabklettern. So hat er da schmerzliche, brennende, stechende Gefühle zu empfinden, und nicht eher kann er sterben, bis nicht sein böses Werk erschöpft ist.

»Diesem Dornenwald aber, ihr Mönche, ist ringsherum sogleich der große Wald der Schwertblätter angeschlossen: da gerät er hinein. Da wird ihm von den sturmgeschwungenen Blättern die Hand abgehauen, der Fuß abgehauen, Hand und Fuß abgehauen, das Ohr abgehauen, die Nase abgehauen, Ohr und Nase abgehauen. So hat er da schmerzliche, brennende, stechende Gefühle zu empfinden, und nicht eher kann er sterben, bis nicht sein böses Werk erschöpft ist.

»Diesem Walde der Schwertblätter aber, ihr Mönche, ist ringsherum sogleich das Gewässer der großen Laugenätze angeschlossen: da stürzt er hinein. Da wird er stromabwärts gerissen, stromaufwärts gerissen, stromabwärts, stromaufwärts gerissen. So hat er da schmerzliche, brennende, stechende Gefühle zu empfinden, und nicht eher kann er sterben, bis nicht sein böses Werk erschöpft ist.

»Da lassen ihn denn, ihr Mönche, die höllischen Wächter mit einer Angel herausfischen und an das Ufer werfen und reden also zu ihm: ›Lieber Mann, was willst du?‹ Er aber sagt: ›Mich hungert, o Herr!‹ Da lassen ihm denn, ihr Mönche, die höllischen Wächter mit eisernem Haken den Mund aufsperren, mit feurigem, flammendem, flackerndem, und eine glühende Eisenkugel durch den Mund hinabschlingen, eine feurige, flammende, flackernde. Da werden ihm alsbald die Lippen verzehrt, der Rachen verzehrt, die Kehle verzehrt, der Magen verzehrt, und Gedärm und Eingeweide mitreißend kehrt sie aus dem After hervor. So hat er da schmerzliche, brennende, stechende Gefühle zu empfinden, und nicht eher kann er sterben, bis nicht sein böses Werk erschöpft ist.

»Da fragen ihn denn, ihr Mönche, die höllischen Wächter: ›Lieber Mann, was willst du?‹ Er aber sagt: ›Mich dürstet, o Herr!‹ Da lassen ihm denn, ihr Mönche, die höllischen Wächter mit eisernem Haken den Mund aufsperren, mit feurigem, flammendem, flackerndem, und flüssiges Kupfer durch den Mund hinabgießen, feuriges, flammendes, flakkerndes. Da werden ihm alsbald die Lippen verzehrt, der Rachen verzehrt, die Kehle verzehrt, der Magen verzehrt, und Gedärm und Eingeweide mitreißend kehrt es aus dem After hervor. So hat er da schmerzliche, brennende, stechende Gefühle zu empfinden, und nicht eher kann er sterben, bis nicht sein böses Werk erschöpft ist.

»Da lassen ihn denn, ihr Mönche, die höllischen Wächter wiederum in die Erzhölle hinabwerfen.

»Vor Zeiten einmal, ihr Mönche, hat der Richter der Schatten innig erwogen: ›Wer da wahrlich Übeltaten in der Welt verübt, wird mit solchen mannigfachen Strafen gestraft. O daß ich doch Menschentum erreichte, und ein Vollendeter in der Welt erschiene, ein Heiliger, vollkommen Erwachter, und ich um Ihn, den Erhabenen, sein könnte: und daß Er, der Erhabene, mir die Satzung darlegte, und ich seine, des Erhabenen, Satzung verstände!‹ – Das aber sag' ich, ihr Mönche, und hab' es nicht etwa von irgend einem Asketen oder Priester reden hören: sondern was ich eben selbst erkannt, selbst gesehn, selbst gefunden habe, das nur sage ich.«

Also sprach der Erhabene. Als der Willkommene das gesagt hatte, sprach fernerhin also der Meister:

»Wer Götterboten nicht vernimmt,
Als Mensch die Mahnung nicht gewahrt,
In langen Kummer kehrt er ein
Und bleibt und lebt in arger Not.

»Doch wer die Götterboten hier
Beherzigt hat als guter Mensch,
Der Edle, der die Mahnung merkt,
Der echten Kunde nie vergißt,

»Anhangen hat als arg erkannt,
Geburten schaffend und den Tod:
Anhangen läßt er, ist erlöst,
Geburt erschöpfend und den Tod.

»Gewiß geworden, selig so,
Im Leben schon verglommen bald,
Entgangen gänzlich banger Furcht,
Entfahren ist er allem Weh.«

13. DER HUNDELEHRLING

57. Rede

Das hab' ich gehört. Zu einer Zeit weilte der Erhabene im Lande der Koḷiyer, zu Haliddavasanam, einer Burg im Koḷiyergebiete.

Da nun begab sich der Koḷiyer Puṇṇo, ein Kuhlehrling, und Seniyo der Unbekleidete, ein Hundelehrling, dorthin wo der Erhabene weilte. Dort angelangt begrüßte der Koḷiyer Puṇṇo, der Kuhlehrling, den Erhabenen ehrerbietig und setzte sich seitwärts nieder; während Seniyo der Unbekleidete, der Hundelehrling, mit dem Erhabenen höflichen Gruß und freundliche, denkwürdige Worte wechselte und sich dann wie ein Hund eingerollt seitwärts hinsetzte.

Seitwärts sitzend sprach nun der Koḷiyer Puṇṇo, der Kuhlehrling, zum Erhabenen also:

»Dieser Unbekleidete, o Herr, Seniyo der Hundelehrling, übt schwere Buße: auf die Erde geworfene Nahrung nimmt er zu sich. Er hat das Hundegelübde lange Zeit hindurch befolgt und bewahrt: wohin wird er gelangen, was darf er erwarten?«

»Genug, Puṇṇo, laß es gut sein, frage mich das nicht!«

Und zum zweiten Mal, und zum dritten Mal sprach der Koḷiyer Puṇṇo, der Kuhlehrling, zum Erhabenen also:

»Dieser Unbekleidete, o Herr, Seniyo der Hundelehrling, übt schwere Buße: auf die Erde geworfene Nahrung nimmt er zu sich. Er hat das Hundegelübde lange Zeit hindurch befolgt und bewahrt: wohin wird er gelangen, was darf er erwarten?«

»Wohlan denn, Puṇṇo, du gibst mir nicht nach: genug, Puṇṇo, laß' es gut sein, frage mich das nicht; so will ich dir nun Rede stehn. Da verwirklicht, Puṇṇo, einer das Hundegelübde, kommt ihm ganz und gar nach, verwirklicht die Hundegewohnheit, kommt ihr ganz und gar nach, verwirklicht das Hundegemüt, kommt ihm ganz und gar nach, verwirklicht das Hundegehaben, kommt ihm ganz und gar nach. Und hat er das Hundegelübde verwirklicht, ist ihm ganz und gar nachgekommen, hat er die Hundegewohnheit verwirklicht, ist ihr ganz und gar nachgekommen, hat er das Hundegemüt verwirklicht, ist ihm ganz und gar nachgekommen, hat er das Hundegehaben verwirklicht, ist ihm ganz und gar nachgekommen, so gelangt er bei der Auflösung des Körpers, nach dem Tode, unter Hunden wieder zum Dasein. Wenn er aber die Meinung hegt: ›Durch diese Übungen oder Gelübde, Kasteiung oder Entsagung werd' ich ein Gott werden oder ein Göttlicher!‹, so ist es eine falsche Meinung. Und seine falsche Meinung, sag' ich, Puṇṇo, läßt ihn nach der einen oder nach der anderen Seite gelangen: in höllische Welt oder in tierischen Schoß. So führt also, Puṇṇo, das Hundegelübde, wenn es gelingt, zu den Hunden hin, und wenn es mißlingt, in höllische Welt.«

Auf diese Worte brach Seniyo der Unbekleidete, der Hundelehrling, in Wehklagen und Tränen aus. Und der Erhabene sprach nun zum Koḷiyer Puṇṇo, dem Kuhlehrling, also:

»Du hast mir ja, Puṇṇo, nicht nachgeben wollen: genug, Puṇṇo, laß' es gut sein, frage mich das nicht!«

»Nicht klage ich, o Herr, weil der Erhabene solches über mich ausgesagt hat, sondern weil ich, o Herr, dieses Hundegelübde lange Zeit hindurch befolgt und bewahrt habe! – Dieser Koḷiyer Puṇṇo, o Herr, der Kuhlehrling, hat das Kuhgelübde lange Zeit hindurch befolgt und bewahrt: wohin wird er gelangen, was darf er erwarten?«

»Genug, Seniyo, laß' es gut sein, frage mich das nicht!«

Und zum zweiten Mal, und zum dritten Mal sprach Seniyo der Unbekleidete, der Hundelehrling, zum Erhabenen also:

»Dieser Koḷiyer Puṇṇo, o Herr, der Kuhlehrling, hat das Kuhgelübde lange Zeit hindurch befolgt und bewahrt: wohin wird er gelangen, was darf er erwarten?«

»Wohlan denn, Seniyo, du gibst mir nicht nach: genug, Seniyo, laß' es gut sein, frage mich das nicht; so will ich dir nun Rede stehn. Da verwirklicht, Seniyo, einer das Kuhgelübde, kommt ihm ganz und gar nach, verwirklicht die Kuhgewohnheit, kommt ihr ganz und gar nach, verwirklicht das Kuhgemüt, kommt ihm ganz und gar nach, verwirklicht das Kuhgehaben, kommt ihm ganz und gar nach. Und hat er das Kuhgelübde verwirklicht, ist ihm ganz und gar nachgekommen, hat er die Kuhgewohnheit verwirklicht, ist ihr ganz und gar nachgekommen, hat er das Kuhgemüt verwirklicht, ist ihm ganz und gar nachgekommen, hat er das Kuhgehaben verwirklicht, ist ihm ganz und gar nachgekommen, so gelangt er bei der Auflösung des Körpers, nach dem Tode, unter Kühen wieder zum Dasein. Wenn er aber die Meinung hegt: ›Durch diese Übungen oder Gelübde, Kasteiung oder Entsagung werd' ich ein Gott werden oder ein Göttlicher!‹, so ist es eine falsche Meinung. Und seine falsche Meinung, sag' ich, Seniyo, läßt ihn nach der einen oder nach der anderen Seite gelangen: in höllische Welt oder in tierischen Schoß. So führt also, Seniyo, das Kuhgelübde, wenn es gelingt, zu den Kühen hin, und wenn es mißlingt, in höllische Welt.«

Auf diese Worte brach der Koḷiyer Puṇṇo, der Kuhlehrling, in Wehklagen und Tränen aus. Und der Erhabene sprach nun zu Seniyo dem Unbekleideten, dem Hundelehrling, also:

»Du hast mir ja, Seniyo, nicht nachgeben wollen: genug, Seniyo, laß' es gut sein, frage mich das nicht!«

»Nicht klage ich, o Herr, weil der Erhabene solches über mich ausgesagt hat, sondern weil ich, o Herr, dieses Kuhgelübde lange Zeit hindurch befolgt und bewahrt habe. – So viel trau' ich, o Herr, dem Erhabenen zu und glaube, der Erhabene kann die Lehre derart zeigen, daß ich eben von diesem Kuhgelübde, Seniyo aber der Unbekleidete, der Hundelehrling, von dem Hundegelübde abstehn mag!«

»So höre denn, Puṇṇo, und achte wohl auf meine Rede.«

»Gewiß, o Herr!« erwiderte da aufmerksam der Koḷiyer Puṇṇo, der Kuhlehrling, dem Erhabenen. Der Erhabene sprach also:

»Vier Arten von Taten, Puṇṇo, hab' ich mir offenbar gemacht, verwirklicht und erklärt: welche vier sind das? Es gibt, Puṇṇo, dunkle Tat, die dunkle Folge hat; es gibt, Puṇṇo, lichte Tat, die lichte Folge hat; es gibt, Puṇṇo, dunkel-lichte Tat, die dunkel-lichte Folge hat; es gibt, Puṇṇo, weder dunkle noch lichte Tat, die weder dunkle noch lichte Folge hat, Tat, die zur Tatenversiegung führt. Was ist das aber, Puṇṇo, für eine Tat, die dunkel ist und dunkle Folge hat? Da begeht einer, Puṇṇo, in Werken beschwerhafte Handlung, begeht in Worten beschwerhafte Handlung, begeht in Gedanken beschwerhafte Handlung. Und hat er in Werken beschwerhafte Handlung begangen, in Worten beschwerhafte Handlung begangen, in Gedanken beschwerhafte Handlung begangen, so gelangt er in beschwerhafter Welt wieder zum Dasein. Und ist er in beschwerhafter Welt wieder zum Dasein gelangt, so empfangen ihn beschwerhafte Empfindungen. Und von beschwerhaften Empfindungen empfangen fühlt er ein beschwerhaftes Gefühl, einzig leidvoll, gleichwie etwa höllische Wesen. Also kommt, Puṇṇo, nach dem Wirken des Wesens Wiedersein zustande. Was einer wirkt läßt ihn wiedersein; wiedergeworden empfangen ihn Empfindungen. Darum aber, Puṇṇo, sag' ich: Erben der Werke sind die Wesen. Das heißt man, Puṇṇo, dunkle Tat, die dunkle Folge hat.

»Und was ist das, Puṇṇo, für eine Tat, die licht ist und lichte Folge hat? Da begeht einer, Puṇṇo, in Werken beschwerlose Handlung, begeht in Worten beschwerlose Handlung, begeht in Gedanken beschwerlose Handlung. Und hat er in Werken beschwerlose Handlung begangen, in Worten beschwerlose Handlung begangen, in Gedanken beschwerlose Handlung begangen, so gelangt er in beschwerloser Welt wieder zum Dasein. Und ist er in beschwerloser Welt wieder zum Dasein gelangt, so empfangen ihn beschwerlose Empfindungen. Und von beschwerlosen Empfindungen empfangen fühlt er ein beschwerloses Gefühl, einzig freudvoll, gleichwie etwa strahlende Götter. Also kommt, Puṇṇo, nach dem Wirken des Wesens Wiedersein zustande. Was einer wirkt läßt ihn wiedersein; wiedergeworden empfangen ihn Empfindungen. Darum aber, Puṇṇo, sag' ich: Erben der Werke sind die Wesen. Das heißt man, Puṇṇo, lichte Tat, die lichte Folge hat.

»Und was ist das, Puṇṇo, für eine Tat, die dunkel-licht ist und dunkellichte Folge hat? Da begeht einer, Puṇṇo, in Werken beschwerhafte Handlung und beschwerlose Handlung, begeht in Worten beschwerhafte Handlung und beschwerlose Handlung, begeht in Gedanken beschwerhafte Handlung und beschwerlose Handlung. Und hat er in Werken beschwerhafte Handlung und beschwerlose Handlung begangen, in Worten beschwerhafte Handlung und beschwerlose Handlung begangen, in Gedanken beschwerhafte Handlung und beschwerlose Handlung begangen, so gelangt er in beschwerhafter und beschwerloser Welt wieder zum Dasein. Und ist er in beschwerhafter und beschwerloser Welt wieder zum Dasein gelangt, so empfangen ihn beschwerhafte und beschwerlose Empfindungen. Und von beschwerhaften und beschwerlosen Empfindungen empfangen fühlt er ein beschwerhaftes und beschwerloses Gefühl, freudvoll und leidvoll gemischt, gleichwie etwa Menschen, und manche Götter und manche Geister. Also kommt, Puṇṇo, nach dem Wirken des Wesens Wiedersein zustande. Was einer wirkt läßt ihn wiedersein; wiedergeworden empfangen ihn Empfindungen. Darum aber, Puṇṇo, sag' ich: Erben der Werke sind die Wesen. Das heißt man, Puṇṇo, dunkel-lichte Tat, die dunkel-lichte Folge hat.

»Und was ist das, Puṇṇo, für eine Tat, die weder dunkel noch licht ist und weder dunkle noch lichte Folge hat, Tat, die zur Tatenversiegung führt? Es ist da, Puṇṇo, was dunkle Tat anlangt, die dunkle Folge hat, deren Verleugnung, die gedacht wird; und ist was lichte Tat anlangt, die lichte Folge hat, deren Verleugnung, die gedacht wird; und ist was dunkel-lichte Tat anlangt, die dunkel-lichte Folge hat, deren Verleugnung, die gedacht wird. Das heißt man, Puṇṇo, weder dunkle noch lichte Tat, die weder dunkle noch lichte Folge hat, Tat, die zur Tatenversiegung führt.

»Das aber, Puṇṇo, sind die vier Arten von Taten, die ich mir offenbar gemacht, verwirklicht und erklärt habe.«

Nach diesen Worten wandte sich der Koḷiyer Puṇṇo, der Kuhlehrling, also an den Erhabenen:

»Vortrefflich, o Herr, vortrefflich, o Herr! Gleichwie etwa, o Herr, als ob man Umgestürztes aufstellte, oder Verdecktes enthüllte, oder Verirrten den Weg wiese, oder ein Licht in die Finsternis hielte: ›Wer Augen hat wird die Dinge sehn‹: ebenso auch hat der Erhabene die Lehre gar vielfach gezeigt. Und so nehm' ich, o Herr, beim Erhabenen Zuflucht, bei der Lehre und bei der Jüngerschaft: als Anhänger möge mich der Erhabene betrachten, von heute an zeitlebens getreu.«

Seniyo aber der Unbekleidete, der Hundelehrling, sprach zum Erhabenen also:

»Vortrefflich, o Herr, vortrefflich, o Herr! Gleichwie etwa, o Herr, als ob man Umgestürztes aufstellte, oder Verdecktes enthüllte, oder Verirrten den Weg wiese, oder Licht in die Finsternis hielte: ›Wer Augen hat wird die Dinge sehn‹: ebenso auch hat der Erhabene die Lehre gar mannigfach gezeigt. Und so nehm' ich, o Herr, beim Erhabenen Zuflucht, bei der Lehre und bei der Jüngerschaft: möge mir, o Herr, der Erhabene Aufnahme gewähren, die Ordensweihe erteilen!«

»Wer da, Seniyo, erst einem anderen Orden angehörte und in diese Lehre und Zucht aufgenommen werden, die Weihe erhalten will, der bleibt vier Monate bei uns; und nach Verlauf von vier Monaten wird er, wenn er also verblieben ist, von innig erfahrenen Mönchen aufgenommen und eingeweiht in das Mönchtum: denn ich habe hier manche Veränderlichkeit erfahren.«

»Wenn, o Herr, die früheren Anhänger anderer Orden, welche in diese Lehre und Zucht aufgenommen werden, die Weihe erhalten wollen, vier Monate bleiben, und nach Verlauf von vier Monaten, wenn sie also verblieben sind, von innig erfahrenen Mönchen aufgenommen und eingeweiht werden in das Mönchtum, so will ich vier Jahre bleiben: und nach Verlauf von vier Jahren sollen mich, wenn ich also verblieben bin, innig erfahrene Mönche aufnehmen und einweihen in das Mönchtum.«

Es wurde Seniyo der Unbekleidete, der Hundelehrling, vom Erhabenen aufgenommen, wurde mit der Ordensweihe belehnt.

Nicht lange aber war der ehrwürdige Seniyo in den Orden aufgenommen, da hatte er, einsam, abgesondert, unermüdlich, in heißem, innigem Ernste gar bald was edle Söhne gänzlich vom Hause fort in die Hauslosigkeit lockt, jenes höchste Ziel des Asketentums noch bei Lebzeiten sich offenbar gemacht, verwirklicht und errungen. ›Versiegt ist die Geburt, vollendet das Asketentum, gewirkt das Werk, nicht mehr ist diese Welt‹ verstand er da. Auch einer war nun der ehrwürdige Seniyo der Heiligen geworden.

14. ASSALĀYANO

93. Rede

Das hab' ich gehört. Zu einer Zeit weilte der Erhabene bei Sāvatthī, im Siegerwalde, im Garten Anāthapiṇḍikos.

Um diese Zeit nun waren gegen fünfhundert Brāhmanen aus verschiedenen Landen in Sāvatthī zusammengekommen, irgend eine Angelegenheit zu verhandeln. Nun sagten jene Brāhmanen zu sich: ›Dieser Asket Gotamo behauptet, daß alle vier Kasten rein wären: wer ist da wohl imstande, mit dem Asketen Gotamo über diesen Gegenstand zu reden?‹

Damals aber befand sich Assalāyano, ein junger Brāhmane, zu Sāvatthī, eben erst, mit geschorenem Scheitel, vom Lehrer entlassen, im sechzehnten Lebensjahre, ein Meister der drei Veden, samt ihrer Auslegung und Deutung, samt ihrer Laut- und Formenlehre, und ihren Sagen zufünft, der Gesänge kundig und ein Erklärer, der die Merkmale eines großen Weltweisen aufwies. Und jene Brāhmanen besprachen sich: ›Dieser Assalāyano, der junge Brāhmane, lebt da in Sāvatthī, ist eben erst, mit geschorenem Scheitel, vom Lehrer entlassen worden, im sechzehnten Lebensjahre, als Meister der drei Veden, samt ihrer Auslegung und Deutung, samt ihrer Laut- und Formenlehre, und ihren Sagen zufünft, der Gesänge kundig und ein Erklärer, der die Merkmale eines großen Weltweisen aufweist. Der wird imstande sein, mit dem Asketen Gotamo über diesen Gegenstand zu reden.‹

Da begaben sich denn jene Priester zu Assalāyano dem jungen Brāhmanen und sprachen also zu ihm:

»Dieser Asket Gotamo, o Assalāyano, behauptet, alle vier Kasten wären rein: wohlan, möge Herr Assalāyano mit dem Asketen Gotamo über diesen Gegenstand reden!«

Also aufgefordert erwiderte Assalāyano der junge Brāhmane jenen Priestern:

»Der Asket, wahrlich, Herr Gotamo, redet Wahrheit, und denen, die

Wahrheit reden, läßt sich schwer standhalten; ich vermag es nicht, mit dem Asketen Gotamo über diesen Gegenstand zu reden.«

Und ein zweites Mal sprachen jene Priester also zum jungen Assalāyano:

»Dieser Asket Gotamo, o Assalāyano, behauptet, alle vier Kasten wären rein: wohlan, möge Herr Assalāyano mit dem Asketen Gotamo über diesen Gegenstand reden! Vertraut ist ja doch Herr Assalāyano mit dem Pilgertum.«

Und zum zweiten Mal erwiderte Assalāyano der junge Brāhmane jenen Priestern:

»Der Asket, wahrlich, Herr Gotamo, redet Wahrheit, und denen, die Wahrheit reden, läßt sich schwer standhalten; ich vermag es nicht, mit dem Asketen Gotamo über diesen Gegenstand zu reden.«

Und ein drittes Mal sprachen jene Priester also zum jungen Assalāyano:

»Dieser Asket Gotamo, o Assalāyano, behauptet, alle vier Kasten wären rein: wohlan, möge Herr Assalāyano mit dem Asketen Gotamo über diesen Gegenstand reden! Vertraut ist ja doch Herr Assalāyano mit dem Pilgertum: möchte doch nicht Herr Assalāyano in einem ungekämpften Kampfe unterliegen!«

Auf diese Worte gab Assalāyano der junge Brāhmane jenen Priestern zur Antwort:

»Gut denn, ihr Herren, ihr wollt mir nicht glauben: ›Der Asket, wahrlich, Herr Gotamo, redet Wahrheit, und denen, die Wahrheit reden, läßt sich schwer standhalten; ich vermag es nicht, mit dem Asketen Gotamo über diesen Gegenstand zu reden.‹ So will ich denn in euerem Namen hingehn.«

Und Assalāyano der junge Brāhmane begab sich mit einer zahlreichen Schar von Priestern zum Erhabenen hin, wechselte höflichen Gruß und freundliche, denkwürdige Worte mit dem Erhabenen und setzte sich seitwärts nieder. Seitwärts sitzend wandte sich nun Assalāyano der junge Brāhmane also an den Erhabenen:

»Die Priester, o Gotamo, reden also: ›Die Priester nur sind höchste Kaste, verworfen andere Kaste; die Priester nur sind helle Kaste, dunkel andere Kaste; die Priester nur können rein werden, nicht Unpriester; die Priester nur sind Brahmās Söhne, von echter Abstammung, aus dem Munde geboren, in Brahmā gezeugt, in Brahmā gebildet. Erben Brahmās.‹ Was hält nun Herr Gotamo davon?«

»Es gibt ja doch, Assalāyano, unter den Priestern Priesterfrauen, die fruchtbar sind, schwanger werden, Kinder gebären, aufsäugen; aber jene Priester, obzwar vom Weibe geboren, reden also: ›Die Priester nur sind höchste Kaste, verworfen andere Kaste; die Priester nur sind helle Kaste, dunkel andere Kaste, die Priester nur können rein werden, nicht Unpriester; die Priester nur sind Brahmās Söhne, von echter Abstammung, aus dem Munde geboren, in Brahmā gezeugt, in Brahmā gebildet, Erben Brahmās.‹«

»Wenn auch Herr Gotamo also spricht, so bleiben die Priester dennoch dabei und sagen: ›Die Priester nur sind höchste Kaste, verworfen andere Kaste; die Priester nur sind helle Kaste, dunkel andere Kaste; die Priester nur können rein werden, nicht Unpriester; die Priester nur sind Brahmās Söhne, von echter Abstammung, aus dem Munde geboren, in Brahmā gezeugt, in Brahmā gebildet, Erben Brahmās.‹«

»Was meinst du wohl, Assalāyano: hast du gehört, daß es bei Ioniern und Kābulern und anderen Grenzvölkern nur zwei Kasten gibt, Herren und Knechte, und der Herr kann Knecht werden, und der Knecht wiederum Herr?«

»Gewiß, Herr, ich habe gehört, daß es bei Ioniern und Kābulern und anderen Grenzvölkern nur zwei Kasten gibt, Herren und Knechte, und der Herr kann Knecht werden, und der Knecht wiederum Herr.«

»Was haben da nun, Assalāyano, die Priester für Anhalt, was für Gewähr, daß sie da sagen: ›Die Priester nur sind höchste Kaste, verworfen andere Kaste; die Priester nur sind helle Kaste, dunkel andere Kaste; die Priester nur können rein werden, nicht Unpriester; die Priester nur sind Brahmās Söhne, von echter Abstammung, aus dem Munde geboren, in Brahmā gezeugt, in Brahmā gebildet, Erben Brahmās‹?«

»Wenn auch Herr Gotamo also redet, so bleiben da die Priester dennoch bei ihren Sprüchen.«

»Was meinst du wohl, Assalāyano: ein Krieger, der da Mörder und Dieb ist, ein Wüstling, Lügner, Verleumder, ein Zänker und Schwätzer, voll Gier und Haß und Eitelkeit, mag nur der, bei der Auflösung des Körpers, nach dem Tode, abwärts geraten, auf schlechte Fährte, in Verderben und Unheil, aber nicht so ein Priester? Und ebenso ein Bürger, und ebenso ein Diener, aber nicht so ein Priester?«

»Das wohl nicht, o Gotamo! Denn ein Krieger, o Gotamo, der da Mörder und Dieb ist, ein Wüstling, Lügner, Verleumder, ein Zänker und Schwätzer, voll Gier und Haß und Eitelkeit, der mag wohl, bei der Auflösung des Körpers, nach dem Tode, abwärts geraten, auf schlechte Fährte, in Verderben und Unheil: und ebenso, o Gotamo, ein Priester, und ebenso, o Gotamo, ein Bürger, und ebenso, o Gotamo, ein Diener;

ein jeder, o Gotamo, von den vier Kasten, mag also, bei der Auflösung des Körpers, nach dem Tode, abwärts geraten, auf schlechte Fährte, in Verderben und Unheil.«

»Was haben da nun, Assalāyano, die Priester für Anhalt, was für Gewähr, daß sie da sagen: ›Die Priester nur sind höchste Kaste, verworfen andere Kaste; die Priester nur sind helle Kaste, dunkel andere Kaste; die Priester nur können rein werden, nicht Unpriester; die Priester nur sind Brahmās Söhne, von echter Abstammung, aus dem Munde geboren, in Brahmā gezeugt, in Brahmā gebildet, Erben Brahmās‹?«

»Wenn auch Herr Gotamo also redet, so bleiben da die Priester dennoch bei ihren Sprüchen.«

»Was meinst du wohl, Assalāyano: ein Priester, der da kein Mörder und Dieb ist, kein Wüstling, Lügner, Verleumder, kein Zänker und Schwätzer, nicht begehrlich, nicht gehässig, recht gesinnt, mag nur der, bei der Auflösung des Körpers, nach dem Tode, auf gute Fährte geraten, in himmlische Welt? Aber nicht so ein Krieger, aber nicht so ein Bürger, aber nicht so ein Diener?«

»Das wohl nicht, o Gotamo! Denn ein Krieger, o Gotamo, der da kein Mörder und Dieb ist, kein Wüstling, Lügner, Verleumder, kein Zänker und Schwätzer, nicht begehrlich, nicht gehässig, recht gesinnt, der mag wohl, bei der Auflösung des Körpers, nach dem Tode, auf gute Fährte geraten, in himmlische Welt: und ebenso, o Gotamo, ein Priester, und ebenso, o Gotamo, ein Bürger, und ebenso, o Gotamo, ein Diener; ein jeder, o Gotamo, von den vier Kasten mag also, bei der Auflösung des Körpers, nach dem Tode, auf gute Fährte geraten, in himmlische Welt.«

»Was haben da nun, Assalāyano, die Priester für Anhalt, was für Gewähr, daß sie da sagen: ›Die Priester nur sind höchste Kaste, verworfen andere Kaste; die Priester nur sind helle Kaste, dunkel andere Kaste; die Priester nur können rein werden, nicht Unpriester; die Priester nur sind Brahmās Söhne, von echter Abstammung, aus dem Munde geboren, in Brahmā gezeugt, in Brahmā gebildet, Erben Brahmās‹?«

»Wenn auch Herr Gotamo also redet, so bleiben da die Priester dennoch bei ihren Sprüchen.«

»Was meinst du wohl, Assalāyano: kann da nur ein Priester hierzulande ohne Grimm und ohne Groll sein Herz an Milde gewöhnen? Aber nicht so ein Krieger, aber nicht so ein Bürger, aber nicht so ein Diener?«

»Das wohl nicht, o Gotamo! Denn auch ein Krieger, o Gotamo, kann hierzulande ohne Grimm und ohne Groll sein Herz an Milde gewöhnen: und ebenso, o Gotamo, ein Priester, und ebenso, o Gotamo, ein Bürger, und ebenso, o Gotamo, ein Diener; ein jeder, o Gotamo, von den vier Kasten kann hierzulande ohne Grimm und ohne Groll sein Herz an Milde gewöhnen.«

»Was haben da nun, Assalāyano, die Priester für Anhalt, was für Gewähr, daß sie da sagen: ›Die Priester nur sind höchste Kaste, verworfen andere Kaste; die Priester nur sind helle Kaste, dunkel andere Kaste; die Priester nur können rein werden, nicht Unpriester; die Priester nur sind Brahmās Söhne, von echter Abstammung, aus dem Munde geboren, in Brahmā gezeugt, in Brahmā gebildet, Erben Brahmās‹?«

»Wenn auch Herr Gotamo also redet, so bleiben da die Priester dennoch bei ihren Sprüchen.«

»Was meinst du wohl, Assalāyano: darf da nur ein Priester, mit Schwamm und Seife versehn, zum Flusse baden gehn, um Staub und Schmutz abzuwaschen? Aber nicht so ein Krieger, aber nicht so ein Bürger, aber nicht so ein Diener?«

»Das wohl nicht, o Gotamo! Denn auch ein Krieger, o Gotamo, darf Schwamm und Seife nehmen und nach dem Flusse baden gehn, um Staub und Schmutz abzuwaschen: und ebenso, o Gotamo, ein Priester, und ebenso, o Gotamo, ein Bürger, und ebenso, o Gotamo, ein Diener; ein jeder, o Gotamo, von den vier Kasten darf Schwamm und Seife nehmen und nach dem Flusse baden gehn, um Staub und Schmutz abzuwaschen.«

»Was haben da nun, Assalāyano, die Priester für Anhalt, was für Gewähr, daß sie da sagen: ›Die Priester nur sind höchste Kaste, verworfen andere Kaste; die Priester nur sind helle Kaste, dunkel andere Kaste; die Priester nur können rein werden, nicht Unpriester; die Priester nur sind Brahmās Söhne, von echter Abstammung, aus dem Munde geboren, in Brahmā gezeugt, in Brahmā gebildet, Erben Brahmās‹?«

»Wenn auch Herr Gotamo also redet, so bleiben da die Priester dennoch bei ihren Sprüchen.«

»Was meinst du wohl, Assalāyano: es ließe da der König, der Herrscher, dessen Scheitel gesalbt ist, eine Schar von hundert Männern verschiedener Geburt zu sich bescheiden: ›Kommt, ihr Lieben, die ihr da von Kriegern, Priestern, Fürsten abstammt, und nehmt ein Reibholz vom Kronbaum, oder von der Föhre, oder vom Sandel, oder vom Ingwerbaum, und erweckt damit Feuer, bringt Licht hervor! Und kommt auch ihr Lieben, die ihr da von Treibern, Jägern, Korbflechtern, Radmachern, Gärtnern abstammt, und nehmt ein Reibholz von einem Hundetrog, oder von einem Schweinetrog, oder von einem Waschtrog, oder von einem Rizinusbaume, und erweckt damit Feuer, bringt Licht hervor!‹ Was meinst du wohl, Assalāyano: wenn da von denen, die von

Kriegern, Priestern, Fürsten abstammen, mit einem Reibholze vom Kronbaum, oder von der Föhre, oder vom Sandel, oder vom Ingwerbaum, Feuer erweckt, Licht hervorgebracht ward, hat dann wohl dieses Feuer Flamme und Glanz und Leuchtkraft, und kann man dieses Feuer zu Feuerzwecken verwenden? Und wenn da von denen, die von Treibern, Jägern, Korbflechtern, Radmachern, Gärtnern abstammen, mit einem Reibholze von einem Hundetrog, oder von einem Schweinetrog, oder von einem Waschtrog, oder von einem Rizinusbaume, Feuer erweckt, Licht hervorgebracht ward, hat dann wohl dieses Feuer keine Flamme und keinen Glanz und keine Leuchtkraft, und kann man dieses Feuer zu Feuerzwecken nicht verwenden?«

»Das wohl nicht, o Gotamo! Ist da, o Gotamo, von denen, die von Kriegern, Priestern, Fürsten abstammen, mit einem Reibholze vom Kronbaum, oder von der Föhre, oder vom Sandel, oder vom Ingwerbaum, Feuer erweckt, Licht hervorgebracht worden, so hat dieses Feuer Flamme und Glanz und Leuchtkraft, und man kann dieses Feuer zu Feuerzwecken verwenden. Und ist da von denen, die von Treibern, Jägern, Korbflechtern, Radmachern, Gärtnern abstammen, mit einem Reibholze von einem Hundetrog, oder von einem Schweinetrog, oder von einem Waschtrog, oder von einem Rizinusbaume, Feuer erweckt, Licht hervorgebracht worden, so hat auch dieses Feuer Flamme und Glanz und Leuchtkraft, und man kann auch dieses Feuer zu Feuerzwecken verwenden. Denn ein jedes Feuer, o Gotamo, hat Flamme und Glanz und Leuchtkraft, und man kann ein jedes Feuer zu Feuerzwecken verwenden.«

»Was haben da nun, Assalāyano, die Priester für Anhalt, was für Gewähr, daß sie da sagen: ›Die Priester nur sind höchste Kaste, verworfen andere Kaste; die Priester nur sind helle Kaste, dunkel andere Kaste; die Priester nur können rein werden, nicht Unpriester; die Priester nur sind Brahmās Söhne, von echter Abstammung, aus dem Munde geboren, in Brahmā gezeugt, in Brahmā gebildet, Erben Brahmās‹?«

»Wenn auch Herr Gotamo also redet, so bleiben da die Priester dennoch bei ihren Sprüchen.«

»Was meinst du wohl, Assalāyano: es sei da ein junger Krieger, der wohne der Tochter eines Priesters bei; infolge ihrer Beiwohnung würde ein Sohn geboren. Dieser Sohn, der von einem jungen Krieger und der Tochter eines Priesters abstammte, der Mutter ähnlich und dem Vater ähnlich, kann der Krieger genannt und Priester genannt werden?«

»Dieser Sohn, o Gotamo, der von einem jungen Krieger und der Tochter eines Priesters abstammte, der Mutter ähnlich und dem Vater ähnlich, der kann Krieger genannt und Priester genannt werden.«

»Was meinst du wohl, Assalāyano: es sei da ein junger Priester, der wohne der Tochter eines Kriegers bei; infolge ihrer Beiwohnung würde ein Sohn geboren. Dieser Sohn, der von einem jungen Priester und der Tochter eines Kriegers abstammte, der Mutter ähnlich und dem Vater ähnlich, kann der Krieger genannt und Priester genannt werden?«

»Dieser Sohn, o Gotamo, der von einem jungen Priester und der Tochter eines Kriegers abstammte, der Mutter ähnlich und dem Vater ähnlich, der kann Krieger genannt und Priester genannt werden.«

»Was meinst du wohl, Assalāyano: man ließe da eine Stute mit einem Esel zusammenkommen; infolge ihrer Zusammenkunft würde ein Fohlen geboren. Dieses Fohlen, das von einer Stute und einem Esel abstammte, der Mutter und dem Vater ähnlich, kann das Pferd genannt und Esel genannt werden?«

»Infolge der Kreuzung, o Gotamo, wird ja ein Maultier daraus. Hier, bei diesem, o Gotamo, seh' ich denn auch den Unterschied: aber dort, bei jenen, kann ich keinerlei Unterschied merken.«

»Was meinst du wohl, Assalāyano: es wären da zwei Priesterknaben, leibliche Brüder, der eine gelehrt und eingeweiht, der andere ungelehrt und uneingeweiht; wen würden da die Priester zuerst versorgen, mit frommer Speisegabe oder anderer geeigneter Spende?«

»Den Priesterknaben, o Gotamo, der gelehrt und eingeweiht ist, den würden da die Priester zuerst versorgen, mit frommer Speisegabe oder anderer geeigneter Spende; was möcht' es auch, o Gotamo, viel fruchten, einen Ungelehrten und Uneingeweihten beschenken?«

»Was meinst du wohl, Assalāyano: es wären da zwei Priesterknaben, leibliche Brüder, der eine gelehrt und eingeweiht, sittenlos und übelgeartet, der andere ungelehrt und uneingeweiht, sittenrein und edelgeartet; wen würden da die Priester zuerst versorgen, mit frommer Speisegabe oder anderer geeigneter Spende?«

»Den Priesterknaben, o Gotamo, der ungelehrt und uneingeweiht, sittenrein und edelgeartet ist, den würden da die Priester zuerst versorgen, mit frommer Speisegabe oder anderer geeigneter Spende; was möcht' es auch, o Gotamo, viel fruchten, einen Sittenlosen, Übelgearteten beschenken?«

»Erst bist du, Assalāyano, auf die Geburt gekommen, von der Geburt bist du dann auf die Sprüche gekommen, und von den Sprüchen bist du dann zu dieser Reinheit der vier Kasten gekommen, von der ich rede.«

Auf diese Worte blieb Assalāyano der junge Brāhmane verstummt und verstört, gebeugten Rumpfes, gesenkten Hauptes vor sich hinstarrend, wortlos sitzen. Als nun der Erhabene Assalāyano den jungen Brāhmanen verstummt und verstört, gebeugten Rumpfes, gesenkten Hauptes wortlos vor sich hinstarren sah, sprach er also zu ihm:

»In der Vorzeit, Assalāyano, als die Sieben priesterlichen Seher in der Waldeinsamkeit unter Hütten aus Blättern zu Rate saßen, kamen sie einst zu einer solchen verkehrten Ansicht: ›Die Priester nur sind höchste Kaste, verworfen andere Kaste; die Priester nur sind helle Kaste, dunkel andere Kaste; die Priester nur können rein werden, nicht Unpriester; die Priester nur sind Brahmās Söhne, von echter Abstammung, aus dem Munde geboren, in Brahmā gezeugt, in Brahmā gebildet, Erben Brahmās.‹ Und es vernahm, Assalāyano, der Seher Asito Devalo, daß die Sieben priesterlichen Seher, in der Waldeinsamkeit unter Hütten aus Blättern zu Rate sitzend, diese verkehrte Ansicht gefaßt hatten. Und Asito Devalo der Seher, Assalāyano, strich Haar und Bart zurecht, warf den grünlichen Mantel herum, zog die rötlichen Sandalen an, nahm den goldigen Stab in die Hand und erschien auf dem Opferplatz vor den Sieben priesterlichen Sehern. Und er wandelte, Assalāyano, auf dem Opferplatze einher und sprach also zu ihnen:

›Sagt mir doch, ihr Lieben, die priesterliche Seher seid, wer vorangeht, sagt mir doch, ihr Lieben, die priesterliche Seher seid, wer vorangeht.‹

»Da fragten sich nun, Assalāyano, die Sieben priesterlichen Seher:

›Wer ist es nur, der sich als Hirte gebärdend auf dem Opferplatze der Sieben priesterlichen Seher einherschreitet und also spricht: Sagt mir doch, ihr Lieben, die priesterliche Seher seid, wer vorangeht, sagt mir doch, ihr Lieben, die priesterliche Seher seid, wer vorangeht? Wohlan denn, wir wollen ihn verfluchen!‹

Und sie fluchten ihm:

›Asche sei, Elender! Asche sei, Elender! Asche sei, Elender!‹

»Je mehr und mehr aber, Assalāyano, die Sieben priesterlichen Seher ihm fluchten, desto mehr und mehr nahm Asito Devalo der Seher nur an Pracht und Schönheit und Herrlichkeit zu. Da riefen, Assalāyano, die Sieben priesterlichen Seher aus:

»Vergeblich ist, ach, unsere Buße, fruchtlos unser Asketentum! Wem wir da früher geflucht hatten ›Asche sei, Elender!‹ alsogleich war ein jeder zu Asche geworden: je mehr und mehr wir aber diesen verfluchen, desto mehr und mehr nimmt er nur an Pracht und Schönheit und Herrlichkeit zu!«

›Nicht ist euere Buße vergeblich und nicht fruchtlos das Asketentum; hört, ihr Lieben: die Zorngedanken gegen mich, die lasset fahren.‹

›Unsere Zorngedanken, wir lassen sie fahren! Wer ist wohl der Herr?‹

›Habt ihr Herren von Asito Devalo dem Seher gehört?‹

›Ja, Herr!‹

›Der also bin ich.‹

»Da gingen denn, Assalāyano, die Sieben priesterlichen Seher dem Seher Asito Devalo zur Begrüßung entgegen. Und Asito Devalo der Seher, Assalāyano, wandte sich also an die Sieben priesterlichen Seher:

»Erfahren hab' ich, ihr Herren, daß die Sieben priesterlichen Seher, in der Waldeinsamkeit unter Hütten aus Blättern zu Rate sitzend, eine solche verkehrte Ansicht gefaßt haben: ›Die Priester nur sind höchste Kaste, verworfen andere Kaste; die Priester nur sind helle Kaste, dunkel andere Kaste; die Priester nur können rein werden, nicht Unpriester; die Priester nur sind Brahmās Söhne, von echter Abstammung, aus dem Munde geboren, in Brahmā gezeugt, in Brahmā gebildet, Erben Brahmās.‹«

›Allerdings, Herr!‹

›Wissen aber die Herren, ob ihre Großmutter nur einem Priester beigewohnt hat und keinem Unpriester?‹

›Das wohl nicht, Herr!‹

›Wissen aber die Herren, ob ihrer Großmutter Mutter und deren Mutter bis zur siebenten Ahnfrau hinauf nur einem Priester beigewohnt hat und keinem Unpriester?‹

›Das wohl nicht, Herr!‹

›Und wissen die Herren, ob ihr Großvater eben der Tochter eines Priesters beigewohnt hat, keiner anderen?‹

›Das wohl nicht, Herr!‹

›Und wissen die Herren, ob ihres Großvaters Vater und dessen Vater bis zum siebenten Ahnherrn hinauf eben der Tochter eines Priesters beigewohnt hat, keiner anderen?‹

›Das wohl nicht, Herr!‹

›Doch wissen die Herren, wie sich eine Leibesfrucht bildet?‹

›Wir wissen, Herr, wie sich eine Leibesfrucht bildet. Da sind Vater und Mutter vereint, und die Mutter hat ihre Zeit, und der Keimling ist bereit: so bildet sich durch der Drei Vereinigung eine Leibesfrucht.‹

›Wissen aber die Herren, ob dieser Keimling etwa ein Krieger sei, oder ein Priester, oder ein Bürger, oder ein Diener?‹

›Nicht wissen wir, Herr, ob dieser Keimling etwa ein Krieger sei, oder ein Priester, oder ein Bürger, oder ein Diener.‹

›Ist es also, wißt ihr dann, wer ihr seid?‹

›Ist es also, wissen wir freilich nicht, wer wir sind.‹

»Und selbst die Sieben priesterlichen Seher, Assalāyano, vom Seher Asito Devalo über ihre Behauptung von der Geburt befragt, ausgeforscht, unterrichtet, konnten ihm nicht beikommen: wie wirst du da jetzt, von mir über deine Behauptung von der Geburt befragt, ausgeforscht, unterrichtet, mir beikommen wollen, der du von ihrer Weisheit nicht einen Löffel voll hast?«

Auf diese Worte wandte sich Assalāyano der junge Brāhmane also an den Erhabenen:

»Vortrefflich, o Gotamo, vortrefflich, o Gotamo! Als Anhänger möge mich Herr Gotamo betrachten, von heute an zeitlebens getreu.«

15. DIE LEIDENSVERKETTUNG I

13. Rede

Das hab' ich gehört. Zu einer Zeit weilte der Erhabene bei Sāvatthī, im Siegerwalde, im Garten Anāthapiṇḍikos. Da nun begaben sich viele Mönche, zeitig gerüstet, mit Mantel und Schale versehn, auf den Weg zur Stadt, um Almosenspeise. Aber jene Mönche überlegten alsbald: ›Zu früh ist's noch, in die Stadt um Almosenspeise zu gehn; wie, wenn wir jetzt den Garten der andersfährtigen Pilger aufsuchten?‹ Und jene Mönche begaben sich zum Garten der andersfährtigen Pilger, wechselten höflichen Gruß und freundliche, denkwürdige Worte mit ihnen und setzten sich seitwärts hin. Hierauf wandten sich die andersfährtigen Pilger an die Mönche und sprachen:

»Der Asket Gotamo, Brüder, untersucht das Begehren von Grund aus, auch wir untersuchen das Begehren von Grund aus; der Asket Gotamo, Brüder, untersucht das Körperliche von Grund aus, auch wir untersuchen das Körperliche von Grund aus; der Asket Gotamo, Brüder, untersucht das Gefühl von Grund aus, auch wir untersuchen das Gefühl von Grund aus: was für eine Beschränkung, ihr Brüder, was für Eigenart und Verschiedenheit besteht da wohl zwischen dem Asketen Gotamo und uns, sei es nun in Beziehung auf Vortrag oder Gebot?«

Doch die Mönche wurden durch diese Worte der andersfährtigen Pilger weder befriedigt noch verstimmt; ohne Befriedigung, ohne Verstimmung erhoben sie sich und gingen fort:

»Beim Erhabenen werden wir den Sinn dieser Worte verstehn.«

Und sie wanderten nach Sāvatthī, traten von Haus zu Haus um Almosenspeise, kehrten zurück, nahmen ihr Mahl ein und begaben sich alsdann zum Erhabenen. Dort angelangt begrüßten sie den Erhabenen ehrerbietig und setzten sich seitwärts hin. Seitwärts sitzend sprachen nun jene Mönche zum Erhabenen also:

»Wir waren da heute früh, o Herr, mit Mantel und Schale versehn, nach Sāvatthī aufgebrochen, um Almosenspeise. Da kam uns, o Herr, der Gedanke: ›Es ist noch zu zeitig, in die Stadt um Almosenspeise zu gehn; laßt uns einstweilen den Garten der andersfährtigen Pilger aufsuchen.‹ Und wir begaben uns, o Herr, in den Garten der andersfährtigen Pilger, wechselten höflichen Gruß und freundliche, denkwürdige Worte mit ihnen und setzten uns seitwärts hin. Hierauf wandten sich die andersfährtigen Pilger, o Herr, mit folgender Rede an uns: ›Der Asket Gotamo, Brüder, untersucht das Begehren von Grund aus, auch wir untersuchen das Begehren von Grund aus; der Asket Gotamo, Brüder, untersucht das Körperliche von Grund aus, auch wir untersuchen das Körperliche von Grund aus; der Asket Gotamo, Brüder, untersucht das Gefühl von Grund aus, auch wir untersuchen das Gefühl von Grund aus: was für eine Beschränkung, ihr Brüder, was für Eigenart und Verschiedenheit besteht da wohl zwischen dem Asketen Gotamo und uns, sei es nun in Beziehung auf Vortrag oder Gebot?‹ Diese Worte der andersfährtigen Pilger, o Herr, befriedigten uns nicht und verstimmten uns nicht; ohne Befriedigung, ohne Verstimmung erhoben wir uns und gingen fort: ›Beim Erhabenen werden wir den Sinn dieser Worte verstehn.‹«

»Auf diese Worte, ihr Mönche, wäre den andersfährtigen Pilgern zu erwidern gewesen: ›Was ist also, Brüder, Labsal des Begehrens, Elend des Begehrens, Überwindung des Begehrens? Was ist Labsal des Körperlichen, Elend des Körperlichen, Überwindung des Körperlichen? Was ist Labsal des Gefühls, Elend des Gefühls, Überwindung des Gefühls?‹ Also gefragt, ihr Mönche, würden die andersfährtigen Pilger genügende Antwort nicht gefunden haben, sogar recht in Verlegenheit geraten sein: und warum? Weil das, ihr Mönche, fremdes Gebiet für sie ist. Keinen seh' ich, ihr Mönche, in der Welt mit ihren Göttern, ihren bösen und heiligen Geistern, mit ihrer Schar von Büßern und Priestern, Göttern und Menschen, der durch eine Erklärung dieser Fragen das

Herz gewinnen könnte, den Vollendeten ausgenommen, oder einen Jünger des Vollendeten, und die es von da gehört haben.

»Was ist nun, ihr Mönche, Labsal des Begehrens? Fünf Begehrungen gibt es, ihr Mönche, und welche fünf? Die durch das Gesicht ins Bewußtsein tretenden Formen, die ersehnten, geliebten, entzückenden, angenehmen, dem Begehren entsprechenden, reizenden; die durch das Gehör ins Bewußtsein tretenden Töne, die ersehnten, geliebten, entzückenden, angenehmen, dem Begehren entsprechenden, reizenden; die durch den Geruch ins Bewußtsein tretenden Düfte, die ersehnten, geliebten, entzückenden, angenehmen, dem Begehren entsprechenden, reizenden; die durch den Geschmack ins Bewußtsein tretenden Säfte, die ersehnten, geliebten, entzückenden, angenehmen, dem Begehren entsprechenden, reizenden; die durch das Getast ins Bewußtsein tretenden Tastungen, die ersehnten, geliebten, entzückenden, angenehmen, dem Begehren entsprechenden, reizenden. Das sind, ihr Mönche, die fünf Begehrungen. Was da Wohl und Erwünschtes diesen fünf Begehrungen gemäß geht ist Labsal des Begehrens.

»Was ist nun, ihr Mönche, Elend des Begehrens? Da erwirbt sich, ihr Mönche, ein Sohn des Hauses seinen Unterhalt durch ein Amt, sei es als Schreiber oder als Rechner oder Verwalter, als Landwirt oder als Kaufmann oder als Herdenzüchter, als Soldat oder Minister des Königs, oder durch irgend einen anderen Dienst, ist der Hitze ausgesetzt, ist der Kälte ausgesetzt, muß Sonne und Wind Trotz bieten, sich mit Mücken, Wespen und Kriechtieren herumschlagen, wird von Hunger und Durst aufgerieben. Das aber, Mönche, ist Elend des Begehrens, ist die offenbare Leidensverkettung, durch Begehren entstanden, durch Begehren gefügt, durch Begehren erhalten, durch Begehren schlechthin bedingt.

»Wenn diesem Sohne des Hauses, ihr Mönche, der sich also abmüht, plagt und quält, kein Reichtum erblüht, so wird er bekümmert und schwermütig, klagt, schlägt sich stöhnend die Brust, gerät in Verzweiflung: ›Vergeblich, ach, ist mein Streben, meine Mühe hat keinen Zweck!‹ Das aber, Mönche, ist Elend des Begehrens, ist die offenbare Leidensverkettung, durch Begehren entstanden, durch Begehren gefügt, durch Begehren erhalten, durch Begehren schlechthin bedingt.

»Wenn diesem Sohne des Hauses, ihr Mönche, der sich also bemüht, plagt und quält, Reichtum erblüht, so nagt ihn sorgende Pein um die Erhaltung dieses Reichtums: ›Daß mir meine Güter nur nicht von Königen eingezogen, oder von Räubern geplündert, oder vom Feuer verzehrt, oder vom Wasser weggespült, oder von feindlichen Verwandten entrissen werden!‹ Und indem er seine Güter wahrt und schützt werden sie ihm von Königen eingezogen, oder von Räubern geplündert, oder vom Feuer verzehrt, oder vom Wasser weggespült, oder von feindlichen Verwandten entrissen. Da wird er bekümmert und schwermütig, klagt, schlägt sich stöhnend die Brust, gerät in Verzweiflung: ›Meinen Besitz, den haben wir nicht mehr!‹ Das aber, Mönche, ist Elend des Begehrens, ist die offenbare Leidensverkettung, durch Begehren entstanden, durch Begehren gefügt, durch Begehren erhalten, durch Begehren schlechthin bedingt.

»Weiter sodann, ihr Mönche: von Begehren getrieben, von Begehren gereizt, von Begehren bewogen, eben nur aus eitel Begehren streiten Könige mit Königen, Fürsten mit Fürsten, Priester mit Priestern, Bürger mit Bürgern, streitet die Mutter mit dem Sohne, der Sohn mit der Mutter, der Vater mit dem Sohne, der Sohn mit dem Vater, streitet Bruder mit Bruder, Bruder mit Schwester, Schwester mit Bruder, Freund mit Freund. Also in Zwist, Zank und Streit geraten gehn sie mit Fäusten aufeinander los, mit Steinen, Stöcken und Schwertern. Und so eilen sie dem Tode entgegen oder tödlichem Schmerz. Das aber, Mönche, ist Elend des Begehrens, ist die offenbare Leidensverkettung, durch Begehren entstanden, durch Begehren gefügt, durch Begehren erhalten, durch Begehren schlechthin bedingt.

»Weiter sodann, ihr Mönche: von Begehren getrieben, von Begehren gereizt, von Begehren bewogen, eben nur aus eitel Begehren stürzen sie sich, Schild und Schwert in den Händen, gegürtet mit Köcher und Bogen, von beiden Seiten der Schlachtordnung in den Kampf, und die Pfeile schwirren und die Speere sausen und die Schwerter blitzen. Und sie durchbohren sich mit Pfeilen, durchbohren sich mit Speeren, spalten sich mit den Schwertern die Köpfe. Und so eilen sie dem Tode entgegen oder tödlichem Schmerze. Das aber, Mönche, ist Elend des Begehrens, ist die offenbare Leidensverkettung, durch Begehren entstanden, durch Begehren gefügt, durch Begehren schlechthin bedingt.

»Weiter sodann, ihr Mönche: von Begehren getrieben, von Begehren gereizt, von Begehren bewogen, eben nur aus eitel Begehren stürzen sie sich, Schild und Schwert in den Händen, gegürtet mit Köcher und Bogen, auf die schlüpfrig getünchten Wälle, und die Pfeile schwirren und die Speere sausen und die Schwerter blitzen. Und sie durchbohren sich mit Pfeilen, durchbohren sich mit Speeren, schütten glühenden Sand herunter, schleudern zerschmetternde Blöcke herab, spalten sich mit den Schwertern die Köpfe. Und so eilen sie dem Tode entgegen oder tödlichem Schmerze. Das aber, Mönche, ist Elend des Begehrens, ist die offenbare Leidensverkettung, durch Begehren entstanden, durch Begehren gefügt, durch Begehren erhalten, durch Begehren schlechthin bedingt.

»Weiter sodann, ihr Mönche: von Begehren getrieben, von Begehren gereizt, von Begehren bewogen, eben nur aus eitel Begehren brechen sie Verträge, rauben fremdes Gut, stehlen, betrügen, verführen Ehefrauen. Da lassen die Könige einen solchen ergreifen und verhängen mancherlei Strafen, als wie Peitschen-, Stock- oder Rutenhiebe; Handverstümmlung, Fußverstümmlung oder Verstümmlung der Hände und Füße; Ohrenverstümmlung, Nasenverstümmlung, Verstümmlung der Ohren und der Nase; den Breikessel, die Muschelrasur, das Drachenmaul; den Pechkranz, die Fackelhand; das Spießrutenlaufen, das Rindenliegen, den Marterbock; das Angelfleisch, den Münzengriff, die Laugenätze; den Schraubstock, das Bastgeflecht; die siedende Ölbeträufelung, das Zerreißen durch Hunde, die lebendige Pfählung, die Enthauptung. Und so eilen sie dem Tode entgegen oder tödlichem Schmerze. Das aber, Mönche, ist Elend des Begehrens, ist die offenbare Leidensverkettung, durch Begehren entstanden, durch Begehren gefügt, durch Begehren erhalten, durch Begehren schlechthin bedingt.

»Weiter sodann, ihr Mönche: von Begehren getrieben, von Begehren gereizt, von Begehren bewogen, eben nur aus eitel Begehren wandeln sie in Taten den Weg des Unrechts, wandeln sie in Worten den Weg des Unrechts, wandeln sie in Gedanken den Weg des Unrechts. Und in Taten auf dem Wege des Unrechts, in Worten auf dem Wege des Unrechts, in Gedanken auf dem Wege des Unrechts gelangen sie bei der Auflösung des Körpers, nach dem Tode, abwärts, auf schlechte Fährte, in Verderben und Unheil. Das aber, Mönche, ist Elend des Begehrens, ist die verborgene Leidensverkettung, durch Begehren entstanden, durch Begehren gefügt, durch Begehren erhalten, durch Begehren schlechthin bedingt.

»Und was, ihr Mönche, ist des Begehrens Überwindung? Was beim Begehren, ihr Mönche, Verneinung des Willensreizes ist, Verleugnung des Willensreizes, ist des Begehrens Überwindung.

»Daß aber Asketen oder Priester, ihr Mönche, die nicht also der Wahrheit gemäß des Begehrens Labsal als Labsal, Elend als Elend, Überwindung als Überwindung erkennen, vielleicht selbst das Begehren verstehn oder einen anderen dazu bringen werden, durch ihre Belehrung zum Verständnisse des Begehrens zu gelangen: das ist unmöglich. Daß nun aber Asketen oder Priester, ihr Mönche, die also der Wahrheit gemäß des Begehrens Labsal als Labsal, Elend als Elend, Überwindung als Überwindung erkennen, vielleicht selbst das Begehren verstehn oder einen anderen dazu bringen werden, durch ihre Belehrung zum Verständnisse des Begehrens zu gelangen: das ist möglich.

»Was ist nun, ihr Mönche, Labsal des Körperlichen? Zum Beispiel, ihr Mönche, eine Königstochter, oder eine priesterliche Jungfrau, oder ein Bürgermädchen, in der Blüte des fünfzehnten oder sechzehnten Jahres, nicht zu groß nicht zu klein, nicht zu schlank nicht zu voll, nicht zu dunkel nicht zu hell: erscheint nicht eine solche schimmernde Schönheit, ihr Mönche, zu dieser Zeit am prächtigsten?«

»Freilich, o Herr!«

»Was da Wohl und Erwünschtes schimmernder Schönheit gemäß geht ist Labsal des Körperlichen.

»Was ist nun, ihr Mönche, Elend des Körperlichen? Da sehe man nur diese Schwester, ihr Mönche, zu anderer Zeit, im achtzigsten oder neunzigsten oder hundertsten Lebensjahre, gebrochen, giebelförmig geknickt, abgezehrt, auf Krücken gestützt schlotternd dahinschleichen, siech, welk, zahnlos, mit gebleichten Strähnen, kahlem, wackelndem Kopfe, verrunzelt, die Haut voller Flecken: was meint ihr wohl, Mönche? Ist, was einst schimmernde Schönheit war, verschwunden und Elend ruchbar geworden?«

»Freilich, o Herr!«

»Das aber, Mönche, ist Elend des Körperlichen. Weiter sodann, ihr Mönche: man sehe nur diese Schwester unwohl, leidend, schwerkrank, mit Kot und Harn beschmutzt daliegen, von anderen gehoben, von anderen bedient: was meint ihr wohl, Mönche? Ist, was einst schimmernde Schönheit war, verschwunden und Elend ruchbar geworden?«

»Freilich, o Herr!«

»Das aber, Mönche, ist Elend des Körperlichen. Weiter sodann, ihr Mönche: man sehe nur diese Schwester, den Leib auf der Leichenstätte, einen Tag oder zwei Tage oder drei Tage nach dem Verscheiden, aufgedunsen, blauschwarz gefärbt, in Fäulnis übergegangen: was meint ihr wohl, Mönche? Ist, was einst schimmernde Schönheit war, verschwunden und Elend ruchbar geworden?«

»Freilich, o Herr!«

»Das aber, Mönche, ist Elend des Körperlichen. Weiter sodann, ihr Mönche: man sehe nur diese Schwester, den Leib auf der Leichenstätte, von Krähen oder Raben oder Geiern zerfressen, von Hunden oder Schakalen zerfleischt oder von vielerlei Würmern zernagt: was meint ihr wohl, Mönche? Ist, was einst schimmernde Schönheit war, verschwunden und Elend ruchbar geworden?«

»Freilich, o Herr!«

»Das aber, Mönche, ist Elend des Körperlichen. Weiter sodann, ihr Mönche: man sehe nur diese Schwester, den Leib auf der Leichenstätte, das Knochengerippe, fleischbehangen, blutbesudelt, von den Sehnen zusammengehalten; das Knochengerippe, fleischentblößt, blutbefleckt, von den Sehnen zusammengehalten; das Knochengerippe, ohne Fleisch, ohne Blut, von den Sehnen zusammengehalten; die Gebeine, ohne die Sehnen, hierher und dorthin verstreut, da ein Handknochen, dort ein Fußknochen, da ein Schienenbein, dort ein Schenkel, da das Becken, dort Wirbel, da der Schädel: was meint ihr wohl, Mönche? Ist, was einst schimmernde Schönheit war, verschwunden und Elend ruchbar geworden?«

»Freilich, o Herr!«

»Das aber, Mönche, ist Elend des Körperlichen. Weiter sodann, ihr Mönche: man sehe nur diese Schwester, den Leib auf der Leichenstätte, die Gebeine, bleich, muschelfarben anzusehn; die Gebeine, zuhauf geschichtet, nach Verlauf eines Jahres; die Gebeine, verwest, in Staub zerfallen: was meint ihr wohl, Mönche? Ist, was einst schimmernde Schönheit war, verschwunden und Elend ruchbar geworden?«

»Freilich, o Herr!«

»Das aber, Mönche, ist Elend des Körperlichen.«

»Und was, ihr Mönche, ist des Körperlichen Überwindung? Was beim Körperlichen, ihr Mönche, Verneinung des Willensreizes ist, Verleugnung des Willensreizes, ist des Körperlichen Überwindung.

»Daß aber Asketen oder Priester, ihr Mönche, die nicht also der Wahrheit gemäß des Körperlichen Labsal als Labsal, Elend als Elend, Überwindung als Überwindung erkennen, vielleicht selbst das Körperliche verstehn oder einen anderen dazu bringen werden, durch ihre Belehrung zum Verständnisse des Körperlichen zu gelangen: das ist unmöglich. Daß nun aber Asketen oder Priester, ihr Mönche, die also der Wahrheit gemäß des Körperlichen Labsal als Labsal, Elend als Elend, Überwindung als Überwindung erkennen, vielleicht selbst das Körperliche verstehn oder einen anderen dazu bringen werden, durch ihre Belehrung zum Verständnisse des Körperlichen zu gelangen: das ist möglich.

»Was ist nun, ihr Mönche, Labsal der Gefühle? Da erwirkt, ihr Mönche, ein Mönch, gar fern von Begierden, fern von unheilsamen Dingen, in sinnend gedenkender ruhegeborener seliger Heiterkeit die Weihe der ersten Schauung. Zu einer Zeit, ihr Mönche, wo der Mönch die Weihe der ersten Schauung erwirkt hat, zu einer solchen Zeit ist er weder von sich abhängig noch von anderen, weder von sich noch von anderen abhängig empfindet er zu dieser Zeit nur ein Gefühl der Unabhängigkeit. Unabhängigkeit, sag' ich, ihr Mönche, ist höchstes Labsal der Gefühle.

»Weiter sodann, ihr Mönche: nach Vollendung des Sinnens und Gedenkens erwirkt ein Mönch die innere Meeresstille, die Einheit des Gemütes, die von sinnen, von gedenken freie, in der Einigung geborene selige Heiterkeit, die Weihe der zweiten Schauung. Zu einer Zeit, ihr Mönche, wo der Mönch die Weihe der zweiten Schauung erwirkt hat, zu einer solchen Zeit ist er weder von sich abhängig noch von anderen, weder von sich noch von anderen abhängig empfindet er zu dieser Zeit nur ein Gefühl der Unabhängigkeit. Unabhängigkeit, sag' ich, ihr Mönche, ist höchstes Labsal der Gefühle.

»Weiter sodann, ihr Mönche: in heiterer Ruhe verweilt ein Mönch gleichmütig, einsichtig, klar bewußt, ein Glück empfindet er im Körper, von dem die Heiligen sagen: ›Der gleichmütig Einsichtige lebt beglückt‹: so erwirkt er die Weihe der dritten Schauung. Zu einer Zeit, ihr Mönche, wo der Mönch die Weihe der dritten Schauung erwirkt hat, zu einer solchen Zeit ist er weder von sich abhängig noch von anderen, weder von sich noch von anderen abhängig empfindet er zu dieser Zeit nur ein Gefühl der Unabhängigkeit. Unabhängigkeit, sag' ich, ihr Mönche, ist höchstes Labsal der Gefühle.

»Weiter sodann, ihr Mönche: nach Verwerfung der Freuden und Leiden, nach Vernichtung des einstigen Frohsinns und Trübsinns erwirkt ein Mönch die Weihe der leidlosen, freudlosen, gleichmütig einsichtigen vollkommenen Reine, die vierte Schauung. Zu einer Zeit, ihr Mönche, wo der Mönch die Weihe der vierten Schauung erwirkt hat, zu einer solchen Zeit ist er weder von sich abhängig noch von anderen, weder von sich noch von anderen abhängig empfindet er zu dieser Zeit nur ein Gefühl der Unabhängigkeit. Unabhängigkeit, sag' ich, ihr Mönche, ist höchstes Labsal der Gefühle.

»Was ist nun, ihr Mönche, Elend der Gefühle? Was vergängliches, schmerzliches, wechselndes Gefühl ist, ihr Mönche, das ist Elend der Gefühle.

»Und was, ihr Mönche, ist der Gefühle Überwindung? Was bei den Gefühlen, ihr Mönche, Verneinung des Willensreizes ist, Verleugnung des Willensreizes, ist der Gefühle Überwindung.

»Daß aber Asketen oder Priester, ihr Mönche, die nicht also der Wahrheit gemäß der Gefühle Labsal als Labsal, Elend als Elend, Überwindung als Überwindung erkennen, vielleicht selbst die Gefühle verstehn oder einen anderen dazu bringen werden, durch ihre Belehrung zum Verständnisse der Gefühle zu gelangen: das ist unmöglich. Daß nun aber Asketen oder Priester, ihr Mönche, die also der Wahrheit gemäß der Gefühle Labsal als Labsal, Elend als Elend, Überwindung als Überwindung erkennen, vielleicht selbst die Gefühle verstehn oder einen anderen dazu bringen werden, durch ihre Belehrung zum Verständnisse der Gefühle zu gelangen: das ist möglich.«

Also sprach der Erhabene. Zufrieden freuten sich jene Mönche über das Wort des Erhabenen.

16. WAS EINEM LIEB IST

87. Rede

Das hab' ich gehört. Zu einer Zeit weilte der Erhabene bei Sāvatthī, im Siegerwalde, im Garten Anāthapiṇḍikos.

Um diese Zeit nun war irgend einem Hausvater sein einziges, vielgeliebtes Büblein gestorben. Und wie es nun tot war, mocht' er sich weder um Arbeit noch Essen kümmern. Er ging immer wieder zur Leichenstätte und jammerte: ›Wo bist du, einziges Büblein, wo bist du, einziges Büblein?‹

Da nun begab sich jener Hausvater dorthin wo der Erhabene weilte, begrüßte den Erhabenen ehrerbietig und setzte sich seitwärts hin. Und zu jenem Hausvater, der da seitwärts saß, wandte sich nun der Erhabene also:

»Nicht zeigst du, Hausvater, die Züge des geistig Gefaßten: es sind deine Züge verstört.«

»Wie sollten auch, o Herr, meine Züge nicht verstört sein: ist mir doch, o Herr, das einzige, vielgeliebte Büblein gestorben! Und da es nun tot ist, mag ich mich weder um Arbeit noch Essen kümmern. Ich geh' immer wieder zur Leichenstätte und jammere: ›Wo bist du, einziges Büblein, wo bist du, einziges Büblein?‹«

»So ist es, Hausvater, so ist es, Hausvater. Was einem lieb ist, Hausvater, gibt ja Wehe und Jammer, Leiden, Gram und Verzweiflung, was von Liebem kommt.«

»Wer wird da nur, o Herr, also denken: ›Was einem lieb ist gibt Wehe und Jammer, Leiden, Gram und Verzweiflung, was von Liebem kommt‹: was einem lieb ist, o Herr, gibt ja Freude und Befriedigung, was von Liebem kommt.«

Und jener Hausvater, ungehalten und verstimmt über das Wort des Erhabenen, stand von seinem Sitze auf und ging fort.

Nun waren gerade damals, nicht gar fern vom Erhabenen, viele Würfelspieler beisammen, die Würfel spielten. Da begab sich denn jener Hausvater zu ihnen hin und sprach also:

»Ich war da, ihr Herren, zum Asketen Gotamo gegangen, hatte ehrerbietigen Gruß dargeboten und mich seitwärts hingesetzt. Und als ich da saß, ihr Herren, wandte sich der Asket Gotamo also an mich: ›Nicht zeigst du, Hausvater, die Züge des geistig Gefaßten: es sind deine Züge verstört.‹ Also angeredet, ihr Herren, entgegnete ich dem Asketen Gotamo: ›Wie sollten auch, o Herr, meine Züge nicht verstört sein: ist mir doch, o Herr, das einzige, vielgeliebte Büblein gestorben! Und da es nun tot ist, mag ich mich weder um Arbeit noch Essen kümmern. Ich geh' immer wieder zur Leichenstätte und jammere: Wo bist du, einziges Büblein, wo bist du, einziges Büblein?‹ – ›So ist es, Hausvater, so ist es, Hausvater. Was einem lieb ist, Hausvater, gibt ja Wehe und Jammer, Leiden, Gram und Verzweiflung, was von Liebem kommt.‹ – ›Wer wird da nur, o Herr, also denken: Was einem lieb ist gibt Wehe und Jammer, Leiden, Gram und Verzweiflung, was von Liebem kommt; was einem lieb ist, o Herr, gibt ja Freude und Befriedigung, was von Liebem kommt.‹ So sprach ich, ihr Herren, ungehalten und verstimmt über das Wort des Asketen Gotamo, stand von meinem Sitze auf und ging fort.«

»So ist es, Hausvater, so ist es, Hausvater! Was einem lieb ist, Hausvater, gibt ja Freude und Befriedigung, was von Liebem kommt.«

Da sagte jener Hausvater: »So hab' ich recht, mit den Würfelspielern!«; und er ging fort.

Aber dieses Gespräch verbreitete sich allmählich bis an den Hof des Königs. Und König Pasenadi von Kosalo wandte sich an seine Gemahlin Mallikā:

»Höre, Mallikā, dein Asket Gotamo hat gesagt: ›Was einem lieb ist gibt Wehe und Jammer, Leiden, Gram und Verzweiflung, was von Liebem kommt.‹«

»Wenn das, großer König, der Erhabene gesagt hat, dann ist es also.«

»Immer doch also gibt diese Mallikā, was auch da der Asket Gotamo sagen mag, eben aber auch alles zu: ›Wenn das, großer König, der Erhabene gesagt hat, dann ist es also.‹ Gleichwie etwa der Lehrer dem Schüler was immer auch sagen mag, und ihm der Schüler eben auf alles zustimmt, ›So ist es, Meister, so ist es, Meister‹, ebenso auch gibst du,

Mallikā, was auch immer da der Asket Gotamo sagen mag, aber auch alles zu: ›Wenn das, großer König, der Erhabene gesagt hat, dann ist es also.‹ Laß' es gut sein, Mallikā, hör' auf!«

Da wandte sich Königin Mallikā an den Brāhmanen Nāḷijaṉgho und bat ihn:

»Begib dich, Brāhmane, zum Erhabenen hin und bring' dem Erhabenen zu Füßen meinen Gruß dar und wünsche Gesundheit und Frische, Munterkeit, Stärke und Wohlsein: ›Mallikā‹, sage, ›o Herr, die Königin, bringt dem Erhabenen zu Füßen Gruß dar und wünscht Gesundheit und Frische, Munterkeit, Stärke und Wohlsein;‹ und füge hinzu: ›hat wohl, o Herr, der Erhabene dieses Wort gesprochen: Was einem lieb ist gibt Wehe und Jammer, Leiden, Gram und Verzweiflung, was von Liebem kommt?‹ Und wie dir der Erhabene antworten wird, das merke dir gut und melde mir. Denn die Vollendeten reden nicht unvollkommen.«

»Schön, Herrin!« entgegnete da gehorsam Nāḷijaṉgho der Brāhmane Mallikā der Königin. Und er begab sich dorthin wo der Erhabene weilte, tauschte höflichen Gruß und freundliche, denkwürdige Worte mit dem Erhabenen und setzte sich seitwärts nieder. Seitwärts sitzend sprach nun Nāḷjaṉgho der Brāhmane zum Erhabenen also:

»Mallikā, o Gotamo, die Königin, bringt Herrn Gotamo zu Füßen Gruß dar und wünscht Gesundheit und Frische, Munterkeit, Stärke und Wohlsein; und sie fügte hinzu; hat wohl, o Herr, der Erhabene dieses Wort gesprochen: ›Was einem lieb ist gibt Wehe und Jammer, Leiden, Gram und Verzweiflung, was von Liebem kommt‹?«

»So ist es, Brāhmane, so ist es, Brāhmane. Was einem lieb ist, Brāhmane, gibt ja Wehe und Jammer, Leiden, Gram und Verzweiflung, was von Liebem kommt. Darum muß man es eben, Brāhmane, je nach dem Umstand beurteilen, wie da was einem lieb ist Wehe und Jammer gibt, Leiden, Gram und Verzweiflung, was von Liebem kommt. Eines Tages, Brāhmane, war eben hier zu Sāvatthī irgend einem Weibe die Mutter gestorben. Durch deren Tod irrsinnig, geistesverstört geworden lief sie von Straße zu Straße, von Markt zu Markt und schrie: ›Habt ihr nicht meine Mutter gesehn, habt ihr nicht meine Mutter gesehn?‹ Darum soll man es eben, Brāhmane, je nach dem Umstand beurteilen, wie da was einem lieb ist Wehe und Jammer gibt, Leiden, Gram und Verzweiflung, was von Liebem kommt.

»Eines Tages, Brāhmane, war eben hier zu Sāvatthī irgend einem Weibe der Vater gestorben – war der Bruder, die Schwester gestorben – war der Sohn, war die Tochter gestorben – war der Gatte gestorben. Durch dessen Tod irrsinnig, geistesverstört geworden lief sie von

Straße zu Straße, von Markt zu Markt und schrie: ›Habt ihr nicht meinen Gatten gesehn, habt ihr nicht meinen Gatten gesehn?‹ Darum soll man es eben, Brāhmane, je nach dem Umstand beurteilen, wie da was einem lieb ist Wehe und Jammer gibt, Leiden, Gram und Verzweiflung, was von Liebem kommt.

»Eines Tages, Brāhmane, war eben hier zu Sāvatthī irgend einem Manne die Mutter gestorben – war der Vater gestorben – war der Bruder, die Schwester gestorben – war der Sohn, war die Tochter gestorben – war die Frau gestorben. Durch deren Tod irrsinnig, geistesverstört geworden lief er von Straße zu Straße, von Markt zu Markt und schrie: ›Habt ihr nicht meine Frau gesehn, habt ihr nicht meine Frau gesehn?‹ Darum soll man es eben, Brāhmane, je nach dem Umstand beurteilen, wie da was einem lieb ist Wehe und Jammer gibt, Leiden, Gram und Verzweiflung, was von Liebem kommt.

»Eines Tages, Brāhmane, war eben hier zu Sāvatthī irgend ein Weib zu Verwandten ins Haus gekommen. Und die Verwandten verboten dieser, mit ihrem Gatten zu leben, wollten sie einem anderen vermählen: sie aber mochte den nicht. Und sie beschwor ihren Mann: ›Diese Verwandten, o Gemahl, reißen mich von dir und wollen mich einem anderen vermählen: ich aber mag den nicht!‹ Und der Mann gab seinem Weibe den Tod und entleibte sich selbst: ›Gestorben werden wir beisammen sein!‹ Darum soll man es eben, Brāhmane, je nach dem Umstand beurteilen, wie da was einem lieb ist Wehe und Jammer gibt, Leiden, Gram und Verzweiflung, was von Liebem kommt.«

Und Nāḷijāṅgho der Brāhmane, durch des Erhabenen Rede erfreut und befriedigt, stand auf und begab sich zu Mallikā der Königin zurück und berichtete Wort für Wort das ganze Gespräch, das der Erhabene mit ihm gepflogen. Und Königin Mallikā ging nun zu König Pasenadi von Kosalo hin und sprach also:

»Was meinst du wohl, großer König: hast du deine Tochter Vajīrī lieb?«

»Gewiß, Mallikā, hab' ich meine Tochter Vajīrī lieb.«

»Was meinst du wohl, großer König: wenn deiner Tochter Vajīrī etwas verschlüge, etwas geschähe, würdest du da Wehe und Jammer, Leiden, Gram und Verzweiflung empfinden?«

»Wenn, Mallikā, meiner Tochter Vajīrī etwas verschlüge, etwas geschähe, könnt' es auch um mein Leben geschehn sein; wie sollt' ich da etwa nicht Wehe und Jammer, Leiden, Gram und Verzweiflung empfinden!«

»Daran aber, großer König, hat Er gedacht, der Erhabene, der Kenner, der Seher, der Heilige, vollkommen Erwachte, als er gesagt hat: ›Was einem lieb ist gibt Wehe und Jammer, Leiden, Gram und Verzweiflung, was von Liebem kommt.‹ – Was meinst du wohl, großer König: hast du die Fürstin Vāsabhā lieb?«

»Gewiß, Mallikā, hab' ich die Fürstin Vāsabhā lieb.«

»Was meinst du wohl, großer König: wenn der Fürstin Vāsabhā etwas verschlüge, etwas geschähe, würdest du da Wehe und Jammer, Leiden, Gram und Verzweiflung empfinden?«

»Wenn, Mallikā, der Fürstin Vāsabhā etwas verschlüge, etwas geschähe, könnt' es auch um mein Leben geschehn sein: wie sollt' ich da etwa nicht Wehe und Jammer, Leiden, Gram und Verzweiflung empfinden!«

»Daran aber, großer König, hat Er gedacht, der Erhabene, der Kenner, der Seher, der Heilige, vollkommen Erwachte, als er gesagt hat: ›Was einem lieb ist gibt Wehe und Jammer, Leiden, Gram und Verzweiflung, was von Liebem kommt.‹ – Was meinst du wohl, großer König: hast du den Feldherrn Viḍūḍabho lieb?«

»Freilich, Mallikā, hab' ich den Feldherrn Viḍūḍabho lieb.«

»Was meinst du wohl, großer König: wenn dem Feldherrn Viḍūḍabho etwas verschlüge, etwas geschähe, würdest du da Wehe und Jammer, Leiden, Gram und Verzweiflung empfinden?«

»Wenn, Mallikā, dem Feldherrn Viḍūḍabho etwas verschlüge, etwas geschähe, könnt' es auch um mein Leben geschehn sein: wie sollt' ich da etwa nicht Wehe und Jammer, Leiden, Gram und Verzweiflung empfinden!«

»Daran aber, großer König, hat Er gedacht, der Erhabene, der Kenner, der Seher, der Heilige, vollkommen Erwachte, als er gesagt hat: ›Was einem lieb ist gibt Wehe und Jammer, Leiden, Gram und Verzweiflung, was von Liebem kommt.‹ – Was meinst du wohl, großer König: hast du mich lieb?«

»Gewiß, Mallikā, hab' ich dich lieb.«

»Was meinst du wohl, großer König: wenn mir etwas verschlüge, etwas geschähe, würdest du da Wehe und Jammer, Leiden, Gram und Verzweiflung empfinden?«

»Wenn, Mallikā, dir etwas verschlüge, etwas geschähe, könnt' es auch um mein Leben geschehn sein: wie sollt' ich da etwa nicht Wehe und Jammer, Leiden, Gram und Verzweiflung empfinden!«

»Daran aber, großer König, hat Er gedacht, der Erhabene, der Kenner, der Seher, der Heilige, vollkommen Erwachte, als er gesagt hat: ›Was einem lieb ist gibt Wehe und Jammer, Leiden, Gram und Verzweiflung, was von Liebem kommt.‹ – Was meinst du wohl, großer König: hast du dein Reich Benāres und Kosalo lieb?«

»Sicherlich, Mallikā, hab' ich mein Reich Benāres und Kosalo lieb: durch die Macht meines Reiches Benāres und Kosalo besitzen wir Seide und Sandel, haben Schmuck und duftende Salben.«

»Was meinst du wohl, großer König: wenn deinem Reiche Benāres und Kosalo etwas verschlüge, etwas geschähe, würdest du da Wehe und Jammer, Leiden, Gram und Verzweiflung empfinden?«

»Wenn, Mallikā, meinem Reiche Benāres und Kosalo etwas verschlüge, etwas geschähe, könnt' es auch um mein Leben geschehn sein: wie sollt' ich da etwa nicht Wehe und Jammer, Leiden, Gram und Verzweiflung empfinden!«

»Daran aber, großer König, hat Er gedacht, der Erhabene, der Kenner, der Seher, der Heilige, vollkommen Erwachte, als er gesagt hat: ›Was einem lieb ist gibt Wehe und Jammer, Leiden, Gram und Verzweiflung, was von Liebem kommt.‹«

»Wunderbar, Mallikā, außerordentlich, Mallikā, ist es, wie da Er, der Erhabene, weise durchdringend, weise blickt! Wohl denn, Mallikā: rühme weiter!«

Und König Pasenadi von Kosalo stand auf von seinem Sitze, entblößte eine Schulter, verneigte sich ehrerbietig nach der Richtung wo der Erhabene weilte, und ließ dann dreimal den Gruß ertönen:

»Verehrung dem Erhabenen,
Dem heilig auferwachten Herrn!

»Verehrung dem Erhabenen,
Dem heilig auferwachten Herrn!

»Verehrung dem Erhabenen,
Dem heilig auferwachten Herrn!«

17. MĀGANDIYO

75. Rede

Das hab' ich gehört. Zu einer Zeit weilte der Erhabene im Kurū-Lande, bei einer Stadt der Kurūner Namens Kammāsadammam, am Opferherde eines Brāhmanen aus dem Bhāradvājer-Geschlechte, auf einer Strohmatte. Und der Erhabene, zeitig gerüstet, nahm Mantel und Schale und ging nach Kammāsadammam um Almosenspeise. Und als der Erhabene, von Haus zu Haus tretend, Almosen erhalten, kehrte er zurück, nahm das Mahl ein und begab sich dann in ein nahe gelegenes Waldgehölz, für den Tag. Im Inneren dieses Waldgehölzes setzte sich der Erhabene am Fuß eines Baumes nieder, bis gegen Sonnenuntergang da zu verweilen.

Da nun kam Māgandiyo, ein Pilger, auf einem Spaziergange lustwandelnd, zum Opferherde des Bhāradvājer-Brāhmanen hin. Und er sah dort die Strohmatte zurechtgelegt, und als er das bemerkt hatte, sprach er also zum Bhāradvājer-Brāhmanen:

»Für wen ist wohl hier am Opferherde des Herrn Bhāradvājo die Strohmatte zurechtgelegt? Sie sieht aus wie ein Asketensitz.«

»Es ist, o Māgandiyo, der Asket Gotamo, der Sakyersohn, der dem Erbe der Sakyer entsagt hat! Diesen Herrn Gotamo aber begrüßt man allenthalben mit dem frohen Ruhmesrufe, so zwar: ›Das ist der Erhabene, der Heilige, vollkommen Erwachte, der Wissens- und Wandelsbewährte, der Willkommene, der Welt Kenner, der unvergleichliche Leiter der Männerherde, der Meister der Götter und Menschen, der Erwachte, der Erhabene.‹ Für diesen Herrn Gotamo ist der Sitz hier zurechtgemacht.«

»Schlechtes, wahrlich, o Bhāradvājo, haben wir gesehn, die wir den Sitz jenes Herrn Gotamo, des Kernhauers, gesehn haben!«

»Lasse, Māgandiyo, solche Rede, lasse, Māgandiyo, solche Rede! Gar viele gelehrte Fürsten und gelehrte Priester, gelehrte Bürger und gelehrte Asketen sind von diesem Herrn Gotamo ganz begeistert, heilig und echt eingeweiht, in heilsames Recht.«

»Und wenn uns gleich, o Bhāradvājo, jener Herr Gotamo zu Gesicht käme, so würden wir es ihm ins Gesicht sagen: ›Ein Kernhauer ist der Asket Gotamo, sag ich: und warum sag' ich das? Weil er als solcher gegen unsere Satzungen vorgeht.‹«

»Wenn es Herrn Māgandiyo genehm ist, will ich das dem Asketen Gotamo mitteilen.«

»Nicht wollt' ich Herrn Bhāradvājo damit bemühen, doch mag er's sagen.«

Es vernahm aber der Erhabene mit dem himmlischen Gehör, dem geläuterten, über menschliche Grenzen hinausreichenden, dieses Gespräch des Brāhmanen aus dem Bhāradvājer-Geschlechte mit Māgandiyo dem Pilger.

Als nun der Erhabene gegen Abend die Gedenkensruhe beendet hatte, kehrte er zum Opferherde des Bhāradvājer-Brāhmanen zurück und nahm auf der bereitgelegten Strohmatte Platz. Da kam denn der Bhāradvājer-Brāhmane zum Erhabenen heran, wechselte höflichen Gruß und freundliche, denkwürdige Worte mit dem Erhabenen und setzte sich zur Seite nieder. Und als der Bhāradvājer-Brāhmane zur Seite saß, wandte sich der Erhabene also an ihn:

»Hast du wohl, Bhāradvājo, mit Māgandiyo dem Pilger über diese Strohmatte hier irgend eine Unterhaltung gehabt?«

Auf diese Worte erwiderte Bhāradvājo der Brāhmane, schauernd ergriffen, dem Erhabenen also:

»Das eben wollten wir jetzt Herrn Gotamo mitteilen: aber Herr Gotamo hat mich ja nun verstummen machen!«

Und kaum hatte diese Unterredung des Erhabenen mit dem Bhāradvājer-Brāhmanen begonnen, da kam Māgandiyo der Pilger, auf seinem Spaziergange lustwandelnd, zum Opferherde des Bhāradvājer-Brāhmanen zurück; und er schritt zum Erhabenen hin, wechselte höflichen Gruß und freundliche, denkwürdige Worte mit dem Erhabenen und setzte sich zur Seite nieder. Und als Māgandiyo der Pilger zur Seite saß, wandte sich der Erhabene also an ihn:

»Das Auge, Māgandiyo, fröhnt den Formen, freut sich der Formen, ergötzt sich an Formen: das hat der Vollendete gebändigt, gewartet, gezäumt und gezügelt; ihm Zügel anzulegen zeigt er die Lehre. Hast du etwa, Māgandiyo, daran gedacht als du sprachst: ›Ein Kernhauer ist der Asket Gotamo‹?«

»Daran eben, freilich, o Gotomo, hab' ich gedacht als ich sprach: ›Ein Kernhauer ist der Asket Gotamo, sag' ich: und warum sag' ich das? Weil er als solcher gegen unsere Satzungen vorgeht.‹«

»Das Ohr, Māgandiyo, fröhnt den Tönen, die Nase, Māgandiyo, fröhnt den Düften, die Zunge, Māgandiyo, fröhnt den Säften, der Leib, Māgandiyo, fröhnt den Tastungen, der Geist, Māgandiyo, fröhnt den Gedanken, freut sich der Gedanken, ergötzt sich an Gedanken: den hat der Vollendete gebändigt, gewartet, gezäumt und gezügelt; ihm Zügel anzulegen zeigt er die Lehre. Hast du etwa, Māgandiyo, daran gedacht als du sprachst: ›Ein Kernhauer ist der Asket Gotamo‹?«

»Daran eben, freilich, o Gotamo, hab' ich gedacht als ich sprach: ›Ein Kernhauer ist der Asket Gotamo, sag' ich: und warum sag' ich das? Weil er als solcher gegen unsere Satzungen vorgeht.‹«

»Was meinst du wohl, Māgandiyo: es sei da erst einer mit den durch das Auge ins Bewußtsein tretenden Formen bedient, mit den ersehnten, geliebten, entzückenden, angenehmen, dem Begehren entsprechenden, reizenden; er habe dann später eben der Formen Entstehn und Vergehn, Labsal und Elend und Überwindung der Wahrheit gemäß verstanden und die Lust an den Formen verworfen, das Fieber an den Formen verleugnet, habe den Durst bezwungen und die Ebbung des eigenen Gemütes erlangt: was möchtest du nun, Māgandiyo, gegen einen solchen einwenden?«

»Nichts weiter, o Gotamo!«

»Was meinst du wohl, Māgandiyo: es sei da erst einer mit den durch das Ohr ins Bewußtsein tretenden Tönen, mit den durch die Nase ins Bewußtsein tretenden Düften, mit den durch die Zunge ins Bewußtsein tretenden Säften, mit den durch den Leib ins Bewußtsein tretenden Tastungen bedient, mit den ersehnten, geliebten, entzückenden, angenehmen, dem Begehren entsprechenden, reizenden; der habe dann später eben der Tastungen Entstehn und Vergehn, Labsal und Elend und Überwindung der Wahrheit gemäß verstanden und die Lust an den Tastungen verworfen, das Fieber an den Tastungen verleugnet, habe den Durst bezwungen und die Ebbung des eigenen Gemütes erlangt: was möchtest du nun, Māgandiyo, gegen einen solchen einwenden?«

»Nichts weiter, o Gotamo!«

»Ich habe früher, Māgandiyo, auch im Hause gelebt und war mit dem Besitz und Genuß der fünf Begehrungen begabt: der durch das Auge ins Bewußtsein tretenden Formen, der durch das Ohr ins Bewußtsein tretenden Töne, der durch die Nase ins Bewußtsein tretenden Düfte, der durch die Zunge ins Bewußtsein tretenden Säfte, der durch den Leib ins Bewußtsein tretenden Tastungen, der ersehnten, geliebten, entzückenden, angenehmen, dem Begehren entsprechenden, reizenden. Und ich besaß, Māgandiyo, drei Paläste, einen für den Herbst, einen für den Winter, einen für den Sommer. Und ich brachte, Māgandiyo, die vier herbstlichen Monate im Herbstpalaste zu, von unsichtbarer Musik bedient, und stieg nicht vom Söller herab. Später hab' ich dann eben des Begehrens Entstehn und Vergehn, Labsal und Elend und Überwindung der Wahrheit gemäß verstanden und die begehrende Lust verworfen, das begehrende Fieber verleugnet, habe den Durst bezwungen und die Ebbung des eigenen Gemütes erlangt. Und ich sah wie die anderen Wesen, dem Begehren hingegeben, von begehrendem Dürsten verzehrt, von begehrendem Fieber entzündet, den Begierden fröhnen; und ich konnte sie nicht beneiden, keine Freude daran finden: und warum nicht? Weil ja meine Freude, gar fern von Begierden, fern von unheilsamen Dingen, bis an himmlisches Wohl heranreichte: solcher Freude genießend mocht' ich Gemeines entbehren, keine Freude daran finden.

»Gleichwie etwa, Māgandiyo, wenn da ein Hausvater wäre, oder der Sohn eines Hausvaters, reich, mit Geld und Gut mächtig begabt, im Besitz und Genuß der fünf Begehrungen. Der sei in Werken, Worten und Gedanken auf dem rechten Wege gewandelt und bei der Auflösung des Körpers, nach dem Tode, auf gute Fährte, in himmlische Welt gelangt, zu den Dreiunddreißig Göttern empor. Und er lebte dort im Wonnigen Walde, im Reigen von Huldinnen, im Besitz und Genuß der himmlischen fünf Begehrungen. Und er nähme einen Hausvater wahr, oder den Sohn eines Hausvaters, der die fünf Begehrungen besitzt und genießt. Was meinst du wohl, Māgandiyo: würde da etwa dieser Göttersohn, der im Wonnigen Walde im Reigen von Huldinnen die himmlischen fünf Begehrungen besitzt und genießt, jenen Hausvater, oder Sohn eines Hausvaters, beneiden und die menschlichen fünf Begehrungen vermissen, sich menschlichen Begierden zuwenden?«

»Gewiß nicht, o Gotamo!«

»Und warum nicht?«

»Menschlichen Begierden, o Gotamo, sind himmlische Begierden voranzusetzen und vorzuziehn.«

»Ebenso nun auch, Māgandiyo, hab' ich früher im Hause gelebt und war mit dem Besitz und Genuß der fünf Begehrungen begabt. Später hab' ich dann eben des Begehrens Entstehn und Vergehn, Labsal und Elend und Überwindung der Wahrheit gemäß verstanden und die begehrende Lust verworfen, das begehrende Fieber verleugnet, habe den Durst bezwungen und die Ebbung des eigenen Gemütes erlangt. Und ich sah wie die anderen Wesen, dem Begehren hingegeben, von begehrendem Dürsten verzehrt, von begehrendem Fieber entzündet, den Begierden fröhnen; und ich konnte sie nicht beneiden, keine Freude daran finden: und warum nicht? Weil ja, Māgandiyo, meine Freude, gar fern von Begierden, fern von unheilsamen Dingen, bis an himmlisches Wohl heranreichte: solcher Freude genießend mocht' ich Gemeines entbehren, keine Freude daran finden.

»Gleichwie etwa, Māgandiyo, wenn ein Aussätziger, dessen Glieder mit Geschwüren bedeckt, faulig geworden, von Würmern zerfressen, von den Nägeln wund aufgekratzt sind, Fetzen davon herabreißend an einer Grube voll glühender Kohlen den Leib ausdörren ließe. Und seine Freunde und Genossen, Verwandte und Vettern bestellten ihm einen heilkundigen Arzt, und dieser heilkundige Arzt gäbe ihm ein Heilmittel, und er gebrauchte dieses Heilmittel und würde vom Aussatz befreit und wäre genesen, fühlte sich wohl, unabhängig, selbständig, könnte gehn wohin er wollte. Und er erblickte einen anderen Aussätzigen, dessen Glieder mit Geschwüren bedeckt, faulig geworden, von Würmern zerfressen, von den Nägeln wund aufgekratzt sind, wie er Fetzen davon herabreißend an einer Grube voll glühender Kohlen den Leib ausdörren läßt. Was meinst du wohl, Māgandiyo: würde da etwa dieser Mann jenen Aussätzigen beneiden und die glühende Kohlengrube und den Gebrauch des Heilmittels vermissen?«

»O nein, o Gotamo!«

»Und warum nicht?«

»Ist man krank, o Gotamo, so braucht man ein Heilmittel: ist man nicht krank, braucht man es nicht.«

»Ebenso nun auch, Māgandiyo, hab' ich früher im Hause gelebt und war mit dem Besitz und Genuß der fünf Begehrungen begabt. Später hab' ich dann eben des Begehrens Entstehn und Vergehn, Labsal und Elend und Überwindung der Wahrheit gemäß verstanden und die begehrende Lust verworfen, das begehrende Fieber verleugnet, habe den Durst bezwungen und die Ebbung des eigenen Gemütes erlangt. Und ich sah wie die anderen Wesen, dem Begehren hingegeben, von begehrendem Dürsten verzehrt, von begehrendem Fieber entzündet, den Begierden fröhnen; und ich konnte sie nicht beneiden, keine Freude daran finden: und warum nicht? Weil ja, Māgandiyo, meine Freude, gar fern von Begierden, fern von unheilsamen Dingen, bis an himmlisches Wohl heranreichte: solcher Freude genießend mocht' ich Gemeines entbehren, keine Freude daran finden.

»Gleichwie etwa, Māgandiyo, wenn ein Aussätziger, dessen Glieder mit Geschwüren bedeckt, faulig geworden, von Würmern zerfressen, von den Nägeln wund aufgekratzt sind, Fetzen davon herabreißend an einer Grube voll glühender Kohlen den Leib ausdörren ließe. Und seine Freunde und Genossen, Verwandte und Vettern bestellten ihm einen heilkundigen Arzt, und dieser heilkundige Arzt gäbe ihm ein Heilmittel, und er gebrauchte dieses Heilmittel und würde vom Aussatz befreit und wäre genesen, fühlte sich wohl, unabhängig, selbständig, könnte gehn wohin er wollte. Und zwei kräftige Männer ergriffen ihn unter den Armen und schleppten ihn zu der glühenden Kohlengrube hin. Was meinst du wohl, Māgandiyo: würde da nun dieser Mann auf jede nur mögliche Weise den Leib zurückziehn?«

»Gewiß, o Gotamo!«

»Und warum das?«

»Jenes Feuer, o Gotamo, ist ja gar schmerzlich zu ertragen und furchtbar versengend und furchtbar versehrend.«

»Was meinst du wohl, Māgandiyo: ist etwa jetzt erst das Feuer schmerzlich zu ertragen und furchtbar versengend und furchtbar versehrend, oder war es schon früher schmerzlich zu ertragen und furchtbar versengend und furchtbar versehrend?«

»Jetzt eben, o Gotamo, ist das Feuer schmerzlich zu ertragen und furchtbar versengend und furchtbar versehrend, und auch früher war das Feuer schmerzlich zu ertragen und furchtbar versengend und furchtbar versehrend. Jener Aussätzige, freilich, o Gotamo, dessen Glieder mit Geschwüren bedeckt, faulig geworden, von Würmern zerfressen, von den Nägeln wund aufgekratzt waren: Fetzen davon herabreißend war er sinnesverwirrt geworden, und indem er das Feuer nur schmerzlich ertrug wähnte er ›Das tut wohl‹.«

»Ebenso nun aber, Māgandiyo, waren auch die Begierden der Vergangenheit gar schmerzlich zu ertragen und furchtbar versengend und furchtbar versehrend, und werden auch die Begierden der Zukunft gar schmerzlich zu ertragen sein und furchtbar versengend und furchtbar versehrend, und sind auch heute die Begierden der Gegenwart gar schmerzlich zu ertragen und furchtbar versengend und furchtbar versehrend. Doch diese Wesen, Māgandiyo, dem Begehren hingegeben, von begehrendem Dürsten verzehrt, von begehrendem Fieber entzündet, sind sinnesverwirrt geworden, und indem sie die Begierden nur schmerzlich ertragen wähnen sie ›Das tut wohl‹.

»Gleichwie etwa, Māgandiyo, wenn ein Aussätziger, dessen Glieder mit Geschwüren bedeckt, faulig geworden, von Würmern zerfressen, von den Nägeln wund aufgekratzt sind, Fetzen davon herabreißend an einer Grube voll glühender Kohlen den Leib ausdörren läßt; je mehr und mehr nun, Māgandiyo, jener Aussätzige den Leib da ausdörren läßt, desto mehr und mehr füllen sich ihm seine offenen Wunden eben nur weiter mit Schmutz, Gestank und Eiter an, und doch empfindet er ein gewisses Behagen, einen gewissen Genuß indem er die offenen Wunden abreibt: ebenso nun auch, Māgandiyo, fröhnen die Wesen, dem Begehren hingegeben, von begehrendem Dürsten verzehrt, von begehrendem Fieber entzündet den Begierden; und je mehr und mehr nun, Māgandiyo, die Wesen, dem Begehren hingegeben, von begehrendem Dürsten verzehrt, von begehrendem Fieber entzündet, den Begierden fröhnen, desto mehr und mehr nur wächst in ihnen die begehrende Lust, werden sie vom begehrenden Fieber entzündet, und doch empfinden sie ein gewisses Behagen, einen gewissen Genuß indem sie den fünf Begehrungen nachgehn.

»Was meinst du wohl, Māgandiyo: hast du etwa einen König oder einen Fürsten gesehn oder von einem solchen gehört, der, mit dem Besitz und Genuß der fünf Begehrungen begabt, ohne die begehrende Lust verworfen, das begehrende Fieber verleugnet zu haben, den Durst bezwungen und die Ebbung des eigenen Gemütes gefunden hat, oder findet, oder finden wird?«

»Das wohl nicht, o Gotamo!«

»Gut, Māgandiyo: auch ich hab' es, Māgandiyo, weder gesehn noch gehört, daß ein König oder ein Fürst, mit dem Besitz und Genuß der fünf Begehrungen begabt, ohne die begehrende Lust verworfen, das begehrende Fieber verleugnet zu haben, den Durst bezwungen und die Ebbung des eigenen Gemütes gefunden hat, oder findet, oder finden wird. Aber wer immer auch, Māgandiyo, von den Asketen oder den Priestern den Durst bezwungen und die Ebbung des eigenen Gemütes gefunden hat, oder findet, oder finden wird, ein jeder hat eben des Begehrens Entstehn und Vergehn, Labsal und Elend und Überwindung der Wahrheit gemäß verwunden und die begehrende Lust verworfen, das begehrende Fieber verleugnet, also den Durst bezwungen und die Ebbung des eigenen Gemütes gefunden, oder findet sie, oder wird sie finden.«

Und der Erhabene ließ bei dieser Gelegenheit folgenden Ausspruch vernehmen:

»Gesundheit ist das höchste Gut,
Die Wahnerlöschung höchstes Heil,
Der achtmal echte bester Pfad
Um ewig sicher auszugehn.«

Auf diese Worte sprach Māgandiyo der Pilger zum Erhabenen also:

»Wunderbar, o Gotamo, außerordentlich ist es, o Gotamo, wie da Herr Gotamo so richtig gesagt hat:

›Gesundheit ist das höchste Gut,
Die Wahnerlöschung höchstes Heil.‹

Auch ich hab' es, o Gotamo, gehört, das Wort der früheren Pilger und ihrer Meister und Altmeister:

›Gesundheit ist das höchste Gut,
Die Wahnerlöschung höchstes Heil.‹

Mit ihnen, o Gotamo, stimmt es überein!«

»Was du aber da, Māgandiyo, gehört hast, das Wort der früheren Pilger und ihrer Meister und Altmeister:

›Gesundheit ist das höchste Gut,
Die Wahnerlöschung höchstes Heil‹,

Was bedeutet da Gesundheit, was bedeutet da Wahnerlöschung?«

Also gefragt fuhr sich Māgandiyo der Pilger mit der Hand eben über Augen und Stirne:

»Das, was, o Gotamo, Gesundheit bedeutet, das bedeutet da Wahnerlöschung; so bin ich jetzt, o Gotamo gesund, fühle mich wohl. Nichts gebricht mir.«

»Gleichwie etwa, Māgandiyo, wenn da ein Blindgeborener wäre: der sähe keine schwarzen und keine weißen Gegenstände, keine blauen und keine gelben, keine roten und keine grünen, er sähe nicht was gleich und was ungleich ist, sähe keine Sterne und nicht Mond und nicht Sonne. Und er hörte das Wort eines Sehenden ›Schicklich, fürwahr, lieber Mann, ist ein weißes Kleid gar fein, ohne Flecken und sauber.‹ Und er suchte sich ein solches zu verschaffen. Und es täuschte ihn ein anderer Mann mit einem ölrußgeschwärzten Schinderhemde: ›Da hast du, lieber Mann, ein weißes Kleid gar fein, ohne Flecken und sauber.‹ Und er nähm' es entgegen und bekleidete sich damit, und damit bekleidet ließ' er zufrieden fröhliche Rede ergehn: ›Schicklich fürwahr, ist das weiße Kleid, gar fein, ohne Flecken und sauber.‹ Was meinst du wohl, Māgandiyo: hätte nun etwa dieser Blindgeborene wissend und sehend jenes ölrußgeschwärzte Schinderhemd entgegengenommen, angelegt und zufrieden seine fröhliche Rede ergehn lassen oder weil er dem Sehenden glaubte?«

»Ohne es zu wissen, freilich, o Gotamo, ohne es zu sehn hätte der Blindgeborene jenes ölrußgeschwärzte Schinderhemd entgegengenommen, angelegt und zufrieden seine fröhliche Rede ergehn lassen, weil er dem Sehenden glaubte.«

»Ebenso nun auch, Māgandiyo, sind die anderen Asketen und Pilger blind und augenlos, wissen nichts von Gesundheit, sehn nichts von Wahnerlöschung, und doch sagen sie den Spruch:

›Gesundheit ist das höchste Gut,
Die Wahnerlöschung höchstes Heil.‹

»Die ehedem dagewesen, Māgandiyo, die Heiligen, vollkommen Auferwachten haben den Spruch gesagt:

›Gesundheit ist das höchste Gut,
Die Wahnerlöschung höchstes Heil,
Der achtmal echte bester Pfad
Um ewig sicher auszugehn.‹

»Das ist jetzt allmählich im Volke Sprichwort geworden. Aber dieser Leib da, Māgandiyo, ist ein sieches Ding, ein bresthaftes Ding, ein schmerzhaftes Ding, ein übles Ding, ein gebrechliches Ding; und von diesem Leibe, der ein sieches Ding, ein bresthaftes Ding, ein schmerzhaftes Ding, ein übles Ding, ein gebrechliches Ding ist, sagst du: ›Das, was, o Gotamo, Gesundheit bedeutet, das bedeutet da Wahnerlöschung.‹ Dir fehlt eben, Māgandiyo, das heilige Auge: mit diesem begabt wüßtest du was Gesundheit ist, sähest die Wahnerlöschung.«

»So viel trau' ich Herrn Gotamo zu und glaube, Herr Gotamo kann mir die Lehre derart zeigen, daß ich die Gesundheit gewahren, die Wahnerlöschung sehn mag!«

»Gleichwie etwa, Māgandiyo, wenn da ein Blindgeborener wäre: der sähe keine schwarzen und keine weißen Gegenstände, keine blauen und keine gelben, keine roten und keine grünen, er sähe nicht was gleich und was ungleich, sähe keine Sterne und nicht Mond und nicht Sonne. Und seine Freunde und Genossen, Verwandte und Vettern bestellten ihm einen heilkundigen Arzt, und dieser heilkundige Arzt gäbe ihm ein Heilmittel, und er gebrauchte dieses Heilmittel und könnte die Augen nicht lösen, könnte die Augen nicht läutern. Was meinst du wohl, Māgandiyo: würde sich da nicht jener Künstler ganz vergeblich geplagt und abgemüht haben?«

»Allerdings, o Gotamo!«

»Ebenso nun auch, Māgandiyo, mag ich dir wohl die Lehre darlegen, was da Gesundheit, was da Wahnerlöschung ist, und du möchtest die Gesundheit nicht wahrnehmen, die Wahnerlöschung nicht sehn: und es wäre mir Plage gewiß und Anstoß.«

»So viel trau' ich Herrn Gotamo zu und glaube, Herr Gotamo kann mir die Lehre derart zeigen, daß ich die Gesundheit gewahren, die Wahnerlöschung sehn mag!«

»Gleichwie etwa, Māgandiyo, wenn da ein Blindgeborener wäre: der sähe keine schwarzen und keine weißen Gegenstände, keine blauen und keine gelben, keine roten und keine grünen, er sähe nicht was gleich und was ungleich ist, sähe keine Sterne und nicht Mond und nicht Sonne. Und er hörte das Wort eines Sehenden: ›Schicklich, fürwahr, lieber Mann, ist ein weißes Kleid, gar fein, ohne Flecken und sauber.‹ Und er suchte sich ein solches zu verschaffen. Und es täuschte ihn ein anderer Mann mit einem ölrußgeschwärzten Schinderhemde: ›Da hast du, lieber Mann, ein weißes Kleid, gar fein, ohne Flecken und sauber.‹ Und er nähm' es entgegen und bekleidete sich damit. Und seine Freunde und Genossen, Verwandte und Vettern bestellten ihm einen heilkundigen Arzt, und dieser heilkundige Arzt gäbe ihm ein Heilmittel, ließ' ihn nach oben und nach unten sich ausleeren, Salbe, Balsam und Niespulver gebrauchen. Und er unterzöge sich dieser Behandlung, und die Augen lösten sich ihm, läuterten sich: und wie er zu sehn begänne verginge ihm die Lust und Freude an dem ölrußgeschwärzten Schinderhemde; und er hielte jenen Mann für seinen Feind, hielt' ihn für seinen Widersacher und dächte wohl gar daran, daß er ihm nach dem Leben trachtete: ›Lange Zeit hindurch, wahrlich, bin ich von jenem Manne betrogen, getäuscht, hintergangen worden mit dem ölrußgeschwärzten Schinderhemde: Da hast du, lieber Mann, ein weißes Kleid, gar fein, ohne Flecken und sauber‹: Ebenso nun auch, Māgandiyo, mag ich dir wohl die Lehre darlegen, was da Gesundheit, was Wahnerlöschung ist, und du möchtest die Gesundheit wahrnehmen, die Wahnerlöschung sehn: und es würde dir wie du zu sehn begännest die Lust und Freude an den fünf Stücken des Anhangens vergehn und du würdest denken: ›Lange Zeit hindurch, wahrlich, bin ich von diesem Herzen betrogen, getäuscht, hintergangen worden! Denn ich war der Form eben anhänglich angehangen, dem Gefühl eben anhänglich angehangen, der Wahrnehmung eben anhänglich angehangen, den Unterscheidungen eben anhänglich angehangen, dem Bewußtsein eben anhänglich angehangen. So entsteht mir aus Anhangen Werden, aus Werden Geburt, aus Geburt Altern und Sterben, Wehe, Jammer, Leiden, Gram und Verzweiflung: also kommt dieses gesammten Leidensstückes Entwicklung zustande.‹«

»So viel trau' ich Herrn Gotamo zu und glaube, Herr Gotamo kann mir die Lehre derart zeigen, daß ich von diesem Sitze entblindet aufstehe!«

»Wohlan denn, Māgandiyo, sei du den Guten gesellt; und wirst du,

Māgandiyo, den Guten gesellt sein, so wirst du, Māgandiyo, gute Lehre hören; und wirst du, Māgandiyo, gute Lehre hören, so wirst du, Māgandiyo, der Lehre gemäß leben; und wirst du, Māgandiyo, der Lehre gemäß leben, so wirst du, Māgandiyo, eben selbst erkennen, selbst sehn: ›Das ist das Sieche, Bresthafte, Schmerzhafte, da wird das Sieche, Bresthafte, Schmerzhafte ohne Überrest aufgelöst. So löst sich mir durch Auflösung des Anhangens Werden auf, durch Auflösung des Werdens Geburt, durch Auflösung der Geburt Altern und Sterben, Wehe, Jammer, Leiden, Gram und Verzweiflung: also kommt dieses gesamten Leidensstückes Auflösung zustande.‹«

Nach diesen Worten wandte sich Māgandiyo der Pilger also an den Erhabenen:

»Vortrefflich, o Gotamo, vortrefflich, o Gotamo! Gleichwie etwa, o Gotamo, als ob man Umgestürztes aufstellte, oder Verdecktes enthüllte, oder Verirrten den Weg zeigte, oder Licht in die Finsternis brächte: ›Wer Augen hat wird die Dinge sehn‹: ebenso auch hat Herr Gotamo die Lehre gar mannigfach dargelegt. Und so nehm' ich bei Herrn Gotamo Zuflucht, bei der Lehre und bei der Jüngerschaft: möge mir Herr Gotamo Aufnahme gewähren, die Ordensweihe erteilen!«

»Wer da, Māgandiyo, erst einem anderen Orden angehörte und in diese Lehre und Zucht aufgenommen werden, die Weihe erhalten will, der bleibt vier Monate bei uns; und nach Verlauf von vier Monaten wird er, wenn er also verblieben ist, von innig erfahrenen Mönchen aufgenommen und eingeweiht in das Mönchtum: denn ich habe hier manche Veränderlichkeit erfahren.«

»Wenn, o Herr, die früheren Anhänger anderer Orden, welche in diese Lehre und Zucht aufgenommen werden, die Weihe erhalten wollen, vier Monate bleiben, und nach Verlauf von vier Monaten, wenn sie also verblieben sind, von innig erfahrenen Mönchen aufgenommen und eingeweiht werden in das Mönchtum, so will ich vier Jahre bleiben: und nach Verlauf von vier Jahren sollen mich, wenn ich also verblieben bin, innig erfahrene Mönche aufnehmen und einweihen in das Mönchtum.«

Es wurde Māgandiyo der Pilger vom Erhabenen aufgenommen, wurde mit der Ordensweihe belehnt.

Nicht lange aber war der ehrwürdige Māgandiyo in den Orden aufgenommen, da hatte er, einsam, abgesondert, unermüdlich, in heißem, innigem Ernste gar bald was edle Söhne gänzlich vom Hause fort in die

Hauslosigkeit lockt, jenes höchste Ziel des Asketentums noch bei Lebzeiten sich offenbar gemacht, verwirklicht und errungen. ›Versiegt ist die Geburt, vollendet das Asketentum, gewirkt das Werk, nicht mehr ist diese Welt‹ verstand er da. Auch einer war nun der ehrwürdige Māgandiyo der Heiligen geworden.

18. DĪGHANAKHO

74. Rede

Das hab' ich gehört. Zu einer Zeit weilte der Erhabene bei Rājagaham, am Geierkulm, zu Eberswühl.

Da nun begab sich Dīghanakho, ein Pilger, dorthin, wo der Erhabene weilte, wechselte höflichen Gruß und freundliche, denkwürdige Worte mit dem Erhabenen und stellte sich seitwärts hin. Seitwärts stehend sprach nun Dīghanakho der Pilger also zum Erhabenen:

»Ich aber, o Gotamo, sage und lehre: ›Nichts gefällt mir.‹«

»Und auch die Lehre da, Aggivessano, die du behauptest, ›Nichts gefällt mir‹, gefällt dir auch diese nicht?«

»Und wenn mir, o Gotamo, diese Lehre gefiele, so wär's doch nur dasselbe, so wär's doch nur dasselbe!«

»Nun gibt es freilich, Aggivessano, viel mehr der Menschen in der Welt, die mit dir sagen ›So wär's doch nur dasselbe, so wär's doch nur dasselbe‹, und die zwar diese Lehre nicht lassen und doch eine andere annehmen. Nun gibt es freilich, Aggivessano, viel weniger Menschen in der Welt, die mit dir sagen, ›So wär's doch nur dasselbe, so wär's doch nur dasselbe‹, und die eben diese Lehren lassen und eine andere nicht annehmen.

»Manche Asketen und Priester, Aggivessano, sagen und lehren: ›Alles gefällt mir.‹ Manche Asketen und Priester, Aggivessano, sagen und lehren: ›Nichts gefällt mir.‹ Manche Asketen und Priester, Aggivessano, sagen und lehren: ›Manches gefällt mir, manches mißfällt mir.‹ Den Asketen und Priestern nun, Aggivessano, die da sagen und lehren ›Alles gefällt mir‹, denen gereicht diese Lehre zum Reize, zur Lockung, zur Freude, zum Behagen, zum Anhalt. Den Asketen und Priestern nun, Aggivessano, die da sagen und lehren ›Nichts gefällt mir‹, denen gereicht diese Lehre nicht zum Reize, nicht zur Lockung, nicht zur Freude, nicht zum Behagen, nicht zum Anhalt.«

Auf diese Worte hin wandte sich Dīghanakho der Pilger also an den Erhabenen:

»Meinen Lehrsatz lobt Herr Gotamo, meinen Lehrsatz belobt Herr Gotamo!«

»Den Asketen und Priestern nun, Aggivessano, die da sagen und lehren ›Manches gefällt mir, manches mißfällt mir‹, was denen ihrer Lehre gemäß gefällt, gereicht ihnen zum Reize, zur Lockung, zur Freude, zum Behagen, zum Anhalt: und was denen ihrer Lehre gemäß mißfällt, gereicht ihnen nicht zum Reize, nicht zur Lockung, nicht zur Freude, nicht zum Behagen, nicht zum Anhalt.

»Bei den Asketen und Priestern, Aggivessano, die da sagen und lehren ›Alles gefällt mir‹, wird ein verständiger Mann also überlegen: ›Diese Lehre da, Alles gefällt mir, wenn ich diese beharrlich pflegte, mir aneignete, behauptete, Dies nur ist Wahrheit, Unsinn anderes, so erführ' ich doppelten Widerspruch, von dem Asketen oder dem Priester, der da sagt und lehrt, Nichts gefällt mir, und von dem Asketen oder dem Priester, der da sagt und lehrt, Manches gefällt mir, manches mißfällt mir, von diesen beiden erführ' ich Widerspruch, und aus Widerspruch erfolgte Widerstreit, aus Widerstreit Widerstand, aus Widerstand Widerwille‹; und weil er Widerspruch und Widerstreit, Widerstand und Widerwillen in sich merkt, läßt er eben diese Lehre und nimmt eine andere nicht an: also werden diese Lehren verworfen, also werden diese Lehren verleugnet. Bei den Asketen und Priestern, Aggivessano, die da sagen und lehren ›Nichts gefällt mir‹, wird ein verständiger Mann also überlegen: ›Diese Lehre da, Nichts gefällt mir, wenn ich diese beharrlich pflegte, mir aneignete, behauptete, Dies nur ist Wahrheit, Unsinn anderes, so erführ' ich doppelten Widerspruch, von dem Asketen oder dem Priester, der da sagt und lehrt, Alles gefällt mir, und von dem Asketen oder dem Priester, der da sagt und lehrt, Manches gefällt mir, manches mißfällt mir, von diesen beiden erführ' ich Widerspruch, und aus Widerspruch erfolgte Widerstreit, aus Widerstreit Widerstand, aus Widerstand Widerwille‹; und weil er Widerspruch und Widerstreit, Widerstand und Widerwillen in sich merkt, läßt er eben diese Lehre und nimmt eine andere nicht an: also werden diese Lehren verworfen, also werden diese Lehren verleugnet. Bei den Asketen und Priestern, Aggivessano, die da sagen und lehren ›Manches gefällt mir, manches mißfällt mir‹, wird ein verständiger Mann also überlegen: ›Diese Lehre da, Manches gefällt mir, manches mißfällt mir, wenn ich diese beharrlich pflegte, mir aneignete, behauptete, Dies nur ist Wahrheit, Unsinn anderes, so erführ' ich doppelten Widerspruch, von dem Asketen oder dem Priester, der da sagt und lehrt, Alles gefällt mir, und von dem Asketen oder dem Priester, der da sagt und lehrt, Nichts gefällt mir, von diesen beiden erführ' ich Widerspruch, und aus Widerspruch erfolgte Widerstreit, aus Widerstreit Widerstand, aus Widerstand Widerwille‹; und weil er Widerspruch und Widerstreit, Widerstand und Widerwillen in sich merkt, läßt er eben diese Lehre und nimmt eine andere nicht an: also werden diese Lehren verworfen, also werden diese Lehren verleugnet.

»Hier aber ist nun, Aggivessano, der Körper, der geformt, aus den vier Hauptstoffen entstanden, von Vater und Mutter gezeugt, durch Speise und Trank entwickelt, dem Vergehen, dem Untergang, der Aufreibung, Auflösung, der Zerstörung verfallen ist, als wandelbar, wehe, siech, bresthaft, übel, gebrechlich, ohnmächtig, hinfällig, eitel, als nichtig zu betrachten. Wer diesen Körper als wandelbar, wehe, siech, bresthaft, schmerzhaft, übel, gebrechlich, ohnmächtig, hinfällig, eitel, als nichtig betrachtet, dem vergeht, was beim Körper Körperlust, Körperliebe, Körperverlangen ist.

»Drei Arten von Gefühlen, Aggivessano, gibt es: das wohlige Gefühl, das wehe Gefühl und das weder wohlig noch wehe Gefühl. Zu einer Zeit, Aggivessano, wo man ein wohliges Gefühl empfindet, zu dieser Zeit empfindet man kein wehes Gefühl und empfindet kein weder wohlig noch wehes Gefühl, eben ein wohliges Gefühl empfindet man zu dieser Zeit. Zu einer Zeit, Aggivessano, wo man ein wehes Gefühl empfindet, zu dieser Zeit empfindet man kein wohliges Gefühl und empfindet kein weder wohlig noch wehes Gefühl, eben ein wehes Gefühl empfindet man zu dieser Zeit. Zu einer Zeit, Aggivessano, wo man ein weder wohlig noch wehes Gefühl empfindet, zu dieser Zeit empfindet man kein wohliges Gefühl und empfindet kein wehes Gefühl, eben ein weder wohlig noch wehes Gefühl empfindet man zu dieser Zeit. Wohlige Gefühle sind aber, Aggivessano, wandelbar, zusammengesetzt, bedingt entstanden, müssen versiegen und versagen, müssen aufhören und untergehen. Und auch wehe Gefühle sind, Aggivessano, wandelbar, zusammengesetzt, bedingt entstanden, müssen versiegen und versagen, müssen aufhören und untergehn. Und auch weder wohlig noch wehe Gefühle sind, Aggivessano, wandelbar, zusammengesetzt, bedingt entstanden, müssen versiegen und versagen, müssen aufhören und untergehn. In solchem Anblick, Aggivessano, wird der erfahrene heilige Jünger des wohligen Gefühles überdrüssig und wird des wehen Gefühles überdrüssig und wird des weder wohlig noch wehen Gefühles überdrüssig. Überdrüssig wendet er sich ab. Abgewandt löst er sich los.

›Im Erlösten ist die Erlösung‹, diese Erkenntnis geht auf. ›Versiegt ist die Geburt, vollendet das Asketentum, gewirkt das Werk, nicht mehr ist diese Welt‹ versteht er da.

»Ein also gemüterlöster Mönch, Aggivessano, spricht keinem zu, spricht keinem ab, und was in der Welt geredet wird läßt er unberührt.«

Um diese Zeit nun hatte der ehrwürdige Sāriputto hinter dem Erhabenen gestanden und dem Erhabenen Kühlung gefächelt. Und der ehrwürdige Sāriputto gedachte da: ›Diese und jene Dinge soll man, sagt der Erhabene, durchschauen und lassen, diese und jene Dinge soll man, sagt der Willkommene, durchschauen und verleugnen!‹ Und als der ehrwürdige Sāriputto solches im Geiste erwog, löste sich ihm das Herz vom Wahne haftlos ab.

Dīghanakho aber, dem Pilger, ging das abgeklärte, abgespülte Auge der Wahrheit auf:

›Was irgend auch entstanden ist,
Muß alles wieder untergehn.‹

Und Dīghanakho der Pilger, der die Wahrheit gesehn, die Wahrheit gefaßt, die Wahrheit erkannt, die Wahrheit ergründet hatte, zweifelentronnen, ohne Schwanken, in sich selber gewiß, auf keinen anderen gestützt im Orden des Meisters, der wandte sich nun an den Erhabenen also:

»Vortrefflich, o Gotamo, vortrefflich, o Gotamo! Gleichwie etwa, o Gotamo, als ob man Umgestürztes aufstellte oder Verdecktes enthüllte, oder Verirrten den Weg zeigte, oder Licht ins Dunkle hielte: ›Wer Augen hat wird die Dinge sehn‹: ebenso auch hat Herr Gotamo die Lehre gar vielfach dargelegt. Und so nehm' ich bei Herrn Gotamo Zuflucht, bei der Lehre und bei der Jüngerschaft: als Anhänger möge mich Herr Gotamo betrachten, von heute an zeitlebens getreu.«

III. DER HEILSWEG IM GANZEN

19. SANDAKO

76. Rede

Das hab' ich gehört. Zu einer Zeit weilte der Erhabene bei Kosambī, im Stiftungsgarten.

Zu dieser Zeit nun hielt sich der Pilger Sandako in der Großen Feigenbaumgrotte auf, in Gesellschaft vieler Pilger, von fünfhundert Pilgern umgeben.

Als nun der ehrwürdige Ānando gegen Abend die Gedenkensruhe beendet hatte, wandte er sich an die Mönche und sprach:

»Kommt, ihr Brüder, wir wollen nach der Götterkluft gehn und uns die Grotte betrachten.«

»Gern, Bruder!« erwiderten da jene Mönche, dem ehrwürdigen Ānando zustimmend.

Und der ehrwürdige Ānando begab sich nun, von vielen Mönchen begleitet, nach der Götterkluft.

Um diese Zeit aber war Sandako der Pilger, im weiten Kreise der Pilgerschar sitzend, in lebhaftem Gespräche begriffen; und sie machten lauten Lärm, großen Lärm, und unterhielten sich über allerhand gemeine Dinge, als wie über Könige, über Räuber, über Fürsten und Soldaten, über Krieg und Kampf, über Speise und Trank, über Kleidung und Bett, über Blumen und Düfte, über Verwandte, über Fuhrwerk und Wege, über Dörfer und Burgen, über Städte und Länder, über Weiber und Weine, über Straßen und Märkte, über die Altvorderen und über die Veränderungen, über Volksgeschichten und Seegeschichten, über dies und das und dergleichen mehr.

Und Sandako der Pilger sah den ehrwürdigen Ānando von ferne herankommen, und als er ihn gesehn, mahnte er die Umsitzenden zur Ruhe:

»Seid nicht so laut, ihr Lieben, macht keinen Lärm, ihr Lieben: da kommt ein Jünger des Asketen Gotamo heran, der Asket Ānando! Von jenen Jüngern des Asketen Gotamo, die sich da in Kosambī aufhalten, ist dieser auch einer, der Asket Ānando. Und sie lieben nicht lauten Lärm, diese Ehrwürdigen, Ruhe ist ihnen recht, Ruhe preisen sie; vielleicht mag ihn der Anblick einer lautlosen Versammlung bewegen, seine Schritte hierher zu lenken.«

Und so schwiegen denn diese Pilger still. Und der ehrwürdige Ānando kam näher zu Sandako dem Pilger heran. Und Sandako der Pilger sprach also zum ehrwürdigen Ānando:

»Es komme Herr Ānando, gegrüßt sei Herr Ānando! Lange schon hat Herr Ānando hoffen lassen, mich einmal hier zu besuchen. Möge sich Herr Ānando setzen: dieser Sitz ist bereit.«

Es setzte sich der ehrwürdige Ānando auf den angebotenen Sitz. Sandako aber, der Pilger, nahm einen von den niederen Stühlen zur Hand und setzte sich an die Seite. Und an Sandako den Pilger, der da beiseite saß, wandte sich nun der ehrwürdige Ānando also:

»Zu welchem Gespräche, Sandako, seid ihr jetzt hier zusammengekommen, und wobei habt ihr euch eben unterbrochen?«

»Sei es, o Ānando, um jenes Gespräch, warum wir hier zusammenkommen: es wird Herrn Ānando schwerlich etwas entgehn, auch wenn er es später vernimmt. Gut wär' es, fürwahr, wenn es eben Herrn Ānando gefiele, ein Gespräch über die Lehre seines Meisters zu halten!«

»Wohlan denn, Sandako, so höre und achte wohl auf meine Rede.«

»Gewiß, Herr!« erwiderte da aufmerksam Sandako der Pilger dem ehrwürdigen Ānando. Der ehrwürdige Ānando sprach also:

»Es sind hier, Sandako, von Ihm, dem Erhabenen, dem Kenner, dem Seher, dem Heiligen, vollkommen Erwachten, vier Arten unechter Asketenschaft gekennzeichnet, und vier Arten unerquicklicher Askese gezeigt worden, wo ein verständiger Mann sicherlich keine Askese üben wird, übt er sie aber, nicht Echtes, heilsames Recht erwirken kann.«

»Welche vier Arten, o Ānando, mögen es wohl sein, die von Ihm, dem Erhabenen, dem Kenner, dem Seher, dem Heiligen, vollkommen Erwachten, als unechte Asketenschaft gekennzeichnet worden sind, wo ein verständiger Mann sicherlich keine Askese üben wird, übt er sie aber, nicht Echtes, heilsames Recht erwirken kann?«

»Da behauptet, Sandako, ein Meister diese Meinung, diese Ansicht: ›Almosengeben, Verzichtleisten, Spenden – es ist alles eitel; es gibt keine Saat und Ernte guter und böser Werke; Diesseits und Jenseits sind leere Worte; Vater und Mutter und auch geistige Geburt sind hohle Namen; die Welt hat keine Asketen und Priester, die vollkommen und vollendet sind, die sich den Sinn dieser und jener Welt begreiflich machen, anschaulich vorstellen und erklären können. Aus den vier Hauptstoffen hier ist der Mensch entstanden; wann er stirbt geht das Erdige in die Erde ein, in die Erde über, geht das Flüssige in das Wasser ein, in das Wasser über, geht das Feurige in das Feuer ein, in das Feuer über, geht das Luftige in die Luft ein, in die Luft über, in den Raum hinaus wandern die Sinne. Mit der Bahre zu fünft schreiten die Leute mit dem Toten hinweg. Bis zur Verbrennung werden Sprüche gesungen. Dann bleichen die Knochen. Opfer werden entflammt, Geschenke ausgeteilt als Almosen. Unsinn, Lüge, Gefasel bringen sie vor, die da behaupten, es gebe etwas. Seien es Toren, seien es Weise: bei der Auflösung des Körpers zerfallen sie, gehn zugrunde, sind nicht mehr nach dem Tode.‹

»Da überlegt nun, Sandako, ein verständiger Mann: ›Dieser liebe Meister behauptet eine solche Meinung, eine solche Ansicht. Wenn es wahr ist, was er sagt, so hab' ich hier ohne zu wirken gewirkt, habe hier ohne zu vollbringen vollbracht. Beide sind wir also hier ohne Unterschied einsgeworden; obzwar ich nicht behaupte, daß wir, bei der Auflösung des Körpers, zerfallen, zugrunde gehen, nicht mehr sein werden nach dem Tode. Ein Übermaß ist es daher von diesem lieben Meister, nackt zu gehn, den Scheitel zu scheren, auf den Fersen zu sitzen, Haar und Bart auszuraufen, wenn ich, der in einem Hause voller Kinder lebt, der Seide und Sandel gebraucht, Schmuck und duftende Salben verwendet, der an Gold und Silber Gefallen hat, künftighin ganz dasselbe Los wie dieser liebe Meister erfahren werde. Was lehrt er mir, was zeigt er mir, daß ich bei diesem Meister ein Asketenleben führen sollte?‹ Und er merkt: ›Es ist unechte Asketenschaft‹, und wendet sich unbefriedigt von solchem Asketentum ab.

»Das aber, Sandako, ist von Ihm, dem Erhabenen, dem Kenner, dem Seher, dem Heiligen, vollkommen Erwachten, als erste Art unechter Asketenschaft gekennzeichnet worden, wo ein verständiger Mann sicherlich keine Askese üben wird, übt er sie aber, nicht Echtes, heilsames Recht erwirken kann.

»Und wieder, Sandako, behauptet da ein Meister diese Meinung, diese Ansicht: ›Was einer begeht und begehn läßt: wer zerstört und zerstören läßt, wer quält und quälen läßt, wer Kummer und Plage schafft, wer schlägt und schlagen heißt, wer Lebendiges umbringt, Nichtgegebenes nimmt, in Häuser einbricht, fremdes Gut raubt, wer stiehlt, betrügt, Ehefrauen verführt, Lügen spricht: was einer begeht, er begeht keine Schuld. Und wer da gleich mit einer scharfgeschliffenen Schlachtscheibe alles Lebendige auf dieser Erde zu einer einzigen Masse Mus, zu einer einzigen Masse Brei machte, so hat er darum keine Schuld, begeht kein Unrecht. Und wer auch am südlichen Ufer des Ganges verheerend und mordend dahinzöge, zerstörte und zerstören ließe, quälte und quälen ließe, so hat er darum keine Schuld, begeht kein Unrecht: und wer auch am nördlichen Ufer des Ganges spendend und schenkend dahinzöge, Almosen gäbe und geben ließe, so hat er darum kein Verdienst, begeht nichts Gutes. Durch Milde, Sanftmut, Selbstverzicht, Wahrhaftigkeit erwirbt man kein Verdienst, begeht nichts Gutes.‹

»Da überlegt nun, Sandako, ein verständiger Mann: ›Dieser liebe Meister behauptet eine solche Meinung, eine solche Ansicht. Wenn es wahr ist, was er sagt, so hab' ich hier ohne zu wirken gewirkt, habe hier ohne zu vollbringen vollbracht. Beide sind wir also hier ohne Unterschied einsgeworden; obzwar ich nicht behaupte, daß wir durch unsere Taten keine Schuld begehn. Ein Übermaß ist es daher von diesem lieben Meister, nackt zu gehn, den Scheitel zu scheren, auf den Fersen zu sitzen, Haar und Bart auszuraufen, wenn ich, der in einem Hause voller Kinder lebt, der Seide und Sandel gebraucht, Schmuck und duftende Salben verwendet, der an Gold und Silber Gefallen hat, künftighin ganz dasselbe Los wie dieser liebe Meister erfahren werde. Was lehrt er mich, was zeigt er mir, daß ich bei diesem Meister ein Asketenleben führen sollte?‹ Und er merkt: ›Es ist unechte Asketenschaft‹, und wendet sich unbefriedigt von solchem Asketentum ab.

»Das aber, Sandako, ist von Ihm, dem Erhabenen, dem Kenner, dem Seher, dem Heiligen, vollkommen Erwachten, als zweite Art unechter Asketenschaft gekennzeichnet worden, wo ein verständiger Mann sicherlich keine Askese üben wird, übt er sie aber, nicht Echtes, heilsames Recht erwirken kann.

»Und wieder, Sandako, behauptet da ein Meister diese Meinung, diese Ansicht: ›Es gibt keinen Anlaß, es gibt keinen Grund der Verderbnis der Wesen; ohne Anlaß, ohne Grund werden die Wesen verderbt. Es gibt keinen Anlaß, es gibt keinen Grund der Läuterung der Wesen; ohne Anlaß, ohne Grund werden die Wesen lauter. Es gibt keine Macht und keine Kraft, es gibt keine Mannesgewalt und keine Mannestapferkeit. Alle Wesen, alle Lebendigen, alle Gewordenen, alle Geborenen sind willenlos, machtlos, kraftlos. Notwendig kommen sie zustande und entwickeln sich zur Reife und empfinden je nach den sechs Arten von Dasein Wohl und Wehe.‹

»Da überlegt nun, Sandako, ein verständiger Mann: ›Dieser liebe Meister behauptet eine solche Meinung, eine solche Ansicht. Wenn es wahr ist, was er sagt, so hab' ich hier ohne zu wirken gewirkt, habe hier ohne zu vollbringen vollbracht. Beide sind wir also hier ohne Unterschied einsgeworden; obzwar ich nicht behaupte, daß wir ohne Anlaß, ohne Grund lauter werden. Ein Übermaß ist es daher von diesem lieben Meister, nackt zu gehn, den Scheitel zu scheren, auf den Fersen zu sitzen, Haar und Bart auszuraufen, wenn ich, der in einem Hause voller Kinder lebt, der Seide und Sandel gebraucht, Schmuck und duftende Salben verwendet, der an Gold und Silber Gefallen hat, künftighin ganz dasselbe Los wie dieser liebe Meister erfahren werde. Was lehrt er mich, was zeigt er mir, daß ich bei diesem Meister ein Asketenleben führen sollte?‹ Und er merkt: ›Es ist unechte Asketenschaft‹, und wendet sich unbefriedigt von solchem Asketentum ab.

»Das aber, Sandako, ist von Ihm, dem Erhabenen, dem Kenner, dem Seher, dem Heiligen, vollkommen Erwachten, als dritte Art unechter Asketenschaft gekennzeichnet worden, wo ein verständiger Mann sicherlich keine Askese üben wird, übt er sie aber, nicht Echtes, heilsames Recht erwirken kann.

»Und wieder, Sandako, behauptet da ein Meister diese Meinung, diese Ansicht: ›Sieben Elemente gibt es, Urstoffe, urstoffartig, ungebildet, ungeformt, starr, giebelständig, grundfest gegründet. Sie regen sich nicht, verändern sich nicht, wirken nicht auf einander ein, können sich gegenseitig nicht wohltun, nicht wehtun, nicht wohl- und wehtun. Welche sieben sind es? Erde, Wasser, Feuer, Luft, Wohl, Wehe und siebentens Leben. Diese sieben Elemente sind Urstoffe, urstoffartig, ungebildet, ungeformt, starr, giebelständig, grundfest gegründet. Sie regen sich nicht, verändern sich nicht, wirken nicht auf einander ein, können sich gegenseitig nicht wohltun, nicht wehtun, nicht wohl- und wehtun. Da gibt es keinen, der mordet oder töten läßt, keinen, der hört oder hören läßt, keinen der weiß oder wissen läßt. Wenn auch einer mit scharfem Schwerte das Haupt abschlägt, so raubt keiner irgend wem das Leben: nur eben zwischen dem Abstande der sieben Elemente fährt das Schwert hindurch. Und es gibt vierzehnmal hunderttausend und sechzigmal hundert und sechsmal hundert besondere Schoße der Entstehung; und der Taten gibt es fünfmal hundert, und fünf Taten, und drei Taten, und eine Tat, und halbe Tat; und zweiundsechzig Pfade gibt es, und zweiundsechzig Zwischenalter der Welt; und sechs Arten von Dasein; und es gibt acht Stätten für Menschen, und fünfzig weniger einmal hundert Lebensweisen, und fünfzig weniger einmal hundert Pilgerorden, und fünfzig weniger einmal hundert Schlangenreiche; und zwanzigmal hundert Sinneskräfte, und dreißigmal hundert Höllenwege gibt es; und sechsunddreißig Leidenschaften, und sieben bewußte Gebiete, sieben unbewußte Gebiete, sieben entbundene Gebiete; sieben der Götter, sieben der Menschen, sieben der Gespenster; sieben Seen, sieben Strudel; sieben Felsen, sieben Abgründe; sieben Träume, siebenmal hundert Träume gibt es. Vierundachtzigmal hunderttausend der großen Weltalter müssen die Toren wie die Weisen durchwandern, durchwandeln, bis sie dem Leiden ein Ende machen werden. Da geht es nicht an: ›Durch solche Übungen oder Gelübde, Kasteiung oder Entsagung will ich das noch nicht reif gewordene Werk zur Reife bringen, oder das reif gewordene Werk nach und nach zunichte machen‹: das geht eben nicht. Nach dem Maße bemessen ist Wohl und Wehe. Die Wandelwelt hat bestimmte Grenzen; und man kann sie nicht mehren und nicht mindern, nicht schwellen und nicht schwinden lassen. Gleichwie sich etwa ein Fadenknäul unten, den man aufwinden muß, nicht heranziehn läßt, ebenso auch müssen die Toren wie die Weisen die Welt durchwandern und durchwandeln, bis sie dem Leiden ein Ende machen werden.‹

»Da überlegt nun, Sandako, ein verständiger Mann: ›Dieser liebe Meister behauptet eine solche Meinung, eine solche Ansicht. Wenn es wahr ist, was er sagt, so hab' ich hier ohne zu wirken gewirkt, habe hier ohne zu vollbringen vollbracht. Beide sind wir also hier ohne Unterschied einsgeworden; obzwar ich nicht behaupte, daß wir die Welt durchwandern und durchwandeln müssen, bis wir dem Leiden ein Ende machen werden. Ein Übermaß ist es daher von diesem lieben Meister, nackt zu gehn, den Scheitel zu scheren, auf den Fersen zu sitzen, Haar und Bart auszuraufen, wenn ich, der in einem Hause voller Kinder lebt, der Seide und Sandel gebraucht, Schmuck und duftende Salben verwendet, der an Gold und Silber Gefallen hat, künftighin ganz dasselbe Los wie dieser liebe Meister erfahren werde. Was lehrt er mich, was zeigt er mir, daß ich bei diesem Meister ein Asketenleben führen sollte?‹ Und er merkt: ›Es ist unechte Asketenschaft‹, und wendet sich unbefriedigt von solchem Asketentum ab.

»Das aber, Sandako, ist von Ihm, dem Erhabenen, dem Kenner, dem Seher, dem Heiligen, vollkommen Erwachten, als vierte Art unechter Asketenschaft gekennzeichnet worden, wo ein verständiger Mann sicherlich keine Askese üben wird, übt er sie aber, nicht Echtes, heilsames Recht erwirken kann. Das sind nun, Sandako, die vier Arten, die von Ihm, dem Erhabenen, dem Kenner, dem Seher, dem Heiligen, vollkommen Erwachten, als unechte Asketenschaft gekennzeichnet worden sind, wo ein verständiger Mann sicherlich keine Askese üben wird, übt er sie aber, nicht Echtes, heilsames Recht erwirken kann.«

»Wunderbar, o Ānando, außerordentlich ist es, o Ānando, wie da von Ihm, dem Erhabenen, dem Kenner, dem Seher, dem Heiligen, vollkommen Erwachten, die vier Arten wirklich unechter Asketenschaft als unechte Asketenschaft gekennzeichnet worden sind, wo ein verständiger Mann sicherlich keine Askese üben wird, übt er sie aber, nicht Echtes, heilsames Recht erwirken kann. Wie aber, o Ānando, mögen die vier Arten beschaffen sein, die von Ihm, dem Erhabenen, dem Kenner, dem Seher, dem Heiligen, vollkommen Erwachten, als unerquickliche Askese gezeigt worden sind, wo ein verständiger Mann sicherlich keine Askese üben wird, übt er sie aber, nicht Echtes, heilsames Recht erwirken kann?«

»Da gibt es, Sandako, einen Meister, der weiß alles, versteht alles, bekennt unbeschränkte Wissensklarheit: ›Ob ich geh' oder stehe, schlaf' oder wache, jederzeit hab' ich die gesamte Wissensklarheit gegenwärtig.‹ Aber er besucht ein Haus, wo niemand da ist, aber er bekommt keine Almosenspeise, aber er wird von einem Hunde gebissen, aber er begegnet einem rasenden Elefanten, aber ein scheues Roß rennt ihm entgegen, aber ein wütender Stier stürzt auf ihn zu; aber er fragt ein Weib und einen Mann um Namen und Stand, aber er fragt nach dem Namen und dem Wege von Dorf und Stadt. Und wenn ihn einer angeht: ›Was ist das?‹, antwortet er: ›Ich sollte in das unbewohnte Haus eintreten, darum bin ich eingetreten; ich sollte keine Almosenspeise bekommen, darum hab' ich keine bekommen; ich sollte von einem Hunde gebissen werden, darum bin ich gebissen worden; ich sollte einem rasenden Elefanten begegnen, darum bin ich ihm begegnet; es sollte mir ein scheues Roß entgegenrennen, darum ist es mir entgegengerannt; es sollte ein wütender Stier auf mich zustürzen, darum ist er auf mich zugestürzt; ich sollte ein Weib und einen Mann um Namen und Stand fragen, darum hab' ich gefragt; ich sollte nach dem Namen und dem Wege von Dorf und Stadt fragen, darum hab' ich gefragt.‹

»Da überlegt nun, Sandako, ein verständiger Mann: ›Dieser liebe Meister, der weiß alles, versteht alles, bekennt unbeschränkte Wissensklarheit: Ob ich geh' oder stehe, schlaf' oder wache, jederzeit hab' ich die gesamte Wissensklarheit gegenwärtig. Aber solches begegnet ihm, aber solche Rede geht von ihm aus.‹ Und er merkt: ›Es ist unerquickliche Askese‹, und wendet sich unbefriedigt von solchem Asketentum ab.

»Das aber, Sandako, ist von Ihm, dem Erhabenen, dem Kenner, dem Seher, dem Heiligen, vollkommen Erwachten, als erste Art unerquicklicher Askese gezeigt worden, wo ein verständiger Mann sicherlich keine Askese üben wird, übt er sie aber, nicht Echtes, heilsames Recht erwirken kann.

»Und wieder, Sandako, gibt es einen Meister, der weiß vom Hörensagen her, hat die Wahrheit vom Hörensagen überkommen; nach dem Hörensagen, auf Treu und Glauben hin, wie ein Korb von Hand zu Hand weitergeht, überliefert er die Lehre. Ein Meister aber, Sandako, der vom Hörensagen her weiß, die Wahrheit vom Hörensagen überkommen hat, der erinnert sich gut und erinnert sich schlecht, berichtet so und berichtet anders.

»Da überlegt nun, Sandako, ein verständiger Mann: ›Dieser liebe Meister, der weiß vom Hörensagen her, hat die Wahrheit vom Hörensagen überkommen; nach dem Hörensagen, auf Treu und Glauben hin, wie ein Korb von Hand zu Hand weitergeht, überliefert er die Lehre. Ein Meister aber, der vom Hörensagen her weiß, die Wahrheit vom Hörensagen überkommen hat, der erinnert sich gut und erinnert sich schlecht, berichtet so und berichtet anders.‹ Und er merkt: ›Es ist unerquickliche Askese‹, und wendet sich unbefriedigt von solchem Asketentum ab.

»Das aber, Sandako, ist von Ihm, dem Erhabenen, dem Kenner, dem Seher, dem Heiligen, vollkommen Erwachten, als zweite Art unerquicklicher Askese gezeigt worden, wo ein verständiger Mann sicherlich keine Askese üben wird, übt er sie aber, nicht Echtes, heilsames Recht erwirken kann.

»Und wieder, Sandako, gibt es einen Meister, der ist ein Grübler und ein Forscher; der trägt eine grüblerisch vernagelte Lehre vor, die er selbst ersonnen und ausgedacht hat. Ein Meister aber, Sandako, der ein Grübler ist und Forscher, der grübelt gut und grübelt schlecht, berichtet so und berichtet anders.

»Da überlegt nun, Sandako, ein verständiger Mann: ›Dieser liebe Meister, der ist ein Grübler und Forscher; der trägt eine grüblerisch vernagelte Lehre vor, die er selbst ersonnen und ausgedacht hat. Ein Meister aber, der ein Grübler ist und Forscher, der grübelt gut und grübelt schlecht, berichtet so und berichtet anders.‹ Und er merkt: ›Es ist unerquickliche Askese‹, und wendet sich unbefriedigt von solchem Asketentum ab.

»Das aber, Sandako, ist von ihm, dem Erhabenen, dem Kenner, dem Seher, dem Heiligen, vollkommen Erwachten, als dritte Art unerquicklicher Askese gezeigt worden, wo ein verständiger Mann sicherlich keine Askese üben wird, übt er sie aber, nicht Echtes, heilsames Recht erwirken kann.

»Und wieder, Sandako, gibt es einen Meister, der ist verstockt und verstört; aus Verstocktheit und Verstörtheit bringt er, um dies oder das befragt, verwickelte Worte vor, eine verwickelte Nabelschnur: ›Dergleichen paßt mir nicht, und auch so paßt es mir nicht, und auch anders paßt es mir nicht, und auch mit nein paßt es mir nicht, und auch mit nicht nein paßt es mir nicht.‹

»Da überlegt nun, Sandako, ein verständiger Mann: Dieser liebe Meister, der ist verstockt und verstört; aus Verstocktheit und Verstörtheit bringt er, um dies oder das befragt, verwickelte Worte vor, eine verwickelte Nabelschnur: ›Dergleichen paßt mir nicht, und auch so paßt es mir nicht, und auch anders paßt es mir nicht, und auch mit nein paßt es mir nicht, und auch mit nicht nein paßt es mir nicht.‹ Und er merkt: ›Es ist unerquickliche Askese‹, und wendet sich unbefriedigt von solchem Asketentum ab.

»Das aber, Sandako, ist von Ihm, dem Erhabenen, dem Kenner, dem Seher, dem Heiligen, vollkommen Erwachten, als vierte Art unerquicklicher Askese gezeigt worden, wo ein verständiger Mann sicherlich keine Askese üben wird, übt er sie aber, nicht Echtes, heilsames Recht erwirken kann. Das sind nun, Sandako, die vier Arten, die von Ihm, dem Erhabenen, dem Kenner, dem Seher, dem Heiligen, vollkommen Erwachten, als unerquickliche Askese gezeigt worden sind, wo ein verständiger Mann sicherlich keine Askese üben wird, übt er sie aber, nicht Echtes, heilsames Recht erwirken kann.«

»Wunderbar, o Ānando, außerordentlich ist es, o Ānando, wie da von Ihm, dem Erhabenen, dem Kenner, dem Seher, dem Heiligen, vollkommen Erwachten, die vier Arten der eben unerquicklichen Askese als unerquickliche Askese gezeigt worden sind, wo ein verständiger Mann sicherlich keine Askese üben wird, übt er sie aber, nicht Echtes, heilsames Recht erwirken kann. Was aber, o Ānando, kündigt und zeigt einen Meister an, bei dem ein verständiger Mann sicherlich Askese üben mag, und übt er sie, Echtes, heilsames Recht erwirken kann?«

»Da erscheint, Sandako, der Vollendete in der Welt, der Heilige, vollkommen Erwachte, der Wissens- und Wandelsbewährte, der Willkommene, der Welt Kenner, der unvergleichliche Leiter der Männerherde, der Meister der Götter und Menschen, der Erwachte, der Erhabene. Er zeigt diese Welt mit ihren Göttern, ihren bösen und heiligen Geistern, mit ihrer Schar von Priestern und Büßern, Göttern und Menschen, nachdem er sie selbst verstanden und durchdrungen hat. Er verkündet die Lehre, deren Anfang begütigt, deren Mitte begütigt, deren Ende begütigt, die sinn- und wortgetreue, er legt das vollkommen geläuterte, geklärte Asketentum dar.

»Diese Lehre hört ein Hausvater oder der Sohn eines Hausvaters oder einer, der in anderem Stande neugeboren ward. Nachdem er diese

Lehre gehört hat, faßt er Vertrauen zum Vollendeten. Von diesem Vertrauen erfüllt, denkt und überlegt er also: ›Ein Gefängnis ist die Häuslichkeit, ein Schmutzwinkel; der freie Himmelsraum die Pilgerschaft. Nicht wohl geht es, wenn man im Hause bleibt, das völlig geläuterte, völlig geklärte Asketentum Punkt für Punkt zu erfüllen. Wie, wenn ich nun, mit geschorenem Haar und Barte, mit fahlem Gewande bekleidet, aus dem Hause in die Hauslosigkeit hinauszöge?‹ So gibt er denn später einen kleinen Besitz oder einen großen Besitz auf, hat einen kleinen Verwandtenkreis oder einen großen Verwandtenkreis verlassen und ist mit geschorenem Haar und Barte, im fahlen Gewande von Hause fort in die Hauslosigkeit gezogen.

»Er ist nun Pilger geworden und hat die Ordenspflichten der Mönche auf sich genommen. Lebendiges umzubringen hat er verworfen, Lebendiges umzubringen liegt ihm fern: ohne Stock, ohne Schwert, fühlsam, voll Teilnahme, hegt er zu allen lebenden Wesen Liebe und Mitleid. Nichtgegebenes zu nehmen hat er verworfen, vom Nehmen des Nichtgegebenen hält er sich fern: Gegebenes nimmt er, Gegebenes wartet er ab, nicht diebisch gesinnt, rein gewordenen Herzens. Die Unkeuschheit hat er verworfen, keusch lebt er: fern zieht er hin, entraten der Paarung, dem gemeinen Gesetze. Lüge hat er verworfen, von Lüge hält er sich fern: die Wahrheit spricht er, der Wahrheit ist er ergeben, standhaft, vertrauenswürdig, kein Heuchler und Schmeichler der Welt. Das Ausrichten hat er verworfen, vom Ausrichten hält er sich fern: was er hier gehört hat erzählt er dort nicht wieder, um jene zu entzweien, und was er dort gehört hat erzählt er hier nicht wieder, um diese zu entzweien; so einigt er Entzweite, festigt Verbundene, Eintracht macht ihn froh, Eintracht freut ihn, Eintracht beglückt ihn, Eintracht fördernde Worte spricht er. Barsche Worte hat er verworfen, von barschen Worten hält er sich fern: Worte, die frei von Schimpf sind, dem Ohre wohltuend, liebreich, zum Herzen dringend, höflich, viele erfreuend, viele erhebend, solche Worte spricht er. Plappern und Plaudern hat er verworfen, von Plappern und Plaudern hält er sich fern: zur rechten Zeit spricht er, den Tatsachen gemäß, auf den Sinn bedacht, der Lehre und Ordnung getreu, seine Rede ist reich an Inhalt, gelegentlich mit Gleichnissen geschmückt, klar und bestimmt, ihrem Gegenstande angemessen.

»Sämereien und Pflanzungen anzulegen, hat er verschmäht. Einmal des Tags nimmt er Nahrung zu sich, nachts ist er nüchtern, fern liegt es ihm, zur Unzeit zu essen. Von Tanz, Gesang, Spiel, Schaustellungen hält er sich fern. Kränze, Wohlgerüche, Salben, Schmuck, Zierrat, Putz weist er ab. Hohe, prächtige Lagerstätten verschmäht er. Gold und Silber nimmt er nicht an. Rohes Getreide nimmt er nicht an. Rohes Fleisch nimmt er nicht an. Frauen und Mädchen nimmt er nicht an. Diener und Dienerinnen nimmt er nicht an. Ziegen und Schafe nimmt er nicht an. Hühner und Schweine nimmt er nicht an. Elefanten, Rinder und Rosse nimmt er nicht an. Haus und Feld nimmt er nicht an. Botschaften, Sendungen, Aufträge übernimmt er nicht. Von Kauf und Verkauf hält er sich fern. Von falschem Maß und Gewicht hält er sich fern. Von den schiefen Wegen der Bestechung, Täuschung, Niedertracht hält er sich fern. Von Raufereien, Schlägereien, Händeln, vom Rauben, Plündern und Zwingen hält er sich fern.

»Er ist zufrieden mit dem Gewande, das seinen Leib deckt, mit der Almosenspeise, die sein Leben fristet. Wohin er auch pilgert, nur mit dem Gewande und der Almosenschale versehen, pilgert er. Gleichwie da etwa ein beschwingter Vogel, wohin er auch fliegt, nur mit der Last seiner Federn fliegt, ebenso auch ist der Mönch mit dem Gewande zufrieden, das seinen Leib deckt, mit der Almosenspeise, die sein Leben fristet. Wohin er auch wandert, nur damit versehn wandert er.

»Durch die Erfüllung dieser heiligen Tugendsatzung empfindet er ein inneres fleckenloses Glück.

»Erblickt er nun mit dem Gesichte eine Form, so faßt er keine Neigung, faßt keine Absicht. Da Begierde und Mißmut, böse und schlechte Gedanken gar bald den überwältigen, der unbewachten Gesichtes verweilt, befleißigt er sich dieser Bewachung, er hütet das Gesicht, er wacht eifrig über das Gesicht.

»Hört er nun mit dem Gehöre einen Ton,

»Riecht er nun mit dem Geruche einen Duft,

»Schmeckt er nun mit dem Geschmacke einen Saft,

»Tastet er nun mit dem Getaste eine Tastung,

»Erkennt er nun mit dem Gedenken ein Ding, so faßt er keine Neigung, faßt keine Absicht. Da Begierde und Mißmut, böse und schlechte Gedanken gar bald den überwältigen, der unbewachten Gedenkens verweilt, befleißigt er sich dieser Bewachung, er hütet das Gedenken, er wacht eifrig über das Gedenken.

»Durch die Erfüllung dieser heiligen Sinnenzügelung empfindet er ein inneres ungetrübtes Glück.

»Klar bewußt kommt er und geht er, klar bewußt blickt er hin, blickt er weg, klar bewußt regt und bewegt er sich, klar bewußt trägt er des Ordens Gewand und Almosenschale, klar bewußt ißt und trinkt, kaut und schmeckt er, klar bewußt entleert er Kot und Harn, klar bewußt geht und steht und sitzt er, schläft er ein, wacht er auf, spricht er und schweigt er.

»Treu dieser heiligen Tugendsatzung, treu dieser heiligen Sinnenzügelung, treu dieser heiligen klaren Einsicht sucht er einen abgelegenen Ruheplatz auf, einen Hain, den Fuß eines Baumes, eine Felsengrotte, eine Bergesgruft, einen Friedhof, die Waldesmitte, ein Streulager in der offenen Ebene. Nach dem Mahle, wenn er vom Almosengange zurückgekehrt ist, setzt er sich mit verschränkten Beinen nieder, den Körper gerade aufgerichtet, und pflegt der Einsicht. Er hat weltliche Begierde verworfen und verweilt begierdelosen Gemütes, von Begierde läutert er sein Herz. Gehässigkeit hat er verworfen, haßlosen Gemütes verweilt er, voll Liebe und Mitleid zu allen lebenden Wesen läutert er sein Herz von Gehässigkeit. Matte Müde hat er verworfen, von matter Müde ist er frei; das Licht liebend, einsichtig klar bewußt, läutert er sein Herz von matter Müde. Stolzen Unmut hat er verworfen, er ist frei von Stolz, innig beruhigten Gemütes läutert er sein Herz von stolzem Unmut. Das Schwanken hat er verworfen, der Ungewißheit ist er entronnen; er zweifelt nicht am Guten, vom Schwanken läutert er sein Herz.

»Er hat nun diese fünf Hemmungen aufgehoben, hat die Schlacken des Gemütes kennengelernt, die lähmenden; gar fern von Begierden, fern von unheilsamen Dingen lebt er in sinnend gedenkender ruhegeborener seliger Heiterkeit, in der Weihe der ersten Schauung.

»Bei einem Meister aber, Sandako, wo der Jünger so ausgezeichnete Eigenschaft erwirbt, da mag ein verständiger Mann sicherlich Askese üben und, übt er sie, Echtes, heilsames Recht erwirken.

»Weiter sodann, Sandako: nach Vollendung des Sinnens und Gedenkens gewinnt der Mönch die innere Meeresstille, die Einheit des Gemütes, die von Sinnen, von Gedenken freie, in der Einigung geborene selige Heiterkeit, die Weihe der zweiten Schauung.

»Bei einem Meister aber, Sandako, wo der Jünger so ausgezeichnete Eigenschaft erwirbt, da mag ein verständiger Mann sicherlich Askese üben und, übt er sie, Echtes, heilsames Recht erwirken.

»Weiter sodann, Sandako: in heiterer Ruhe verweilt der Mönch gleichmütig, einsichtig, klar bewußt, ein Glück empfindet er im Körper, von dem die Heiligen sagen: ›Der gleichmütig Einsichtige lebt beglückt‹; so gewinnt er die Weihe der dritten Schauung.

»Bei einem Meister aber, Sandako, wo der Jünger so ausgezeichnete Eigenschaft erwirbt, da mag ein verständiger Mann sicherlich Askese üben und, übt er sie, Echtes, heilsames Recht erwirken.

»Weiter sodann, Sandako: nach Verwerfung der Freuden und Leiden, nach Vernichtung des einstigen Frohsinns und Trübsinns, erreicht der Mönch die Weihe der leidlosen, freudlosen, gleichmütig einsichtigen vollkommenen Reine, die vierte Schauung.

»Bei einem Meister aber, Sandako, wo der Jünger so ausgezeichnete Eigenschaft erwirbt, da mag ein verständiger Mann sicherlich Askese üben und, übt er sie, Echtes, heilsames Recht erwirken.

»Solchen Gemütes, innig, geläutert, gesäubert, gediegen, schlackengeklärt, geschmeidig, biegsam, fest, unversehrbar, richtet er das Gemüt auf die erinnernde Erkenntnis früherer Daseinsformen. So kann er sich an manche verschiedene frühere Daseinsform erinnern, als wie an ein Leben, dann an zwei Leben, dann an drei Leben, dann an vier Leben, dann an fünf Leben, dann an zehn Leben, dann an zwanzig Leben, dann an dreißig Leben, dann an vierzig Leben, dann an fünfzig Leben, dann an hundert Leben, dann an tausend Leben, dann an hunderttausend Leben, dann an die Zeiten während mancher Weltenentstehungen, dann an die Zeiten während mancher Weltenvergehungen, dann an die Zeiten während mancher Weltenentstehungen-Weltenvergehungen. ›Dort war ich, jenen Namen hatte ich, jener Familie gehörte ich an, das war mein Stand, das mein Beruf, solches Wohl und Wehe habe ich erfahren, so war mein Lebensende; dort verschieden trat ich anderswo wieder ins Dasein: da war ich nun, diesen Namen hatte ich, dieser Familie gehörte ich an, dies war mein Stand, dies mein Beruf, solches Wohl und Wehe habe ich erfahren, so war mein Lebensende; da verschieden trat ich hier wieder ins Dasein‹: so erinnert er sich mancher verschiedenen früheren Daseinsformen, mit je den eigentümlichen Merkmalen, mit je den eigenartigen Beziehungen.

»Bei einem Meister aber, Sandako, wo der Jünger so ausgezeichnete Eigenschaft erwirbt, da mag ein verständiger Mann sicherlich Askese üben und, übt er sie, Echtes, heilsames Recht erwirken.

»Solchen Gemütes, innig, geläutert, gesäubert, gediegen, schlackengeklärt, geschmeidig, biegsam, fest, unversehrbar, richtet er das Gemüt auf die Erkenntnis des Verschwindens-Erscheinens der Wesen. So kann er mit dem himmlischen Auge, dem geläuterten, über menschliche Grenzen hinausreichenden, die Wesen dahinschwinden und wiedererscheinen sehn, gemeine und edle, schöne und unschöne, glückliche und unglückliche, er kann erkennen, wie die Wesen je nach den Taten wiederkehren. ›Diese lieben Wesen sind freilich in Taten dem Schlechten zugetan, in Worten dem Schlechten zugetan, in Gedanken dem Schlechten zugetan, tadeln Heiliges, achten Verkehrtes, tun Verkehrtes; bei der Auflösung des Leibes, nach dem Tode, gelangen sie auf den Abweg, auf schlechte Fährte, zur Tiefe hinab, in andere Welt. Jene lieben Wesen sind aber in Taten dem Guten zugetan, in Worten dem Guten zugetan, in Gedanken dem Guten zugetan, tadeln nicht Heiliges, achten Rechtes, tun Rechtes; bei der Auflösung des Leibes, nach dem Tode, gelangen sie auf gute Fährte, in selige Welt‹: so kann er mit dem himmlischen Auge, dem geläuterten, über menschliche Grenzen hinausreichenden, die Wesen dahinschwinden und wiedererscheinen sehen, gemeine und edle, schöne und unschöne, glückliche und unglückliche, er kann erkennen, wie die Wesen je nach den Taten wiederkehren.

»Bei einem Meister aber, Sandako, wo der Jünger so ausgezeichnete Eigenschaft erwirbt, da mag ein verständiger Mann sicherlich Askese üben und, übt er sie, Echtes, heilsames Recht erwirken.

»Solchen Gemütes, innig, geläutert, gesäubert, gediegen, schlackengeklärt, geschmeidig, biegsam, fest, unversehrbar, richtet er das Gemüt auf die Erkenntnis der Wahnversiegung. ›Das ist das Leiden‹ erkennt er der Wahrheit gemäß. ›Das ist die Leidensentwicklung‹ erkennt er der Wahrheit gemäß. ›Das ist die Leidensauflösung‹ erkennt er der Wahrheit gemäß. ›Das ist der zur Leidensauflösung führende Pfad‹ erkennt er der Wahrheit gemäß. ›Das ist der Wahn‹ erkennt er der Wahrheit gemäß. ›Das ist die Wahnentwicklung‹ erkennt er der Wahrheit gemäß. ›Das ist die Wahnauflösung‹ erkennt er der Wahrheit gemäß. ›Das ist der zur Wahnauflösung führende Pfad‹ erkennt er der Wahrheit gemäß.

»Also erkennend, also sehend wird da sein Gemüt erlöst vom Wunscheswahn, erlöst vom Daseinswahn, erlöst von Nichtwissenswahn. ›Im Erlösten ist die Erlösung‹, diese Erkenntnis geht auf. ›Versiegt ist die Geburt, vollendet das Asketentum, gewirkt das Werk, nicht mehr ist diese Welt‹ versteht er da.

»Bei einem Meister aber, Sandako, wo der Jünger so ausgezeichnete Eigenschaft erwirbt, da mag ein verständiger Mann sicherlich Askese üben und, übt er sie, Echtes, heilsames Recht erwirken.«

»Und wer da nun, o Ānando, ein heiliger Mönch ist, ein Wahnversieger, Endiger, der das Werk gewirkt, die Last abgelegt, das Heil sich errungen, die Daseinsfesseln vernichtet, sich durch vollkommene Erkenntnis erlöst hat: mag der Wünsche genießen?«

»Wer da, Sandako, ein heiliger Mönch ist, ein Wahnversieger, Endiger, der das Werk gewirkt, die Last abgelegt, das Heil sich errungen, die Daseinsfesseln vernichtet, sich durch vollkommene Erkenntnis erlöst hat, der kann nicht mehr in einen der fünf Fälle geraten: es kann nicht der wahnversiegte Mönch wissentlich ein Wesen des Lebens berauben; es kann nicht der wahnversiegte Mönch Ungegebenes, was man Diebstahl nennt, sich nehmen; es kann nicht der wahnversiegte Mönch der Paarung pflegen; es kann nicht der wahnversiegte Mönch wissentlich eine Lüge sagen; es kann nicht der wahnversiegte Mönch gemächlich Wünsche genießen wie etwa einst im Hause. Wer da, Sandako, ein heiliger Mönch ist, ein Wahnversieger, Endiger, der das Werk gewirkt, die Last abgelegt, das Heil sich errungen, die Daseinsfesseln vernichtet, sich durch vollkommene Erkenntnis erlöst hat, der kann nicht mehr in einen dieser fünf Fälle geraten.«

»Und wer da nun, o Anando, ein heiliger Mönch ist, ein Wahnversieger, Endiger, der das Werk gewirkt, die Last abgelegt, das Heil sich errungen, die Daseinsfesseln vernichtet, sich durch vollkommene Erkenntnis erlöst hat: hat der, ob er eben geht oder steht, schläft oder wacht, jederzeit die gesamte Wissensklarheit gegenwärtig: ›Versiegt ist mein Wahn‹?«

»Da lasse denn, Sandako, ein Gleichnis dir geben: auch durch Gleichnisse wird da manchem verständigen Manne der Sinn einer Rede klar. Gleichwie etwa, Sandako, einem Manne, dem Hand und Fuß abgehauen ist, ob er eben geht oder steht, schläft oder wacht, jederzeit wohl Hand und Fuß gänzlich abgehauen ist, aber weil er es da betrachtet, weiß er: ›Abgehauen ist mir Hand und Fuß‹: ebenso nun auch, Sandako, ist einem heiligen Mönche, der Wahnversieger, Endiger ist, der das Werk gewirkt, die Last abgelegt, das Heil sich errungen, die Daseinsfesseln vernichtet, sich durch vollkommene Erkenntnis erlöst hat, ob er eben geht oder steht, schläft oder wacht, jederzeit wohl der Wahn gänzlich versiegt, aber weil er es da betrachtet weiß er: ›Versiegt ist mein Wahn.‹«

»Wieviele Vollender gibt es aber, o Ānando, in dieser Lehre und Ordnung?«

»Nicht gibt es, Sandako, nur etwa hundert oder zweihundert oder dreihundert oder vierhundert oder fünfhundert, sondern noch mehr der Vollender in dieser Lehre und Ordnung.«

»Wunderbar, o Ānando, außerordentlich ist es, o Ānando, daß da keiner die eigene Lehre anpreisen und die Lehre anderer schmähen mag, in einem Orden, wo sich ja so viele Vollender zur Darlegung der Lehre finden lassen, während jene nackten Büßer sohnloser Mutter Söhne sind, sich selber anpreisen und andere schmähen, und doch nur drei Vollender anführen, nämlich Nando Vaccho, Kiso Saṉkicco und Makkhali Gosālo.«

Und nun wandte sich Sandako der Pilger an seine eigene Schar:

»Geht, ihr Lieben! Beim Asketen Gotamo ist echte Asketenschaft. Mir selbst will es jetzt nicht leicht fallen, Almosen, Ehre und Ruhm dahinzugeben.«

Also ermunterte da Sandako der Pilger seine eigene Schar, beim Erhabenen in Askese zu treten.

20. DIE SCHRITTE DES KÄMPFERS

53. Rede

Das hab' ich gehört. Zu einer Zeit weilte der Erhabene im Lande der Sakker, bei Kapilavatthu, im Park der Feigenbäume. Damals aber hatten die Sakyer von Kapilavatthu eben erst ein neues Herrenhaus erbauen lassen, und niemand noch hatte darin gewohnt, kein Asket und kein Priester noch irgendein menschliches Wesen.

Da begaben sich denn die Sakyer von Kapilavatthu dorthin, wo der Erhabene weilte, begrüßten den Erhabenen ehrerbietig und setzten sich seitwärts nieder. Seitwärts sitzend sprachen nun die Sakyer von Kapilavatthu zum Erhabenen also:

»Es ist da, o Herr, von den Sakyern in Kapilavatthu ein neues Herrenhaus errichtet worden, und niemand noch hat es bewohnt, kein Asket und kein Priester, noch irgendein menschliches Wesen. Das möge, o Herr, der Erhabene zuerst benutzen: vom Erhabenen zuerst benutzt, werden es dann die Sakyer von Kapilavatthu benutzen. So soll es den Sakyern von Kapilavatthu lange zum Wohle, zum Heile gereichen!«

Schweigend gewährte der Erhabene die Bitte.

Als nun die Sakyer von Kapilavatthu der Zustimmung des Erhabenen sicher waren, standen sie auf, begrüßten den Erhabenen ehrerbietig, gingen rechts herum und begaben sich nach dem Herrenhause. Dort ließen sie den Boden ganz mit Matten bedecken, die Stühle bereit richten, einen Eimer mit Wasser aufstellen und eine Öllampe zurechtmachen. Dann kehrten sie wieder zum Erhabenen zurück, verneigten sich ehrerbietig vor dem Erhabenen und standen seitwärts. Seitwärts stehend sprachen nun die Sakyer von Kapilavatthu zum Erhabenen also:

»Ganz mit Matten bedeckt, o Herr, ist der Boden des Hauses, die

Stühle stehn bereit, ein Eimer mit Wasser ist aufgestellt, eine Öllampe zurechtgemacht: wie es nun, o Herr, dem Erhabenen belieben mag.«

Da hat denn der Erhabene sich gerüstet, Mantel und Schale genommen und ist in Begleitung der Jüngerschar zum Herrenhause hingeschritten. Dort angelangt, spülte der Erhabene die Füße ab, trat in den Saal ein und setzte sich nahe dem mittleren Pfeiler, gegen Osten gewendet, nieder. Und auch die begleitenden Mönche spülten die Füße ab, traten in den Saal ein und setzten sich nahe der westlichen Wand, gegen Osten gewendet, nieder, so daß der Erhabene ihnen voransaß. Und auch die Sakyer von Kapilavatthu spülten die Füße ab, traten in den Saal ein und setzten sich nahe der östlichen Wand, gegen Westen gewendet, nieder, so daß der Erhabene ihnen voransaß.

Nachdem nun der Erhabene die Sakker von Kapilavatthu bis tief in die Nacht in lehrreichem Gespräche ermuntert, ermutigt, erregt und erheitert hatte, wandte er sich an den ehrwürdigen Ānando:

»Besinne dich, Ānando, den Sakyern von Kapilavatthu zuliebe auf die ›Schritte des Kämpfers‹; der Rücken ist mir ermüdet: den will ich ausstrecken.«

»Gern, o Herr!« erwiderte da der ehrwürdige Ānando, dem Erhabenen gehorchend.

Und der Erhabene spreitete den Mantel, vierfach gefaltet, aus und legte sich auf die rechte Seite wie der Löwe hin, einen Fuß über dem anderen, gesammelten Sinnes, der Zeit des Aufstehns gedenkend.

Und der ehrwürdige Ānando wandte sich nun also an Mahānāmo den Sakyer:

»Da ist, Mahānāmo, der heilige Jünger tüchtig in Tugend, die Tore der Sinne hütet er, beim Essen weiß er Maß zu halten, er weiht sich der Wachsamkeit, sieben rechte Eigenschaften eignen ihm, und die vier Schauungen, die das Herz erquicken, schon im Leben beseligen, die kann er nach Wunsch gewinnen, in ihrer Fülle und Weite.

»Wie aber ist, Mahānāmo, der heilige Jünger tüchtig in Tugend? Da ist, Mahānāmo, der heilige Jünger tugendhaft, in reiner Zucht richtig gezügelt bleibt er lauter im Handel und Wandel: vor geringstem Fehl auf der Hut kämpft er beharrlich weiter, Schritt um Schritt. Also ist, Mahānāmo, der heilige Jünger tugendhaft.

»Wie aber hütet, Mahānāmo, der heilige Jünger die Tore der Sinne? Hat da, Mahānāmo, der heilige Jünger mit dem Gesichte eine Form erblickt, so faßt er keine Neigung, faßt keine Absicht. Da Begierde und Mißmut, böse und schlechte Gedanken gar bald den überwältigen, der unbewachten Gesichtes verweilt, befleißigt er sich dieser Bewachung, er hütet das Gesicht, er wacht eifrig über das Gesicht. Hat er mit dem Gehöre einen Ton gehört – hat er mit dem Geruche einen Duft gerochen – hat er mit dem Geschmacke einen Saft geschmeckt – hat er mit dem Getaste eine Tastung getastet – hat er mit dem Gedenken ein Ding erkannt, so faßt er keine Neigung, faßt keine Absicht. Da Begierde und Mißmut, böse und schlechte Gedanken gar bald den überwältigen, der unbewachten Gedenkens verweilt, befleißigt er sich dieser Bewachung, er hütet das Gedenken, er wacht eifrig über das Gedenken. Also hütet, Mahānāmo, der heilige Jünger die Tore der Sinne.

»Wie aber weiß, Mahānāmo, der heilige Jünger beim Essen Maß zu halten? Da nimmt, Mahānāmo, der heilige Jünger gründlich besonnen die Nahrung ein, nicht etwa zur Letzung und Ergötzung, nicht zur Schmuckheit und Zier, sondern nur um diesen Körper zu erhalten, zu fristen, um Schaden zu verhüten, um ein heiliges Leben führen zu können: ›So werd' ich das frühere Gefühl abtöten und ein neues Gefühl nicht aufkommen lassen, und ich werde ein Fortkommen haben, ohne Tadel bestehen, mich wohlbefinden.‹ Also weiß, Mahānāmo, der heilige Jünger beim Essen Maß zu halten.

»Wie aber weiht sich, Mahānāmo, der heilige Jünger der Wachsamkeit? Da läutert, Mahānāmo, der heilige Jünger bei Tage, gehend und sitzend, das Gemüt von trübenden Dingen; läutert in den ersten Stunden der Nacht, gehend und sitzend, das Gemüt von trübenden Dingen; legt sich in den mittleren Stunden der Nacht auf die rechte Seite wie der Löwe hin, einen Fuß über dem anderen, gesammelten Sinnes, der Zeit des Aufstehns gedenkend; läutert in den letzten Stunden der Nacht, wieder aufgestanden, gehend und sitzend, das Gemüt von trübenden Dingen. Also weiht sich, Mahānāmo, der heilige Jünger der Wachsamkeit.

»Wie aber eignen, Mahānāmo, dem heiligen Jünger sieben rechte Eigenschaften? Da hat, Mahānāmo, der heilige Jünger Zutrauen, er traut der Wachheit des Vollendeten, so zwar: ›Das ist der Erhabene, der Heilige, vollkommen Erwachte, der Wissens- und Wandelsbewährte, der Willkommene, der Welt Kenner, der unvergleichliche Leiter der Männerherde, der Meister der Götter und Menschen, der Erwachte, der Erhabene.‹ Und er ist schamhaft, er schämt sich Schlechtes in Werken, Worten und Gedanken zu begehen, er wahrt sich, daß er nicht in böse, unheilsame Dinge gerate. Und er ist schüchtern, er scheut sich Schlechtes in Werken, Worten und Gedanken zu begehen, er sorgt, daß er nicht in böse, unheilsame Dinge gerate. Und er hat viel gehört, ist Behälter des Wortes, Hort des Wortes, der Lehre; und was da am Anfang begütigt, in der Mitte begütigt, am Ende begütigt und sinn- und wortgetreu das vollkommen geläuterte, geklärte Asketentum überliefert: das kennt er, behält er, beherrscht er mit der Rede, bewahrt es im Gedächtnis, hat es von Grund aus verstanden. Und er hat den Mut und die Kraft, unheilsame Dinge zu verleugnen und heilsame Dinge zu erringen, er dauert stark und standhaft aus, gibt den heilsamen Kampf nicht auf. Und er hat Einsicht, ist mit höchster Geistesgegenwart begabt: was da einst getan, einst gesagt wurde, daran denkt er, daran erinnert er sich. Und er ist witzig, mit der Weisheit begabt, die Aufgang und Untergang sieht, mit der heiligen, durchdringenden, die zur völligen Leidensversiegung führt. Also eignen, Mahānāmo, dem heiligen Jünger sieben rechte Eigenschaften.

»Und wie, Mahānāmo, kann der heilige Jünger die vier Schauungen, die das Herz erquicken, schon im Leben beseligen, nach Wunsch gewinnen, in ihrer Fülle und Weite? Da weilt, Mahānāmo, der heilige Jünger, gar fern von Begierden, fern von unheilsamen Dingen, in sinnend gedenkender ruhegeborener seliger Heiterkeit, in der Weihe der ersten Schauung. Nach Vollendung des Sinnens und Gedenkens erreicht er die innere Meeresstille, die Einheit des Gemütes, die von Sinnen, von Gedenken freie, in der Einigung geborene selige Heiterkeit, die Weihe der zweiten Schauung. In heiterer Ruhe, gleichmütig, einsichtig, klar bewußt weilt er, ein Glück empfindet er im Körper, von dem die Heiligen sagen: ›Der gleichmütig Einsichtige lebt beglückt‹; so erwirkt er die Weihe der dritten Schauung. Nach Verwerfung der Freuden und Leiden, nach Vernichtung des einstigen Frohsinns und Trübsinns erwirkt er die Weihe der leidlosen, freudlosen, gleichmütig einsichtigen vollkommenen Reine, die vierte Schauung. Also kann, Mahānāmo, der heilige Jünger die vier Schauungen, die das Herz erquicken, schon im Leben beseligen, nach Wunsch gewinnen, in ihrer Fülle und Weite.

»Ist nun, Mahānāmo, der heilige Jünger also tüchtig in Tugend, hütet er also die Tore der Sinne, weiß er also beim Essen Maß zu halten, weiht er sich also der Wachsamkeit, eignen ihm also sieben rechte Eigenschaften, und kann er die vier Schauungen, die das Herz erquicken, schon im Leben beseligen, also nach Wunsch gewinnen, in ihrer Fülle und Weite, so heißt man ihn, Mahānāmo, den heiligen Jünger, der die Schritte des Kämpfers gegangen, ja bis oben an die Verschalung gelangt ist, fähig zur Durchbrechung, fähig zur Erwachung, fähig die unvergleichliche Sicherheit zu finden.

»Gleichwie etwa, Mahānāmo, wenn eine Henne ihre Eier, acht oder zehn oder zwölf Stück, wohl bebrütet, gänzlich ausgebrütet, völlig gar gebrütet hat; wie sollte da nicht jener Henne der Wunsch kommen:

›Ach möchten doch meine Küchlein mit den Krallen oder dem Schnabel die Eischale aufhacken, möchten sie doch heil durchbrechen!‹, und jene Küchlein sind fähig geworden, mit den Krallen oder dem Schnabel die Eischale aufzuhacken und heil durchzubrechen: ebenso nun auch, Mahānāmo, wird der heilige Jünger, sobald er also tüchtig in Tugend ist, also die Tore der Sinne hütet, also beim Essen Maß zu halten weiß, also der Wachsamkeit sich weiht, also sieben rechte Eigenschaften ihm eignen, und er also die vier Schauungen, die das Herz erquikken, schon im Leben beseligen, nach Wunsch gewinnen kann, in ihrer Fülle und Weite, als solcher, Mahānāmo, der heilige Jünger geheißen, der die Schritte des Kämpfers gegangen, ja bis oben an die Verschalung gelangt ist, fähig zur Durchbrechung, fähig zur Erwachung, fähig die unvergleichliche Sicherheit zu finden.

»Hat nun, Mahānāmo, ein solcher heiliger Jünger eben diese letzte, gleichmütig einsichtige vollkommene Reine erreicht, so erinnert er sich mancher verschiedenen früheren Daseinsform, mit je den eigentümlichen Merkmalen, mit je den eigenartigen Beziehungen. So ist er zum ersten Mal hervorgebrochen, wie das junge Huhn aus der Eischale.

»Hat nun, Mahānāmo, ein solcher heiliger Jünger eben diese letzte, gleichmütig einsichtige vollkommene Reine erreicht, so sieht er mit dem himmlischen Auge, dem geläuterten, über menschliche Grenzen hinausreichenden, die Wesen dahinschwinden und wiedererscheinen, gemeine und edle, schöne und unschöne, glückliche und unglückliche, er erkennt wie die Wesen je nach den Taten wiederkehren. So ist er zum zweiten Mal hervorgebrochen, wie das junge Huhn aus der Eischale.

»Hat nun, Mahānāmo, ein solcher heiliger Jünger eben diese letzte, gleichmütig einsichtige vollkommene Reine erreicht, so läßt er den Wahn versiegen und macht sich die wahnlose Gemüterlösung, Weisheiterlösung noch bei Lebzeiten offenbar, verwirklicht und erringt sie. So ist er zum dritten Mal hervorgebrochen, wie das junge Huhn aus der Eischale.

»Wenn da, Mahānāmo, der heilige Jünger tüchtig in Tugend ist, so gilt ihm das als Wandel. Wenn da, Mahānāmo, der heilige Jünger die Tore der Sinne hütet, so gilt ihm das als Wandel. Wenn da, Mahānāmo, der heilige Jünger beim Essen Maß zu halten weiß, so gilt ihm das als Wandel. Wenn da, Mahānāmo, der heilige Jünger sich der Wachsamkeit weiht, so gilt ihm das als Wandel. Wenn da, Mahānāmo, dem heiligen Jünger sieben rechte Eigenschaften eignen, so gilt ihm das als Wandel. Wenn da, Mahānāmo, der heilige Jünger die vier Schauungen, die das Herz erquicken, schon im Leben beseligen, nach Wunsch gewinnen kann, in ihrer Fülle und Weite, so gilt ihm das als Wandel.

»Und wenn sich da, Mahānāmo, der heilige Jünger mancher verschiedenen früheren Daseinsformen erinnert, so gilt ihm das als Wissen. Und wenn da, Mahānāmo, der heilige Jünger die Wesen dahinschwinden und wiedererscheinen sieht, so gilt ihm das als Wissen. Und wenn da, Mahānāmo, der heilige Jünger mit der Wahnversiegung sich die wahnlose Gemüterlösung, Weisheiterlösung noch bei Lebzeiten offenbar macht, verwirklicht und erringt, so gilt ihm das als Wissen.

»Den heißt man, Mahānāmo, den heiligen Jünger, der wissend bewährt ist, der wandelnd bewährt ist, der wissend und wandelnd bewährt ist. – Auch Brahmā hat da, Mahānāmo, der ewige Jüngling, den Spruch gesagt:

›Der Krieger ist der höchste Herr
Von allen, die von Adel sind;
Der wissend, wandelnd ist bewährt
Ist höchster Herr bei Gott und Mensch.‹

»Das aber ist, Mahānāmo, ein Spruch, den Brahmā, der ewige Jüngling, recht gesungen, nicht unrecht gesungen, recht gesprochen, nicht unrecht gesprochen hat, der sinnig ist, nicht unsinnig, dem der Erhabene zugestimmt hat.«

Und der Erhabene stand nun auf und wandte sich also an den ehrwürdigen Ānando:

»Gut, gut, Ānando, gut hast du, Ānando, den Sakyern von Kapilavatthu die ›Schritte des Kämpfers‹ gezeigt.«

Also hatte der ehrwürdige Ānando gesprochen, und der Meister es gebilligt. Zufrieden freuten sich jene Sakyer von Kapilavatthu über das Wort des ehrwürdigen Ānando.

21. RECHNER MOGGALLĀNO

107. Rede

Das hab' ich gehört. Zu einer Zeit weilte der Erhabene bei Sāvatthī, im Osthaine, auf der Terrasse Mutter Migāros.

Da nun begab sich ein Priester, Rechner Moggalāno, dorthin, wo der Erhabene weilte, tauschte höflichen Gruß und freundliche, denkwürdige Worte mit dem Erhabenen und setzte sich zur Seite nieder. Zur Seite sitzend sprach nun Rechner Moggalāno der Priester zum Erhabenen also:

»Gleichwie man da, o Gotamo, bei dieser Terrasse Mutter Migāros den allmählichen Ansatz, den allmählichen Fortschritt, den allmählichen Aufstieg erkennen kann, und zwar von der untersten Treppenstufe an, kann man gewiß auch, o Gotamo, bei unseren Priestern den allmählichen Ansatz, den allmählichen Fortschritt, den allmählichen Aufstieg erkennen, und zwar bei der Andacht; kann man gewiß auch, o Gotamo, bei unseren Bogenschützen den allmählichen Ansatz, den allmählichen Fortschritt, den allmählichen Aufstieg erkennen, und zwar beim Schießen; kann man gewiß auch, o Gotamo, bei uns Rechnern, die wir von der Rechenkunst leben, den allmählichen Ansatz, den allmählichen Fortschritt, den allmählichen Aufstieg erkennen, und zwar beim Zählen. Denn haben wir, o Gotamo, Schüler angenommen, so lassen wir zuerst zählen: ›Eins, die Einheit, zwei, die Zweiheit, drei, die Dreiheit, vier, die Vierheit, fünf, die Fünfheit, sechs, die Sechsheit, sieben, die Siebenheit, acht, die Achtheit, neun, die Neunheit, zehn, die Zehnheit‹, so lassen wir, o Gotamo, bis hundert zählen. Ist es nun möglich, o Gotamo, auch in dieser Lehre und Ordnung etwa ebenso einen allmählichen Ansatz, einen allmählichen Fortschritt, einen allmählichen Aufstieg nachzuweisen?«

»Es ist möglich, Priester, auch in dieser Lehre und Ordnung einen allmählichen Ansatz, einen allmählichen Fortschritt, einen allmählichen Aufstieg nachzuweisen. Gleichwie etwa, Priester, ein gewandter Rossebändiger, wann er ein schönes edles Roß erhalten hat, eben erst am Gebisse Übungen ausführen läßt und es dann weiteren Übungen zuführt, ebenso nun auch, Priester, weist der Vollendete, wann er einen Menschen zur Bändigung erhalten hat, erst also zurecht: ›Willkommen, du Mönch, sei tugendhaft, in reiner Zucht richtig gezügelt, bleibe lauter im Handel und Wandel: vor geringstem Fehl auf der Hut, kämpfe beharrlich weiter, Schritt um Schritt.‹ Sobald nun, Priester, der Mönch tugendhaft ist, in reiner Zucht richtig gezügelt, lauter im Handel und Wandel bleibt, vor geringstem Fehl auf der Hut beharrlich weiterkämpft, Schritt um Schritt, dann weist ihn der Vollendete weiter zurecht: ›Willkommen, du Mönch, die Tore der Sinne lasse dich hüten: hast du mit dem Gesichte eine Form erblickt, so magst du keine Neigung fassen, keine Absicht fassen; da Begierde und Mißmut, böse und schlechte Gedanken gar bald den überwältigen, der unbewachten Gesichtes verweilt, befleißige dich dieser Bewachung, hüte das Gesicht, wache eifrig über das Gesicht. Hast du mit dem Gehöre einen Ton gehört – hast du mit dem Geruche einen Duft gerochen – hast du mit dem Geschmacke einen Saft geschmeckt – hast du mit dem Getaste eine Tastung getastet – hast du mit dem Gedenken ein Ding erkannt, so magst du keine Neigung fassen, keine Absicht fassen; da Begierde und Mißmut, böse und schlechte Gedanken gar bald den überwältigen, der unbewachten Gedenkens verweilt, befleißige dich dieser Bewachung, hüte das Gedenken, wache eifrig über das Gedenken.‹ Sobald nun, Priester, der Mönch die Tore der Sinne behütet hält, dann weist ihn der Vollendete weiter zurecht: ›Willkommen, du Mönch, beim Essen wisse Maß zu halten, gründlich besonnen wolle die Nahrung einnehmen, nicht etwa zur Letzung und Ergötzung, nicht zur Schmuckheit und Zier, sondern nur, um diesen Körper zu erhalten, zu fristen, um Schaden zu verhüten, um ein heiliges Leben führen zu können: ›So werd' ich das frühere Gefühl abtöten und ein neues Gefühl nicht aufkommen lassen, und ich werde ein Fortkommen haben, ohne Tadel bestehen, mich wohl befinden.‹ Sobald nun, Priester, der Mönch beim Essen Maß zu halten weiß, dann weist ihn der Vollendete weiter zurecht: ›Willkommen, du Mönch, der Wachsamkeit weihe dich: bei Tage sollst du gehend und sitzend das Gemüt von trübenden Dingen läutern; in den ersten Stunden der Nacht gehend und sitzend das Gemüt von trübenden Dingen läutern; in den mittleren Stunden der Nacht magst du auf die rechte Seite wie der Löwe dich hinlegen, einen Fuß über dem anderen, gesammelten Sinnes, der Zeit des Aufstehens gedenkend, sollst in den letzten Stunden der Nacht, wieder aufgestanden, gehend und sitzend das Gemüt von trübenden Dingen läutern.‹ Sobald nun, Priester, der Mönch sich der Wachsamkeit geweiht hat, dann weist ihn der Vollendete weiter zurecht: ›Willkommen, du Mönch, mit klarem Bewußtsein wolle dich wappnen; klar bewußt beim Kommen und Gehen, klar bewußt beim Hinblicken und Wegblicken, klar bewußt beim Neigen und Erheben, klar bewußt beim Tragen des Gewandes und der Almosenschale des Ordens, klar bewußt beim Essen und Trinken, Kauen und

Schmecken, klar bewußt beim Entleeren von Kot und Harn, klar bewußt beim Gehen und Stehen und Sitzen, beim Einschlafen und Erwachen, beim Sprechen und Schweigen.‹ Sobald nun, Priester, der Mönch sich mit klarem Bewußtsein gewappnet hat, dann weist ihn der Vollendete weiter zurecht: ›Willkommen, du Mönch, suche einen abgelegenen Ruheplatz auf, einen Hain, den Fuß eines Baumes, eine Felsengrotte, eine Bergesgruft, einen Friedhof, die Waldesmitte, ein Streulager in der offenen Ebene.‹ Und er sucht einen abgelegenen Ruheplatz auf, einen Hain, den Fuß eines Baumes, eine Felsengrotte, eine Bergesgruft, einen Friedhof, die Waldesmitte, ein Streulager in der offenen Ebene. Nach dem Mahle, wenn er vom Almosengange zurückgekehrt ist, setzt er sich mit verschränkten Beinen nieder, den Körper gerade aufgerichtet, und pflegt der Einsicht. Er hat weltliche Begierde verworfen und verweilt begierdelosen Gemütes, von Begierde läutert er sein Herz. Gehässigkeit hat er verworfen, haßlosen Gemütes verweilt er, voll Liebe und Mitleid zu allen lebenden Wesen läutert er sein Herz von Gehässigkeit. Matte Müde hat er verworfen, von matter Müde ist er frei; das Licht liebend, einsichtig, klar bewußt, läutert er sein Herz von matter Müde. Stolzen Unmut hat er verworfen, er ist frei von Stolz; innig beruhigten Gemütes läutert er sein Herz von stolzem Unmut. Das Schwanken hat er verworfen, der Ungewißheit ist er entronnen; er zweifelt nicht am Guten, vom Schwanken läutert er sein Herz. Er hat nun diese fünf Hemmungen aufgehoben, hat die Schlacken des Gemütes kennengelernt, die lähmenden; gar fern von Begierden, fern von unheilsamen Dingen lebt er in sinnend gedenkender ruhegeborener seliger Heiterkeit, in der Weihe der ersten Schauung. Nach Vollendung des Sinnens und Gedenkens gewinnt er die innere Meeresstille, die Einheit des Gemütes, die von Sinnen, von Gedenken freie, in der Einigung geborene selige Heiterkeit, die Weihe der zweiten Schauung. In heiterer Ruhe verweilt er gleichmütig, einsichtig, klar bewußt, ein Glück empfindet er im Körper, von dem die Heiligen sagen: ›Der gleichmütig Einsichtige lebt beglückt‹; so gewinnt er die Weihe der dritten Schauung. Nach Verwerfung der Freuden und Leiden, nach Vernichtung des einstigen Frohsinns und Trübsinns erreicht er die Weihe der leidlosen, freudlosen, gleichmütig einsichtigen vollkommenen Reine, die vierte Schauung. – Die da nun, Priester, kämpfende Mönche sind, mit streitendem Busen die unvergleichliche Sicherheit zu erringen trachten, denen gilt bei mir diese also gegebene Weisung; die aber da als Mönche heilig geworden sind, Wahnversieger, Endiger, die das Werk gewirkt, die Last abgelegt, das Heil sich errungen, die Daseinsfesseln vernichtet, sich durch vollkommene Erkenntnis erlöst haben, denen taugen diese Dinge um seliger Gegenwart zu genießen, bei klarem Bewußtsein.«

Nach dieser Rede wandte sich Rechner Moggalāno, der Priester also, an den Erhabenen:

»Können nun aber des Herrn Gotamo Jünger, von Herrn Gotamo also belehrt, also gewiesen, eben alle die unbezweifelbar sichere Wahnerlöschung gewinnen, oder können es einige nicht?«

»Einige freilich, Priester, meiner Jünger, von mir also belehrt, also gewiesen, können die unbezweifelbar sichere Wahnerlöschung gewinnen, andere können es nicht.«

»Was ist wohl, o Gotamo, der Anlaß, was ist der Grund, daß, wo es doch eine Wahnerlöschung gibt, wo ein Weg dahin führt, wo Herr Gotamo als Lenker da ist, dann einige freilich der Jünger des Herrn Gotamo, von Herrn Gotamo also belehrt, also gewiesen, die unbezweifelbar sichere Wahnerlöschung gewinnen können, und andere es nicht können?«

»Da will ich dir nun, Priester, eben hierüber eine Frage stellen: wie es dir gutdünkt, magst du sie beantworten. Was meinst du wohl, Priester: kennst du den Weg, der nach Rājagaham führt?«

»Gewiß, Herr, ich kenne den Weg, der nach Rājagaham führt.«

»Was meinst du wohl, Priester: es käme da ein Mann herbei, der nach Rājagaham gehn wollte, und er träte zu dir heran und spräche also: ›Ich möchte, o Herr, nach Rājagaham gehn, bezeichne mir doch den Weg dahin.‹ Und du würdest ihm sagen: ›Komm', lieber Mann, das ist der Weg nach Rājagaham. Da geh' eine Weile weiter, und bist du da eine Weile weitergegangen, so wirst du ein gewisses Dorf sehen. Da geh' eine Weile weiter, und bist du da eine Weile weitergegangen, so wirst du eine gewisse Burg sehen. Da geh' eine Weile weiter, und bist du da eine Weile weitergegangen, so wirst du einen schönen Garten, einen freundlichen Hain, eine heitere Landschaft, einen lichten Weiher vor Rājagaham erblicken.‹ Und er schlüge, von dir also belehrt, also gewiesen, einen Seitenweg ein und schritte umgekehrt weiter. Aber ein anderer Mann käme herbei, der nach Rājagaham gehen wollte, und er träte zu dir heran und spräche also: ›Ich möchte, o Herr, nach Rājagaham gehn, bezeichne mir doch den Weg dahin.‹ Und du würdest ihm sagen: ›Komm', lieber Mann, das ist der Weg nach Rājagaham. Da geh' eine Weile weiter, und bist du da eine Weile weitergegangen, so wirst du ein gewisses Dorf sehen. Da geh' eine Weile weiter, und bist du da eine Weile weitergegangen, so wirst du eine gewisse Burg sehen. Da geh' eine Weile weiter, und bist du da eine Weile weitergegangen, so wirst du einen schönen Garten, einen freundlichen Hain, eine heitere Landschaft, einen lichten Weiher vor Rājagaham erblicken.‹ Und er langte, von dir also belehrt, also gewiesen, unversehrt in Rājagaham an. Was ist nun, Priester, der Anlaß, was ist der Grund, daß, wo es doch ein Rājagaham gibt, wo ein Weg dahin führt, wo du als Lenker da bist, gleichwohl der eine Mann, von dir also belehrt, also gewiesen, einen Seitenweg einschlagen und umgekehrt weiterschreiten mochte, und der andere unversehrt nach Rājagaham gelangen?«

»Das kann ich, o Gotamo, hierbei tun: Wegweiser bin ich, o Gotamo!«

»Ebenso nun auch, Priester, gibt es zwar eine Wahnerlöschung, führt ein Weg dahin, bin ich als Lenker da, und doch können einige freilich meiner Jünger, von mir also belehrt, also gewiesen, die unbezweifelbar sichere Wahnerlöschung gewinnen, und können andere es nicht. Das kann ich, Priester, hierbei tun: Wegweiser ist, Priester, der Vollendete.«

Auf diese Worte sagte nun Rechner Moggalāno der Priester zum Erhabenen:

»Es gibt da, o Gotamo, Leute, die unwillig, aus Notdurft, nicht aus Zuversicht vom Hause fort in die Hauslosigkeit gezogen sind, Heuchler, Gleißner, Scheinheilige, aufgeblasene Windbeutel, geschäftige Schwätzer und Plauderer, schlechte Hüter der Sinnestore, ohne Rückhalt beim Mahle, der Wachsamkeit abgeneigt, gleichgültig gegen das Asketentum, lässig in der Ordenspflicht, anspruchsvoll, aufdringlich, vor allem Gesellschaft suchend, Einsamkeit als lästige Last fliehend, matte, schwache Herzen, verworrene, unklare Köpfe, unbeständige, zerstreute Geister, Beschränkte und Stumpfe: mit diesen hat Herr Gotamo keine Gemeinschaft. Es gibt aber auch edle Söhne, die aus Zuversicht vom Hause fort in die Hauslosigkeit gezogen sind, keine Heuchler, keine Gleißner, keine Scheinheiligen, keine aufgeblasenen Windbeutel, keine geschäftigen Schwätzer und Plauderer, strenge Hüter der Sinnestore, mäßig beim Mahle , der Wachsamkeit ergeben, dem Asketentum zugetan, eifrig in der Ordenspflicht, anspruchslos, nicht aufdringlich, vor allem Einsamkeit suchend, Gesellschaft als lästige Last fliehend, mutige, starke Herzen, einsichtige, klare Köpfe, beständige, einige Geister, Weise und Witzige: mit diesen hat Herr Gotamo Gemeinschaft. – Gleichwie etwa, o Gotamo, unter den Wurzeldüften der schwarze Rosenlauch in seiner Art als vorzüglichster gilt, unter den Kernholzdüften der rote Sandel in seiner Art als vorzüglichster gilt, unter den Blumendüften der weiße Jasmin in seiner Art als vorzüglichster gilt, ebenso nun auch ist des Herrn Gotamo Belehrung die beste in heutiger Zeit. – Vortrefflich, o Gotamo, vortrefflich, o Gotamo! Gleichwie etwa, o Gotamo, wenn man Umgestürztes aufstellte, oder Verdecktes enthüllte, oder Verirrten den Weg wiese oder Licht in die Finsternis brächte: ›Wer Augen hat wird die Dinge sehen: ebenso auch hat Herr Gotamo die Lehre gar vielfach beleuchtet. Und so nehm' ich bei Herrn Gotamo Zuflucht, bei der Lehre und bei der Jüngerschaft: als Anhänger möge mich Herr Gotamo betrachten, von heute an zeitlebens getreu.«

22. VIERZIGMÄCHTIG

117. Rede

Das hab' ich gehört. Zu einer Zeit weilte der Erhabene bei Sāvatthī, im Siegerwalde, im Garten Anāthapiṇḍikos. Dort nun wandte sich der Erhabene an die Mönche: »Ihr Mönche!« – »Erlauchter!« antworteten da jene Mönche dem Erhabenen aufmerksam. Der Erhabene sprach also:

»Heilige, ihr Mönche, rechte Vertiefung will ich euch weisen, mit ihrem Gefolge, mit ihrer Begleitung: das höret und achtet wohl auf meine Rede.«

»Gewiß, o Herr!« antworteten da jene Mönche dem Erhabenen aufmerksam. Der Erhabene sprach also:

»Was ist also, ihr Mönche, heilige rechte Vertiefung mit ihrem Gefolge, mit ihrer Begleitung? Es ist da rechte Erkenntnis, rechte Gesinnung, rechte Rede, rechtes Handeln, rechtes Wandeln, rechtes Mühen, rechte Einsicht: eine von diesen sieben Gliedern, ihr Mönche, begleitete Einheit des Herzens, die heißt man, ihr Mönche, heilige rechte Vertiefung, und zwar mit ihrem Gefolge, und zwar mit ihrer Begleitung.

»Da geht denn, ihr Mönche, rechte Erkenntnis voran. Wie aber geht, ihr Mönche, rechte Erkenntnis voran? Falsche Erkenntnis gewahrt man als falsche Erkenntnis, rechte Erkenntnis gewahrt man als rechte Erkenntnis: das gilt einem als rechte Erkenntnis. Was ist nun, ihr Mönche, falsche Erkenntnis? ›Almosengeben, Verzichtleisten, Spenden – es ist alles eitel; es gibt keine Saat und Ernte guter und böser Werke; Diesseits und Jenseits sind leere Worte; Vater und Mutter und auch geistige Geburt sind hohle Namen; die Welt hat keine Asketen und

Priester, die vollkommen und vollendet sind, die sich den Sinn dieser und jener Welt begreiflich machen, anschaulich vorstellen und erklären können‹: das ist, ihr Mönche, falsche Erkenntnis. Was ist nun, ihr Mönche, rechte Erkenntnis? Rechte Erkenntnis, sag' ich da, Mönche, ist doppelter Art. Es gibt, ihr Mönche, eine rechte Erkenntnis, die wahnhaft, hilfreich, zuträglich ist; es gibt, ihr Mönche, eine rechte Erkenntnis, die heilig, wahnlos, überweltlich, auf dem Wege zu finden ist. Was ist das nun, ihr Mönche, für eine rechte Erkenntnis, die wahnhaft, hilfreich, zuträglich ist? ›Almosengeben, Verzichtleisten, Spenden ist kein Unsinn; es gibt eine Saat und Ernte guter und böser Werke; das Diesseits ist vorhanden und das Jenseits ist vorhanden; Eltern gibt es und geistige Geburt gibt es; die Welt hat Asketen und Priester, die vollkommen und vollendet sind, die sich den Sinn dieser und jener Welt begreiflich machen, anschaulich vorstellen und erklären können‹: das ist, ihr Mönche, eine rechte Erkenntnis, die wahnhaft, hilfreich, zuträglich ist. Was aber ist es, ihr Mönche, für eine rechte Erkenntnis, die heilig, wahnlos, überweltlich, auf dem Wege zu finden ist? Was da, ihr Mönche, im heiligen Herzen, im wahnlosen Herzen, das sich auf heiligem Wege befindet, heiligen Weg vollendet, Weisheit, fähige Weisheit, vermögende Weisheit ist, Ergründung der Wahrheit, die zur Erwachung führt, eine rechte Erkenntnis, die auf dem Wege zu finden ist: das ist, ihr Mönche, eine rechte Erkenntnis, die heilig, wahnlos, überweltlich, auf dem Wege zu finden ist. Da ist man eifrig bemüht falsche Erkenntnis zu verlieren, rechte Erkenntnis zu gewinnen: das gilt einem als rechtes Mühen. Besonnen läßt man falsche Erkenntnis hinter sich, besonnen gewinnt und erreicht man rechte Erkenntnis: das gilt einem als rechte Einsicht. So haben sich einem diese drei Dinge um die rechte Erkenntnis aneinandergereiht, aneinandergeschlossen, nämlich rechte Erkenntnis, rechtes Mühen, rechte Einsicht.

»Da geht denn, ihr Mönche, rechte Erkenntnis voran. Wie aber geht, ihr Mönche, rechte Erkenntnis voran? Falsche Gesinnung gewahrt man als falsche Gesinnung, rechte Gesinnung gewahrt man als rechte Gesinnung: das gilt einem als rechte Erkenntnis. Was ist nun, ihr Mönche, falsche Gesinnung? Sinnende Lust, sinnender Groll, sinnende Wut: das ist, ihr Mönche, falsche Gesinnung. Was ist nun, ihr Mönche, rechte Gesinnung? Rechte Gesinnung, sag' ich da, Mönche, ist doppelter Art. Es gibt, ihr Mönche, eine rechte Gesinnung, die wahnhaft, hilfreich, zuträglich ist; es gibt, ihr Mönche, eine rechte Gesinnung, die heilig, wahnlos, überweltlich, auf dem Wege zu finden ist. Was ist das nun, ihr Mönche, für eine rechte Gesinnung, die wahnhaft, hilfreich, zuträglich ist? Entsagung sinnen, keinen Groll hegen, keine Wut hegen: das ist, ihr Mönche, eine rechte Gesinnung, die wahnhaft, hilfreich, zuträglich ist. Was aber ist es, ihr Mönche, für eine rechte Gesinnung, die heilig, wahnlos, überweltlich, auf dem Wege zu finden ist? Was da, ihr Mönche, im heiligen Herzen, im wahnlosen Herzen, das sich auf heiligem Wege befindet, heiligen Weg vollendet, Denken und Bedenken, Nachsinnen, Greifen und Begreifen, geistiges Ausgestalten und Zwiegespräch ist: das ist, ihr Mönche, eine rechte Gesinnung, die heilig, wahnlos, überweltlich, auf dem Wege zu finden ist. Da ist man eifrig bemüht, falsche Gesinnung zu verlieren, rechte Gesinnung zu gewinnen: das gilt einem als rechtes Mühen. Besonnen läßt man falsche Gesinnung hinter sich, besonnen gewinnt und erreicht man rechte Gesinnung: das gilt einem als rechte Einsicht. So haben sich einem diese drei Dinge um die rechte Gesinnung aneinandergereiht, aneinandergeschlossen, nämlich rechte Erkenntnis, rechtes Mühen, rechte Einsicht.

»Da geht denn, ihr Mönche, rechte Erkenntnis voran. Wie aber geht, ihr Mönche, rechte Erkenntnis voran? Falsche Rede gewahrt man als falsche Rede, rechte Rede gewahrt man als rechte Rede: das gilt einem als rechte Erkenntnis. Was ist nun, ihr Mönche, falsche Rede? Lüge, Verleumdung, barsche Worte, Geschwätz: das ist, ihr Mönche, falsche Rede. Was ist nun, ihr Mönche, rechte Rede? Rechte Rede, sag' ich da, Mönche, ist doppelter Art. Es gibt, ihr Mönche, eine rechte Rede, die wahnhaft, hilfreich, zuträglich ist; es gibt, ihr Mönche, eine rechte Rede, die heilig, wahnlos, überweltlich, auf dem Wege zu finden ist. Was ist das nun, ihr Mönche, für eine rechte Rede, die wahnhaft, hilfreich, zuträglich ist? Lüge vermeiden, Verleumdung vermeiden, barsche Worte vermeiden, Geschwätz vermeiden: das ist, ihr Mönche, eine rechte Rede, die wahnhaft, hilfreich, zuträglich ist. Was aber ist es, ihr Mönche, für eine rechte Rede, die heilig, wahnlos, überweltlich, auf dem Wege zu finden ist? Was da, ihr Mönche, im heiligen Herzen, im wahnlosen Herzen, das sich auf heiligem Wege befindet, heiligen Weg vollendet, eben den vier Arten übler Rede gegenüber sich abneigen, wegneigen, hinwegneigen, abwenden, ist: das ist, ihr Mönche, eine rechte Rede, die heilig, wahnlos, überweltlich, auf dem Wege zu finden ist. Da ist man eifrig bemüht, falsche Rede zu verlieren, rechte Rede zu gewinnen: das gilt einem als rechtes Mühen. Besonnen läßt man falsche Rede hinter sich, besonnen gewinnt und erreicht man rechte Rede: das gilt einem als rechte Einsicht. So haben sich einem diese drei Dinge um die rechte Rede aneinandergereiht, aneinandergeschlossen, nämlich rechte Erkenntnis, rechtes Mühen, rechte Einsicht.

»Da geht denn, ihr Mönche, rechte Erkenntnis voran. Wie aber geht, ihr Mönche, rechte Erkenntnis voran? Falsches Handeln gewahrt man als falsches Handeln, rechtes Handeln gewahrt man als rechtes Handeln: das gilt einem als rechte Erkenntnis. Was ist nun, ihr Mönche, falsches Handeln? Lebendiges umbringen, Nichtgegebenes nehmen, Ausschweifung begehn: das ist, ihr Mönche, falsches Handeln. Was ist nun, ihr Mönche, rechtes Handeln? Rechtes Handeln, sag' ich da, Mönche, ist doppelter Art. Es gibt, ihr Mönche, ein rechtes Handeln, das wahnhaft, hilfreich, zuträglich ist; es gibt, ihr Mönche, ein rechtes Handeln, das heilig, wahnlos, überweltlich, auf dem Wege zu finden ist. Was ist das nun, ihr Mönche, für ein rechtes Handeln, das wahnhaft, hilfreich, zuträglich ist? Man kann, ihr Mönche, Lebendiges umzubringen vermeiden, Nichtgegebenes zu nehmen vermeiden, Ausschweifung zu begehen vermeiden: das ist, ihr Mönche, ein rechtes Handeln, das wahnhaft, hilfreich, zuträglich ist. Was aber ist es, ihr Mönche, für ein rechtes Handeln, das heilig, wahnlos, überweltlich, auf dem Wege zu finden ist? Was da, ihr Mönche, im heiligen Herzen, im wahnlosen Herzen, das sich auf heiligem Wege befindet, heiligen Weg vollendet, eben den drei Arten üblen Handelns gegenüber sich abneigen, wegneigen, hinwegneigen, abwenden ist: das ist, ihr Mönche, ein rechtes Handeln, das heilig, wahnlos, überweltlich, auf dem Wege zu finden ist. Da ist man eifrig bemüht falsches Handeln zu verlieren, rechtes Handeln zu gewinnen: das gilt einem als rechtes Mühn. Besonnen läßt man falsches Handeln hinter sich, besonnen gewinnt und erreicht man rechtes Handeln: das gilt einem als rechte Einsicht. So haben sich einem diese drei Dinge um das rechte Handeln aneinandergereiht, aneinandergeschlossen, nämlich rechte Erkenntnis, rechtes Mühen, rechte Einsicht.

»Da geht denn, ihr Mönche, rechte Erkenntnis voran. Wie aber geht, ihr Mönche, rechte Erkenntnis voran? Falsches Wandeln gewahrt man als falsches Wandeln, rechtes Wandeln gewahrt man als rechtes Wandeln: das gilt einem als rechte Erkenntnis. Was ist nun, ihr Mönche, falsches Wandeln? Hintergehen, verraten, bezichtigen, auskundschaften, Vorteil um Vorteil erwuchern: das ist, ihr Mönche, falsches Wandeln. Was ist nun, ihr Mönche, rechtes Wandeln? Rechtes Wandeln, sag' ich da, Mönche, ist doppelter Art. Es gibt, ihr Mönche, ein rechtes Wandeln, das wahnhaft, hilfreich, zuträglich ist; es gibt, ihr Mönche, ein rechtes Wandeln, das heilig, wahnlos, überweltlich, auf dem Wege zu finden ist. Was ist das nun, ihr Mönche, für ein rechtes Wandeln, das wahnhaft, hilfreich, zuträglich ist? Da hat, ihr Mönche, der heilige Jünger falschen Wandel verlassen und fristet sein Leben auf rechte Weise: das ist, ihr Mönche, ein rechtes Wandeln, das wahnhaft, hilfreich, zuträglich ist. Was aber ist es, ihr Mönche, für ein rechtes Wandeln, das heilig, wahnlos, überweltlich, auf dem Wege zu finden ist? Was da, ihr Mönche, im heiligen Herzen, im wahnlosen Herzen, das sich auf heiligem Wege befindet, heiligen Weg vollendet, eben dem falschen Wandeln gegenüber sich abneigen, wegneigen, hinwegneigen, abwenden ist: das ist, ihr Mönche, ein rechtes Wandeln, das heilig, wahnlos, überweltlich, auf dem Wege zu finden ist. Da ist man eifrig bemüht, falsches Wandeln zu verlieren, rechtes Wandeln zu gewinnen: das gilt einem als rechtes Mühen. Besonnen läßt man falsches Wandeln hinter sich, besonnen gewinnt und erreicht man rechtes Wandeln: das gilt einem als rechte Einsicht. So haben sich einem diese drei Dinge um das rechte Wandeln aneinandergereiht, aneinandergeschlossen, nämlich rechte Erkenntnis, rechtes Mühen, rechte Einsicht.

»Da geht denn, ihr Mönche, rechte Erkenntnis voran. Wie aber geht, ihr Mönche, rechte Erkenntnis voran? Dem recht Erkennenden, ihr Mönche, kommt rechte Gesinnung zu, dem recht Gesinnten kommt rechte Rede zu, dem recht Redenden kommt rechtes Handeln zu, dem recht Handelnden kommt rechtes Wandeln zu, dem recht Wandelnden kommt rechtes Mühen zu, dem recht Bemühten kommt rechte Einsicht zu, dem recht Besonnenen kommt rechte Vertiefung zu, dem recht Vertieften kommt rechtes Wissen zu, dem recht Bewußten kommt rechte Erlösung zu. So wird, ihr Mönche, der achtfach gerüstete Kämpfer zum zehnfach gerüsteten Heiligen.

»Da geht denn, ihr Mönche, rechte Erkenntnis voran. Wie aber geht, ihr Mönche, rechte Erkenntnis voran? Der recht Erkennende, ihr Mönche, hat falsche Erkenntnis überstanden: und was da aus falscher Erkenntnis mancherlei Übles, Unheilsames hervorgehen kann, auch das hat er überstanden; und aus rechter Erkenntnis kann da mancherlei Heilsames zu vollkommener Reife sich entwickeln. Der recht Gesinnte, ihr Mönche, der recht Redende, recht Handelnde, recht Wandelnde, recht Bemühte, recht Besonnene, recht Vertiefte, recht Bewußte, recht Erlöste hat falsche Gesinnung, falsche Rede, falsches Handeln, falsches Wandeln, falsche Mühe, falsche Einsicht, falsche Vertiefung, falsches Wissen, falsche Erlösung überstanden: und was da aus falscher Gesinnung, falscher Rede, falschem Handeln, falschem Wandeln, falschem Mühen, falscher Einsicht, falscher Vertiefung, falschem Wissen, falscher Erlösung mancherlei Übles, Unheilsames hervorgehen kann, auch das hat er überstanden; und aus rechter Gesinnung, rechter Rede, rechtem Handeln, rechtem Wandeln, rechtem Mühen, rechter Einsicht, rechter Vertiefung, rechtem Wissen, rechter Erlösung kann da mancherlei Heilsames zu vollkommener Reife sich entwickeln.

»So ist, ihr Mönche, mit zwanzig Teilen heilsam, mit zwanzig Teilen unheilsam ein vierzigmächtiger Gedankengang dargestellt worden: und darwiderstellen kann sich kein Asket und kein Priester, kein Gott, kein böser und kein heiliger Geist, noch irgendwer in der Welt.

»Denn wer auch, ihr Mönche, von Asketen oder von Priestern diesen vierzigmächtigen Gedankengang tadeln und mißbilligen zu sollen vermeinte, der würde schon bei Lebzeiten zehn entsprechende Begriffe seiner Annahme nach als Tadel erfahren. Tadelt er rechte Erkenntnis, dann sind es falsch erkennende Asketen und Priester, denen er Achtung, denen er Ehre zollt. Tadelt er rechte Gesinnung, rechte Rede, rechtes Handeln, rechtes Wandeln, rechtes Mühen, rechte Einsicht, rechte Vertiefung, rechtes Wissen, rechte Erlösung, dann sind es falsch gesinnte, falsch redende, falsch handelnde, falsch wandelnde, falsch bemühte, falsch besonnene, falsch vertiefte, falsch bewußte, falsch erlöste Asketen und Priester, denen er Achtung, denen er Ehre zollt. Wer auch, ihr Mönche, von Asketen oder von Priestern diesen vierzigmächtigen Gedankengang tadeln und mißbilligen zu sollen vermeinte, der würde schon bei Lebzeiten diese zehn entsprechenden Begriffe seiner Annahme nach als Tadel erfahren. Sogar jene ungeregelten Pilger, ihr Mönche, Redner der Regenzeit, Leute, die keinen Grund, die keine Handlung gelten ließen, die an nichts glaubten, auch diese haben den vierzigmächtigen Gedankengang nicht tadeln und nicht mißbilligen zu sollen vermeint: und warum das? Um nicht Unwillen, Befremden und Ärgernis zu erregen.«

Also sprach der Erhabene. Zufrieden freuten sich jene Mönche über das Wort des Erhabenen.

23. CAṈKĪ

95. Rede

Das hab' ich gehört. Zu einer Zeit wanderte der Erhabene im Lande Kosalo von Ort zu Ort und kam, von vielen Mönchen begleitet, in die Nähe eines Priesterdorfes der Kosaler namens Opāsādam.

Zu Opāsādam weilte nun der Erhabene, nördlich vom Dorfe, im Götterhain am Kronwalde.

Um diese Zeit aber lebte Caṉkī der Priester zu Opāsādam, das, gar heiter anzuschauen, mit Weide-, Wald- und Wasserplätzen, mit Kornkammern, mit königlichem Reichtum begabt, von König Pasenadi von Kosalo als Königsgabe den Priestern zu eigen gegeben war.

Und es hörten die priesterlichen Hausväter in Opāsādam reden: ›Der Asket, wahrlich, Herr Gotamo, der Sakyersohn, der dem Erbe der Sakyer entsagt hat, wandert in unserem Lande von Ort zu Ort und ist mit vielen Mönchen in Opāsādam angekommen. Diesen Herrn Gotamo aber begrüßt man allenthalben mit dem frohen Ruhmesrufe, so zwar: Das ist der Erhabene, der Heilige, vollkommen Erwachte, der Wissens- und Wandelsbewährte, der Willkommene, der Welt Kenner, der unvergleichliche Leiter der Männerherde, der Meister der Götter und Menschen, der Erwachte, der Erhabene. Er zeigt diese Welt mit ihren Göttern, ihren bösen und heiligen Geistern, mit ihrer Schar von Priestern und Büßern, Göttern und Menschen, nachdem er sie selbst verstanden und durchdrungen hat. Er verkündet die Lehre, deren Anfang begütigt, deren Mitte begütigt, deren Ende begütigt, die sinn- und wortgetreue, er legt das vollkommen geläuterte, geklärte Asketentum dar. Glücklich, wer da nun solche Heilige sehn kann!‹

Und die priesterlichen Hausväter von Opāsādam zogen aus dem Dorfe hinaus, zahlreich, in Scharen zusammengekommen, nach Norden gewandt, zum Götterhain am Kronwalde. Damals nun hatte Caṉkī der Priester oben auf der Zinne seines Hauses Tagesrast genommen. Da sah denn Caṉkī der Priester die priesterlichen Hausväter von Opāsādam aus dem Dorfe hinausziehn, zahlreich, in Scharen zusammengekommen, nach Norden gewandt, zum Götterhain am Kronwalde, und als er sie gesehn wandte er sich an seinen Torwart:

»Was gehn denn da, lieber Torwart, die priesterlichen Hausväter von Opāsādam aus dem Dorfe hinaus, zahlreich, in Scharen zusammengekommen, nach Norden gewandt, zum Götterhain am Kronwalde?«

»Es ist, Herr Caṉkī, der Asket Gotamo, der Sakyersohn, der dem

Erbe der Sakyer entsagt hat, der hierzulande von Ort zu Ort wandert, von vielen Mönchen gefolgt, bei Opāsādam angekommen, weilt bei Opāsādam, nördlich vom Dorfe, im Götterhain am Kronwalde. Diesen Herrn Gotamo aber begrüßt man allenthalben mit dem frohen Ruhmesrufe, so zwar: ›Das ist der Erhabene, der Heilige, vollkommen Erwachte, der Wissens- und Wandelsbewährte, der Willkommene, der Welt Kenner, der unvergleichliche Leiter der Männerherde, der Meister der Götter und Menschen, der Erwachte, der Erhabene.‹ Diesen Herrn Gotamo gehn sie besuchen.«

»So geh' doch, lieber Torwart, zu den priesterlichen Hausvätern dort hin und sprich also zu ihnen: ›Caṉkī, ihr Herren, der Priester, läßt sagen, es möchten die Herren etwas warten: auch Caṉkī der Priester will den Asketen Gotamo besuchen.‹«

»Jawohl, Herr!« entgegnete da gehorsam der Torwart Caṉkī dem Priester. Und er begab sich zu den priesterlichen Hausvätern dort hin und sprach also zu ihnen:

»Caṉkī, ihr Herren, der Priester, läßt sagen, es möchten die Herren etwas warten: auch Caṉkī der Priester will den Asketen Gotamo besuchen.«

Damals nun waren gegen fünfhundert Priester aus verschiedenen Landen in Opāsādam zusammengekommen, irgendeine Angelegenheit zu verhandeln. Und sie hörten, daß Caṉkī der Priester den Asketen Gotamo besuchen wolle. Da begaben sich denn diese Priester zu Caṉkī dem Priester hin; und sie sprachen also zu ihm:

»Ist es wahr, wie man sagt, daß Herr Caṉkī den Asketen Gotamo besuchen will?«

»Gewiß, ihr Herren, auch ich denke den Asketen Gotamo zu besuchen.«

»Nicht Herr Caṉkī darf den Asketen Gotamo besuchen; nicht geziemt es Herrn Caṉkī den Asketen Gotamo zu besuchen: dem Asketen Gotamo vielmehr geziemt es Herrn Caṉkī zu besuchen. Denn Herr Caṉkī ist beiderseit wohlgeboren, vom Vater und von der Mutter aus, lauter empfangen, bis zum siebenten Ahnherrn hinauf unbefleckt, untadelhaft von Geburt. Weil aber Herr Caṉkī beiderseit wohlgeboren ist, vom Vater und von der Mutter aus, lauter empfangen, bis zum siebenten Ahnherrn hinauf unbefleckt, untadelhaft von Geburt, so geziemt es eben insofern nicht Herrn Caṉkī, den Asketen Gotamo zu besuchen: dem Asketen Gotamo vielmehr geziemt es Herrn Caṉkī zu besuchen. Denn Herr Caṉkī ist reich, mit Geld und Gut mächtig begabt. Denn Herr Caṉkī ist ein Meister der drei Veden, samt ihrer Auslegung und

Deutung, samt ihrer Laut- und Formenlehre, und ihren Sagen zufünft, der Gesänge kundig und ein Erklärer, der die Merkmale eines großen Weltweisen aufweist. Denn Herr Caṉkī ist schön, hold, liebenswürdig, mit höchster Anmut begabt, mit heiligem Glanze, heiligem Lichte, es ist keine geringe Gunst, ihn anzublicken. Denn Herr Caṉkī ist tugendrein, tugendreif, in Tugend reif geworden. Denn Herr Caṉkī spricht angemessen, redet angemessen, seine Rede ist höflich, deutlich, nicht stammelnd, tauglich den Sinn darzulegen. Denn Herr Caṉkī ist vieler Meister und Altmeister und läßt eine Schar von dreihundert Schülern die Sprüche bei sich erlernen. Denn Herr Caṉkī wird von König Pasenadi von Kosalo wertgehalten, hochgeschätzt, geachtet, geehrt und ausgezeichnet. Denn Herr Caṉkī wird von Pokkharasāti dem Priester wertgehalten, hochgeschätzt, geachtet, geehrt und ausgezeichnet. Denn Herr Caṉkī lebt zu Opāsādam, das, gar heiter anzuschauen, mit Weide-, Wald- und Wasserplätzen, mit Kornkammern, mit königlichem Reichtum begabt, von König Pasenadi von Kosalo als Königsgabe den Priestern zu eigen gegeben ist. Weil aber Herr Caṉkī zu Opāsādam lebt, das, gar heiter anzuschauen, mit Weide-, Wald- und Wasserplätzen, mit Kornkammern, mit königlichem Reichtum begabt, von König Pasenadi von Kosalo als Königsgabe den Priestern zu eigen gegeben ist, so geziemt es eben insofern nicht Herrn Caṉkī, den Asketen Gotamo zu besuchen: dem Asketen Gotamo vielmehr geziemt es, Herrn Caṉkī zu besuchen.«

Auf diese Worte wandte sich Caṉkī der Priester also an jene Priester:

»Wohlan denn, ihr Herren, so hört auch von mir, aus welchem und welchem Grunde es vielmehr uns geziemt, den Herrn Gotamo zu besuchen, und es nicht dem Herrn Gotamo geziemt, uns zu besuchen. Der Asket Gotamo, ihr Herren, ist ja beiderseit wohlgeboren, vom Vater und von der Mutter aus, lauter empfangen, bis zum siebenten Ahnherrn hinauf unbefleckt, untadelhaft von Geburt. Weil aber, ihr Herren, der Asket Gotamo beiderseit wohlgeboren ist, vom Vater und von der Mutter aus, lauter empfangen, bis zum siebenten Ahnherrn hinauf unbefleckt, untadelhaft von Geburt, so geziemt es eben insofern nicht dem Herrn Gotamo uns zu besuchen, sondern uns geziemt es, den Herrn Gotamo zu besuchen. Der Asket Gotamo, ihr Herren, hat ja reichlichem Gold und Geschmeide pilgernd entsagt, so heimlich vergrabenem wie offen aufgestelltem. Der Asket Gotamo, ihr Herren, ist ja, noch in frischer Blüte, glänzend dunkelhaarig, im Genusse glücklicher Jugend, im ersten Mannesalter aus dem Hause in die Hauslosigkeit gezogen. Der Asket Gotamo, ihr Herren, ist ja gegen den Wunsch seiner weinenden, klagenden Eltern, mit geschorenem Haar und Barte, mit fahlem Gewande bekleidet, aus dem Hause in die Hauslosigkeit gezogen. Der Asket Gotamo, ihr Herren, ist ja schön, hold, liebenswürdig, mit höchster Anmut begabt, mit heiligem Glanze, heiligem Lichte, es ist keine geringe Gunst, ihn anzublicken. Der Asket Gotamo, ihr Herren, ist ja tugendrein, von herrlicher Tugend, gediegener Tugend, in gediegener Tugend erfahren. Der Asket Gotamo, ihr Herren, spricht ja angemessen, redet angemessen, seine Rede ist höflich, deutlich, nicht stammelnd, tauglich den Sinn darzulegen. Der Asket Gotamo, ihr Herren, ist ja vieler Meister und Altmeister. Der Asket Gotamo, ihr Herren, hat ja Wunschbegier versiegt, ist frei von Unfrieden. Der Asket Gotamo, ihr Herren, lehrt ja eigene Tat und eigenes Handeln, schützt den heilsuchenden Menschen kein Böses vor. Der Asket Gotamo, ihr Herren, ist ja aus hohem Hause hinausgezogen, aus unabhängigem Herrscherhause. Der Asket Gotamo, ihr Herren, ist ja aus reichem Hause hinausgezogen, mit Geld und Gut mächtig begabtem. Zum Asketen Gotamo, ihr Herren, kommen sie ja über Länder und Reiche her, Fragen zu stellen. Beim Asketen Gotamo, ihr Herren, haben ja viele tausend Gottheiten zeitlebens Zuflucht genommen. Den Asketen Gotamo, ihr Herren, begrüßt man ja allenthalben mit dem frohen Ruhmesrufe, so zwar: ›Das ist der Erhabene, der Heilige, vollkommen Erwachte, der Wissens- und Wandelsbewährte, der Willkommene, der Welt Kenner, der unvergleichliche Leiter der Männerherde, der Meister der Götter und Menschen, der Erwachte, der Erhabene.‹ Der Asket Gotamo, ihr Herren, ist ja mit den zweiunddreißig Merkmalen eines großen Mannes begabt. Beim Asketen Gotamo, ihr Herren, hat ja der König von Magadhā Seniyo Bimbisāro mit seinen Frauen und Kindern zeitlebens Zuflucht genommen. Beim Asketen Gotamo, ihr Herren, hat ja König Pasenadi von Kosalo mit seinen Frauen und Kindern zeitlebens Zuflucht genommen. Beim Asketen Gotamo, ihr Herren, hat ja der Priester Pokkharasāti mit seinen Frauen und Kindern zeitlebens Zuflucht genommen. Der Asket Gotamo, ihr Herren, ist ja zu Opāsādam angekommen, weilt bei Opāsādam, nördlich vom Dorfe, im Götterhain am Kronwalde. Wer aber auch immer von Asketen und Priestern in unser Dorfgebiet kommt, ist unser Gast. Und einen Gast müssen wir werthalten, hochschätzen, achten und ehren. Weil nun, ihr Herren, der Asket Gotamo zu Opāsādam angekommen ist, bei Opāsādam weilt, nördlich vom Dorfe, im Götterhain am Kronwalde, so ist der Asket Gotamo unser Gast: und der Gast ist von uns wertzuhalten, hochzuschätzen, zu achten und zu ehren. Auch insofern geziemt es nicht dem Herrn Gotamo, uns zu besuchen, sondern uns eben geziemt es, den Herrn Gotamo zu besuchen. Soviel weiß ich, ihr Herren, vom Preis des Herrn Gotamo; doch ist der Preis des Herrn Gotamo nicht soviel: unermeßlich ist ja der Preis des Herrn Gotamo. Schon um jeder einzelnen Eigenschaft willen, ihr Herren, geziemt es nicht dem Herrn Gotamo uns zu besuchen, sondern uns eben geziemt es, den Herrn Gotamo zu besuchen. So wollen wir uns denn alle, ihr Herren, zum Asketen Gotamo hinbegeben.«

Und Caṉkī der Priester, begleitet von der zahlreichen Priesterschar, begab sich dorthin, wo der Erhabene weilte. Dort angelangt, tauschte er höflichen Gruß und freundliche, denkwürdige Worte mit dem Erhabenen und setzte sich seitwärts nieder. Damals nun hatte der Erhabene mit alten, erfahrenen Priestern gerade irgendein denkwürdiges Gespräch zu Ende geführt. Und es befand sich da ein junger Brāhmane in dieser Versammlung namens Kāpaṭhiko, eben erst, mit geschorenem Scheitel, vom Lehrer entlassen, im sechzehnten Lebensjahre, ein Meister der drei Veden, samt ihrer Auslegung und Deutung, samt ihrer Laut- und Formenlehre, und ihren Sagen zufünft, der Gesänge kundig und ein Erklärer, der die Merkmale eines großen Weltweisen aufwies. Der hatte, während der Erhabene sich mit den alten, erfahrenen Priestern besprach, stets einen anderen Gegenstand vorgebracht. Und der Erhabene riet nun Kāpaṭhiko dem jungen Brāhmanen ab:

»Möge der ehrwürdige Bhāradvājo, während die alten, erfahrenen Priester sich besprechen, keinen anderen Gegenstand vorbringen: das Ende der Unterredung möge der ehrwürdige Bhāradvājo abwarten.«

Das hörte Caṉkī der Priester, und er sprach also zum Erhabenen:

»Möge Herr Gotamo Kāpaṭhiko dem jungen Brāhmanen nicht abraten: ein edler Sproß ist Kāpaṭhiko der junge Brāhmane, viel hat Kāpaṭhiko der junge Brāhmane gelernt, ist gelehrt, weiß angemessen zu reden, er vermag wohl mit Herrn Gotamo über einen Gegenstand hier ein Gespräch zu führen.«

Da wußte nun der Erhabene: ›Gewiß wird Kāpaṭhiko der junge Brāhmane die Kenntnis der drei Veden erworben haben, und deshalb räumen ihm die Priester einen solchen Vorrang ein.‹ Aber Kāpaṭhiko der junge Brāhmane sagte zu sich: ›Wann der Asket Gotamo seinen Blick meinem Blicke begegnen läßt, so werd' ich dem Asketen Gotamo eine Frage stellen.‹ Und der Erhabene, im Geiste den Geist und Gedanken des jungen Brāhmanen Kāpaṭhiko erkennend, lenkte den Blick nach ihm. Da gedachte nun Kāpaṭhiko der junge Brāhmane: ›Der Blick des Asketen Gotamo ruht auf mir: wie, wenn ich nun dem Asketen

Gotamo eine Frage stellte?‹ Und Kāpaṭhiko der junge Brāhmane sprach zum Erhabenen also:

»Was da, o Gotamo, der Priester uralte Spruchlieder anlangt, die auf Treu und Glauben, einem Korbe gleich von Hand zu Hand weitergehn, kommen dabei die Priester in einem Punkte überein, ›Dies nur ist Wahrheit, Unsinn anderes‹: was hält Herr Gotamo davon?«

»Was glaubst du, Bhāradvājo: gibt es unter den Priestern auch nur einen Priester, der da gesagt hat: ›Ich selber weiß es, ich selber seh' es; dies nur ist Wahrheit, Unsinn anderes‹?«

»Wohl nicht, o Gotamo!«

»Was glaubst du, Bhāradvājo: gibt es unter den Priestern auch nur einen Meister, oder Meister und Altmeister, bis zum siebenten Großmeisterahnen hinauf, der da gesagt hat: ›Ich selber weiß es, ich selber seh' es; dies nur ist Wahrheit, Unsinn anderes‹?«

»Wohl nicht, o Gotamo!«

»Was glaubst du, Bhāradvājo: die da vormals der Priester Seher waren, die Verfasser der Sprüche, Verkünder der Sprüche, deren uralte Spruchlieder, wie sie gesungen, ausgesprochen, gesammelt wurden, die Priester heute und hier ihnen nachsingen, ihnen nachsagen, das Gesagte weitersagen, das Gelehrte weiterlehren, als da waren Aṭṭhako, Vāmako, Vāmadevo, Vessāmitto, Yamataggi, Aṉgiraso, Bhāradvājo, Vāseṭṭho, Kassapo, Bhagu: haben etwa diese gesagt: ›Wir selber wissen es, wir selber sehn es; dies nur ist Wahrheit, Unsinn anderes‹?«

»Wohl nicht, o Gotamo!«

»So gibt es denn, Bhāradvājo, unter den Priestern auch nicht einen Priester, der da gesagt hat: ›Ich selber weiß es, ich selber seh' es; dies nur ist Wahrheit, Unsinn anderes‹; gibt es unter den Priestern auch nicht einen Meister, oder Meister und Altmeister, bis zum siebenten Großmeisterahnen hinauf, der da gesagt hat: ›Ich selber weiß es, ich selber seh' es; dies nur ist Wahrheit, Unsinn anderes‹; und die da vormals der Priester Seher waren, die Verfasser der Sprüche, Verkünder der Sprüche, deren uralte Spruchlieder, wie sie gesungen, ausgesprochen, gesammelt wurden, die Priester heute und hier ihnen nachsingen, ihnen nachsagen, das Gesagte weitersagen, das Gelehrte weiterlehren, als da waren Aṭṭhako, Vāmako, Vāmadevo, Vessāmitto, Yamataggi, Aṉgiraso, Bhāradvājo, Vāseṭṭho, Kassapo, Bhagu: auch diese haben nicht gesagt: ›Wir selber wissen es, wir selber sehn es; dies nur ist Wahrheit, Unsinn anderes.‹ Gleichwie etwa, Bhāradvājo, eine Reihe Blinder, einer dem anderen angeschlossen, und kein vorderer sieht, und kein mittlerer sieht, und kein letzterer sieht: ebenso nun auch, Bhāradvājo, als eine Reihe Blinder will mir das Reden der Priester erscheinen, wo kein vorderer sieht, und kein mittlerer sieht, und kein letzterer sieht. Was meinst du wohl, Bhāradvājo: ist also nicht das Vertrauen zu den Priestern grundlos?«

»Man geht ja nicht, o Gotamo, nur aus Vertrauen zu den Priestern, auch um des Hörensagens willen geht man zu ihnen.«

»Erst bist du da, Bhāradvājo, auf das Vertrauen gekommen: vom Hörensagen redest du jetzt. – Fünf Dinge gibt es, Bhāradvājo, die da im Leben zweierlei Ausgang haben: welche fünf? Vertrauen, Hingabe, Hörensagen, prüfendes Urteil, geduldig Einsicht nehmen. Das sind, Bhāradvājo, fünf Dinge, die da im Leben zweierlei Ausgang haben. Denn man kann, Bhāradvājo, einer Sache gar wohl vertrauen, und sie ist hohl und leer und falsch; und man kann ihr auch wohl nicht vertrauen, und sie ist echt und wahr und wirklich. Denn man kann, Bhāradvājo, einer Sache gar wohl sich hingeben, gar wohl sie vom Hörensagen kennen, gar wohl prüfend beurteilen, gar wohl in sie geduldig Einsicht nehmen, und sie ist hohl und leer und falsch; und man kann sich einer Sache auch wohl nicht hingeben, sie vom Hörensagen auch wohl nicht kennen, auch wohl nicht prüfend beurteilen, auch wohl nicht in sie geduldig Einsicht nehmen, und sie ist echt und wahr und wirklich. Wer der Wahrheit nachgeht, Bhāradvājo, ein verständiger Mann, der wird da nicht gleich einseitig den Schluß ziehen: ›Dies nur ist Wahrheit, Unsinn anderes‹.«

»Inwiefern aber, o Gotamo, geht man der Wahrheit nach? Wie kann man der Wahrheit nachgehn? Was der Wahrheit nachgehn sei fragen wir Herrn Gotamo.«

»Wenn da, Bhāradvājo, ein Mann Vertrauen hat, und er sich sagt ›Also ist mein Vertrauen‹ und der Wahrheit nachgeht, so wird er da nicht schon einseitig den Schluß ziehn: ›Dies nur ist Wahrheit, Unsinn anderes.‹ Wenn da, Bhāradvājo, ein Mann sich einer Sache hingibt, sie vom Hörensagen kennt, prüfend beurteilt, in sie geduldig Einsicht nimmt, und er sich sagt ›Also nehm' ich in sie geduldig Einsicht‹ und der Wahrheit nachgeht, so wird er da nicht schon einseitig den Schluß ziehn: ›Dies nur ist Wahrheit, Unsinn anderes.‹ Insofern, Bhāradvājo, geht man der Wahrheit nach, so kann man der Wahrheit nachgehn, und insofern erklären wir was der Wahrheit nachgehn sei: doch ist es noch nicht der Wahrheit Nachkunft.«

»Insofern, o Gotamo, geht man der Wahrheit nach, so kann man der Wahrheit nachgehn, und insofern verstehn wir was der Wahrheit nachgehn sei. Inwiefern aber, o Gotamo, kommt man der Wahrheit nach? Wie kann man der Wahrheit nachkommen? Was der Wahrheit Nachkunft sei fragen wir Herrn Gotamo.«

»Es weile da, Bhāradvājo, ein Mönch in der Nähe eines Dorfes oder einer Burg. Und es sucht ihn ein Hausvater auf, oder der Sohn eines Hausvaters. Und er forscht ihn auf dreifache Weise aus, über Gier und Haß und Irre: ›Hat etwa dieser Ehrwürdige solche Eigenschaften der Gier an sich, daß er, im Herzen von ihnen eingenommen, wenn er nichts weiß, Ich weiß es, wenn er nichts sieht, Ich seh' es, sagen, oder andere derart unterweisen mag, daß es ihnen lange zum Unheil und Leiden gereichen kann?‹ Und indem er ihn erforscht erkennt er: ›Nicht hat dieser Ehrwürdige solche Eigenschaften der Gier an sich, daß er, im Herzen von ihnen eingenommen, wenn er nichts weiß, Ich weiß es, wenn er nichts sieht, Ich seh' es, sagen, oder andere derart unterweisen mag, daß es ihnen lange zum Unheil und Leiden gereichen kann. Denn diesem Ehrwürdigen eignet solches Betragen und solche Rede, wie es Gierlosen ansteht. Und die Lehre, welche der Ehrwürdige darlegt, diese Lehre ist tief, schwer zu entdecken, schwer zu gewahren, still, erlesen, unbekrittelbar, innig, Weisen erfindlich: nicht wohl kann diese Lehre von Begehrlichen dargelegt werden.‹ Und hat er ihn, also erforschend, lauter von Eigenschaften der Gier befunden, so forscht er ihn weiter aus, über Eigenschaften des Hasses: ›Hat etwa dieser Ehrwürdige solche Eigenschaften des Hasses an sich, daß er, im Herzen von ihnen eingenommen, wenn er nichts weiß, Ich weiß es, wenn er nichts sieht, Ich seh' es, sagen, oder andere derart unterweisen mag, daß es ihnen lange zum Unheil und Leiden gereichen kann?‹ Und indem er ihn erforscht erkennt er: ›Nicht hat dieser Ehrwürdige solche Eigenschaften des Hasses an sich, daß er, im Herzen von ihnen eingenommen, wenn er nichts weiß, Ich weiß es, wenn er nichts sieht, Ich seh' es, sagen, oder andere derart unterweisen mag, daß es ihnen lange zum Unheil und Leiden gereichen kann. Denn diesem Ehrwürdigen eignet solches Betragen und solche Rede, wie es Haßlosen ansteht. Und die Lehre, welche der Ehrwürdige darlegt, diese Lehre ist tief, schwer zu entdecken, schwer zu gewahren, still, erlesen, unbekrittelbar, innig, Weisen erfindlich: nicht wohl kann diese Lehre von Gehässigen dargelegt werden.‹ Und hat er ihn, also erforschend, lauter von Eigenschaften des Hasses befunden, so forscht er ihn weiter aus, über Eigenschaften der Irre: ›Hat etwa dieser Ehrwürdige solche Eigenschaften der Irre an sich, daß er, im Herzen von ihnen eingenommen, wenn er nichts weiß, Ich weiß es, wenn er nichts sieht, Ich seh' es, sagen, oder andere derart unterweisen mag, daß es ihnen lange zum Unheil und Leiden gereichen kann?‹ Und indem er ihn erforscht erkennt er: ›Nicht hat dieser Ehrwürdige solche Eigenschaften der Irre an sich, daß er, im Herzen von ihnen eingenommen, wenn er nichts weiß, Ich weiß es, wenn er nichts sieht, Ich seh' es, sagen, oder andere derart unterweisen mag, daß es ihnen lange zum Unheil und Leiden gereichen kann. Denn diesem Ehrwürdigen eignet solches Betragen und solche Rede, wie es Irrlosen ansteht. Und die Lehre, welche der Ehrwürdige darlegt, diese Lehre ist tief, schwer zu entdecken, schwer zu gewahren, still, erlesen, unbekrittelbar, innig, Weisen erfindlich: nicht wohl kann diese Lehre von Irrigen dargelegt werden.‹ Und hat er ihn, also erforschend, lauter von Eigenschaften der Irre befunden, so faßt er Vertrauen zu ihm. Hat er Vertrauen gefaßt, so kommt er heran. Herangekommen gesellt er sich zu. Zugesellt gibt er Gehör. Offenen Ohres hört er die Lehre. Hat er die Lehre gehört behält er sie. Hat er die Sätze behalten betrachtet er den Inhalt. Hat er den Inhalt betrachtet gewähren ihm die Sätze Einsicht. Indem ihm die Sätze Einsicht gewähren billigt er sie. Indem er sie billigt läßt er sie gelten. Hat er sie gelten lassen wägt er ab. Hat er abgewogen arbeitet er. Und weil er innig arbeitet verwirklicht er eben leibhaftig die höchste Wahrheit, und weise durchbohrend erschaut er sie. Insofern, Bhāradvājo, kommt man der Wahrheit nach, so kann man der Wahrheit nachkommen, und insofern erklären wir was der Wahrheit Nachkunft sei: doch ist es noch nicht der Wahrheit Nachfolge.«

»Insofern, o Gotamo, kommt man der Wahrheit nach, so kann man der Wahrheit nachkommen, und insofern verstehn wir was der Wahrheit Nachkunft sei. Inwiefern aber, o Gotamo, folgt man der Wahrheit nach? Wie kann man der Wahrheit nachfolgen? Was der Wahrheit Nachfolge sei fragen wir Herrn Gotamo.«

»Eben diese Dinge, Bhāradvājo, pflegen und entwickeln und ausbilden ist der Wahrheit Nachfolge. Insofern, Bhāradvājo, folgt man der Wahrheit nach, so kann man der Wahrheit nachfolgen, und insofern erklären wir was der Wahrheit Nachfolge sei.«

»Insofern, o Gotamo, folgt man der Wahrheit nach, so kann man der Wahrheit nachfolgen, und insofern verstehn wir was der Wahrheit Nachfolge sei. Was ist aber wichtig, o Gotamo, um der Wahrheit nachzufolgen? Was um der Wahrheit nachzufolgen wichtig sei fragen wir Herrn Gotamo.«

»Um der Wahrheit nachzufolgen, Bhāradvājo, ist arbeiten wichtig. Wer da nicht arbeitet kann nicht der Wahrheit nachfolgen. Doch weil er arbeitet folgt er der Wahrheit nach. Darum ist um der Wahrheit nachzufolgen arbeiten wichtig.«

»Was ist aber wichtig, o Gotamo, um zu arbeiten? Was um zu arbeiten wichtig sei fragen wir Herrn Gotamo.«

»Um zu arbeiten, Bhāradvājo, ist abwägen wichtig. Wer da nicht abwägt kann nicht arbeiten. Doch weil er abwägt arbeitet er. Darum ist um zu arbeiten abwägen wichtig.«

»Was ist aber wichtig, o Gotamo, um abzuwägen? Was um abzuwägen wichtig sei fragen wir Herrn Gotamo.«

»Um abzuwägen, Bhāradvājo, ist geltenlassen wichtig. Wer da nicht gelten läßt kann nicht abwägen. Doch weil er gelten läßt wägt er ab. Darum ist um abzuwägen geltenlassen wichtig.«

»Was ist aber wichtig, o Gotamo, um geltenzulassen? Was um geltenzulassen wichtig sei fragen wir Herrn Gotamo.«

»Um geltenzulassen, Bhāradvājo, ist billigen wichtig. Wer da nicht billigt kann nicht geltenlassen. Doch weil er billigt läßt er gelten. Darum ist um geltenzulassen billigen wichtig.«

»Was ist aber wichtig, o Gotamo, um zu billigen? Was um zu billigen wichtig sei fragen wir Herrn Gotamo.«

»Um zu billigen, Bhāradvājo, ist es wichtig, daß die Sätze Einsicht gewähren. Wem da die Sätze keine Einsicht gewähren, der kann nicht billigen. Doch weil ihm die Sätze Einsicht gewähren billigt er. Darum ist es um zu billigen wichtig, daß die Sätze Einsicht gewähren.«

»Was ist aber wichtig, o Gotamo, auf daß die Sätze Einsicht gewähren? Was um der Sätze Einsichtgewährung wichtig sei fragen wir Herrn Gotamo.«

»Auf daß die Sätze Einsicht gewähren, Bhāradvājo, ist es wichtig den Inhalt betrachten. Wer da nicht den Inhalt betrachtet, dem können die Sätze keine Einsicht gewähren. Doch weil er den Inhalt betrachtet gewähren ihm die Sätze Einsicht. Darum ist es um der Sätze Einsichtgewährung wichtig den Inhalt betrachten.«

»Was ist aber wichtig, o Gotamo, um den Inhalt zu betrachten? Was um den Inhalt zu betrachten wichtig sei fragen wir Herrn Gotamo.«

»Um den Inhalt zu betrachten, Bhāradvājo, ist es wichtig die Sätze behalten. Wer da nicht die Sätze behält kann nicht den Inhalt betrachten. Doch weil er die Sätze behält betrachtet er den Inhalt. Darum ist es um den Inhalt zu betrachten wichtig die Sätze behalten.«

»Was ist aber wichtig, o Gotamo, um die Sätze zu behalten? Was um die Sätze zu behalten wichtig sei fragen wir Herrn Gotamo.«

»Um die Sätze zu behalten, Bhāradvājo, ist es wichtig die Lehre hören. Wer da die Lehre nicht hört kann die Sätze nicht behalten. Doch weil er die Lehre hört kann er die Sätze behalten. Darum ist es um die Sätze zu behalten wichtig die Lehre hören.«

»Was ist aber wichtig, o Gotamo, um die Lehre zu hören? Was um die Lehre zu hören wichtig sei fragen wir Herrn Gotamo.«

»Um die Lehre zu hören, Bhāradvājo, ist Gehör geben wichtig. Wer da nicht Gehör gibt kann die Lehre nicht hören. Doch weil er Gehör gibt hört er die Lehre. Darum ist es um die Lehre zu hören wichtig Gehör geben.«

»Was ist aber wichtig, o Gotamo, um Gehör zu geben? Was um Gehör zu geben wichtig sei fragen wir Herrn Gotamo.«

»Um Gehör zu geben, Bhāradvājo, ist zugesellen wichtig. Wer sich da nicht zugesellt kann nicht Gehör geben. Doch weil er sich zugesellt gibt er Gehör. Darum ist es um Gehör zu geben wichtig sich zugesellen.«

»Was ist aber wichtig, o Gotamo, um sich zuzugesellen? Was um sich zuzugesellen wichtig sei fragen wir Herrn Gotamo.«

»Um sich zuzugesellen, Bhāradvājo, ist herankommen wichtig. Wer da nicht herankommt kann sich nicht zugesellen. Doch weil er herankommt gesellt er sich zu. Darum ist um sich zuzugesellen wichtig heranzukommen.«

»Was ist aber wichtig, o Gotamo, um heranzukommen? Was um heranzkommen wichtig sei fragen wir Herrn Gotamo.«

»Um heranzukommen, Bhāradvājo, ist Vertrauen wichtig. Wer da kein Vertrauen hat kann nicht herankommen. Doch weil er Vertrauen hat kommt er heran. Darum ist um heranzukommen Vertrauen wichtig.«

»Was der Wahrheit Nachgehn sei haben wir Herrn Gotamo gefragt: was der Wahrheit Nachgehn ist hat Herr Gotamo erklärt; und es hat uns gefallen und behagt und wir sind es zufrieden. Was der Wahrheit Nachkunft sei haben wir Herrn Gotamo gefragt: was der Wahrheit Nachkunft ist, hat Herr Gotamo erklärt; und es hat uns gefallen und behagt und wir sind es zufrieden. Was der Wahrheit Nachfolge sei haben wir Herrn Gotamo gefragt: was der Wahrheit Nachfolge ist hat Herr Gotamo erklärt; und es hat uns gefallen und behagt und wir sind es zufrieden. Was um der Wahrheit nachzufolgen wichtig sei haben wir Herrn Gotamo gefragt: was um der Wahrheit nachzufolgen wichtig ist hat Herr Gotamo erklärt; und es hat uns gefallen und behagt und wir sind es zufrieden. Was wir eben auch Herrn Gotamo gefragt haben, das hat eben auch Herr Gotamo erklärt; und es hat uns gefallen und behagt und wir sind es zufrieden. – Wir haben ja früher, o Gotamo, also gedacht: ›Was sind das doch für kahlköpfige Asketen da, ein dreistes Gesindel, einer dem anderen auf den Fersen: was werden die von Wahrheit wissen!‹ Erzeugt hat mir, wahrlich, Herr Gotamo Asketenliebe zu den Asketen, Asketenfreude an den Asketen, Asketenehrfurcht vor den Asketen. – Vortrefflich, o Gotamo, vortrefflich, o Gotamo! Gleichwie etwa, o Gotamo, als ob man Umgestürztes aufstellte, oder Verdecktes enthüllte, oder Verirrten den Weg wiese, oder Licht in die Finsternis brächte: ›Wer Augen hat wird die Dinge sehn‹: ebenso auch ist von Herrn Gotamo die Lehre gar vielfach gezeigt worden. Und so nehm' ich bei Herrn Gotamo Zuflucht, bei der Lehre und bei der Jüngerschaft: als Anhänger möge mich Herr Gotamo betrachten, von heute an zeitlebens getreu.«

24. DER SOHN DER SAMAṆAMUṆḌIKĀ

78. Rede

Das hab' ich gehört. Zu einer Zeit weilte der Erhabene bei Sāvatthī, im Siegerwalde, im Garten Anāthapiṇḍikos. Um diese Zeit nun hielt sich der Pilger Uggāhamāno, der Sohn der Samaṇamuṇḍikā, im Redesaal der ebenholzverschalten Großen Halle in Mallikās Garten auf, in Gesellschaft vieler Pilger, von etwa dreihundert Pilgern umgeben.

Da ging nun Pañcakaṅgo der Baumeister eines Nachmittags von Sāvatthī hinaus, den Erhabenen besuchen. Doch Pañcakaṅgo der Baumeister gedachte alsbald: ›Es ist noch nicht Zeit den Erhabenen zu besuchen, zurückgezogen weilt der Erhabene; und auch die geistig tätigen Mönche besuchen ziemt sich jetzt nicht, zurückgezogen wirken die Mönche geistiges Werk. Wie, wenn ich nun den Redesaal aufsuchte, die ebenholzverschalte Große Halle, den Garten Mallikās, wo Uggāhamāno der Pilger, der Sohn der Samaṇamuṇḍikā, weilt?‹ Und Pañcakaṅgo der Baumeister begab sich zum Garten der Mallikā, zur ebenholzverschalten Großen Halle, zum Redesaal hin.

Um diese Zeit aber war Uggāhamāno der Pilger, der Sohn der Samaṇamuṇḍikā, im weiten Kreise der Pilgerschar sitzend, in lebhaftem Gespräche begriffen; und sie machten lauten Lärm, großen Lärm, und unterhielten sich über allerhand gemeine Dinge, als wie über Könige, über Räuber, über Fürsten und Soldaten, über Krieg und Kampf, über Speise und Trank, über Kleidung und Bett, über Blumen und Düfte, über Verwandte, über Fuhrwerk und Wege, über Dörfer und Burgen, über

Städte und Länder, über Weiber und Weine, über Straßen und Märkte, über die Altvorderen und über die Veränderungen, über Volksgeschichten und Seegeschichten, über dies und das und dergleichen mehr.

Und Uggāhamāno der Pilger, der Sohn der Samaṇamuṇḍikā, sah Pañcakaṉgo den Baumeister von ferne herankommen, und als er ihn gesehn mahnte er die Umsitzenden zur Ruhe:

»Seid nicht so laut, ihr Lieben, macht keinen Lärm, ihr Lieben: da kommt ein Jünger des Asketen Gotamo heran, Pañcakaṉgo der Baumeister! Von jenen Jüngern des Asketen Gotamo, die da als Hausleute, weiß gekleidet, in Sāvatthī wohnen, ist dieser auch einer, Pañcakaṉgo der Baumeister. Und sie lieben nicht lauten Lärm, diese Herren, Ruhe ist ihnen recht, Ruhe preisen sie; vielleicht mag ihn der Anblick einer lautlosen Versammlung bewegen, seine Schritte hierher zu lenken.«

Und so schwiegen denn diese Pilger still. Und Pañcakaṉgo der Baumeister kam näher zu Uggāhamāno dem Pilger, dem Sohne der Samaṇamuṇḍikā, heran. Dort angelangt wechselte er höflichen Gruß und freundliche, denkwürdige Worte mit ihm und setzte sich zur Seite nieder. Und zu Pañcakaṉgo dem Baumeister, der da zur Seite saß, sprach nun Uggāhamāno der Pilger, der Sohn der Samaṇamuṇḍikā, also:

»Vier Dinge, Baumeister, sag' ich, lassen den Menschen gut begabt sein, höchstes Gut, besten Gewinn gewonnen, den Asketenkampf bestanden haben: welche vier? Da begeht er, Baumeister, keine böse Tat in Werken, redet kein böses Wort, hegt keine böse Gesinnung, lebt kein böses Leben. Diese vier Dinge, Baumeister, sag' ich, lassen den Menschen gut begabt sein, höchstes Gut, besten Gewinn gewonnen, den Asketenkampf bestanden haben.«

Aber Pañcakaṉgo der Baumeister war durch die Worte des Pilgers Uggāhamāno, des Sohnes der Samaṇamuṇḍikā, weder befriedigt noch verstimmt; ohne Befriedigung, ohne Verstimmung stand er von seinem Sitze auf und ging fort: ›Beim Erhabenen werd' ich den Sinn dieser Worte verstehn.‹

Und Pañcakaṉgo der Baumeister begab sich dorthin wo der Erhabene weilte, begrüßte den Erhabenen ehrerbietig und setzte sich zur Seite nieder. Zur Seite sitzend berichtete nun Pañcakaṉgo der Baumeister dem Erhabenen Wort für Wort alles was Uggāhamāno der Pilger, der Sohn der Samaṇamuṇḍikā, gesagt. Als er geendet, wandte sich der Erhabene zu ihm und sprach:

»Ist es also, Baumeister, dann mag ein zarter Knabe, ein unvernünftiger Säugling, gut begabt sein, höchstes Gut, besten Gewinn gewonnen, den Asketenkampf bestanden haben, dem Worte des Pilgers Uggāhamāno, des Sohnes der Samaṇamuṇḍikā, gemäß. Denn ein zarter Knabe, Baumeister, ein unvernünftiger Säugling, weiß ja nichts von Werken: woher sollt' er gar böse Tat in Werken begehn, es sei denn daß er um sich schlägt. Denn ein zarter Knabe, Baumeister, ein unvernünftiger Säugling, weiß ja nichts von Worten: woher sollt' er gar böses Wort reden, es sei denn daß er schreit. Denn ein zarter Knabe, Baumeister, ein unvernünftiger Säugling, weiß ja nichts von Gesinnung: woher sollt' er gar böse Gesinnung hegen, es sei denn daß er zornig ist. Denn ein zarter Knabe, Baumeister, ein unvernünftiger Säugling, weiß ja nichts von Leben: woher sollt' er gar böses Leben leben, es sei denn daß er Muttermilch nimmt. Ist es also, Baumeister, dann mag ein zarter Knabe, ein unvernünftiger Säugling, gut begabt sein, höchstes Gut, besten Gewinn gewonnen, den Asketenkampf bestanden haben, dem Worte des Pilgers Uggāhamāno, des Sohnes der Samaṇamuṇḍikā, gemäß.

»Vier Dinge, Baumeister, sag' ich, lassen den Menschen noch nicht gut begabt sein, höchstes Gut, besten Gewinn gewonnen, den Asketenkampf bestanden haben, sondern nur bis zu jenem zarten Knaben, dem unvernünftigen Säugling, heranreichen: welche vier? Da begeht er, Baumeister, keine böse Tat in Werken, redet kein böses Wort, hegt keine böse Gesinnung, lebt kein böses Leben. Diese vier Dinge, Baumeister, sag' ich, lassen den Menschen noch nicht gut begabt sein, höchstes Gut, besten Gewinn gewonnen, den Asketenkampf bestanden haben, sondern nur bis zu jenem zarten Knaben, dem unvernünftigen Säugling, heranreichen.

»Zehn Dinge, Baumeister, sag' ich, lassen den Menschen gut begabt sein, höchstes Gut, besten Gewinn gewonnen, den Asketenkampf bestanden haben.

»›So ist üble Gehabung‹: das, Baumeister, sag' ich, muß man wissen. ›Daher kommt üble Gehabung‹: das, Baumeister, sag' ich, muß man wissen. ›Da geht üble Gehabung ohne Überrest unter‹: das, Baumeister, sag' ich, muß man wissen. ›Also wandelnd geht man dem Untergang übler Gehabung entgegen‹: das, Baumeister, sag' ich, muß man wissen. ›So ist gute Gehabung‹: das, Baumeister, sag' ich, muß man wissen. ›Daher kommt gute Gehabung‹: das, Baumeister, sag' ich, muß man wissen. ›Da geht gute Gehabung ohne Überrest unter‹: das, Baumeister, sag' ich, muß man wissen. ›Also wandelnd geht man dem Untergang guter Gehabung entgegen‹: das, Baumeister, sag' ich, muß man wissen. ›So ist üble Gesinnung‹: das, Baumeister, sag' ich, muß man wissen. ›Daher kommt üble Gesinnung‹: das, Baumeister, sag' ich, muß man wissen. ›Da geht üble Gesinnung ohne Überrest unter‹: das, Baumeister, sag' ich, muß man wissen. ›Also wandelnd geht man dem Untergang übler Gesinnung entgegen‹: das, Baumeister, sag' ich, muß man wissen. ›So ist gute Gesinnung‹: das, Baumeister, sag' ich, muß man wissen. ›Daher kommt gute Gesinnung‹: das, Baumeister, sag' ich, muß man wissen. ›Da geht gute Gesinnung ohne Überrest unter‹: das, Baumeister, sag' ich, muß man wissen. ›Also wandelnd geht man dem Untergang guter Gesinnung entgegen‹: das, Baumeister, sag' ich, muß man wissen.

»Was ist aber, Baumeister, üble Gehabung? Üble Tat in Werken, üble Tat in Worten, böses Leben: das heißt man, Baumeister, üble Gehabung. Und woher, Baumeister, kommt diese üble Gehabung? Spricht man von ihrer Herkunft, so hat man zu sagen: aus dem Herzen kommt sie her. Welcher Art ist das Herz? Das Herz ist eben gar vielfältig, manigfach, unterschiedlich; das Herz, das Gier, Haß und Irre birgt, da kommt die üble Gehabung her. Und wo, Baumeister, geht diese üble Gehabung ohne Überrest unter? Spricht man von ihrem Untergange, so gilt es, Baumeister, daß der Mönch üblen Wandel in Werken verlasse und guten Wandel in Werken erfülle, üblen Wandel in Worten verlasse und guten Wandel in Worten erfülle, üblen Wandel in Gedanken verlasse und guten Wandel in Gedanken erfülle, falsches Leben verlasse und auf rechte Weise das Leben friste: da geht jene üble Gehabung ohne Überrest unter. Wie aber wandelt man, Baumeister, dem Untergang übler Gehabung entgegenzugehn? Da weckt, Baumeister, der Mönch seinen Willen, daß er unaufgestiegene üble, unheilsame Dinge nicht aufsteigen lasse, er müht sich darum, mutig bestrebt, rüstet das Herz, macht es kampfbereit; weckt seinen Willen, daß er aufgestiegene üble, unheilsame Dinge vertreibe, er müht sich darum, mutig bestrebt, rüstet das Herz, macht es kampfbereit; weckt seinen Willen, daß er unaufgestiegene heilsame Dinge aufsteigen lasse, er müht sich darum, mutig bestrebt, rüstet das Herz, macht es kampfbereit; weckt seinen Willen, daß er aufgestiegene heilsame Dinge sich festigen, nicht lockern, weiterentwickeln, erschließen, entfalten, erfüllen lasse, er müht sich darum, mutig bestrebt, rüstet das Herz, macht es kampfbereit. Also wandelt man, Baumeister, dem Untergang übler Gehabung entgegenzugehn.

»Was ist aber, Baumeister, gute Gehabung? Gute Tat in Werken, gute Tat in Worten, Lauterkeit des Lebens: das, Baumeister, sag' ich, gehört zur Gehabung; und man heißt es, Baumeister, gute Gehabung. Und woher, Baumeister, kommt diese gute Gehabung? Spricht man von ihrer Herkunft, so hat man zu sagen: aus dem Herzen kommt sie her. Welcher Art ist das Herz? Das Herz ist eben gar vielfältig, mannigfach, unterschiedlich; das Herz, das keine Gier, keinen Haß, keine Irre birgt, da kommt die gute Gehabung her. Und wo, Baumeister, geht diese gute Gehabung ohne Überrest unter? Spricht man von ihrem Untergange, so gilt es, Baumeister, daß der Mönch Tugend habe, nicht aber Tugend sei; und daß er jene Gemüterlösung, Weisheiterlösung der Wahrheit gemäß erkenne, wo ihm die gute Gehabung ohne Überrest untergeht. Wie aber wandelt man, Baumeister, dem Untergang guter Gehabung entgegenzugehn? Da weckt, Baumeister, der Mönch seinen Willen, daß er unaufgestiegene üble, unheilsame Dinge nicht aufsteigen lasse, er müht sich darum, mutig bestrebt, rüstet das Herz, macht es kampfbereit; weckt seinen Willen, daß er aufgestiegene üble, unheilsame Dinge vertreibe, er müht sich darum, mutig bestrebt, rüstet das Herz, macht es kampfbereit; weckt seinen Willen, daß er unaufgestiegene heilsame Dinge aufsteigen lasse, er müht sich darum, mutig bestrebt, rüstet das Herz, macht es kampfbereit; weckt seinen Willen, daß er aufgestiegene heilsame Dinge sich festigen, nicht lockern, weiterentwickeln, erschließen, entfalten, erfüllen lasse, er müht sich darum, mutig bestrebt, rüstet das Herz, macht es kampfbereit. Also wandelt man, Baumeister, dem Untergang guter Gehabung entgegenzugehn.

»Was ist aber, Baumeister, üble Gesinnung? Sinnende Lust, sinnender Groll, sinnende Wut: das heißt man, Baumeister, üble Gesinnung. Und woher, Baumeister, kommt diese üble Gesinnung? Spricht man von ihrer Herkunft, so hat man zu sagen: aus der Wahrnehmung kommt sie her. Welcher Art ist die Wahrnehmung? Die Wahrnehmung ist eben gar vielfältig, mannigfach, unterschiedlich; die Wahrnehmung, die Lust empfindet, Groll empfindet, Wut empfindet, da kommt die üble Gesinnung her. Und wo, Baumeister, geht diese üble Gesinnung ohne Überrest unter? Spricht man von ihrem Untergange, so gilt es, Baumeister, daß der Mönch, gar fern von Begierden, fern von unheilsamen Dingen, in sinnend gedenkender ruhegeborener seliger Heiterkeit, in der Weihe der ersten Schauung weile: da geht jene üble Gesinnung ohne Überrest unter. Wie aber wandelt man, Baumeister, dem Untergang übler Gesinnung entgegenzugehn? Da weckt, Baumeister, der Mönch seinen Willen, daß er unaufgestiegene üble, unheilsame Dinge nicht aufsteigen lasse, er müht sich darum, mutig bestrebt, rüstet das Herz, macht es kampfbereit; weckt seinen Willen, daß er aufgestiegene üble, unheilsame Dinge vertreibe, er müht sich darum, mutig bestrebt, rüstet das Herz, macht es kampfbereit; weckt seinen Willen, daß er unaufgestiegene heilsame Dinge aufsteigen lasse, er müht sich darum, mutig bestrebt, rüstet das Herz, macht es kampfbereit; weckt seinen Willen, daß er aufgestiegene heilsame Dinge sich festigen, nicht lockern, weiterentwickeln, erschließen, entfalten, erfüllen lasse, er müht sich darum, mutig bestrebt, rüstet das Herz, macht es kampfbereit. Also wandelt man, Baumeister, dem Untergang übler Gesinnung entgegenzugehn.

»Was ist aber, Baumeister, gute Gesinnung? Entsagung sinnen, keinen Groll hegen, keine Wut hegen: das heißt man, Baumeister, gute Gesinnung. Und woher, Baumeister, kommt diese gute Gesinnung? Spricht man von ihrer Herkunft, so hat man zu sagen: aus der Wahrnehmung kommt sie her. Welcher Art ist die Wahrnehmung? Die Wahrnehmung ist eben gar vielfältig, mannigfach, unterschiedlich; die Wahrnehmung, die Entsagung sinnt, keinen Groll hegt, keine Wut hegt, da kommt die gute Gesinnung her. Und wo, Baumeister, geht diese gute Gesinnung ohne Überrest unter? Spricht man von ihrem Untergange, so gilt es, Baumeister, daß der Mönch nach Vollendung des Sinnens und Gedenkens die innere Meeresstille, die Einheit des Gemütes gewinne, die von sinnen, von gedenken freie, in der Einigung geborene selige Heiterkeit, die Weihe der zweiten Schauung: da geht jene gute Gesinnung ohne Überrest unter. Wie aber wandelt man, Baumeister, dem Untergang guter Gesinnung entgegenzugehn? Da weckt, Baumeister, der Mönch seinen Willen, daß er unaufgestiegene üble, unheilsame Dinge nicht aufsteigen lasse, er müht sich darum, mutig bestrebt, rüstet das Herz, macht es kampfbereit; weckt seinen Willen, daß er aufgestiegene üble, unheilsame Dinge vertreibe, er müht sich darum, mutig bestrebt, rüstet das Herz, macht es kampfbereit; weckt seinen Willen, daß er unaufgestiegene heilsame Dinge aufsteigen lasse, er müht sich darum, mutig bestrebt, rüstet das Herz, macht es kampfbereit; weckt seinen Willen, daß er aufgestiegene heilsame Dinge sich festigen, nicht lockern, weiterentwickeln, erschließen, entfalten, erfüllen lasse, er müht sich darum, mutig bestrebt, rüstet das Herz, macht es kampfbereit. Also wandelt man, Baumeister, dem Untergang guter Gesinnung entgegenzugehn.

»Was für zehn Dinge aber, Baumeister, sag' ich, lassen den Menschen gut begabt sein, höchstes Gut, besten Gewinn gewonnen, den Asketenkampf bestanden haben? Da eignet, Baumeister, einem Mönche untrüglich rechte Erkenntnis, untrüglich rechte Gesinnung, untrüglich rechte Rede, untrüglich rechtes Handeln, untrüglich rechtes Wandeln, untrüglich rechtes Mühn, untrüglich rechte Einsicht, untrüglich rechte

Einigung, untrüglich rechte Weisheit, untrüglich rechte Erlösung. Diese zehn Dinge, Baumeister, sag' ich, lassen den Menschen gut begabt sein, höchstes Gut, besten Gewinn gewonnen, den Asketenkampf bestanden haben.«

Also sprach der Erhabene. Zufrieden freute sich Pañcakaṉgo der Baumeister über das Wort des Erhabenen.

25. VOR KĪṬĀGIRI

70. Rede

Das hab' ich gehört. Zu einer Zeit wanderte der Erhabene im Lande der Benāreser von Ort zu Ort, von vielen Mönchen begleitet. Da nun wandte sich der Erhabene an die Mönche:

»Ich nehme, ihr Mönche, nur zu anderer Zeit und nicht am Abend Nahrung ein: und weil ich nun, ihr Mönche, nur zu anderer Zeit und nicht am Abend Nahrung einnehme, wahr' ich mir Gesundheit und Frische, Munterkeit, Stärke und Wohlsein. So nehmet auch ihr denn, Mönche, nur zu anderer Zeit und nicht am Abend Nahrung ein: nur zu anderer Zeit, ihr Mönche, und nicht am Abend Nahrung einnehmend werdet auch ihr Gesundheit und Frische, Munterkeit, Stärke und Wohlsein euch wahren.«

»Gern, o Herr!« erwiderten da jene Mönche dem Erhabenen gehorsam.

Und der Erhabene wanderte im Lande der Benāreser von Ort zu Ort weiter und kam in die Nähe von Kīṭāgiri, einer Burg im Gebiete von Benāres.

Vor Kīṭāgiri weilte nun der Erhabene, vor der benāresischen Burg. Und gerade damals hielten sich die Jünger Assaji und Punabbasu mit ihren Mönchen bei Kīṭāgiri auf.

Da nun begaben sich viele Mönche dorthin wo Assaji und Punabbasu mit ihren Mönchen weilten. Dort angelangt sprachen sie also zu ihnen:

»Der Erhabene, ihr Brüder, nimmt nur zu anderer Zeit und nicht am Abend Nahrung ein, und auch die Mönchgemeinde: nur zu anderer Zeit und nicht am Abend, ihr Brüder, Nahrung einnehmend wahren sie sich Gesundheit und Frische, Munterkeit, Stärke und Wohlsein. So nehmet, Brüder, auch ihr nur zu anderer Zeit und nicht am Abend Nahrung ein: nur zu anderer Zeit, ihr Brüder, und nicht am Abend Nahrung einnehmend werdet auch ihr Gesundheit und Frische, Munterkeit, Stärke und Wohlsein euch wahren.«

Auf diese Worte sprachen die Mönche Assajis und Punabbasus also zu den Mönchen:

»Und wir, Brüder, nehmen eben abends Nahrung ein und morgens und mittags, außer der Zeit: und weil wir eben abends Nahrung einnehmen und morgens und mittags, außer der Zeit, wahren wir uns Gesundheit und Frische, Munterkeit, Stärke und Wohlsein. Was werden wir da ein Gegenwärtiges aufgeben um einem Künftigen nachzujagen? Sondern abends wollen wir Nahrung einnehmen und morgens und mittags, außer der Zeit.«

Da nun jene Mönche die Mönche Assajis und Punabbasus nicht aufzuklären vermochten, begaben sie sich zum Erhabenen zurück, begrüßten den Erhabenen ehrerbietig und setzten sich zur Seite nieder. Zur Seite sitzend berichteten nun jene Mönche dem Erhabenen Wort um Wort den ganzen Vorgang. Und der Erhabene wandte sich an einen der Mönche:

»Gehe, o Mönch, und sage in meinem Namen den Mönchen Assajis und Punabbasus: Der Meister läßt euch Ehrwürdige rufen.«

»Wohl, o Herr!« erwiderte jener Mönch, dem Erhabenen gehorchend, und begab sich dorthin wo die Mönche Assajis und Punabbasus weilten. Dort angelangt sprach er also zu ihnen: »Der Meister läßt euch Ehrwürdige rufen.«

»Gut, o Bruder, wir kommen!« erwiderten die Mönche Assajis und Punabbasus jenem Mönche und begaben sich dorthin wo der Erhabene weilte. Dort angelangt, begrüßten sie den Erhabenen ehrerbietig und setzten sich zur Seite nieder. Und zu den Mönchen Assajis und Punabbasus, die da zur Seite saßen, sprach der Erhabene also:

»Ist es wahr, wie man sagt, ihr Mönche, daß viele Mönche euch besucht und euch zugesprochen haben: ›Der Erhabene, ihr Brüder, nimmt nur zu anderer Zeit und nicht am Abend Nahrung ein, und auch die Mönchgemeinde: nur zu anderer Zeit und nicht am Abend, ihr Brüder, Nahrung einnehmend wahren sie sich Gesundheit und Frische, Munterkeit, Stärke und Wohlsein. So nehmet, Brüder, auch ihr nur zu anderer Zeit und nicht am Abend Nahrung ein: nur zu anderer Zeit, ihr Brüder, und nicht am Abend Nahrung einnehmend werdet auch ihr Gesundheit und Frische, Munterkeit, Stärke und Wohlsein euch wahren.‹ Auf diese Worte, ihr Mönche, sollt ihr dann also zu den Mönchen gesprochen haben: ›Und wir, Brüder, nehmen eben abends Nahrung ein und morgens und mittags, außer der Zeit: und weil wir eben abends Nahrung einnehmen und morgens und mittags, außer der Zeit, wahren wir uns Gesundheit und Frische, Munterkeit, Stärke und Wohlsein. Was werden wir da ein Gegenwärtiges aufgeben um einem Künftigen nachzujagen? Sondern abends wollen wir Nahrung einnehmen und morgens und mittags, außer der Zeit.‹«

»Ja, o Herr!«

»Wie nun, ihr Mönche? Wißt ihr etwa, daß ich also die Lehre gezeigt habe: ›Was immer auch ein Mensch empfindet, sei es Wohl, oder Wehe, oder weder Wohl noch Wehe, da mindern sich bei ihm die unheilsamen Dinge und mehren sich die heilsamen‹?«

»Das nicht, o Herr!«

»So wißt ihr denn, Mönche, daß ich also die Lehre gezeigt habe: Da empfindet einer irgendein wohliges Gefühl und ihm mehren sich die unheilsamen Dinge und mindern sich die heilsamen, und wieder einer empfindet irgendein wohliges Gefühl und ihm mindern sich die unheilsamen Dinge und mehren sich die heilsamen; da empfindet einer irgendein wehes Gefühl und ihm mehren sich die unheilsamen Dinge und mindern sich die heilsamen, und wieder einer empfindet irgendein wehes Gefühl und ihm mindern sich die unheilsamen Dinge und mehren sich die heilsamen; da empfindet einer irgendein weder wohlig noch wehes Gefühl und ihm mehren sich die unheilsamen Dinge und mindern sich die heilsamen, und wieder einer empfindet irgendein weder wohlig noch wehes Gefühl und ihm mindern sich die unheilsamen Dinge und mehren sich die heilsamen.«

»Freilich, o Herr!«

»Gut, ihr Mönche. Hätt' ich das, ihr Mönche, nicht erkannt, nicht gesehn, nicht gefunden, nicht offenbar gemacht, nicht weise gefaßt: ›Da empfindet einer irgendein wohliges Gefühl und ihm mehren sich die unheilsamen Dinge und mindern sich die heilsamen‹, wüßt' ich das nicht und spräche: ›Derartiges wohliges Gefühl sollt ihr lassen‹, würde mir denn solches, ihr Mönche, zukommen?«

»Allerdings nicht, o Herr!«

»Weil ich nun aber das, ihr Mönche, erkannt, gesehn, gefunden, offenbar gemacht, weise gefaßt habe: ›Da empfindet einer irgendein wohliges Gefühl und ihm mehren sich die unheilsamen Dinge und mindern sich die heilsamen‹, darum sag' ich: ›Derartiges wohlige Gefühl sollt ihr lassen.‹ – Hätt' ich das, ihr Mönche, nicht erkannt, nicht gesehn, nicht gefunden, nicht offenbar gemacht, nicht weise gefaßt: ›Da empfindet einer irgendein wohliges Gefühl und ihm mindern sich die unheilsamen Dinge und mehren sich die heilsamen‹, wüßt' ich das nicht und spräche: ›Derartiges wohlige Gefühl sollt ihr gewinnen‹, würde mir denn solches, ihr Mönche, zukommen?«

»Gewiß nicht, o Herr!«

»Weil ich nun aber das, ihr Mönche, erkannt, gesehn, gefunden, offenbar gemacht, weise gefaßt habe: ›Da empfindet einer irgendein wohliges Gefühl und ihm mindern sich die unheilsamen Dinge und mehren sich die heilsamen‹, darum sag' ich: ›Derartiges wohlige Gefühl sollt ihr gewinnen.‹ – Hätt' ich das, ihr Mönche, nicht erkannt, nicht gesehn, nicht gefunden, nicht offenbar gemacht, nicht weise gefaßt: ›Da empfindet einer irgendein wehes Gefühl und ihm mehren sich die unheilsamen Dinge und mindern sich die heilsamen‹, wüßt' ich das nicht und spräche: ›Derartiges wehe Gefühl sollt ihr lassen‹, würde mir denn solches, ihr Mönche, zukommen?«

»Gewiß nicht, o Herr!«

»Weil ich nun aber das, ihr Mönche, erkannt, gesehn, gefunden, offenbar gemacht, weise gefaßt habe: ›Da empfindet einer irgendein wehes Gefühl und ihm mehren sich die unheilsamen Dinge und mindern sich die heilsamen‹, darum sag' ich: ›Derartiges wehe Gefühl sollt ihr lassen.‹ – Hätt' ich das, ihr Mönche, nicht erkannt, nicht gesehn, nicht gefunden, nicht offenbar gemacht, nicht weise gefaßt: ›Da empfindet einer irgendein wehes Gefühl und ihm mindern sich die unheilsamen Dinge und mehren sich die heilsamen‹, wüßt' ich das nicht und spräche: ›Derartiges wehe Gefühl sollt ihr gewinnen‹, würde mir denn solches, ihr Mönche, zukommen?«

»Freilich nicht, o Herr!«

»Weil ich nun aber das, ihr Mönche, erkannt, gesehn, gefunden, offenbar gemacht, weise gefaßt habe: ›Da empfindet einer irgendein wehes Gefühl und ihm mindern sich die unheilsamen Dinge und mehren sich die heilsamen‹, darum sag' ich: ›Derartiges wehe Gefühl sollt ihr gewinnen.‹ – Hätt' ich das, ihr Mönche, nicht erkannt, nicht gesehn, nicht gefunden, nicht offenbar gemacht, nicht weise gefaßt: ›Da empfindet einer irgendein weder wohlig noch wehes Gefühl und ihm mehren sich die unheilsamen Dinge und mindern sich die heilsamen‹, wüßt' ich das nicht und spräche: ›Derartiges weder wohlig noch wehe Gefühl sollt ihr lassen‹, würde mir denn solches, ihr Mönche, zukommen?«

»Allerdings nicht, o Herr!«

»Weil ich nun aber das, ihr Mönche, erkannt, gesehn, gefunden, offenbar gemacht, weise gefaßt habe: ›Da empfindet einer irgendein weder wohlig noch wehes Gefühl und ihm mehren sich die unheilsamen

Dinge und mindern sich die heilsamen‹, darum sag' ich: ›Derartiges weder wohlig noch wehe Gefühl sollt ihr lassen.‹ – Hätt' ich das, ihr Mönche, nicht erkannt, nicht gesehn, nicht gefunden, nicht offenbar gemacht, nicht weise gefaßt: ›Da empfindet einer irgendein weder wohlig noch wehes Gefühl und ihm mindern sich die unheilsamen Dinge und mehren sich die heilsamen‹, wüßt' ich das nicht und spräche: ›Derartiges weder wohlig noch wehe Gefühl sollt ihr gewinnen‹, würde mir denn solches, ihr Mönche, zukommen?«

»Gewiß nicht, o Herr!«

»Weil ich nun aber das, ihr Mönche, erkannt, gesehn, gefunden, offenbar gemacht, weise gefaßt habe: ›Da empfindet einer irgendein weder wohlig noch wehes Gefühl und ihm mindern sich die unheilsamen Dinge und mehren sich die heilsamen‹, darum sag' ich: ›Derartiges weder wohlig noch wehe Gefühl sollt ihr gewinnen.‹

»Nicht sag' ich, ihr Mönche: ›Ein jeder Mönch muß unermüdlich kämpfen‹, noch auch sag' ich, ihr Mönche: ›Ein jeder Mönch muß nicht unermüdlich kämpfen.‹ Jene Mönche, ihr Mönche, die da Heilige, Wahnversieger, Endiger sind, die das Werk gewirkt, die Bürde abgelegt, das Heil errungen, die Daseinsfesseln vernichtet haben, die in vollkommener Weisheit Erlösten, von solchen Mönchen, ihr Mönche, sag' ich: ›Nicht müssen sie unermüdlich kämpfen.‹ Und warum nicht? Gekämpft haben sie unermüdlich, sie können nicht mehr ermüden. Jene Mönche aber, ihr Mönche, die als Kämpfer, mit streitendem Busen die unvergleichliche Sicherheit zu erringen trachten, von solchen Mönchen, ihr Mönche, sag' ich: ›Unermüdlich müssen sie kämpfen.‹ Und warum das? ›Vielleicht werden noch diese Ehrwürdigen, an geeigneten Orten verweilend, im Umgang mit frommenden Freunden, die Sinne sicher hinlenken und jenes Ziel, um dessen willen edle Söhne gänzlich vom Hause fort in die Hauslosigkeit ziehn, die höchste Vollendung der Heiligkeit noch bei Lebzeiten sich offenbar machen, verwirklichen und erringen‹: das ist es, ihr Mönche, was ich bei diesen Mönchen als Lohn der Unermüdlichkeit vorhersehe, und darum sag ich: ›Unermüdlich müssen sie kämpfen.‹

»Sieben Arten von Menschen, ihr Mönche, finden sich hier in der Welt vor: welche sieben? Der Beiderseiterlöste, der Weisheiterlöste, der Körperzeuge, der Aufgeklärte, der Gläubigerlöste, der Wissendergebene, der Gläubigergebene.‹

»Was für einer, ihr Mönche, ist aber der Beiderseiterlöste? Da hat, ihr Mönche, einer jene heiligen Erlösungen, die, jenseit der Formen, keinerlei Form behalten, leibhaftig erfahren und gefunden, und des weise

Sehenden Wahn ist aufgehoben. Den heißt man, ihr Mönche, einen Beiderseiterlösten. Und von einem solchen Mönche, ihr Mönche, sag' ich: ›Nicht muß er unermüdlich kämpfen.‹ Und warum nicht? Gekämpft hat er unermüdlich, er kann nicht mehr ermüden.

»Und was für einer, ihr Mönche, ist der Weisheiterlöste? Da hat, ihr Mönche, einer jene heiligen Erlösungen, die, jenseit der Formen, keinerlei Form behalten, nicht leibhaftig erfahren und gefunden, aber des weise Sehenden Wahn ist aufgehoben. Den heißt man, ihr Mönche, einen Weisheiterlösten. Und auch von einem solchen Mönche, ihr Mönche, sag' ich: ›Nicht muß er unermüdlich kämpfen.‹ Und warum nicht? Gekämpft hat er unermüdlich, er kann nicht mehr ermüden.

»Und was für einer, ihr Mönche, ist der Körperzeuge? Da hat, ihr Mönche, einer jene heiligen Erlösungen, die, jenseit der Formen, keinerlei Form behalten, leibhaftig erfahren und gefunden, und des weise Sehenden Wahn ist zum Teil aufgehoben. Den heißt man, ihr Mönche, einen Körperzeugen. Und von einem solchen Mönche, ihr Mönche, sag' ich: ›Unermüdlich muß er kämpfen.‹ Und warum das? ›Vielleicht wird noch dieser Ehrwürdige, an geeigneten Orten verweilend, im Umgang mit frommenden Freunden, die Sinne sicher hinlenken und jenes Ziel, um dessen willen edle Söhne gänzlich vom Hause fort in die Hauslosigkeit ziehn, die höchste Vollendung der Heiligkeit noch bei Lebzeiten sich offenbar machen, verwirklichen und erringen‹: das ist es, ihr Mönche, was ich bei diesem Mönche als Lohn der Unermüdlichkeit vorhersehe, und darum sag' ich: ›Unermüdlich muß er kämpfen.‹

»Und was für einer, ihr Mönche, ist der Aufgeklärte? Da hat, ihr Mönche, einer jene heiligen Erlösungen, die, jenseit der Formen, keinerlei Form behalten, nicht leibhaftig erfahren und gefunden, aber des weise Sehenden Wahn ist zum Teil aufgehoben, und die vom Vollendeten dargelegten Dinge sind ihm weise klargeworden, bis auf den Grund. Den heißt man, ihr Mönche, einen Aufgeklärten. Und auch von einem solchen Mönche, ihr Mönche, sag' ich: ›Unermüdlich muß er kämpfen.‹ Und warum das? ›Vielleicht wird noch dieser Ehrwürdige, an geeigneten Orten verweilend, im Umgang mit frommenden Freunden, die Sinne sicher hinlenken und jenes Ziel, um dessen willen edle Söhne gänzlich vom Hause fort in die Hauslosigkeit ziehn, die höchste Vollendung der Heiligkeit noch bei Lebzeiten sich offenbar machen, verwirklichen und erringen‹: das ist es, ihr Mönche, was ich bei diesem Mönche als Lohn der Unermüdlichkeit vorhersehe, und darum sag' ich: ›Unermüdlich muß er kämpfen.‹

»Und was für einer, ihr Mönche, ist der Gläubigerlöste? Da hat, ihr

Mönche, einer jene heiligen Erlösungen, die, jenseit der Formen, keinerlei Form behalten, nicht leibhaftig erfahren und gefunden, aber des weise Sehenden Wahn ist zum Teil aufgehoben, und der Glaube an den Vollendeten hat bei ihm Boden gefunden, Wurzel geschlagen, standgehalten. Den heißt man, ihr Mönche, einen Gläubigerlösten. Und auch von einem solchen Mönche, ihr Mönche, sag' ich: ›Unermüdlich muß er kämpfen.‹ Und warum das? ›Vielleicht wird noch dieser Ehrwürdige, an geeigneten Orten verweilend, im Umgang mit frommenden Freunden, die Sinne sicher hinlenken und jenes Ziel, um dessen willen edle Söhne gänzlich vom Hause fort in die Hauslosigkeit ziehn, die höchste Vollendung der Heiligkeit noch bei Lebzeiten sich offenbar machen, verwirklichen und erringen‹: das ist es, ihr Mönche, was ich bei diesem Mönche als Lohn der Unermüdlichkeit vorhersehe, und darum sag' ich: ›Unermüdlich muß er kämpfen.‹

»Und was für einer, ihr Mönche, ist der Wissendergebene? Da hat, ihr Mönche, einer jene heiligen Erlösungen, die, jenseit der Formen, keinerlei Form behalten, nicht leibhaftig erfahren und gefunden, und des weise Sehenden Wahn ist nicht aufgehoben, aber die vom Vollendeten dargelegten Dinge kommen ihm allmählich weise zum Bewußtsein, und folgende Sinneskräfte wirken in ihm, als da sind: Glaube, Mut, Einsicht, Sammlung, Weisheit. Den heißt man, ihr Mönche, einen Wissendergebenen. Und auch von einem solchen Mönche, ihr Mönche, sag' ich: ›Unermüdlich muß er kämpfen.‹ Und warum das? ›Vielleicht wird noch dieser Ehrwürdige, an geeigneten Orten verweilend, im Umgang mit frommenden Freunden, die Sinne sicher hinlenken und jenes Ziel, um dessen willen edle Söhne gänzlich vom Hause fort in die Hauslosigkeit ziehn, die höchste Vollendung der Heiligkeit noch bei Lebzeiten sich offenbar machen, verwirklichen und erringen‹: das ist es, ihr Mönche, was ich bei diesem Mönche als Lohn der Unermüdlichkeit vorhersehe, und darum sag' ich: ›Unermüdlich muß er kämpfen.‹

»Und was für einer, ihr Mönche, ist der Gläubigergebene? Da hat, ihr Mönche, einer jene heiligen Erlösungen, die, jenseit der Formen, keinerlei Form behalten, nicht leibhaftig erfahren und gefunden, und des weise Sehenden Wahn ist nicht aufgehoben, aber er hegt Glauben und Liebe zum Vollendeten, und folgende Sinneskräfte wirken in ihm, als da sind: Glaube, Mut, Einsicht, Sammlung, Weisheit. Den heißt man, ihr Mönche, einen Gläubigergebenen. Und auch von einem solchen Mönche, ihr Mönche, sag' ich: ›Unermüdlich muß er kämpfen.‹ Und warum das? ›Vielleicht wird noch dieser Ehrwürdige, an geeigneten

Orten verweilend, im Umgang mit frommenden Freunden, die Sinne sicher hinlenken und jenes Ziel, um dessen willen edle Söhne gänzlich vom Hause fort in die Hauslosigkeit ziehn, die höchste Vollendung der Heiligkeit noch bei Lebzeiten sich offenbar machen, verwirklichen und erringen‹: das ist es, ihr Mönche, was ich bei diesem Mönche als Lohn der Unermüdlichkeit vorhersehe, und darum sag' ich: ›Unermüdlich muß er kämpfen.‹

»Nicht kann man, sag' ich, ihr Mönche, gleich im Anfang Gewißheit erlangen, sondern, ihr Mönche, allmählich sich mühend, allmählich kämpfend, Schritt um Schritt weiter schreitend erlangt man Gewißheit. Wie aber, ihr Mönche, erlangt man allmählich sich mühend, allmählich kämpfend, Schritt um Schritt weiter schreitend Gewißheit? Da kommt, ihr Mönche, ein Gläubigerregter heran. Herangekommen gesellt er sich zu. Zugesellt gibt er Gehör. Offenen Ohres hört er die Lehre. Hat er die Lehre gehört behält er sie. Hat er die Sätze behalten betrachtet er den Inhalt. Hat er den Inhalt betrachtet gewähren ihm die Sätze Einsicht. Indem ihm die Sätze Einsicht gewähren billigt er sie. Indem er sie billigt läßt er sie gelten. Hat er sie gelten lassen wägt er ab. Hat er abgewogen arbeitet er. Und weil er innig arbeitet verwirklicht er eben leibhaftig die höchste Wahrheit, und weise durchbohrend erschaut er sie.

»Nun hat aber, ihr Mönche, jener Glaube gefehlt, nun hat aber, ihr Mönche, jenes Herankommen gefehlt, nun hat aber, ihr Mönche, jenes Zugesellen gefehlt, nun hat aber, ihr Mönche, jenes Gehörgeben gefehlt, nun hat aber, ihr Mönche, jenes Hören der Lehre gefehlt, nun hat aber, ihr Mönche, jenes Behalten der Sätze gefehlt, nun hat aber, ihr Mönche, jenes Betrachten des Inhalts gefehlt, nun hat aber, ihr Mönche, jenes Einsichtgewähren der Sätze gefehlt, nun hat aber, ihr Mönche, jene Billigung gefehlt, nun hat aber, ihr Mönche, jenes Geltenlassen gefehlt, nun hat aber, ihr Mönche, jenes Abwägen gefehlt, nun hat aber, ihr Mönche, jenes Arbeiten gefehlt: in Irre wandelt ihr, Mönche, auf falscher Fährte wandelt ihr, Mönche. Wie fern stehn sie doch, ihr Mönche, die Toren, abseits von dieser Lehre und Ordnung.

»Es gibt, ihr Mönche, eine vierteilige Darlegung, die, wenn man sie gegeben hat, von einem verständigen Manne, sogar binnen kurzem, ihrem Sinne nach weise gefaßt werden kann: ich will sie euch geben, ihr Mönche, ihr werdet mir's fassen.«

»Wer sind wir, o Herr, und wer sind die Erfasser der Wahrheit!«

»Wer da, ihr Mönche, ein Meister ist, der die Welt liebt, der Welt nachgeht, mit weltlichen Dingen sich abgibt, selbst der wird nicht wie ein Krämer und Trödler behandelt: ›So möchten wir's haben, dann wollen wir uns einlassen: können wir's nicht so haben, wollen wir uns nicht einlassen‹; warum denn, ihr Mönche, der Vollendete, der gänzlich von weltlichen Dingen losgelöst ist? Dem gläubigen Jünger, ihr Mönche, der im Orden des Meisters mit ernstem Eifer sich übt, geht die Zuversicht auf: ›Meister ist der Erhabene, Jünger bin ich: der Erhabene weiß, ich weiß nicht.‹ Dem gläubigen Jünger, ihr Mönche, der im Orden des Meisters mit ernstem Eifer sich übt, teilt sich der Orden des Meisters erquickend mit und köstlich. Dem gläubigen Jünger, ihr Mönche, der im Orden des Meisters mit ernstem Eifer sich übt, geht die Zuversicht auf: ›Gern soll Haut und Sehnen und Knochen einschrumpfen an meinem Leibe, auftrocknen Fleisch und Blut: was da durch Mannesgewalt, Manneskraft, Mannestapferkeit erreicht werden kann, nicht bevor es erreicht ist wird die Kraft nachlassen.‹ Dem gläubigen Jünger, ihr Mönche, der im Orden des Meisters mit ernstem Eifer sich übt, mag eins von beiden zur Reife gedeihen: Gewißheit bei Lebzeiten oder, ist ein Rest Hangen da, Nichtwiederkehr.«

Also sprach der Erhabene. Zufrieden freuten sich jene Mönche über das Wort des Erhabenen.

26. DER RINDERHIRT II

34. Rede

Das hab' ich gehört. Zu einer Zeit weilte der Erhabene im Vajjī-Lande, bei Ukkācelā, am Gestade des Ganges. Dort nun wandte sich der Erhabene an die Mönche: »Ihr Mönche!« – »Erlauchter!« antworteten da jene Mönche dem Erhabenen aufmerksam. Der Erhabene sprach also:

»Es war einmal, ihr Mönche, in Magadhā ein Rinderhirt von trübem Verstande, der im letzten Monat der Regenzeit, im Herbste, ohne Untersuchung des diesseitigen Ufers, ohne Untersuchung des jenseitigen Ufers des Ganges seine Herde aufs Geratewohl in den Strom trieb, hinüber zum Ufer von Suvidehā. Als nun, ihr Mönche, die Rinder in die Mitte des Ganges, in die Strömung gelangt waren, da überschlugen sie sich und gingen elend zugrunde. Und warum das? Weil ja, ihr Mönche, jener unverständige Rinderhirt aus Magadhā im letzten Monat der Regenzeit, im Herbste, ohne Untersuchung des diesseitigen Ufers, ohne Untersuchung des jenseitigen Ufers des Ganges seine Herde aufs Geratewohl in den Strom trieb, hinüber zum Ufer von Suvidehā.

»Ebenso nun auch, ihr Mönche, ist es mit jenen Asketen oder Priestern, die diese Welt nicht verstehn und jene Welt nicht verstehn, das Reich der Natur nicht verstehn und das Reich der Freiheit nicht verstehn, die Zeitlichkeit nicht verstehn und die Ewigkeit nicht verstehn: wer der Schwimmkunst jener trauen will, dem wird es zu langem Unheil und Leiden gereichen.

»Es war einmal, ihr Mönche, in Magadhā ein Rinderhirt von hellem Verstande, der im letzten Monat der Regenzeit, im Herbste, nach genauer Untersuchung des diesseitigen Ufers, nach genauer Untersuchung des jenseitigen Ufers des Ganges seine Herde in eine richtige Furt trieb, hinüber zum Ufer von Suvidehā. Zuerst trieb er die Stiere hinein, die Väter der Herde, die Führer der Herde; diese durchkreuzten die Strömung des Ganges und gelangten heil an das andere Ufer. Hierauf trieb er die starken Kühe und Ochsen hinein, und auch diese durchkreuzten die Strömung des Ganges und gelangten heil an das andere Ufer. Hierauf trieb er die Farren und Färsen hinein, und auch diese durchkreuzten die Strömung des Ganges und gelangten heil an das andere Ufer. Hierauf trieb er die schwächlichen Kälbchen hinein, und auch diese durchkreuzten die Strömung des Ganges und gelangten heil an das andere Ufer. Zuletzt, ihr Mönche, war noch ein zartes Kälblein da, eben erst geboren, der Mutter mit Wehegebrüll entrissen, und auch dieses durchkreuzte die Strömung des Ganges und gelangte heil an das andere Ufer. Und warum das? Weil ja, ihr Mönche, jener verständige Rinderhirt aus Magadhā im letzten Monat der Regenzeit, im Herbste, nach genauer Untersuchung des diesseitigen Ufers, nach genauer Untersuchung des jenseitigen Ufers des Ganges seine Herde in eine richtige Furt trieb, hinüber zum Ufer von Suvidehā.

»Ebenso nun auch, ihr Mönche, ist es mit jenen Asketen oder Priestern, die diese Welt verstehn und jene Welt verstehn, das Reich der Natur verstehn und das Reich der Freiheit verstehn, die Zeitlichkeit verstehn und die Ewigkeit verstehn: wer der Schwimmkunst jener trauen will, dem wird es zu langem Wohle und Heile gereichen.

»Gleichwie nun, ihr Mönche, jene Stiere, die Väter der Herde, die Führer der Herde, die Strömung des Ganges durchkreuzten und heil an das andere Ufer gelangten: ebenso nun auch, ihr Mönche, haben jene Mönche, die Heilige, Wahnversieger, Endiger sind, die das Werk gewirkt, die Bürde abgelegt, das Heil errungen, die Daseinsfesseln vernichtet haben, die in vollkommener Weisheit Erlösten, haben diese die Strömung der Natur durchkreuzt und sind heil an das andere Ufer gelangt.

»Gleichwie nun, ihr Mönche, jene starken Kühe und Ochsen die Strömung des Ganges durchkreuzten und heil an das andere Ufer gelangten: ebenso nun auch, ihr Mönche, werden jene Mönche, welche nach Vernichtung der fünf niederzerrenden Fesseln emporsteigen, um von dort aus zu erlöschen, die nicht mehr zurückkehren nach jener Welt, werden auch sie die Strömung der Natur durchkreuzen und heil an das andere Ufer gelangen.

»Gleichwie nun, ihr Mönche, jene Farren und Färsen die Strömung des Ganges durchkreuzten und heil an das andere Ufer gelangten: ebenso nun auch, ihr Mönche, werden jene Mönche, welche die drei Fesseln vernichtet haben, die von Gier, Haß und Irre Erleichterten, fast schon Geläuterten, die nur einmal wiederkehren, nur einmal noch zu dieser Welt gekommen dem Leiden ein Ende machen, werden auch sie die Strömung der Natur durchkreuzen und heil an das andere Ufer gelangen.

»Gleichwie nun, ihr Mönche, jene schwächlichen Kälbchen die Strömung des Ganges durchkreuzten und heil an das andere Ufer gelangten: ebenso nun auch, ihr Mönche, werden jene Mönche, welche nach Vernichtung der drei Fesseln Hörer der Botschaft geworden, dem Verderben entronnen sind, zielbewußt der vollen Erwachung entgegeneilen, werden auch diese die Strömung der Natur durchkreuzen und heil an das andere Ufer gelangen.

»Gleichwie nun, ihr Mönche, jenes zarte Kälblein, das eben erst geboren, der Mutter mit Wehegebrüll entrissen ward, die Strömung des Ganges durchkreuzte und heil an das andere Ufer gelangte: ebenso nun auch, ihr Mönche, werden jene Mönche, welche der Wahrheit ergeben, der Lehre ergeben sind, werden auch diese die Strömung der Natur durchkreuzen und heil an das andere Ufer gelangen.

»Ich aber, ihr Mönche, verstehe diese Welt und verstehe jene Welt, verstehe das Reich der Natur und verstehe das Reich der Freiheit, verstehe die Zeitlichkeit und verstehe die Ewigkeit. Und die meiner Schwimmkunst trauen wollen, ihr Mönche, denen wird es zu langem Wohle und Heile gereichen.«

Also sprach der Erhabene. Als der Willkommene das gesagt hatte, sprach fernerhin also der Meister:

»So diese Welt wie jene Welt
Hat klar der Kenner aufgehellt:
Naturgebiet, Naturgebot,
Und Freiheit, Ende aller Not.

»Verstanden hat der wache Mann
Das ganze Dasein, weit und breit,
Und sichres Tor zur Ewigkeit,
Zur Wahnesruhe aufgetan.

»Des Bösen Strömung ist zerkriegt,
Zerstört, zerstoben und versiegt.
Seid heiter, Jünger, euer Teil
Ist sichrer Toderlösung Heil.«

IV. DER WEG DER TUGENDLÄUTERUNG

27. ZU BETREIBEN UND NICHT ZU BETREIBEN

114. Rede

Das hab' ich gehört. Zu einer Zeit weilte der Erhabene bei Sāvatthī, im Siegerwalde, im Garten Anāthapiṇḍikos. Dort nun wandte sich der Erhabene an die Mönche: »Ihr Mönche!« – »Erlauchter!« antworteten da jene Mönche dem Erhabenen aufmerksam. Der Erhabene sprach also:

»Was zu betreiben und was nicht zu betreiben ist, ihr Mönche, werde ich euch der Reihe nach anzeigen: das höret und achtet wohl auf meine Rede.«

»Gewiß, o Herr!« antworteten da jene Mönche dem Erhabenen aufmerksam. Der Erhabene sprach also:

»Betragen in Taten, sag' ich da, Mönche, ist von doppelter Art, als zu betreiben, als nicht zu betreiben: und es ist entgegengesetztes Betragen in Taten. Betragen in Worten, sag' ich da, Mönche, ist von doppelter Art, als zu betreiben, als nicht zu betreiben: und es ist entgegengesetztes Betragen in Worten. Betragen in Gedanken, sag' ich da, Mönche, ist von doppelter Art, als zu betreiben, als nicht zu betreiben: und es ist entgegengesetztes Betragen in Gedanken. Herzensentschließung, sag' ich da, Mönche, ist von doppelter Art, als zu betreiben, als nicht zu betreiben: und es ist entgegengesetzte Herzensentschließung. Verständnis erlangen, sag' ich da, Mönche, ist von doppelter Art, als zu betreiben, als nicht zu betreiben: und es ist entgegengesetztes Verständnis erlangen. Erkenntnis erlangen, sag' ich da, Mönche, ist von doppelter Art, als zu betreiben, als nicht zu betreiben: und es ist entgegengesetzte Erkenntnis erlangen. Eigenschaft erlangen, sag' ich da, Mönche, ist von doppelter Art, als zu betreiben, als nicht zu betreiben: und es ist entgegengesetzte Eigenschaft erlangen.«

Nach diesen Worten wandte sich der ehrwürdige Sāriputto also an den Erhabenen:

»Was da, o Herr, der Erhabene in Kürze gesagt, nicht ausführlich dargestellt hat, scheint mir, ausgeführt, dies zu bedeuten: ›Betragen in

Taten, sag' ich da, Mönche, ist von doppelter Art, als zu betreiben, als nicht zu betreiben: und es ist entgegengesetztes Betragen in Taten‹: das ist da wohl vom Erhabenen gesagt worden; und warum ist es gesagt worden? Ein Betragen, o Herr, in Taten, wobei sich einem, indem man es betreibt, die unheilsamen Dinge mehren und die heilsamen Dinge sich mindern, ein solches Betragen in Taten ist nicht zu betreiben. Ein Betragen aber, o Herr, in Taten, wobei sich einem, indem man es betreibt, die unheilsamen Dinge mindern und die heilsamen Dinge sich mehren, ein solches Betragen in Taten ist zu betreiben.

»Was ist das nun, o Herr, für ein Betragen in Taten, wobei sich einem, indem man es betreibt, die unheilsamen Dinge mehren und die heilsamen Dinge sich mindern? Da ist einer, o Herr, ein Mörder, grausam und blutgierig, der Gewalt und dem Totschlag ergeben, ohne Erbarmen gegen seine Mitwesen. Dann nimmt er was man ihm nicht gegeben hat; was ein anderer in Dorf oder Wald an Hab und Gut besitzt, das macht er sich ungeschenkt, in diebischer Absicht, zueigen. Und er begeht Ausschweifung; mit einem Mädchen, das unter der Obhut der Mutter oder des Vaters, unter der Obhut von Bruder oder von Schwester, unter der Obhut von Verwandten steht, mit einer Gattenbefohlenen oder einer Dienstergebenen, bis herab zu der blumengeschmückten Tänzerin, mit solchen pflegt er Verkehr. Das ist, o Herr, ein Betragen in Taten, wobei sich einem, indem man es betreibt, die unheilsamen Dinge mehren und die heilsamen Dinge sich mindern.

»Was ist es aber, o Herr, für ein Betragen in Taten, wobei sich einem, indem man es betreibt, die unheilsamen Dinge mindern und die heilsamen Dinge sich mehren? Da hat einer, o Herr, das Morden verworfen, vom Töten hält er sich fern; Stock und Schwert hat er abgelegt, er ist mild und teilnehmend, voll Liebe und Mitleid zu allem was da lebt und atmet. Nichtgegebenes zu nehmen hat er verworfen, vom Stehlen hält er sich fern; was ein anderer im Dorf oder Wald an Hab und Gut besitzt, das macht er sich ungeschenkt, in diebischer Absicht, nicht zueigen. Ausschweifung hat er verworfen, von Ausschweifung hält er sich fern; mit einem Mädchen, das unter der Obhut der Mutter oder des Vaters, unter der Obhut von Bruder oder von Schwester, unter der Obhut von Verwandten steht, mit einer Gattenbefohlenen oder einer Dienstergebenen, bis herab zu der blumengeschmückten Tänzerin, mit solchen pflegt er keinen Verkehr. Das ist, o Herr, ein Betragen in Taten, wobei sich einem, indem man es betreibt, die unheilsamen Dinge mindern und die heilsamen Dinge sich mehren. – ›Betragen in Taten, sag' ich da, Mönche, ist von doppelter Art, als zu betreiben, als nicht zu betreiben:

und es ist entgegengesetztes Betragen in Taten‹: wurde das vom Erhabenen gesagt, so war es darum gesagt.

»›Betragen in Worten, sag' ich da, Mönche, ist von doppelter Art, als zu betreiben, als nicht zu betreiben: und es ist entgegengesetztes Betragen in Worten‹: das ist da wohl vom Erhabenen gesagt worden; und warum ist es gesagt worden? Ein Betragen, o Herr, in Worten, wobei sich einem, indem man es betreibt, die unheilsamen Dinge mehren und die heilsamen Dinge sich mindern, ein solches Betragen in Worten ist nicht zu betreiben. Ein Betragen aber, o Herr, in Worten, wobei sich einem, indem man es betreibt, die unheilsamen Dinge mindern und die heilsamen Dinge sich mehren, ein solches Betragen in Worten ist zu betreiben.

»Was ist das nun, o Herr, für ein Betragen in Worten, wobei sich einem, indem man es betreibt, die unheilsamen Dinge mehren und die heilsamen Dinge sich mindern? Da ist einer, o Herr, ein Lügner. Vor Gericht, oder von den Leuten, oder unter Verwandten, oder in der Gesellschaft, oder von königlichen Beamten als Augenzeuge vernommen und befragt: ›Wohl denn, lieber Mann, was du weißt, das sage‹, antwortet er, wenn er nichts weiß: ›Ich weiß es‹, und wenn er es weiß: ›Ich weiß nichts‹, wenn er nichts gesehn hat: ›Ich hab' es gesehn‹, und wenn er es gesehn hat: ›Ich habe nichts gesehn.‹ So legt er um seinetwillen oder um eines anderen willen oder von irgendeiner sonstigen Absicht bewogen wissentlich falsches Zeugnis ab. Dann liebt er das Ausrichten. Was er hier gehört hat erzählt er dort wieder, um jene zu entzweien; oder was er dort gehört hat erzählt er hier wieder, um diese zu entzweien. So stiftet er Zwietracht unter Verbundenen und hetzt die Entzweiten auf. Hader erfreut ihn, Hader macht ihn froh, Hader befriedigt ihn, Hader erregende Worte spricht er. Dann gebraucht er barsche Worte, Reden, die spitzig und stechend sind, andere beleidigen, andere verletzen, Äußerungen des Zornes, die zu keiner Einigung führen: solche Worte spricht er. Und er betreibt müßiges Geplauder, spricht zur Unzeit, ohne Sinn, ohne Zweck, ohne Wahrheit, ohne Zucht; seine Rede ist nicht wert, daß man ihrer gedenke, sie ist ungehörig, ungebildet, unangemessen, unverständlich. Das ist, o Herr, ein Betragen in Worten, wobei sich einem, indem man es betreibt, die unheilsamen Dinge mehren und die heilsamen Dinge sich mindern.

»Was ist es aber, o Herr, für ein Betragen in Worten, wobei sich einem, indem man es betreibt, die unheilsamen Dinge mindern und die heilsamen Dinge sich mehren? Da hat einer, o Herr, das Lügen verworfen, vom Lügen hält er sich fern. Vor Gericht, oder von den Leuten, oder unter Verwandten, oder in der Gesellschaft, oder von königlichen Beamten als Augenzeuge vernommen und befragt: ›Wohl denn, lieber Mann, was du weißt, das sage‹, antwortet er, wenn er nichts weiß: ›Ich weiß nichts‹, und wenn er es weiß: ›Ich weiß es‹, wenn er nichts gesehn hat: ›Ich habe nichts gesehn‹, und wenn er es gesehn hat: ›Ich hab' es gesehn.‹ So legt er um seinetwillen oder um eines anderen willen oder von irgendeiner sonstigen Absicht bewogen wissentlich kein falsches Zeugnis ab. Das Ausrichten hat er verworfen, vom Ausrichten hält er sich fern. Was er hier gehört hat erzählt er dort nicht wieder, um jene zu entzweien; oder was er dort gehört hat erzählt er hier nicht wieder, um diese zu entzweien. So einigt er Entzweite, festigt Verbundene, Eintracht erfreut ihn, Eintracht macht ihn froh, Eintracht befriedigt ihn, Eintracht fördernde Worte spricht er. Barsche Worte hat er verworfen, von barschen Worten hält er sich fern. Worte, die frei von Schimpf sind, dem Ohre wohltuend, liebreich, zum Herzen dringend, höflich, viele erfreuend, viele erhebend, solche Worte spricht er. Plappern und Plaudern hat er verworfen, von Plappern und Plaudern hält er sich fern. Zur rechten Zeit spricht er, den Tatsachen gemäß, gehaltvoll, der Wahrheit getreu, der Zucht getreu; seine Rede ist wert, daß man ihrer gedenke, gelegentlich mit Gleichnissen geschmückt, klar und bestimmt, dem Gegenstande angemessen. Das ist, o Herr, ein Betragen in Worten, wobei sich einem, indem man es betreibt, die unheilsamen Dinge mindern und die heilsamen Dinge sich mehren. – ›Betragen in Worten, sag' ich da, Mönche, ist von doppelter Art, als zu betreiben, als nicht zu betreiben: und es ist entgegengesetztes Betragen in Worten‹: wurde das vom Erhabenen gesagt, so war es darum gesagt.

»›Betragen in Gedanken, sag' ich da, Mönche, ist von doppelter Art, als zu betreiben, als nicht zu betreiben: und es ist entgegengesetztes Betragen in Gedanken‹: das ist da wohl vom Erhabenen gesagt worden; und warum ist es gesagt worden? Ein Betragen, o Herr, in Gedanken, wobei sich einem, indem man es betreibt, die unheilsamen Dinge mehren und die heilsamen Dinge sich mindern, ein solches Betragen in Gedanken ist nicht zu betreiben. Ein Betragen aber, o Herr, in Gedanken, wobei sich einem, indem man es betreibt, die unheilsamen Dinge mindern und die heilsamen Dinge sich mehren, ein solches Betragen in Gedanken ist zu betreiben.

»Was ist das nun, o Herr, für ein Betragen in Gedanken, wobei sich einem, indem man es betreibt, die unheilsamen Dinge mehren und die heilsamen Dinge sich mindern? Da ist einer, o Herr, lüstern. Was ein anderer an Hab und Gut besitzt, danach giert er: ›Ach wenn doch sein

Eigen das meine wäre!‹ Dann ist er gehässig, übelgesinnten Herzens: ›Diese Wesen sollen getötet werden, sollen umgebracht werden, sollen zerstört werden, sollen vertilgt werden, sie sollen so nicht bleiben!‹ Das ist, o Herr, ein Betragen in Gedanken, wobei sich einem, indem man es betreibt, die unheilsamen Dinge mehren und die heilsamen Dinge sich mindern.

»Was ist es aber, o Herr, für ein Betragen in Gedanken, wobei sich einem, indem man es betreibt, die unheilsamen Dinge mindern und die heilsamen Dinge sich mehren? Da ist einer, o Herr, nicht lüstern. Was ein anderer an Hab und Gut besitzt, danach giert er nicht: ›Ach wenn doch sein Eigen das meine wäre!‹ Dann ist er frei von Gehässigkeit, frei von Übelwollen: ›Mögen diese Wesen ohne Haß, ohne Schmerz, ohne Qual glücklich ihr Dasein bewahren!‹ Das ist, o Herr, ein Betragen in Gedanken, wobei sich einem, indem man es betreibt, die unheilsamen Dinge mindern und die heilsamen Dinge sich mehren. – ›Betragen in Gedanken, sag' ich da, Mönche, ist von doppelter Art, als zu betreiben, als nicht zu betreiben: und es ist entgegengesetztes Betragen in Gedanken‹: wurde das vom Erhabenen gesagt, so war es darum gesagt.

»›Herzensentschließung, sag' ich da, Mönche, ist von doppelter Art, als zu betreiben, als nicht zu betreiben: und es ist entgegengesetzte Herzensentschließung‹: das ist da wohl vom Erhabenen gesagt worden; und warum ist es gesagt worden? Eine Herzensentschließung, o Herr, wobei sich einem, indem man sie betreibt, die unheilsamen Dinge mehren und die heilsamen Dinge sich mindern, eine solche Herzensentschließung ist nicht zu betreiben. Eine Herzensentschließung aber, o Herr, wobei sich einem, indem man sie betreibt, die unheilsamen Dinge mindern und die heilsamen Dinge sich mehren, eine solche Herzensentschließung ist zu betreiben.

»Was ist das nun, o Herr, für eine Herzensentschließung, wobei sich einem, indem man sie betreibt, die unheilsamen Dinge mehren und die heilsamen Dinge sich mindern? Da ist einer, o Herr, lüstern und läßt sein Gemüt von Lüsternheit bewogen sein, ist gehässig und läßt sein Gemüt von Gehässigkeit bewogen sein, ist rachgierig und läßt sein Gemüt von Rachgier bewogen sein. Das ist, o Herr, eine Herzensentschließung, wobei sich einem, indem man sie betreibt, die unheilsamen Dinge mehren und die heilsamen Dinge sich mindern.

»Was ist es aber, o Herr, für eine Herzensentschließung, wobei sich einem, indem man sie betreibt, die unheilsamen Dinge mindern und die heilsamen Dinge sich mehren? Da ist einer, o Herr, nicht lüstern und läßt sein Gemüt nicht von Lüsternheit bewogen sein, ist nicht gehässig und läßt sein Gemüt nicht von Gehässigkeit bewogen sein, ist nicht rachgierig und läßt sein Gemüt nicht von Rachgier bewogen sein. Das ist, o Herr, eine Herzensentschließung, wobei sich einem, indem man sie betreibt, die unheilsamen Dinge mindern und die heilsamen Dinge sich mehren. – ›Herzensentschließung, sag' ich da, Mönche, ist von doppelter Art, als zu betreiben, als nicht zu betreiben: und es ist entgegengesetzte Herzensentschließung‹: wurde das vom Erhabenen gesagt, so war es darum gesagt.

»›Verständnis erlangen, sag' ich da, Mönche, ist von doppelter Art, als zu betreiben, als nicht zu betreiben: und es ist entgegengesetztes Verständnis erlangen‹: das ist da wohl vom Erhabenen gesagt worden; und warum ist es gesagt worden? Ein Verständnis erlangen, o Herr, wobei sich einem, indem man es betreibt, die unheilsamen Dinge mehren und die heilsamen Dinge sich mindern, ein solches Verständnis erlangen ist nicht zu betreiben. Ein Verständnis erlangen aber, o Herr, wobei sich einem, indem man es betreibt, die unheilsamen Dinge mindern und die heilsamen Dinge sich mehren, ein solches Verständnis erlangen ist zu betreiben.

»Was ist das nun, o Herr, für ein Verständnis erlangen, wobei sich einem, indem man es betreibt, die unheilsamen Dinge mehren und die heilsamen Dinge sich mindern? Da ist einer, o Herr, lüstern und läßt seinen Verstand von Lüsternheit bewogen sein, ist gehässig und läßt seinen Verstand von Gehässigkeit bewogen sein, ist rachgierig und läßt seinen Verstand von Rachgier bewogen sein. Das ist, o Herr, ein Verständnis erlangen, wobei sich einem, indem man es betreibt, die unheilsamen Dinge mehren und die heilsamen Dinge sich mindern.

»Was ist es aber, o Herr, für ein Verständnis erlangen, wobei sich einem, indem man es betreibt, die unheilsamen Dinge mindern und die heilsamen Dinge sich mehren? Da ist einer, o Herr, nicht lüstern und läßt seinen Verstand nicht von Lüsternheit bewogen sein, ist nicht gehässig und läßt seinen Verstand nicht von Gehässigkeit bewogen sein, ist nicht rachgierig und läßt seinen Verstand nicht von Rachgier bewogen sein. Das ist, o Herr, ein Verständnis erlangen, wobei sich einem, indem man es betreibt, die unheilsamen Dinge mindern und die heilsamen Dinge sich mehren. – ›Verständnis erlangen, sag' ich da, Mönche, ist von doppelter Art, als zu betreiben, als nicht zu betreiben: und es ist entgegengesetztes Verständnis erlangen‹: wurde das vom Erhabenen gesagt, so war es darum gesagt.

»›Erkenntnis erlangen, sag' ich da, Mönche, ist von doppelter Art, als zu betreiben, als nicht zu betreiben: und es ist entgegengesetzte Erkenntnis erlangen‹: das ist da wohl vom Erhabenen gesagt worden; und warum ist es gesagt worden? Eine Erkenntnis erlangen, o Herr, wobei sich einem, indem man es betreibt, die unheilsamen Dinge mehren und die heilsamen Dinge sich mindern, eine solche Erkenntnis erlangen ist nicht zu betreiben. Eine Erkenntnis erlangen aber, o Herr, wobei sich einem, indem man es betreibt, die unheilsamen Dinge mindern und die heilsamen Dinge sich mehren, eine solche Erkenntnis erlangen ist zu betreiben.

»Was ist das nun, o Herr, für eine Erkenntnis erlangen, wobei sich einem, indem man es betreibt, die unheilsamen Dinge mehren und die heilsamen Dinge sich mindern? Da hat einer, o Herr, diese Erkenntnis: ›Almosengeben, Verzichtleisten, Spenden – es ist alles eitel; es gibt keine Saat und Ernte guter und böser Werke; Diesseits und Jenseits sind leere Worte; Vater und Mutter und auch geistige Geburt sind hohle Namen; die Welt hat keine Asketen und Priester, die vollkommen und vollendet sind, die sich den Sinn dieser und jener Welt begreiflich machen, anschaulich vorstellen und erklären können.‹ Das ist, o Herr, eine Erkenntnis erlangen, wobei sich einem, indem man es betreibt, die unheilsamen Dinge mehren und die heilsamen Dinge sich mindern.

»Was ist es aber, o Herr, für eine Erkenntnis erlangen, wobei sich einem, indem man es betreibt, die unheilsamen Dinge mindern und die heilsamen Dinge sich mehren? Da hat einer, o Herr, diese Erkenntnis: ›Almosengeben, Verzichtleisten, Spenden ist kein Unsinn; es gibt eine Saat und Ernte guter und böser Werke; das Diesseits ist vorhanden und das Jenseits ist vorhanden; Eltern gibt es und geistige Geburt gibt es; die Welt hat Asketen und Priester, die vollkommen und vollendet sind, die sich den Sinn dieser und jener Welt begreiflich machen, anschaulich vorstellen und erklären können.‹ Das ist, o Herr, eine Erkenntnis erlangen, wobei sich einem, indem man es betreibt, die unheilsamen Dinge mindern und die heilsamen Dinge sich mehren. – ›Erkenntnis erlangen, sag' ich da, Mönche, ist von doppelter Art, als zu betreiben, als nicht zu betreiben: und es ist entgegengesetzte Erkenntnis erlangen‹: wurde das vom Erhabenen gesagt, so war es darum gesagt.

»›Eigenschaft erlangen, sag' ich da, Mönche, ist von doppelter Art, als zu betreiben, als nicht zu betreiben: und es ist entgegengesetzte Eigenschaft erlangen‹: das ist da wohl vom Erhabenen gesagt worden; und warum ist es gesagt worden? Eine Eigenschaft erlangen, o Herr, wobei sich einem, indem man es betreibt, die unheilsamen Dinge mehren und die heilsamen Dinge sich mindern, eine solche Eigenschaft erlangen ist nicht zu betreiben. Eine Eigenschaft erlangen aber, o Herr, wobei sich einem, indem man es betreibt, die unheilsamen Dinge mindern und die heilsamen Dinge sich mehren, eine solche Eigenschaft erlangen ist zu betreiben.

»Was ist das nun, o Herr, für eine Eigenschaft erlangen, wobei sich einem, indem man es betreibt, die unheilsamen Dinge mehren und die heilsamen Dinge sich mindern? Während einer, o Herr, beschwerhafte Eigenschaft erlangen zu können bemüht ist, mehren sich ihm in seiner Bedürftigkeit die unheilsamen Dinge und mindern sich die heilsamen Dinge. Das ist, o Herr, eine Eigenschaft erlangen, wobei sich einem, indem man es betreibt, die unheilsamen Dinge mehren und die heilsamen Dinge sich mindern.

»Was ist es aber, o Herr, für eine Eigenschaft erlangen, wobei sich einem, indem man es betreibt, die unheilsamen Dinge mindern und die heilsamen Dinge sich mehren? Während einer, o Herr, unbeschwerhafte Eigenschaft erlangen zu können bemüht ist, mindern sich ihm in seiner Unbedürftigkeit die unheilsamen Dinge und mehren sich die heilsamen Dinge. Das ist, o Herr, eine Eigenschaft erlangen, wobei sich einem, indem man es betreibt, die unheilsamen Dinge mindern und die heilsamen Dinge sich mehren. – ›Eigenschaft erlangen, sag' ich da, Mönche, ist von doppelter Art, als zu betreiben, als nicht zu betreiben: und es ist entgegengesetzte Eigenschaft erlangen‹: wurde das vom Erhabenen gesagt, so war es darum gesagt. Was da, o Herr, der Erhabene in Kürze gesagt, nicht ausführlich dargestellt hat, scheint mir, ausgeführt, dies zu bedeuten.«

»Gut, gut Sāriputto, gut hast du, Sāriputto, den kurzgefaßten, nicht ausgeführten Sinn meiner Rede also ausführlich verstanden. Denn was ich, Sāriputto, in Kürze gesagt habe, hat man also dem Inhalte nach ausführlich zu betrachten. – Durch das Auge wahrnehmbare Form, durch das Ohr wahrnehmbarer Ton, durch die Nase wahrnehmbarer Duft, durch die Zunge wahrnehmbarer Saft, durch den Leib wahrnehmbare Tastung, durch das Denken wahrnehmbares Ding, sag' ich da, Sāriputto, ist von doppelter Art, als zu betreiben, als nicht zu betreiben.«

Nach diesen Worten wandte sich der ehrwürdige Sāriputto also an den Erhabenen:

»Was da, o Herr, der Erhabene in Kürze gesagt, nicht ausführlich dargestellt hat, scheint mir, ausgeführt, dies zu bedeuten: ›Durch das Auge wahrnehmbare Form, durch das Ohr wahrnehmbarer Ton, durch die Nase wahrnehmbarer Duft, durch die Zunge wahrnehmbarer Saft, durch den Leib wahrnehmbare Tastung, durch das Denken wahrnehmbares Ding, sag' ich da, Sāriputto, ist von doppelter Art, als zu betreiben, als nicht zu betreiben‹: das ist da wohl vom Erhabenen gesagt worden; und warum ist es gesagt worden? Eine durch das Auge wahrnehmbare Form, o Herr, ein durch das Ohr wahrnehmbarer Ton, ein durch die Nase wahrnehmbarer Duft, ein durch die Zunge wahrnehmbarer Saft, eine durch den Leib wahrnehmbare Tastung, ein durch das Denken wahrnehmbares Ding, wobei sich einem, indem man es betreibt, die unheilsamen Dinge mehren und die heilsamen Dinge sich mindern, dergleichen ist nicht zu betreiben. Eine durch das Auge wahrnehmbare Form aber, o Herr, ein durch das Ohr wahrnehmbarer Ton, ein durch die Nase wahrnehmbarer Duft, ein durch die Zunge wahrnehmbarer Saft, eine durch den Leib wahrnehmbare Tastung, ein durch das Denken wahrnehmbares Ding, wobei sich einem, indem man es betreibt, die unheilsamen Dinge mindern und die heilsamen Dinge sich mehren, dergleichen ist zu betreiben. – ›Durch das Auge wahrnehmbare Form, durch das Ohr wahrnehmbarer Ton, durch die Nase wahrnehmbarer Duft, durch die Zunge wahrnehmbarer Saft, durch den Leib wahrnehmbare Tastung, durch das Denken wahrnehmbares Ding, sag' ich da, Sāriputto, ist von doppelter Art, als zu betreiben, als nicht zu betreiben‹: wurde das vom Erhabenen gesagt, so war es darum gesagt. Was da, o Herr, der Erhabene in Kürze gesagt, nicht ausführlich dargestellt hat, scheint mir, ausgeführt, dies zu bedeuten.«

»Gut, gut, Sāriputto, gut hast du, Sāriputto, den kurzgefaßten, nicht ausgeführten Sinn meiner Rede also ausführlich verstanden. Denn was ich, Sāriputto, in Kürze gesagt habe, hat man also dem Inhalte nach ausführlich zu betrachten. – Die Kleidung, die Almosenbissen, der Aufenthalt, ein Dorf, eine Burg, eine Stadt, ein Land, eine Person, sag' ich da, Sāriputto, ist von doppelter Art, als zu betreiben, als nicht zu betreiben.«

Nach diesen Worten wandte sich der ehrwürdige Sāriputto also an den Erhabenen:

»Was da, o Herr, der Erhabene in Kürze gesagt, nicht ausführlich dargestellt hat, scheint mir, ausgeführt, dies zu bedeuten: ›Die Kleidung, die Almosenbissen, der Aufenthalt, ein Dorf, eine Burg, eine Stadt, ein Land, eine Person, sag' ich da, Sāriputto, ist von doppelter Art, als zu betreiben, als nicht zu betreiben‹: das ist da wohl vom Erhabenen gesagt worden; und warum ist es gesagt worden? Eine Kleidung, o Herr, Almosenbissen, Aufenthalt, ein Dorf, eine Burg, eine Stadt, ein Land, eine Person, wobei sich einem, indem man Umgang betreibt, die unheilsamen Dinge mehren und die heilsamen Dinge sich mindern, dergleichen Umgang ist nicht zu betreiben. Eine Kleidung aber, o Herr,

Almosenbissen, Aufenthalt, ein Dorf, eine Burg, eine Stadt, ein Land, eine Person, wobei sich einem, indem man Umgang betreibt, die unheilsamen Dinge mindern und die heilsamen Dinge sich mehren, dergleichen Umgang ist zu betreiben. – ›Die Kleidung, die Almosenbissen, der Aufenthalt, ein Dorf, eine Burg, eine Stadt, ein Land, eine Person sag' ich da, Sāriputto, ist von doppelter Art als zu betreiben, als nicht zu betreiben‹: wurde das vom Erhabenen gesagt, so war es darum gesagt. Was da, o Herr, der Erhabene in Kürze gesagt, nicht ausführlich dargestellt hat, scheint mir, ausgeführt, dies zu bedeuten.«

»Gut, gut, Sāriputto, gut hast du, Sāriputto, den kurzgefaßten, nicht ausführlichen Sinn meiner Rede also ausführlich verstanden. Denn was ich, Sāriputto, in Kürze gesagt habe, hat man also dem Inhalte nach ausführlich zu betrachten. – Wenn auch alle, Sāriputto, der Fürsten den Sinn meiner kurzgefaßten Rede also ausführlich verständen, so gereicht' es auch allen den Fürsten lange zum Wohle, zum Heile. Wenn auch alle, Sāriputto, der Priester den Sinn meiner kurzgefaßten Rede also ausführlich verständen, so gereicht' es auch allen den Priestern lange zum Wohle, zum Heile. Wenn auch alle, Sāriputto, der Bürger den Sinn meiner kurzgefaßten Rede also ausführlich verständen, so gereicht' es auch allen den Bürgern lange zum Wohle, zum Heile. Wenn auch alle, Sāriputto, der Diener den Sinn meiner kurzgefaßten Rede also ausführlich verständen, so gereicht' es auch allen den Dienern lange zum Wohle, zum Heile. Wenn auch die Welt, Sāriputto, mit ihren Göttern, ihren bösen und heiligen Geistern, mit ihrer Schar von Priestern und Büßern, Göttern und Menschen den Sinn meiner kurzgefaßten Rede also ausführlich verstände, so gereicht' es auch der Welt mit ihren Göttern, ihren bösen und heiligen Geistern, mit ihrer Schar von Priestern und Büßern, Göttern und Menschen lange zum Wohle, zum Heile.«

Also sprach der Erhabene. Zufrieden freute sich der ehrwürdige Sāriputto über das Wort des Erhabenen.

28. DIE LEBENSFÜHRUNG II

46. Rede

Das hab' ich gehört. Zu einer Zeit weilte der Erhabene bei Sāvatthī, im Siegerwalde, im Garten Anāthapiṇḍikos. Dort nun wandte sich der Erhabene an die Mönche: »Ihr Mönche!« – »Erlauchter!« antworteten da jene Mönche dem Erhabenen aufmerksam. Der Erhabene sprach also:

»Die meisten Menschen, ihr Mönche, hegen das Verlangen, hegen den Wunsch, hegen die Absicht: ›Ach, möchte sich doch das Unersehnte, Unerwünschte, Unerfreuliche mindern und das Ersehnte, Erwünschte, Erfreuliche mehren!‹ Und diesen Menschen, ihr Mönche, die solches Verlangen, solchen Wunsch, solche Absicht hegen, mehrt sich das Unersehnte, Unerwünschte, Unerfreuliche, mindert sich das Ersehnte, Erwünschte, Erfreuliche. Was gebt ihr da, Mönche, als Grund an?«

»Vom Erhabenen stammt unser Wissen, o Herr, vom Erhabenen geht es aus, auf den Erhabenen geht es zurück. Gut wär' es, o Herr, wenn nur der Erhabene jenen eigentümlichen Umstand erklären wollte! Das Wort des Erhabenen werden wir bewahren.«

»Wohlan denn, ihr Mönche, so höret und achtet wohl auf meine Rede.«

»Gewiß, o Herr!« antworteten da jene Mönche dem Erhabenen aufmerksam. Der Erhabene sprach also:

»Da ist einer, ihr Mönche, ein unerfahrener gewöhnlicher Mensch, ohne Sinn für das Heilige, der heiligen Lehre unkundig, der heiligen Lehre unzugänglich, ohne Sinn für das Edle, der Lehre der Edlen unkundig, der Lehre der Edlen unzugänglich, kennt weder die zu pflegenden Dinge noch die nicht zu pflegenden Dinge, kennt weder die unwürdigen Dinge noch die nichtswürdigen Dinge. Unbekannt mit den zu pflegenden Dingen, unbekannt mit den nicht zu pflegenden Dingen, unbekannt mit den würdigen Dingen, unbekannt mit den nichtswürdigen Dingen pflegt er die nicht zu pflegenden Dinge und pflegt die zu pflegenden Dinge nicht, würdigt er die nichtswürdigen Dinge und würdigt die würdigen Dinge nicht. Und indem er nicht zu pflegende Dinge pflegt und zu pflegende Dinge nicht pflegt, nichtswürdige Dinge würdigt und würdige Dinge nicht würdigt mehrt sich das Unersehnte, Unerwünschte, Unerfreuliche und mindert sich das Ersehnte, Erwünschte, Erfreuliche, und warum? Weil es eben also, ihr Mönche, geschehn muß, wenn einer unwissend ist.

»Doch der erfahrene heilige Jünger, ihr Mönche, das Heilige verstehend, der heiligen Lehre kundig, der heiligen Lehre wohlzugänglich, das Edle verstehend, der Lehre der Edlen kundig, der Lehre der Edlen wohlzugänglich, kennt die zu pflegenden Dinge und kennt die nicht zu pflegenden Dinge, kennt die würdigen Dinge und kennt die nichtswürdigen Dinge. Bekannt mit den zu pflegenden Dingen, bekannt mit den nicht zu pflegenden Dingen, bekannt mit den würdigen Dingen, bekannt mit den nichtswürdigen Dingen pflegt er die nicht zu pflegenden Dinge nicht und pflegt die zu pflegenden Dinge, würdigt er die nichtswürdigen Dinge nicht und würdigt die würdigen Dinge. Und indem er nicht zu pflegende Dinge nicht pflegt und zu pflegende Dinge pflegt, nichtswürdige Dinge nicht würdigt und würdige Dinge würdigt, mindert sich das Unersehnte, Unerwünschte, Unerfreuliche und mehrt sich das Ersehnte, Erwünschte, Erfreuliche, und warum? Weil es eben also, ihr Mönche, geschehn muß, wenn einer wissend ist.

»Vier Arten der Lebensführung gibt es, ihr Mönche: welche vier? Die Lebensführung, die gegenwärtiges Wehe sowie künftiges Wehe bringt, die Lebensführung, die gegenwärtiges Wohl und künftiges Wehe bringt, die Lebensführung, die gegenwärtiges Wehe und künftiges Wohl bringt, und die Lebensführung, die gegenwärtiges Wohl sowie künftiges Wohl bringt.

»Was nun, ihr Mönche, die Lebensführung anlangt, die gegenwärtiges Wehe sowie künftiges Wehe bringt, so begreift diese der Unverständige nicht, erkennt nicht der Wahrheit gemäß: ›Das ist eine Lebensführung, die gegenwärtiges Wehe sowie künftiges Wehe bringt.‹ Da er sie nicht begreift, nicht versteht, nicht der Wahrheit gemäß erkennt, pflegt er sie, entsagt ihr nicht. Und indem er sie pflegt und ihr nicht entsagt mehrt sich das Unersehnte, Unerwünschte, Unerfreuliche und mindert sich das Ersehnte, Erwünschte, Erfreuliche, und warum? Weil es eben also, ihr Mönche, geschehn muß, wenn einer unwissend ist.

»Was nun ihr Mönche, die Lebensführung anlangt, die gegenwärtiges Wohl und künftiges Wehe bringt, so begreift diese der Unverständige nicht, erkennt nicht der Wahrheit gemäß: ›Das ist eine Lebensführung, die gegenwärtiges Wohl und künftiges Wehe bringt.‹ Da er sie nicht begreift, nicht versteht, nicht der Wahrheit gemäß erkennt, pflegt er sie, entsagt ihr nicht. Und indem er sie pflegt und ihr nicht entsagt mehrt sich das Unersehnte, Unerwünschte, Unerfreuliche und mindert sich das Ersehnte, Erwünschte, Erfreuliche, und warum? Weil es eben also, ihr Mönche, geschehn muß, wenn einer unwissend ist.

»Was nun, ihr Mönche, die Lebensführung anlangt, die gegenwärtiges Wehe und künftiges Wohl bringt, so begreift diese der Unverständdige nicht, erkennt nicht der Wahrheit gemäß: ›Das ist eine Lebensführung, die gegenwärtiges Wehe und künftiges Wohl bringt.‹ Da er sie nicht begreift, nicht versteht, nicht der Wahrheit gemäß erkennt, pflegt er sie nicht, entsagt ihr. Und indem er sie nicht pflegt und ihr entsagt mehrt sich das Unersehnte, Unerwünschte, Unerfreuliche und mindert sich das Ersehnte, Erwünschte, Erfreuliche, und warum? Weil es eben also, ihr Mönche, geschehn muß, wenn einer unwissend ist.

»Was nun, ihr Mönche, die Lebensführung anlangt, die gegenwärtiges Wohl sowie künftiges Wohl bringt, so begreift diese der Unverständige nicht, erkennt nicht der Wahrheit gemäß: ›Das ist eine Lebensführung, die gegenwärtiges Wohl sowie künftiges Wohl bringt.‹ Da er sie nicht begreift, nicht versteht, nicht der Wahrheit gemäß erkennt, pflegt er sie nicht, entsagt ihr. Und indem er sie nicht pflegt und ihr entsagt mehrt sich das Unersehnte, Unerwünschte, Unerfreuliche und mindert sich das Ersehnte, Erwünschte, Erfreuliche, und warum? Weil es eben also, ihr Mönche, geschehn muß, wenn einer unwissend ist.

»Was nun, ihr Mönche, die Lebensführung anlangt, die gegenwärtiges Wehe sowie künftiges Wehe bringt, so begreift diese der Verständige, erkennt der Wahrheit gemäß: ›Das ist eine Lebensführung, die gegenwärtiges Wehe sowie künftiges Wehe bringt.‹ Da er sie begreift, versteht, der Wahrheit gemäß erkennt, pflegt er sie nicht, entsagt ihr. Und indem er sie nicht pflegt und ihr entsagt mindert sich das Unersehnte, Unerwünschte, Unerfreuliche und mehrt sich das Ersehnte, Erwünschte, Erfreuliche, und warum? Weil es eben also, ihr Mönche, geschehn muß, wenn einer wissend ist.

»Was nun, ihr Mönche, die Lebensführung anlangt, die gegenwärtiges Wohl und künftiges Wehe bringt, so begreift diese der Verständige, erkennt der Wahrheit gemäß: ›Das ist eine Lebensführung, die gegenwärtiges Wohl und künftiges Wehe bringt.‹ Da er sie begreift, versteht, der Wahrheit gemäß erkennt, pflegt er sie nicht, entsagt ihr. Und indem er sie nicht pflegt und ihr entsagt mindert sich das Unersehnte, Unerwünschte, Unerfreuliche und mehrt sich das Ersehnte, Erwünschte, Erfreuliche, und warum? Weil es eben also, ihr Mönche, geschehn muß, wenn einer wissend ist.

»Was nun, ihr Mönche, die Lebensführung anlangt, die gegenwärtiges Wehe und künftiges Wohl bringt, so begreift diese der Verständige, erkennt der Wahrheit gemäß: ›Das ist eine Lebensführung, die gegenwärtiges Wehe und künftiges Wohl bringt.‹ Da er sie begreift, versteht, der Wahrheit gemäß erkennt, pflegt er sie, entsagt ihr nicht. Und indem er sie pflegt und ihr nicht entsagt mindert sich das Unersehnte, Unerwünschte, Unerfreuliche und mehrt sich das Ersehnte, Erwünschte, Erfreuliche, und warum? Weil es eben also, ihr Mönche, geschehn muß, wenn einer wissend ist.

»Was nun, ihr Mönche, die Lebensführung anlangt, die gegenwärtiges Wohl sowie künftiges Wohl bringt, so begreift diese der Verständige, erkennt der Wahrheit gemäß: ›Das ist eine Lebensführung, die gegenwärtiges Wohl sowie künftiges Wohl bringt.‹ Da er sie begreift, versteht, der Wahrheit gemäß erkennt, pflegt er sie, entsagt ihr nicht. Und indem er sie pflegt und ihr nicht entsagt mindert sich das Unersehnte, Unerwünschte, Unerfreuliche und mehrt sich das Ersehnte, Erwünschte, Erfreuliche, und warum? Weil es eben also, ihr Mönche, geschehn muß, wenn einer wissend ist.

»Wie ist aber, Mönche, die Lebensführung, die gegenwärtiges Wehe sowie künftiges Wehe bringt? Da ist einer, ihr Mönche, unter Schmerzen und Qualen ein Mörder und empfindet seines Mordes wegen Schmerzen und Qualen, und ist unter Schmerzen und Qualen ein Dieb und empfindet seines Diebstahls wegen Schmerzen und Qualen, ist unter Schmerzen und Qualen ein Wüstling und empfindet seines Wüstens wegen Schmerzen und Qualen, ist unter Schmerzen und Qualen ein Lügner und empfindet seiner Lüge wegen Schmerzen und Qualen, ist unter Schmerzen und Qualen ein Verleumder und empfindet seiner Verleumdung wegen Schmerzen und Qualen, ist unter Schmerzen und Qualen barsch und empfindet seiner Barschheit wegen Schmerzen und Qualen, ist unter Schmerzen und Qualen geschwätzig und empfindet seiner Geschwätzigkeit wegen Schmerzen und Qualen, ist unter Schmerzen und Qualen selbstsüchtig und empfindet seiner Selbstsucht wegen Schmerzen und Qualen, ist unter Schmerzen und Qualen boshaft und empfindet seiner Bosheit wegen Schmerzen und Qualen, ist unter Schmerzen und Qualen falsch und empfindet seiner Falschheit wegen Schmerzen und Qualen. Der gelangt bei der Auflösung des Körpers, nach dem Tode, abwärts, auf schlechte Fährte, in Verderben und Unheil. Das nennt man, ihr Mönche, eine Lebensführung, die gegenwärtiges Wehe sowie künftiges Wehe bringt.

»Wie ist aber, Mönche, die Lebensführung, die gegenwärtiges Wohl und künftiges Wehe bringt? Da ist einer, ihr Mönche, mit Lust und Genügen ein Mörder und genießt seinen Mord mit Lust und Genügen, ist mit Lust und Genügen ein Dieb und genießt seinen Diebstahl mit Lust und Genügen, ist mit Lust und Genügen ein Wüstling und genießt sein Wüsten mit Lust und Genügen, ist mit Lust und Genügen ein Lügner und genießt seine Lüge mit Lust und Genügen, ist mit Lust und

Genügen ein Verleumder und genießt seine Verleumdung mit Lust und Genügen, ist mit Lust und Genügen barsch und genießt seine Barschheit mit Lust und Genügen, ist mit Lust und Genügen geschwätzig und genießt seine Geschwätzigkeit mit Lust und Genügen, ist mit Lust und Genügen selbstsüchtig und genießt seine Selbstsucht mit Lust und Genügen, ist mit Lust und Genügen boshaft und genießt seine Bosheit mit Lust und Genügen, ist mit Lust und Genügen falsch und genießt seine Falschheit mit Lust und Genügen. Der gelangt bei der Auflösung des Körpers, nach dem Tode, abwärts, auf schlechte Fährte, in Verderben und Unheil. Das nennt man, ihr Mönche, eine Lebensführung, die gegenwärtiges Wohl und künftiges Wehe bringt.

»Wie ist aber, Mönche, die Lebensführung, die gegenwärtiges Wehe und künftiges Wohl bringt? Da hält sich einer, ihr Mönche, unter Schmerzen und Qualen vom Morde zurück und seine Verwerfung des Mordes kostet ihn Schmerzen und Qualen, hält sich unter Schmerzen und Qualen vom Diebstahl zurück und seine Verwerfung des Diebstahls kostet ihn Schmerzen und Qualen, hält sich unter Schmerzen und Qualen vom Wüsten zurück und seine Verwerfung des Wüstens kostet ihn Schmerzen und Qualen, hält sich unter Schmerzen und Qualen vom Lügen zurück und seine Verwerfung des Lügens kostet ihn Schmerzen und Qualen, hält sich unter Schmerzen und Qualen vom Verleumden zurück und seine Verwerfung des Verleumdens kostet ihn Schmerzen und Qualen, hält sich unter Schmerzen und Qualen vom Barschsein zurück und seine Verwerfung der Barschheit kostet ihn Schmerzen und Qualen, hält sich unter Schmerzen und Qualen vom Schwatzen zurück und seine Verwerfung des Schwatzens kostet ihn Schmerzen und Qualen, hält sich unter Schmerzen und Qualen von der Selbstsucht zurück und seine Verwerfung der Selbstsucht kostet ihn Schmerzen und Qualen, hält sich unter Schmerzen und Qualen von der Bosheit zurück und seine Verwerfung der Bosheit kostet ihn Schmerzen und Qualen, ist unter Schmerzen und Qualen wahrhaft und seine Wahrhaftigkeit kostet ihn Schmerzen und Qualen. Der gelangt bei der Auflösung des Körpers, nach dem Tode, auf gute Fährte, in selige Welt. Das nennt man, ihr Mönche, eine Lebensführung, die gegenwärtiges Wehe und künftiges Wohl bringt.

»Und wie ist, ihr Mönche, die Lebensführung, die gegenwärtiges Wohl sowie künftiges Wohl bringt? Da hält sich einer, ihr Mönche, mit Lust und Genügen vom Morde zurück und seine Verwerfung des Mordes gewährt ihm Lust und Genügen, hält sich mit Lust und Genügen vom Diebstahl zurück und seine Verwerfung des Diebstahls gewährt ihm Lust und Genügen, hält sich mit Lust und Genügen vom Wüsten zurück und seine Verwerfung des Wüstens gewährt ihm Lust und Genügen, hält sich mit Lust und Genügen von der Lüge zurück und seine Verwerfung der Lüge gewährt ihm Lust und Genügen, hält sich mit Lust und Genügen vom Verleumden zurück und seine Verwerfung des Verleumdens gewährt ihm Lust und Genügen, hält sich mit Lust und Genügen vom Barschsein zurück und seine Verwerfung der Barschheit gewährt ihm Lust und Genügen, hält sich mit Lust und Genügen vom Schwatzen zurück und seine Verwerfung des Schwatzens gewährt ihm Lust und Genügen, hält sich mit Lust und Genügen von der Selbstsucht zurück und seine Verwerfung der Selbstsucht gewährt ihm Lust und Genügen, hält sich mit Lust und Genügen von der Bosheit zurück und seine Verwerfung der Bosheit gewährt ihm Lust und Genügen, ist mit Lust und Genügen wahrhaft und seine Wahrhaftigkeit gewährt ihm Lust und Genügen. Der gelangt bei der Auflösung des Körpers, nach dem Tode, auf gute Fährte, in selige Welt. Das nennt man, ihr Mönche, eine Lebensführung, die gegenwärtiges Wohl sowie künftiges Wohl bringt. Das sind, ihr Mönche, die vier Arten der Lebensführung.

»Gleichwie etwa, ihr Mönche, wenn man eine Kürbisflasche da hätte, mit Gift versetzt, und es käme ein Mann herbei, der leben, nicht sterben will, der Wohlsein wünscht und Wehe verabscheut, und man spräche also zu ihm: ›Lieber Mann, diese Kürbisflasche ist mit Gift versetzt: wenn du willst, so trinke. Aber dieser Trank wird dir nicht behagen, weder an Farbe, noch an Geruch und Geschmack, und nach dem Genusse wirst du sterben oder tödliche Schmerzen erleiden.‹ Doch unbesonnen tränke er ihn, wiese ihn nicht zurück. Und der Trank behagte ihm weder an Farbe noch an Geruch und Geschmack, und nachdem er ihn getrunken, stürbe er oder erlitte tödliche Schmerzen: – Dem zu vergleichen, sag' ich, ihr Mönche, ist eine Lebensführung, die gegenwärtiges Wehe sowie künftiges Wehe bringt.

»Gleichwie etwa, ihr Mönche, wenn man eine Trinkschale da hätte, mit schönem, duftendem, wohlschmeckendem Inhalte, aber mit Gift versetzt, und es käme ein Mann herbei, der leben, nicht sterben will, der Wohlsein wünscht und Wehe verabscheut, und man spräche also zu ihm: ›Lieber Mann, diese Trinkschale birgt schönes, duftendes, wohlschmeckendes Naß, ist aber mit Gift versetzt: wenn du willst, so trinke. Zwar wird dir der Trank behagen, an Farbe, Duft und Wohlgeschmack, aber nach dem Genusse wirst du sterben oder tödliche Schmerzen erleiden.‹ Doch unbesonnen tränke er ihn, wiese ihn nicht zurück. Und der Trank behagte ihm zwar an Farbe, Duft und Wohlgeschmack, nachdem er ihn aber getrunken, stürbe er oder erlitte tödliche Schmerzen: – Dem zu vergleichen, sag' ich, ihr Mönche, ist eine Lebensführung, die gegenwärtiges Wohl und künftiges Wehe bringt.

»Gleichwie etwa, ihr Mönche, wenn man faulen Urin da hätte, mit mancherlei Heilkräutern versetzt, und es käme ein Mann herbei, der die Gelbsucht hat, und man spräche also zu ihm: ›Lieber Mann, dieser faule Urin ist mit mancherlei Heilkräutern versetzt: wenn du willst, so trinke. Der Trank wird dir freilich nicht behagen, weder an Farbe noch an Geruch und Geschmack, aber der Genuß wird dir wohlbekommen.‹ Und besonnen tränke er ihn, wiese ihn nicht zurück. Und der Trank behagte ihm freilich weder an Farbe noch an Geruch und Geschmack, nachdem er ihn aber getrunken, würde ihm wohl: – Dem zu vergleichen, sag' ich, ihr Mönche, ist eine Lebensführung, die gegenwärtiges Wehe und künftiges Wohl bringt.

»Gleichwie etwa, ihr Mönche, wenn man Rahm und Honig, Butteröl und Zucker da hätte, innig vermischt, und es käme ein Mann herbei, der an Blutbrechen litte, und man spräche also zu ihm: ›Lieber Mann, hier ist Rahm und Honig, Butteröl und Zucker, innig vermischt: wenn du willst, so trinke. Dieser Trank wird dir an Farbe, Duft und Geschmack eben recht sein, und der Genuß wird dir wohltun.‹ Und besonnen tränke er ihn, wiese ihn nicht zurück. Und der Trank wär' ihm eben recht an Farbe, Duft und Geschmack, und nachdem er ihn getrunken, würde ihm wohl: – Dem zu vergleichen, sag' ich, ihr Mönche, ist eine Lebensführung, die gegenwärtiges Wohl sowie künftiges Wohl bringt.

»Gleichwie etwa, ihr Mönche, wenn im letzten Monat der Regenzeit, im Herbste, nach Zerstreuung und Vertreibung der wasserschwangeren Wolken die Sonne am Himmel aufgeht und alle Nebel der Lüfte strahlend verscheucht und flammt und leuchtet: ebenso nun auch, ihr Mönche, erscheint da diese Lebensführung, die gegenwärtiges Wohl sowie künftiges Wohl bringt, und verscheucht strahlend die Redereien gewöhnlicher Büßer und Priester und flammt und leuchtet.«

Also sprach der Erhabene. Zufrieden freuten sich jene Mönche über das Wort des Erhabenen.

29. VOR SĀMAGĀMO

104. Rede

Das hab' ich gehört. Zu einer Zeit weilte der Erhabene im Lande der Sakker, bei Sāmagāmo.

Um diese Zeit nun war der Freie Bruder Nāthaputto zu Pāvā eben erst gestorben. Nach dessen Tode zerfielen die Freien Brüder, entzweiten sich, Zank und Streit brach aus unter ihnen, sie haderten miteinander und scharfe Wortgefechte fanden statt: ›Nicht du kennst diese Lehre und Ordnung: ich kenne diese Lehre und Ordnung! Was wirst du diese Lehre und Ordnung verstehn? Auf falscher Fährte bist du: ich bin auf rechter Fährte. Mir ist's gelungen: dir mißlungen. Was vorher zu sagen ist, hast du nachher gesagt: was nachher zu sagen ist, hast du vorher gesagt. Deine Behauptung ist umgestürzt, dein Wort dir entwunden worden: gebändigt bist du, gib deine Rede verloren, oder widersteh' wenn du kannst!‹: so trat einer dem anderen entgegen. Wie ein Mörder schien sich fast jeder von den Freien Brüdern, den Nachfolgern Nāthaputtos, zu gebärden. Die aber da dem Freien Bruder Nāthaputto als Anhänger zugetan waren, im Hause lebend, weiß gekleidet, die schienen vor den Freien Brüdern, den Nachfolgern Nāthaputtos, Unbehagen, Mißfallen, Widerwillen zu empfinden, wie das eintritt bei einer schlechtverkündeten Heilsordnung, bei einer schlechtdargelegten, abstoßenden, Unruhe schaffenden, die kein vollkommen Erwachter kundgetan hat, deren Kuppel geborsten ist, die keine Zuflucht gewährt.

Da nun begab sich Cundo, ein Asketenlehrling, der die Regenzeit in Pāvā zugebracht hatte, nach Sāmagāmo, dorthin wo der ehrwürdige Ānando weilte. Dort angelangt begrüßte er den ehrwürdigen Ānando höflich und setzte sich zur Seite nieder. Zur Seite sitzend sprach nun Cundo der Asketenlehrling zum ehrwürdigen Ānando also:

»Der Freie Bruder, o Herr, Nāthaputto ist zu Pāvā vor kurzem gestorben. Nach dessen Tode sind die Freien Brüder zerfallen, haben sich entzweit, Zank und Streit ist unter ihnen ausgebrochen, sie hadern miteinander und scharfe Wortgefechte finden statt. Wie ein Mörder scheint sich fast jeder von den Freien Brüdern, den Nachfolgern Nāthaputtos, zu gebärden. Die aber da dem Freien Bruder Nāthaputto als Anhänger zugetan sind, im Hause lebend, weiß gekleidet, die scheinen vor den Freien Brüdern, den Nachfolgern Nāthaputtos, Unbehagen, Mißfallen, Widerwillen zu empfinden, wie das eintritt bei einer schlechtverkündeten Heilsordnung, bei einer schlechtdargelegten, abstoßenden, Unruhe schaffenden, die kein vollkommen Erwachter kundgetan hat, deren Kuppel geborsten ist, die keine Zuflucht gewährt.«

Auf diese Worte wandte sich der ehrwürdige Ānando also an Cundo den Asketenlehrling:

»Es ist, Bruder Cundo, dieser Mitteilung halber geraten, den Erhabenen aufzusuchen. Wir wollen, Bruder Cundo, zum Erhabenen hingehen und davon berichten.«

»Gern, o Herr!« sagte da Cundo der Asketenlehrling, dem ehrwürdigen Ānando zustimmend.

Und der ehrwürdige Ānando begab sich nun mit Cundo dem Asketenlehrling zum Erhabenen hin. Dort angelangt begrüßten sie den Erhabenen ehrerbietig und setzten sich zur Seite nieder. Zur Seite sitzend sprach nun der ehrwürdige Ānando also zum Erhabenen:

»Dieser Cundo, der Asketenlehrling, o Herr, hat erzählt: ›Der Freie Bruder, o Herr, Nāthaputto ist zu Pāvā vor kurzem gestorben. Nach dessen Tode sind die Freien Brüder zerfallen, haben sich entzweit, Zank und Streit ist unter ihnen ausgebrochen, sie hadern miteinander und scharfe Wortgefechte finden statt. Wie ein Mörder scheint sich fast jeder von den Freien Brüdern, den Nachfolgern Nāthaputtos, zu gebärden. Die aber da dem Freien Bruder Nāthaputto als Anhänger zugetan sind, im Hause lebend, weiß gekleidet, die scheinen vor den Freien Brüdern, den Nachfolgern Nāthaputtos, Unbehagen, Mißfallen, Widerwillen zu empfinden, wie das eintritt bei einer schlechtverkündeten Heilsordnung, bei einer schlechtdargelegten, abstoßenden, Unruhe schaffenden, die kein vollkommen Erwachter kundgetan hat, deren Kuppel geborsten ist, die keine Zuflucht gewährt.‹ Da ist mir, o Herr, der Gedanke gekommen: ›O daß nicht etwa nach des Erhabenen Hingang unter den Jüngern Hader entstehe: dieser Hader gereichte gar vielen zum Unheil und Unglücke, gar vielen zum Verderben, zum Unheil und Leiden für Götter und Menschen‹.«

»Was bedünkt dich, Ānando: was ich euch unterweisend oftmals gezeigt habe, und zwar die vier Pfeiler der Einsicht, die vier gewaltigen Kämpfe, die vier Machtgebiete, die fünf Fähigkeiten, die fünf Vermögen, die sieben Erweckungen, den heiligen achtfältigen Weg, kennst du da wohl, Ānando, auch nur zwei Mönche, die verschiedener Meinung sind?«

»Was da, o Herr, der Erhabene unterweisend oftmals gezeigt hat, und zwar die vier Pfeiler der Einsicht, die vier gewaltigen Kämpfe, die vier Machtgebiete, die fünf Fähigkeiten, die fünf Vermögen, die sieben Erweckungen, den heiligen achtfältigen Weg, da kenne ich auch nicht zwei Mönche, die verschiedener Meinung sind. Es gibt aber etliche, o Herr, die sich so stellen, als ob sie dem Erhabenen ergeben wären, und die nach des Erhabenen Hingang unter den Jüngern Hader anstiften möchten, sei es um der Lebensnotdurft, sei es um der Ordensregel willen: dieser Hader gereichte gar vielen zum Unheil und Unglücke, gar vielen zum Verderben, zum Unheil und Leiden für Götter und Menschen.«

»Wenig läge daran, Ānando, am Hader um die Lebensnotdurft oder um die Ordensregel: doch um den Weg, Ānando, oder den Pfad, wenn darum unter den Jüngern Hader entstehen sollte, so gereichte solcher Hader gar vielen zum Unheil und Unglücke, gar vielen zum Verderben, zum Unheil und Leiden für Götter und Menschen.

»Sechs gibt es, Ānando, der Wurzeln des Haders: und welche sechs? Da ist, Ānando, ein Mönch zornig und feindselig. Ein Mönch, Ānando, der zornig und feindselig ist, der hat vor dem Meister keine Achtung, keine Ergebung, hat vor der Lehre keine Achtung, keine Ergebung, hat vor den Jüngern keine Achtung, keine Ergebung, und der Regel kommt er nicht vollkommen nach. Ein Mönch, Ānando, der vor dem Meister, vor der Lehre, vor den Jüngern keine Achtung hat, keine Ergebung, und der Regel nicht vollkommen nachkommt, der stiftet unter den Jüngern Hader an. Gereicht dieser Hader gar vielen zum Unheil und Unglücke, gar vielen zum Verderben, zum Unheil und Leiden für Götter und Menschen, und ihr nehmt nun, Ānando, eines solchen Haders Wurzel in euch oder außer euch wahr, so mögt ihr, Ānando, darauf hinarbeiten, die Wurzel eben dieses üblen Haders auszujäten. Nehmt ihr nun, Ānando, eines solchen Haders Wurzel in euch oder außer euch nicht wahr, so mögt ihr, Ānando, darauf bedacht sein, die Wurzel eben dieses üblen Haders künftighin nicht erwachsen zu lassen. Also jätet man die Wurzel dieses üblen Haders aus, also läßt man die Wurzel dieses üblen Haders künftighin nicht erwachsen.

»Weiter sodann, Ānando: ein Mönch ist heuchlerisch und neidisch, er ist eifernd und selbstsüchtig, er ist listig und gleißnerisch, er ist boshaft und falsch, er hat nur für das vor Augen Liegende Sinn, greift mit beiden Händen zu, läßt sich schwer abweisen. Ein solcher Mönch, Ānando, der hat vor dem Meister keine Achtung, keine Ergebung, hat vor der Lehre keine Achtung, keine Ergebung, hat vor den Jüngern keine Achtung, keine Ergebung, und der Regel kommt er nicht vollkommen nach. Ein Mönch, Ānando, der vor dem Meister, vor der Lehre, vor den Jüngern keine Achtung hat, keine Ergebung, und der

Regel nicht vollkommen nachkommt, der stiftet unter den Jüngern Hader an. Gereicht dieser Hader gar vielen zum Unheil und Unglücke, gar vielen zum Verderben, zum Unheil und Leiden für Götter und Menschen, und ihr nehmt nun, Ānando, eines solchen Haders Wurzel in euch oder außer euch wahr, so mögt ihr, Ānando, darauf hinarbeiten, die Wurzel eben dieses üblen Haders auszujäten. Nehmt ihr nun, Ānando, eines solchen Haders Wurzel in euch oder außer euch nicht wahr, so mögt ihr, Ānando, darauf bedacht sein, die Wurzel eben dieses üblen Haders künftighin nicht erwachsen zu lassen. Also jätet man die Wurzel dieses üblen Haders aus, also läßt man die Wurzel dieses üblen Haders künftighin nicht erwachsen. Das sind, Ānando, die sechs Wurzeln des Haders.

»Vier Arten gibt es, Ānando, der Streitigkeiten: und welche vier? Wegen Haders, wegen Tadels, wegen Schuld, wegen Sühne. Das sind, Ānando, vier Arten von Streitigkeiten. Und sieben der Mittel gibt es, Ānando, um Streitigkeiten aufzulösen, um da manche aufgestiegenen Streitigkeiten aufzulösen, zu schlichten: Abweisung durch Gegenüberstellen, die Mehrheit, Abweisung durch Erinnern, Abweisung durch Entblöden, Annahme des Geständnisses, die schlimmere Weise, Gras darüber streuen.

»Wie aber wird, Ānando, durch Gegenüberstellen abgewiesen? Da hadern, Ānando, die Mönche: ›So ist die Lehre‹, ›So ist die Lehre nicht‹, ›So ist die Zucht‹, ›So ist die Zucht nicht‹. Da haben denn, Ānando, eben alle diese Mönche in Eintracht zusammenzukommen und, zusammengekommen, die Richtschnur der Lehre gemeinsam zu ziehn: und haben sie die Richtschnur der Lehre gemeinsam gezogen, wie sie da übereinstimmt, danach diese Streitigkeit zu schlichten. Also wird, Ānando, durch Gegenüberstellen abgewiesen, und also werden da gar manche Streitigkeiten geschlichtet, eben durch Gegenüberstellen.

»Wie aber kommt, Ānando, die Mehrheit zustande? Wenn nun, Ānando, diese Mönche die Streitigkeit an ihrem Orte nicht zu schlichten vermögen, so haben, Ānando, diese Mönche einen Ort aufzusuchen, wo mehr der Mönche verweilen, und dort eben alle in Eintracht zusammenzukommen und, zusammengekommen, die Richtschnur der Lehre gemeinsam zu ziehn: und haben sie die Richtschnur der Lehre gemeinsam gezogen, wie sie da übereinstimmt, danach diese Streitigkeit zu schlichten. Also kommt, Ānando, die Mehrheit zustande, und also werden da gar manche Streitigkeiten geschlichtet, eben durch die Mehrheit.

»Wie aber wird, Ānando, durch Erinnern abgewiesen? Da ermahnen, Ānando, die Mönche einen Mönch einer so gewichtigen Schuld wegen, daß Ausschließung folgen oder drohen muß: ›Erinnert sich der Ehrwürdige, eine so gewichtige Schuld begangen zu haben, daß Ausschließung folgen oder drohen muß?‹ Er aber sagt: ›Nein, Brüder, ich erinnere mich nicht, eine so gewichtige Schuld begangen zu haben, daß Ausschließung folgen oder drohen muß.‹ Einen solchen Mönch, Ānando, hat man also durch Erinnern abzuweisen. Also wird, Ānando, durch Erinnern abgewiesen, und also werden da gar manche Streitigkeiten geschlichtet, eben durch Erinnern.

»Wie aber wird, Ānando, durch Entblöden abgewiesen? Da ermahnen, Ānando, die Mönche einen Mönch einer so gewichtigen Schuld wegen, daß Ausschließung folgen oder drohen muß: ›Erinnert sich der Ehrwürdige, eine so gewichtige Schuld begangen zu haben, daß Ausschließung folgen oder drohen muß?‹ Er aber sagt: ›Nein, Brüder, ich erinnere mich nicht, eine so gewichtige Schuld begangen zu haben, daß Ausschließung folgen oder drohen muß.‹ Und da er es nicht zugibt, wird er überführt: ›Sieh' doch, Ehrwürdiger, besinne dich nur genau, ob du dich nicht erinnerst, eine so gewichtige Schuld begangen zu haben, daß Ausschließung folgen oder drohen muß?‹ Und er sagt: ›Ich war, Brüder, in Irrsinn geraten, hatte den Verstand verloren, als Irrsinniger hab' ich viel begangen, was Asketen nicht ziemt, habe wirr gesprochen: ich erinnere mich dessen nicht, blöde hab' ich es getan.‹ Einen solchen Mönch, Ānando, hat man also durch Entblöden abzuweisen. Also wird, Ānando, durch Entblöden abgewiesen, und also werden da gar manche Streitigkeiten geschlichtet, eben durch Entblöden.

»Wie aber wird, Ānando, das Geständnis angenommen? Da erinnert sich, Ānando, ein Mönch, ermahnt oder nicht ermahnt, einer Schuld, er deckt sie auf, legt sie dar. Ein solcher Mönch, Ānando, hat einen älteren Mönch aufzusuchen, den Mantel um die eine Schulter zu schlagen, sich zu verneigen, auf der Erde niederzusitzen, die Hände zu falten und also zu reden: ›Ich habe, o Herr, eine derartige Schuld begangen: das geb' ich zu erkennen.‹ Und jener sagt: ›Siehst du es ein?‹ – ›Ich seh' es ein.‹ – ›Willst du künftighin dich hüten?‹ – ›Ich werde mich hüten.‹ Also wird, Ānando, das Geständnis angenommen, und also werden da gar manche Streitigkeiten geschlichtet, eben durch Annahme des Geständnisses.

»Was aber ist, Ānando, die schlimmere Weise? Da ermahnen, Ānando, die Mönche einen Mönch einer so gewichtigen Schuld wegen, daß Ausschließung folgen oder drohen muß: ›Erinnert sich der Ehrwürdige, eine so gewichtige Schuld begangen zu haben, daß Ausschließung folgen oder drohen muß?‹ Er aber sagt: ›Nein, Brüder, ich erinnere mich nicht, eine so gewichtige Schuld begangen zu haben, daß Ausschließung folgen oder drohen muß.‹ Und da er es nicht zugibt, wird er überführt: ›Sieh' doch, Ehrwürdiger, besinne dich nur genau, ob du dich nicht erinnerst, eine so gewichtige Schuld begangen zu haben, daß Ausschließung folgen oder drohen muß?‹ Er aber sagt: ›Nein, Brüder, ich erinnere mich nicht, eine so gewichtige Schuld begangen zu haben, daß Ausschließung folgen oder drohen muß: doch erinnere ich mich, Brüder, eine ganz belanglose Schuld begangen zu haben.‹ Und da er es nicht zugibt, wird er überführt: ›Sieh' doch, Ehrwürdiger, besinne dich nur genau, ob du dich nicht erinnerst, eine so gewichtige Schuld begangen zu haben, daß Ausschließung folgen oder drohen muß?‹ Er aber sagt: ›Ich möchte ja doch, Brüder, diese belanglose Schuld, die ich begangen, ohne gefragt zu sein bekennen: wie werd' ich da eine so gewichtige Schuld, deren Begehn von Ausschließung gefolgt oder bedroht sein muß, wo man mich fragt, nicht bekennen?‹ Und jener sagt: ›Du würdest wohl, Bruder, die Begehung dieser belanglosen Schuld ohne gefragt zu sein nicht bekannt haben: wie hättest du erst die Begehung einer so gewichtigen Schuld, daß Ausschließung folgen oder drohen muß, ohne gefragt zu sein bekennen mögen? Sieh' doch, Ehrwürdiger, besinne dich nur genau, ob du dich nicht daran erinnerst, eine solche Schuld begangen zu haben?‹ Und er sagt: ›Ich erinnere mich, Brüder, eine so gewichtige Schuld begangen zu haben, daß Ausschließung folgen oder drohen muß: zum Spaße hab' ich gesagt, zum Spotte hab' ich gesagt, Ich erinnere mich nicht daran.‹ Das ist, Ānando, die schlimmere Weise, und also werden da gar manche Streitigkeiten geschlichtet, eben auf die schlimmere Weise.

»Wie aber wird, Ānando, Gras darüber gestreut? Da ist, Ānando, unter den Mönchen Zank und Streit ausgebrochen, sie sind in Hader geraten und haben viel begangen, was Asketen nicht ziemt, haben wirr gesprochen. Da haben denn, Ānando, eben alle die Mönche in Eintracht zusammenzukommen; und sind sie zusammengekommen, so soll auf der einen Seite der Mönche ein erfahrenerer Mönch aufstehn, den Mantel um die eine Schulter schlagen, die Hände emporheben und die Jünger einladen: ›Hören möge mich die werte Jüngerschaft: es ist da unter uns Zank und Streit ausgebrochen, wir sind in Hader geraten und haben viel begangen, was Asketen nicht ziemt, haben wirr gesprochen. Wenn es der Jüngerschaft angemessen erscheint, so will ich eben dieser Ehrwürdigen Schuld wie auch meine eigene Schuld, eben diesen Ehrwürdigen zum Heile wie auch mir zum Heile, inmitten der Jünger bekanntgeben, um Gras darüber zu streuen; doch ist es kein grobes Vergehn, ist kein häuslicher Vorgang.‹ Und auch auf der anderen Seite der Mönche soll ein erfahrenerer Mönch aufstehn, den Mantel um die eine Schulter schlagen, die Hände emporheben und die Jünger einladen: ›Hören möge mich die werte Jüngerschaft: es ist da unter uns Zank und Streit ausgebrochen, wir sind in Hader geraten und haben viel begangen, was Asketen nicht ziemt, haben wirr gesprochen. Wenn es der Jüngerschaft angemessen erscheint, so will ich eben dieser Ehrwürdigen Schuld wie auch meine eigene Schuld, eben diesen Ehrwürdigen zum Heile wie auch mir zum Heile, inmitten der Jünger bekanntgeben, um Gras darüber zu streuen; doch ist es kein grobes Vergehn, ist kein häuslicher Vorgang.‹ Also wird, Ānando, Gras darüber gestreut, und also werden da gar manche Streitigkeiten geschlichtet, eben durch Gras darüber streuen.

»Sechs Dinge gibt es, Ānando, nicht zu vergessende, hoch und her gehaltene, die zum allgemeinen Verträgnis, zum Frieden, zur Eintracht führen: und welche sind das? Da dient, Ānando, ein Mönch seinen Ordensbrüdern mit liebevoller Tat, so offen als verborgen. Das ist eines der nicht zu vergessenden, hoch und her gehaltenen Dinge, das zum allgemeinen Verträgnis, zum Frieden, zur Eintracht führt. Weiter sodann, Ānando: der Mönch dient seinen Ordensbrüdern mit liebevollem Worte, so offen als verborgen. Auch das ist eines der nicht zu vergessenden, hoch und her gehaltenen Dinge, das zum allgemeinen Verträgnis, zum Frieden, zur Eintracht führt. Weiter sodann, Ānando: der Mönch dient seinen Ordensbrüdern mit liebevollem Herzen, so offen als verborgen. Auch das ist eines der nicht zu vergessenden, hoch und her gehaltenen Dinge, das zum allgemeinen Verträgnis, zum Frieden, zur Eintracht führt. Weiter sodann, Ānando: wenn der Mönch Gaben empfängt, Ordenspenden, so teilt er sie nicht nach Belieben, sondern bis auf die Brocken in seiner Almosenschale nach dem Maße der bewährten Brüder des Ordens. Auch das ist eines der nicht zu vergessenden, hoch und her gehaltenen Dinge, das zum allgemeinen Verträgnis, zum Frieden, zur Eintracht führt. Weiter sodann, Ānando: der Mönch bewahrt die Ordenspflichten, ungebrochen, unverletzt, ungemustert, ungesprenkelt, aus freiem Entschlusse, als von Verständigen gepriesen, nicht angetastet, zur Vertiefung tauglich, er übt diese Pflichten gleich seinen Ordensbrüdern, so offen als verborgen. Auch das ist eines der nicht zu vergessenden, hoch und her gehaltenen Dinge, das zum allgemeinen Verträgnis, zum Frieden, zur Eintracht führt. Weiter sodann, Ānando: der Mönch hat jene Ansicht, die heilige, ausreichende, die dem Grübler zur gänzlichen Leidensversiegung ausreicht, jene Ansicht hat er mit seinen Ordensbrüdern gemeinsam bewahrt, so offen als verborgen. Auch das ist eines der nicht zu vergessenden, hoch und her gehaltenen Dinge, das zum allgemeinen Verträgnis, zum Frieden, zur Eintracht führt. Das aber sind, Ānando, die sechs Dinge, nicht zu vergessende, hoch und her gehaltene, die zum allgemeinen Verträgnis, zum Frieden, zur Eintracht führen.

»Und wenn ihr, Ānando, diese sechs nicht zu vergessenden Dinge treulich bewahren wollt, wißt ihr dann, Ānando, von einer Redeweise, ob fein oder gemein, die ihr nicht zu ertragen vermöchtet?«

»Gewiß nicht, o Herr!«

»Darum also, Ānando, mögt ihr diese sechs nicht zu vergessenden Dinge treulich bewahren: das wird euch lange zum Wohle, zum Heile gereichen.«

Also sprach der Erhabene. Zufrieden freute sich der ehrwürdige Ānando über das Wort des Erhabenen.

30. UPĀLI

56. Rede

Das hab' ich gehört. Zu einer Zeit weilte der Erhabene bei Nāḷandā, im Mangohaine Pāvārikos. Um diese Zeit nun hielt sich der Freie Bruder Nāthaputto bei Nāḷandā auf, mit einer großen Schar Freier Brüder.

Da begab sich nun Dīghatapassī, ein Freier Bruder, nach Nāḷandā um Almosenspeise, kehrte wieder zurück, nahm das Mahl ein, und suchte dann den Mangohain Pāvārikos auf, ging dorthin wo der Erhabene weilte, tauschte höflichen Gruß und freundliche, denkwürdige Worte mit dem Erhabenen und stellte sich seitwärts hin. Und an Dīghatapassī den Freien Bruder, der seitwärts stand, wandte sich der Erhabene also:

»Es sind hier, Tapassī, Sitze bereit: wenn du willst setze dich.«

Also angeredet nahm Dīghatapassī der Freie Bruder einen von den niederen Stühlen zur Hand und setzte sich beiseite nieder. Und zu Dīghatapassī dem Freien Bruder, der beiseite saß, sprach der Erhabene also:

»Wieviel Arten, Tapassī, von Taten gibt wohl der Freie Bruder Nāthaputto als möglich an, um böse Tat zu tun, um böse Tat zu begehn?«

»Nicht steht es, Bruder Gotamo, dem Freien Bruder Nāthaputto an, eine Handlung schlechthin als Tat zu bezeichnen: als Streich schlechthin, Bruder Gotamo, steht es dem Freien Bruder Nāthaputto an, eine Handlung zu bezeichnen.«

»Wieviel Arten, Tapassī, von Streichen gibt also der Freie Bruder Nāthaputto als möglich an, um böse Tat zu tun, um böse Tat zu begehn?«

»Drei Arten, Bruder Gotamo, von Streichen gibt der Freie Bruder Nāthaputto als möglich an, um böse Tat zu tun, um böse Tat zu begehn: nämlich Streiche in Werken, Streiche in Worten, Streiche in Gedanken.«

»Wie denn, Tapassī: sind Streiche in Werken Eines, und Streiche in Worten ein Anderes, und Streiche in Gedanken wieder ein Anderes?«

»Eines, Bruder Gotamo, sind Streiche in Werken, und ein Anderes Streiche in Worten, und wieder ein Anderes Streiche in Gedanken.«

»Welche dieser drei Arten aber, Tapassī, von Streichen, die also eingeteilt, also unterschieden werden, gibt der Freie Bruder Nāthaputto als übelste an, um böse Tat zu tun, um böse Tat zu begehn: die Streiche in Werken, oder die Streiche in Worten, oder die Streiche in Gedanken?«

»Von diesen drei Arten, Bruder Gotamo, der Streiche, die also eingeteilt, also unterschieden werden, gibt der Freie Bruder Nāthaputto die Streiche in Werken als übelste an, um böse Tat zu tun, um böse Tat zu begehn: nicht so sehr die Streiche in Worten, nicht so sehr die Streiche in Gedanken.«

»Die Streiche in Werken, sagst du, Tapassī?«

»Die Streiche in Werken, sag' ich, Bruder Gotamo.«

»Die Streiche in Werken, sagst du, Tapassī?«

»Die Streiche in Werken, sag' ich, Bruder Gotamo.«

»Die Streiche in Werken, sagst du, Tapassī?«

»Die Streiche in Werken, sag' ich, Bruder Gotamo.«

Also ließ da der Erhabene Dīghatapassī den Freien Bruder diese Frage des Gesprächs dreimal bestimmt beantworten. Und nun wandte sich Dīghatapassī der Freie Bruder an den Erhabenen und fragte:

»Du aber, Bruder Gotamo: wieviel Arten von Streichen gibst du als möglich an, um böse Tat zu tun, um böse Tat zu begehn?«

»Nicht steht es, Tapassī, dem Vollendeten an, eine Handlung schlechthin als Streich zu bezeichnen: als Tat schlechthin, Tapassī, steht es dem Vollendeten an, eine Handlung zu bezeichnen.«

»Wieviel Arten, Bruder Gotamo, von Taten gibst du also als möglich an, um böse Tat zu tun, um böse Tat zu begehn?«

»Drei Arten, Tapassī, von Taten gebe ich als möglich an, um böse Tat zu tun, um böse Tat zu begehn: nämlich Taten in Werken, Taten in Worten, Taten in Gedanken.«

»Wie denn, Bruder Gotamo: sind Taten in Werken Eines, und Taten in Worten ein Anderes, und Taten in Gedanken wieder ein Anderes?«

»Eines, Tapassī, sind Taten in Werken, und ein Anderes Taten in Worten, und wieder ein Anderes Taten in Gedanken.«

»Welche dieser drei Arten aber, Bruder Gotamo, von Taten, die also eingeteilt, also unterschieden werden, gibst du als übelste an, um böse Tat zu tun, um böse Tat zu begehn: die Taten in Werken, oder die Taten in Worten, oder die Taten in Gedanken?«

»Von diesen drei Arten, Tapassī, der Taten, die also eingeteilt, also unterschieden werden, gebe ich die Taten in Gedanken als übelste an, um böse Tat zu tun, um böse Tat zu begehn: nicht so sehr die Taten in Werken, nicht so sehr die Taten in Worten.«

»Die Taten in Gedanken, sagst du, Bruder Gotamo?«

»Die Taten in Gedanken, sag' ich, Tapassī.«

»Die Taten in Gedanken, sagst du, Bruder Gotamo?«

»Die Taten in Gedanken, sag' ich, Tapassī.«

»Die Taten in Gedanken, sagst du, Bruder Gotamo?«

»Die Taten in Gedanken, sag' ich, Tapassī.«

Also ließ da Dīghatapassī der Freie Bruder den Erhabenen diese Frage des Gesprächs dreimal bestimmt beantworten. Dann stand er von seinem Stuhle auf und begab sich zu Nāthaputto dem Freien Bruder.

Zu dieser Zeit nun saß der Freie Bruder Nāthaputto inmitten einer großen Schar von Hausleuten, die ihm töricht zugetan waren, Upāli zuvörderst. Und der Freie Bruder Nāthaputto sah Dīghatapassī den Freien Bruder von ferne herankommen, und als er ihn gesehn, rief er ihm zu:

»Ei, wo kommst du denn her, Tapassī, so zeitig am Nachmittag?«

»Von dort, O Herr, vom Asketen Gotamo komme ich.«

»Hast du wohl, Tapassī, mit dem Asketen Gotamo irgendeine Unterredung gehabt?«

»Allerdings hab' ich, o Herr, mit dem Asketen Gotamo eine Unterredung gehabt.«

»Was war denn das, Tapassī, für eine Unterredung, die du mit dem Asketen Gotamo gehabt hast?«

Da berichtete nun Dīghatapassī der Freie Bruder Wort für Wort das ganze Gespräch, das er mit dem Erhabenen geführt hatte, dem Freien

Bruder Nāthaputto. Hierauf sprach der Freie Bruder Nāthaputto also zu Dīghatapassī dem Freien Bruder:

»Gut, gut, Tapassī: wie ein erfahrener Jünger, der des Meisters Lehre von Grund aus versteht, hat eben da Tapassī der Freie Bruder dem Asketen Gotamo Bescheid gegeben. Was gilt wohl ein erbärmlicher Gedankenstreich im Vergleiche zu dem so gewichtigen Werkstreich? Vielmehr ist ein Werkstreich bei weitem der üblere, um böse Tat zu tun, um böse Tat zu begehn, und nicht so sehr der Wortstreich, und nicht so sehr der Gedankenstreich.«

Auf diese Worte wandte sich Upāli der Hausvater also an den Freien Bruder Nāthaputto:

»Gut, gut ist, o Herr, Tapassī: wie ein erfahrener Jünger, der des Meisters Lehre von Grund aus versteht, hat eben da der erlauchte Tapassī dem Asketen Gotamo Bescheid gegeben. Was gilt wohl ein erbärmlicher Gedankenstreich im Vergleiche zu dem so gewichtigen Werkstreich? Vielmehr ist ein Werkstreich bei weitem der üblere, um böse Tat zu tun, um böse Tat zu begehn, und nicht so sehr der Wortstreich, und nicht so sehr der Gedankenstreich. Wohlan, o Herr, auch ich will gehn und den Asketen Gotamo in einem solchen Gespräche beim Wort nehmen. Wenn mir da der Asket Gotamo ebenso entgegentritt, wie er dem erlauchten Tapassī entgegengetreten ist, so werde ich den Asketen Gotamo, gleichwie etwa ein starker Mann einen langhaarigen Widder bei den Haaren ergreifen, heranziehn, herumziehn, rings herumziehn mag, mit der Rede heranziehn, herumziehn, rings herumziehn; oder gleichwie etwa der starke Knecht eines Branntweinbrenners das große Filtriergeflecht in einen tiefen Wasserpfuhl werfen, am einen Ende festhalten, heranziehn, herumziehn, rings herumziehn mag, so werde auch ich den Asketen Gotamo mit der Rede heranziehn, herumziehn, rings herumziehn; oder gleichwie etwa ein rüstiger Branntweinsäuberer das Destilliersieb am Henkel packen, hinschwenken, herschwenken, ausseihen mag, so werde auch ich den Asketen Gotamo mit der Rede hinschwenken, herschwenken, ausseihen; oder gleichwie etwa ein sechzigjähriger Elefant in einen tiefen Lotusweiher steigt und ein sogenanntes Spritzbad zur Erholung vornimmt, so gedenke auch ich mit dem Asketen Gotamo eine Art Spritzbad zur Erholung vorzunehmen. Wohlan, o Herr, auch ich will gehn und den Asketen Gotamo in einem solchen Gespräche beim Wort nehmen.«

»Gehe du, Hausvater, und nimm den Asketen Gotamo in einem solchen Gespräche beim Wort: sei es ich eben, der den Asketen Gotamo beim Wort nimmt, sei es Dīghatapassī der Freie Bruder, sei es du.«

Auf diese Worte des Freien Bruders Nāthaputto erwiderte Dīghatapassī der Freie Bruder:

»Das gefällt mir wahrlich nicht, o Herr, daß Upāli der Hausvater den Asketen Gotamo beim Wort nehmen soll. Denn der Asket Gotamo, o Herr, ist listig, versteht verlockende List, wodurch er die Jünger anderer Asketen anlockt.«

»Unmöglich ist es, wahrlich, Tapassī, es kann nicht sein, daß sich Upāli der Hausvater zum Jüngertum des Asketen Gotamo bekehre: möglich aber ist es wohl, daß sich der Asket Gotamo zum Jüngertum des Hausvaters Upāli bekehre. Gehe du, Hausvater, und nimm den Asketen Gotamo in einem solchen Gespräche beim Wort: sei es ich eben, Hausvater, der den Asketen Gotamo beim Wort nimmt, sei es Dīghatapassī der Freie Bruder, sei es du.«

Und ein zweites Mal, und ein drittes Mal sprach Dīghatapassī der Freie Bruder also zum Freien Bruder Nāthaputto:

»Es gefällt mir durchaus nicht, o Herr, daß Upāli der Hausvater den Asketen Gotamo beim Wort nehmen soll. Der Asket Gotamo, o Herr, ist ja listig, versteht verlockende List, wodurch er die Jünger anderer Asketen anlockt.«

»Unmöglich ist es, wahrlich, Tapassī, es kann nicht sein, daß sich Upāli der Hausvater zum Jüngertum des Asketen Gotamo bekehre: möglich aber ist es wohl, daß sich der Asket Gotamo zum Jüngertum des Hausvaters Upāli bekehre. Gehe du, Hausvater, und nimm den Asketen Gotamo in einem solchen Gespräche beim Wort: sei es ich eben, Hausvater, der den Asketen Gotamo beim Wort nimmt, sei es Dīghatapassī der Freie Bruder, sei es du.«

»Recht so, Herr!« entgegnete da Upāli der Hausvater dem Freien Bruder Nāthaputto. Dann stand er von seinem Stuhle auf, begrüßte den Freien Bruder Nāthaputto ehrerbietig, ging rechts herum und begab sich nach dem Mangohaine Pāvārikos, dorthin wo der Erhabene weilte. Dort angelangt begrüßte er den Erhabenen ehrerbietig und setzte sich seitwärts nieder. Seitwärts sitzend wandte sich nun Upāli der Hausvater also an den Erhabenen:

»Ist wohl, o Herr, Dīghatapassī der Freie Bruder hiergewesen?«

»Hiergewesen ist, Hausvater, Dīghatapassī der Freie Bruder.«

»Und hast du, o Herr, mit Dīghatapassī dem Freien Bruder ein Gespräch geführt?«

»Ich habe, Hausvater, mit Dīghatapassī dem Freien Bruder ein Gespräch geführt.«

»Und was war das, o Herr, für ein Gespräch, das du mit Dīghatapassī dem Freien Bruder geführt hast?«

Da berichtete nun der Erhabene dem Hausvater Upāli Wort für Wort das ganze Gespräch mit Dīghatapassī dem Freien Bruder. Also berichtet erwiderte Upāli der Hausvater dem Erhabenen:

»Gut, gut ist, o Herr, Tapassī: wie ein erfahrener Jünger, der des Meisters Lehre von Grund aus versteht, hat eben da Dīghatapassī der Freie Bruder dem Erhabenen Bescheid gegeben. Was gilt wohl ein erbärmlicher Gedankenstreich im Vergleiche zu dem so gewichtigen Werkstreich? Vielmehr ist ein Werkstreich bei weitem der üblere, um böse Tat zu tun, um böse Tat zu begehn, und nicht so sehr der Wortstreich, und nicht so sehr der Gedankenstreich.«

»Wenn du dich, Hausvater, bei der Rede an die Wahrheit halten willst, so mag da unter uns ein Gespräch statthaben.«

»An die Wahrheit, o Herr, werde ich mich bei der Rede halten: möge da unter uns ein Gespräch statthaben!«

»Was meinst du wohl, Hausvater: es sei da ein Freier Bruder, der unwohl, leidend, schwerkrank ist und frisches Wasser abweist, nur warmes Wasser gebraucht; und weil er kein frisches Wasser erhielte stürbe er. Wo aber, Hausvater, sagt da der Freie Bruder Nāthaputto, erscheine ein solcher wieder?«

»Es gibt, o Herr, Götter, die heißen ›gedankenhaft‹: da erscheint ein solcher wieder.«

»Und warum das?«

»Weil er ja, o Herr, gedankenergeben gestorben ist.«

»Hausvater, Hausvater, denke wohl nach, und dann, Hausvater, antworte: denn es geht dir mit dem Ersten das Letzte nicht zusammen, oder mit dem Letzten nicht das Erste. Doch hast du, Hausvater, also gesprochen: ›An die Wahrheit, o Herr, werde ich mich bei der Rede halten: möge da unter uns ein Gespräch statthaben!‹«

»Wenn auch, o Herr, der Erhabene solches sagt, so ist gleichwohl der Werkstreich bei weitem der üblere, um böse Tat zu tun, um böse Tat zu begehn, und nicht so sehr der Wortstreich, und nicht so sehr der Gedankenstreich.«

»Was meinst du wohl, Hausvater: es sei da ein Freier Bruder, vierfach gezügelt in fester Zucht, der sich jeden Born verbietet, jeden Born verwehrt, jeden Born verweist, jeden Born versagt; und während er kommt und geht, tritt er da viele kleine Wesen zu Tode. Was aber, Hausvater, sagt da der Freie Bruder Nāthaputto, sei die Folge davon?«

»Was ohne Absicht geschieht, o Herr, sagt der Freie Bruder Nāthaputto, ist nicht so sehr von Übel.«

»Wenn es aber, Hausvater, mit Absicht geschieht?«

»Dann, o Herr, ist es sehr von Übel.«

»Die Absicht aber, Hausvater, gibt der Freie Bruder Nāthaputto als was an?«

»Als Gedankenstreich, o Herr!«

»Hausvater, Hausvater, denke wohl nach, und dann, Hausvater, antworte: denn es geht dir mit dem Ersten das Letzte nicht zusammen, oder mit dem Letzten nicht das Erste. Doch hast du, Hausvater, also gesprochen: ›An die Wahrheit, o Herr, werde ich mich bei der Rede halten: möge da unter uns ein Gespräch statthaben!‹«

»Wenn auch, o Herr, der Erhabene solches sagt, so ist gleichwohl der Werkstreich bei weitem der üblere, um böse Tat zu tun, um böse Tat zu begehn, und nicht so sehr der Wortstreich, und nicht so sehr der Gedankenstreich.«

»Was meinst du wohl, Hausvater: dieses Nāḷandā blüht und gedeiht, ist volkreich, von vielen Menschen bewohnt?«

»Gewiß, o Herr: dieses Nāḷandā blüht und gedeiht, ist volkreich, von vielen Menschen bewohnt.«

»Was meinst du wohl, Hausvater: wenn da ein Mann herankäme, mit einem gezückten Schwerte in der Hand, und spräche also: ›Ich werde was es auch an Lebendigen hier in Nāḷandā gibt in einem Augenblick, in einem Nu zu einer einzigen Masse Mus, zu einer einzigen Masse Brei machen‹; was meinst du wohl, Hausvater: vermöchte nun etwa dieser Mann was es auch an Lebendigen hier in Nāḷandā gibt in einem Augenblick, in einem Nu zu einer einzigen Masse Mus, zu einer einzigen Masse Brei zu machen?«

»Selbst zehn Mann, o Herr, selbst zwanzig Mann, selbst dreißig Mann, selbst vierzig Mann, selbst fünfzig Mann reichten nicht hin was es hier in Nāḷandā an Lebendigen gibt in einem Augenblick, in einem Nu zu einer einzigen Masse Mus, zu einer einzigen Masse Brei zu machen: was gälte da nur ein erbärmlicher Mann?«

»Was meinst du wohl, Hausvater: wenn da ein Asket oder ein Priester herankäme, machtbegabt, geistesgewaltig, und spräche also: ›Ich werde dieses Nāḷandā mit einem einzigen Zorngedanken zu Asche machen‹; was meinst du wohl, Hausvater: vermöchte nun etwa ein solcher Asket oder Priester dieses Nāḷandā mit einem einzigen Zorngedanken zu Asche zu machen?«

»Selbst zehn Nāḷandā, o Herr, selbst zwanzig Nāḷandā, selbst dreißig Nāḷandā, selbst vierzig Nāḷandā, selbst fünfzig Nāḷandā vermöchte ein solcher Asket oder Priester mit einem einzigen Zorngedanken zu Asche zu machen: was gälte da nur ein erbärmliches Nāḷandā?«

»Hausvater, Hausvater, denke wohl nach, und dann, Hausvater, antworte: denn es geht dir mit dem Ersten das Letzte nicht zusammen, oder mit dem Letzten nicht das Erste. Doch hast du, Hausvater, also gesprochen: ›An die Wahrheit, o Herr, werde ich mich bei der Rede halten: möge da unter uns ein Gespräch statthaben!‹«

»Wenn auch, o Herr, der Erhabene solches sagt, so ist gleichwohl der Werkstreich bei weitem der üblere, um böse Tat zu tun, um böse Tat zu begehn, und nicht so sehr der Wortstreich, und nicht so sehr der Gedankenstreich.«

»Was meinst du wohl, Hausvater: hast du reden hören: ›Der Daṇḍaker-Wald, der Mejjher-Wald, der Kāliṅger-Wald, der Mātaṅger-Wald ist öder Urwald geworden‹?«

»Gewiß, o Herr: ich habe reden hören: ›Der Daṇḍaker-Wald, der Mejjher-Wald, der Kāliṅger-Wald, der Mātaṅger-Wald ist öder Urwald geworden.‹«

»Was meinst du wohl, Hausvater: hast du vielleicht reden hören, wodurch der Daṇḍaker-Wald, der Mejjher-Wald, der Kāliṅger-Wald, der Mātaṅger-Wald öder Urwald geworden ist?«

»Ich habe reden hören, o Herr: ›Durch der Seher Zorngedanken ist der Daṇḍaker-Wald, der Mejjher-Wald, der Kāliṅger-Wald, der Mātaṅger-Wald öder Urwald geworden‹.«

»Hausvater, Hausvater, denke wohl nach, und dann, Hausvater, antworte: denn es geht dir mit dem Ersten das Letzte nicht zusammen, oder mit dem Letzten nicht das Erste. Doch hast du, Hausvater, also gesprochen: ›An die Wahrheit, o Herr, werde ich mich bei der Rede halten: möge da unter uns ein Gespräch statthaben!‹«

»Schon durch das erste Gleichnis, o Herr, hat mich der Erhabene zufrieden und froh gemacht: aber ich wollte noch diese reichlichen Fragen und Erklärungen vom Erhabenen hören; und so dacht' ich mir, ich dürfte dem Erhabenen Gegenrede geben. – Vortrefflich, o Herr, vortrefflich, o Herr! Gleichwie etwa, o Herr, als ob man Umgestürztes aufstellte, oder Verdecktes enthüllte, oder Verirrten den Weg wiese, oder Licht in die Finsternis brächte: ›Wer Augen hat wird die Dinge sehn‹: ebenso auch hat der Erhabene die Lehre von vielen Seiten beleuchtet. Und so nehm' ich, o Herr, beim Erhabenen Zuflucht, bei der Lehre und bei der Jüngerschaft: als Anhänger möge mich der Erhabene betrachten, von heute an zeitlebens getreu.«

»Überleg' es dir, Hausvater, gehörig: Überlegung ist bei wohlbekannten Leuten euresgleichen ratsam.«

»Dadurch hat mich, o Herr, der Erhabene nur noch viel mehr zufrieden und froh gemacht, daß der Erhabene also zu mir spricht: ›Überleg' es dir, Hausvater, gehörig: Überlegung ist bei wohlbekannten Leuten euresgleichen ratsam.‹ Denn als mich, o Herr, die anderen Asketen zum Jünger gewonnen, da mochten sie mich in ganz Nāḷandā als Fahne herumtragen: ›Upāli der Hausvater hat sich zu unserem Jüngertum bekehrt!‹ Doch der Erhabene spricht nun also zu mir: ›Überleg' es dir, Hausvater, gehörig: Überlegung ist bei wohlbekannten Leuten euresgleichen ratsam.‹ Und so nehm' ich denn, o Herr, zum zweiten Mal beim Erhabenen Zuflucht, bei der Lehre und bei der Jüngerschaft: als Anhänger möge mich der Erhabene betrachten, von heute an zeitlebens getreu.«

»Lange Zeit ist, Hausvater, dein Tor den Freien Brüdern gastlich offen gewesen, so daß du ihrer, die um Almosen zu dir kommen, milde gedenken mögst.«

»Auch dadurch hat mich, o Herr, der Erhabene noch viel mehr zufrieden und froh gemacht, daß der Erhabene also zu mir spricht: ›Lange Zeit ist, Hausvater, dein Tor den Freien Brüdern gastlich offen gewesen, so daß du ihrer, die um Almosen zu dir kommen, milde gedenken mögst.‹ Ich habe mir sagen lassen, o Herr: ›Der Asket Gotamo spricht also: Mir nur ist Gabe darzubringen, nicht den anderen; nur meinen Jüngern ist Gabe darzubringen, nicht den Jüngern anderer; nur die mir dargebrachte Gabe läßt hohen Lohn erlangen, nicht die den anderen dargebrachte Gabe; nur die meinen Jüngern dargebrachte Gabe läßt hohen Lohn erlangen, nicht die den Jüngern anderer dargebrachte Gabe.‹ Doch der Erhabene ermahnt mich nun, auch den Freien Brüdern Gabe zu geben. Gewiß, o Herr: wir werden da schon der Zeit achthaben. Und so nehm' ich denn, o Herr, zum dritten Mal beim Erhabenen Zuflucht, bei der Lehre und bei der Jüngerschaft: als Anhänger möge mich der Erhabene betrachten, von heute an zeitlebens getreu.«

Da hat denn der Erhabene Upāli den Hausvater allmählich in das Gespräch eingeführt, sprach erst mit ihm vom Geben, von der Tugend, von seliger Welt, machte des Begehrens Elend, Ungemach, Trübsal, und der Entsagung Vorzüglichkeit offenbar. Als der Erhabene merkte, daß Upāli der Hausvater im Herzen bereitsam, geschmeidig, unbehindert, aufgerichtet, heiter geworden war, da gab er die Darlegung jener Lehre, die den Erwachten eigentümlich ist: das Leiden, die Entwicklung, die Auflösung, den Weg.

Gleichwie etwa ein reines Kleid, von Flecken gesäubert, vollkommen die Färbung annehmen mag, ebenso auch ging da Upāli dem Hausvater, während er noch da saß, das abgeklärte, abgespülte Auge der Wahrheit auf:

›Was irgend auch entstanden ist
Muß alles wieder untergehn.‹

Und Upāli der Hausvater, der die Wahrheit gesehn, die Wahrheit gefaßt, die Wahrheit erkannt, die Wahrheit ergründet hatte, zweifelentronnen, ohne Schwanken, in sich selber gewiß, auf keinen anderen gestützt im Orden des Meisters, der wandte sich nun an den Erhabenen also:

»Wohlan denn, jetzt, o Herr, wollen wir gehn: manche Pflicht wartet unser, manche Obliegenheit.«

»Wie es dir nun, Hausvater, belieben mag.«

Und Upāli der Hausvater, durch des Erhabenen Rede erfreut und befriedigt, stand auf von seinem Stuhle, begrüßte den Erhabenen ehrerbietig, ging rechts herum und begab sich nach Hause. Zu Hause angekommen befahl er dem Pförtner:

»Von heute an, guter Pförtner, ist meine Pforte den Freien Brüdern und Freien Schwestern verschlossen: unverschlossen ist sie den Jüngern des Erhabenen, den Mönchen und Nonnen, den Anhängern und Anhängerinnen. Wenn da ein Freier Bruder herankommt, so hast du einem solchen zu sagen: ›Bleibe, o Herr, wolle nicht eintreten: von heute an hat sich Upāli der Hausvater zum Jüngertum des Asketen Gotamo bekehrt. Verschlossen ist die Pforte den Freien Brüdern und Freien Schwestern: unverschlossen ist sie den Jüngern des Erhabenen, den Mönchen und Nonnen, den Anhängern und Anhängerinnen. Wenn du, o Herr, Almosen bedarfst, so bleibe nur hier: man wird es dir hierher bringen.‹«

»Jawohl, Herr!« erwiderte da gehorsam der Pförtner Upāli dem Hausvater.

Es hörte nun Dīghatapassī der Freie Bruder das Gerede: ›Upāli, sagt man, der Hausvater, soll sich zum Jüngertum des Asketen Gotamo bekehrt haben!‹ Und Dīghatapassī der Freie Bruder begab sich zum Freien Bruder Nāthaputto und sprach also zu ihm:

»Das Gerücht, o Herr, ist mir zu Ohren gekommen, Upāli der Hausvater habe sich zum Jüngertum des Asketen Gotamo bekehrt.«

»Unmöglich ist es, wahrlich, Tapassī, es kann nicht sein, daß sich Upāli der Hausvater zum Jüngertum des Asketen Gotamo bekehrt habe: möglich aber ist es wohl, daß sich der Asket Gotamo zum Jüngertum des Hausvaters Upāli bekehrt habe.«

Und zum zweiten Mal, und zum dritten Mal sprach Dīghatapassī der Freie Bruder zum Freien Bruder Nāthaputto also:

»Das Gerücht, o Herr, ist mir zu Ohren gekommen, Upāli der Hausvater habe sich zum Jüngertum des Asketen Gotamo bekehrt.«

»Unmöglich ist es, wahrlich, Tapassī, es kann nicht sein, daß sich Upāli der Hausvater zum Jüngertum des Asketen Gotamo bekehrt habe: möglich aber ist es wohl, daß sich der Asket Gotamo zum Jüngertum des Hausvaters Upāli bekehrt habe.«

»So will ich denn hingehn, o Herr, um zu erfahren, ob sich Upāli der Hausvater zum Jüngertum des Asketen Gotamo bekehrt oder nicht bekehrt hat.«

»Gehe hin, Tapassī, und überzeuge dich, ob sich Upāli der Hausvater zum Jüngertum des Asketen Gotamo bekehrt oder nicht bekehrt hat.«

Und Dīghatapassī der Freie Bruder machte sich nun auf den Weg zur Wohnung des Hausvaters Upāli. Es sah aber der Pförtner Dīghatapassī den Freien Bruder von ferne herankommen, und als er ihn gesehn, sprach er also zu ihm:

»Bleibe, o Herr, wolle nicht eintreten: von heute an hat sich Upāli der Hausvater zum Jüngertum des Asketen Gotamo bekehrt. Verschlossen ist die Pforte den Freien Brüdern und Freien Schwestern: unverschlossen ist sie den Jüngern des Erhabenen, den Mönchen und Nonnen, den Anhängern und Anhängerinnen. Wenn du, o Herr, Almosen bedarfst, so bleibe nur hier: man wird es dir hierher bringen.«

»Ich brauche, o Freund, kein Almosen«, sagte er, kehrte um, begab sich zum Freien Bruder Nāthaputto zurück und sprach also zu ihm:

»Wahr ist es wirklich, o Herr, daß sich Upāli der Hausvater zum Jüngertum des Asketen Gotamo bekehrt hat. Und du hast es mir, o Herr, nicht zugestanden, als ich sagte: ›Es gefällt mir durchaus nicht, o Herr, daß Upāli der Hausvater den Asketen Gotamo beim Wort nehmen soll. Denn der Asket Gotamo, o Herr, ist listig, versteht verlockende List, wodurch er die Jünger anderer Asketen anlockt.‹ Und weggelockt ist dir, o Herr, Upāli der Hausvater worden vom Asketen Gotamo durch verlockende List!«

»Unmöglich ist es, wahrlich, Tapassī, es kann nicht sein, daß sich Upāli der Hausvater zum Jüngertum des Asketen Gotamo bekehrt habe: möglich aber ist es wohl, daß sich der Asket Gotamo zum Jüngertum des Hausvaters Upāli bekehrt habe.«

Und zum zweiten Mal, und zum dritten Mal sprach Dīghatapassī der Freie Bruder zum Freien Bruder Nāthaputto also:

»Es ist wirklich wahr, o Herr: Upāli der Hausvater hat sich zum Jüngertum des Asketen Gotamo bekehrt. Und du hast es mir, o Herr, nicht zugestanden, als ich sagte: ›Es gefällt mir durchaus nicht, o Herr, daß Upāli der Hausvater den Asketen Gotamo beim Wort nehmen soll. Denn der Asket Gotamo, o Herr, ist listig, versteht verlockende List, wodurch er die Jünger anderer Asketen anlockt.‹ Und weggelockt ist dir, o Herr, Upāli der Hausvater worden vom Asketen Gotamo durch verlockende List!«

»Unmöglich ist es, wahrlich, Tapassī, es kann nicht sein, daß sich Upāli der Hausvater zum Jüngertum des Asketen Gotamo bekehrt habe: möglich aber ist es wohl, daß sich der Asket Gotamo zum Jüngertum des Hausvaters Upāli bekehrt habe. So will ich denn hingehn, Tapassī, und mich selbst überzeugen, ob sich Upāli der Hausvater zum Jüngertum des Asketen Gotamo bekehrt oder nicht bekehrt hat.«

Und der Freie Bruder Nāthaputto zog nun in Begleitung einer großen Schar Freier Brüder zur Wohnung des Hausvaters Upāli hin. Und es sah der Pförtner den Freien Bruder Nāthaputto von ferne herankommen, und als er ihn gesehn, sprach er also zu ihm:

»Bleibe, o Herr, wolle nicht eintreten: von heute an hat sich Upāli der Hausvater zum Jüngertum des Asketen Gotamo bekehrt. Verschlossen ist die Pforte den Freien Brüdern und Freien Schwestern: unverschlossen ist sie den Jüngern des Erhabenen, den Mönchen und Nonnen, den Anhängern und Anhängerinnen. Wenn du, o Herr, Almosen bedarfst, so bleibe nur hier: man wird es dir hierher bringen.«

»Wohlan denn, guter Pförtner, geh' zu Upāli dem Hausvater und melde ihm: ›Der Freie Bruder, o Herr, Nāthaputto steht mit einer großen Schar Freier Brüder vor dem Tore draußen: er möchte dich sehn.‹«

»Jawohl, Herr!« erwiderte da gehorsam der Pförtner dem Freien Bruder Nāthaputto; und er ging zu Upāli dem Hausvater und meldete ihm:

»Der Freie Bruder, o Herr, Nāthaputto steht mit einer großen Schar Freier Brüder vor dem Tore draußen: er möchte dich sehn.«

»So stelle denn, guter Pförtner, in der mittleren Torhalle die Stühle zurecht.«

»Jawohl, Herr!« erwiderte da gehorsam der Pförtner Upāli dem Hausvater; und er stellte in der mittleren Torhalle die Stühle zurecht, und ging dann zu Upāli dem Hausvater und meldete ihm:

»Zurechtgestellt, o Herr, sind dir in der mittleren Torhalle die Stühle, wie es dir beliebt.«

Und Upāli der Hausvater trat nun in die mittlere Torhalle ein, nahm dort auf dem ersten und besten, höchsten und vornehmsten Sitze Platz, und befahl dann dem Pförtner:

»So geh' denn, guter Pförtner, zum Freien Bruder Nāthaputto und melde ihm: ›Upāli, Herr, der Hausvater, läßt sagen: Wolle nähertreten, o Herr, wenn es dir genehm ist.‹«

»Jawohl, Herr!« erwiderte da gehorsam der Pförtner Upāli dem Hausvater; und er ging zum Freien Bruder Nāthaputto und meldete ihm: ›Upali, Herr, der Hausvater, läßt sagen: Wolle nähertreten, o Herr, wenn es dir genehm ist.‹

Und der Freie Bruder Nāthaputto trat nun mit seiner großen Schar Freier Brüder in die mittlere Torhalle ein. Und Upāli der Hausvater, der da früher, sobald er den Freien Bruder Nāthaputto von ferne herankommen sehn, ihm alsbald entgegengegangen und den ersten und besten, höchsten und vornehmsten Sitz dort eingeräumt, mit dem Mantel abgestäubt und angeboten hatte, der saß nun selbst dort auf dem ersten und besten, höchsten und vornehmsten Sitze; und er sprach also zum Freien Bruder Nāthaputto:

»Es sind hier, o Herr, Sitze bereit: wenn du willst, setze dich.«

Also angesprochen entgegnete der Freie Bruder Nāthaputto Upāli dem Hausvater:

»Von Sinnen bist du, Hausvater, verloren hast du, Hausvater! Du hast ja gesagt: ›Hingehn will ich, o Herr, und den Asketen Gotamo beim Wort nehmen‹, und bist ausgezogen und mit einer gewaltigen Niederlage deiner Redekunst heimgekehrt. Gleichwie etwa, Hausvater, wenn ein Mann auszöge, Hoden auszureißen, und mit ausgerissenen Hoden heimkehrte; oder gleichwie etwa, Hausvater, wenn ein Mann auszöge, Augen auszureißen, und mit ausgerissenen Augen heimkehrte: ebenso nun auch, Hausvater, hast du gesagt: ›Hingehn will ich, o Herr, und den Asketen Gotamo beim Wort nehmen‹, und bist ausgezogen und mit einer gewaltigen Niederlage deiner Redekunst heimgekehrt. Weggelockt worden bist du nun, Hausvater, vom Asketen Gotamo durch verlockende List.«

»Beglückend, o Herr, ist diese verlockende List, beseligend, o Herr, ist diese verlockende List! Wenn sich, o Herr, meine lieben Leute und Hausgenossen durch solche Verlockung verleiten ließen, so würd' es auch meinen lieben Leuten und Hausgenossen lange zum Wohle, zum Heile gereichen. Wenn sich auch, o Herr, alle Adeligen durch solche

Verlockung verleiten ließen, so würd' es einem jeden von ihnen lange zum Wohle, zum Heile gereichen. Wenn sich auch, o Herr, alle Priester und alle Bürger und alle Diener durch solche Verlockung verleiten ließen, so würd' es einem jeden von ihnen lange zum Wohle, zum Heile gereichen. Wenn sich auch, o Herr, die Welt mit ihren Göttern, ihren bösen und heiligen Geistern, mit ihrer Schar von Büßern und Priestern, Göttern und Menschen durch solche Verlockung verleiten ließe, so würd' es auch der Welt mit ihren Göttern, ihren bösen und heiligen Geistern, mit ihrer Schar von Büßern und Priestern, Göttern und Menschen lange zum Wohle, zum Heile gereichen. Und so will ich dir nun, o Herr, ein Gleichnis geben: auch durch Gleichnisse wird da manchem verständigen Manne der Sinn einer Rede klar.

»Es war einmal, o Herr, ein Brāhmane, der war alt und greis und hochbetagt, und hatte eine junge Brāhmanin zur Frau, die war schwanger, der Entbindung nahe. Und diese Brāhmanin, o Herr, sprach also zu ihrem Gemahl: ›Gehe, Brāhmane, auf den Markt, kaufe einen jungen Affen und bring' ihn heim, auf daß er meinem Knäblein ein Spielgenosse werde.‹ Auf diese Worte, o Herr, erwiderte der Brāhmane seiner Gemahlin: ›Warte so lange, liebe Frau, bis du geboren hast: wenn du, liebe Frau, ein Knäblein gebären wirst, so werd' ich auf den Markt gehn und dir einen jungen Affen kaufen und heimbringen, auf daß er deinem Knäblein ein Spielgenosse werde; wenn du aber, liebe Frau, ein Mägdlein gebären wirst, so werd' ich auf den Markt gehn und dir eine junge Äffin kaufen und heimbringen, auf daß sie deinem Mägdlein eine Spielgenossin werde.‹ Und ein zweites Mal, und ein drittes Mal, o Herr, sprach die Brāhmanin also zu ihrem Gemahl. Da ging nun endlich, o Herr, der Brāhmane, der seine Gemahlin sehr liebte, ihr innig zugetan war, auf den Markt, kaufte einen jungen Affen, brachte ihn heim und sprach also zu seiner Gemahlin: ›Da hast du, liebe Frau, den jungen Affen: ich hab' ihn am Markte gekauft und dir nun heimgebracht, auf daß er deinem Knäblein ein Spielgenosse werde.‹ Auf diese Worte, o Herr, erwiderte die Brāhmanin ihrem Gemahle: ›Gehe, Brāhmane, mit diesem jungen Affen zu Rattapāṇi dem Färber und sag' ihm: Ich wünsche, guter Rattapāṇi, daß dieser junge Affe mit gelber Farbe gefärbt, aufgewalzt, durchgewalzt, auf beiden Seiten geglättet werde. Und der Brāhmane, o Herr, der seine Gemahlin sehr liebte, ihr innig zugetan war, ging nun zu Rattapāṇi dem Färber und sprach also zu ihm: ›Ich wünsche, guter Rattapāṇi, daß dieser junge Affe mit gelber Farbe gefärbt, aufgewalzt, durchgewalzt, auf beiden Seiten geglättet werde.‹ Auf diese Worte, o Herr, erwiderte

Rattapāṇi der Färber dem Brāhmanen: ›Dieser junge Affe, o Herr, nimmt dir wohl Farbe an, aber läßt sich nicht aufwalzen, läßt sich nicht glatt machen.‹ Ebenso nun auch, o Herr, nimmt der törigen Freien Brüder Rede wohl Farbe an, für Toren, nicht für Weise, aber läßt sich nicht zurichten, läßt sich nicht glatt machen. – Und jener Brāhmane, o Herr, ging nun ein anderes Mal mit einem neuen Stück Tuch zu Rattapāṇi dem Färber und sprach also zu ihm: ›Ich wünsche, guter Rattapāṇi, daß dieses neue Stück Tuch mit gelber Farbe gefärbt, aufgewalzt, durchgewalzt, auf beiden Seiten geglättet werde.‹ Auf diese Worte, o Herr, erwiderte Rattapāṇi der Färber dem Brāhmanen: ›Dieses neue Stück Tuch, o Herr, das nimmt dir Farbe an und läßt sich aufwalzen und läßt sich glatt machen.‹ Ebenso nun auch, o Herr, nimmt des Erhabenen Rede, des Heiligen, vollkommen Erwachten, Farbe an, für Weise, nicht für Toren, und läßt sich zurichten und läßt sich glatt machen.«

»Der König, o Hausvater, und das Hofgesinde weiß von dir: ›Upāli der Hausvater ist ein Jünger des Freien Bruders Nāthaputto‹; für wessen Jünger, Hausvater, sollen wir dich halten?«

Also befragt erhob sich Upāli der Hausvater von seinem Sitze, entblößte die eine Schulter, verneigte sich ehrerbietig nach der Richtung wo der Erhabene weilte, und gab nun dem Freien Bruder Nāthaputto diese Antwort:

»So vernimm denn, o Herr, wessen Jünger ich bin.

»Des Weisen, den kein Wahn betört,
Kein Unmut ankommt und kein Sieg versucht,
Kein Übel peinigt, keine Regung reizt,
Gereifte Tugend, rechter Witz berät,
Erhaben über alle Welt kein Flecken fleckt:
Ja, dessen Jünger, der bin ich.

»Des Frohen, der da nimmer fragt,
Zufrieden, weltgenußgenesen weilt,
Asketenkunst gemeistert hat als Mensch,
Den letzten Leib als Mann zu Ende trägt,
Erhaben ohnegleichen heiter glänzt:
Ja, dessen Jünger, der bin ich.

»Des Kühnen, der kein Zagen kennt,
Gewisser Führer, bester Lenker ist,

So lieblich, wie kein Zweiter Wahrheit lehrt,
Von Sehnsucht lauter, hell wie Sonnenlicht,
Erhaben ohne Hoffart, heldensam:
Ja, dessen Jünger, der bin ich.

»Des Echten, der alleinig west
Und unermeßlich tief Gedanken denkt,
Gar wohl uns raten, helfen kann,
In rechter Ordnung unverstörbar steht,
Erhaben kehrt aus Fesseln frei hervor:
Ja, dessen Jünger, der bin ich.

»Des Großen, der entfremdet lebt,
Von jedem Band entbunden, freigelöst,
Besonnen keinem Frone frönt,
Und ohne Absicht, ohne Wunscheshang
Erhaben abgewendet in sich ruht:
Ja, dessen Jünger, der bin ich.

»Des hehrsten Sehers, der uns taugt,
Vollendet heilig, dreifach aufgeklärt,
Gewitzigt, weil das Wort er weiß,
Beschwichtigt, weil den Sinn er sieht,
Erhaben, wie der Götterkönig hold:
Ja, dessen Jünger, der bin ich.

»Des Wackern, der sich selbst bewacht,
Getreu im Tritte, gern uns Kunde gibt,
Der in sich schaut und um sich schaut,
Geneigt ist keinem, keinem abgeneigt,
Erhaben herzensmächtig, unbewegt:
Ja, dessen Jünger, der bin ich.

»Des Fürsten, der da Schauung übt,
Unhemmbar abgeschieden, rein entrückt,
Enthaftet keine Furcht erfährt,
Entwesen ledig, bis zum letzten Ziel,
Erhaben und errettet Retter ist:
Ja, dessen Jünger, der bin ich.

»Des Sanften, der da reichlich weiß,
Gewaltig weiß, und keiner Sucht begehrt,
Vollkommen hier, willkommen hier,
Nicht einem ebenbürtig, ebenbild,
Erhaben weit hinausblickt, fein versteht:
Ja, dessen Jünger, der bin ich.

»Des Wachen, den kein Durst mehr quält,
Kein Rauch umdüstert, nimmer Nebel netzt,
Des Geistes, den das Opfer ehrt,
Der wie kein andrer herrlich ragt empor,
Erhaben Erstgerühmter, riesenhoch:
Ja, dessen Jünger, der bin ich.«

»Wann hast du dir nur, Hausvater, diese Lobpreisungen des Asketen Gotamo zusammengesucht?«

»Gleichwie etwa, o Herr, wenn da ein großer Haufe verschiedener Blumen läge, und es bände ihn ein geschickter Gärtner oder Gärtnergeselle zu einem bunten Strauße zusammen, ebenso nun auch, o Herr, eignet Ihm, dem Erhabenen, vielfaches Lob, vielhundertfaches Lob: und wer wird, o Herr, einen, der Lob verdient, nicht loben?«

Aber dem Freien Bruder Nāthaputto, der des Erhabenen Ehrung nicht länger zu ertragen vermochte, quoll da warmes Blut aus dem Munde hervor.

31. JĪVAKO

55. Rede

Das hab' ich gehört. Zu einer Zeit weilte der Erhabene bei Rājagaham, im Mangohaine Jīvakos, des Hofarztes.

Da nun begab sich Jīvako der Hofarzt zum Erhabenen hin, begrüßte den Erhabenen ehrerbietig und setzte sich seitwärts nieder. Seitwärts sitzend sprach nun Jīvako der Hofarzt also zum Erhabenen:

»Gehört hab' ich solches, o Herr: ›Um des Asketen Gotamo willen rauben sie das Leben, und der Asket Gotamo nimmt wissentlich das eigens für ihn bereitete Fleisch an!‹ Die da solches, o Herr, gesagt haben,

haben die wirklich, o Herr, des Erhabenen Worte gebraucht und den Erhabenen nicht mit Unrecht angeführt und der Lehre gemäß geredet, so daß sich kein entsprechender Folgesatz als ungehörig erweisen kann?«

»Die da, Jīvako, solches gesagt haben: ›Um des Asketen Gotamo willen rauben sie das Leben, und der Asket Gotamo nimmt wissentlich das eigens für ihn bereitete Fleisch an‹, die haben nicht meine Worte gebraucht und haben mich also ohne Grund und mit Unrecht angeführt. Drei Fälle gibt es, Jīvako, wo ich sage, Fleisch ist nicht zu nehmen: besehn, gehört, vermutet. Das sind, Jīvako, die drei Fälle, wo ich sage, Fleisch ist nicht zu nehmen. Drei Fälle gibt es, Jīvako, wo ich sage, Fleisch ist zu nehmen: unbesehn, ungehört, unvermutet. Das sind, Jīvako, die drei Fälle, wo ich sage, Fleisch ist zu nehmen.

»Da lebt, Jīvako, ein Mönch in der Umgebung eines Dorfes oder einer Stadt. Liebevollen Gemütes weilend strahlt er nach einer Richtung, dann nach einer zweiten, dann nach der dritten, dann nach der vierten, ebenso nach oben und nach unten: überall in allem sich wiedererkennend durchstrahlt er die ganze Welt mit liebevollem Gemüte, mit weitem, tiefem, unbeschränktem, von Grimm und Groll geklärtem. Und es sucht ihn ein Hausvater auf, oder der Sohn eines Hausvaters, und bittet ihn, am nächsten Tage bei ihm zu speisen. Mag eben der Mönch es, Jīvako, annehmen, so sagt er zu. Und am nächsten Morgen, zeitig gerüstet, nimmt er Mantel und Schale und begibt sich dorthin wo jener Hausvater, oder Sohn eines Hausvaters, wohnt. Dort angekommen nimmt er auf dem dargebotenen Sitze Platz. Und es bedient ihn der Hausvater, oder Sohn eines Hausvaters, mit ausgewählter Almosenspeise. Da denkt er nicht: ›Schön, wahrlich, ist es von diesem Hausvater, oder Sohn eines Hausvaters, mich mit ausgewählter Almosenspeise zu bewirten: ach wenn mich doch dieser Hausvater, oder Sohn eines Hausvaters, auch fernerhin mit ebensolcher ausgewählter Almosenspeise bewirten möchte!‹: also etwa denkt er nicht. Er nimmt diese Almosenbissen unverlockt, unverblendet, nicht hingerissen, das Elend sehend, der Entrinnung eingedenk, ein. Was meinst du wohl, Hausvater: hat etwa da der Mönch bei dieser Gelegenheit eigene Verletzung im Sinne, oder hat er anderer Verletzung im Sinne, oder hat er beider Verletzung im Sinne?«

»Das nicht, o Herr!«

»Nimmt also, Jīvako, nicht der Mönch bei dieser Gelegenheit eben untadelhafte Nahrung ein?«

»Allerdings, o Herr! – Reden hab' ich gehört, o Herr: ›Brahmā ist liebevoll.‹ Dafür hab' ich, o Herr, den Erhabenen bürgen sehn: denn der Erhabene, o Herr, ist liebevoll.«

»Jene Gier, Jīvako, jener Haß, jener Wahn, wo Verderben in den Sinn käme, solche Gier, solcher Haß, solcher Wahn ist vom Vollendeten verleugnet, an der Wurzel abgeschnitten, einem Palmstumpf gleichgemacht, ausgerodet worden, kann sich ferner nicht mehr entwickeln. Wenn deine Worte, Jīvako, das gemeint haben, geb' ich es dir zu.«

»Eben das, freilich, o Herr, haben meine Worte gemeint.«

»Da lebt, Jīvako, ein Mönch in der Umgebung eines Dorfes oder einer Stadt. Erbarmenden Gemütes, freudevollen Gemütes, unbewegten Gemütes weilend strahlt er nach einer Richtung, dann nach einer zweiten, dann nach der dritten, dann nach der vierten, ebenso nach oben und nach unten: überall in allem sich wiedererkennend durchstrahlt er die ganze Welt mit erbarmendem Gemüte, mit freudevollem Gemüte, mit unbeweglichem Gemüte, mit weitem, tiefem, unbeschränktem, von Grimm und Groll geklärtem. Und es sucht ihn ein Hausvater auf, oder der Sohn eines Hausvaters, und bittet ihn, am nächsten Tage bei ihm zu speisen. Mag eben der Mönch es, Jīvako, annehmen, so sagt er zu. Und am nächsten Morgen, zeitig gerüstet, nimmt er Mantel und Schale und begibt sich dorthin wo jener Hausvater, oder Sohn eines Hausvaters, wohnt. Dort angekommen nimmt er auf dem dargebotenen Sitze Platz. Und es bedient ihn der Hausvater, oder Sohn eines Hausvaters, mit ausgewählter Almosenspeise. Da denkt er nicht: ›Schön, wahrlich, ist es von diesem Hausvater, oder Sohn eines Hausvaters, mich mit ausgewählter Almosenspeise zu bewirten: ach wenn mich doch dieser Hausvater, oder Sohn eines Hausvaters, auch fernerhin mit ebensolcher ausgewählter Almosenspeise bewirten möchte!‹: also etwa denkt er nicht. Er nimmt diese Almosenbissen unverlockt, unverblendet, nicht hingerissen, das Elend sehend, der Entrinnung eingedenk, ein. Was meinst du wohl, Hausvater: hat etwa da der Mönch bei dieser Gelegenheit eigene Verletzung im Sinne, oder hat er anderer Verletzung im Sinne, oder hat er beider Verletzung im Sinne?«

»Das nicht, o Herr!«

»Nimmt also, Jīvako, nicht der Mönch bei dieser Gelegenheit eben untadelhafte Nahrung ein?«

»Allerdings, o Herr! – Reden hab' ich gehört, o Herr: ›Brahmā ist unbewegt.‹ Dafür hab' ich, o Herr, den Erhabenen bürgen sehn: denn der Erhabene, o Herr, ist unbewegt.«

»Jene Gier, Jīvako, jener Haß, jener Wahn, wo Wut, wo Unlust, wo Widerstreit in den Sinn käme, solche Gier, solcher Haß, solcher Wahn ist vom Vollendeten verleugnet, an der Wurzel abgeschnitten, einem Palmstumpf gleichgemacht, ausgerodet worden, kann sich ferner nicht mehr entwickeln. Wenn deine Worte, Jīvako, das gemeint haben, geb' ich es dir zu.«

»Eben das, freilich, o Herr, haben meine Worte gemeint.«

»Wer da, Jīvako, um des Vollendeten oder Vollendeten Jüngers willen das Leben raubt, der erwirbt zu fünf Malen schwere Schuld. Weil er da also befiehlt: ›Geht hin und bringt jenes Tier dort herbei!‹, darum erwirbt er zum ersten Mal schwere Schuld. Weil dann das Tier, zitternd und zagend herbeigeführt, Schmerz und Qual empfindet, darum erwirbt er zum zweiten Mal schwere Schuld. Weil er dann spricht: ›Geht hin und tötet dieses Tier!‹, darum erwirbt er zum dritten Mal schwere Schuld. Weil dann das Tier im Tode Schmerz und Qual empfindet, darum erwirbt er zum vierten Mal schwere Schuld. Weil er dann den Vollendeten oder des Vollendeten Jünger ungebührend laben läßt, darum erwirbt er zum fünften Mal schwere Schuld. Wer da, Jīvako, um des Vollendeten oder Vollendeten Jüngers willen das Leben raubt, der erwirbt zu diesen fünf Malen schwere Schuld.«

Nach diesen Worten sprach Jīvako der Hofarzt also zum Erhabenen:

»Wunderbar, o Herr, außerordentlich, o Herr! Gebührende Nahrung, wahrlich, o Herr, nehmen die Mönche ein, untadelhafte Nahrung, wahrlich, o Herr, nehmen die Mönche ein. – Vortrefflich, o Herr, vortrefflich, o Herr! Als Anhänger möge mich der Erhabene betrachten, von heute an zeitlebens getreu.«

32. RĀHULOS ERMAHNUNG I

61. Rede

Das hab' ich gehört. Zu einer Zeit weilte der Erhabene bei Rājagaham, im Bambusparke, am Hügel der Eichhörnchen. Um diese Zeit aber weilte der ehrwürdige Rāhulo im Mangohage.

Als nun der Erhabene gegen Abend die Gedenkensruhe beendet hatte, begab er sich nach dem Mangohage, dorthin wo der ehrwürdige Rāhulo sich aufhielt. Und es sah der ehrwürdige Rāhulo den Erhabenen von ferne herankommen, und als er ihn gesehn, stellte er einen Stuhl zurecht und Wasser für die Füße. Es setzte sich der Erhabene auf den angebotenen Sitz, und als er saß, spülte er sich die Füße ab. Und auch der ehrwürdige Rāhulo setzte sich, nach des Erhabenen Begrüßung, zur Seite nieder.

Und der Erhabene ließ einen geringen Rest von Wasser im Becken zurück und wandte sich an den ehrwürdigen Rāhulo:

»Siehst du wohl, Rāhulo, diesen geringen Rest von Wasser da im Becken?«

»Ja, o Herr!«

»Ebenso gering ist, Rāhulo, das Asketentum derer, die sich vor bewußter Lüge nicht scheuen.«

Und der Erhabene goß diesen geringen Rest von Wasser aus und sprach zum ehrwürdigen Rāhulo:

»Siehst du wohl, Rāhulo, daß dieser geringe Rest von Wasser ausgegossen ist?«

»Ja, o Herr!«

»Ebenso ausgegossen ist, Rāhulo, das Asketentum derer, die sich vor bewußter Lüge nicht scheuen.«

Und der Erhabene kehrte das Wasserbecken um und sagte zum ehrwürdigen Rāhulo:

»Siehst du wohl, Rāhulo, daß dieses Wasserbecken umgekehrt ist?«

»Ja, o Herr!«

»Ebenso umgekehrt ist, Rāhulo, das Asketentum derer, die sich vor bewußter Lüge nicht scheuen.«

Und der Erhabene kehrte das Wasserbecken auf und fragte den ehrwürdigen Rāhulo:

»Siehst du wohl, Rāhulo, daß dieses Wasserbecken hohl und leer ist?«

»Ja, o Herr!«

»Ebenso hohl und leer ist, Rāhulo, das Asketentum derer, die sich vor bewußter Lüge nicht scheuen.

»Gleichwie etwa, Rāhulo, wenn ein Königselefant, mit Doppelhauern, zum Angriff geeignet, zum Kampf erzogen, in den Kampf geraten mit den Vorderfüßen sein Werk verrichtet und mit den Hinterfüßen sein Werk verrichtet, mit dem Vorderleibe sein Werk verrichtet und mit dem Hinterleibe sein Werk verrichtet, mit dem Kopfe sein Werk verrichtet, mit den Ohren sein Werk verrichtet, mit den Hauern sein Werk verrichtet, mit dem Schwanze sein Werk verrichtet und nur den Rüssel zurückhält; da weiß der Elefantenlenker: ›Nicht hat der Königselefant das Leben preisgegeben.‹ Wenn aber, Rāhulo, ein Königselefant, mit Doppelhauern, zum Angriff geeignet, zum Kampf erzogen, in den Kampf geraten mit den Vorderfüßen sein Werk verrichtet und mit den Hinterfüßen sein Werk verrichtet, mit dem Vorderleibe sein Werk verrichtet und mit dem Hinterleibe sein Werk verrichtet, mit dem Kopfe sein Werk verrichtet, mit den Ohren sein Werk verrichtet, mit den Hauern sein Werk verrichtet, mit dem Schwanze sein Werk verrichtet und mit dem Rüssel sein Werk verrichtet; da weiß der Elefantenlenker: ›Preisgegeben hat der Königselefant das Leben, alles ist jetzt der Königselefant imstande zu tun.‹ Ebenso nun auch, Rāhulo, sag' ich, daß wer sich da vor bewußter Lüge nicht scheut, alles Böse zu tun imstande ist. Darum merke dir, Rāhulo: ›Nicht einmal im Scherze will ich Lüge reden‹: also hast du dich, Rāhulo, wohl zu üben.

»Was meinst du wohl, Rāhulo: wozu taugt ein Spiegel?«

»Um sich zu betrachten, o Herr!«

»Ebenso nun auch soll man sich, Rāhulo, betrachten und betrachten bevor man Taten begeht, betrachten und betrachten bevor man Worte spricht, betrachten und betrachten bevor man Gedanken hegt.

»Was immer du, Rāhulo, für eine Tat begehn willst, eben diese Tat sollst du dir betrachten: ›Wie, wenn diese Tat, die ich da begehn will, mich selber beschwerte oder andere beschwerte, oder alle beide beschwerte? Das wär' eine unheilsame Tat, die Leiden aufzieht, Leiden züchtet.‹ Wenn du, Rāhulo, bei der Betrachtung merkst: ›Diese Tat, die ich da begehn will, die kann mich selber beschweren, kann andere beschweren, kann alle beide beschweren: es ist eine unheilsame Tat, die Leiden aufzieht, Leiden züchtet‹, so hast du, Rāhulo, eine derartige Tat sicherlich zu lassen. Wenn du aber, Rāhulo, bei der Betrachtung merkst: ›Diese Tat, die ich da begehn will, die kann weder mich beschweren, noch kann sie andere beschweren, kann keinen von beiden beschweren: es ist eine heilsame Tat, die Wohl aufzieht, Wohl züchtet‹, so hast du, Rāhulo, eine derartige Tat zu tun.

»Und während du, Rāhulo, eine Tat begehst, sollst du dir eben diese Tat betrachten: ›Weil ich nun diese Tat begehe, beschwert sie mich da selber, oder beschwert sie etwa andere, oder beschwert sie alle beide? Ist es eine unheilsame Tat, die Leiden aufzieht, Leiden züchtet?‹ Wenn du, Rāhulo, bei der Betrachtung merkst: ›Diese Tat, die ich da begehe, die beschwert mich selber, oder sie beschwert andere, oder beschwert alle beide: es ist eine unheilsame Tat, die Leiden aufzieht, Leiden züchtet‹, so hast du, Rāhulo, einer derartigen Tat Einhalt zu tun. Wenn du aber, Rāhulo, bei der Betrachtung merkst: ›Diese Tat, die ich da begehe, die beschwert weder mich selber, noch beschwert sie andere, beschwert keinen von beiden: es ist eine heilsame Tat, die Wohl aufzieht, Wohl züchtet‹, so hast du, Rāhulo, eine derartige Tat zu fördern.

»Und hast du, Rāhulo, eine Tat begangen, so sollst du dir eben diese Tat betrachten: ›Weil ich nun diese Tat begangen habe, beschwert sie mich da selber, oder beschwert sie etwa andere, oder beschwert sie alle beide? Ist es eine unheilsame Tat, die Leiden aufzieht, Leiden züchtet?‹ Wenn du, Rāhulo, bei der Betrachtung merkst: ›Diese Tat, die ich da begangen habe, die beschwert mich selber, oder sie beschwert andere, oder beschwert alle beide: es ist eine unheilsame Tat, die Leiden aufzieht, Leiden züchtet‹, so hast du, Rāhulo, eine derartige Tat dem Meister oder erfahrenen Ordensbrüdern anzugeben, aufzudecken, darzulegen; und hast du sie angegeben, aufgedeckt, dargelegt, dich künftighin zu hüten. Wenn du aber, Rāhulo, bei der Betrachtung merkst: ›Diese Tat, die ich da begangen habe, die beschwert weder mich selber, noch beschwert sie andere, beschwert keinen von beiden: es ist eine heilsame Tat, die Wohl aufzieht, Wohl züchtet‹, so hast du, Rāhulo, eben diese selig heitere Übung im Guten Tag und Nacht zu pflegen.

»Was immer du, Rāhulo, für ein Wort sprechen willst, eben dieses Wort sollst du dir betrachten: ›Wie, wenn dieses Wort, das ich da sprechen will, mich selber beschwerte, oder andere beschwerte, oder alle beide beschwerte? Das wär' ein unheilsames Wort, das Leiden aufzieht, Leiden züchtet.‹ Wenn du, Rāhulo, bei der Betrachtung merkst: ›Dieses Wort, das ich da sprechen will, das kann mich selber beschweren, kann andere beschweren, kann alle beide beschweren: es ist ein unheilsames Wort, das Leiden aufzieht, Leiden züchtet‹, so hast du, Rāhulo, ein derartiges Wort sicherlich zu lassen. Wenn du aber, Rāhulo, bei der Betrachtung merkst: ›Dieses Wort, das ich da sprechen will, das kann weder mich beschweren, noch kann es andere beschweren, kann keinen von beiden beschweren: es ist ein heilsames Wort, das Wohl aufzieht, Wohl züchtet‹, so hast du, Rāhulo, ein derartiges Wort zu sprechen.

»Und während du, Rāhulo, ein Wort sprichst, sollst du dir eben dieses Wort betrachten: ›Weil ich nun dieses Wort spreche, beschwert es mich da selber, oder beschwert es etwa andere, oder beschwert es alle beide? Ist es ein unheilsames Wort, das Leiden aufzieht, Leiden züchtet?‹ Wenn du, Rāhulo, bei der Betrachtung merkst: ›Dieses Wort, das ich da spreche, das beschwert mich selber, oder es beschwert andere, oder beschwert alle beide: es ist ein unheilsames Wort, das Leiden aufzieht, Leiden züchtet‹, so hast du, Rāhulo, einem derartigen Worte Einhalt zu tun. Wenn du aber, Rāhulo, bei der Betrachtung merkst: ›Dieses Wort, das ich da spreche, das beschwert weder mich selber, noch beschwert es andere, beschwert keinen von beiden: es ist ein heilsames Wort, das Wohl aufzieht, Wohl züchtet‹, so hast du, Rāhulo, ein derartiges Wort zu fördern.

»Und hast du, Rāhulo, ein Wort gesprochen, so sollst du dir eben dieses Wort betrachten: ›Weil ich nun dieses Wort gesprochen habe, beschwert es mich da selber, oder beschwert es etwa andere, oder beschwert es alle beide? Ist es ein unheilsames Wort, das Leiden aufzieht, Leiden züchtet?‹ Wenn du, Rāhulo, bei der Betrachtung merkst: ›Dieses Wort, das ich da gesprochen habe, das beschwert mich selber, oder es beschwert andere, oder beschwert alle beide: es ist ein unheilsames Wort, das Leiden aufzieht, Leiden züchtet‹, so hast du, Rāhulo, ein derartiges Wort dem Meister oder erfahrenen Ordensbrüdern anzugeben, aufzudecken, darzulegen; und hast du es angegeben, aufgedeckt, dargelegt, dich künftighin zu hüten. Wenn du aber, Rāhulo, bei der Betrachtung merkst: ›Dieses Wort, das ich da gesprochen habe, das beschwert weder mich selber, noch beschwert es andere, beschwert keinen von beiden: es ist ein heilsames Wort, das Wohl aufzieht, Wohl züchtet‹, so hast du, Rāhulo, eben diese selig heitere Übung im Guten Tag und Nacht zu pflegen.

»Was immer du, Rāhulo, für einen Gedanken hegen willst, eben diesen Gedanken sollst du dir betrachten: ›Wie, wenn dieser Gedanke, den ich da hegen will, mich selber beschwerte, oder andere beschwerte, oder alle beide beschwerte? Das wär' ein unheilsamer Gedanke, der Leiden aufzieht, Leiden züchtet.‹ Wenn du, Rāhulo, bei der Betrachtung merkst: ›Dieser Gedanke, den ich da hegen will, der kann mich selber beschweren, kann andere beschweren, kann alle beide beschweren: es ist ein unheilsamer Gedanke, der Leiden aufzieht, Leiden züchtet‹, so hast du, Rāhulo, einen derartigen Gedanken sicherlich zu lassen. Wenn du aber, Rāhulo, bei der Betrachtung merkst: ›Dieser Gedanke, den ich da hegen will, der kann weder mich beschweren, noch kann er andere beschweren, kann keinen von beiden beschweren: es ist ein heilsamer Gedanke, der Wohl aufzieht, Wohl züchtet‹, so hast du, Rāhulo, einen derartigen Gedanken zu hegen.

»Und während du, Rāhulo, einen Gedanken hegst, sollst du dir eben diesen Gedanken betrachten: ›Weil ich nun diesen Gedanken hege, beschwert er mich da selber, oder beschwert er etwa andere, oder beschwert er alle beide? Ist es ein unheilsamer Gedanke, der Leiden aufzieht, Leiden züchtet?‹ Wenn du, Rāhulo, bei der Betrachtung merkst: ›Dieser Gedanke, den ich da hege, der beschwert mich selber, oder er beschwert andere, oder beschwert alle beide: es ist ein unheilsamer Gedanke, der Leiden aufzieht, Leiden züchtet‹, so hast du, Rāhulo, einem derartigen Gedanken Einhalt zu tun. Wenn du aber, Rāhulo, bei der Betrachtung merkst: ›Dieser Gedanke, den ich da hege, der beschwert weder mich selber, noch beschwert er andere, beschwert keinen von beiden: es ist ein heilsamer Gedanke, der Wohl aufzieht, Wohl züchtet‹, so hast du, Rāhulo, einen derartigen Gedanken zu fördern.

»Und hast du, Rāhulo, einen Gedanken gehegt, so sollst du dir eben diesen Gedanken betrachten: ›Weil ich nun diesen Gedanken gehegt habe, beschwert er mich da selber, oder beschwert er etwa andere, oder beschwert er alle beide? Ist es ein unheilsamer Gedanke, der Leiden aufzieht, Leiden züchtet?‹ Wenn du, Rāhulo, bei der Betrachtung merkst: ›Dieser Gedanke, den ich da gehegt habe, der beschwert mich selber, oder er beschwert andere, oder beschwert alle beide: es ist ein unheilsamer Gedanke, der Leiden aufzieht, Leiden züchtet‹, so hast du dann, Rāhulo, vor diesem Gedanken Grauen, Entsetzen, Abscheu zu fassen; und hast du Grauen, Entsetzen, Abscheu gefaßt, dich künftighin zu hüten. Wenn du aber, Rāhulo, bei der Betrachtung merkst: ›Dieser Gedanke, den ich da gehegt habe, der beschwert weder mich selber, noch beschwert er andere, beschwert keinen von beiden: es ist ein heilsamer Gedanke, der Wohl aufzieht, Wohl züchtet‹, so hast du, Rāhulo, eben diese selig heitere Übung im Guten Tag und Nacht zu pflegen.

»Denn wer immer auch, Rāhulo, von den Asketen oder den Priestern in vergangenen Zeiten seine Taten geläutert, seine Worte geläutert, seine Gedanken geläutert hat, ein jeder hat also und also betrachtend und betrachtend seine Taten geläutert, betrachtend und betrachtend seine Worte geläutert, betrachtend und betrachtend seine Gedanken geläutert. Und wer immer auch, Rāhulo, von den Asketen oder den Priestern in künftigen Zeiten seine Taten läutern, seine Worte läutern, seine Gedanken läutern wird, ein jeder wird also und also betrachtend und betrachtend seine Taten läutern, betrachtend und betrachtend seine Worte läutern, betrachtend und betrachtend seine Gedanken läutern. Und wer immer auch, Rāhulo, von den Asketen oder den Priestern in der Gegenwart seine Taten läutert, seine Worte läutert, seine Gedanken läutert, ein jeder läutert also und also betrachtend und betrachtend seine Taten, betrachtend und betrachtend läutert er seine Worte, betrachtend und betrachtend läutert er seine Gedanken.

»Darum merke hier, Rāhulo: ›Betrachtend und betrachtend wollen wir unsere Taten läutern, betrachtend und betrachtend wollen wir unsere Worte läutern, betrachtend und betrachtend wollen wir unsere Gedanken läutern‹: so habt ihr euch, Rāhulo, wohl zu üben.«

Also sprach der Erhabene. Zufrieden freute sich der ehrwürdige Rāhulo über das Wort des Erhabenen.

33. BHADDĀLI

65. Rede

Das hab' ich gehört. Zu einer Zeit weilte der Erhabene bei Sāvatthī, im Siegerwalde, im Garten Anāthapiṇḍikos. Dort nun wandte sich der Erhabene an die Mönche: »Ihr Mönche!« – »Erlauchter!« antworteten da jene Mönche dem Erhabenen aufmerksam. Der Erhabene sprach also:

»Ich nehme, ihr Mönche, einmal des Tages Nahrung zu mir: einmal des Tages Nahrung, ihr Mönche, zu mir nehmend wahr' ich mir Gesundheit und Frische, Munterkeit, Stärke und Wohlsein. So nehmet auch ihr denn, Mönche, einmal des Tages Nahrung zu euch: einmal des Tages Nahrung, ihr Mönche, zu euch nehmend werdet auch ihr Gesundheit und Frische, Munterkeit, Stärke und Wohlsein euch wahren.«

Auf diese Worte sprach der ehrwürdige Bhaddāli zum Erhabenen also:

»Ich, o Herr, vermag es nicht, einmal des Tages Nahrung zu mir zu nehmen: nur einmal des Tages Nahrung zu mir zu nehmen möchte mich verdrießen, möchte mich gereuen!«

»Dann also, Bhaddāli, magst du wo man dir Speise gibt einen Teil dort verzehren und einen Teil mitnehmen und später verzehren: auch also, Bhaddāli, darf Speise dich fristen.«

»Auch also kann mich, o Herr, Speise nicht fristen: denn auch diese Fristung möchte mich verdrießen, möchte mich gereuen.«

Und der ehrwürdige Bhaddāli sprach da, wo der Erhabene ein Regelmaß angab, wo die Jüngerschaft die Regel annahm, von seinem Unvermögen. Und der ehrwürdige Bhaddāli ließ sich diese ganzen drei Monate nicht vor dem Erhabenen sehn, weil er da im Meisterorden der Regel nicht vollkommen nachkam.

Um diese Zeit nun war eine Anzahl Mönche damit beschäftigt, die Kleidung des Erhabenen auszubessern: »Ist die Kleidung fertig, so wird der Erhabene, da drei Monate um sind, wieder die Wanderschaft antreten.«

Da ging nun der ehrwürdige Bhaddāli zu jenen Mönchen hin, wechselte höflichen Gruß und freundliche, denkwürdige Worte mit ihnen und setzte sich zur Seite nieder. Und den ehrwürdigen Bhaddāli, der zur Seite saß, sprachen nun jene Mönche also an:

»Wir machen hier, Bruder Bhaddāli, die Kleidung des Erhabenen zurecht: ist die Kleidung fertig, so wird der Erhabene, da drei Monate um sind, wieder die Wanderschaft antreten. Sieh' wohl zu, Bruder Bhaddāli, und lass' dir diesen Wink gegeben sein, auf daß es dir später nicht schwerer falle.«

»Freilich, Brüder!« erwiderte da zustimmend der ehrwürdige Bhaddāli jenen Mönchen. Und er begab sich dorthin wo der Erhabene weilte. Dort angelangt begrüßte er den Erhabenen ehrerbietig und setzte sich zur Seite nieder. Zur Seite sitzend sprach nun der ehrwürdige Bhaddāli zum Erhabenen also:

»Ein Vergehn, o Herr, hat mich überkommen, wie einen Toren, wie einen Irren, wie einen Mißratenen, der ich, wo der Erhabene ein Regelmaß angegeben, wo die Jüngerschaft die Regel angenommen, von meinem Unvermögen gesprochen habe! So möge mich, o Herr, der Erhabene das Vergehn als Vergehn bekennen lassen, um in Zukunft an mich zu halten.«

»In der Tat hat dich, Bhaddāli, ein Vergehn überkommen, wie einen Toren, wie einen Irren, wie einen Mißratenen, der du, wo ich ein Regelmaß angegeben, wo die Jüngerschaft die Regel angenommen, von deinem Unvermögen gesprochen hast. Den Umstand aber, Bhaddāli, hast du wohl nicht beachtet: ›Der Erhabene weilt in Sāvatthī, und der Erhabene wird von mir erfahren: Bhaddāli, heißt es, der Mönch, kommt im Meisterorden der Regel nicht vollkommen nach.‹ Diesen Umstand nun hast du, Bhaddāli, wohl nicht beachtet. Den Umstand aber, Bhaddāli, hast du wohl nicht beachtet: ›Gar viele Mönche bringen die Regenzeit in Sāvatthī zu, und auch diese werden von mir erfahren: Bhaddāli, heißt es, der Mönch, kommt im Meisterorden der Regel nicht vollkommen nach.‹ Auch diesen Umstand hast du, Bhaddāli, wohl nicht beachtet. Den Umstand aber, Bhaddāli, hast du wohl nicht beachtet: ›Gar viele Nonnen bringen die Regenzeit in Sāvatthī zu, und auch diese werden von mir erfahren: Bhaddāli, heißt es, der Mönch, kommt im Meisterorden der Regel nicht vollkommen nach.‹ Auch diesen Umstand hast du, Bhaddāli, wohl nicht beachtet. Den Umstand aber, Bhaddāli, hast du wohl nicht beachtet: ›Gar viele Anhänger, gar viele Anhängerinnen befinden sich in Sāvatthī, und auch diese werden von mir erfahren: Bhaddāli, heißt es, der Mönch, kommt im Meisterorden der Regel nicht vollkommen nach.‹ Auch diesen Umstand hast du, Bhaddāli, wohl nicht beachtet. Den Umstand aber, Bhaddāli, hast du wohl nicht beachtet: ›Gar viele und verschiedene Büßer, Asketen und Priester, bringen die Regenzeit in Sāvatthī zu, und auch diese werden von mir erfahren: Bhaddāli, heißt es, der Mönch, ein Jünger des Asketen Gotamo, einer der Oberen, kommt im Meisterorden der Regel nicht vollkommen nach.‹ Auch diesen Umstand hast du, Bhaddāli, wohl nicht beachtet.«

»Ein Vergehn, o Herr, hat mich überkommen, wie einen Toren, wie einen Irren, wie einen Mißratenen, der ich, wo der Erhabene ein Regelmaß angegeben, wo die Jüngerschaft die Regel angenommen, von meinem Unvermögen gesprochen habe! So möge mich, o Herr, der Erhabene das Vergehn als Vergehn bekennen lassen, um in Zukunft an mich zu halten.«

»In der Tat hat dich, Bhaddāli, ein Vergehn überkommen, wie einen Toren, wie einen Irren, wie einen Mißratenen, der du, wo ich ein Regelmaß angegeben, wo die Jüngerschaft die Regel angenommen, von deinem Unvermögen gesprochen hast. Was meinst du wohl, Bhaddāli: es sei hier ein Mönch ein Beiderseiterlöster, und ich spräche also zu ihm: ›Geh' mir, du Mönch, und steige in Staub hinein‹: würde der nun hineinsteigen, oder aber seine Schritte anderswo hinlenken oder ›Nein‹ sagen?«

»Das nicht, o Herr!«

»Was meinst du wohl, Bhaddāli: es sei hier ein Mönch ein Weisheiterlöster, sei ein Körperzeuge, ein Aufgeklärter, ein Gläubigerlöster, ein Wissendergebener, sei ein Gläubigergebener, und ich spräche also zu ihm: ›Geh' mir, du Mönch, und steige in Staub hinein‹: würde der nun hineinsteigen, oder aber seine Schritte anderswo hinlenken oder ›Nein‹ sagen?«

»Das nicht, o Herr!«

»Was meinst du wohl, Bhaddāli: bist du etwa damals ein Beiderseiterlöster gewesen, oder ein Weisheiterlöster, oder ein Körperzeuge, oder ein Aufgeklärter, oder ein Gläubigerlöster, oder ein Wissendergebener, oder ein Gläubigergebener?«

»Freilich nicht, o Herr!«

»Bist du, Bhaddāli, damals nicht hohl und leer und verlassen gewesen?«

»So ist es, o Herr! Ein Vergehn, o Herr, hat mich überkommen, wie einen Toren, wie einen Irren, wie einen Mißratenen, der ich, wo der Erhabene die Regel des Ordens angegeben, wo die Jüngerschaft die Regel angenommen, von meinem Unvermögen gesprochen habe! So möge mich, o Herr, der Erhabene das Vergehn als Vergehn bekennen lassen, um in Zukunft an mich zu halten.«

»In der Tat hat dich, Bhaddāli, ein Vergehn überkommen, wie einen Toren, wie einen Irren, wie einen Mißratenen, der du, wo ich ein Regelmaß angegeben, wo die Jüngerschaft die Regel angenommen, von deinem Unvermögen gesprochen hast. Weil du nun aber, Bhaddāli, das Vergehn als Vergehn eingesehn und nach Gebühr bekannt hast, erkennen wir das von dir an. Denn ein Fortschritt ist es, Bhaddāli, im Orden des Heiligen, ein Vergehn als Vergehn einzusehn, nach Gebühr zu bekennen, in Zukunft an sich zu halten.

»Da kommt, Bhaddāli, ein Mönch im Meisterorden der Regel nicht vollkommen nach. Und er gedenkt bei sich: ›Wie, wenn ich nun einen abgelegenen Ruheplatz aufsuchte, einen Hain, den Fuß eines Baumes, eine Felsengrotte, eine Bergesgruft, einen Friedhof, die Waldesmitte, ein Streulager in der offenen Ebene, auf daß es mir doch etwa möglich wäre, das überirdische, reiche Heiltum der Wissensklarheit zu verwirklichen!‹ Und er sucht einen abgelegenen Ruheplatz auf, einen Hain, den Fuß eines Baumes, eine Felsengrotte, eine Bergesgruft, einen Friedhof, die Waldesmitte, ein Streulager in der offenen Ebene. Und wie er dort abgesondert lebt, rügt ihn der Meister, oder es rügen ihn, wohlüberlegt, verständige Ordensbrüder, oder es rügen ihn Gottheiten, oder er selber rügt sich. Und vom Meister gerügt, oder, wohlüberlegt, von verständigen Ordensbrüdern gerügt, oder von Gottheiten gerügt, oder von sich selber gerügt kann er das überirdische, reiche Heiltum der Wissensklarheit nicht verwirklichen. Und warum nicht? Weil es also, Bhaddāli, billig ist für einen, der im Meisterorden der Regel nicht vollkommen genügt.

»Da kommt nun, Bhaddāli, ein Mönch im Meisterorden der Regel vollkommen nach. Und er gedenkt bei sich: ›Wie, wenn ich nun einen abgelegenen Ruheplatz aufsuchte, einen Hain, den Fuß eines Baumes, eine Felsengrotte, eine Bergesgruft, einen Friedhof, die Waldesmitte, ein Streulager in der offenen Ebene, auf daß es mir doch etwa möglich wäre, das überirdische, reiche Heiltum der Wissensklarheit zu verwirklichen!‹ Und er sucht einen abgelegenen Ruheplatz auf, einen Hain, den Fuß eines Baumes, eine Felsengrotte, eine Bergesgruft, einen Friedhof, die Waldesmitte, ein Streulager in der offenen Ebene. Und wie er dort abgesondert lebt, rügt ihn der Meister nicht, und es rügen ihn, wohlüberlegt, verständige Ordensbrüder nicht, und es rügen ihn keine Gottheiten, und er selber rügt sich nicht. Und vom Meister ungerügt, und, wohlüberlegt, von verständigen Ordensbrüdern ungerügt, und von Gottheiten ungerügt, und ungerügt von sich selber kann er das überirdische, reiche Heiltum der Wissensklarheit verwirklichen. Gar fern von Begierden, fern von unheilsamen Dingen lebt er in sinnend gedenkender ruhegeborener seliger Heiterkeit, in der Weihe der ersten Schauung. Und warum das? Weil es also, Bhaddāli, billig ist für einen, der im Meisterorden der Regel vollkommen genügt.

»Weiter sodann, Bhaddāli: nach Vollendung des Sinnens und Gedenkens gewinnt der Mönch die innere Meeresstille, die Einheit des Gemütes, die von Sinnen, von Gedanken freie, in der Einigung geborene selige Heiterkeit, die Weihe der zweiten Schauung. Und warum das? Weil es also, Bhaddāli, billig ist für einen, der im Meisterorden der Regel vollkommen genügt.

»Weiter sodann, Bhaddāli: in heiterer Ruhe verweilt der Mönch gleichmütig, einsichtig, klar bewußt, ein Glück empfindet er im Körper, von dem die Heiligen sagen: ›Der gleichmütig Einsichtige lebt beglückt‹; so gewinnt er die Weihe der dritten Schauung. Und warum das? Weil es also, Bhaddāli, billig ist für einen, der im Meisterorden der Regel vollkommen genügt.

»Weiter sodann, Bhaddāli: nach Verwerfung der Freuden und Leiden, nach Vernichtung des einstigen Frohsinns und Trübsinns erreicht der Mönch die Weihe der leidlosen, freudlosen, gleichmütig einsichtigen vollkommenen Reine, die vierte Schauung. Und warum das? Weil es also, Bhaddāli, billig ist für einen, der im Meisterorden der Regel vollkommen genügt.

»Solchen Gemütes, innig, geläutert, gesäubert, gediegen, schlackengeklärt, geschmeidig, biegsam, fest, unversehrbar, richtet er das Gemüt auf die erinnernde Erkenntnis früherer Daseinsformen. Er erinnert sich mancher verschiedenen früheren Daseinsform, mit je den eigentümlichen Merkmalen, mit je den eigenartigen Beziehungen. Und warum das? Weil es also, Bhaddāli, billig ist für einen, der im Meisterorden der Regel vollkommen genügt.

»Solchen Gemütes, innig, geläutert, gesäubert, gediegen, schlackengeklärt, geschmeidig, biegsam, fest, unversehrbar, richtet er das Gemüt auf die Erkenntnis des Verschwindens-Erscheinens der Wesen. Mit dem himmlischen Auge, dem geläuterten, über menschliche Grenzen hinausreichenden, kann er die Wesen dahinschwinden und wiedererscheinen sehn, gemeine und edle, schöne und unschöne, glückliche und unglückliche, er kann erkennen, wie die Wesen ja nach den Taten wiederkehren. Und warum das? Weil es also, Bhaddāli, billig ist für einen, der im Meisterorden der Regel vollkommen genügt.

»Solchen Gemütes, innig, geläutert, gesäubert, gediegen, schlackengeklärt, geschmeidig, biegsam, fest, unversehrbar, richtet er das Gemüt auf die Erkenntnis der Wahnversiegung. ›Das ist das Leiden‹ erkennt er der Wahrheit gemäß. ›Das ist die Leidensentwicklung‹ erkennt er der Wahrheit gemäß. ›Das ist die Leidensauflösung‹ erkennt er der Wahrheit gemäß. ›Das ist der zur Leidensauflösung führende Pfad‹ erkennt er der Wahrheit gemäß. ›Das ist der Wahn‹ erkennt er der Wahrheit gemäß. ›Das ist die Wahnentwicklung‹ erkennt er der Wahrheit gemäß. ›Das ist die Wahnauflösung‹ erkennt er der Wahrheit gemäß. ›Das ist der zur Wahnauflösung führende Pfad‹ erkennt er der Wahrheit gemäß. Also erkennend, also sehend wird da sein Gemüt erlöst vom Wunscheswahn, erlöst vom Daseinswahn, erlöst vom Nichtwissenswahn. ›Im Erlösten ist die Erlösung‹, diese Erkenntnis geht auf. ›Versiegt ist die Geburt, vollendet das Asketentum, gewirkt das Werk, nicht mehr ist diese Welt‹ versteht er da. Und warum das? Weil es also, Bhaddâli, billig ist für einen, der im Meisterorden der Regel vollkommen genügt.«

Nach dieser Rede sprach der ehrwürdige Bhaddâli zum Erhabenen also:

»Was ist wohl, o Herr, der Anlaß, was ist der Grund, daß man da manchem Mönche oft und oft eine Bemerkung zu machen hat? Und was ist wiederum, o Herr, der Anlaß, was ist der Grund, daß man da manchem Mönche nicht so oft und oft eine Bemerkung zu machen hat?«

»Da hat sich, Bhaddâli, ein Mönch wiederholt vergangen, sich vielfach vergangen: und von den Mönchen ermahnt geht er von einem auf ein anderes über, schweift vom Gegenstande ab und legt Verdrossenheit, Haß und Mißtrauen an den Tag, er wendet sich nicht zum Guten, gibt nicht nach, lenkt nicht versöhnlich ein, ›Was den Brüdern recht und billig ist, das will ich tun‹, so spricht er nicht. Da beraten, Bhaddâli, die Mönche sich also: ›Dieser Mönch, ihr Brüder, hat sich wiederholt vergangen, vielfach vergangen: und von den Mönchen ermahnt geht er von einem auf ein anderes über, schweift vom Gegenstande ab und legt Verdrossenheit, Haß und Mißtrauen an den Tag, er wendet sich nicht zum Guten, gibt nicht nach, lenkt nicht versöhnlich ein, ›Was den Brüdern recht und billig ist, das will ich tun‹, so spricht er nicht. Gut wär' es, wolltet ihr, Ehrwürdige, bei diesem Mönch darauf achten, daß ihm unser Vermerk nicht alsbald wieder entschwunden sei.‹ Und derart, Bhaddâli, achten die Mönche bei diesem Mönche darauf, daß ihm ihr Vermerk nicht alsbald wieder entschwunden ist. – Da hat sich nun, Bhaddâli, ein Mönch wiederholt vergangen, sich vielfach vergangen: und von den Mönchen ermahnt geht er von einem nicht auf ein anderes über, schweift vom Gegenstande nicht ab, legt keine Verdrossenheit, keinen Haß, kein Mißtrauen an den Tag, er wendet sich zum Guten, gibt nach, lenkt versöhnlich ein, ›Was den Brüdern recht und billig ist, das will ich tun‹, so spricht er. Da beraten, Bhaddâli, die Mönche sich also: ›Dieser Mönch, ihr Brüder, hat sich wiederholt vergangen, vielfach vergangen: und von den Mönchen ermahnt geht er von einem nicht auf ein anderes über, schweift vom Gegenstande nicht ab, legt keine Verdrossenheit, keinen Haß, kein Mißtrauen an den Tag, er wendet sich zum Guten, gibt nach, lenkt versöhnlich ein, Was den Brüdern recht und billig ist, das will ich tun, so spricht er. Gut wär' es, wolltet ihr, Ehrwürdige, bei diesem Mönch darauf achten, daß ihm unser Vermerk alsbald wieder entschwunden sei.‹ Und derart, Bhaddāli, achten die Mönche bei diesem Mönche darauf, daß ihm ihr Vermerk alsbald wieder entschwunden ist.

»Da hat sich, Bhaddāli, ein Mönch nur selten vergangen, nur wenig vergangen: und von den Mönchen ermahnt geht er von einem auf ein anderes über, schweift vom Gegenstande ab und legt Verdrossenheit, Haß und Mißtrauen an den Tag, er wendet sich nicht zum Guten, gibt nicht nach, lenkt nicht versöhnlich ein, ›Was den Brüdern recht und billig ist, das will ich tun‹, so spricht er nicht. Da beraten, Bhaddāli, die Mönche sich also: ›Dieser Mönch, ihr Brüder, hat sich nur selten vergangen, nur wenig vergangen: und von den Mönchen ermahnt geht er von einem auf ein anderes über, schweift vom Gegenstande ab und legt Verdrossenheit, Haß und Mißtrauen an den Tag, er wendet sich nicht zum Guten, gibt nicht nach, lenkt nicht versöhnlich ein, ›Was den Brüdern recht und billig ist, das will ich tun‹, so spricht er nicht. Gut wär' es, wolltet ihr, Ehrwürdige, bei diesem Mönch darauf achten, daß ihm unser Vermerk nicht alsbald wieder entschwunden sei.‹ Und derart, Bhaddāli, achten die Mönche bei diesem Mönche darauf, daß ihm ihr Vermerk nicht alsbald wieder entschwunden ist. – Da hat sich nun, Bhaddāli, ein Mönch nur selten vergangen, nur wenig vergangen: und von den Mönchen ermahnt geht er von einem nicht auf ein anderes über, schweift vom Gegenstande nicht ab, legt keine Verdrossenheit, keinen Haß, kein Mißtrauen an den Tag, er wendet sich zum Guten, gibt nach, lenkt versöhnlich ein, ›Was den Brüdern recht und billig ist, das will ich tun‹, so spricht er. Da beraten, Bhaddāli, die Mönche sich also: ›Dieser Mönch, ihr Brüder, hat sich nur selten vergangen, nur wenig vergangen: und von den Mönchen ermahnt geht er von einem nicht auf ein anderes über, schweift vom Gegenstande nicht ab, legt keine Verdrossenheit, keinen Haß, kein Mißtrauen an den Tag, er wendet sich zum Guten, gibt nach, lenkt versöhnlich ein, ›Was den Brüdern recht und billig ist, das will ich tun‹, so spricht er. Gut wär' es, wolltet ihr, Ehrwürdige, bei diesem Mönch darauf achten, daß ihm unser Vermerk alsbald wieder entschwunden sei.‹ Und derart, Bhaddāli, achten die Mönche bei diesem Mönche darauf, daß ihm ihr Vermerk alsbald wieder entschwunden ist.

»Da hat sich, Bhaddāli, ein Mönch aus gewissem Vertrauen zu uns gesellt, aus gewisser Neigung: und die Mönche, Bhaddāli, beraten sich also: ›Dieser Mönch, ihr Brüder, hat sich aus gewissem Vertrauen zu uns gesellt, aus gewisser Neigung; wenn wir diesem Mönche oft und oft eine Bemerkung zu machen haben, soll ihm, weil er nur ein gewisses Vertrauen, eine gewisse Neigung besitzt, nicht auch diese verlorengehn.‹ Gleichwie etwa, Bhaddāli, bei einem Manne, der ein Auge hat, seine Freunde und Verwandten dieses eine Auge hüten mögen: ›Nicht soll ihm, weil er nur dieses eine Auge besitzt, auch dieses verlorengehn‹: ebenso nun auch, Bhaddāli, hat sich da ein Mönch aus gewissem Vertrauen zu uns gesellt, aus gewisser Neigung: und die Mönche, Bhaddāli, beraten sich also: ›Dieser Mönch, ihr Brüder, hat sich aus gewissem Vertrauen zu uns gesellt, aus gewisser Neigung; wenn wir diesem Mönche oft und oft eine Bemerkung zu machen haben, soll ihm, weil er nur ein gewisses Vertrauen, eine gewisse Neigung besitzt, nicht auch diese verlorengehn.‹

»Das ist, Bhaddāli, der Anlaß, das ist der Grund, daß man da manchem Mönche oft und oft eine Bemerkung zu machen hat; und das ist wiederum, Bhaddāli, der Anlaß, das ist der Grund, daß man da manchem Mönche nicht so oft und oft eine Bemerkung zu machen hat.«

»Was ist wohl, o Herr, der Anlaß, was ist der Grund, daß es früher weniger Ordensregeln gab, aber mehr der Mönche gewiß bestanden? Und was ist wiederum, o Herr, der Anlaß, was ist der Grund, daß es heute mehr der Ordensregeln gibt, aber weniger Mönche gewiß bestehn?«

»Also ist es eben, Bhaddāli, wann die Wesen sich verschlechtern, wann die wahre Lehre untergeht, daß es mehr der Ordensregeln gibt, aber weniger Mönche gewiß bestehn. Nicht eher, Bhaddāli, gibt der Meister den Jüngern die Regel an, bis da nicht manche auf Wahn beruhende Dinge im Orden offenbar werden. Sobald nun, Bhaddāli, da manche auf Wahn beruhende Dinge im Orden offenbar werden, dann gibt der Meister den Jüngern die Regel an, um eben diese auf Wahn beruhenden Dinge zurückzuweisen. Nicht eher, Bhaddāli, werden da manche auf Wahn beruhende Dinge im Orden offenbar, bis nicht der Orden Größe erreicht hat. Sobald nun, Bhaddāli, der Orden Größe erreicht hat, dann werden da manche auf Wahn beruhende Dinge im Orden offenbar, dann gibt der Meister den Jüngern die Regel an, um eben diese auf Wahn beruhenden Dinge zurückzuweisen. Nicht eher, Bhaddāli, werden da manche auf Wahn beruhende Dinge im Orden offenbar, bis nicht der Orden hohe Gabe, hohen Ruhm, reiches Wissen, späte Jahre erreicht hat. Sobald nun, Bhaddāli, der Orden hohe Gabe, hohen Ruhm, reiches Wissen, späte Jahre erreicht hat, dann werden da manche auf Wahn beruhende Dinge im Orden offenbar, dann gibt der Meister den Jüngern die Regel an, um eben diese auf Wahn beruhenden Dinge zurückzuweisen.

»Nicht viele seid ihr, Bhaddāli, damals gewesen, als ich euch im Gleichnis vom jungen Rosse die Lehre dargelegt habe; erinnerst du dich, Bhaddāli?«

»Nein, o Herr!«

»Und kannst du, Bhaddāli, den Grund angeben?«

»Doch wohl darum, o Herr, weil ich lange Zeit im Meisterorden der Regel nicht vollkommen genügt habe.«

»Nicht allein das, Bhaddāli, ist der Anlaß, ist der Grund, denn ich habe dich, Bhaddāli, schon lange, im Geiste geistig erfassend, erkannt: ›Nicht mag dieser Tor, wann ich die Lehre darlege, achtsam, aufmerksam, mit ganzem Gemüte hingegeben, offenen Ohres die Lehre hören.‹ Aber ich will dir, Bhaddāli, im Gleichnis vom jungen Rosse die Lehre darlegen: das höre du und achte wohl auf meine Rede.«

»Ja, o Herr!« sagte da der ehrwürdige Bhaddāli aufmerksam zum Erhabenen. Der Erhabene sprach also:

»Gleichwie etwa, Bhaddāli, ein gewandter Rossebändiger, wann er ein schönes edles Roß erhalten hat, zu allererst am Gebisse Übungen ausführen läßt; und während es am Gebisse Übungen ausführt, zeigt es eben allerlei Ungebührlichkeit, Ungebärdigkeit, Unbändigkeit, weil es nie zuvor solche Übungen ausgeführt hat: aber durch wiederholtes Üben, durch allmähliches Üben gibt es sich damit zufrieden. Sobald nun, Bhaddāli, das schöne edle Roß durch wiederholtes Üben, durch allmähliches Üben sich damit zufriedengegeben hat, dann läßt es der Rossebändiger weitere Übungen ausführen und schirrt es an; und während es angeschirrt Übungen ausführt, zeigt es eben allerlei Ungebührlichkeit, Ungebärdigkeit, Unbändigkeit, weil es nie zuvor solche Übungen ausgeführt hat: aber durch wiederholtes Üben, durch allmähliches Üben gibt es sich damit zufrieden. Sobald nun, Bhaddāli, das schöne edle Roß durch wiederholtes Üben, durch allmähliches Üben sich damit zufriedengegeben hat, dann läßt es der Rossebändiger weitere Übungen ausführen und im Schritt gehn, im Trab gehn, Galopp laufen, er läßt es rennen und springen, bringt ihm königlichen Gang und königliche Haltung bei, er macht es zum schnellsten und flüchtigsten und verläßlichsten der Pferde; und während es also Übungen ausführt, zeigt es eben allerlei Ungebührlichkeit, Ungebärdigkeit, Unbändigkeit, weil es nie zuvor solche Übungen ausgeführt hat, aber durch wiederholtes Üben, durch allmähliches Üben gibt es sich damit zufrieden. Sobald nun, Bhaddāli, das schöne edle Roß durch wiederholtes Üben, durch allmähliches Üben sich damit zufriedengegeben hat, dann läßt ihm der Rossebändiger noch die letzte Strählung und Striegelung angedeihen. Das sind, Bhaddāli, die zehn Eigenschaften, die ein schönes edles Roß dem Könige schicklich, dem Könige tauglich, eben als ›Königsgut‹ erscheinen lassen. Ebenso nun auch, Bhaddāli, sind es zehn Dinge, die einen Mönch Opfer und Spende, Gabe und Gruß verdienen, heiligste Stätte der Welt sein lassen: und welche zehn? Da eignet, Bhaddāli, einem Mönche untrüglich rechte Erkenntnis, untrüglich rechte Gesinnung, untrüglich rechte Rede, untrüglich rechtes Handeln, untrüglich rechtes Wandeln, untrüglich rechtes Mühn, untrüglich rechte Einsicht, untrüglich rechte Einigung, untrüglich rechte Weisheit, untrüglich rechte Erlösung. Das sind, Bhaddāli, die zehn Dinge, die einen Mönch Opfer und Spende, Gabe und Gruß verdienen, heiligste Stätte der Welt sein lassen.«

Also sprach der Erhabene. Zufrieden freute sich der ehrwürdige Bhaddāli über das Wort des Erhabenen.

34. GHAṬĪKĀRO

81. Rede

Das hab' ich gehört. Zu einer Zeit wanderte der Erhabene im Lande Kosalo von Ort zu Ort, von vielen Mönchen begleitet. Und der Erhabene bog ab vom Wege und ließ, an eine bestimmte Stelle gekommen, ein Lächeln sehn. Und der ehrwürdige Ānando gedachte da: ›Was ist wohl der Grund, was ist die Ursach, daß der Erhabene ein Lächeln gezeigt hat? Nicht ohne Anlaß lächeln Vollendete.‹ Und der ehrwürdige Ānando schlug den Oberrock um die eine Schulter, faltete die Hände gegen den Erhabenen und sprach also:

»Was ist wohl, o Herr, der Grund, was ist die Ursach, daß der Erhabene ein Lächeln gezeigt hat? Nicht ohne Anlaß lächeln Vollendete.«

»Einst war, Ānando, hier im Umkreis eine Burgstadt gebaut, Vebbaliṅgam genannt, blühend, gedeihend, volkreich, von vielen Menschen bewohnt. Nahe bei dieser Burgstadt aber, Ānando, hielt sich Kassapo auf, der Erhabene, der Heilige, vollkommen Erwachte. Und hier, Ānando, war Kassapos, des Erhabenen, des Heiligen, vollkommen Erwachten, Gartenbereich; und hier, Ānando, pflegte Kassapo, der Erhabene, der Heilige, vollkommen Erwachte, zu sitzen und seine Jünger zu lehren.«

Und der ehrwürdige Ānando legte den Mantel, vierfach gefaltet, zu Boden und wandte sich also an den Erhabenen:

»Wohlan denn, o Herr, möge der Erhabene Platz nehmen: da wird dieser Ort zwei Heiligen, vollkommen Erwachten gedient haben.«

Es setzte sich der Erhabene auf den dargebotenen Platz. Und als der Erhabene saß sprach er also zum ehrwürdigen Ānando:

»Einst war, Ānando, hier im Umkreis eine Burgstadt gebaut, Vebhaliṅgam genannt, blühend, gedeihend, volkreich, von vielen Menschen bewohnt. Nahe bei dieser Burgstadt aber, Ānando, hielt sich Kassapo auf, der Erhabene, der Heilige, vollkommen Erwachte. Und hier, Ānando, war Kassapos, des Erhabenen, des Heiligen, vollkommen Erwachten, Gartenbereich; und hier, Ānando, pflegte Kassapo, der Erhabene, der Heilige, vollkommen Erwachte, zu sitzen und seine Jünger zu lehren. Zu Vebhaliṅgam nun, Ānando, der Burgstadt, lebte ein Hafner namens Ghaṭīkāro; der war Kassapo, dem Erhabenen, dem Heiligen, vollkommen Erwachten, zugetan, ganz besonders zugetan. Und Ghaṭīkāro, Ānando, der Hafner, hatte Jotipālo, einen jungen Brāhmanen, zum Freunde, zum Lieblingsfreunde. Da berief denn, Ānando, Ghaṭīkāro der Hafner Jotipālo den jungen Brāhmanen:

»›Gehn wir, bester Jotipālo, wir wollen Kassapo den Erhabenen sehn, den Heiligen, vollkommen Erwachten aufsuchen: glücklich ist ja, denk' ich, wer Ihn, den Erhabenen, den Heiligen, vollkommen Erwachten sehn kann!‹

»Auf diese Worte, Ānando, erwiderte Jotipālo der junge Brāhmane Ghaṭīkāro dem Hafner:

»›Genug, bester Ghaṭīkāro: was soll uns der Anblick jenes kahlköpfigen Pfaffen?‹

»Und ein zweites Mal, Ānando, und ein drittes Mal, Ānando, sprach Ghaṭīkāro der Hafner also zu Jotipālo dem jungen Brāhmanen:

»›Gehn wir; bester Jotipālo, wir wollen Kassapo den Erhabenen sehn, den Heiligen, vollkommen Erwachten aufsuchen: glücklich ist ja, denk' ich, wer Ihn, den Erhabenen, den Heiligen, vollkommen Erwachten sehn kann!‹

»Und ein zweites Mal, Ānando, und ein drittes Mal, Ānando, erwiderte Jotipālo der junge Brāhmane Ghaṭīkāro dem Hafner:

»›Genug, bester Ghaṭīkāro: was soll uns der Anblick jenes kahlköpfigen Pfaffen?‹

»›Wohlan denn, bester Jotipālo, lass' uns Schwamm und Seife nehmen und nach dem Flusse gehn, zu baden.‹

»›Gern, Bester!‹ entgegnete da, Ānando, Jotipālo der junge Brāhmane Ghaṭīkāro dem Hafner. Und sie gingen, Ānando, versehn mit Schwamm und Seife, nach dem Flusse, zu baden. Da wandte sich nun, Ānando, Ghaṭīkāro der Hafner also an Jotipālo den jungen Brāhmanen:

»›Ganz in der Nähe, bester Jotipālo, liegt der Garten Kassapos, des Erhabenen, des Heiligen, vollkommen Erwachten; gehn wir, bester Jotipālo, wir wollen Kassapo den Erhabenen sehn, den Heiligen, vollkommen Erwachten aufsuchen: glücklich ist ja, denk' ich, wer Ihn, den Erhabenen, den Heiligen, vollkommen Erwachten sehn kann!‹

»Auf diese Worte, Ānando, erwiderte Jotipālo der junge Brāhmane Ghaṭīkāro dem Hafner:

»›Genug, bester Ghaṭīkāro: was soll uns der Anblick jenes kahlköpfigen Pfaffen?‹

»Und ein zweites Mal, Ānando, und ein drittes Mal, Ānando, sprach Ghaṭīkāro der Hafner also zu Jotipālo dem jungen Brāhmanen:

»›Ganz in der Nähe, bester Jotipālo, liegt der Garten Kassapos, des Erhabenen, des Heiligen, vollkommen Erwachten; gehn wir, bester Jotipālo, wir wollen Kassapo den Erhabenen sehn, den Heiligen, vollkommen Erwachten aufsuchen: glücklich ist ja, denk' ich, wer Ihn, den Erhabenen, den Heiligen, vollkommen Erwachten sehn kann!‹

»Und ein zweites Mal, Ānando, und ein drittes Mal, Ānando, erwiderte Jotipālo der junge Brāhmane Ghaṭīkāro dem Hafner:

»›Genug, bester Ghaṭīkāro: was soll uns der Anblick jenes kahlköpfigen Pfaffen?‹

»Da rieb nun, Ānando, Ghaṭīkāro der Hafner Jotipālo den jungen Brāhmanen mit Seife ein und sprach also zu ihm:

»›Ganz in der Nähe, bester Jotipālo, liegt der Garten Kassapos, des Erhabenen, des Heiligen, vollkommen Erwachten; gehn wir, bester Jotipālo, wir wollen Kassapo den Erhabenen sehn, den Heiligen, vollkommen Erwachten aufsuchen: glücklich ist ja, denk' ich, wer Ihn, den Erhabenen, den Heiligen, vollkommen Erwachten sehn kann!‹

»Und Jotipālo, Ānando, der junge Brāhmane, wusch die Seife nun ab und sprach also zu Ghaṭīkāro dem Hafner:

»›Genug, bester Ghaṭīkāro: was soll uns der Anblick jenes kahlköpfigen Pfaffen?‹

»Da streichelte nun, Ānando, Ghaṭīkāro der Hafner Jotipālo dem jungen Brāhmanen das Haar des gebadeten Hauptes und sprach also zu ihm:

»›Ganz in der Nähe, bester Jotipālo, liegt der Garten Kassapos, des Erhabenen, des Heiligen, vollkommen Erwachten; gehn wir, bester Jotipālo, wir wollen Kassapo den Erhabenen sehn, den Heiligen, vollkommen Erwachten aufsuchen: glücklich ist ja, denk' ich, wer Ihn, den Erhabenen, den Heiligen, vollkommen Erwachten sehn kann!‹

»Da gedachte nun, Ānando, Jotipālo der junge Brāhmane: ›Wunderbar, wahrlich, außerordentlich ist es, daß da dieser Hafner Ghaṭīkāro, der von minderer Geburt ist, vermeint, das Haar unseres gebadeten Hauptes streicheln zu müssen: das kann nichts Gewöhnliches bedeuten!‹; und er sprach also zu ihm:

»›Gar so sehr drängt es dich, bester Ghaṭīkāro?‹

»›Gar so sehr drängt es mich, bester Jotipālo! Denn ich weiß ja wie glücklich man ist, Ihn sehn zu können, den Erhabenen, den Heiligen, vollkommen Erwachten.‹

»›Wohlan denn, bester Ghaṭīkāro, rüste dich: wir wollen gehn.‹

»Und sie gingen, Ānando, dorthin wo Kassapo der Erhabene weilte, der Heilige, vollkommen Erwachte. Dort angelangt begrüßte Ghaṭīkāro der Hafner Kassapo den Erhabenen ehrerbietig, den Heiligen, vollkommen Erwachten, und setzte sich seitwärts nieder; während Jotipālo der junge Brāhmane höflichen Gruß und freundliche, denkwürdige Worte mit Kassapo dem Erhabenen wechselte, dem Heiligen, vollkommen Erwachten, und dann seitwärts niedersaß. Seitwärts sitzend, Ānando, wandte sich nun Ghaṭīkāro der Hafner also an Kassapo den Erhabenen, den Heiligen, vollkommen Erwachten:

»›Das ist, o Herr, Jotipālo, ein junger Brāhmane, mein Freund, mein Lieblingsfreund: ihm möge der Erhabene die Lehre darlegen!‹

»Und Kassapo, Ānando, der Erhabene, der Heilige, vollkommen Erwachte, ermunterte und ermutigte, erregte und erheiterte Ghaṭīkāro den Hafner und Jotipālo den jungen Brāhmanen in lehrreichem Gespräche. Und Ghaṭīkāro, Ānando, der Hafner, und Jotipālo der junge Brāhmane, von Kassapo dem Erhabenen, dem Heiligen, vollkommen Erwachten, in lehrreichem Gespräche ermuntert, ermutigt, erregt und erheitert, standen von ihren Sitzen auf, erfreut und befriedigt durch des Erhabenen Rede, begrüßten den Erhabenen ehrerbietig, gingen rechts herum und entfernten sich.

»Da fragte nun, Ānando, Jotipālo der junge Brāhmane Ghaṭīkāro den Hafner:

»›Diese Lehre, o bester Ghaṭīkāro, hast du vernommen, und du ziehst nicht vom Hause in die Hauslosigkeit hinaus?‹

»›Weißt du denn nicht, bester Jotipālo, daß ich meine greisen, erblindeten Eltern ernähre?‹

»›Nun, so will ich, bester Ghaṭīkāro, aus dem Hause in die Hauslosigkeit ziehn!‹

»Und Ghaṭīkāro, Ānando, der Hafner, und Jotipālo der junge Brāhmane kehrten zu Kassapo dem Erhabenen zurück, dem Heiligen, vollkommen Erwachten, boten ehrerbietigen Gruß dar und setzten sich seitwärts nieder. Seitwärts sitzend, Ānando, sprach nun Ghaṭīkaro der Hafner also zu Kassapo dem Erhabenen, dem Heiligen, vollkommen Erwachten:

»›Hier bring' ich, o Herr, Jotipālo den jungen Brāhmanen, meinen Freund, meinen Lieblingsfreund: den möge der Erhabene aufnehmen!‹

»Und aufgenommen, Ānando, wurde Jotipālo der junge Brāhmane, belehnt mit der Ordensweihe von Kassapo dem Erhabenen, dem Heiligen, vollkommen Erwachten.

»Und Kassapo, Ānando, der Erhabene, der Heilige, vollkommen Erwachte, begab sich nun, da er nach Belieben in Vebhaliṅgam geweilt hatte, nicht lange nach der Aufnahme des jungen Brāhmanen Jotipālo, vierzehn Tage nach der Ordensweihe, auf die Wanderung nach Benāres, von Ort zu Ort wandernd näherte er sich der Stadt.

»Zu Benāres, Ānando, weilte nun Kassapo der Erhabene, der Heilige, vollkommen Erwachte, am Sehersteine, im Wildparke. Da kam es, Ānando, Kikī, dem König von Benāres, zu Ohren: ›Kassapo, sagt man, der Erhabene, der Heilige, vollkommen Erwachte, ist in Benāres angekommen, weilt zu Benāres, am Sehersteine, im Wildparke!‹

»Und Kikī, Ānando, der König von Benāres, ließ viele prächtige Wagen bespannen, bestieg selbst einen solchen und fuhr also mit überaus reichem königlichen Gepränge aus der Stadt hinaus, Kassapo den Erhabenen zu besuchen, den Heiligen, vollkommen Erwachten. So weit gefahren als man fahren konnte, stieg er vom Wagen ab und ging dann zu Fuße dorthin wo Kassapo weilte, der Erhabene, der Heilige, vollkommen Erwachte, bot ehrerbietigen Gruß dar und setzte sich seitwärts nieder. Und Kikī, Ānando, der König von Benāres, der da zur Seite saß, wurde von Kassapo dem Erhabenen, dem Heiligen, vollkommen Erwachten, in lehrreichem Gespräche ermuntert, ermutigt, erregt und erheitert; und er sprach also zu ihm:

»›Gewähre mir, o Herr, der Erhabene die Bitte, morgen mit den Mönchen bei mir zu speisen!‹

»Schweigend, Ānando, gewährte Kassapo die Bitte, der Erhabene, der Heilige, vollkommen Erwachte.

»Als nun Kikī, Ānando, der König von Benāres, der Zustimmung Kassapos, des Erhabenen, sicher war, stand er von seinem Sitze auf, bot ehrerbietigen Gruß dar, ging rechts herum und entfernte sich.

»Da ließ nun, Ānando, Kikī der König von Benāres am nächsten Morgen in seiner Behausung ausgewählte feste und flüssige Speise auftragen, ein Gericht aus frischem, zartem, gesichtetem Reis, saftig und würzig bereitet, und sandte einen Boten an den Erhabenen mit der Meldung: ›Es ist Zeit, o Herr, das Mahl ist bereit.‹

»Und Kassapo, Ānando, der Erhabene, der Heilige, vollkommen Erwachte, rüstete sich beizeiten, nahm Mantel und Almosenschale und begab sich zum Wohnhause Kikīs, des Königs von Benāres. Dort angekommen nahm der Erhabene mit den Mönchen auf den angebotenen Sitzen Platz. Und Kikī, Ānando, der König von Benāres, bediente und versorgte eigenhändig Kassapo den Erwachten und seine Jünger mit ausgewählter fester und flüssiger Speise.

»Nachdem nun, Ānando, Kassapo der Erhabene gespeist und das Mahl beendet hatte, nahm Kikī der König von Benāres einen von den niederen Stühlen zur Hand und setzte sich zur Seite hin. Zur Seite sitzend, Ānando, sprach nun Kikī der König von Benāres also zu Kassapo dem Erhabenen:

»›Möge mir, o Herr, der Erhabene zusagen und über die Regenzeit in Benāres verweilen: so werden die Mönche ihren Unterhalt finden.‹

»›Genug, großer König: schon zugesagt hab' ich die Regenzeit.‹

»Und zum zweiten Mal, Ānando, und zum dritten Mal, Ānando, wandte sich Kikī der König von Benāres also an Kassapo den Erhabenen:

»›Möge mir, o Herr, der Erhabene zusagen und über die Regenzeit in Benāres verweilen: so werden die Mönche ihren Unterhalt finden.‹

»›Genug, großer König: schon zugesagt hab' ich die Regenzeit.‹

»Da gedachte, Ānando, Kikī der König von Benāres: ›Nicht mag mir Kassapo der Erhabene, der Heilige, vollkommen Erwachte, zustimmen und über die Regenzeit nach Benāres kommen!‹; und er wurde gar betrübt und traurig und sprach also zu Kassapo dem Erhabenen:

»›So ist dir, o Herr, wohl ein anderer mehr zugetan als ich?‹

»›Ich kenne, großer König, eine Burgstadt, die heißt Vebhaliṅgam;

dort lebt ein Hafner namens Ghaṭīkāro: der ist mir zugetan, ganz besonders zugetan. Du aber, großer König, denkst also: Nicht mag mir Kassapo der Erhabene, der Heilige, vollkommen Erwachte, zustimmen und über die Regenzeit nach Benāres kommen! und bist gar betrübt und traurig. Das kennt nun Ghaṭīkāro der Hafner nicht und soll es nicht kennen. Ghaṭīkāro, großer König, der Hafner, hat beim Erwachten Zuflucht genommen, bei der Lehre Zuflucht genommen, bei der Jüngerschaft Zuflucht genommen. Ghaṭīkāro, großer König, der Hafner, hütet sich vor dem Töten, hütet sich vor dem Nehmen des Nichtgegebenen, hütet sich vor Ausschweifung, hütet sich vor der Lüge, hütet sich vor Wein und gebranntem Wasser, vor berauschenden und berükkenden Mitteln. Ghaṭīkāro, großer König, der Hafner, hat seine Liebe zum Erwachten erprobt, seine Liebe zur Lehre erprobt, seine Liebe zu den Jüngern erprobt, hat Eigenschaften wie sie Heiligen lieb sind. Ghaṭīkāro, großer König, der Hafner, zweifelt nicht am Leiden, zweifelt nicht an der Leidensentwicklung, zweifelt nicht an der Leidensauflösung, zweifelt nicht am Pfade, der zur Leidensauflösung führt. Ghaṭīkāro, großer König, der Hafner, nimmt einmal des Tages Nahrung zu sich, er lebt keusch, ist tugendhaft, von edler Art. Ghaṭīkāro, großer König, der Hafner, hat Schmuck und Juwelen abgelegt, Gold und Silber von sich getan. Ghaṭīkāro, großer König, der Hafner, gräbt seine Erde mit der Hand, nicht mit dem Spaten, aus. Findet er ein Nesthäkchen oder ein Kaninchen, so hebt er es liebevoll auf, legt es in ein Gefäß und spricht ihm zu: ›Hier werden nach Wunsch übrig gebliebene Reiskörner und übrig gebliebene Bohnen und übrig gebliebene Erbsen ausgeteilt: nehme sich jeder was er nur will!‹ Ghaṭīkāro, großer König, der Hafner, ernährt seine greisen, erblindeten Eltern. Ghaṭīkāro, großer König, der Hafner, hat die fünf niederzerrenden Fesseln vernichtet, steigt empor, um von dort aus zu erlöschen, nicht mehr zurückzukehren nach jener Welt.

»Es war einmal, großer König, da weilt' ich zu Vebhaliṅgam der Burgstadt. Und ich nahm, großer König, zeitig gerüstet, Mantel und Schale und begab mich zu den Eltern des Hafners Ghaṭīkāro und sprach also zu ihnen: Sagt mir, wo ist denn der Bhaggaver hingegangen? – Er ist nicht daheim, o Herr, dein Fürwalter: aber lass' dir Reis aus der Schüssel und Brühe aus dem Napfe geben und nimm teil am Mahle! – Und ich ließ mir, großer König, Reis aus der Schüssel und Brühe aus dem Napfe geben, nahm teil am Mahle, erhob mich dann und ging fort. Als nun, großer König, Ghaṭīkāro der Hafner nach Hause kam, fragte er seine Eltern: ›Wer hat hier gespeist und gerastet und ist wieder gegangen?‹ – ›Kassapo war es, lieber Sohn, der Erhabene, der Heilige, vollkommen Erwachte, der hier gespeist und gerastet hat und wieder gegangen ist.‹ Da gedachte nun, großer König, Ghaṭīkāro der Hafner: ›Gesegnet bin ich, fürwahr, hochgesegnet, fürwahr, daß mich da Kassapo der Erhabene, der Heilige, vollkommen Erwachte, so wert gehalten hat!‹ – Und zwei Wochen, großer König, hielt die Freude darüber bei Ghaṭīkāro dem Hafner an, und eine Woche bei seinen Eltern.

»Es war einmal, großer König, da weilt' ich wieder zu Vebhaliṉgam der Burgstadt. Und ich nahm, großer König, zeitig gerüstet, Mantel und Schale und begab mich zu den Eltern des Hafners Ghaṭīkāro und sprach also zu ihnen: ›Sagt mir, wo ist denn der Bhaggaver hingegangen?‹ – ›Er ist nicht daheim, o Herr, dein Fürwalter: aber lass' dir Grütze aus dem Topf und Brühe aus dem Napfe geben und nimm teil am Mahle!‹ – Und ich ließ mir, großer König, Grütze aus dem Topf und Brühe aus dem Napfe geben, nahm teil am Mahle, erhob mich dann und ging fort. Als nun, großer König, Ghaṭīkāro der Hafner nach Hause kam, fragte er seine Eltern: ›Wer hat hier gespeist und gerastet und ist wieder gegangen?‹ – ›Kassapo war es, lieber Sohn, der Erhabene, der Heilige, vollkommen Erwachte, der hier gespeist und gerastet hat und wieder gegangen ist.‹ Da gedachte nun, großer König, Ghaṭīkāro der Hafner: ›Gesegnet bin ich, fürwahr, hochgesegnet, fürwahr, daß mich da Kassapo der Erhabene, der Heilige, vollkommen Erwachte, so wert gehalten hat!‹ – Und zwei Wochen, großer König, hielt die Freude darüber bei Ghaṭīkāro dem Hafner an, und eine Woche bei seinen Eltern.

»Es war einmal, großer König, da weilt' ich wieder zu Vebhaliṉgam der Burgstadt. Um diese Zeit nun goß der Regen auf die Hütten herab. Und ich mahnte, großer König, die Mönche: ›Geht, ihr Mönche, und bittet im Hause des Hafners Ghaṭīkāro um Stroh.‹ Also gemahnt, großer König, sagten die Mönche zu mir: ›Ghaṭīkāro der Hafner, o Herr, hat im Hause kein Stroh: aber das Dach vor dem Eingang ist mit Stroh gedeckt.‹ – ›Geht, ihr Mönche, und nehmt das Stroh vor dem Eingang bei Ghaṭīkāro dem Hafner weg.‹ Und die Mönche, großer König, nahmen das Stroh vor dem Eingang bei Ghaṭīkāro dem Hafner weg. Da sprachen nun, großer König, die Eltern des Hafners Ghaṭīkāro also zu den Mönchen: ›Wer nimmt da das Stroh vor dem Eingange weg?‹ – Die Mönche sagten: ›O Schwester, auf die Hütte Kassapos, des Erhabenen, des Heiligen, vollkommen Erwachten, gießt der Regen herab.‹ – ›So nehmt nur, Verehrte, so nehmt nur, Liebwerte!‹ – Als nun, großer König, Ghaṭīkāro der Hafner nach Hause kam, fragte er seine Eltern: ›Wer hat das Stroh vor dem Eingange weggenommen?‹ – ›Die Mönche, lieber Sohn, sagten, auf die Hütte Kassapos, des Erhabenen, des Heiligen, vollkommen Erwachten, gieße der Regen herab.‹ – Da gedachte nun, großer König, Ghaṭīkāro der Hafner: ›Gesegnet bin ich, fürwahr, hochgesegnet, fürwahr, daß mich da Kassapo der Erhabene, der Heilige, vollkommen Erwachte, so wert gehalten hat!‹ – Und zwei Wochen, großer König, hielt die Freude darüber bei Ghaṭīkāro dem Hafner an, und eine Woche bei seinen Eltern. Und das Dach vor dem Hause, großer König, war die ganze Regenzeit hindurch ungedeckt, aber es regnete nicht herein.

»Von solcher Art ist, großer König, Ghaṭīkāro der Hafner, hochgesegnet ist er, o Herr, Ghaṭīkāro der Hafner, der vom Erhabenen so wert gehalten wird!‹

»Da ließ nun, Ānando, Kikī der König von Benāres Ghaṭīkāro dem Hafner fünfhundert Wagen Reis zustellen, von frischem, zartem Korne, nebst zugehöriger Würze. Und die königlichen Beamten, Ānando, kamen zu Ghaṭīkāro dem Hafner und sprachen zu ihm: ›Diese fünfhundert Wagen, o Herr, Reis von frischem, zartem Korne, nebst zugehöriger Würze, hat dir Kikī der König von Benāres gesandt: die möge der Herr entgegennehmen!‹ – ›Der König hat viel zu tun, viel zu schaffen: genug schon, daß es vom Könige kommt.‹«

Also sprach der Erhabene. Zufrieden freute sich der ehrwürdige Ānando über das Wort des Erhabenen.

35. DHANAÑJANI

97. Rede

Das hab' ich gehört. Zu einer Zeit weilte der Erhabene bei Rājagaham, im Bambusparke, am Hügel der Eichhörnchen.

Um diese Zeit nun hielt sich der ehrwürdige Sāriputto, mit vielen Mönchen weiterwandernd, bei Dakkhiṇāgiri auf. Da nun begab sich einer der Mönche, der zu Rājagaham die Regenzeit zugebracht hatte, nach Dakkhiṇāgiri, dorthin wo der ehrwürdige Sāriputto weilte. Dort angelangt wechselte er mit dem ehrwürdigen Sāriputto höflichen Gruß und freundliche, denkwürdige Worte und setzte sich seitwärts nieder. Und zu jenem Mönche, der da seitwärts saß, sprach nun der ehrwürdige Sāriputto also:

»Ist wohl, Bruder, der Erhabene rüstig und munter?«

»Rüstig, Bruder, ist der Erhabene und munter.«

»Und ist auch, Bruder, die Jüngerschar rüstig und munter?«

»Auch die Jüngerschar, Bruder, ist rüstig und munter.«

»Da lebt, Bruder, zu Taṇḍulapāladvārā ein Priester namens Dhanañjani: ist wohl, Bruder, dieser Priester Dhanañjani rüstig und munter?«

»Auch Dhanañjani, Bruder, der Priester, ist rüstig und munter.«

»Und ist wohl, Bruder, Dhanañjani der Priester recht beflissen?«

»Und wie gar, Bruder, ist Dhanañjani der Priester recht beflissen! Dhanañjani, Bruder, der Priester, verlästert beim König die priesterlichen Hausväter: und bei den priesterlichen Hausvätern verlästert er den König. Seine Gattin, die fromm war, aus frommem Hause heimgeführt, die ist ihm gestorben, und er hat eine andere Gattin, die unfromm ist, aus unfrommem Hause, geheiratet.«

»Schlechtes, wahrlich, Bruder, haben wir gehört, da wir gehört haben wie unbeflissen Dhanañjani der Priester ist. Möchten wir doch gelegentlich einmal mit Dhanañjani dem Priester zusammentreffen, auf daß da irgendeine Unterredung stattfände.«

Und der ehrwürdige Sāriputto begab sich nun, da er nach Belieben zu Dakkhiṇāgiri geweilt hatte, auf die Wanderung nach Rājagaham, von Ort zu Ort wandernd näherte er sich der Stadt.

Zu Rājagaham weilte nun der ehrwürdige Sāriputto, im Bambusparke, am Hügel der Eichhörnchen.

Und der ehrwürdige Sāriputto, zeitig gerüstet, nahm Mantel und Schale und ging nach Rājagaham um Almosenspeise. Um diese Zeit aber ließ Dhanañjani der Priester nahe der Stadt seine Kühe im Kuhstalle melken.

Nachdem nun der ehrwürdige Sāriputto in der Stadt um Almosenspeise gestanden hatte, kehrte er zurück, nahm das Mahl ein und begab sich dann zu Dhanañjani dem Priester hin. Und Dhanañjani der Priester sah den ehrwürdigen Sāriputto von ferne herankommen; und als er ihn gesehn, ging er ihm entgegen und sprach ihn also an:

»Nur näher, Herr Sāriputto, Milch zu trinken: schon wird es Zeit zum Mahle sein.«

»Genug, Priester: fertig bin ich für heute mit dem Mahle. Am Fuße jenes Baumes werd' ich bis Abend verweilen; dort magst du hinkommen.«

»Wohl, Herr!« entgegnete da zustimmend Dhanañjani der Priester dem ehrwürdigen Sāriputto.

Und Dhanañjani der Priester begab sich nach dem Mahle, als er den Morgenimbiß eingenommen, dorthin wo der ehrwürdige Sāriputto weilte. Dort angelangt wechselte er höflichen Gruß und freundliche, denkwürdige Worte mit dem ehrwürdigen Sāriputto und setzte sich seitwärts hin. Und zu Dhanañjani dem Priester, der da seitwärts saß, sprach nun der ehrwürdige Sāriputto also:

»Bist du wohl, Dhanañjani, recht beflissen?«

»Und wie, o Sāriputto, sind wir recht beflissen, die wir Vater und Mutter zu ernähren, Weib und Kind zu ernähren, Knecht- und Dienergesinde zu ernähren haben, die wir Freunden und Genossen Freundes- und Genossendienste zu leisten, Verwandten und Vettern Verwandten- und Vetterndienste zu leisten haben, den Gästen Gastfreundschaft gewähren, den Manen Manendienst, den Göttern Gottesdienst, dem König Königsdienst darbringen müssen, und auch den Körper da hegen und pflegen sollen!«

»Was meinst du wohl, Dhanañjani: es habe da einer um Vater und Mutter willen falsch und unrecht gelebt, und wegen seines falschen und unrechten Lebens verfiel' er der Hölle höllischen Wächtern; wär' es dem etwa gegönnt: ›Ich habe um Vater und Mutter willen falsch und unrecht gelebt: laßt mich von hinnen, höllische Wächter!‹, oder wär' es etwa seinen Eltern gegönnt: ›Er hat unseretwillen falsch und unrecht gelebt: laßt ihn von hinnen, höllische Wächter!‹?«

»Das wohl nicht, o Sāriputto! Wie er auch jammerte, ließen ihn da die höllischen Wächter zur Hölle fahren.«

»Was meinst du wohl, Dhanañjani: es habe da einer um Weib und Kindes willen falsch und unrecht gelebt, und wegen seines falschen und unrechten Lebens verfiel' er der Hölle höllischen Wächtern; wär' es dem etwa gegönnt: ›Ich habe um Weib und Kindes willen falsch und unrecht gelebt: laßt mich von hinnen, höllische Wächter!‹, oder wär' es etwa seinem Weibe und Kinde gegönnt: ›Er hat unseretwillen falsch und unrecht gelebt: laßt ihn von hinnen, höllische Wächter!‹?«

»Das wohl nicht, o Sāriputto! Wie er auch jammerte, ließen ihn da die höllischen Wächter zur Hölle fahren.«

»Was meinst du wohl, Dhanañjani: es habe da einer um der Knechte und Diener willen, um der Freunde und Genossen, Verwandten und Vettern, um der Gäste willen, habe um der Manen, um der Götter, um des Königs willen falsch und unrecht gelebt, und wegen seines falschen und unrechten Lebens verfiel' er der Hölle höllischen Wächtern; wär' es dem etwa gegönnt: »Ich habe um jener willen falsch und unrecht gelebt: laßt mich von hinnen, höllische Wächter!‹, oder wär' es etwa jenen gegönnt: ›Er hat unseretwillen falsch und unrecht gelebt: laßt ihn von hinnen, höllische Wächter!‹?«

»Das wohl nicht, o Sāriputto! Wie er auch jammerte, ließen ihn da die höllischen Wächter zur Hölle fahren.«

»Was meinst du wohl, Dhanañjani: es habe da einer um den Körper zu hegen und zu pflegen falsch und unrecht gelebt, und wegen seines falschen und unrechten Lebens verfiel' er der Hölle höllischen Wächtern; wär' es dem etwa gegönnt: ›Ich habe um den Körper zu hegen und zu pflegen falsch und unrecht gelebt: laßt mich von hinnen, höllische Wächter!‹, oder wär' es etwa den anderen für ihn gegönnt: ›Er hat um den Körper zu hegen und pflegen falsch und unrecht gelebt: laßt ihn von hinnen, höllische Wächter!‹?«

»Das wohl nicht, o Sāriputto! Wie er auch jammerte, ließen ihn da die höllischen Wächter zur Hölle fahren.«

»Was meinst du wohl, Dhanañjani: wer um Vater und Mutter willen falsch und unrecht lebte, oder wer um Vater und Mutter willen wahr und recht lebte: was ist besser?«

»So einer, o Sāriputto, um Vater und Mutter willen falsch und unrecht lebte, ist das nicht besser: doch so einer, o Sāriputto, um Vater und Mutter willen wahr und recht lebte, ist das eben da besser. Denn dem falschen und unrechten Leben, o Sāriputto, ist das wahre und rechte Leben vorzuziehn.«

»Es gibt ja noch, Dhanañjani, ehrliche, wohlgegründete Beschäftigungen, die es ermöglichen, Vater und Mutter zu ernähren, ohne Unrecht zu tun und ohne vom rechten Pfade zu weichen. – Was meinst du wohl, Dhanañjani: wer um Weib und Kindes willen falsch und unrecht lebte, oder wer um Weib und Kindes willen wahr und recht lebte: was ist besser?«

»So einer, o Sāriputto, um Weib und Kindes willen falsch und unrecht lebte, ist das nicht besser: doch so einer, o Sāriputto, um Weib und Kindes willen wahr und recht lebte, ist das eben da besser. Denn dem falschen und unrechten Leben, o Sāriputto, ist das wahre und rechte Leben vorzuziehn.«

»Es gibt ja noch Dhanañjani, ehrliche, wohlgegründete Beschäftigungen, die es ermöglichen, Weib und Kind zu ernähren, ohne Unrecht zu tun und ohne vom rechten Pfade zu weichen. – Was meinst du wohl, Dhanañjani: wer um der Knechte und Diener willen, um der Freunde und Genossen, Verwandten und Vettern, um der Gäste willen, wer um der Manen, um der Götter, um des Königs willen falsch und unrecht lebte, oder wer um ihretwillen wahr und recht lebte: was ist besser?«

»So einer, o Sāriputto, um jener willen falsch und unrecht lebte, ist das nicht besser: doch so einer, o Sāriputto, um jener willen wahr und recht lebte, ist das eben da besser. Denn dem falschen und unrechten Leben, o Sāriputto, ist das wahre und rechte Leben vorzuziehn.«

»Es gibt ja noch, Dhanañjani, ehrliche, wohlgegründete Beschäftigungen, die es ermöglichen, jenen gerecht zu werden, ohne Unrecht zu tun und ohne vom rechten Pfade zu weichen. – Was meinst du wohl, Dhanañjani: wer um den Körper zu hegen und zu pflegen falsch und unrecht lebte, oder wer um den Körper zu hegen und zu pflegen wahr und recht lebte: was ist besser?«

»So einer, o Sāriputto, um den Körper zu hegen und zu pflegen falsch und unrecht lebte, ist das nicht besser: doch so einer, o Sāriputto, um den Körper zu hegen und zu pflegen wahr und recht lebte, ist das eben da besser. Denn dem falschen und unrechten Leben, o Sāriputto, ist das wahre und rechte Leben vorzuziehn.«

»Es gibt ja noch, Dhanañjani, ehrliche, wohlgegründete Beschäftigungen, die es ermöglichen, den Körper zu hegen und zu pflegen, ohne Unrecht zu tun und ohne vom rechten Pfade zu weichen.«

Da war denn Dhanañjani der Priester durch des ehrwürdigen Sāriputto Rede erfreut und befriedigt; und er stand auf und entfernte sich.

Und Dhanañjani der Priester wurde späterhin unwohl, leidend, schwerkrank. Und Dhanañjani der Priester wandte sich an einen seiner Leute:

»Geh', lieber Mann, und begib dich zum Erhabenen hin und bring' dem Erhabenen zu Füßen meinen Gruß dar: ›Dhanañjani, o Herr, der Priester, ist unwohl, leidend, schwerkrank: er bringt dem Erhabenen zu Füßen Gruß dar‹; dann geh' zum ehrwürdigen Sāriputto hin und bring' dem ehrwürdigen Sāriputto zu Füßen meinen Gruß dar: ›Dhanañjani, o Herr, der Priester, ist unwohl, leidend, schwerkrank: er bringt dem ehrwürdigen Sāriputto zu Füßen Gruß dar;‹ und füge hinzu: ›gut wär' es‹, sagt' er, o Herr, ›wenn der ehrwürdige Sāriputto nach dem Hause Dhanañjani des Priesters kommen wollte, von Mitleid bewogen.‹«

»Wohl, Herr!« entgegnete da gehorsam jener Mann Dhanañjani dem Priester. Und er begab sich dorthin wo der Erhabene weilte, bot ehrerbietigen Gruß dar und setzte sich seitwärts nieder. Seitwärts sitzend sprach er also zum Erhabenen:

»Dhanañjani, o Herr, der Priester, ist unwohl, leidend, schwerkrank: er bringt dem Erhabenen zu Füßen Gruß dar.«

Dann begab er sich zum ehrwürdigen Sāriputto hin, bot ehrerbietigen Gruß dar und setzte sich seitwärts nieder. Seitwärts sitzend sprach er also zum ehrwürdigen Sāriputto:

»Dhanañjani, o Herr, der Priester, ist unwohl, leidend, schwerkrank: er bringt dem ehrwürdigen Sāriputto zu Füßen Gruß dar; und er läßt sagen, gut wär' es, o Herr, wenn der ehrwürdige Sāriputto nach dem Hause Dhanañjani des Priesters kommen wollte, von Mitleid bewogen.«

Schweigend gewährte der ehrwürdige Sāriputto die Bitte.

Und der ehrwürdige Sāriputto rüstete sich, nahm Mantel und Schale und begab sich nach dem Hause Dhanañjani des Priesters. Dort angelangt nahm er auf dem dargebotenen Sitze Platz. Und er wandte sich also an Dhanañjani den Priester:

»Fühlst du dich, Dhanañjani, schon wohler, geht es dir etwas besser, nehmen die Schmerzen wieder ab und nicht zu, merkt man, daß sie nachlassen und nicht zunehmen?«

»Nicht fühl' ich mich, o Sāriputto, wohler, es geht mir nicht besser, die heftigen Schmerzen nehmen zu und nicht ab, man merkt, daß sie zunehmen und nicht nachlassen. Gleichwie etwa, o Sāriputto, wenn ein starker Mann mit scharfer Dolchspitze die Schädeldecke zerhämmerte, ebenso nun auch, o Sāriputto, schlagen mir überheftige Strömungen auf die Schädeldecke auf: nicht fühl' ich mich, o Sāriputto, wohler, es geht mir nicht besser, die heftigen Schmerzen nehmen zu und nicht ab, man merkt, daß sie zunehmen und nicht nachlassen. Gleichwie etwa, o Sāriputto, wenn ein starker Mann feste Riemenstränge auf dem Kopfe peitschend tanzen ließe, ebenso nun auch, o Sāriputto, hab' ich im Kopfe betäubende Kopfgefühle: nicht fühl' ich mich, o Sāriputto, wohler, es geht mir nicht besser, die heftigen Schmerzen nehmen zu und nicht ab, man merkt, daß sie zunehmen und nicht nachlassen. Gleichwie etwa, o Sāriputto, wenn ein geschickter Schlächter oder Schlächtergeselle mit scharfem Schlachtmesser den Bauch durchschlitzte, ebenso nun auch, o Sāriputto, schneiden mir überheftige Strömungen durch den Bauch: nicht fühl' ich mich, o Sāriputto, wohler, es geht mir nicht besser, die heftigen Schmerzen nehmen zu und nicht ab, man merkt, daß sie zunehmen und nicht nachlassen. Gleichwie etwa, o Sāriputto, wenn zwei starke Männer einen schwächeren Mann an beiden Armen ergriffen und in eine Grube voll glühender Kohlen hineinquälten, hineinrollten, ebenso nun auch, o Sāriputto, hab' ich im Körper überheftig glühende Qual: nicht fühl' ich mich, o Sāriputto, wohler, es geht mir nicht besser, die heftigen Schmerzen nehmen zu und nicht ab, man merkt, daß sie zunehmen und nicht nachlassen.«

»Was meinst du wohl, Dhanañjani: was ist besser, die Hölle oder der tierische Schoß?«

»Vor der Hölle, o Sāriputto, ist der tierische Schoß besser.«

»Was meint du wohl, Dhanañjani: was ist besser, der tierische Schoß oder das Gespensterreich?«

»Vor dem tierischen Schoße, o Sāriputto, ist das Gespensterreich besser.«

»Was meinst du wohl, Dhanañjani: was ist besser, das Gespensterreich oder die Menschenwelt?«

»Vor dem Gespensterreich, o Sāriputto, ist die Menschenwelt besser.«

»Was meinst du wohl, Dhanañjani: was ist besser, die Menschenwelt oder der Himmel der Vier großen Könige?«

»Vor der Menschenwelt, o Sāriputto, ist der Himmel der Vier großen Könige besser.«

»Was meinst du wohl, Dhanañjani: was ist besser, der Himmel der Vier großen Könige oder der Himmel der Dreiunddreißig Götter?«

»Vor dem Himmel der Vier großen Könige, o Sāriputto, ist der Himmel der Dreiunddreißig Götter besser.«

»Was meinst du wohl, Dhanañjani: was ist besser, der Himmel der Dreiunddreißig Götter oder der Himmel der Schattengötter?«

»Vor dem Himmel der Dreiunddreißig Götter, o Sāriputto, ist der Himmel der Schattengötter besser.«

»Was meinst du wohl, Dhanañjani: was ist besser, der Himmel der Schattengötter oder der Himmel der Seligen Götter?«

»Vor dem Himmel der Schattengötter, o Sāriputto, ist der Himmel der Seligen Götter besser.«

»Was meinst du wohl, Dhanañjani: was ist besser, der Himmel der Seligen Götter oder der Himmel der Götter der unbeschränkten Freude?«

»Vor dem Himmel der Seligen Götter, o Sāriputto, ist der Himmel der Götter der unbeschränkten Freude besser.«

»Was meinst du wohl, Dhanañjani: was ist besser, der Himmel der Götter der unbeschränkten Freude oder der Himmel der Jenseits der unbeschränkten Freude weilenden Götter?«

»Vor dem Himmel der Götter der unbeschränkten Freude, o Sāriputto, ist der Himmel der Jenseits der unbeschränkten Freude weilenden Götter besser.«

»Was meinst du wohl, Dhanañjani: was ist besser, der Himmel der Jenseits der unbeschränkten Freude weilenden Götter oder die Brahmawelt?«

»›Brahmawelt‹ hat Herr Sāriputto gesagt, ›Brahmawelt‹ hat Herr Sāriputto gesagt!«

Da gedachte nun der ehrwürdige Sāriputto: ›Diese Priester sind der Brahmawelt zugeneigt: wie, wenn ich nun Dhanañjani dem Priester den Weg zeigte, der zu Brahmā führt?‹

»Den Weg, Dhanañjani, der zu Brahmā führt, werd' ich dir zeigen: hör' es und achte wohl auf meine Rede.«

»Ja, Herr!« erwiderte da aufmerksam Dhanañjani der Priester dem ehrwürdigen Sāriputto. Der ehrwürdige Sāriputto sprach also:

»Was ist das also, Dhanañjani, für ein Weg, der zu Brahmā führt? Da strahlt, Dhanañjani, ein Mönch liebevollen Gemütes weilend nach einer Richtung, dann nach einer zweiten, dann nach der dritten, dann nach der vierten, ebenso nach oben und nach unten: überall in allem sich wiedererkennend durchstrahlt er die ganze Welt mit liebevollem Gemüte, mit weitem, tiefem, unbeschränktem, von Grimm und Groll geklärtem. Das ist, Dhanañjani, der Weg, der zu Brahmā führt. Weiter sodann, Dhanañjani: erbarmenden Gemütes, freudevollen Gemütes, unbewegten Gemütes weilend strahlt ein Mönch nach einer Richtung, dann nach einer zweiten, dann nach der dritten, dann nach der vierten, ebenso nach oben und nach unten: überall in allem sich wiedererkennend durchstrahlt er die ganze Welt mit erbarmendem Gemüte, mit freudevollem Gemüte, mit unbewegtem Gemüte, mit weitem, tiefem, unbeschränktem, von Grimm und Groll geklärtem. Das ist, Dhanañjani, der Weg, der zu Brahmā führt.«

»Wohl denn, o Sāriputto! Und bring' dem Erhabenen zu Füßen meinen Gruß dar: ›Dhanañjani, o Herr, der Priester, ist unwohl, leidend, schwerkrank: er bringt dem Erhabenen zu Füßen Gruß dar.‹«

Und der ehrwürdige Sāriputto, der Dhanañjani den Priester, obzwar noch mehr zu tun war, in hinfällige Brahmawelt eingeführt hatte, erhob sich nun von seinem Sitze und ging fort.

Bald aber, nachdem der ehrwürdige Sāriputto fortgegangen war, starb Dhanañjani der Priester und erschien in der Brahmawelt wieder.

Und der Erhabene wandte sich an die Mönche:

»Es hat, ihr Mönche, Sāriputto Dhanañjani den Priester, obzwar noch mehr zu tun war, in hinfällige Brahmawelt eingeführt, ist dann aufgestanden und fortgegangen.«

Und der ehrwürdige Sāriputto kam zum Erhabenen heran, begrüßte den Erhabenen ehrerbietig und setzte sich seitwärts nieder. Seitwärts sitzend sprach nun der ehrwürdige Sāriputto zum Erhabenen also:

»Dhanañjani, o Herr, der Priester, ist unwohl, leidend, schwerkrank: er bringt dem Erhabenen zu Füßen Gruß dar.«

»Warum hast du doch, Sāriputto, Dhanañjani den Priester, obzwar noch mehr zu tun war, in hinfällige Brahmawelt eingeführt, bist dann aufgestanden und fortgegangen?«

»Ich habe, o Herr, gedacht: ›Diese Priester sind der Brahmawelt zugeneigt: wie, wenn ich nun Dhanañjani dem Priester den Weg zeigte, der zu Brahmā führt?‹«

»Gestorben ist, Sāriputto, Dhanañjani der Priester, in der Brahmawelt wiedererschienen.«

36. POTALIYO

54. Rede

Das hab' ich gehört. Zu einer Zeit weilte der Erhabene im Land der Aṉguttarāper, bei Āpaṇam, einer Burg im Gebiete der Aṉguttarāper. Und der Erhabene, zeitig gerüstet, nahm Mantel und Schale und ging nach Āpaṇam um Almosenspeise. Und als der Erhabene, von Haus zu Haus tretend, Almosen erhalten, kehrte er zurück, nahm das Mahl ein und begab sich dann in ein nahe gelegenes Waldgehölz, für den Tag. Im Inneren dieses Waldgehölzes setzte sich der Erhabene am Fuß eines Baumes nieder, bis gegen Sonnenuntergang da zu verweilen.

Und auch Potaliyo der Hausvater kam, in einen weiten Obermantel gehüllt, versehn mit Schirm und Sandalen, auf einem Spaziergange lustwandelnd, nach dem Waldgehölze. Und er trat in das Waldgehölz ein und kam dorthin, wo der Erhabene weilte. Dort angelangt tauschte er mit dem Erhabenen höflichen Gruß und freundliche, denkwürdige Worte und stellte sich seitwärts hin. Und an Potaliyo den Hausvater, der seitwärts stand, wandte sich der Erhabene also:

»Man kann sich da, Hausvater, hinsetzen,: wenn du willst, sitz' nieder.«

Also angeredet dachte Potaliyo der Hausvater bei sich: ›Hausvater hat mich der Asket Gotamo genannt!‹ Und verstimmt und mißmutig schwieg er still.

Und zum zweiten Mal wandte sich der Erhabene also an Potaliyo den Hausvater:

»Man kann sich da, Hausvater, hinsetzen: wenn du willst, sitz' nieder.«

Und zum zweiten Mal dachte Potaliyo der Hausvater bei sich: ›Hausvater hat mich der Asket Gotamo genannt!‹ Und verstimmt und mißmutig schwieg er still.

Und zum dritten Mal wandte sich der Erhabene also an Potaliyo den Hausvater:

»Man kann sich da, Hausvater, hinsetzen: wenn du willst, sitz' nieder.«

Und zum dritten Mal dachte Potaliyo der Hausvater bei sich: ›Hausvater hat mich der Asket Gotamo genannt!‹ Und verstimmt und mißmutig sprach er also zum Erhabenen:

»Das kommt dir, o Gotamo, nicht zu, das steht dir nicht zu, daß du mich mit dem Worte Hausvater angehst!«

»Du hast ja, Hausvater, Mienen, Merkmale, Kennzeichen wie sie dem Hausvater eignen.«

»Gleichwohl hab' ich, o Gotamo, jeder Tätigkeit entsagt, jeden Verkehr abgeschnitten.«

»Wie denn aber hast du, Hausvater, jeder Tätigkeit entsagt, jeden Verkehr abgeschnitten?«

»Was ich da, o Gotamo, an Geld und Gut, an Silber und Gold besessen habe, das hab' ich alles meinen Kindern zum Erbe gegeben: und ich rate da keinem zu, keinem ab, hab' mir nur Kost und Gewand bedungen. Also hab' ich, o Gotamo, jeder Tätigkeit entsagt, jeden Verkehr abgeschnitten.«

»Anders redest, Hausvater, du vom Verkehrabschneiden, und wieder anders wird im Orden des Heiligen der Verkehr abgeschnitten.«

»Wie denn aber, o Herr, wird im Orden des Heiligen der Verkehr abgeschnitten? Gut wär' es, o Herr, wenn mir der Erhabene die Lehre so darlegen wollte, wie der Verkehr im Orden des Heiligen abgeschnitten wird.«

»Wohlan denn, Hausvater, so höre und achte wohl auf meine Rede.«

»Ja, o Herr!« erwiderte da aufmerksam Potaliyo der Hausvater dem Erhabenen. Der Erhabene sprach also:

»Acht Dinge sind es, Hausvater, die hier im Orden des Heiligen den Verkehr abschneiden lassen: welche acht? Kein Wesen töten läßt vom Töten der Wesen abstehn, Gegebenes nehmen läßt vom Nehmen des Nichtgegebenen abstehn, die Wahrheit reden läßt von der Lüge abstehn, nicht verleumden läßt von Verleumdung abstehn, nicht begehrlich süchten läßt von begehrlicher Sucht abstehn, nicht rügen und schelten läßt von Rügen und Schelten abstehn, nicht wüten und verzweifeln läßt von Wut und Verzweiflung abstehn, nicht anmaßen läßt von Anmaßung abstehn. Das sind, Hausvater, kurz gesagt, nicht ausführlich unterschieden, die acht Dinge, die hier im Orden des Heiligen den Verkehr abschneiden lassen.«

»Diese acht Dinge, o Herr, vom Erhabenen kurz angegeben, nicht ausführlich unterschieden, die hier im Orden des Heiligen den Verkehr abschneiden lassen: möchte mir doch, o Herr, der Erhabene diese acht Dinge ausführlich darlegen, von Mitleid bewogen!«

»So höre denn, Hausvater, und achte wohl auf meine Rede!«

»Gewiß, o Herr!« erwiderte da aufmerksam Potaliyo der Hausvater dem Erhabenen. Der Erhabene sprach also:

»›Kein Wesen töten läßt vom Töten der Wesen abstehn‹: das ist gesagt worden; und warum ist das gesagt worden? Da überlegt, Hausvater, der heilige Jünger bei sich: ›Jene Fesseln, die mich zum Mörder machen könnten, die beginn' ich zu lösen, abzuschneiden: denn wenn ich zum Mörder würde, so möcht' ich gar mich selber verachten, wegen des Mordes, und, wohlüberlegt, möchten Verständige mich tadeln, wegen des Mordes, und bei der Auflösung des Körpers, nach dem Tode, stände mir üble Fährte bevor, wegen des Mordes. Das ist ja eben die Fessel, das ist die Hemmung, nämlich der Mord. Wenn aber durch Mord verstörendes, sehrendes Wähnen entsteht, kann es den, der sich vom Morde fernhält, also nicht ankommen.‹ ›Kein Wesen töten läßt vom Töten der Wesen abstehn‹: wurde das gesagt, so war es darum gesagt.

»›Gegebenes nehmen läßt vom Nehmen des Nichtgegebenen abstehn‹: das ist gesagt worden; und warum ist das gesagt worden? Da überlegt, Hausvater, der heilige Jünger bei sich: ›Jene Fesseln, die mich zum Diebe machen könnten, die beginn' ich zu lösen, abzuschneiden: denn wenn ich zum Diebe würde, so möcht' ich gar mich selber verachten, wegen des Diebstahls, und, wohlüberlegt, möchten Verständige mich tadeln, wegen des Diebstahls, und bei der Auflösung des Körpers, nach dem Tode, stände mir üble Fährte bevor, wegen des Diebstahls. Das ist ja eben die Fessel, das ist die Hemmung, nämlich der Diebstahl. Wenn aber durch Diebstahl verstörendes, sehrendes Wähnen entsteht, kann es den, der sich vom Diebstahl fernhält, also nicht ankommen.‹ ›Gegebenes nehmen läßt vom Nehmen des Nichtgegebenen abstehn‹: wurde das gesagt, so war es darum gesagt.

»›Die Wahrheit reden läßt von der Lüge abstehn‹: das ist gesagt worden; und warum ist das gesagt worden? Da überlegt, Hausvater, der heilige Jünger bei sich: ›Jene Fesseln, die mich zum Lügner machen könnten, die beginn' ich zu lösen, abzuschneiden: denn wenn ich zum Lügner würde, so möcht' ich gar mich selber verachten, wegen der Lüge, und, wohlüberlegt, möchten Verständige mich tadeln, wegen der Lüge, und bei der Auflösung des Körpers, nach dem Tode stände mir üble Fährte bevor, wegen der Lüge. Das ist ja eben die Fessel, das ist die Hemmung, nämlich die Lüge. Wenn aber durch Lüge verstörendes, sehrendes Wähnen entsteht, kann es den, der sich von der Lüge fernhält, also nicht ankommen.‹ ›Die Wahrheit reden läßt von der Lüge abstehn‹: wurde das gesagt, so war es darum gesagt.

»›Nicht verleumden läßt von Verleumdung abstehn‹: das ist gesagt worden; und warum ist das gesagt worden? Da überlegt, Hausvater, der heilige Jünger bei sich: ›Jene Fesseln, die mich zum Verleumder machen könnten, die beginn' ich zu lösen, abzuschneiden: denn wenn ich zum Verleumder würde, so möcht' ich gar mich selber verachten, wegen der Verleumdung, und, wohlüberlegt, möchten Verständige mich tadeln, wegen der Verleumdung, und bei der Auflösung des Körpers, nach dem Tode, stände mir üble Fährte bevor, wegen der Verleumdung. Das ist ja eben die Fessel, das ist die Hemmung, nämlich Verleumden. Wenn aber durch Verleumden verstörendes, sehrendes Wähnen entsteht, kann es den, der sich von Verleumden fernhält, also nicht ankommen.‹ ›Nicht verleumden läßt von Verleumdung abstehn‹: wurde das gesagt, so war es darum gesagt.

»›Nicht begehrlich süchten läßt von begehrlicher Sucht abstehn‹: das ist gesagt worden; und warum ist das gesagt worden? Da überlegt, Hausvater, der heilige Jünger bei sich: ›Jene Fesseln, die mich begehrlich süchten ließen, die beginn' ich zu lösen, abzuschneiden: denn wenn ich begehrlicher Sucht frönte, so möcht' ich gar mich selber verachten, wegen begehrlicher Sucht, und, wohlüberlegt, möchten Verständige mich tadeln, wegen begehrlicher Sucht, und bei der Auflösung des Körpers, nach dem Tode, stände mir üble Fährte bevor, wegen begehrlicher Sucht. Das ist ja eben die Fessel, das ist die Hemmung, nämlich begehrliche Sucht. Wenn aber durch begehrliche Sucht verstörendes, sehrendes Wähnen entsteht, kann es den, der sich von begehrlicher Sucht fernhält, also nicht ankommen.‹ ›Nicht begehrlich süchten läßt von begehrlicher Sucht abstehn‹: wurde das gesagt, so war es darum gesagt.

»›Nicht rügen und schelten läßt von Rügen und Schelten abstehn': das ist gesagt worden; und warum ist das gesagt worden? Da überlegt, Hausvater, der heilige Jünger bei sich: ›Jene Fesseln, die mich rügen und schelten ließen, die beginn' ich zu lösen, abzuschneiden: denn wenn ich rügte und schölte, so möcht' ich gar mich selber verachten, wegen des Rügens und Scheltens, und, wohlüberlegt, möchten Verständige mich tadeln, wegen des Rügens und Scheltens, und bei der Auflösung des Körpers, nach dem Tode, stände mir üble Fährte bevor, wegen des Rügens und Scheltens. Das ist ja eben die Fessel, das ist die Hemmung, nämlich Rügen und Schelten. Wenn aber durch Rügen und Schelten verstörendes, sehrendes Wähnen entsteht, kann es den, der sich von Rügen und Schelten fernhält, also nicht ankommen.‹ ›Nicht rügen und schelten läßt von Rügen und Schelten abstehn‹: wurde das gesagt, so war es darum gesagt.

»›Nicht wüten und verzweifeln läßt von Wut und Verzweiflung abstehn‹: das ist gesagt worden; und warum ist das gesagt worden? Da überlegt, Hausvater, der heilige Jünger bei sich: ›Jene Fesseln, die mich wüten und verzweifeln ließen, die beginn' ich zu lösen, abzuschneiden: denn wenn ich in Wut und Verzweiflung geriete, so möcht' ich gar mich selber verachten, wegen der Wut und Verzweiflung, und, wohlüberlegt, möchten Verständige mich tadeln, wegen der Wut und Verzweiflung, und bei der Auflösung des Körpers, nach dem Tode, stände mir üble Fährte bevor, wegen der Wut und Verzweiflung. Das ist ja eben die Fessel, das ist die Hemmung, nämlich Wut und Verzweiflung. Wenn aber durch Wut und Verzweiflung verstörendes, sehrendes Wähnen entsteht, kann es den, der sich von Wut und Verzweiflung fernhält, also nicht ankommen.‹ ›Nicht wüten und verzweifeln läßt von Wut und Verzweiflung abstehn‹: wurde das gesagt, so war es darum gesagt.

»›Nicht anmaßen läßt von Anmaßung abstehn‹: das ist gesagt worden; und warum ist das gesagt worden? Da überlegt, Hausvater, der heilige Jünger bei sich: Jene Fesseln, die mir Anmaßung schüfen, die beginn' ich zu lösen, abzuschneiden: denn wenn ich anmaßend würde, so möcht' ich gar mich selber verachten, wegen der Anmaßung, und, wohlüberlegt, möchten Verständige mich tadeln, wegen der Anmaßung, und bei der Auflösung des Körpers, nach dem Tode, stände mir üble Fährte bevor, wegen der Anmaßung. Das ist ja eben die Fessel, das ist die Hemmung, nämlich Anmaßen. Wenn aber durch Anmaßen verstörendes, sehrendes Wähnen entsteht, kann es den, der sich von Anmaßen fernhält, also nicht ankommen.‹ ›Nicht anmaßen läßt von Anmaßung abstehn‹: wurde das gesagt, so war es darum gesagt.

»Das sind, Hausvater, kurz gesagt und ausführlich unterschieden, die acht Dinge, die hier im Orden des Heiligen den Verkehr abschneiden lassen. Doch nicht nur soweit wird im Orden des Heiligen ganz und gar überall aller Verkehr abgeschnitten.«

»Wie aber wird dann, o Herr, im Orden des Heiligen ganz und gar überall aller Verkehr abgeschnitten? O daß mir, o Herr, der Erhabene die Lehre derart zeigen möchte, wie da im Orden des Heiligen ganz und gar überall aller Verkehr abgeschnitten wird!«

»So höre denn, Hausvater, und achte wohl auf meine Rede.«

»Gewiß, o Herr!« erwiderte da aufmerksam Potaliyo der Hausvater dem Erhabenen. Der Erhabene sprach also:

»Gleichwie etwa, Hausvater, wenn ein Hund, von Hunger und Schwäche gepeinigt, sich vor der Bank eines Rindschlächters aufstellte, und es würfe ihm ein geschickter Schlächter oder Schlächtergeselle ein Knochenstück zu, kahl, abgeschabt, ohne Fleisch, blutbefleckt; was meinst du wohl, Hausvater: könnte da dieser Hund, indem er das Knochenstück, das kahle, abgeschabte, fleischlose, blutbefleckte, rings herum benagt, Hunger und Schwäche vertreiben?«

»Gewiß nicht, o Herr!«

»Und warum nicht?«

»Das Knochenstück, o Herr, ist ja kahl, abgeschabt, ohne Fleisch, blutbefleckt, so viel Mühe und Plage auch immer der Hund sich geben mag.«

»Ebenso nun auch, Hausvater, überlegt der heilige Jünger bei sich: ›Kahlen Knochen gleich sind die Begierden, hat der Erhabene gesagt, voller Leiden, voller Qualen, das Elend überwiegt‹: und er sieht es also, der Wahrheit gemäß, mit vollkommener Weisheit an: und den Anblick, der vielfältig Vielheit sucht, diesen verleugnet er, und den Anblick, der einfältig Einheit sucht, wo jedes Hangen an weltlichem Köder gänzlich vereitelt wird, ja diesen Anblick verwirklicht er.

»Gleichwie etwa, Hausvater, wenn ein Geier oder ein Reiher oder ein Rabe einen Fleischfetzen packte und fortrisse, und es stürzten auf ihn andere Geier oder Reiher oder Raben in Scharen hernieder und rauften darum; was meinst du wohl, Hausvater: wenn dieser Geier oder Reiher oder Rabe den Fleischfetzen nicht alsbald fahren ließe, wär' ihm da Tod gewiß oder tödlicher Schmerz?«

»Freilich, o Herr!«

»Ebenso nun auch, Hausvater, überlegt der heilige Jünger bei sich: ›Fleischfetzen gleich sind die Begierden, hat der Erhabene gesagt, voller Leiden, voller Qualen, das Elend überwiegt‹; und er sieht es also, der Wahrheit gemäß, mit vollkommener Weisheit an: und den Anblick, der vielfältig Vielheit sucht, diesen verleugnet er, und den Anblick, der einfältig Einheit sucht, wo jedes Hangen an weltlichem Köder gänzlich vereitelt wird, ja diesen Anblick verwirklicht er.

»Gleichwie etwa, Hausvater, wenn ein Mann mit einer flammenden Strohfackel gegen den Wind ginge; was meinst du wohl, Hausvater: wenn dieser Mann die flammende Strohfackel nicht gar eilig von sich fortwürfe, würde sie da seine Hand versengen, seinen Arm versengen oder andere Glieder des Leibes, und er also Tod erleiden oder tödlichen Schmerz?«

»Freilich, o Herr!«

»Ebenso nun auch, Hausvater, überlegt der heilige Jünger bei sich: ›Flammendem Stroh gleich sind die Begierden, hat der Erhabene gesagt, voller Leiden, voller Qualen, das Elend überwiegt‹: und er sieht es also, der Wahrheit gemäß, mit vollkommener Weisheit an: und den Anblick, der vielfältig Vielheit sucht, diesen verleugnet er, und den Anblick, der einfältig Einheit sucht, wo jedes Hangen an weltlichem Köder gänzlich vereitelt wird, ja diesen Anblick verwirklicht er.

»Gleichwie etwa, Hausvater, wenn da eine Grube wäre, tiefer als Manneshöhe, voll glühender Kohlen, ohne Flammen, ohne Rauch; und es käme ein Mann herbei, der leben, nicht sterben will, der Wohlsein wünscht und Wehe verabscheut, und zwei kräftige Männer ergriffen ihn unter den Armen und schleppten ihn zu der glühenden Kohlengrube hin; was meinst du wohl, Hausvater: würde da nun dieser Mann auf jede nur mögliche Weise den Leib zurückziehn?«

»Gewiß, o Herr!«

»Und warum das?«

»Gar wohl, o Herr, wüßte der Mann: ›Fall' ich in diese glühenden Kohlen hinein, so muß ich sterben oder tödlichen Schmerz erleiden!‹«

»Ebenso nun auch, Hausvater, überlegt der heilige Jünger bei sich: ›Glühenden Kohlen gleich sind die Begierden, hat der Erhabene gesagt, voller Leiden, voller Qualen, das Elend überwiegt‹; und er sieht es also, der Wahrheit gemäß, mit vollkommener Weisheit an: und den Anblick, der vielfältig Vielheit sucht, diesen verleugnet er, und den Anblick, der einfältig Einheit sucht, wo jedes Hangen an weltlichem Köder gänzlich vereitelt wird, ja diesen Anblick verwirklicht er.

»Gleichwie etwa, Hausvater, wenn ein Mann ein Traumbild sähe, einen schönen Garten, einen freundlichen Hain, eine heitere Landschaft, einen lichten See, und, wieder erwacht, nichts mehr erblickte: ebenso nun auch, Hausvater, überlegt der heilige Jünger bei sich: ›Traumbilden gleich sind die Begierden, hat der Erhabene gesagt, voller Leiden, voller Qualen, das Elend überwiegt‹; und er sieht es also, der Wahrheit gemäß, mit vollkommener Weisheit an: und den Anblick, der vielfältig Vielheit sucht, diesen verleugnet er, und den Anblick, der einfältig Einheit sucht, wo jedes Hangen an weltlichem Köder gänzlich vereitelt wird, ja diesen Anblick verwirklicht er.

»Gleichwie etwa, Hausvater, wenn ein Mann dargeliehenes Gut entliehe und einen Wagen mit kostbarem Schmuck und Edelgestein belüde, und er führe, mit diesem geborgten Schatze versehn und versorgt, über den Marktplatz hin; und die Leute sähen ihn und sprächen: ›Reich, wahrlich, ist der Mann, so können Reiche den Reichtum genießen!‹ Und wo ihn eben etwa die Eigner träfen, da zögen sie eben etwa das Eigen zurück. Was meinst du wohl, Hausvater: genügte das, um diesen Mann zu verstören?«

»Allerdings, o Herr!«

»Und warum das?«

»Die Eigner, o Herr, ziehn ja das Eigen zurück.«

»Ebenso nun auch, Hausvater, überlegt der heilige Jünger bei sich: ›Darlehen gleich sind die Begierden, hat der Erhabene gesagt, voller Leiden, voller Qualen, das Elend überwiegt‹; und er sieht es also, der Wahrheit gemäß, mit vollkommener Weisheit an: und den Anblick, der vielfältig Vielheit sucht, diesen verleugnet er, und den Anblick, der einfältig Einheit sucht, wo jedes Hangen an weltlichem Köder gänzlich vereitelt wird, ja diesen Anblick verwirklicht er.

»Gleichwie etwa, Hausvater, wenn sich unfern eines Dorfes oder einer Stadt ein dichter Forst befände, und ein Baum stände darin, der reifende Früchte trägt, und keine der Früchte wäre herabgefallen. Und es käme ein Mann herbei, der Früchte begehrt, Früchte sucht, nach Früchten ausspäht; und er gelangte ins Innere des Forstes und gewahrte den Baum, der reifende Früchte trägt; da gedächte er: ›Dieser Baum ist mit reifenden Früchten behangen, und keine der Früchte zu Boden gefallen: aber ich kann ja Bäume erklettern! Wie, wenn ich nun da hinaufkletterte und mich daran satt äße und den Rockschurz voll davon pflückte?‹ Und er kletterte hinauf und äße sich satt und pflückte den Rockschurz voll. Aber ein zweiter Mann käme herbei, der Früchte begehrt, Früchte sucht, nach Früchten ausspäht, mit einem scharfen Beile versehn; und er gelangte ins Innere des Forstes und gewahrte den Baum mit den reifenden Früchten; da gedächte er: ›Dieser Baum trägt reifende Früchte, und keine der Früchte liegt auf der Erde, und Bäume erklettern, das kann ich nicht: wie, wenn ich nun diesen Baum an der Wurzel fällte und mich dann satt äße und den Rockschurz vollpflückte?‹ Und er fällte den Baum an der Wurzel. Was meinst du wohl, Hausvater: wenn da jener Mann, der zuerst hinaufgestiegen, nicht gar eilig herabkletterte, möchte ihm da durch den Sturz des Baumes die Hand zerschmettert oder der Fuß zerschmettert oder andere Glieder des Leibes zerschmettert werden, so daß er Tod oder tödlichen Schmerz erlitte?«

»Freilich, o Herr!«

»Ebenso nun auch, Hausvater, überlegt der heilige Jünger bei sich: ›Baumfrüchten gleich sind die Begierden, hat der Erhabene gesagt, voller Leiden, voller Qualen, das Elend überwiegt‹; und er sieht es also, der Wahrheit gemäß mit vollkommener Weisheit an: und den Anblick, der vielfältig Vielheit sucht, diesen verleugnet er, und den Anblick, der einfältig Einheit sucht, wo jedes Hangen an weltlichem Köder gänzlich vereitelt wird, ja diesen Anblick verwirklicht er.

»Hat nun, Hausvater, ein solcher heiliger Jünger eben diese letzte, gleichmütig einsichtige vollkommene Reine erreicht, so erinnert er sich mancher verschiedenen früheren Daseinsform, mit je den eigentümlichen Merkmalen, mit je den eigenartigen Beziehungen.

»Hat nun, Hausvater, ein solcher heiliger Jünger Reine erreicht, so sieht er mit dem himmlischen Auge, dem geläuterten, über menschliche Grenzen hinausreichenden, die Wesen dahinschwinden und wiedererscheinen, gemeine und edle, schöne und unschöne, glückliche und unglückliche, er erkennt, wie die Wesen je nach den Taten wiederkehren.

»Hat nun, Hausvater, ein solcher heiliger Jünger eben diese letzte, gleichmütig einsichtige vollkommene Reine erreicht, so läßt er den Wahn versiegen und macht sich die wahnlose Gemütserlösung, Weisheitserlösung noch bei Lebzeiten offenbar, verwirklicht und erringt sie.

»Soweit nun, Hausvater, wird im Orden des Heiligen ganz und gar überall aller Verkehr abgeschnitten. Was meinst du wohl, Hausvater: wie ganz und gar überall aller Verkehr im Orden des Heiligen abgeschnitten wird, findest du, daß auch ebenso bei dir der Verkehr abgeschnitten sei?«

»Was bin ich, o Herr, und was ist der Orden des Heiligen, wo ganz und gar überall aller Verkehr abgeschnitten wird! Fern bin ich, o Herr, davon, daß ich ganz und gar überall allen Verkehr, dem Orden des Heiligen gemäß, abgeschnitten hätte. – Ja, wir haben früher, o Herr, die anderen Büßer und Pilger, die so gewöhnlich sind, für erlesen gehalten, die so gewöhnlich sind, mit erlesener Speise gespeist, die so gewöhnlich sind, mit erlesener Ehre geehrt: doch haben wir, o Herr, die Mönche, die so erlesen sind, für gewöhnlich gehalten, die so erlesen sind, mit gewöhnlicher Speise gespeist, die so erlesen sind, mit gewöhnlicher Ehre geehrt. Jetzt aber wollen wir, o Herr, die anderen Büßer und Pilger, die so gewöhnlich sind, als gewöhnlich erkennen, die so gewöhnlich sind, mit gewöhnlicher Speise speisen, die so gewöhnlich sind, mit gewöhnlicher Ehre ehren: doch wollen wir, o Herr, die Mönche, die so erlesen sind, als erlesen erkennen, die so erlesen sind, mit erlesener Speise speisen, die so erlesen sind, mit erlesener Ehre ehren. Erzeugt hat mir, wahrlich, o Herr, der Erhabene Asketenliebe zu den Asketen, Asketenfreude an den Asketen, Asketenehrfurcht vor den Asketen. – Vortrefflich, o Herr, vortrefflich, o Herr! Gleichwie etwa, o Herr, wenn man Umgestürztes aufstellte, oder Verdecktes enthüllte, oder Verirrten den Weg wiese, oder Licht in die Finsternis brächte: ›Wer Augen hat wird die Dinge sehn‹: ebenso auch ist vom Erhabenen die Lehre gar vielfach gezeigt worden. Und so nehm' ich, o Herr, beim Erhabenen Zuflucht, bei der Lehre und bei der Jüngerschaft: als Anhänger möge mich der Erhabene betrachten, von heute an zeitlebens getreu.«

V. DER WEG DER HERZENSLÄUTERUNG

37. DAS GLEICHNIS VOM KLEIDE

7. Rede

Das hab' ich gehört. Zu einer Zeit weilte der Erhabene bei Sāvatthī, im Siegerwalde, im Garten Anāthapiṇḍikos. Dort nun wandte sich der Erhabene an die Mönche: »Ihr Mönche!« – »Erlauchter!« antworteten da jene Mönche dem Erhabenen aufmerksam. Der Erhabene sprach also:

»Gleichwie etwa, Mönche, wenn der Färber ein Kleid nähme, das besudelt und voller Flecken ist, und tauchte es in eine Farbenlösung, in diese oder in jene, in eine blaue oder in eine gelbe, in eine rote oder in eine violette, da könnt' es nur schlechte, nur unreine Färbung gewinnen, und warum? Weil das Kleid, ihr Mönche, nicht rein ist: – Ebenso nun auch, ihr Mönche, ist bei besudeltem Herzen ein schlechter Ausgang zu erwarten.

»Gleichwie etwa, Mönche, wenn der Färber ein Kleid nähme, das sauber und rein ist, und tauchte es in eine Farbenlösung, in diese oder in jene, in eine blaue oder in eine gelbe, in eine rote oder in eine violette, da könnt' es nur gute, nur reine Färbung gewinnen, und warum? Weil das Kleid, ihr Mönche, rein ist: – Ebenso nun auch, ihr Mönche, ist bei unbesudeltem Herzen ein guter Ausgang zu erwarten.

»Was ist nun, ihr Mönche, Trübung des Herzens? Verderbte Selbstsucht ist Trübung des Herzens, Bosheit ist Trübung des Herzens, Zorn ist Trübung des Herzens, Niedertracht ist Trübung des Herzens, Heuchelei ist Trübung des Herzens, Neid ist Trübung des Herzens, Eiferung ist Trübung des Herzens, Eigensucht ist Trübung des Herzens, Trug ist Trübung des Herzens, Tücke ist Trübung des Herzens, Starrsinn ist Trübung des Herzens, Ungestüm ist Trübung des Herzens, Dünkel ist Trübung des Herzens, Übermut ist Trübung des Herzens, Lässigkeit ist Trübung des Herzens, Leichtsinn ist Trübung des Herzens.

»Ein Mönch nun, ihr Mönche, der eingesehn hat, daß verderbte Selbstsucht Trübung des Herzens sei, der verleugnet die verderbte Selbstsucht, die Trübung des Herzens; der eingesehn hat, daß Bosheit Trübung des Herzens sei, der verleugnet die Bosheit, die Trübung des

Herzens; der eingesehn hat, daß Zorn Trübung des Herzens sei, der verleugnet den Zorn, die Trübung des Herzens; der eingesehn hat, daß Niedertracht Trübung des Herzens sei, der verleugnet die Niedertracht, die Trübung des Herzens; der eingesehn hat, daß Heuchelei Trübung des Herzens sei, der verleugnet die Heuchelei, die Trübung des Herzens; der eingesehn hat, daß Neid Trübung des Herzens sei, der verleugnet den Neid, die Trübung des Herzens; der eingesehn hat, daß Eiferung Trübung des Herzens sei, der verleugnet die Eiferung, die Trübung des Herzens; der eingesehn hat, daß Eigensucht Trübung des Herzens sei, der verleugnet die Eigensucht, die Trübung des Herzens; der eingesehn hat, daß Trug Trübung des Herzens sei, der verleugnet den Trug, die Trübung des Herzens; der eingesehn hat, daß Tücke Trübung des Herzens sei, der verleugnet die Tücke, die Trübung des Herzens; der eingesehn hat, daß Starrsinn Trübung des Herzens sei, der verleugnet den Starrsinn, die Trübung des Herzens; der eingesehn hat, daß Ungestüm Trübung des Herzens sei, der verleugnet den Ungestüm, die Trübung des Herzens; der eingesehn hat, daß Dünkel Trübung des Herzens sei, der verleugnet den Dünkel, die Trübung des Herzens; der eingesehn hat, daß Übermut Trübung des Herzens sei, der verleugnet den Übermut, die Trübung des Herzens; der eingesehn hat, daß Lässigkeit Trübung des Herzens sei, der verleugnet die Lässigkeit, die Trübung des Herzens; der eingesehn hat, daß Leichtsinn Trübung des Herzens sei, der verleugnet den Leichtsinn, die Trübung des Herzens.

»Hat nun, ihr Mönche, ein Mönch die verderbte Selbstsucht als Trübung des Herzens erkannt und verleugnet, die Bosheit als Trübung des Herzens erkannt und verleugnet, den Zorn als Trübung des Herzens erkannt und verleugnet, die Niedertracht als Trübung des Herzens erkannt und verleugnet, die Heuchelei als Trübung des Herzens erkannt und verleugnet, den Neid als Trübung des Herzens erkannt und verleugnet, die Eiferung als Trübung des Herzens erkannt und verleugnet, die Eigensucht als Trübung des Herzens erkannt und verleugnet, den Trug als Trübung des Herzens erkannt und verleugnet, die Tücke als Trübung des Herzens erkannt und verleugnet, den Starrsinn als Trübung des Herzens erkannt und verleugnet, den Ungestüm als Trübung des Herzens erkannt und verleugnet, den Dünkel als Trübung des Herzens erkannt und verleugnet, den Übermut als Trübung des Herzens erkannt und verleugnet, die Lässigkeit als Trübung des Herzens erkannt und verleugnet, den Leichtsinn als Trübung des Herzens erkannt und verleugnet; so ist seine Liebe zum Erwachten erprobt, derart zwar: ›Das ist der Erhabene, Heilige, vollkommen Erwachte, der Wissens-

und Wandelsbewährte, der Willkommene, der Welt Kenner, der unvergleichliche Leiter der Männerherde, der Meister der Götter und Menschen, der Erwachte, der Erhabene‹; ist seine Liebe zur Wahrheit erprobt: ›Wohl kundgetan ist vom Erhabenen die Wahrheit, die ersichtliche, zeitlose, anregende, einladende, den Verständigen von selbst verständlich‹; ist seine Liebe zu den Jüngern erprobt: ›Wohl vertraut ist beim Erhabenen die Jüngerschar, ehrlich vertraut ist beim Erhabenen die Jüngerschar, recht vertraut ist beim Erhabenen die Jüngerschar, geziemend vertraut ist beim Erhabenen die Jüngerschar, und zwar vier Paare der Menschen, nach acht Arten von Menschen: das ist des Erhabenen Jüngerschar, die Opfer und Spende, Gabe und Gruß verdient, heiligste Stätte der Welt ist‹. Die Rücksicht aber hat er abgetan, abgelegt, abgelöst, verleugnet, verworfen.

»›Meine Liebe zum Erwachten ist erprobt‹: also gewinnt er Verständnis des Sinnes, Verständnis der Wahrheit, verständnisreife Wahrheitswonne. Diese Wonne beseligt ihn. Des Beseligten Körper wird still. Der Körpergestillte fühlt Heiterkeit. Des Heiteren Herz wird einig.

»›Meine Liebe zur Wahrheit ist erprobt‹: also gewinnt er Verständnis des Sinnes, Verständnis der Wahrheit, verständnisreife Wahrheitswonne. Diese Wonne beseligt ihn. Des Beseligten Körper wird still. Der Körpergestillte fühlt Heiterkeit. Des Heiteren Herz wird einig.

»›Meine Liebe zu den Jüngern ist erprobt‹: also gewinnt er Verständnis des Sinnes, Verständnis der Wahrheit, verständnisreife Wahrheitswonne. Diese Wonne beseligt ihn. Des Beseligten Körper wird still. Der Körpergestillte fühlt Heiterkeit. Des Heiteren Herz wird einig.

»›Und die Rücksicht, die hab' ich abgetan, abgelegt, abgelöst, verleugnet, verworfen‹: also gewinnt er Verständnis des Sinnes, Verständnis der Wahrheit, verständnisreife Wahrheitswonne. Diese Wonne beseligt ihn. Des Beseligten Körper wird still. Der Körpergestillte fühlt Heiterkeit. Des Heiteren Herz wird einig.

»Ein Mönch nun, ihr Mönche, dem solche Tugend, solche Wahrheit, solche Weisheit eignet, mag auch Almosenspeise genießen, die aus gesichtetem Reis schmackhaft und würzig bereitet ist, und es schadet ihm nicht. Gleichwie etwa, Mönche, ein Kleid, das besudelt und voller Flekken ist, in klarem Wasser gewaschen sauber und rein wird, oder im Schmelztiegel gesottenes Gold gediegen und lauter wird: ebenso nun auch, ihr Mönche, mag ein Mönch, dem solche Tugend, solche Wahrheit, solche Weisheit eignet, auch Almosenspeise genießen, die aus gesichtetem Reis schmackhaft und würzig bereitet ist, und es schadet ihm nicht.

»Liebevollen Gemütes weilend, strahlt er nach einer Richtung, dann nach einer zweiten, dann nach der dritten, dann nach der vierten, ebenso nach oben und nach unten: überall in allem sich wiedererkennend, durchstrahlt er die ganze Welt mit liebevollem Gemüte, mit weitem, tiefem, unbeschränktem, von Grimm und Groll geklärtem.

»Erbarmenden Gemütes weilend, strahlt er nach einer Richtung, dann nach einer zweiten, dann nach der dritten, dann nach der vierten, ebenso nach oben und nach unten: überall in allem sich wiedererkennend, durchstrahlt er die ganze Welt mit erbarmendem Gemüte, mit weitem, tiefem, unbeschränktem, von Grimm und Groll geklärtem.

»Freudevollen Gemütes weilend, strahlt er nach einer Richtung, dann nach einer zweiten, dann nach der dritten, dann nach der vierten, ebenso nach oben und nach unten: überall in allem sich wiedererkennend, durchstrahlt er die ganze Welt mit freudevollem Gemüte, mit weitem, tiefem, unbeschränktem, von Grimm und Groll geklärtem.

»Unbewegten Gemütes weilend, strahlt er nach einer Richtung, dann nach einer zweiten, dann nach der dritten, dann nach der vierten, ebenso nach oben und nach unten: überall in allem sich wiedererkennend, durchstrahlt er die ganze Welt mit unbewegtem Gemüte, mit weitem, tiefem, unbeschränktem, von Grimm und Groll geklärtem.

»›So ist es‹, versteht er, ›Gemeines ist da und Edles ist da, und es gibt eine Freiheit, höher als diese sinnliche Wahrnehmung‹. Und in solchem Schauen, in solchem Anblicke wird sein Herz erlöst vom Wunscheswahn, erlöst vom Daseinswahn, erlöst vom Nichtwissenswahn. ›Im Erlösten ist die Erlösung‹, diese Erkenntnis geht auf. ›Versiegt ist die Geburt, vollendet das Asketentum, gewirkt das Werk, nicht mehr ist diese Welt‹ versteht er da. Den nennt man, ihr Mönche, einen Mönch, gebadet im inneren Bade.«

Zu jener Zeit aber hatte der Brāhmane Sundariko Bhāradvājo in der Nähe des Erhabenen Platz genommen. Da wandte sich nun der Brāhmane Sundariko Bhāradvājo an den Erhabenen und sprach:

»Geht wohl Herr Gotamo in die Bāhukā baden?«

»Was ist's mit der Bāhukā, Brāhmane, was soll die Bāhukā?«

»Läuterung glaubt man, o Gotamo, wirke die Bāhukā, Heiligung glaubt man, o Gotamo, wirke die Bāhukā, in den Wellen der Bāhukā wasche man seine Schuld ab.«

Da wandte sich nun der Erhabene an den Brāhmanen Sundariko Bhāradvājo und sagte in Sprüchen:

»Die Bāhukā, die Adhikā,
Die Gayā, selbst die Sundarī,
Sarasvatī, Payāgos Strom
Und Bāhumatīs rasche Flut
Spült nimmer weg gewirkte Schuld,
Und wüsch' auch einer ewig sich.

»Was frommte da wohl die Sundarī,
Des Payāgos Woge, die Bāhukā?
Den argen, verruchten Frevelmann
Wäscht die Welle nicht rein von der Sündentat.

»Dem Reinen lächelt steter Mai,
Dem Reinen steter Feiertag,
Dem Reinen, der nur Reines wirkt,
Ist allezeit der Wunsch gewährt.

»So bade nur hier dich, Geistlicher:
Alles Lebendige lass' dir behütet sein.

»Hast abgesagt dem Lügenwort,
Verletztest keine Wesenheit
Und nimmst nichts Ungeschenktes du,
Der Selbstverleugnung standhaft treu,
Was willst du dann zur Gayā gehn?
Nur Wasser gilt die Gayā dir.«

Nach diesen Worten sprach der Brāhmane Sundariko Bhāradvājo zum Erhabenen also:

»Vortrefflich, o Gotamo, vortrefflich, o Gotamo! Gleichwie etwa, o Gotamo, als ob man Umgestürztes aufstellte, oder Verdecktes enthüllte, oder Verirrten den Weg wiese, oder Licht in die Finsternis brächte: ›Wer Augen hat wird die Dinge sehn‹: ebenso auch hat Herr Gotamo die Lehre von vielen Seiten beleuchtet. Und so nehm' ich bei Herrn Gotamo Zuflucht, bei der Lehre und bei der Jüngerschaft: möge mir Herr Gotamo Aufnahme gewähren, die Ordensweihe erteilen!«

Es wurde der Brāhmane Sundariko Bhāradvājo vom Erhabenen aufgenommen, wurde mit der Ordensweihe belehnt.

Nicht lange aber war der ehrwürdige Bhāradvājo in den Orden aufgenommen, da hatte er, einsam, abgesondert, unermüdlich, in heißem, innigem Ernste gar bald, was edle Söhne gänzlich vom Hause fort in die Hauslosigkeit lockt, jenes höchste Ziel des Asketentums noch bei Lebzeiten sich offenbar gemacht, verwirklicht und errungen. ›Versiegt ist die Geburt, vollendet das Asketentum, gewirkt das Werk, nicht mehr ist diese Welt‹ verstand er da. Auch einer war nun der ehrwürdige Bhāradvājo der Heiligen geworden.

38. UNSCHULD

5. Rede

Das hab' ich gehört. Zu einer Zeit weilte der Erhabene bei Sāvatthī, im Siegerwalde, im Garten Anāthapiṇḍikos. Dort nun wandte sich der ehrwürdige Sāriputto an die Mönche: »Brüder Mönche!« – »Bruder!« antworteten da jene Mönche dem ehrwürdigen Sāriputto aufmerksam. Der ehrwürdige Sāriputto sprach also:

»Viererlei Arten von Menschen, Brüder, findet man da in der Welt: und was für welche? Da ist einer, Brüder, schuldig und erkennt nicht der Wahrheit gemäß ›In mir ist Schuld‹, und da ist einer, Brüder, schuldig und erkennt der Wahrheit gemäß ›In mir ist Schuld‹; da ist einer, Brüder, unschuldig und erkennt nicht der Wahrheit gemäß ›In mir ist keine Schuld‹, und da ist einer, Brüder, unschuldig und erkennt der Wahrheit gemäß ›In mir ist keine Schuld‹. Einen Mann aber, Brüder, der schuldig ist und nicht der Wahrheit gemäß erkennt ›In mir ist Schuld‹, den bezeichnet man als den Schlechteren von den beiden, die gleiche Schuld haben. Einen Mann aber, Brüder, der schuldig ist und der Wahrheit gemäß erkennt ›In mir ist Schuld‹, den bezeichnet man als den Besseren von den beiden, die gleiche Schuld haben. Einen Mann aber, Brüder, der unschuldig ist und nicht der Wahrheit gemäß erkennt ›In mir ist keine Schuld‹, den bezeichnet man als den Schlechteren von den beiden, die gleiche Unschuld haben. Einen Mann aber, Brüder, der unschuldig ist und der Wahrheit gemäß erkennt ›In mir ist keine Schuld‹, den bezeichnet man als den Besseren von den beiden, die gleiche Unschuld haben.«

Auf diese Worte wandte sich der ehrwürdige Mahāmoggallāno an den ehrwürdigen Sāriputto und sprach:

»Was ist nun der Grund, Bruder Sāriputto, was ist die Ursache, daß man den einen der beiden gleich Schuldigen als den Schlechteren und den anderen als den Besseren bezeichnet? Und was ist der Grund, Bruder Sāriputto, was ist die Ursache, daß man den einen der beiden gleich Unschuldigen als den Schlechteren und den anderen als den Besseren bezeichnet?«

»Wenn da, Bruder, einer schuldig ist und nicht der Wahrheit gemäß erkennt ›In mir ist Schuld‹, so darf man von ihm erwarten, daß er den Willen nicht beugen wird, nicht kämpfen wird, nicht die Kraft besitzen wird, seiner Schuld zu entsagen, daß er mit Gier, mit Haß, mit Irre, mit Schuld beladen unlauteren Herzens sterben wird. Gleichwie etwa, Bruder, wenn da eine messingerne Schüssel wäre, am Markte oder beim Kupferschmiede erstanden, voller Schmutz und Flecken, und die Eigner würden sie weder brauchen noch säubern, sondern in einen Winkel werfen: da würde wohl, Bruder, diese messingerne Schüssel nach einiger Zeit noch schmutziger und noch fleckiger geworden sein.«

»Allerdings, Bruder.«

»Ebenso nun auch, o Bruder, darf man von einem Manne, der schuldig ist und nicht der Wahrheit gemäß erkennt ›In mir ist Schuld‹, erwarten, er werde den Willen nicht beugen, werde nicht kämpfen, nicht die Kraft besitzen, seiner Schuld zu entsagen, er werde mit Gier, mit Haß, mit Irre, mit Schuld beladen unlauteren Herzens sterben. – Wenn da, Bruder, einer schuldig ist und der Wahrheit gemäß erkennt ›In mir ist Schuld‹, so darf man von ihm erwarten, daß er den Willen beugen wird, kämpfen, die Kraft besitzen wird, seiner Schuld zu entsagen, daß er ohne Gier, ohne Haß, ohne Irre, ohne Schuld lauteren Herzens sterben wird. Gleichwie etwa, Bruder, wenn da eine messingerne Schüssel wäre, am Markte oder beim Kupferschmiede erstanden, voller Schmutz und Flecken, aber die Eigner würden sie brauchen und säubern, nicht in den Winkel werfen: da würde wohl, Bruder, diese messingerne Schüssel nach einiger Zeit blank und rein geworden sein.«

»Gewiß, Bruder.«

»Ebenso nun auch, o Bruder, darf man von einem Manne, der schuldig ist und der Wahrheit gemäß erkennt ›In mir ist Schuld‹, erwarten, er werde den Willen beugen, werde kämpfen, die Kraft besitzen seiner Schuld zu entsagen, er werde ohne Gier, ohne Haß, ohne Irre, ohne Schuld lauteren Herzens sterben. – Wenn da, Bruder, einer unschuldig ist und nicht der Wahrheit gemäß erkennt ›In mir ist keine Schuld‹, so darf man von ihm erwarten, daß ihn das Blenden der Erscheinung bewegen wird, und er vom Blenden der Erscheinung bewogen sein Herz von der Gier wird aufwühlen lassen, daß er mit Gier, mit Haß, mit Irre, mit Schuld beladen unlauteren Herzens sterben wird. Gleichwie etwa, Bruder, wenn da eine messingerne Schüssel wäre, am Markte oder beim

Kupferschmiede erstanden, blank und rein, aber die Eigner würden sie weder brauchen noch säubern, sondern in einen Winkel werfen: da würde wohl, Bruder, diese messingerne Schüssel nach einiger Zeit schmutzig und fleckig geworden sein.«

»Freilich, Bruder.«

»Ebenso nun auch, o Bruder, darf man von einem Manne, der unschuldig ist und nicht der Wahrheit gemäß erkennt ›In mir ist keine Schuld‹, erwarten, das Blenden der Erscheinung werde ihn bewegen, vom Blenden der Erscheinung bewogen werde er sein Herz von der Gier aufwühlen lassen, er werde mit Gier, mit Haß, mit Irre, mit Schuld beladen unlauteren Herzens sterben. – Wenn da, Bruder, einer unschuldig ist und der Wahrheit gemäß erkennt ›In mir ist keine Schuld‹, so darf man von ihm erwarten, daß ihn das Blenden der Erscheinung nicht bewegen wird, und er vom Blenden der Erscheinung nicht bewogen sein Herz von der Gier nicht wird aufwühlen lassen, daß er ohne Gier, ohne Haß, ohne Irre, ohne Schuld lauteren Herzens sterben wird. Gleichwie etwa, Bruder, wenn da eine messingerne Schüssel wäre, am Markte oder beim Kupferschmiede erstanden, blank und rein, und die Eigner würden sie brauchen und säubern, nicht in den Winkel werfen: da würde wohl, Bruder, diese messingerne Schüssel späterhin noch blanker und reiner geworden sein.«

»Ohne Zweifel, Bruder.«

»Ebenso nun auch, o Bruder, darf man von einem Manne, der unschuldig ist und der Wahrheit gemäß erkennt ›In mir ist keine Schuld‹, erwarten, das Blenden der Erscheinung werde ihn nicht bewegen, vom Blenden der Erscheinung nicht bewogen werde er sein Herz von der Gier nicht aufwühlen lassen, er werde ohne Gier, ohne Haß, ohne Irre, ohne Schuld lauteren Herzens sterben.

»Das aber, Bruder Moggallāno, ist der Grund, das ist die Ursache, warum man den einen der beiden gleich Schuldigen als den Schlechteren und den anderen als den Besseren bezeichnet; und das, Bruder Moggallāno, ist der Grund, das ist die Ursache, warum man den einen der beiden gleich Unschuldigen als den Schlechteren und den anderen als den Besseren bezeichnet.«

»›Die Schuld, die Schuld‹, so heißt es, Bruder; was versteht man aber eigentlich, Bruder, unter dem Begriffe der Schuld?«

»Die bösen, verderblichen Sinnesrichtungen, Bruder, die versteht man unter dem Begriffe der Schuld. – Möglich, Bruder, daß da einem Mönche in den Sinn kommt: ›Wenn ich mich vergangen habe, so brauchen die anderen nicht zu wissen: Er hat sich vergangen‹. Möglich, Bruder, daß sie erfahren: ›Er hat sich vergangen.‹ Da wird er erbittert und mißvergnügt: ›Sie wissen es, daß ich mich vergangen habe!‹ Diese Erbitterung, Bruder, und dieses Mißvergnügen: beides ist Schuld. – Möglich, Bruder, daß da einem Mönche in den Sinn kommt: ›Wenn ich mich vergangen habe, so sollen mir's die Brüder im Geheimen verweisen, nicht vor den anderen Mönchen‹. Möglich, Bruder, daß sie ihn öffentlich zurechtweisen, nicht im Geheimen. Da wird er erbittert und mißvergnügt: ›Öffentlich weisen sie mich zurecht, nicht vertraulich!‹ Diese Erbitterung, Bruder, und dieses Mißvergnügen: beides ist Schuld. – Möglich, Bruder, daß da einem Mönche in den Sinn kommt: ›Wenn ich mich vergangen habe, so mag mich ein Freund zurechtweisen, kein anderer Mönch.‹ Möglich, Bruder, daß ihn ein anderer Mönch zurechtweist, kein Freund. Da wird er erbittert und mißvergnügt: ›Ein anderer Mönch weist mich zurecht, der mir ferne steht!‹ Diese Erbitterung, Bruder, und dieses Mißvergnügen: beides ist Schuld. – Möglich, Bruder, daß da einem Mönche in den Sinn kommt: ›Ach möchte doch der Meister in Wechselrede mit mir den Mönchen die Lehre darlegen, nicht in Wechselrede mit einem anderen Mönche!‹ Möglich, Bruder, daß der Meister mit einem anderen Mönch in Wechselrede die Lehre darlegt, nicht mit diesem Mönche. Da wird er erbittert und mißvergnügt: ›Mit einem anderen Mönch in Wechselrede legt der Meister den Mönchen die Lehre dar, nicht mit mir!‹ Diese Erbitterung, Bruder, und dieses Mißvergnügen: beides ist Schuld. – Möglich, Bruder, daß da einem Mönche in den Sinn kommt: ›Die Mönche sollten beim Gang nach dem Dorfe um Almosenspeise mich an die Spitze stellen, keinen anderen!‹ Möglich, Bruder, daß sie einen anderen Mönch vorangehn lassen, nicht diesen. Da wird er erbittert und mißvergnügt: ›Einen anderen stellen sie voran, nicht mich!‹ Diese Erbitterung, Bruder, und dieses Mißvergnügen: beides ist Schuld. – Möglich, Bruder, daß da einem Mönche in den Sinn kommt: ›Wenn doch bei der Mahlzeit der beste Sitz, das beste Wasser, der beste Bissen keinem anderen zufiele als mir!‹ Möglich, Bruder, daß der beste Sitz, das beste Wasser, der beste Bissen einem anderen Mönche zufällt und nicht diesem. Da wird er erbittert und mißvergnügt: ›Ein anderer hat den besten Sitz, das beste Wasser, den besten Bissen erhalten, nicht ich!‹ Diese Erbitterung, Bruder, und dieses Mißvergnügen: beides ist Schuld. – Möglich, Bruder, daß da einem Mönche in den Sinn kommt: ›Wenn nur ich und kein anderer bei der Mahlzeit satt werden kann!‹ Möglich, Bruder, daß ein anderer und nicht er bei der Mahlzeit satt werde. Da wird er erbittert und mißvergnügt: ›Ein anderer wird satt und ich nicht!‹ Diese Erbitterung, Bruder, und dieses Mißvergnügen: beides ist Schuld. – Möglich, Bruder, daß da einem Mönche in den Sinn kommt: ›Wenn die Mönche den Garten besuchen, soll es nur meine Sache und nicht die eines anderen sein, ihnen die Lehre darzulegen.‹ Möglich, Bruder, daß ein anderer Mönch den im Garten versammelten Mönchen die Lehre vorträgt, nicht dieser Mönch. Da wird er erbittert und mißvergnügt: ›Ein anderer trägt den Mönchen die Lehre vor, nicht ich!‹ Diese Erbitterung, Bruder, und dieses Mißvergnügen: beides ist Schuld. – Möglich, Bruder, daß da einem Mönche in den Sinn kommt: ›Wenn die Nonnen den Garten besuchen, soll es nur meine Sache und nicht die eines anderen sein, ihnen die Lehre darzulegen‹. Möglich, Bruder, daß ein anderer Mönch den im Garten versammelten Nonnen die Lehre vorträgt, nicht dieser Mönch. Da wird er erbittert und mißvergnügt: ›Ein anderer trägt den Nonnen die Lehre vor, nicht ich!‹ Diese Erbitterung, Bruder, und dieses Mißvergnügen: beides ist Schuld. – Möglich, Bruder, daß da einem Mönche in den Sinn kommt: ›Wenn Anhänger und Anhängerinnen den Garten besuchen, soll es nur meine Sache und nicht die eines anderen sein, ihnen die Lehre darzulegen‹. Möglich, Bruder, daß ein anderer Mönch den im Garten versammelten Anhängern und Anhängerinnen die Lehre vorträgt, nicht dieser Mönch. Da wird er erbittert und mißvergnügt: ›Ein anderer trägt den Anhängern und Anhängerinnen die Lehre vor, nicht ich!‹ Diese Erbitterung, Bruder, und dieses Mißvergnügen: beides ist Schuld. – Möglich, Bruder, daß da einem Mönche in den Sinn kommt: ›Mich, wahrlich, sollten die Mönche hochschätzen, werthalten, achten und ehren, nicht einen anderen!‹ Möglich, Bruder, daß die Mönche einen anderen Mönch hochschätzen, werthalten, achten und ehren, nicht diesen Mönch. Da wird er erbittert und mißvergnügt: ›Einen anderen schätzen die Mönche hoch, halten ihn wert, achten und ehren ihn, mich aber nicht!‹ Diese Erbitterung, Bruder, und dieses Mißvergnügen: beides ist Schuld. – Möglich, Bruder, daß da einem Mönche in den Sinn kommt: ›Mich, wahrlich, sollten die Nonnen hochschätzen, werthalten, achten und ehren, nicht einen anderen!‹ Möglich, Bruder, daß die Nonnen einen anderen Mönch hochschätzen, werthalten, achten und ehren, nicht diesen Mönch. Da wird er erbittert und mißvergnügt: ›Einen anderen schätzen die Nonnen hoch, halten ihn wert, achten und ehren ihn, mich aber nicht!‹ Diese Erbitterung, Bruder, und dieses Mißvergnügen: beides ist Schuld. – Möglich, Bruder, daß da einem Mönche in den Sinn kommt: ›Mich, wahrlich, sollten die Anhänger und Anhängerinnen hochschätzen, werthalten, achten und ehren, nicht einen anderen!‹ Möglich, Bruder, daß die Anhänger und Anhängerinnen einen anderen Mönch hochschätzen, werthalten, achten und ehren, nicht diesen Mönch. Da wird er erbittert und mißvergnügt: ›Einen anderen schätzen die Anhänger und Anhängerinnen hoch, halten ihn wert, achten und ehren ihn, mich aber nicht!‹ Diese Erbitterung, Bruder, und dieses Mißvergnügen: beides ist Schuld. – Möglich, Bruder, daß da einem Mönche in den Sinn kommt: ›Man sollte doch mir eine auserlesene Kutte zukommen lassen, nicht einem anderen!‹ Möglich, Bruder, daß ein anderer Mönch eine auserlesene Kutte erhält, nicht dieser. Da wird er erbittert und mißvergnügt: ›Einem anderen geben sie auserlesene Kleidung und mir nicht!‹ Diese Erbitterung, Bruder, und dieses Mißvergnügen: beides ist Schuld. – Möglich, Bruder, daß da einem Mönche in den Sinn kommt: ›Man sollte doch mir auserlesene Bissen, auserlesene Lagerstatt, auserlesene Arzneien für den Fall einer Krankheit zukommen lassen, nicht einem anderen!‹ Möglich, Bruder, daß ein anderer Mönch auserlesene Bissen, auserlesene Lagerstatt, auserlesene Arzneien für den Fall einer Krankheit erhält, nicht dieser Mönch. Da wird er erbittert und mißvergnügt: ›Einem anderen geben sie auserlesene Bissen, auserlesene Lagerstatt, auserlesene Arzneien für den Fall einer Krankheit, mir aber nicht!‹ Diese Erbitterung, Bruder, und dieses Mißvergnügen: beides ist Schuld. – Das aber, Bruder, sind die bösen, verderblichen Sinnesrichtungen, die man unter dem Begriffe der Schuld versteht.

»Ein Mönch, Bruder, bei dem sich diese bösen, verderblichen Sinnesrichtungen ungeschwächt zeigen und äußern, und wäre er auch ein abgeschiedener Waldeinsiedler, ein stummer Brockenbettler, bekleidet mit der selbstgeflickten Fetzenkutte, der wird von seinen Ordensbrüdern nicht hochgeschätzt, nicht wertgehalten, nicht geachtet, nicht geehrt: und warum nicht? Weil sich ja bei dem Ehrwürdigen jene bösen, verderblichen Sinnesrichtungen ungeschwächt zeigen und äußern. Gleichwie etwa, Bruder, wenn da eine messingerne Schüssel wäre, am Markte oder beim Kupferschmiede erstanden, blank und rein, und die Eigner füllten sie mit Schlangenaas oder mit Hundeaas oder mit Menschenaas, deckten eine andere Schüssel darüber und gingen damit auf den Markt. Diese Schüssel sähe einer und sagte: ›Freund, was birgst du darin und entziehst es dem Auge?‹ Und er höbe den Deckel ab, legte die Schüssel bloß, spähte hinein: und bei dem Anblicke stiege ihm Widerwille, Ekel und Abscheu auf, und selbst Hungrigen verginge die Eßlust, geschweige Gesättigten: ebenso nun auch, Bruder, wird da ein Mönch, bei dem sich jene bösen, verderblichen Sinnesrichtungen ungeschwächt zeigen und äußern, und wäre er auch ein abgeschiedener Waldeinsiedler, ein stummer Brockenbettler, bekleidet mit der selbstgeflickten Fetzenkutte, von seinen Ordensbrüdern nicht hochgeschätzt, nicht wertgehalten, nicht geachtet, nicht geehrt: und warum nicht? Weil sich eben bei dem Ehrwürdigen jene bösen, verderblichen Sinnesrichtungen ungeschwächt zeigen und äußern.

Ein Mönch, Bruder, bei dem sich jene bösen, verderblichen Sinnesrichtungen nicht mehr zeigen, nicht mehr äußern, und wäre er auch ein Landpilger, ein Ausgespeister, bekleidet mit einer geschenkten Kutte, der wird von seinen Ordensbrüdern hochgeschätzt, wertgehalten, geachtet und geehrt: und warum das? Weil sich ja bei dem Ehrwürdigen jene bösen, verderblichen Sinnesrichtungen nicht mehr zeigen, nicht mehr äußern. Gleichwie etwa, Bruder, wenn da eine messingerne Schüssel wäre, am Markte oder beim Kupferschmiede erstanden, blank und rein, und die Eigner füllten sie mit einem saftigen, würzigen Gerichte aus gekochtem gesichtetem Reis, deckten eine andere Schüssel darüber und gingen damit auf den Markt. Diese Schüssel sähe einer und sagte: ›Freund, was birgst du darin und entziehst es dem Auge?‹ Und er höbe den Deckel ab, legte die Schüssel bloß, spähte hinein: und bei dem Anblicke stiege ihm Behagen auf, kein Ekel, kein Abscheu, und selbst bei Gesättigten regte sich Eßlust, geschweige bei Hungrigen: ebenso nun auch, Bruder, wird da ein Mönch, bei dem sich jene bösen, verderblichen Sinnesrichtungen nicht mehr zeigen, nicht mehr äußern, und wäre er auch ein Landpilger, ein Ausgespeister, bekleidet mit einer geschenkten Kutte, von seinen Ordensbrüdern hochgeschätzt, wertgehalten, geachtet und geehrt: und warum das? Weil sich eben bei dem Ehrwürdigen jene bösen, verderblichen Sinnesrichtungen nicht mehr zeigen, nicht mehr äußern.«

Auf diese Worte wandte sich der ehrwürdige Mahāmoggallāno an den ehrwürdigen Sāriputto und sprach:

»Ein Gleichnis, Bruder Sāriputto, leuchtet mir auf.«

»Es leuchte dir auf, Bruder Mogallāno.«

»Einst weilte ich, Bruder, auf der Bergeshalde bei Rājagaham. Und ich erhob mich frühmorgens, nahm Mantel und Schale und ging zur Stadt um Almosenspeise. Zu jener Zeit aber war Samiti, der Sohn eines Wagenbauers, damit beschäftigt, eine Radscheibe abzuhobeln, und Paṇḍuputto, ein Nackter Büßer, der vorher Wagner gewesen, stand dabei. Da kam nun der ehemalige Wagner, der Nackte Büßer Paṇḍuputto auf folgende Gedanken: ›O daß doch der Wagnersohn Samiti seinem Rade diese Rille und diesen Bug und diesen Knoten abhobeln möchte:

dann würde das Rad, befreit von Rillen, Bügen und Knoten, aus reinem Kernholz bestehn‹. Und während, Bruder, dem Nackten Büßer Paṇḍuputto, dem früheren Wagner, Gedanke um Gedanke erschien, hobelte der Wagnersohn Samiti seinem Rade Rille um Rille, Bug um Bug, Knoten um Knoten ab. Da ließ der Nackte Büßer Paṇḍuputto, der frühere Wagner, freudig bewegt den frohen Ruf ertönen: ›Wie aus dem Herzen heraus hobelt er mir!‹ –: Ebenso nun auch, Bruder, gibt es da Leute, die unwillig, aus Notdurft, nicht aus Zuversicht vom Hause fort in die Hauslosigkeit gezogen sind. Heuchler, Gleisner, Scheinheilige, aufgeblasene Windbeutel, geschäftige Schwätzer und Plauderer, schlechte Hüter der Sinnestore, ohne Rückhalt beim Mahle, der Wachsamkeit abgeneigt, gleichgültig gegen das Asketentum, lässig in der Ordenspflicht, anspruchsvoll, aufdringlich, vor allem Gesellschaft suchend, Einsamkeit als lästige Last fliehend, matte, schwache Herzen, verworrene, unklare Köpfe, unbeständige, zerstreute Geister, Beschränkte und Stumpfe: diesen hat der ehrwürdige Sāriputto mit seiner Darstellung wie aus dem Herzen heraus gehobelt. Es gibt aber auch edle Söhne, die aus Zuversicht vom Hause fort in die Hauslosigkeit gezogen sind, keine Heuchler, keine Gleisner, keine Scheinheiligen, keine aufgeblasenen Windbeutel, keine geschäftigen Schwätzer und Plauderer, strenge Hüter der Sinnestore, mäßig beim Mahle, der Wachsamkeit ergeben, dem Asketentum zugetan, eifrig in der Ordenspflicht, anspruchslos, nicht aufdringlich, vor allem Einsamkeit suchend, Gesellschaft als lästige Last fliehend, mutige, starke Herzen, einsichtige, klare Köpfe, beständige, einige Geister, Weise und Witzige: diesen war des ehrwürdigen Sāriputto Darstellung gleichsam Speise und Trank für Herz und Ohr. Trefflich, fürwahr, hast du die Ordensbrüder vor dem Unrecht gewarnt und im Recht bestärkt. Gleichwie etwa, Bruder, ein Weib oder ein Mann, jung, blühend, gefallsam, sich den Kopf wäscht, Lilien, Gelsaminen oder Windlinge pflückt, zum Kranze bindet und damit den Scheitel schmückt: ebenso nun auch Bruder, gibt es da edle Söhne, Asketen der Zuversicht, die du trefflich, fürwahr, vor dem Unrecht gewarnt und im Recht bestärkt hast.«

So, wahrlich, ergötzten sich jene beiden Großen an gegenseitiger trefflicher Rede.

39. DAS MASS

15. Rede

Das hab' ich gehört. Zu einer Zeit weilte der ehrwürdige Mahāmoggallāno im Lande der Bhagger, bei der Stadt Suṃsumāragiram, im Forste des Bhesakaḷā-Waldes. Dort nun wandte sich der ehrwürdige Mahāmoggallāno an die Mönche: »Brüder Mönche!« – »Bruder!« erwiderten da aufmerksam jene Mönche dem ehrwürdigen Mahāmoggallāno. Der ehrwürdige Mahāmoggallāno sprach also:

»Fordert, ihr Brüder, ein Mönch auf: ›Warnen mögen mich die Ehrwürdigen, ich bedarf ihrer Verwarnung‹, und es steht mißlich um ihn, mißliche Dinge machen sich geltend, er ist ungeduldig und nimmt eine Belehrung ungeziemend auf, so können ihn eben die Ordensbrüder kaum einer Warnung oder Belehrung wert halten, können eine solche Person vertrauten Umgangs nicht würdig erachten.

»Welche Dinge nun, Brüder, machen sich mißlich geltend? Da ist, Brüder, ein Mönch boshaft und folgt dem Triebe böser Regungen. Wenn aber, Brüder, ein Mönch boshaft ist und dem Triebe böser Regungen folgt, so ist das eben ein Ding, das sich mißlich geltend macht. Weiter sodann, Brüder: ein Mönch brüstet sich und verachtet die anderen. Wenn aber, Brüder, ein Mönch sich brüstet und die anderen verachtet, so ist das eben ein Ding, das sich mißlich geltend macht. Weiter sodann, Brüder: ein Mönch ist zornig und zornverzehrt. Wenn aber, Brüder, ein Mönch zornig ist und zornverzehrt, so ist das eben ein Ding, das sich mißlich geltend macht. Weiter sodann, Brüder: ein Mönch ist zornig und aus Zorn feindselig. Wenn aber, Brüder, ein Mönch zornig ist und aus Zorn feindselig, so ist das eben ein Ding, das sich mißlich geltend macht. Weiter sodann, Brüder: ein Mönch ist zornig und flucht aus Zorn. Wenn aber, Brüder, ein Mönch zornig ist und aus Zorn flucht, so ist das eben ein Ding, das sich mißlich geltend macht. Weiter sodann, Brüder: ein Mönch ist zornig und läßt zornverwandte Worte hören. Wenn aber, Brüder, ein Mönch zornig ist und zornverwandte Worte hören läßt, so ist das eben ein Ding, das sich mißlich geltend macht. Weiter sodann, Brüder: ein Mönch fährt auf eine Ermahnung gegen den Ermahner los. Wenn aber, Brüder, ein Mönch auf eine Ermahnung gegen den Ermahner losfährt, so ist das eben ein Ding, das sich mißlich geltend macht. Weiter sodann, Brüder: ein Mönch beleidigt auf eine Ermahnung den Ermahner. Wenn aber, Brüder, ein Mönch auf eine Ermahnung den Ermahner beleidigt, so ist das eben ein Ding, das sich mißlich geltend macht. Weiter sodann, Brüder: ein Mönch widerspricht auf eine Ermahnung dem Ermahner. Wenn aber, Brüder, ein Mönch auf eine Ermahnung dem Ermahner widerspricht, so ist das eben ein Ding, das sich mißlich geltend macht. Weiter sodann, Brüder: ein Mönch zieht den Ermahner von einem ins andere, schweift vom Gegenstande ab und legt Verdrossenheit, Haß und Mißtrauen an den Tag. Wenn aber, Brüder, ein Mönch den Ermahner von einem ins andere zieht, vom Gegenstande abschweift und Verdrossenheit, Haß und Mißtrauen an den Tag legt, so ist das eben ein Ding, das sich mißlich geltend macht. Weiter sodann, Brüder: ein Mönch gibt auf eine Ermahnung Verstöße nicht zu. Wenn aber, Brüder, ein Mönch auf eine Ermahnung Verstöße nicht zugibt, so ist das eben ein Ding, das sich mißlich geltend macht. Weiter sodann, Brüder: ein Mönch ist heuchlerisch und neidisch. Wenn aber, Brüder, ein Mönch heuchlerisch ist und neidisch, so ist das eben ein Ding, das sich mißlich geltend macht. Weiter sodann, Brüder: ein Mönch ist eifernd und selbstsüchtig. Wenn aber, Brüder, ein Mönch eifernd ist und selbstsüchtig, so ist das eben ein Ding, das sich mißlich geltend macht. Weiter sodann, Brüder: ein Mönch ist listig und gleisnerisch. Wenn aber, Brüder, ein Mönch listig ist und gleisnerisch, so ist das eben ein Ding, das sich mißlich geltend macht. Weiter sodann, Brüder: ein Mönch ist störrisch und eitel. Wenn aber, Brüder, ein Mönch störrisch ist und eitel, so ist das eben ein Ding, das sich mißlich geltend macht. Weiter sodann, Brüder: ein Mönch hat nur für das vor Augen Liegende Sinn, greift mit beiden Händen zu, läßt sich schwer abweisen. Wenn aber, Brüder, ein Mönch nur für das vor Augen Liegende Sinn hat, mit beiden Händen zugreift, sich schwer abweisen läßt, so ist das eben ein Ding, das sich mißlich geltend macht. Das nennt man, Brüder, Dinge, die sich mißlich geltend machen.

»Fordert aber, ihr Brüder, ein Mönch nicht auf: ›Warnen mögen mich die Ehrwürdigen, ich bedarf ihrer Verwarnung‹, und es steht günstig um ihn, günstige Dinge machen sich geltend, er ist geduldig und nimmt eine Belehrung geziemend auf, so können ihn eben die Ordensbrüder wohl einer Warnung oder Belehrung wert halten, können eine solche Person vertrauten Umgangs würdig erachten.

»Welche Dinge nun, Brüder, machen sich günstig geltend? Da ist, Brüder, ein Mönch nicht boshaft, folgt nicht dem Triebe böser Regungen. Wenn aber, Brüder, ein Mönch nicht boshaft ist, dem Triebe böser Regungen nicht folgt, so ist das eben ein Ding, das sich günstig geltend macht. Weiter sodann, Brüder: ein Mönch brüstet sich nicht, verachtet nicht die anderen. Wenn aber, Brüder, ein Mönch sich nicht brüstet und die anderen nicht verachtet, so ist das eben ein Ding, das sich günstig geltend macht. Weiter sodann, Brüder: ein Mönch ist nicht zornig, nicht zornverzehrt. Wenn aber, Brüder, ein Mönch nicht zornig ist und nicht zornverzehrt, so ist das eben ein Ding, das sich günstig geltend macht. Weiter sodann, Brüder: ein Mönch ist nicht zornig, nicht feindselig aus Zorn. Wenn aber, Brüder, ein Mönch nicht zornig ist und nicht feindselig aus Zorn, so ist das eben ein Ding, das sich günstig geltend macht. Weiter sodann, Brüder: ein Mönch ist nicht zornig, flucht nicht aus Zorn. Wenn aber, Brüder, ein Mönch nicht zornig ist und nicht flucht aus Zorn, so ist das eben ein Ding, das sich günstig geltend macht. Weiter sodann, Brüder: ein Mönch ist nicht zornig, läßt keine zornverwandten Worte hören. Wenn aber, Brüder, ein Mönch nicht zornig ist und keine zornverwandten Worte hören läßt, so ist das eben ein Ding, das sich günstig geltend macht. Weiter sodann, Brüder: ein Mönch fährt nicht auf eine Ermahnung gegen den Ermahner los. Wenn aber, Brüder, ein Mönch auf eine Ermahnung nicht gegen den Ermahner losfährt, so ist das eben ein Ding, das sich günstig geltend macht. Weiter sodann, Brüder: ein Mönch beleidigt nicht auf eine Ermahnung den Ermahner. Wenn aber, Brüder, ein Mönch auf eine Ermahnung den Ermahner nicht beleidigt, so ist das eben ein Ding, das sich günstig geltend macht. Weiter sodann, Brüder: ein Mönch widerspricht nicht auf eine Ermahnung dem Ermahner. Wenn aber, Brüder, ein Mönch auf eine Ermahnung dem Ermahner nicht widerspricht, so ist das eben ein Ding, das sich günstig geltend macht. Weiter sodann, Brüder: ein Mönch zieht den Ermahner nicht von einem ins andere, schweift nicht vom Gegenstande ab und legt nicht Verdrossenheit, Haß und Mißtrauen an den Tag. Wenn aber, Brüder, ein Mönch den Ermahner nicht von einem ins andere zieht, vom Gegenstande nicht abschweift, keine Verdrossenheit, keinen Haß und kein Mißtrauen an den Tag legt, so ist das eben ein Ding, das sich günstig geltend macht. Weiter sodann, Brüder: ein Mönch leugnet nicht auf eine Ermahnung Verstöße. Wenn aber, Brüder, ein Mönch auf eine Ermahnung Verstöße nicht leugnet, so ist das eben ein Ding, das sich günstig geltend macht. Weiter sodann, Brüder: ein Mönch ist frei von Heuchelei und Neid. Wenn aber, Brüder, ein Mönch frei ist von Heuchelei und Neid, so ist das eben ein Ding, das sich günstig geltend macht. Weiter sodann, Brüder: ein Mönch ist frei von Eiferung und Selbstsucht. Wenn aber, Brüder, ein Mönch frei ist von Eiferung und Selbstsucht, so ist das eben ein Ding, das sich günstig geltend macht. Weiter sodann, Brüder: ein Mönch ist frei von Listigkeit und Gleisnerei. Wenn aber, Brüder, ein Mönch frei ist von Listigkeit und Gleisnerei, so ist das eben ein Ding, das sich günstig geltend macht. Weiter sodann, Brüder: ein Mönch ist frei von Starrsinn und Eitelkeit. Wenn aber, Brüder, ein Mönch frei ist von Starrsinn und Eitelkeit, so ist das eben ein Ding, das sich günstig geltend macht. Weiter sodann, Brüder: ein Mönch hat nicht nur für das vor Augen Liegende Sinn, greift nicht mit beiden Händen zu, läßt sich leicht abweisen. Wenn aber, Brüder, ein Mönch nicht nur für das vor Augen Liegende Sinn hat, nicht mit beiden Händen zugreift, sich leicht abweisen läßt, so ist das eben ein Ding, das sich günstig geltend macht. Das nennt man, Brüder, Dinge, die sich günstig geltend machen.

»Nun, Brüder, hat ein Mönch mit folgendem Maße sich selber zu messen: ›Eine Person, welche boshaft ist und dem Triebe böser Regungen folgt, die ist mir unliebsam, unangenehm; wenn ich nun aber boshaft wäre und dem Triebe böser Regungen folgte, so würde ja ich den anderen unliebsam, unangenehm werden.‹ Ein also erkennender Mönch, ihr Brüder, hat den Herzensentschluß zu erzeugen: ›Ich will nicht boshaft sein, nicht dem Triebe böser Regungen folgen. – Eine Person, welche sich brüstet und die anderen verachtet, die ist mir unliebsam, unangenehm; wenn ich nun aber mich brüstete und die anderen verachtete, so würde ja ich den anderen unliebsam, unangenehm werden.‹ Ein also erkennender Mönch, ihr Brüder, hat den Herzensentschluß zu erzeugen: ›Ich will mich nicht brüsten, die anderen nicht verachten. – Eine Person, welche zornig ist und zornverzehrt, die ist mir unliebsam, unangenehm; wenn ich nun aber zornig wäre und zornverzehrt, so würde ja ich den anderen unliebsam, unangenehm werden.‹ Ein also erkennender Mönch, ihr Brüder, hat den Herzensentschluß zu erzeugen: ›Ich will nicht zornig sein, nicht zornverzehrt. – Eine Person, welche zornig ist und aus Zorn feindselig, die ist mir unliebsam, unangenehm; wenn ich nun aber zornig wäre und aus Zorn feindselig, so würde ja ich den anderen unliebsam, unangenehm werden.‹ Ein also erkennender Mönch, ihr Brüder, hat den Herzensentschluß zu erzeugen: ›Ich will nicht zornig sein, nicht feindselig aus Zorn. – Eine Person, welche zornig ist und aus Zorn flucht, die ist mir unliebsam, unangenehm; wenn ich nun aber zornig wäre und aus Zorn fluchte, so würde ja ich den anderen unliebsam, unangenehm werden.‹ Ein also erkennender Mönch, ihr Brüder, hat den Herzensentschluß zu erzeugen: ›Ich will nicht zornig sein, nicht fluchen aus Zorn. – Eine Person, welche zornig ist und zornverwandte Worte hören läßt, die ist mir unliebsam, unangenehm; wenn ich nun aber zornig wäre und zornverwandte Worte hören ließe, so würde ja ich den anderen unliebsam, unangenehm werden.‹ Ein also erkennender Mönch, ihr Brüder, hat den Herzensentschluß zu erzeugen: ›Ich will nicht zornig sein, keine zornverwandten Worte hören lassen. – Eine Person, welche auf eine Ermahnung gegen den Ermahner losfährt, die ist mir unliebsam, unangenehm; wenn ich nun aber auf eine Ermahnung gegen den Ermahner losführe, so würde ja ich den anderen unliebsam, unangenehm werden.‹ Ein also erkennender Mönch, ihr Brüder, hat den Herzensentschluß zu erzeugen: ›Ich will nicht auf eine Ermahnung gegen den Ermahner losfahren. – Eine Person, welche auf eine Ermahnung den Ermahner beleidigt, die ist mir unliebsam, unangenehm; wenn ich nun aber auf eine Ermahnung den Ermahner beleidigte, so würde ja ich den anderen unliebsam, unangenehm werden.‹ Ein also erkennender Mönch, ihr Brüder, hat den Herzensentschluß zu erzeugen: ›Ich will nicht auf eine Ermahnung den Ermahner beleidigen. – Eine Person, welche auf eine Ermahnung dem Ermahner widerspricht, die ist mir unliebsam, unangenehm; wenn ich nun aber auf eine Ermahnung dem Ermahner widerspräche, so würde ja ich den anderen unliebsam, unangenehm werden.‹Ein also erkennender Mönch, ihr Brüder, hat den Herzensentschluß zu erzeugen: ›Ich will nicht auf eine Ermahnung dem Ermahner widersprechen. – Eine Person, welche den Ermahner von einem ins andere zieht, vom Gegenstande abschweift und Verdrossenheit, Haß und Mißtrauen an den Tag legt, die ist mir unliebsam, unangenehm; wenn ich nun aber den Ermahner von einem ins andere zöge, vom Gegenstande abschweifte, und Verdrossenheit, Haß und Mißtrauen an den Tag legte, so würde ja ich den anderen unliebsam, unangenehm werden.‹ Ein also erkennender Mönch, ihr Brüder, hat den Herzensentschluß zu erzeugen: ›Ich will den Ermahner nicht von einem ins andere ziehn, nicht vom Gegenstande abschweifen, keine Verdrossenheit, keinen Haß, kein Mißtrauen an den Tag legen. – Eine Person, welche auf eine Ermahnung Verstöße nicht zugibt, die ist mir unliebsam, unangenehm; wenn ich nun aber auf eine Ermahnung Verstöße nicht zugäbe, so würde ja ich den anderen unliebsam, unangenehm werden.‹ Ein also erkennender Mönch, ihr Brüder, hat den Herzensentschluß zu erzeugen: ›Ich will auf eine Ermahnung Verstöße nicht leugnen. – Eine Person, welche heuchlerisch ist und neidisch, die ist mir unliebsam, unangenehm; wenn ich nun aber heuchlerisch wäre und neidisch, so würde ja ich den anderen unliebsam, unangenehm werden.‹ Ein also erkennender Mönch, ihr Brüder, hat den Herzensentschluß zu erzeugen: ›Ich will nicht heuchlerisch sein, nicht neidisch. – Eine Person, welche eifernd ist und selbstsüchtig, die ist mir unliebsam, unangenehm; wenn ich nun aber eifernd wäre und selbstsüchtig, so würde ja ich den anderen unliebsam, unangenehm werden.‹ Ein also erkennender Mönch, ihr Brüder, hat den Herzensentschluß zu erzeugen: ›Ich will nicht eifernd sein, nicht selbstsüchtig. – Eine Person, welche listig ist und gleisnerisch, die ist mir unliebsam, unangenehm; wenn ich nun aber listig wäre und gleisnerisch, so würde ja ich den anderen unliebsam, unangenehm werden.‹ Ein also erkennender Mönch, ihr Brüder, hat den Herzensentschluß zu erzeugen: ›Ich will nicht listig sein, nicht gleisnerisch. – Eine Person, welche störrisch ist und eitel, die ist mir unliebsam, unangenehm; wenn ich nun aber störrisch wäre und eitel, so würde ja ich den anderen unliebsam, unangenehm werden.‹ Ein also erkennender Mönch, ihr Brüder, hat den Herzensentschluß zu erzeugen: ›Ich will nicht störrisch sein, nicht eitel. – Eine Person, welche nur für das vor Augen Liegende Sinn hat, mit beiden Händen zugreift, sich schwer abweisen läßt; die ist mir unliebsam, unangenehm; wenn ich nun aber nur für das vor Augen Liegende Sinn hätte, mit beiden Händen zugriffe, mich schwer abweisen ließe, so würde ja ich den anderen unliebsam, unangenehm werden.‹ Ein also erkennender Mönch, ihr Brüder, hat den Herzensentschluß zu erzeugen: ›Ich will nicht nur für das vor Augen Liegende Sinn haben, nicht mit beiden Händen zugreifen, mich leicht abweisen lassen.‹

»Nun, Brüder, hat ein Mönch sich selber also zu erforschen: ›Bin ich etwa boshaft und folge dem Triebe böser Regungen?‹ Wenn da der Mönch, ihr Brüder, bei seiner Erforschung erkennt: ›Freilich bin ich boshaft und folge dem Triebe böser Regungen‹, so hat ein solcher Mönch, ihr Brüder, um Befreiung von ebendiesen bösen, schlechten Dingen zu kämpfen. Wenn aber, Brüder, der Mönch bei seiner Erforschung erkennt: ›Nein, ich bin nicht boshaft, folge nicht dem Triebe böser Regungen‹, so hat ein solcher Mönch, ihr Brüder, ebendiese selig heitere Übung im Guten Tag und Nacht zu pflegen.

»Weiter sodann, ihr Brüder: ein Mönch hat sich selber also zu erforschen: ›Brüste ich mich etwa und verachte die anderen?‹ Wenn da der Mönch, ihr Brüder, bei seiner Erforschung erkennt: ›Freilich brüste ich mich und verachte die anderen‹, so hat ein solcher Mönch, ihr Brüder, um Befreiung von eben diesen bösen, schlechten Dingen zu kämpfen. Wenn aber, Brüder, der Mönch bei seiner Erforschung erkennt: ›Nein, ich brüste mich nicht, verachte nicht die anderen‹, so hat ein solcher Mönch, ihr Brüder, ebendiese selig heitere Übung im Guten Tag und Nacht zu pflegen.

»Weiter sodann, ihr Brüder: ein Mönch hat sich selbst also zu erforschen: ›Bin ich etwa zornig und zornverzehrt?‹ Wenn da der Mönch, ihr Brüder, bei seiner Erforschung erkennt: ›Freilich bin ich zornig und zornverzehrt‹, so hat ein solcher Mönch, ihr Brüder, um Befreiung von ebendiesen bösen, schlechten Dingen zu kämpfen. Wenn aber, Brüder, der Mönch bei seiner Erforschung erkennt: ›Nein, ich bin nicht zornig und zornverzehrt‹, so hat ein solcher Mönch, ihr Brüder, ebendiese selig heitere Übung im Guten Tag und Nacht zu pflegen.

»Weiter sodann, ihr Brüder: ein Mönch hat sich selber also zu erforschen: ›Bin ich etwa zornig und aus Zorn feindselig?‹ Wenn da der Mönch, ihr Brüder, bei seiner Erforschung erkennt: ›Freilich bin ich zornig und aus Zorn feindselig‹, so hat ein solcher Mönch, ihr Brüder, um Befreiung von ebendiesen bösen, schlechten Dingen zu kämpfen. Wenn aber, Brüder, der Mönch bei seiner Erforschung erkennt: ›Nein, ich bin nicht zornig und feindselig aus Zorn‹, so hat ein solcher Mönch, ihr Brüder, ebendiese selig heitere Übung im Guten Tag und Nacht zu pflegen.

»Weiter sodann, ihr Brüder: ein Mönch hat sich selber also zu erforschen: ›Bin ich etwa zornig und fluche aus Zorn?‹ Wenn da der Mönch, ihr Brüder, bei seiner Erforschung erkennt: ›Freilich bin ich zornig und fluche aus Zorn‹, so hat ein solcher Mönch, ihr Brüder, um Befreiung von ebendiesen bösen, schlechten Dingen zu kämpfen. Wenn aber, Brüder, der Mönch bei seiner Erforschung erkennt: ›Nein, ich bin nicht zornig, fluche nicht aus Zorn‹, so hat ein solcher Mönch, ihr Brüder, ebendiese selig heitere Übung im Guten Tag und Nacht zu pflegen.

»Weiter sodann, ihr Brüder: ein Mönch hat sich selber also zu erforschen: ›Bin ich etwa zornig und lasse zornverwandte Worte hören?‹ Wenn da der Mönch, ihr Brüder, bei seiner Erforschung erkennt: ›Freilich bin ich zornig und lasse zornverwandte Worte hören‹, so hat ein solcher Mönch, ihr Brüder, um Befreiung von ebendiesen bösen, schlechten Dingen zu kämpfen. Wenn aber, Brüder, der Mönch bei seiner Erforschung erkennt: ›Nein, ich bin nicht zornig, lasse keine zornverwandten Worte hören‹, so hat ein solcher Mönch, ihr Brüder, ebendiese selig heitere Übung im Guten Tag und Nacht zu pflegen.

»Weiter sodann, ihr Brüder: ein Mönch hat sich selber also zu erforschen: ›Fahr' ich etwa auf eine Ermahnung gegen den Ermahner los?‹ Wenn da der Mönch, ihr Brüder, bei seiner Erforschung erkennt: ›Freilich fahr' ich auf eine Ermahnung gegen den Ermahner los‹, so hat ein solcher Mönch, ihr Brüder, um Befreiung von ebendiesen bösen, schlechten Dingen zu kämpfen. Wenn aber, Brüder, der Mönch bei seiner Erforschung erkennt: ›Nein, ich fahre nicht auf eine Ermahnung gegen den Ermahner los‹, so hat ein solcher Mönch, ihr Brüder, ebendiese selig heitere Übung im Guten Tag und Nacht zu pflegen.

»Weiter sodann, ihr Brüder: ein Mönch hat sich selber also zu erforschen: ›Beleidige ich etwa auf eine Ermahnung den Ermahner?‹ Wenn da der Mönch, ihr Brüder, bei seiner Erforschung erkennt: ›Freilich beleidige ich auf eine Ermahnung den Ermahner‹, so hat ein solcher Mönch, ihr Brüder, um Befreiung von ebendiesen bösen, schlechten Dingen zu kämpfen. Wenn aber, Brüder, der Mönch bei seiner Erforschung erkennt: ›Nein, ich beleidige den Ermahner nicht auf eine Ermahnung‹, so hat ein solcher Mönch, ihr Brüder, ebendiese selig heitere Übung im Guten Tag und Nacht zu pflegen.

»Weiter sodann, ihr Brüder: ein Mönch hat sich selber also zu erforschen: ›Widerspreche ich etwa auf eine Ermahnung dem Ermahner?‹ Wenn da der Mönch, ihr Brüder, bei seiner Erforschung erkennt: ›Freilich widerspreche ich dem Ermahner auf eine Ermahnung‹, so hat ein solcher Mönch, ihr Brüder, um Befreiung von ebendiesen bösen, schlechten Dingen zu kämpfen. Wenn aber, Brüder, der Mönch bei seiner Erforschung erkennt: ›Nein, ich widerspreche nicht dem Ermahner auf eine Ermahnung‹, so hat ein solcher Mönch, ihr Brüder, ebendiese selig heitere Übung im Guten Tag und Nacht zu pflegen.

»Weiter sodann, ihr Brüder: ein Mönch hat sich selber also zu erforschen: ›Ziehe ich etwa den Ermahner von einem ins andere, schweife vom Gegenstande ab und lege Verdrossenheit, Haß und Mißtrauen an den Tag?‹ Wenn da der Mönch, ihr Brüder, bei seiner Erforschung erkennt: ›Freilich zieh' ich den Ermahner von einem ins andere, schweife vom Gegenstande ab und lege Verdrossenheit, Haß und Mißtrauen an den Tag‹, so hat ein solcher Mensch, ihr Brüder, um Befreiung von ebendiesen bösen, schlechten Dingen zu kämpfen. Wenn aber, Brüder, der Mönch bei seiner Erforschung erkennt: ›Nein, ich ziehe den Ermahner nicht von einem ins andere, schweife vom Gegenstand nicht ab, lege keine Verdrossenheit, keinen Haß, kein Mißtrauen an den Tag‹, so hat ein solcher Mönch, ihr Brüder, ebendiese selig heitere Übung im Guten Tag und Nacht zu pflegen.

»Weiter sodann, ihr Brüder: ein Mönch hat sich selber also zu erforschen: ›Geb' ich etwa auf eine Ermahnung Verstöße nicht zu?‹ Wenn da der Mönch, ihr Brüder, bei seiner Erforschung erkennt: ›Freilich geb' ich auf eine Ermahnung Verstöße nicht zu‹, so hat ein solcher Mönch, ihr Brüder, um Befreiung von ebendiesen bösen, schlechten Dingen zu kämpfen. Wenn aber, Brüder, der Mönch bei seiner Erforschung erkennt: ›Nein, auf eine Ermahnung leugne ich Verstöße nicht‹, so hat ein solcher Mönch, ihr Brüder, ebendiese selig heitere Übung im Guten Tag und Nacht zu pflegen.

»Weiter sodann, ihr Brüder: ein Mönch hat sich selber also zu erforschen: ›Bin ich etwa heuchlerisch und neidisch?‹ Wenn da der Mönch, ihr Brüder, bei seiner Erforschung erkennt: ›Freilich bin ich heuchlerisch und neidisch‹, so hat ein solcher Mönch, ihr Brüder, um Befreiung von ebendiesen bösen, schlechten Dingen zu kämpfen. Wenn aber, Brüder, der Mönch bei seiner Erforschung erkennt: ›Nein, ich bin ohne Heuchelei, ohne Neid‹, so hat ein solcher Mönch, ihr Brüder, ebendiese selig heitere Übung im Guten Tag und Nacht zu pflegen.

»Weiter sodann, ihr Brüder: ein Mönch hat sich selber also zu erforschen: ›Bin ich etwa eifernd und selbstsüchtig?‹ Wenn da der Mönch, ihr Brüder, bei seiner Erforschung erkennt: ›Freilich bin ich eifernd und selbstsüchtig‹, so hat ein solcher Mönch, ihr Brüder, um Befreiung von ebendiesen bösen, schlechten Dingen zu kämpfen. Wenn aber, Brüder, der Mönch bei seiner Erforschung erkennt: ›Nein, ich bin ohne Eiferung, ohne Selbstsucht‹, so hat ein solcher Mönch, ihr Brüder, ebendiese selig heitere Übung im Guten Tag und Nacht zu pflegen.

»Weiter sodann, ihr Brüder: ein Mönch hat sich selber also zu erforschen: ›Bin ich etwa listig und gleisnerisch?‹ Wenn da der Mönch, ihr Brüder, bei seiner Erforschung erkennt: ›Freilich bin ich listig und gleisnerisch‹, so hat ein solcher Mönch, ihr Brüder, um Befreiung von ebendiesen bösen, schlechten Dingen zu kämpfen. Wenn aber, Brüder, der Mönch bei seiner Erforschung erkennt: ›Nein, ich bin ohne List, ohne Gleisnerei‹, so hat ein solcher Mönch, ihr Brüder, ebendiese selig heitere Übung im Guten Tag und Nacht zu pflegen.

»Weiter sodann, ihr Brüder: ein Mönch hat sich selber also zu erforschen: ›Bin ich etwa störrisch und eitel?‹ Wenn da der Mönch, ihr Brüder, bei seiner Erforschung erkennt: ›Freilich bin ich störrisch und eitel‹, so hat ein solcher Mönch, ihr Brüder, um Befreiung von ebendiesen bösen, schlechten Dingen zu kämpfen. Wenn aber, Brüder, der Mönch bei seiner Erforschung erkennt: ›Nein, ich bin ohne Starrsinn, ohne Eitelkeit‹, so hat ein solcher Mönch, ihr Brüder, ebendiese selig heitere Übung im Guten Tag und Nacht zu pflegen.

»Weiter sodann, ihr Brüder: ein Mönch hat sich selber also zu erforschen: ›Hab' ich etwa nur für das vor Augen Liegende Sinn, greif' ich mit beiden Händen zu, lass' ich mich schwer abweisen?‹ Wenn da der Mönch, ihr Brüder, bei seiner Erforschung erkennt: ›Freilich hab' ich nur für das vor Augen Liegende Sinn, greife mit beiden Händen zu, lasse mich schwer abweisen‹, so hat ein solcher Mönch, ihr Brüder, um

Befreiung von ebendiesen bösen, schlechten Dingen zu kämpfen. Wenn aber, Brüder, der Mönch bei seiner Erforschung erkennt: ›Nein, ich habe nicht nur für das vor Augen Liegende Sinn, greife nicht mit beiden Händen zu, lasse mich leicht abweisen‹, so hat ein solcher Mönch, ihr Brüder, ebendiese selig heitere Übung im Guten Tag und Nacht zu pflegen.

»Wenn da der Mönch, ihr Brüder, bei seiner Erforschung etwa alle diese bösen, schlechten Dinge an sich merkt, so hat ein solcher Mönch, ihr Brüder, um Befreiung von eben allen diesen bösen, schlechten Dingen zu kämpfen. Wenn aber, Brüder, der Mönch bei seiner Erforschung etwa keines von allen diesen bösen, schlechten Dingen mehr finden kann, so hat ein solcher Mönch, ihr Brüder, ebendiese selig heitere Übung im Guten Tag und Nacht zu pflegen.

»Gleichwie etwa, Brüder, ein Weib oder ein Mann, jung, frisch, gefallsam, in einem Spiegel oder in einer reinen lauteren, hellen Wasserfläche das Bild des eigenen Antlitzes prüfend betrachtet, und wenn sich da irgendein Fleck oder Schmutz zeigt, ebendiesen Fleck oder Schmutz zu beseitigen sucht; doch wenn sich da kein Fleck oder Schmutz zeigt, eben darum erfreut ist, ›Heil mir, ich bin rein‹: also nun auch, ihr Brüder, hat da ein Mönch, der bei seiner Erforschung etwa alle diese bösen, schlechten Dinge an sich merkt, um Befreiung von eben allen diesen bösen, schlechten Dingen zu kämpfen. Wenn aber, Brüder, der Mönch bei seiner Erforschung etwa keines von allen diesen bösen, schlechten Dingen mehr finden kann, so hat ein solcher Mönch, ihr Brüder, ebendiese selig heitere Übung im Guten Tag und Nacht zu pflegen.«

Also sprach der ehrwürdige Mahāmoggallāno. Zufrieden freuten sich jene Mönche über das Wort des ehrwürdigen Mahāmoggallāno.

40. DAS GLEICHNIS VON DER SÄGE

21. Rede

Das hab' ich gehört. Zu einer Zeit weilte der Erhabene bei Sāvatthī, im Siegerwalde, im Garten Anāthapiṇḍikos. Damals nun weilte der ehrwürdige Moliyaphagguṇo zu ungehöriger Zeit in Gesellschaft der Nonnen. Also weilte der ehrwürdige Moliyaphagguṇo in Gesellschaft der Nonnen, daß er, wenn irgendeiner der Mönche ihm gegenüber jene

Nonnen tadelte, darob entrüstet und verstimmt schlechthin einen Verweis erteilte; und wenn irgendeiner der Mönche jenen Nonnen gegenüber den ehrwürdigen Moliyaphagguṇo tadelte, diese darob entrüstet und verstimmt schlechthin einen Verweis erteilten. Also weilte der ehrwürdige Moliyaphagguṇo in Gesellschaft der Nonnen.

Da nun begab sich ein Mönch zum Erhabenen, begrüßte den Erhabenen ehrerbietig und setzte sich zur Seite hin. Zur Seite sitzend sprach nun jener Mönch zum Erhabenen also:

»Der ehrwürdige Moliyaphagguṇo, o Herr, weilt zu ungehöriger Zeit in Gesellschaft der Nonnen. Also, o Herr, weilt der ehrwürdige Moliyaphagguṇo in Gesellschaft der Nonnen, daß er, wenn irgendeiner der Mönche ihm gegenüber jene Nonnen tadelt, darob entrüstet und verstimmt schlechthin einen Verweis erteilt; und wenn irgendeiner der Mönche jenen Nonnen gegenüber den ehrwürdigen Moliyaphagguṇo tadelt, diese darob entrüstet und verstimmt schlechthin einen Verweis erteilen. Also, o Herr, weilt der ehrwürdige Moliyaphagguṇo in Gesellschaft der Nonnen.«

Da nun wandte sich der Erhabene an einen der Mönche:

»Gehe, o Mönch, und sage in meinem Namen dem Mönche Moliyaphagguṇo: der Meister ruft dich, Bruder Phagguṇo.«

»Wohl, O Herr!« erwiderte jener Mönch, dem Erhabenen gehorchend, begab sich dorthin wo der ehrwürdige Moliyaphagguṇo weilte, und sprach hierauf also zu ihm:

»Der Meister ruft dich, Bruder Phagguṇo.«

»Gut, o Bruder, ich komme!« erwiderte der ehrwürdige Moliyaphagguṇo jenem Mönche, begab sich dorthin wo der Erhabene weilte, begrüßte den Erhabenen ehrerbietig und setzte sich zur Seite nieder. Hierauf nun sprach zum ehrwürdigen Moliyaphagguṇo der Erhabene also:

»Ist es wahr, wie man sagt, Phagguṇo, daß du zu ungehöriger Zeit in Gesellschaft der Nonnen weilst? Also weilst du, heißt es, Phagguṇo, in Gesellschaft der Nonnen, daß, wenn irgendeiner der Mönche dir gegenüber jene Nonnen tadelt, du darob entrüstet und verstimmt schlechthin einen Verweis erteilst; und wenn irgendeiner der Mönche jenen Nonnen gegenüber dich tadelt, jene Nonnen darob entrüstet und verstimmt schlechthin einen Verweis erteilen: weilst du wirklich also, Phagguṇo, in Gesellschaft der Nonnen?«

»Ja, o Herr!«

»Bist du denn nicht, Phagguṇo, als edler Sohn von Zuversicht bewogen aus dem Hause in die Hauslosigkeit gewandert?«

»Ja, o Herr!«

»Das steht dir nicht wohl, Phagguṇo, der du als edler Sohn von Zuversicht bewogen aus dem Hause in die Hauslosigkeit gewandert bist, daß du zu ungehöriger Zeit in Gesellschaft der Nonnen weilst. Darum also, Phagguṇo: wenn auch irgendeiner dir gegenüber jene Nonnen tadeln mag, so magst du, Phagguṇo, alle gemeinen Regungen, alle gemeinen Erwägungen verleugnen, so hast du dich, Phagguṇo, solcherart wohl zu üben: ›Nicht soll mein Gemüt verstört werden, kein böser Laut meinem Munde entfahren, freundlich und mitleidig will ich bleiben, liebevollen Gemütes, ohne heimliche Tücke‹: solcherart hast du dich, Phagguṇo, wohl zu üben. Darum also, Phagguṇo: wenn auch irgendeiner in deiner Gegenwart jene Nonnen mit Fäusten schlüge, mit Steinen würfe, mit Stöcken prügelte, mit Schwertern träfe, so magst du, Phagguṇo, alle gemeinen Regungen, alle gemeinen Erwägungen verleugnen, so hast du dich, Phagguṇo, solcherart wohl zu üben: ›Nicht soll mein Gemüt verstört werden, kein böser Laut meinem Munde entfahren, freundlich und mitleidig will ich bleiben, liebevollen Gemütes, ohne heimliche Tücke‹: solcherart hast du dich, Phagguṇo, wohl zu üben. Darum also, Phagguṇo: wenn auch irgendeiner dir gegenüber Tadel aussprechen mag, so magst du, Phagguṇo, alle gemeinen Regungen, alle gemeinen Erwägungen verleugnen, so hast du dich, Phagguṇo, solcherart wohl zu üben: ›Nicht soll mein Gemüt verstört werden, kein böser Laut meinem Munde entfahren, freundlich und mitleidig will ich bleiben, liebevollen Gemütes, ohne heimliche Tücke‹: solcherart hast du dich, Phagguṇo, wohl zu üben. Darum also, Phagguṇo: wenn auch irgendeiner dich mit Fäusten schlüge, mit Steinen würfe, mit Stöcken prügelte, mit Schwertern träfe, so magst du, Phagguṇo, alle gemeinen Regungen, alle gemeinen Erwägungen verleugnen, so hast du dich, Phagguṇo, solcherart wohl zu üben: ›Nicht soll mein Gemüt verstört werden, kein böser Laut meinem Munde entfahren, freundlich und mitleidig will ich bleiben, liebevollen Gemütes, ohne heimliche Tücke‹: solcherart hast du dich, Phagguṇo, wohl zu üben.«

Und der Erhabene wandte sich nun an die Mönche:

»Willigen Sinnes kamen mir wahrlich, ihr Mönche, die Mönche einmal entgegen. Da wandte ich mich zu ihnen: ›Ich nehme, ihr Mönche, einsames Mahl zu mir: einsames Mahl, ihr Mönche, zu mir nehmend wahre ich Gesundheit und Frische, Munterkeit, Stärke und Wohlsein. So nehmet auch ihr, meine Mönche, einsames Mahl zu euch: einsames Mahl, ihr Mönche, zu euch nehmend werdet auch ihr Gesundheit und

Frische, Munterkeit, Stärke und Wohlsein wahren.‹ Und jene Mönche bedurften, ihr Mönche, keiner Ermahnung von mir: nur ihre Einsicht war zu erwecken.

»Gleichwie etwa, ihr Mönche, wenn da auf gutem Boden, am Ausgangsplatze vierer Straßen, ein treffliches Wagengespann in Bereitschaft stände, mit dem zugehörigen Treibstock versehn; diesen Wagen bestiege ein Meister der Fahrkunst, ein gewandter Rosselenker, nähme die Zügel in die linke Hand, den Treibstock in die rechte, und führe nach Wunsch und Willen hin und her: ebenso nun auch, ihr Mönche, bedurften jene Mönche keiner Ermahnung von mir: nur ihre Einsicht war zu erwecken. Darum also, ihr Mönche: verleugnet das Schlechte, seid stetig im Guten; denn also werdet auch ihr in diesem Orden der Wahrheit zum Gedeihen, zur Reife und Entfaltung gelangen.

»Gleichwie etwa, ihr Mönche, wenn sich da in der Nähe eines Dorfes oder einer Stadt ein dichtes Gehölz befände, von Rizinusstauden umwuchert; und es erbarmte sich Einer der Bäume, um sie zu hegen und zu sichern: da ginge er hin und holzte die krummen, entsäfteten Stämme ab, schaffte sie fort und hielte den wohlgesäuberten Forst sauber instand; die geraden, gutgewachsenen Stämme aber, die pflegte er sorgsam; und so käme wohl diese Waldung, ihr Mönche, beizeiten zum Gedeihen, zur Reife und Entfaltung: ebenso nun auch verleugnet, ihr Mönche, das Schlechte, seid stetig im Guten; denn also werdet auch ihr in diesem Orden der Wahrheit zum Gedeihen, zur Reife und Entfaltung gelangen.

»Einst lebte hier in Sāvatthī, ihr Mönche, eine Hausfrau namens Vedehikā. Die Hausfrau Vedehikā, ihr Mönche, stand in dem erfreulichen Rufe: ›Sanft ist die Hausfrau Vedehikā, mild ist die Hausfrau Vedehikā, friedsam ist die Hausfrau Vedehikā!‹ Diese Hausfrau nun, ihr Mönche, hatte eine Magd namens Kāḷī, die flink und fleißig ihre verschiedenen Obliegenheiten wohl besorgte. Da kam, ihr Mönche, der Magd Kāḷī dieser Gedanke: ›Meine Gnädige steht ja in dem erfreulichen Rufe: Sanft ist die Hausfrau Vedehikā, mild ist die Hausfrau Vedehikā, friedsam ist die Hausfrau Vedehikā! Wie nun: verbirgt mir nur die Gnädige ihre innere Galle, oder hat sie überhaupt keine? Oder besorg' ich vielleicht alles so gut, daß mir die Gnädige die innere Galle, die sie hat, nicht zeigen kann? Ich will doch einmal die Gnädige auf die Probe stellen!‹ Und die Magd Kāḷī, ihr Mönche, stand bei hellichtem Tage auf. Und die Hausfrau Vedehikā, ihr Mönche, rief nach ihr: ›He da, Kāḷī!‹ – ›Was, Gnädige?‹ – ›Warum stehst du bei hellichtem Tage auf?‹ – ›Das tut nichts, Gnädige!‹ – ›Uns aber tut's was, du schlechte

Magd, daß du bei hellichtem Tage aufstehst!‹, sagte die Hausfrau erzürnt und verstimmt mit gerunzelten Brauen. Da kam, ihr Mönche, der Magd Kāḷī dieser Gedanke: ›Die innere Galle, die sie hat, verbirgt mir die Gnädige, und ich besorge alles so gut, daß mir die Gnädige die innere Galle, die sie hat, nicht zeigen mag; ich will nun die Gnädige noch stärker auf die Probe stellen!‹ Und die Magd Kāḷī, ihr Mönche, stand noch später auf. Und die Hausfrau Vedehikā, ihr Mönche, rief nach ihr: ›He da, Kāḷī!‹ – ›Was, Gnädige?‹ – ›Warum stehst du bei hellichtem Tage auf?‹ – ›Das tut nichts, Gnädige!‹ – ›Uns aber tut's was, du schlechte Magd, daß du bei hellichtem Tage aufstehst!‹ sagte die Hausfrau erzürnt und verstimmt und verstimmte Worte entfuhren ihrem Munde. Da kam, ihr Mönche, der Magd Kāḷī dieser Gedanke: ›Die innere Galle, die sie hat, verbirgt mir die Gnädige, und ich besorge alles so gut, daß mir die Gnädige die innere Galle, die sie hat, nicht zeigen mag; ich will nun die Gnädige noch stärker auf die Probe stellen!‹ Und die Magd Kāḷī, ihr Mönche, stand noch später auf. Und die Hausfrau Vedehikā, ihr Mönche, rief nach ihr: ›He da, Kāḷī!‹ – ›Was, Gnädige?‹ – ›Warum stehst du bei hellichtem Tage auf?‹ – ›Das tut nichts, Gnädige!‹ – ›Uns aber tut's was, du schlechte Magd, daß du bei hellichtem Tage aufstehst!‹ sagte die Hausfrau erzürnt und verstimmt, ergriff den spitzigen Torriegel, warf ihn ihr an den Kopf, verwundete ihr den Kopf. Und die Magd Kāḷī, ihr Mönche, lief nun mit verwundetem Kopfe triefenden Blutes zu den Nachbarn und klagte jammernd: ›Seht, Beste, das Werk der Sanften, seht, Beste, das Werk der Milden, seht Beste, das Werk der Friedsamen, wie's da zugeht bei einer Frau, die nur eine Magd hält: Bei Tag stehst du auf, sagt sie und wird euch zornig und wild den spitzigen Torriegel an den Kopf werfen, den Kopf verwunden!‹ Und die Hausfrau Vedehikā, ihr Mönche, kam nun in den üblen Ruf: ›Heftig ist die Hausfrau Vedehikā, ungestüm ist die Hausfrau Vedehikā, unfriedsam ist die Hausfrau Vedehikā!‹ –:

»Ebenso nun auch, ihr Mönche, ist da gar mancher Mönch nur solange einer der sanften, einer der milden, einer der friedsamen, als ihn angenehme Redeweisen berühren; wenn aber dann, ihr Mönche, den Mönch unangenehme Redeweisen berühren, dann soll ein Mönch sanft erfunden, mild erfunden, friedsam erfunden werden. Nicht den Mönch, ihr Mönche, nenne ich lind, der durch Darreichung von Kleidung, Almosenspeise, Lagerstatt und Arzneien für den Fall einer Krankheit lind wird, lindes Wesen gewinnt; und warum nicht? Weil ja, ihr Mönche, ein solcher Mönch, wird ihm Kleidung, Almosenspeise, Lagerstatt und Arznei für den Fall einer Krankheit nicht dargereicht, nicht lind wird, lindes Wesen nicht gewinnt. Einen Mönch aber, der, ihr Mönche, die Satzung nur achtend, die Satzung ehrend, die Satzung schätzend lind wird, lindes Wesen gewinnt, den nenne ich lind. Darum also, ihr Mönche: ›Die Satzung nur achtend, die Satzung ehrend, die Satzung schätzend wollen wir lind werden, lindes Wesen gewinnen‹: also habt ihr euch, meine Mönche, wohl zu üben.

»Fünferlei Redeweisen gibt es, ihr Mönche, deren die Leute sich euch gegenüber bedienen können: rechtzeitiger oder unzeitiger, sinniger oder unsinniger, höflicher oder grober, zweckmäßiger oder unzweckmäßiger, liebevoller oder heimtückischer. Zur rechten Zeit, ihr Mönche, können sich die Leute der Rede bedienen, oder zur unrechten Zeit. Den Tatsachen entsprechend, ihr Mönche, können sich die Leute der Rede bedienen, oder den Tatsachen nicht entsprechend. Höflicher Rede, ihr Mönche, können sich die Leute bedienen, oder grober. Zweckmäßiger Rede, ihr Mönche, können sich die Leute bedienen, oder unzweckmäßiger. Liebevoller Rede, ihr Mönche, können sich die Leute bedienen, oder heimtückischer. Da habt ihr euch nun, meine Mönche, wohl zu üben: ›Nicht soll unser Gemüt verstört werden, kein böser Laut unserem Munde entfahren, freundlich und mitleidig wollen wir bleiben, liebevollen Gemütes, ohne heimliche Tücke; und jene Person werden wir mit liebevollem Gemüte durchstrahlen: von ihr ausgehend werden wir dann die ganze Welt mit liebevollem Gemüte, mit weitem, tiefem, unbeschränktem, von Grimm und Groll geklärtem, durchstrahlen‹: also habt ihr euch, meine Mönche, wohl zu üben.

»Gleichwie etwa, ihr Mönche, wenn da ein Mann herkäme, mit Spaten und Korb versehn, und spräche also: ›Ich werde den Erdball erdlos machen‹, und er grübe da und dort, würfe da auf und dort auf, lockerte da auf und dort auf, löste da ab und dort ab, ›Erdlos sollst du werden, erdlos sollst du werden‹; was meint ihr nun, Mönche: könnte wohl dieser Mann den Erdball erdlos machen?«

»Gewiß nicht, o Herr!«

»Und warum nicht?«

»Der Erdball, o Herr, ist ja tief, unermeßlich, den kann man nicht wohl erdlos machen, so viel Mühe und Plage auch immer jener Mann haben mag.«

»Ebenso nun auch, ihr Mönche, gibt es da fünferlei Redeweisen, deren die Leute sich euch gegenüber bedienen können: rechtzeitiger oder unzeitiger, sinniger oder unsinniger, höflicher oder grober, zweckmäßiger oder unzweckmäßiger, liebevoller oder heimtückischer. Zur rechten Zeit, ihr Mönche, können sich die Leute der Rede bedienen, oder zur unrechten Zeit. Den Tatsachen entsprechend, ihr Mönche, können sich die Leute der Rede bedienen, oder den Tatsachen nicht entsprechend. Höflicher Rede, ihr Mönche, können sich die Leute bedienen, oder grober. Zweckmäßiger Rede, ihr Mönche, können sich die Leute bedienen, oder unzweckmäßiger. Liebevoller Rede, ihr Mönche, können sich die Leute bedienen, oder heimtückischer. Da habt ihr euch nun, meine Mönche, wohl zu üben: ›Nicht soll unser Gemüt verstört werden, kein böser Laut unserem Munde entfahren, freundlich und mitleidig wollen wir bleiben, liebevollen Gemütes, ohne heimliche Tücke; und jene Person werden wir mit liebevollem Gemüte durchstrahlen: von ihr ausgehend werden wir dann die ganze Welt mit erdballgleichem Gemüte, mit weitem, tiefem, unbeschränktem, vom Grimm und Groll geklärtem, durchstrahlen‹: also habt ihr euch, meine Mönche, wohl zu üben.

»Gleichwie etwa, ihr Mönche, wenn da ein Mann herkäme, mit Lack oder Gelbwurz, Indigo oder Karmin versehn, und spräche also: ›Ich werde hier im Himmelsraume Gestalten zeichnen, werde ein Bild entwerfen‹; was meint ihr nun, Mönche: könnte wohl dieser Mann im Himmelsraume eine Gestalt zeichnen, ein Bild zuwege bringen?«

»Gewiß nicht, o Herr!«

»Und warum nicht?«

»Der Himmelsraum, o Herr, ist ja gestaltlos, unsichtbar, da kann man nicht wohl eine Gestalt zeichnen, ein Bild erscheinen lassen, so viel Mühe und Plage auch immer jener Mann haben mag.«

»Ebenso nun auch, ihr Mönche, gibt es da fünferlei Redeweisen, deren die Leute sich euch gegenüber bedienen können: rechtzeitiger oder unzeitiger, sinniger oder unsinniger, höflicher oder grober, zweckmäßiger oder unzweckmäßiger, liebevoller oder heimtückischer. Zur rechten Zeit, ihr Mönche, können sich die Leute der Rede bedienen, oder zur unrechten Zeit. Den Tatsachen entsprechend, ihr Mönche, können sich die Leute der Rede bedienen, oder den Tatsachen nicht entsprechend. Höflicher Rede, ihr Mönche, können sich die Leute bedienen, oder grober. Zweckmäßiger Rede, ihr Mönche, können sich die Leute bedienen, oder unzweckmäßiger. Liebevoller Rede, ihr Mönche, können sich die Leute bedienen, oder heimtückischer. Da habt ihr euch nun, meine Mönche, wohl zu üben: ›Nicht soll unser Gemüt verstört werden, kein böser Laut unserem Munde entfahren, freundlich und mitleidig wollen wir bleiben, liebevollen Gemütes, ohne heimliche Tücke; und jene Person werden wir mit liebevollem Gemüte durchstrahlen: von ihr ausgehend werden wir dann die ganze Welt mit himmelsraumgleichem Gemüte, mit weitem, tiefem, unbeschränktem, von Grimm und Groll geklärtem, durchstrahlen‹: also habt ihr euch, meine Mönche, wohl zu üben.

»Gleichwie etwa, ihr Mönche, wenn da ein Mann herkäme, mit einem lodernden Strohwisch versehn, und spräche also: ›Ich werde mit diesem lodernden Strohwisch den Ganges ausdünsten, gänzlich ausdünsten‹; was meint ihr nun, Mönche: könnte wohl dieser Mann mit dem lodernden Strohwisch den Ganges ausdünsten, gänzlich ausdünsten?‹

»Gewiß nicht, o Herr!«

»Und warum nicht?«

»Der Ganges, o Herr, ist ja tief, unermeßlich, den kann man nicht wohl mit einem lodernden Strohwisch ausdünsten, gänzlich ausdünsten, so viel Mühe und Plage auch immer jener Mann haben mag.«

»Ebenso nun auch, ihr Mönche, gibt es da fünferlei Redeweisen, deren die Leute sich euch gegenüber bedienen können: rechtzeitiger oder unzeitiger, sinniger oder unsinniger, höflicher oder grober, zweckmäßiger oder unzweckmäßiger, liebevoller oder heimtückischer. Zur rechten Zeit, ihr Mönche, können sich die Leute der Rede bedienen, oder zur unrechten Zeit. Den Tatsachen entsprechend, ihr Mönche, können sich die Leute der Rede bedienen, oder den Tatsachen nicht entsprechend. Höflicher Rede, ihr Mönche, können sich die Leute bedienen, oder grober. Zweckmäßiger Rede, ihr Mönche, können sich die Leute bedienen, oder unzweckmäßiger. Liebevoller Rede, ihr Mönche, können sich die Leute bedienen, oder heimtückischer. Da habt ihr euch nun, meine Mönche, wohl zu üben: ›Nicht soll unser Gemüt verstört werden, kein böser Laut unserem Munde entfahren, freundlich und mitleidig wollen wir bleiben, liebevollen Gemütes, ohne heimliche Tücke; und jene Person werden wir mit liebevollem Gemüte durchstrahlen; von ihr ausgehend werden wir dann die ganze Welt mit gangesgleichem Gemüte, mit weitem, tiefem, unbeschränktem, von Grimm und Groll geklärtem, durchstrahlen‹: also habt ihr euch, meine Mönche, wohl zu üben.

»Gleichwie etwa, ihr Mönche, wenn da ein Katzenfell wäre, gegerbt, gut gegerbt, wohl ausgegerbt, weich und wollig, saftlos und kraftlos; und es käme ein Mann her, mit einem Scheit oder Scherben versehn, und spräche also: ›Ich werde dieses Katzenfell, das gegerbt worden ist, gut gegerbt, wohl ausgegerbt, das weiche und wollige, saftlose und kraftlose, mit dem Scheite oder dem Scherben zu Säften und Kräften bringen‹; was meint ihr nun Mönche: könnte wohl dieser Mann das Katzenfell, das gegerbte, gut gegerbte, wohl ausgegerbte, das weiche, wollige, saft- und kraftlose, mit dem Scheite oder dem Scherben zu Säften und Kräften bringen?«

»Gewiß nicht, o Herr!«

»Und warum wohl nicht?«

»Das Katzenfell, o Herr, ist ja gegerbt, gut gegerbt, wohl ausgegerbt worden, weich und wollig, saftlos und kraftlos, das kann man nicht wohl mit einem Scheit oder Scherben zu Säften und Kräften bringen, so viel Mühe und Plage auch immer jener Mann haben mag.«

»Ebenso nun auch, ihr Mönche, gibt es da fünferlei Redeweisen, deren die Leute sich euch gegenüber bedienen können: rechtzeitiger oder unzeitiger, sinniger oder unsinniger, höflicher oder grober, zweckmäßiger oder unzweckmäßiger, liebevoller oder heimtückischer. Zur rechten Zeit, ihr Mönche, können sich die Leute der Rede bedienen, oder zur unrechten Zeit. Den Tatsachen entsprechend, ihr Mönche, können sich die Leute der Rede bedienen, oder den Tatsachen nicht entsprechend. Höflicher Rede, ihr Mönche, können sich die Leute bedienen, oder grober. Zweckmäßiger Rede, ihr Mönche, können sich die Leute bedienen, oder unzweckmäßiger. Liebevoller Rede, ihr Mönche, können sich die Leute bedienen, oder heimtückischer. Da habt ihr euch nun, meine Mönche, wohl zu üben: ›Nicht soll mein Gemüt verstört werden, kein böser Laut unserem Munde entfahren, freundlich und mitleidig wollen wir bleiben, liebevollen Gemütes, ohne heimliche Tücke; und jene Person werden wir mit liebevollem Gemüte durchstrahlen: von ihr ausgehend werden wir dann die ganze Welt mit katzenfellgleichem Gemüte, mit weitem, tiefem, unbeschränktem, von Grimm und Groll geklärtem, durchstrahlen‹: also habt ihr euch, meine Mönche, wohl zu üben.

»Wenn auch, ihr Mönche, Räuber und Mörder mit einer Baumsäge Gelenke und Glieder abtrennten, so würde wer da in Wut geriete nicht meine Weisung erfüllen. Da habt ihr euch nun, meine Mönche, wohl zu üben: ›Nicht soll unser Gemüt verstört werden, kein böser Laut unserem Munde entfahren, freundlich und mitleidig wollen wir bleiben, liebevollen Gemütes, ohne heimliche Tücke; und jene Person werden wir mit liebevollem Gemüte durchstrahlen: von ihr ausgehend werden wir dann die ganze Welt mit liebevollem Gemüte, mit weitem, tiefem, unbeschränktem, von Grimm und Groll geklärtem, durchstrahlen‹: also habt ihr euch, meine Mönche, wohl zu üben.

»Dieser Belehrung aber, ihr Mönche, durch das Gleichnis der Säge mögt ihr euch oftmals erinnern. Wißt ihr, meine Mönche, von einer Redeweise, ob fein oder gemein, die ihr nicht ertragen könntet?«

»Gewiß nicht, o Herr!«

»Darum also, ihr Mönche: dieser Belehrung durch das Gleichnis der Säge erinnert euch oftmals; es wird euch lange zum Wohle, zum Heile gereichen.«

Also sprach der Erhabene. Zufrieden freuten sich jene Mönche über das Wort des Erhabenen.

41. PUṆṆO

145. Rede

Das hab' ich gehört. Zu einer Zeit weilte der Erhabene bei Sāvatthī, im Siegerwalde, im Garten Anāthapiṇḍikos.

Da nun begab sich der ehrwürdige Puṇṇo gegen Abend, nach Aufhebung der Gedenkensruhe, dorthin wo der Erhabene weilte, begrüßte den Erhabenen ehrerbietig und setzte sich seitwärts nieder. Seitwärts sitzend sprach nun der ehrwürdige Puṇṇo zum Erhabenen also:

»Huldreich, o Herr, möge mir der Erhabene in der Kürze eine Anleitung geben, daß ich, vom Erhabenen recht gewiesen, einsam, abgesondert, unermüdlich, in heißem, innigem Ernste weilen kann.«

»Wohlan denn, Puṇṇo, so höre und achte wohl auf meine Rede.«

»Gewiss, o Herr!« sagte da der ehrwürdige Puṇṇo aufmerksam zum Erhabenen. Der Erhabene sprach also:

»Es gibt, Puṇṇo, durch das Gesicht ins Bewußtsein tretende Formen, ersehnte, geliebte, entzückende, angenehme, dem Begehren entsprechende, reizende; wenn der Mönch diesen in Liebe und Freude und Neigung zugekehrt ist, geht ihm, während er diesen in Liebe und Freude und Neigung sich zukehrt, Lust auf; ist Lust aufgegangen geht Leid auf: das, Puṇṇo, sage ich. Es gibt, Puṇṇo, durch das Gehör ins Bewußtsein tretende Töne, durch den Geruch ins Bewußtsein tretende Düfte, durch den Geschmack ins Bewußtsein tretende Säfte, durch das Getast ins Bewußtsein tretende Tastungen, durch das Gedenken ins Bewußtsein tretende Dinge, ersehnte, geliebte, entzückende, angenehme, dem Begehren entsprechende, reizende; wenn der Mönch diesen in Liebe und Freude und Neigung zugekehrt ist, geht ihm, während er diesen in Liebe und Freude und Neigung sich zukehrt, Lust auf; ist Lust aufgegangen geht Leid auf: das, Puṇṇo, sage ich. – Es gibt, Puṇṇo, durch das Gesicht ins Bewußtsein tretende Formen, ersehnte, geliebte, entzückende, angenehme, dem Begehren entsprechende, reizende; wenn der Mönch diesen in keiner Liebe, keiner Freude, keiner Neigung zugekehrt ist, geht ihm, während er diesen in keiner Liebe, keiner Freude, keiner Neigung sich zukehrt, Lust unter; ist Lust untergegangen geht Leid unter: das, Puṇṇo, sage ich. Es gibt, Puṇṇo, durch das Gehör ins Bewußtsein tretende Töne, durch den Geruch ins Bewußtsein tretende Düfte, durch den Geschmack ins Bewußtsein tretende Säfte, durch das Getast ins Bewußtsein tretende Tastungen, durch das Gedenken ins Bewußtsein tretende Dinge, ersehnte, geliebte, entzükkende, angenehme, dem Begehren entsprechende, reizende; wenn der Mönch diesen in keiner Liebe, keiner Freude, keiner Neigung zugekehrt ist, geht ihm, während er diesen in keiner Liebe, keiner Freude, keiner Neigung sich zukehrt, Lust unter; ist Lust untergegangen geht Leid unter: das, Puṇṇo, sage ich. – So hab' ich nun, Puṇṇo, dir in der Kürze eine Anleitung gegeben. In was für einem Lande wirst du weilen?«

»Da ich, o Herr, vom Erhabenen in der Kürze eine solche Anleitung erhalten, werde ich mich nach dem Lande der westlichen Suner, wie man sie nennt, begeben und dort weilen.«

»Ein wildes Volk, Puṇṇo, sind die westlichen Suner, ein rohes Volk, Puṇṇo, sind die westlichen Suner. Wenn dich, Puṇṇo, die westlichen Suner schelten und beschimpfen werden, wie wird dir dann, Puṇṇo, zumute sein?«

»Wenn mich, o Herr, die westlichen Suner schelten und beschimpfen werden, dann wird mir also zumute sein: ›Wie gnädig sind doch diese westlichen Suner, wie so gnädig sind doch diese westlichen Suner, daß sie mich nicht mit Fäusten schlagen.‹ Also wird mir da, Erhabener, zumute sein, also wird mir da, Willkommener, zumute sein.«

»Wenn dich aber, Puṇṇo, die westlichen Suner mit Fäusten schlagen werden, wie wird dir wohl dann, Puṇṇo, zumute sein?«

»Wenn mich, o Herr, die westlichen Suner mit Fäusten schlagen werden, dann wird mir also zumute sein: ›Wie gnädig sind doch diese westlichen Suner, wie so gnädig sind doch diese westlichen Suner, daß sie mich nicht mit Steinen werfen.‹ Also wird mir da, Erhabener, zumute sein, also wird mir da, Willkommener, zumute sein.«

»Wenn dich aber, Puṇṇo, die westlichen Suner mit Steinen werfen werden, wie wird dir wohl dann, Puṇṇo, zumute sein?«

»Wenn mich, o Herr, die westlichen Suner mit Steinen werfen werden, dann wird mir also zumute sein: ›Wie gnädig sind doch diese westlichen Suner, wie so gnädig sind doch diese westlichen Suner, daß sie mich nicht mit Stöcken prügeln.‹ Also wird mir da, Erhabener, zumute sein, also wird mir da, Willkommener, zumute sein.«

»Wenn dich aber, Puṇṇo, die westlichen Suner mit Stöcken prügeln werden, wie wird dir wohl dann, Puṇṇo, zumute sein?«

»Wenn mich, o Herr, die westlichen Suner mit Stöcken prügeln werden, dann wird mir also zumute sein: ›Wie gnädig sind doch diese westlichen Suner, wie so gnädig sind doch diese westlichen Suner, daß sie mich nicht mit Säbeln treffen.‹ Also wird mir da, Erhabener, zumute sein, also wird mir da, Willkommener, zumute sein.«

»Wenn dich aber, Puṇṇo, die westlichen Suner mit Säbeln treffen werden, wie wird dir wohl dann, Puṇṇo, zumute sein?«

»Wenn mich, o Herr, die westlichen Suner mit Säbeln treffen werden, dann wird mir also zumute sein: ›Wie gnädig sind doch diese westlichen Suner, wie so gnädig sind doch diese westlichen Suner, daß sie mich nicht mit Säbelhieben umbringen.‹ Also wird mir da, Erhabener, zumute sein, also wird mir da, Willkommener, zumute sein.«

»Wenn dich aber, Puṇṇo, die westlichen Suner mit Säbelhieben umbringen werden, wie wird dir wohl dann, Puṇṇo, zumute sein?«

»Wenn mich, o Herr, die westlichen Suner mit Säbelhieben umbringen werden, dann wird mir also zumute sein: ›Es gibt Jünger des Erhabenen, die Leib und Leben verabscheuen und verachten, tödliche Waffe zu finden suchen: die hab' ich nun, diese tödliche Waffe, und ohne sie zu suchen, gefunden.‹ Also wird mir da, Erhabener, zumute sein, also wird mir da, Willkommener, zumute sein.«

»Recht so, recht so, Puṇṇo. Imstande sein wirst du, Puṇṇo, mit so milder Geduld begabt, im Lande der westlichen Suner zu weilen. Wie es dir nun, Puṇṇo, belieben mag.«

Und der ehrwürdige Puṇṇo, durch des Erhabenen Rede erfreut und befriedigt, stand von seinem Sitze auf, begrüßte den Erhabenen ehrerbietig, ging rechts herum, räumte sein Lager zusammen, nahm Mantel und Almosenschale und zog hinweg, dem Lande der westlichen Suner entgegen. Von Ort zu Ort weiter wandernd kam er allmählich hin.

Da war denn nun der ehrwürdige Puṇṇo im Lande der westlichen Suner gesiedelt. Und der ehrwürdige Puṇṇo hatte da schon während der Regenzeit gegen fünfhundert Anhänger zu gewinnen vermocht, hatte da schon während der Regenzeit gegen fünfhundert Anhängerinnen zu gewinnen vermocht, hatte da schon während der Regenzeit das dreifache Wissen sich offenbar gemacht. Und der ehrwürdige Puṇṇo war nach einiger Zeit vom Wahne erloschen.

Aber gar manche Mönche begaben sich nun zum Erhabenen hin,

begrüßten den Erhabenen ehrerbietig und setzten sich seitwärts nieder. Seitwärts sitzend sprachen sie zum Erhabenen also:

»Der da, o Herr, Puṇṇo genannt war, der edle Sohn, dem der Erhabene in der Kürze eine Anleitung gegeben hatte, der ist gestorben. Wo ist er jetzt, was ist aus ihm geworden?«

»Weise, ihr Mönche, ist Puṇṇo der edle Sohn gewesen, nachgefolgt ist er der Lehre gelehrig, und nicht hat er an meiner Belehrung Anstoß genommen. Vom Wahne erloschen, ihr Mönche, ist Puṇṇo der edle Sohn.«

Also sprach der Erhabene. Zufrieden freuten sich jene Mönche über das Wort des Erhabenen.

42. DAS GLEICHNIS VON DER WACHTEL

66. Rede

Das hab' ich gehört. Zu einer Zeit weilte der Erhabene im Lande der Aṅguttarāper, bei einer Burg der Aṅguttarāper Namens Āpaṇam. Und der Erhabene, zeitig gerüstet, nahm Mantel und Schale und ging nach Āpaṇam um Almosenspeise. Und als der Erhabene, von Haus zu Haus tretend, Almosen erhalten, kehrte er zurück, nahm das Mahl ein und begab sich dann in ein nahe gelegenes Waldgehölz, für den Tag. Im Inneren dieses Waldgehölzes setzte sich der Erhabene am Fuß eines Baumes nieder, bis gegen Sonnenuntergang da zu verweilen.

Und auch der ehrwürdige Udāyī ging, zeitig gerüstet, mit Mantel und Schale versehn, nach Āpaṇam um Almosenspeise. Und als er, von Haus zu Haus tretend, Almosen erhalten, kehrte er zurück, nahm das Mahl ein und begab sich dann in dieses Waldgehölz, für den Tag. Und er setzte sich im Inneren des Waldgehölzes am Fuß eines Baumes nieder, bis gegen Sonnenuntergang da zu verweilen.

Da kam nun dem ehrwürdigen Udāyī, während er einsam zurückgezogen sann, folgender Gedanke in den Sinn: ›Viel unselige Dinge, wahrlich, hat uns der Erhabene genommen, viel selige Dinge, wahrlich, hat uns der Erhabene gegeben! Viel unheilsame Dinge, wahrlich, hat uns der Erhabene genommen, viel heilsame Dinge, wahrlich, hat uns der Erhabene gegeben!‹

Als nun der ehrwürdige Udāyī gegen Abend die Gedenkensruhe beendet hatte, begab er sich dorthin wo der Erhabene weilte, begrüßte den Erhabenen ehrerbietig und setzte sich seitwärts nieder. Seitwärts sitzend sprach nun der ehrwürdige Udāyī also zum Erhabenen:

»Während ich da, o Herr, einsam zurückgezogen sann, kam mir folgender Gedanke in den Sinn: ›Viel unselige Dinge, wahrlich, hat uns der Erhabene genommen, viel selige Dinge, wahrlich, hat uns der Erhabene gegeben! Viel unheilsame Dinge, wahrlich, hat uns der Erhabene genommen, viel heilsame Dinge, wahrlich, hat uns der Erhabene gegeben!‹ Denn wir haben früher, o Herr, sowohl am Abend als am Morgen und zu Mittag, außer der Zeit, gegessen. Es war einmal, o Herr, ein Anlaß, wo der Erhabene die Mönche ermahnte: ›Wohlan, ihr Mönche, jenes Mittagessen, außer der Zeit, sollt ihr lassen.‹ Da wurden wir nur betrübt, o Herr, wurden traurig: ›Was uns gläubige Hausleute mittags, außer der Zeit, an Speise und Trank Gutes darreichen, das hat uns der Erhabene zu lassen geheißen, das hat uns der Willkommene verleugnen geheißen.‹ Weil wir nun, o Herr, zum Erhabenen Liebe und Zutrauen hegten, schamhaft und demütig waren, so ließen wir davon ab, mittags, außer der Zeit zu essen. Und so aßen wir denn, o Herr, abends und morgens. Es war aber einst ein Anlaß, o Herr, wo der Erhabene die Mönche ermahnte: ›Wohlan, ihr Mönche, jenes Abendessen, außer der Zeit, sollt ihr lassen.‹ Da wurden wir wieder betrübt, o Herr, wurden traurig: ›Was für Mahlzeit von den beiden uns als die bessere gilt, die hat uns der Erhabene zu lassen geheißen, die hat uns der Willkommene verleugnen geheißen.‹ Einst hatte, o Herr, ein Mann zu Mittag ein Gericht erhalten, und er sprach also: ›Hebt es mir doch auf, abends wollen wir alle gemeinsam speisen.‹ Alles, o Herr, wird für den Abend bereitet, wenig für den Tag. Weil wir aber, o Herr, zum Erhabenen Liebe und Zutrauen hegten, schamhaft und demütig waren, so ließen wir davon ab, abends, außer der Zeit, zu essen. Einst gingen die Mönche, o Herr, im Dunkel der Dämmerung auf Almosen aus und gerieten in Pfützen, fielen in Tümpel, verstiegen sich in Dickicht, traten auf eine schlafende Kuh, kamen mit Menschen zusammen, mit feiernden oder beschäftigten, oder Weiber luden sie auf ungehörige Weise ein. Einst ging ich, o Herr, im Dunkel der Dämmerung auf Almosen aus. Da sah mich, o Herr, eine Frau, die im Rinnstein Geschirr wusch, und als sie mich gesehn rief sie entsetzt aus: ›Ha, weh' mir, ein Gespenst!‹ Ich aber, o Herr, sprach also zur Frau: ›Kein Gespenst, o Schwester, ein Mönch steht um Almosen.‹ – ›So bringt wohl ein Mönch den Leib um, so bringt wohl ein Mönch ein Weib um! Besser wär' es dir, o Mönch, mit scharfem Schlachtmesser den Bauch aufschlitzen und nicht im Dunkel der

Dämmerung um des Bauches willen auf Almosen ausgehn!‹ – Und weil ich, o Herr, mich dessen erinnerte, gedacht' ich bei mir: ›Viel unselige Dinge, wahrlich, hat uns der Erhabene genommen, viel selige Dinge, wahrlich, hat uns der Erhabene gegeben! Viel unheilsame Dinge, wahrlich, hat uns der Erhabene genommen, viel heilsame Dinge, wahrlich, hat uns der Erhabene gegeben!‹«

»Ebenso nun aber, Udāyī, haben da gar manche Toren, von mir ermahnt ›Das mögt ihr lassen‹, dann also gesprochen: ›Was wird es auf solche Kleinigkeit, Winzigkeit ankommen? Allzu peinlich genau ist doch dieser Asket!‹ Und sie lassen nicht davon ab und setzen in Mißtrauen zu mir die Mönche, die sich eifrig üben. Denen wird das, Udayī, eine feste Fessel, eine tüchtige Fessel, eine zähe Fessel, keine faule Fessel, ein schwerer Block. Gleichwie etwa, Udāyī, eine Wachtel, mit einem Bande aus faulem Baste gebunden, eben dadurch in Verderben, in Not oder Tod gerät: wer nun da, Udāyī, also spräche ›Das Band aus faulem Baste, womit diese Wachtel gebunden ist und wodurch sie in Verderben, in Not oder Tod gerät, das ist ja für sie kein festes Band, ist ein schwaches Band, ein faules Band, ein haltloses Band‹, würde der also, Udāyī, recht reden?«

»Gewiß nicht, o Herr! Das Band aus faulem Baste, o Herr, womit diese Wachtel gebunden ist und wodurch sie in Verderben, in Not oder Tod gerät, das ist ja für sie ein festes Band, ein tüchtiges Band, ein zähes Band, kein faules Band, ein schwerer Block.«

»Ebenso nun auch, Udāyī, haben da gar manche Toren, von mir ermahnt ›Das mögt ihr lassen‹, dann also gesprochen: ›Was wird es auf solche Kleinigkeit, Winzigkeit ankommen? Allzu peinlich genau ist doch dieser Asket!‹ Und sie lassen nicht davon ab und setzen in Mißtrauen zu mir die Mönche, die sich eifrig üben. Denen wird das, Udāyī, eine feste Fessel, eine tüchtige Fessel, eine zähe Fessel, keine faule Fessel, ein schwerer Block.

»Und wieder haben da, Udāyī, gar manche edle Söhne, von mir ermahnt ›Das mögt ihr lassen‹, dann also gesprochen: ›Was wird es auf solche Kleinigkeit, Winzigkeit ankommen, die zu lassen ist, die uns der Erhabene zu lassen geheißen, die uns der Willkommene verleugnen geheißen hat!‹ Und sie lassen eben davon ab und setzen nicht in Mißtrauen zu mir die Mönche, die sich eifrig üben. Und weil sie das gelassen, verweilen sie gestillt, ohne Widerstand, ohne Widerrede, mild geworden im Gemüte. Denen wird das, Udāyī, keine feste Fessel, eine schwache Fessel, eine faule Fessel, eine haltlose Fessel.

»Gleichwie etwa, Udāyī, ein Königselefant, mit Doppelhauern, zum

Angriff geeignet, zum Kampf erzogen, der mit starken Riemen und Seilen gefesselt ist, nur gering den Körper bewegend diese Fesseln zerreißt und zertritt und hingeht wohin er will: wer nun da, Udāyī, also spräche, ›Die starken Riemen und Seile, womit dieser Königselefant mit Doppelhauern, zum Angriff geeignet, zum Kampf erzogen, gefesselt ist, und die er, nur gering den Körper bewegend, zerreißt und zertritt, um hinzugehn wohin er will, das sind ja feste Fesseln für ihn, tüchtige Fesseln, keine faulen Fesseln, ein schwerer Block‹, würde der also, Udāyī, recht reden?«

»Gewiß nicht, o Herr! Die starken Riemen und Seile, o Herr, womit dieser Königselefant mit Doppelhauern, zum Angriff geeignet, zum Kampf erzogen, gefesselt ist, nur gering den Körper bewegend zerreißt und zertritt er diese und geht hin wohin er will: das sind ihm wahrlich keine festen Fesseln, sind schwache Fesseln, faule Fesseln, haltlose Fesseln.«

»Ebenso nun auch, Udāyī, haben da gar manche edle Söhne, von mir ermahnt ›Das mögt ihr lassen‹, dann also gesprochen: ›Was wird es auf solche Kleinigkeit, Winzigkeit ankommen, die zu lassen ist, die uns der Erhabene zu lassen geheißen, die uns der Willkommene verleugnen geheißen hat!‹ Und sie lassen eben davon ab und setzen nicht in Mißtrauen zu mir die Mönche, die sich eifrig üben. Und weil sie das gelassen, verweilen sie gestillt, ohne Widerstand, ohne Widerrede, mild geworden im Gemüte. Denen wird das, Udāyī, keine feste Fessel, eine schwache Fessel, eine faule Fessel, eine haltlose Fessel.

»Gleichwie etwa, Udāyī, wenn da ein Mann wäre, arm, unfrei, unselbständig; und er besäße ein einziges Häuschen, verfallen und zerfallen, den Krähen gar sehr zugänglich, durchaus nicht schön, eine einzige Lagerstatt, verfallen und zerfallen, durchaus nicht schön, einen einzigen Scheffel voll Getreidesamen, durchaus nicht schön, ein einziges Weib, durchaus nicht schön: und er sähe in einem Haine einen Mönch, mit rein gewaschenen Händen und Füßen, heiter blickend, nach eingenommenem Mahle, in kühlem Schatten sitzen, hohem Gedenken hingegeben. Und es würd' ihm also zumute: ›Selig ist, wahrlich, Asketenschaft, leidlos ist, wahrlich, Asketenschaft! O wär' ich doch ein solcher, daß ich, mit geschorenem Haar und Barte, mit fahlem Gewande bekleidet, aus dem Hause in die Hauslosigkeit hinauszöge!‹ Und er vermöchte nicht das eine Häuschen, verfallen und zerfallen, den Krähen gar sehr zugänglich, durchaus nicht schön, zu lassen, die eine Lagerstatt, verfallen und zerfallen, durchaus nicht schön, zu lassen, den einen Scheffel voll Getreidesamen, durchaus nicht schön, zu lassen, das eine Weib, durchaus nicht schön, zu lassen und, mit geschorenem Haar und Barte, mit fahlem Gewande bekleidet, aus dem Hause in die Hauslosigkeit hinauszuziehn. Wer nun da, Udāyī, also spräche, ›Die Bande, womit dieser Mann gebunden nicht vermag das eine Häuschen, verfallen und zerfallen, den Krähen gar sehr zugänglich, durchaus nicht schön, zu lassen, die eine Lagerstatt, verfallen und zerfallen, durchaus nicht schön, zu lassen, den einen Scheffel voll Getreidesamen, durchaus nicht schön, zu lassen, das eine Weib, durchaus nicht schön, zu lassen und, mit geschorenem Haar und Barte, mit fahlem Gewande bekleidet, aus dem Hause in die Hauslosigkeit hinauszuziehn, das sind ja für ihn keine festen Bande, sind schwache Bande, faule Bande, haltlose Bande‹, würde der also, Udāyī, recht reden?«

»Gewiß nicht, o Herr! Die Bande, o Herr, womit dieser Mann gebunden nicht vermag das eine Häuschen, verfallen und zerfallen, den Krähen gar sehr zugänglich, durchaus nicht schön, zu lassen, die eine Lagerstatt, verfallen und zerfallen, durchaus nicht schön, zu lassen, den einen Scheffel voll Getreidesamen, durchaus nicht schön, zu lassen, das eine Weib, durchaus nicht schön, zu lassen und, mit geschorenem Haar und Barte, mit fahlem Gewande bekleidet, aus dem Hause in die Hauslosigkeit hinauszuziehn, das sind ja für ihn feste Bande, tüchtige Bande, zähe Bande, keine faulen Bande, ein schwerer Block.«

»Ebenso nun auch, Udāyī, haben da gar manche Toren, von mir ermahnt ›Das mögt ihr lassen‹, dann also gesprochen: ›Was wird es auf solche Kleinigkeit, Winzigkeit ankommen? Allzu peinlich genau ist doch dieser Asket!‹ Und sie lassen nicht davon ab und setzen in Mißtrauen zu mir die Mönche, die sich eifrig üben. Denen wird das Udāyī, eine feste Fessel, eine tüchtige Fessel, eine zähe Fessel, keine faule Fessel, ein schwerer Block.

»Gleich wie, Udāyī, wenn da ein Hausvater wäre, oder der Sohn eines Hausvaters, reich, mit Gold und Gut mächtig begabt, im Besitze vieler Haufen Goldes, im Besitze vieler Massen Getreides, im Besitze vieler Felder und Wiesen, im Besitze vieler Häuser und Höfe, im Besitze vieler Scharen von Frauen, im Besitze vieler Scharen von Dienern, im Besitze vieler Scharen von Dienerinnen: und er sähe in einem Haine einen Mönch, mit rein gewaschenen Händen und Füßen, heiter blikkend, nach eingenommenem Mahle, in kühlem Schatten sitzen, hohem Gedenken hingegeben. Und es würd' ihm also zumute: ›Selig ist, wahrlich, Asketenschaft, leidlos ist, wahrlich, Asketenschaft! O wär' ich doch ein solcher, daß ich, mit geschorenem Haar und Barte, mit fahlem Gewande bekleidet, aus dem Hause in die Hauslosigkeit hinauszöge!‹

Und er vermöchte die vielen Haufen Goldes zu lassen, die vielen Massen Getreides zu lassen, die vielen Felder und Wiesen zu lassen, die vielen Häuser und Höfe zu lassen, die vielen Scharen von Frauen zu lassen, die vielen Scharen von Dienern zu lassen, die vielen Scharen von Dienerinnen zu lassen und, mit geschorenem Haar und Barte, mit fahlem Gewande bekleidet, aus dem Hause in die Hauslosigkeit hinauszuziehn. Wer nun da, Udāyī, also spräche, ›Die Bande, womit dieser Mann gebunden vermag viele Haufen Goldes zu lassen, viele Massen Getreides zu lassen, viele Felder und Wiesen zu lassen, viele Häuser und Höfe zu lassen, viele Scharen von Frauen zu lassen, viele Scharen von Dienern zu lassen, viele Scharen von Dienerinnen zu lassen und, mit geschorenem Haar und Barte, mit fahlem Gewande bekleidet, aus dem Hause in die Hauslosigkeit hinauszuziehn, das sind ja für ihn feste Bande, tüchtige Bande, zähe Bande, keine faulen Bande, ein schwerer Block‹, würde der also, Udāyī, recht reden?«

»Gewiß nicht, o Herr! Die Bande, o Herr, womit dieser Mann gebunden vermag viele Haufen Goldes zu lassen, viele Massen Getreides zu lassen, viele Felder und Wiesen zu lassen, viele Häuser und Höfe zu lassen, viele Scharen von Frauen zu lassen, viele Scharen von Dienern zu lassen, viele Scharen von Dienerinnen zu lassen und, mit geschorenem Haar und Barte, mit fahlem Gewande bekleidet, aus dem Hause in die Hauslosigkeit hinauszuziehn, das sind ja für ihn keine festen Bande, sind schwache Bande, faule Bande, haltlose Bande.«

»Ebenso nun auch, Udāyī, haben da gar manche edle Söhne, von mir ermahnt ›Das mögt ihr lassen‹, dann also gesprochen: ›Was wird es auf solche Kleinigkeit, Winzigkeit ankommen, die zu lassen ist, die uns der Erhabene zu lassen geheißen, die uns der Willkommene verleugnen geheißen hat!‹ Und sie lassen eben davon ab und setzen nicht in Mißtrauen zu mir die Mönche, die sich eifrig üben. Und weil sie das gelassen, verweilen sie gestillt, ohne Widerstand, ohne Widerrede, mild geworden im Gemüte. Denen wird das, Udāyī, keine feste Fessel, eine schwache Fessel, eine faule Fessel, eine haltlose Fessel.

»Vier Arten von Menschen, Udāyī, finden sich hier in der Welt vor: welche vier? Da ist, Udāyī, ein Mensch auf dem Wege das Anhaften zu lassen, das Anhaften zu verleugnen; und während er auf dem Wege ist das Anhaften zu lassen, das Anhaften zu verleugnen, kommen ihn mit Anhaften verbundene Erinnerungen an: und er gönnt ihnen Raum, verleugnet sie nicht, vertreibt sie nicht, vertilgt sie nicht, erstickt sie nicht im Keime. Einen solchen Menschen, Udāyī, nenn' ich gefesselt, nicht entfesselt: und warum das? Weil ich die Sinnesart, Udāyī, bei diesem Menschen gemerkt habe. Da ist ferner, Udāyī, ein Mensch auf dem Wege das Anhaften zu lassen, das Anhaften zu verleugnen; und während er auf dem Wege ist, das Anhaften zu lassen, das Anhaften zu verleugnen, kommen ihn mit Anhaften verbundene Erinnerungen an: und er gönnt ihnen keinen Raum, verleugnet sie, vertreibt sie, vertilgt sie, erstickte sie im Keime. Auch einen solchen Menschen, Udāyī, nenn' ich gefesselt, nicht entfesselt: und warum das? Weil ich die Sinnesart, Udāyī, bei diesem Menschen gemerkt habe. Da ist ferner, Udāyī, ein Mensch auf dem Wege das Anhaften zu lassen, das Anhaften zu verleugnen; und während er auf dem Wege ist das Anhaften zu lassen, das Anhaften zu verleugnen, kommen ihn gelegentlich hie und da wirre Gedanken, mit Anhaften verbundene Erinnerungen an. Langsam, Udāyī, treten die Gedanken auf, aber gar eilig verleugnet er sie, vertreibt sie, vertilgt sie, erstickt sie im Keime. Gleichwie etwa, Udāyī, wenn ein Mann auf eine tagüber am Feuer glühende eiserne Pfanne zwei oder drei Wassertropfen herabträufeln ließe – langsam, Udāyī, wäre der Fall der Tropfen, aber gar eilig würden sie aufgelöst und verschwunden sein –: ebenso nun auch, Udāyī, ist da ein Mensch auf dem Wege das Anhaften zu lassen, das Anhaften zu verleugnen; und während er auf dem Wege ist das Anhaften zu lassen, das Anhaften zu verleugnen, kommen ihn gelegentlich hie und da wirre Gedanken, mit Anhaften verbundene Erinnerungen an. Langsam, Udāyī, treten die Gedanken auf, aber gar eilig verleugnet er sie, vertreibt sie, vertilgt sie, erstickt sie im Keime. Auch einen solchen Menschen, Udāyī, nenn' ich gefesselt, nicht entfesselt: und warum das? Weil ich die Sinnesart, Udāyī, bei diesem Menschen gemerkt habe. Und ferner, Udāyī, hat da ein Mensch gemerkt ›Anhaften ist des Leidens Wurzel‹, und er haftet nirgend an und ist im Versiegen des Anhaftens erlöst. Einen solchen Menschen, Udāyī, nenn' ich entfesselt, nicht gefesselt: und warum das? Weil ich die Sinnesart, Udāyī, bei diesem Menschen gemerkt habe.

»Fünf Begehrungen, Udāyī, gibt es: welche fünf? Die durch das Gesicht ins Bewußtsein tretenden Formen, die ersehnten, geliebten, entzückenden, angenehmen, dem Begehren entsprechenden, reizenden; die durch das Gehör ins Bewußtsein tretenden Töne, die ersehnten, geliebten, entzückenden, angenehmen, dem Begehren entsprechenden, reizenden; die durch den Geruch ins Bewußtsein tretenden Düfte, die ersehnten, geliebten, entzückenden, angenehmen, dem Begehren entsprechenden, reizenden; die durch den Geschmack ins Bewußtsein tretenden Säfte, die ersehnten, geliebten, entzückenden, angenehmen, dem Begehren entsprechenden, reizenden; die durch das Getast ins Bewußtsein tretenden Tastungen, die ersehnten, geliebten, entzückenden, angenehmen, dem Begehren entsprechenden, reizenden. Das sind, Udāyī, die fünf Begehrungen. Was da, Udāyī, Wohl und Erwünschtes diesen fünf Begehrungen gemäß geht, das nennt man Begierdenwohl, kotiges Wohl, gemeines Menschenwohl, unheiliges Wohl. Nicht zu pflegen, nicht zu hegen, nicht zu mehren ist es: zu hüten hat man sich vor solchem Wohle, sag' ich.

»Da weilt, Udāyī, ein Mönch, gar fern von Begierden, fern von unheilsamen Dingen, in sinnend gedenkender ruhegeborener seliger Heiterkeit, in der Weihe der ersten Schauung. Nach Vollendung des Sinnens und Gedenkens erwirkt er die innere Meeresstille, die Einheit des Gemütes, die von Sinnen, von Gedenken freie, in der Einigung geborene selige Heiterkeit, die Weihe der zweiten Schauung. In heiterer Ruhe verweilt er gleichmütig, einsichtig, klar bewußt, ein Glück empfindet er im Körper, von dem die Heiligen sagen: ›Der gleichmütig Einsichtige lebt beglückt‹; so erwirkt er die Weihe der dritten Schauung. Nach Verwerfung der Freuden und Leiden, nach Vernichtung des einstigen Frohsinns und Trübsinns erwirkt er die Weihe der leidlosen, freudlosen, gleichmütig einsichtigen vollkommenen Reine, die vierte Schauung. Das nennt man Wohl der Entsagung, Wohl der Einsamkeit, Wohl der Beruhigung, Wohl der Erwachung. Zu pflegen und zu hegen und zu mehren ist es: nicht zu hüten hat man sich vor solchem Wohle, sag' ich.

»Da weilt, Udāyī, ein Mönch, gar fern von Begierden, fern von unheilsamen Dingen, in sinnend gedenkender ruhegeborener seliger Heiterkeit, in der Weihe der ersten Schauung. Das aber nenn' ich, Udāyī, der Regung unterworfen: und was ist da der Regung unterworfen? Was eben dabei als Sinnen und Gedenken nicht ausgerodet ist, das gilt hier als Regung. Da gewinnt, Udāyī, ein Mönch nach Vollendung des Sinnens und Gedenkens die innere Meeresstille, die Einheit des Gemütes, die von Sinnen, von Gedenken freie, in der Einigung geborene selige Heiterkeit, die Weihe der zweiten Schauung. Auch das nenn' ich, Udāyī, der Regung unterworfen: und was ist da der Regung unterworfen? Was eben dabei als selige Heiterkeit nicht ausgerodet ist, das gilt hier als Regung. Da verweilt, Udāyī, ein Mönch in heiterer Ruhe, gleichmütig, einsichtig, klar bewußt, ein Glück empfindet er im Körper, von dem die Heiligen sagen: ›Der gleichmütig Einsichtige lebt beglückt‹; so erwirkt er die Weihe der dritten Schauung. Auch das nenn' ich, Udāyī, der Regung unterworfen: und was ist da der Regung unterworfen? Was eben dabei als seliger Gleichmut nicht ausgerodet ist, das gilt hier als Regung. Da erwirkt, Udāyī, ein Mönch nach Verwerfung der Freuden und Leiden, nach Vernichtung des einstigen Frohsinns und Trübsinns die Weihe der leidlosen, freudlosen, gleichmütig einsichtigen vollkommenen Reine, die vierte Schauung. Und das nenn' ich, Udāyī, keiner Regung unterworfen.

»Da weilt, Udāyī, ein Mönch, gar fern von Begierden, fern von unheilsamen Dingen, in sinnend gedenkender ruhegeborener seliger Heiterkeit, in der Weihe der ersten Schauung. Das aber nenn' ich, Udāyī, unzulänglich, und sage ›Verwerft es‹, sage ›Überwindet es‹: und was ist hier die Überwindung? Da gewinnt, Udāyī, ein Mönch nach Vollendung des Sinnens und Gedenkens die innere Meeresstille, die Einheit des Gemütes, die von Sinnen, von Gedenken freie, in der Einigung geborene selige Heiterkeit, die Weihe der zweiten Schauung. Das ist hier die Überwindung. Auch das nenn' ich, Udāyī, unzulänglich, und sage ›Verwerft es‹, sage ›Überwindet es‹: und was ist hier die Überwindung? Da verweilt, Udāyī, ein Mönch in heiterer Ruhe, gleichmütig, einsichtig, klar bewußt, ein Glück empfindet er im Körper, von dem die Heiligen sagen: ›Der gleichmütig Einsichtige lebt beglückt‹; so erwirkt er die Weihe der dritten Schauung. Das ist hier die Überwindung. Auch das nenn' ich, Udāyī, unzulänglich, und sage ›Verwerft es‹, sage ›Überwindet es‹: und was ist hier die Überwindung? Da erwirkt, Udāyī, ein Mönch nach Verwerfung der Freuden und Leiden, nach Vernichtung des einstigen Frohsinns und Trübsinns die Weihe der leidlosen, freudlosen, gleichmütig einsichtigen vollkommenen Reine, die vierte Schauung. Das ist hier die Überwindung. Auch das nenn' ich, Udāyī, unzulänglich, und sage ›Verwerft es‹, sage ›Überwindet es‹: und was ist hier die Überwindung? Da gewinnt, Udāyī, ein Mönch nach völliger Überwindung der Formwahrnehmungen, Vernichtung der Gegenwahrnehmungen, Verwerfung der Vielheitwahrnehmungen in dem Gedanken ›Grenzenlos ist der Raum‹ das Reich des unbegrenzten Raumes. Das ist hier die Überwindung. Auch das nenn' ich, Udāyī, unzulänglich, und sage ›Verwerft es‹, sage ›Überwindet es‹: und was ist hier die Überwindung? Da gewinnt, Udāyī, ein Mönch nach völliger Überwindung der unbegrenzten Raumsphäre in dem Gedanken ›Grenzenlos ist das Bewußtsein‹ das Reich des unbegrenzten Bewußtseins. Das ist hier die Überwindung. Auch das nenn' ich, Udāyī, unzulänglich, und sage ›Verwerft es‹, sage ›Überwindet es‹: und was ist hier die Überwindung? Da gewinnt, Udāyī, ein Mönch nach völliger Überwindung der unbegrenzten Bewußtseinsphäre in dem Gedanken ›Nichts ist da‹ das Reich des Nichtdaseins. Das ist hier die Überwindung. Auch das nenn' ich,

Udāyī, unzulänglich, und sage ›Verwerft es‹, sage ›Überwindet es‹: und was ist hier die Überwindung? Da erreicht, Udāyī, ein Mönch nach völliger Überwindung der Nichtdaseinsphäre die Grenzscheide möglicher Wahrnehmung. Das ist hier die Überwindung. Auch das nenn' ich, Udāyī, unzulänglich, und sage ›Verwerft es‹, sage ›Überwindet es‹: und was ist hier die Überwindung? Da erreicht, Udāyī, ein Mönch nach völliger Überwindung der Grenzscheide möglicher Wahrnehmung die Auflösung der Wahrnehmbarkeit. Das ist hier die Überwindung. Und so sag' ich denn, Udāyī, daß auch die Grenzscheide möglicher Wahrnehmung zu überschreiten sei. Siehst du etwa, Udāyī, eine Fessel, fein oder gemein, die zu lassen ich nicht geheißen habe?«

»Gewiß nicht, o Herr!«

Also sprach der Erhabene. Zufrieden freute sich der ehrwürdige Udāyī über das Wort des Erhabenen.

43. VOR CĀTUMĀ

67. Rede

Das hab' ich gehört. Zu einer Zeit weilte der Erhabene bei Cātumā, im Āmalakīwalde.

Zu dieser Zeit nun waren mit Sāriputto und Moggallāno gegen fünfhundert Mönche in Cātumā angekommen, den Erhabenen zu sehn. Und diese ankommenden Mönche, die sich mit den anwesenden Mönchen freundlich begrüßten und denen Sitz und Lagerstatt angewiesen und Mantel und Schale abgenommen wurde, machten lauten Lärm, großen Lärm. Da nun wandte sich der Erhabene an den ehrwürdigen Ānando:

»Was ist das nur, Ānando, für lauter Lärm, großer Lärm? Als ob Fischer um die Beute rauften.«

»Es sind da, o Herr, mit Sāriputto und Moggallāno gegen fünfhundert Mönche in Cātumā angekommen, den Erhabenen zu sehn. Und diese ankommenden Mönche, die sich mit den anwesenden Mönchen freundlich begrüßen und denen Sitz und Lagerstatt angewiesen und Mantel und Schale abgenommen wird, machen lauten Lärm, großen Lärm.«

»So geh' denn, Ānando, und sage den Mönchen in meinem Namen: Der Meister läßt euch Ehrwürdige rufen.«

»Wohl, o Herr!« erwiderte der ehrwürdige Ānando, dem Erhabenen gehorchend, und begab sich dorthin wo jene Mönche weilten. Dort angelangt sprach er also zu ihnen: »Der Meister läßt euch Ehrwürdige rufen.«

»Gut, o Bruder, wir kommen!« erwiderten jene Mönche dem ehrwürdigen Ānando und begaben sich dorthin wo der Erhabene weilte. Dort angelangt begrüßten sie den Erhabenen ehrerbietig und setzten sich seitwärts nieder. Und zu den Mönchen, die da seitwärts saßen, sprach der Erhabene also:

»Was macht ihr nur, Mönche, für lauten Lärm, großen Lärm? Als ob Fischer um die Beute rauften.«

»Es sind hier, o Herr, mit Sāriputto und Moggallano gegen fünfhundert Mönche in Cātumā angekommen, den Erhabenen zu sehn. Und eben diese ankommenden Mönche, die sich mit den anwesenden Mönchen freundlich begrüßen und denen Sitz und Lagerstatt angewiesen und Mantel und Schale abgenommen wird, machen lauten Lärm, großen Lärm.«

»Geht weiter, Mönche, ich entlass' euch: nicht sollt ihr bei mir sein.«

»Also, Herr!« erwiderten jene Mönche, dem Erhabenen gehorchend, standen von ihren Sitzen auf, begrüßten den Erhabenen ehrerbietig, schritten rechts herum, brachten ihr Lager in Ordnung, nahmen Mantel und Schale und zogen von dannen.

Um diese Zeit nun waren die Sakyerfürsten von Cātumā im städtischen Herrenhause zusammengekommen, irgendeine Angelegenheit zu beraten. Es sahn aber die Sakyerfürsten von Cātumā jene Mönche wie sie von ferne heranzogen, und als sie die Mönche gesehn gingen sie ihnen entgegen und sprachen sie also an:

»Ei, wo geht ihr denn, Ehrwürdige, wieder hin?«

»Der Erhabene, ihr Lieben, hat die Mönchgemeinde entlassen.«

»So nehmt doch, Ehrwürdige, eine Weile hier Platz: vielleicht gelingt es uns den Erhabenen zu versöhnen.«

»Gern, ihr Lieben!« erwiderten jene Mönche den Sakyerfürsten von Cātumā.

Und die Sakyerfürsten von Cātumā begaben sich dorthin wo der Erhabene weilte. Dort angelangt begrüßten sie den Erhabenen ehrerbietig und setzten sich seitwärts nieder. Seitwärts sitzend sprachen nun die Sakyerfürsten von Cātumā zum Erhabenen also:

»Annehmen möge, o Herr, der Erhabene die Mönchgemeinde, aufnehmen möge, o Herr, der Erhabene die Mönchgemeinde! Gleichwie da, o Herr, der Erhabene früher die Mönchgemeinde begnadet hat, ebenso nun auch möge der Erhabene jetzt die Mönchgemeinde begnaden! Es sind hier, o Herr, neue Mönche, erst seit kurzem Asketen, eben erst in diese Lehre und Ordnung eingetreten: und wenn diese den Erhabenen nicht zu sehn bekämen, so möchten sie verkümmern, möchten verderben. Gleichwie etwa, o Herr, zarte Schößlinge ohne Wasser zu bekommen verkümmern und verderben möchten, ebenso nun auch, o Herr, gibt es hier neue Mönche, die erst seit kurzem Asketen, eben erst in diese Lehre und Ordnung eingetreten sind: und wenn diese den Erhabenen nicht zu sehn bekämen, so möchten sie verkümmern, möchten verderben. Gleichwie etwa, o Herr, ein zartes Kalb von der Mutter getrennt verkümmern und verderben möchte, ebenso nun auch, o Herr, gibt es hier neue Mönche, die erst seit kurzem Asketen, eben erst in diese Lehre und Ordnung eingetreten sind: und wenn diese den Erhabenen nicht zu sehn bekämen, so möchten sie verkümmern, möchten verderben. Annehmen möge, o Herr, der Erhabene die Mönchgemeinde, aufnehmen möge, o Herr, der Erhabene die Mönchgemeinde! Gleichwie da, o Herr, der Erhabene früher die Mönchgemeinde begnadet hat, ebenso nun auch möge der Erhabene jetzt die Mönchgemeinde begnaden!«

Nun aber gewahrte Brahmā Sahampati des Erhabenen Herzenserwägung im Herzen; und so schnell wie etwa ein kräftiger Mann den eingezogenen Arm ausstrecken oder den ausgestreckten Arm einziehn mag, verschwand er da aus der Brahmawelt und erschien vor dem Erhabenen. Und Brahmā Sahampati entblößte eine Schulter, faltete die Hände zum Erhabenen und sprach zum Erhabenen also:

»Annehmen möge, o Herr, der Erhabene die Mönchgemeinde, aufnehmen möge, o Herr, der Erhabene die Mönchgemeinde! Gleichwie da, o Herr, der Erhabene früher die Mönchgemeinde begnadet hat, ebenso nun auch möge der Erhabene jetzt die Mönchgemeinde begnaden! Es sind hier, o Herr, neue Mönche, erst seit kurzem Asketen, eben erst in diese Lehre und Ordnung eingetreten: und wenn diese den Erhabenen nicht zu sehn bekämen, so möchten sie verkümmern, möchten verderben. Gleichwie etwa, o Herr, zarte Schößlinge ohne Wasser zu bekommen verkümmern und verderben möchten, ebenso nun auch, o Herr, gibt es hier neue Mönche, die erst seit kurzem Asketen, eben erst in diese Lehre und Ordnung eingetreten sind: und wenn diese den Erhabenen nicht zu sehn bekämen, so möchten sie verkümmern, möchten verderben. Gleichwie etwa, o Herr, ein zartes Kalb von der Mutter getrennt verkümmern und verderben möchte, ebenso nun auch, o Herr, gibt es hier neue Mönche, die erst seit kurzem Asketen, eben erst in diese Lehre und Ordnung eingetreten sind: und wenn diese den Erhabenen nicht zu sehn bekämen, so möchten sie verkümmern, möchten verderben. Annehmen möge, o Herr, der Erhabene die Mönchgemeinde, aufnehmen möge, o Herr, der Erhabene die Mönchgemeinde! Gleichwie da, o Herr, der Erhabene früher die Mönchgemeinde begnadet hat, ebenso nun auch möge der Erhabene jetzt die Mönchgemeinde begnaden!«

Und es gelang den Sakyerfürsten von Cātumā und Brahmā Sahampati den Erhabenen zu versöhnen, durch das Gleichnis vom Schößling und durch das Gleichnis vom Kalbe. Und der ehrwürdige Mahāmoggallāno wandte sich an die Mönche:

»Steht auf, ihr Brüder, und nehmt Mantel und Schale: versöhnt ist der Erhabene von den Sakyerfürsten aus Cātumā und von Brahmā Sahampati, durch das Gleichnis vom Schößling und durch das Gleichnis vom Kalbe.«

»Wohl, o Bruder!« sagten da jene Mönche, dem ehrwürdigen Mahāmoggallāno willfahrend; und sie standen auf, nahmen Mantel und Schale und begaben sich dorthin wo der Erhabene weilte. Dort angelangt begrüßten sie den Erhabenen ehrerbietig und setzten sich seitwärts nieder. Und zum ehrwürdigen Sāriputto, der an der Seite saß, sprach der Erhabene also:

»Was dachtest du, Sāriputto, da ich die Mönchgemeinde entließ?«

»Also dacht' ich, o Herr, da der Erhabene die Mönchgemeinde entließ: ›Selbstgenügsam will jetzt der Erhabene seliger Gegenwart genießen, und auch wir wollen jetzt selbstgenügsam seliger Gegenwart genießen.‹«

»Gehe du, Sāriputto, gehe du, Sāriputto: und nicht wieder, Sāriputto, sollst du einen solchen Gedanken hegen.«

Und der Erhabene wandte sich an den ehrwürdigen Mahāmoggallāno:

»Was dachtest du, Moggallāno, da ich die Mönchgemeinde entließ?«

»Also dacht' ich, o Herr, da der Erhabene die Mönchgemeinde entließ: ›Selbstgenügsam will jetzt der Erhabene seliger Gegenwart genießen, ich aber und der ehrwürdige Sāriputto werden uns jetzt der Mönchgemeinde annehmen.‹«

»Gut, gut, Moggallāno: sei es eben ich, der sich da der Mönchgemeinde annimmt, sei es eben Sāriputto und Moggallāno.«

Und der Erhabene wandte sich nun an die Mönche:

»Vier Gefahren, ihr Mönche, sind da bei einem Badenden zu gewärtigen: welche vier? Die Gefahr der Woge, die Gefahr des Krokodils, die Gefahr des Strudels, die Gefahr des Haies. Das, ihr Mönche, sind die vier Gefahren, die bei einem Badenden zu gewärtigen sind. Ebenso nun auch, ihr Mönche, sind da vier Gefahren bei manchen Menschen zu gewärtigen, der in diese Lehre und Ordnung, aus dem Hause in die Hauslosigkeit gezogen ist: welche vier? Die Gefahr der Woge, die Gefahr des Krokodils, die Gefahr des Strudels, die Gefahr des Haies.

»Was ist aber, ihr Mönche, die Gefahr der Woge? Da ist, ihr Mönche, ein edler Sohn von Zuversicht bewogen aus dem Hause in die Hauslosigkeit gewandert: ›Versunken bin ich in Geburt, in Altern und Sterben, in Wehe, Jammer und Leiden, in Gram und Verzweiflung, in Leiden versunken, in Leiden verloren! O daß es doch etwa möglich wäre dieser ganzen Leidensfülle ein Ende zu machen!‹ Mit solcher Gesinnung hat er der Welt entsagt, und seine Ordensbrüder belehren ihn, ermahnen ihn: ›So sollst du herzugehn, so sollst du hinzugehn, so sollst du aufblicken, so sollst du wegblicken, so sollst du dich neigen, so sollst du dich heben, so sollst du des Ordens Gewand und Almosenschale tragen.‹ Und es wird ihm also zumute: ›Wir, die wir früher als Hausleute lebten, haben andere belehrt und ermahnt: und diese, die wohl unsere Kinder, wohl unsere Enkel sein könnten, meinen uns belehren und ermahnen zu müssen!‹ Und er gibt die Askese auf und kehrt zur Gewohnheit zurück. Ein solcher, ihr Mönche, sagt man, hat aus Furcht vor der Gefahr der Woge die Askese aufgegeben und ist zur Gewohnheit zurückgekehrt. ›Die Gefahr der Woge‹, ihr Mönche: das ist eine Bezeichnung für Zorn und Verzweiflung.

»Was aber, ihr Mönche, ist die Gefahr des Krokodils? Da ist, ihr Mönche, ein edler Sohn von Zuversicht bewogen aus dem Hause in die Hauslosigkeit gewandert: ›Versunken bin ich in Geburt, in Altern und Sterben, in Wehe, Jammer und Leiden, in Gram und Verzweiflung, in Leiden versunken, in Leiden verloren! O daß es doch etwa möglich wäre dieser ganzen Leidensfülle ein Ende zu machen!‹ Mit solcher Gesinnung hat er der Welt entsagt, und seine Ordensbrüder belehren ihn, ermahnen ihn: ›Das darfst du kauen, das darfst du nicht kauen, das darfst du essen, das darfst du nicht essen, das darfst du schmecken, das darfst du nicht schmecken, das darfst du trinken, das darfst du nicht trinken; Geziemendes darfst du kauen, Ungeziemendes darfst du nicht kauen, Geziemendes darfst du essen, Ungeziemendes darfst du nicht essen, Geziemendes darfst du schmecken, Ungeziemendes darfst du nicht schmecken, Geziemendes darfst du trinken, Ungeziemendes darfst du nicht trinken; zur Zeit darfst du kauen, zur Unzeit darfst du nicht kauen, zur Zeit darfst du essen, zur Unzeit darfst du nicht essen, zur Zeit darfst du schmecken, zur Unzeit darfst du nicht schmecken, zur

Zeit darfst du trinken, zur Unzeit darfst du nicht trinken.‹ Und es wird ihm also zumute: ›Wir, die wir früher als Hausleute lebten, haben gekaut was wir wollten, und was wir nicht wollten, das haben wir nicht gekaut, haben gegessen was wir wollten, und was wir nicht wollten, das haben wir nicht gegessen, haben geschmeckt was wir wollten, und was wir nicht wollten, das haben wir nicht geschmeckt, haben getrunken was wir wollten, und was wir nicht wollten, das haben wir nicht getrunken; Geziemendes haben wir gekaut, und Ungeziemendes haben wir gekaut, Geziemendes haben wir gegessen, und Ungeziemendes haben wir gegessen, Geziemendes haben wir geschmeckt, und Ungeziemendes haben wir geschmeckt, Geziemendes haben wir getrunken, und Ungeziemendes haben wir getrunken; zur Zeit haben wir gekaut, und zur Unzeit haben wir gekaut, zur Zeit haben wir gegessen, und zur Unzeit haben wir gegessen, zur Zeit haben wir geschmeckt, und zur Unzeit haben wir geschmeckt, zur Zeit haben wir getrunken, und zur Unzeit haben wir getrunken. Wenn uns gläubige Hausleute mittags zur Unzeit an Speise und Trank Gutes darreichen, so halten uns diese hier gleichsam den Mund zu!‹ Und er gibt die Askese auf und kehrt zur Gewohnheit zurück. Ein solcher, ihr Mönche, sagt man, hat aus Furcht vor der Gefahr des Krokodils die Askese aufgegeben und ist zur Gewohnheit zurückgekehrt. ›Die Gefahr des Krokodils‹, ihr Mönche: das ist eine Bezeichnung für Gefräßigkeit.

»Was aber, ihr Mönche, ist die Gefahr des Strudels? Da ist, ihr Mönche, ein edler Sohn von Zuversicht bewogen aus dem Hause in die Hauslosigkeit gewandert: ›Versunken bin ich in Geburt, in Altern und Sterben, in Wehe, Jammer und Leiden, in Gram und Verzweiflung, in Leiden versunken, in Leiden verloren! O daß es doch etwa möglich wäre dieser ganzen Leidensfülle ein Ende zu machen!‹ Mit solcher Gesinnung hat er der Welt entsagt, und er geht, zeitig gerüstet, mit Mantel und Schale versehn, nach dem Dorfe oder nach der Stadt um Almosenspeise, aber ohne den Körper zu hüten, ohne die Rede zu hüten, ohne die Einsicht gewärtig zu halten, ohne die Sinne gezügelt zu haben. Und da erblickt er einen Hausvater, oder den Sohn eines Hausvaters, mit dem Besitz und Genuß der fünf Begehrungen begabt. Und es wird ihm also zumute: ›Wir, die wir früher als Hausleute lebten, waren mit dem Besitz und Genuß der fünf Begehrungen begabt. Wir sind reich zu Hause: man kann den Reichtum genießen und Gutes tun!‹ Und er gibt die Askese auf und kehrt zur Gewohnheit zurück. Ein solcher, ihr Mönche, sagt man, hat aus Furcht vor der Gefahr des Strudels die Askese aufgegeben und ist zur Gewohnheit zurückgekehrt. ›Die Gefahr des

Strudels‹, ihr Mönche: das ist eine Bezeichnung für die fünf Begehrungen.

»Und was ist, ihr Mönche, die Gefahr des Haies? Da ist, ihr Mönche, ein edler Sohn von Zuversicht bewogen aus dem Hause in die Hauslosigkeit gewandert: ›Versunken bin ich in Geburt, in Altern und Sterben, in Wehe, Jammer und Leiden, in Gram und Verzweiflung, in Leiden versunken, in Leiden verloren! O daß es doch etwa möglich wäre dieser ganzen Leidensfülle ein Ende zu machen!‹ Mit solcher Gesinnung hat er der Welt entsagt, und er geht, zeitig gerüstet, mit Mantel und Schale versehn, nach dem Dorfe oder nach der Stadt um Almosenspeise, aber ohne den Körper zu hüten, ohne die Rede zu hüten, ohne die Einsicht gewärtig zu halten, ohne die Sinne gezügelt zu haben. Und da erblickt er ein Weib, halb angekleidet nur oder nur halb verhüllt. Und weil er ein Weib gesehn hat, halb angekleidet nur oder nur halb verhüllt, wird sein Herz von Gier geschwellt. Und weil sein Herz von Gier geschwellt ist, gibt er die Askese auf und kehrt zur Gewohnheit zurück. Ein solcher, ihr Mönche, sagt man, hat aus Furcht vor der Gefahr des Haies die Askese aufgegeben und ist zur Gewohnheit zurückgekehrt. ›Die Gefahr des Haies‹, ihr Mönche: das ist eine Bezeichnung für das Weib.

»Das sind, ihr Mönche, die vier Gefahren, die man da bei manchem Menschen, der in diese Lehre und Ordnung, aus dem Hause in die Hauslosigkeit gezogen ist, zu gewärtigen hat.«

Also sprach der Erhabene. Zufrieden freuten sich jene Mönche über das Wort des Erhabenen.

44. DER RINDERHIRT I

33. Rede

Das hab' ich gehört. Zu einer Zeit weilte der Erhabene bei Sāvatthī, im Siegerwalde, im Garten Anāthapiṇḍikos. Dort nun wandte sich der Erhabene an die Mönche: »Ihr Mönche!« – »Erlauchter!« antworteten da jene Mönche dem Erhabenen aufmerksam. Der Erhabene sprach also:

»Elf Eigenschaften, ihr Mönche, machen es einem Rinderhirten unmöglich seine Herde zu hüten, zum Gedeihen zu bringen; welche elf?

Da ist, ihr Mönche, ein Rinderhirt der Leibesart unkundig, versteht nicht die Lebensweise, verscheucht nicht das Schädliche, verbindet nicht Wunden, macht kein Feuer an, kennt keine Furt, kennt keine Quelle, kennt keinen Steig, kennt keine Weide, er melkt übermäßig, und den Stieren, den Vätern der Herde, den Führern der Herde, denen schenkt er keine besondere Aufmerksamkeit.

»Diese elf Eigenschaften, ihr Mönche, machen es einem Rinderhirten unmöglich seine Herde zu hüten, zum Gedeihen zu bringen.

»Ebenso nun auch, ihr Mönche, machen es elf Eigenschaften einem Mönch unmöglich in diesem Orden der Wahrheit zum Gedeihen, zur Reife und Entfaltung zu gelangen; welche elf? Da ist, ihr Mönche, ein Mönch der Leibesart unkundig, versteht nicht die Lebensweise, verscheucht nicht das Schädliche, verbindet nicht Wunden, macht kein Feuer an, kennt keine Furt, kennt keine Quelle, kennt keinen Steig, kennt keine Weide, er melkt übermäßig, und den Mönchen, den Oberen, den Bejahrten, den im Asketentume Ergrauten, den Vätern des Ordens, den Führern des Ordens, denen schenkt er keine besondere Aufmerksamkeit.

»Wie aber, ihr Mönche, ist ein Mönch der Leibesart unkundig? Da betrachtet, ihr Mönche, ein Mönch alles Körperliche, die gesamte Körperlichkeit, die vier Hauptstoffe und was durch die vier Hauptstoffe besteht, nicht der Wahrheit gemäß als körperlich. Also, ihr Mönche, ist ein Mönch der Leibesart unkundig. Und wie, ihr Mönche, versteht ein Mönch nicht die Lebensweise? Da erkennt, ihr Mönche, ein Mönch nicht der Wahrheit gemäß: die Tat zeigt mir den Toren, die Tat zeigt mir den Weisen. Also, ihr Mönche, versteht ein Mönch nicht die Lebensweise. Und wie, ihr Mönche, verscheucht ein Mönch nicht das Schädliche? Da gibt, ihr Mönche, ein Mönch einem aufgestiegenen Wunschgedanken Raum, verwirft ihn nicht, vertreibt ihn nicht, vertilgt ihn nicht, vernichtet ihn nicht; einem aufgestiegenen Haßgedanken, einem aufgestiegenen Wutgedanken und anderen aufgestiegenen bösen, schlechten Gedanken gibt er Raum, verwirft sie nicht, vertreibt sie nicht, vertilgt sie nicht, vernichtet sie nicht. Also, ihr Mönche, verscheucht ein Mönch nicht das Schädliche. Und wie, ihr Mönche, verbindet ein Mönch nicht Wunden? Wenn da, ihr Mönche, ein Mönch mit dem Gesicht eine Form erblickt hat, faßt er Neigung, faßt er Absicht. Obgleich Begierde und Mißmut, böse und schlechte Gedanken gar bald den überwältigen, der unbewachten Gesichtes verweilt, befleißigt er sich dieser Bewachung nicht, hütet nicht das Gesicht, wacht nicht eifrig über das Gesicht. Wenn er mit dem Gehör einen Ton gehört, mit dem Geruch einen Duft gerochen, mit dem Geschmack einen Saft geschmeckt, mit dem Getast eine Tastung getastet, mit dem Gedenken ein Ding gedacht hat, faßt er Neigung, faßt er Absicht. Obgleich Begierde und Mißmut, böse und schlechte Gedanken gar bald den überwältigen, der unbewachten Gedenkens verweilt, befleißigt er sich dieser Bewachung nicht, hütet nicht das Gedenken, wacht nicht eifrig über das Gedenken. Also, ihr Mönche, verbindet ein Mönch nicht Wunden. Und wie, ihr Mönche, macht ein Mönch kein Feuer an? Da zeigt, ihr Mönche, ein Mönch nicht den anderen die Lehre, weithin sichtbar, wie er sie gehört und aufgefaßt hat. Also, ihr Mönche, macht ein Mönch kein Feuer an. Und wie, ihr Mönche, kennt ein Mönch keine Furt? Da sucht, ihr Mönche, ein Mönch nicht von Zeit zu Zeit jene Mönche auf, die viel gehört haben und wissen, die Hüter der Lehre, die Hüter der Ordnung, die Hüter der Regel, fragt nicht, erkundigt sich nicht: ›Wie ist das, o Herr, was ist der Sinn davon?‹ Und so eröffnen ihm jene Ehrwürdigen nicht das Uneröffnete, klären das Unaufgeklärte nicht auf, lösen nicht den Zweifel über Dinge, die vielfach bezweifelbar sind. Also, ihr Mönche, kennt ein Mönch keine Furt. Und wie, ihr Mönche, kennt ein Mönch keine Quelle? Da gelangt, ihr Mönche, ein Mönch bei der Darlegung der Lehre und Ordnung des Vollendeten nicht zum Verständnis des Sinnes, nicht zum Verständnis der Lehre, nicht zum Genuß der Lehre. Also, ihr Mönche, kennt ein Mönch keine Quelle. Und wie, ihr Mönche, kennt ein Mönch keinen Steig? Da erkennt, ihr Mönche, ein Mönch den heiligen achtfältigen Weg nicht der Wahrheit gemäß. Also, ihr Mönche, kennt ein Mönch keinen Steig. Und wie, ihr Mönche, kennt ein Mönch keine Weide? Da kennt, ihr Mönche, ein Mönch die Vier Pfeiler der Einsicht nicht der Wahrheit gemäß. Also, ihr Mönche, kennt ein Mönch keine Weide. Und wie, ihr Mönche, melkt ein Mönch übermäßig? Da laden, ihr Mönche, gläubige Hausväter einen Mönch ein, sich Kleidung, Almosenspeise, Lagerstatt und Arzneien für den Fall einer Krankheit auszuwählen, und der Mönch kennt kein Maß im Annehmen. Also, ihr Mönche, melkt ein Mönch übermäßig. Und wie, ihr Mönche, schenkt ein Mönch jenen Mönchen, den Oberen, den Bejahrten, den im Asketentume Ergrauten, den Vätern des Ordens, den Führern des Ordens, keine besondere Aufmerksamkeit? Da dient, ihr Mönche, ein Mönch jenen Mönchen, den Oberen, den Bejahrten, den im Asketentume Ergrauten, den Vätern des Ordens, den Führern des Ordens, weder mit liebevoller Tat, so offen als verborgen, noch mit liebevollem Wort, so offen als verborgen, noch mit liebevoller Gesinnung, so offen als verborgen. Also, ihr Mönche, schenkt ein Mönch jenen

Mönchen, den Oberen, den Bejahrten, den im Asketentume Ergrauten, den Vätern des Ordens, den Führern des Ordens, keine besondere Aufmerksamkeit.

»Diese elf Eigenschaften, ihr Mönche, machen es einem Mönch unmöglich in diesem Orden der Wahrheit zum Gedeihen, zur Reife und Entfaltung zu gelangen.

»Elf Eigenschaften, ihr Mönche, machen es einem Rinderhirten möglich seine Herde zu hüten, zum Gedeihen zu bringen; welche elf? Da ist, ihr Mönche, ein Rinderhirt der Leibesart kundig, versteht die Lebensweise, verscheucht das Schädliche, verbindet Wunden, macht Feuer an, kennt die Furt, kennt die Quelle, kennt den Steig, kennt die Weide, er läßt noch Milch im Euter, und den Stieren, den Vätern der Herde, den Führern der Herde, denen schenkt er besondere Aufmerksamkeit.

»Diese elf Eigenschaften, ihr Mönche, machen es einem Rinderhirten möglich seine Herde zu hüten, zum Gedeihen zu bringen.

»Ebenso nun auch, ihr Mönche, machen es elf Eigenschaften einem Mönch möglich in diesem Orden der Wahrheit zum Gedeihen, zur Reife und Entfaltung zu gelangen; welche elf? Da ist, ihr Mönche, ein Mönch der Leibesart kundig, versteht die Lebensweise, verscheucht das Schädliche, verbindet Wunden, macht Feuer an, kennt die Furt, kennt die Quelle, kennt den Steig, kennt die Weide, er läßt noch Milch im Euter, und den Mönchen, den Oberen, den Bejahrten, den im Asketentum Ergrauten, den Vätern des Ordens, den Führern des Ordens, denen schenkt er besondere Aufmerksamkeit.

»Wie aber, ihr Mönche, ist ein Mönch der Leibesart kundig? Da betrachtet, ihr Mönche, ein Mönch alles Körperliche, die gesamte Körperlichkeit, die vier Hauptstoffe und was durch die vier Hauptstoffe besteht, der Wahrheit gemäß als körperlich. Also, ihr Mönche, ist ein Mönch der Leibesart kundig. Und wie, ihr Mönche, versteht ein Mönch die Lebensweise? Da erkennt, ihr Mönche, ein Mönch der Wahrheit gemäß: die Tat zeigt mir den Toren, die Tat zeigt mir den Weisen. Also, ihr Mönche, versteht ein Mönch die Lebensweise. Und wie, ihr Mönche, verscheucht ein Mönch das Schädliche? Da gibt, ihr Mönche, ein Mönch einem aufgestiegenen Wunschgedanken nicht Raum, verwirft ihn, vertreibt ihn, vertilgt ihn, vernichtet ihn; einem aufgestiegenen Haßgedanken, einem aufgestiegenen Wutgedanken und anderen aufgestiegenen bösen, schlechten Gedanken gibt er nicht Raum, verwirft sie, vertreibt sie, vertilgt sie, vernichtet sie. Also, ihr Mönche, verscheucht ein Mönch das Schädliche. Und wie, ihr Mönche, verbindet ein Mönch Wunden? Wenn da, ihr Mönche, ein Mönch mit dem Gesicht eine Form erblickt hat, faßt er keine Neigung, faßt keine Absicht. Da Begierde und Mißmut, böse und schlechte Gedanken gar bald den überwältigen, der unbewachten Gesichtes verweilt, befleißigt er sich dieser Bewachung, er hütet das Gesicht, er wacht eifrig über das Gesicht. Wenn er mit dem Gehör einen Ton gehört, mit dem Geruch einen Duft gerochen, mit dem Geschmack einen Saft geschmeckt, mit dem Getast eine Tastung getastet, mit dem Gedenken ein Ding gedacht hat, faßt er keine Neigung, faßt keine Absicht. Da Begierde und Mißmut, böse und schlechte Gedanken gar bald den überwältigen, der unbewachten Gedenkens verweilt, befleißigt er sich dieser Bewachung, er hütet das Gedenken, er wacht eifrig über das Gedenken. Also, ihr Mönche, verbindet ein Mönch Wunden. Und wie, ihr Mönche, macht ein Mönch Feuer an? Da zeigt, ihr Mönche, ein Mönch den anderen die Lehre, weithin sichtbar, wie er sie gehört und aufgefaßt hat. Also, ihr Mönche, macht ein Mönch Feuer an. Und wie, ihr Mönche, kennt ein Mönch die Furt? Da sucht, ihr Mönche, ein Mönch von Zeit zu Zeit jene Mönche auf, die viel gehört haben und wissen, die Hüter der Lehre, die Hüter der Ordnung, die Hüter der Regel, fragt und erkundigt sich: ›Wie ist das, o Herr, was ist der Sinn davon?‹ Und so eröffnen ihm jene Ehrwürdigen das Uneröffnete, klären das Unaufgeklärte auf, lösen den Zweifel über Dinge, die vielfach bezweifelbar sind. Also, ihr Mönche, kennt ein Mönch die Furt. Und wie, ihr Mönche, kennt ein Mönch die Quelle? Da gelangt, ihr Mönche, ein Mönch bei der Darlegung der Lehre und Ordnung des Vollendeten zum Verständnis des Sinnes, zum Verständnis der Lehre, zum Genusse der Lehre. Also, ihr Mönche, kennt ein Mönch die Quelle. Und wie, ihr Mönche, kennt ein Mönch den Steig? Da erkennt, ihr Mönche, ein Mönch den heiligen achtfältigen Weg der Wahrheit gemäß. Also, ihr Mönche, kennt ein Mönch den Steig. Und wie, ihr Mönche, kennt ein Mönch die Weide? Da kennt, ihr Mönche, ein Mönch die Vier Pfeiler der Einsicht der Wahrheit gemäß. Also, ihr Mönche, kennt ein Mönch die Weide. Und wie, ihr Mönche, läßt ein Mönch noch Milch im Euter? Da laden, ihr Mönche, gläubige Hausväter einen Mönch ein, sich Kleidung, Almosenspeise, Lagerstatt und Arzneien für den Fall einer Krankheit auszuwählen, und der Mönch kennt Maß im Annehmen. Also, ihr Mönche, läßt ein Mönch noch Milch im Euter. Und wie, ihr Mönche, schenkt ein Mönch jenen Mönchen, den Oberen, den Bejahrten, den im Asketentume Ergrauten, den

Vätern des Ordens, den Führern des Ordens, besondere Aufmerksamkeit? Da dient, ihr Mönche, ein Mönch jenen Mönchen, den Oberen, den Bejahrten, den im Asketentume Ergrauten, den Vätern des Ordens, den Führern des Ordens, diesen dient er mit liebevoller Tat, so offen als verborgen, dient er mit liebevollem Wort, so offen als verborgen, dient er mit liebevoller Gesinnung, so offen als verborgen. Also, ihr Mönche, schenkt ein Mönch jenen Mönchen, den Oberen, den Bejahrten, den im Asketentume Ergrauten, den Vätern des Ordens, den Führern des Ordens, besondere Aufmerksamkeit.

»Diese elf Eigenschaften, ihr Mönche, machen es einem Mönch möglich in diesem Orden der Wahrheit zum Gedeihen, zur Reife und Entfaltung zu gelangen.«

Also sprach der Erhabene. Zufrieden freuten sich jene Mönche über das Wort des Erhabenen.

45. DER ERWÄGUNGEN EINGEHN

20. Rede

Das hab' ich gehört. Zu einer Zeit weilte der Erhabene bei Sāvatthī, im Siegerwalde, im Garten Anāthapiṇḍikos. Dort nun wandte sich der Erhabene an die Mönche: »Ihr Mönche!« – »Erlauchter!« antworteten da jene Mönche dem Erhabenen aufmerksam. Der Erhabene sprach also:

»Wer nach Hohem strebt, Mönche, soll sich von Zeit zu Zeit fünf Arten von Vorstellungen gegenwärtig halten: welche fünf? Da faßt, ihr Mönche, ein Mönch eine Vorstellung, vergegenwärtigt sich eine Vorstellung, und dabei steigen ihm böse, unwürdige Erwägungen auf, Bilder der Gier, des Hasses und der Verblendung: da soll, ihr Mönche, der Mönch aus dieser Vorstellung eine andere gewinnen, ein würdiges Bild. Während er aus dieser Vorstellung eine andere gewinnt, ein würdiges Bild, schwinden die bösen, unwürdigen Erwägungen, die Bilder der Gier, des Hasses und der Verblendung, lösen sich auf; und weil es sie überwunden hat, festigt sich eben das innige Herz, beruhigt sich, wird einig und stark. Gleichwie etwa, ihr Mönche, ein geschickter Maurer oder Maurergeselle mit einem feinen Keil einen groben heraustreiben, herausschlagen, herausstoßen kann, ebenso nun auch, ihr Mönche, soll ein Mönch, wenn er eine Vorstellung faßt, eine Vorstellung sich vergegenwärtigt, und ihm dabei böse, unwürdige Erwägungen aufsteigen, Bilder der Gier, des Hasses und der Verblendung, aus dieser Vorstellung eine andere gewinnen, ein würdiges Bild. Während er aus dieser Vorstellung eine andere gewinnt, ein würdiges Bild, schwinden die bösen, unwürdigen Erwägungen, die Bilder der Gier, des Hasses und der Verblendung, lösen sich auf; und weil es sie überwunden hat, festigt sich eben das innige Herz, beruhigt sich, wird einig und stark.

»Wenn einem solchen, ihr Mönche, bei seinem Bemühn aus der einen Vorstellung eine andere zu gewinnen, ein würdiges Bild, noch böse, unwürdige Erwägungen aufsteigen, Bilder der Gier, des Hasses und der Verblendung, so soll er, ihr Mönche, das Elend derartiger Erwägungen betrachten: ›Da sind sie ja, diese unwürdigen Erwägungen, da sind sie ja, diese unlauteren Erwägungen, da sind sie ja, diese Leiden ausbrütenden Erwägungen!‹ Während er das Elend derartiger Erwägungen betrachtet, schwinden die bösen, unwürdigen Erwägungen, die Bilder der Gier, des Hasses und der Verblendung, lösen sich auf; und weil es sie überwunden hat, festigt sich eben das innige Herz, beruhigt sich, wird einig und stark. Gleichwie etwa, ihr Mönche, ein Weib oder ein Mann, jung, frisch, gefallsam, dem ein Schlangenaas oder ein Hundeaas oder ein Menschenaas an den Hals gebunden würde, sich entsetzen, empören und sträuben möchte: ebenso nun auch, ihr Mönche, soll ein Mönch, wenn ihm bei seinem Bemühn aus der einen Vorstellung eine andere zu gewinnen, ein würdiges Bild, noch böse, unwürdige Erwägungen aufsteigen, Bilder der Gier, des Hasses und der Verblendung, das Elend derartiger Erwägungen betrachten. Während er das Elend derartiger Erwägungen betrachtet, schwinden die bösen, unwürdigen Erwägungen, die Bilder der Gier, des Hasses und der Verblendung, lösen sich auf; und weil es sie überwunden hat, festigt sich eben das innige Herz, beruhigt sich, wird einig und stark.

»Wenn einem solchen, ihr Mönche, bei seiner Betrachtung des Elends jener Erwägungen noch böse, unwürdige Erwägungen aufsteigen, Bilder der Gier, des Hasses und der Verblendung, so soll er, ihr Mönche, jenen Erwägungen keinen Sinn, keine Beachtung schenken. Während er jenen Erwägungen keinen Sinn, keine Beachtung schenkt, schwinden die bösen, unwürdigen Erwägungen, die Bilder der Gier, des Hasses und der Verblendung, lösen sich auf; und weil es sie überwunden hat, festigt sich eben das innige Herz, beruhigt sich, wird einig und stark. Gleichwie etwa, ihr Mönche, ein scharfsehender Mann, der in seinen Gesichtskreis getretene Erscheinungen nicht verfolgen will, die

Augen schließen oder anderswo hinblicken mag: ebenso nun auch, ihr Mönche, soll ein Mönch, wenn ihm bei seiner Betrachtung des Elends jener Erwägungen noch böse, unwürdige Erwägungen aufsteigen, Bilder der Gier, des Hasses und der Verblendung, solchen Erwägungen keinen Sinn, keine Beachtung schenken. Während er solchen Erwägungen keinen Sinn, keine Beachtung schenkt, schwinden die bösen, unwürdigen Erwägungen, die Bilder der Gier, des Hasses und der Verblendung, lösen sich auf; und weil es sie überwunden hat, festigt sich eben das innige Herz, beruhigt sich, wird einig und stark.

»Wenn einem solchen, ihr Mönche, ob er gleich jenen Erwägungen keinen Sinn, keine Beachtung schenkt, noch böse, unwürdige Erwägungen aufsteigen, Bilder der Gier, des Hasses und der Verblendung, so soll er, ihr Mönche, jene Erwägungen der Reihe nach einzeln eingehn lassen. Während er jene Erwägungen der Reihe nach einzeln eingehn läßt, schwinden die bösen, unwürdigen Erwägungen, die Bilder der Gier, des Hasses und der Verblendung, lösen sich auf; und weil es sie überwunden hat, festigt sich eben das innige Herz, beruhigt sich, wird einig und stark. Gleichwie etwa, ihr Mönche, wenn da ein Mann eilig dahinschritte und es käme ihm der Gedanke ›Was schreite ich denn so eilig dahin? Ich will etwas langsamer gehn‹, und er ginge langsamer und es käme ihm der Gedanke ›Doch warum geh' ich überhaupt? Ich will nun stehn bleiben‹, und er bliebe stehn und es käme ihm der Gedanke ›Aber weshalb steh' ich? Ich werde mich setzen‹, und er setzte sich nieder und es käme ihm der Gedanke ›Warum sollt' ich nur sitzen? Ich will mich da hinlegen‹, und er legte sich hin; und so hätte dieser Mann, ihr Mönche, die gröberen Bewegungen eingestellt und sich den feineren hingegeben: ebenso nun auch, ihr Mönche, soll ein Mönch, wenn ihm trotz seiner Verachtung und Verwerfung jener Erwägungen noch böse, unwürdige Erwägungen aufsteigen, Bilder der Gier, des Hasses und der Verblendung, jene Erwägungen der Reihe nach einzeln eingehn lassen. Während er jene Erwägungen der Reihe nach einzeln eingehn läßt, schwinden die bösen, unwürdigen Erwägungen, die Bilder der Gier, des Hasses und der Verblendung, lösen sich auf; und weil es sie überwunden hat, festigt sich eben das innige Herz, beruhigt sich, wird einig und stark.

»Wenn einem solchen ihr Mönche, während er jene Erwägungen der Reihe nach einzeln eingehn läßt, noch böse, unwürdige Erwägungen aufsteigen, Bilder der Gier, des Hasses und der Verblendung, so soll er, ihr Mönche, mit aufeinandergepreßten Zähnen und an den Gaumen gehefteter Zunge durch den Willen das Gemüt niederzwingen, niederdrücken, niederquälen. Während er mit aufeinandergepreßten Zähnen und an den Gaumen gehefteter Zunge durch den Willen das Gemüt niederzwingt, niederdrückt, niederquält, schwinden die bösen, unwürdigen Erwägungen, die Bilder der Gier, des Hasses und der Verblendung, lösen sich auf; und weil es sie überwunden hat, festigt sich eben das innige Herz, beruhigt sich, wird einig und stark. Gleichwie etwa, ihr Mönche, wenn ein starker Mann einen schwächeren beim Kopf oder bei der Schulter ergreifend niederzwingt, niederdrückt, niederquält: ebenso nun auch, ihr Mönche, soll ein Mönch, wenn ihm beim Eingehnlassen der Reihe jener Erwägungen noch böse, unwürdige Erwägungen aufsteigen, Bilder der Gier, des Hasses und der Verblendung, mit aufeinandergepreßten Zähnen und an den Gaumen gehefteter Zunge durch den Willen das Gemüt niederzwingen, niederdrücken, niederquälen. Während er mit aufeinandergepreßten Zähnen und an den Gaumen gehefteter Zunge durch den Willen das Gemüt niederzwingt, niederdrückt, niederquält, schwinden die bösen, unwürdigen Erwägungen, die Bilder der Gier, des Hasses und der Verblendung, lösen sich auf; und weil es sie überwunden hat, festigt sich das innige Herz, beruhigt sich, wird einig und stark.

»Wenn also, ihr Mönche, einem von euch beim Fassen einer Vorstellung, beim Vergegenwärtigen einer Vorstellung böse, unwürdige Erwägungen aufsteigen, Bilder der Gier, des Hasses und der Verblendung, und er aus dieser Vorstellung eine andere gewinnt, ein würdiges Bild, so schwinden die bösen, unwürdigen Erwägungen, die Bilder der Gier, des Hasses und der Verblendung, lösen sich auf; und weil es sie überwunden hat, festigt sich eben das innige Herz, beruhigt sich, wird einig und stark. Und er betrachtet das Elend jener Erwägungen, und die bösen, unwürdigen Erwägungen, die Bilder der Gier, des Hasses und der Verblendung, schwinden, lösen sich auf; und weil es sie überwunden hat, festigt sich eben das innige Herz, beruhigt sich, wird einig und stark. Und er schenkt jenen Erwägungen keinen Sinn, keine Beachtung, und die bösen, unwürdigen Erwägungen, die Bilder der Gier, des Hasses und der Verblendung, schwinden, lösen sich auf; und weil es sie überwunden hat, festigt sich eben das innige Herz, beruhigt sich, wird einig und stark. Und er läßt jene Erwägungen der Reihe nach einzeln eingehn, und die bösen, unwürdigen Erwägungen, die Bilder der Gier, des Hasses und der Verblendung, schwinden, lösen sich auf; und weil es sie überwunden hat, festigt sich eben das innige Herz, beruhigt sich, wird einig und stark. Und mit aufeinandergepreßten Zähnen und an den Gaumen gehefteter Zunge zwingt er durch den Willen das Gemüt nieder, drückt es nieder, quält es nieder, und die bösen, unwürdigen Erwägungen, die Bilder der Gier, des Hasses und der Verblendung, schwinden, lösen sich auf; und weil es sie überwunden hat, festigt sich eben das innige Herz, beruhigt sich, wird einig und stark.

»Ein solcher, ihr Mönche, wird Mönch Herrscher über der Erwägungen Arten genannt. Welche Erwägung er will, die wird er erwägen, welche Erwägung er nicht will, die wird er nicht erwägen. Abgeschnitten hat er den Lebensdurst, weggeworfen die Fessel, durch vollständige Dünkeleroberung ein Ende gemacht dem Leiden.«

Also sprach der Erhabene. Zufrieden freuten sich jene Mönche über das Wort des Erhabenen.

46. RAṬṬHAPĀLO

82. Rede

Das hab' ich gehört. Zu einer Zeit wanderte der Erhabene im Kurū-Lande von Ort zu Ort und kam, von vielen Mönchen begleitet, in die Nähe einer Burg der Kurūner Namens Thūlakoṭṭhitam. Und es hörten die brahmanischen Hausleute in Thūlakoṭṭhitam reden: ›Der Asket, wahrlich, Herr Gotamo, der Sakyersohn, der dem Erbe der Sakyer entsagt hat, wandert in unserem Lande von Ort zu Ort und ist mit vielen Mönchen in Thūlakoṭṭhitam angekommen. Diesen Herrn Gotamo aber begrüßt man allenthalben mit dem frohen Ruhmesrufe, so zwar: Das ist der Erhabene, der Heilige, vollkommen Erwachte, der Wissens- und Wandelsbewährte, der Willkommene, der Welt Kenner, der unvergleichliche Leiter der Männerherde, der Meister der Götter und Menschen, der Erwachte, der Erhabene. Er zeigt diese Welt mit ihren Göttern, ihren bösen und heiligen Geistern, mit ihrer Schar von Priestern und Büßern, Göttern und Menschen, nachdem er sie selbst verstanden und durchdrungen hat. Er verkündet die Lehre, deren Anfang begütigt, deren Mitte begütigt, deren Ende begütigt, die sinn- und wortgetreue, er legt das vollkommen geläuterte, geklärte Asketentum dar. Glücklich wer da nun solche Heilige sehn kann!‹

Und die brāhmanischen Hausleute von Thūlakoṭṭhitam begaben sich dorthin wo der Erhabene weilte. Dort angelangt verneigten sich einige vor dem Erhabenen ehrerbietig und setzten sich zur Seite nieder, andere wechselten höflichen Gruß und freundliche, denkwürdige Worte mit dem Erhabenen und setzten sich zur Seite nieder, einige wieder falteten die Hände gegen den Erhabenen und setzten sich zur Seite nieder, andere wieder gaben beim Erhabenen Namen und Stand zu erkennen und setzten sich zur Seite nieder, und andere setzten sich still zur Seite nieder. Und die brāhmanischen Hausleute von Thūlakoṭṭhitam, die da zur Seite saßen, wurden vom Erhabenen in lehrreichem Gespräche ermuntert und ermutigt, erregt und erheitert.

Damals nun hatte Raṭṭhapālo, ein junger Edelmann, der Erbe eines der ersten Adelsgeschlechter, eben dort zu Thūlakoṭṭhitam in der dreifachen Versammlung Platz genommen. Und Raṭṭhapālo der junge Edelmann gedachte bei sich: ›So ich da wirklich die vom Erhabenen dargelegte Lehre verstehe, geht es nicht wohl, wenn man im Hause bleibt, das völlig geläuterte, völlig geklärte Asketentum Punkt für Punkt zu erfüllen. Wie, wenn ich nun, mit geschorenem Haar und Barte, mit fahlem Gewande bekleidet, aus dem Hause in die Hauslosigkeit hinauszöge?‹

Und die brāhmanischen Hausleute von Thūlakoṭṭhitam, vom Erhabenen in lehrreichem Gespräche ermuntert, ermutigt, erregt und erheitert, standen von ihren Sitzen auf, erfreut und befriedigt durch des Erhabenen Rede, begrüßten den Erhabenen ehrerbietig, gingen rechts herum und entfernten sich.

Da nun begab sich Raṭṭhapālo, der junge Edelmann, bald nachdem die brāhmanischen Hausleute von Thūlakoṭṭhitam gegangen waren, zum Erhabenen hin, begrüßte den Erhabenen ehrerbietig und setzte sich seitwärts nieder. Seitwärts sitzend sprach nun Raṭṭhapālo der junge Edelmann also zum Erhabenen:

»So ich da wirklich, o Herr, die vom Erhabenen dargelegte Lehre verstehe, geht es nicht wohl, wenn man im Hause bleibt, das völlig geläuterte, völlig geklärte Asketentum Punkt für Punkt zu erfüllen. Ich wünsche, o Herr, mit geschorenem Haar und Barte, mit fahlem Gewande bekleidet, aus dem Hause in die Hauslosigkeit hinauszuziehn: möge mir, o Herr, der Erhabene Aufnahme gewähren, die Ordensweihe erteilen!«

»Und hast du, Raṭṭhapālo, die Zustimmung deiner Eltern erhalten, aus dem Hause in die Hauslosigkeit zu gehn?«

»Nicht hab' ich, o Herr, die Zustimmung meiner Eltern erhalten, aus dem Hause in die Hauslosigkeit zu gehn.«

»Nicht nehmen, Raṭṭhapālo, Vollendete ohne Zustimmung der Eltern den Sohn auf.«

»Dann werd' ich, o Herr, dahin wirken, daß mir die Eltern ihre Zustimmung nicht versagen sollen, aus dem Hause in die Hauslosigkeit zu gehn.«

Und Raṭṭhapālo der junge Edelmann stand von seinem Sitze auf, begrüßte den Erhabenen ehrerbietig, ging rechts herum und begab sich zu seinen Eltern. Dort angelangt sprach er also zu ihnen:

»Mutter, Vater! So ich da wirklich die vom Erhabenen dargelegte Lehre verstehe, geht es nicht wohl, wenn man im Hause bleibt, das völlig geläuterte, völlig geklärte Asketentum Punkt für Punkt zu erfüllen. Ich wünsche, mit geschorenem Haar und Barte, mit fahlem Gewande bekleidet, aus dem Hause in die Hauslosigkeit zu ziehn: gestattet mir, daß ich fort vom Hause in die Hauslosigkeit gehe!«

Auf diese Worte sprachen die Eltern zur Raṭṭhapālo dem jungen Edelmann also:

»Du bist, o Raṭṭhapālo, unser einziges, teures, geliebtes Kind, in Freuden erwachsen, in Freuden auferzogen, du weißt, o Raṭṭhapālo, nichts von Leiden. Komm' denn, lieber Raṭṭhapālo: iß und trink' und ergetze dich! Du kannst essen und trinken und dich ergetzen und fröhlich genießen und Gutes tun und dich damit zufriedengeben. Wir gestatten dir nicht, aus dem Hause in die Hauslosigkeit zu gehn! Sogar der Tod ließe uns deinen Verlust nicht willig ertragen: wie sollten wir dich erst lebendig aus dem Hause in die Hauslosigkeit ziehn lassen?«

Und ein zweites Mal, und ein drittes Mal sprach Raṭṭhapālo der junge Edelmann also zu seinen Eltern:

»Mutter, Vater! So ich da wirklich die vom Erhabenen dargelegte Lehre verstehe, geht es nicht wohl, wenn man im Hause bleibt, das völlig geläuterte, völlig geklärte Asketentum Punkt für Punkt zu erfüllen. Ich wünsche, mit geschorenem Haar und Barte, mit fahlem Gewande bekleidet, aus dem Hause in die Hauslosigkeit zu ziehn: gestattet mir, daß ich fort vom Hause in die Hauslosigkeit gehe!«

Und ein zweites Mal, und ein drittes Mal sprachen die Eltern zu Raṭṭhapālo dem jungen Edelmann also:

»Du bist, o Raṭṭhapālo, unser einziges, teures, geliebtes Kind, in Freuden erwachsen, in Freuden auferzogen: du weißt, o Raṭṭhapālo, nichts von Leiden. Komm' denn, lieber Raṭṭhapālo: iß und trink' und ergetze dich! Du kannst essen und trinken und dich ergetzen und fröhlich genießen und Gutes tun und dich damit zufriedengeben. Wir gestatten dir nicht, aus dem Hause in die Hauslosigkeit zu gehn! Sogar der Tod ließe uns deinen Verlust nicht willig ertragen: wie sollten wir dich erst lebendig aus dem Hause in die Hauslosigkeit ziehn lassen?«

Da gedachte Raṭṭhapālo der junge Edelmann: ›Meine Eltern wollen mich nicht aus dem Hause in die Hauslosigkeit ziehen lassen‹; und er legte sich auf den bloßen Erdboden hin und sagte:

»Hier will ich den Tod erwarten oder eure Zustimmung.«

Und Raṭṭhapālo der junge Edelmann ließ eine Mahlzeit vorübergehn, und zwei und drei und vier Mahlzeiten vorübergehn, und fünf und sechs und sieben Mahlzeiten vorübergehn. Aber die Eltern sprachen Raṭṭhapālo dem jungen Edelmann also zu:

»Du bist, o Raṭṭhapālo, unser einziges, teures, geliebtes Kind, in Freuden erwachsen, in Freuden auferzogen: du weißt, o Raṭṭhapālo, nichts von Leiden. Erhebe dich, lieber Raṭṭhapālo: iß und trink' und ergetze dich! Du kannst essen und trinken und dich ergetzen und fröhlich genießen und Gutes tun und dich damit zufriedengeben. Wir gestatten dir nicht, aus dem Hause in die Hauslosigkeit zu gehn! Sogar der Tod ließe uns deinen Verlust nicht willig ertragen: wie sollten wir dich erst lebendig aus dem Hause in die Hauslosigkeit ziehn lassen?«

Also angesprochen gab Raṭṭhapālo der junge Edelmann keine Antwort. Und ein zweites Mal, und ein drittes Mal sprachen die Eltern Raṭṭhapālo dem jungen Edelmann also zu:

»Du bist, o Raṭṭhapālo, unser einziges, teures, geliebtes Kind, in Freuden erwachsen, in Freuden auferzogen: du weißt, o Raṭṭhapālo, nichts von Leiden. Erhebe dich, lieber Raṭṭhapālo: iß und trink' und ergetze dich! Du kannst essen und trinken und dich ergetzen und fröhlich genießen und Gutes tun und dich damit zufriedengeben. Wir gestatten dir nicht, aus dem Hause in die Hauslosigkeit zu gehn! Sogar der Tod ließe uns deinen Verlust nicht willig ertragen: wie sollten wir dich erst lebendig aus dem Hause in die Hauslosigkeit ziehn lassen?«

Und ein zweites Mal, und ein drittes Mal gab Raṭṭhapālo der junge Edelmann keine Antwort.

Da begaben sich nun, auf die Bitten der Eltern, seine Freunde zu ihm und sprachen ihm dreimal zu: und dreimal ließ er sie reden und gab ihnen keine Antwort. Und seine Freunde kehrten wieder zu den Eltern zurück und sprachen also zu ihnen:

»Liebe Eltern, euer edler Sohn Raṭṭhapālo liegt auf dem bloßen Erdboden: da will er den Tod erwarten oder eure Zustimmung. Wenn ihr ihm nicht gestatten wollt, aus dem Hause in die Hauslosigkeit zu ziehn, so wird er eben da sterben. Wenn ihr ihm aber gestatten wollt, aus dem Hause in die Hauslosigkeit zu ziehn, so werdet ihr ihn doch als Pilger sehn. Und wenn euer edler Sohn Raṭṭhapālo an der Pilgerschaft kein Gefallen findet, wo sollt' er sich anders hinwenden? Er wird eben wieder hierher zurückkehren. Gebt euerem edlen Sohne Raṭṭhapālo die Zustimmung, aus dem Hause in die Hauslosigkeit zu gehn.«

»Wir geben, ihr Guten, unserem edlen Sohne Raṭṭhapālo die Zustimmung, aus dem Hause in die Hauslosigkeit zu ziehn, aber er soll seine Eltern als Pilger besuchen!«

Da gingen die Freunde zu Raṭṭhapālo dem jungen Edelmanne zurück und sprachen also zu ihm:

»Deine Eltern gestatten dir, aus dem Hause in die Hauslosigkeit zu gehn: aber du sollst deine Eltern als Pilger besuchen!«

Und Raṭṭhapālo der junge Edelmann stand auf, kam zu Kräften und begab sich dorthin wo der Erhabene weilte. Dort angelangt begrüßte er den Erhabenen ehrerbietig und setzte sich seitwärts nieder. Seitwärts sitzend sprach nun Raṭṭhapālo der junge Edelmann zum Erhabenen also:

»Erhalten hab' ich, o Herr, meiner Eltern Zustimmung, aus dem Hause in die Hauslosigkeit zu ziehn: möge der Erhabene mich aufnehmen!«

Und Raṭṭhapālo der junge Edelmann wurde vom Erhabenen aufgenommen, wurde mit der Ordensweihe belehnt.

Und der Erhabene begab sich nun, da er nach Belieben zu Thūlakoṭṭhitam geweilt hatte, nicht lange nach der Aufnahme des ehrwürdigen Raṭṭhapālo, vierzehn Tage nach der Ordensweihe, auf die Wanderung nach Sāvatthī, von Ort zu Ort wandernd näherte er sich der Stadt.

Zu Sāvatthī weilte nun der Erhabene, im Siegerwalde, im Garten Anāthapiṇḍikos.

Und der ehrwürdige Raṭṭhapālo, einsam, abgesondert, unermüdlich, in heißem, innigem Ernste verweilend, hatte gar bald was edle Söhne gänzlich vom Hause fort in die Hauslosigkeit lockt, jenes höchste Ziel des Asketentums noch bei Lebzeiten sich offenbar gemacht, verwirklicht und errungen. ›Versiegt ist die Geburt, vollendet das Asketentum, gewirkt das Werk, nicht mehr ist diese Welt‹ verstand er da. Auch einer war nun der ehrwürdige Raṭṭhapālo der Heiligen geworden.

Und der ehrwürdige Raṭṭhapālo begab sich zum Erhabenen hin, begrüßte den Erhabenen ehrerbietig, setzte sich seitwärts nieder und sprach also:

»Ich möchte, o Herr, meine Eltern besuchen, so es der Erhabene mir gestattet.«

Und der Erhabene nahm den Sinn des ehrwürdigen Raṭṭhapālo, im Geiste geistig erkundend, wahr. Und als der Erhabene merkte: ›Unmöglich kann Raṭṭhapālo der edle Sohn von der Askese abfallen und zur Gewohnheit zurückkehren‹, da sagte denn der Erhabene zum ehrwürdigen Raṭṭhapālo:

»Wie es dir nun, Raṭṭhapālo, belieben mag.«

Und der ehrwürdige Raṭṭhapālo stand von seinem Sitze auf, begrüßte den Erhabenen ehrerbietig, ging rechts herum, räumte sein Lager zusammen, nahm Mantel und Schale und begab sich auf die Wanderung nach Thūlakoṭṭhitam, von Ort zu Ort wandernd näherte er sich der Burg.

Zu Thūlakoṭṭhitam weilte nun der ehrwürdige Raṭṭhapālo, an König Koravyos Jagdgelände.

Und der ehrwürdige Raṭṭhapālo, zeitig gerüstet, mit Mantel und Schale versehn, machte sich auf den Almosengang nach Thūlakoṭṭhitam. Dort stand er von Hütte zu Hütte still und gelangte vor das Haus seines Vaters. Um diese Zeit nun ließ der Vater des ehrwürdigen Raṭṭhapālo in der mittleren Torhalle sich rasieren. Und es sah des ehrwürdigen Raṭṭhapālo Vater den ehrwürdigen Raṭṭhapālo von ferne herankommen, und als er ihn gesehn sprach er also:

»Von solchen kahlgeschorenen Pfaffen ist uns unser einziger, vielgeliebter Sohn geraubt worden!«

Und so empfing der ehrwürdige Raṭṭhapālo im Hause seines Vaters weder Gabe noch Absage, sondern nur Schimpf empfing er.

Unterdessen wollte die Kindsmagd des ehrwürdigen Raṭṭhapālo von Abend übrig gebliebene Grütze wegschütten. Da sprach der ehrwürdige Raṭṭhapālo also zu ihr:

»Wenn das, o Schwester, weggeschüttet werden soll, so gieß' es in meine Schale.«

Aber während des ehrwürdigen Raṭṭhapālo Kindsmagd die von Abend übrig gebliebene Grütze dem ehrwürdigen Raṭṭhapālo in die Schale goß, erkannte sie ihn an seinen Händen und Füßen und an seiner Stimme. Und sie rannte zur Mutter des ehrwürdigen Raṭṭhapālo und rief ihr entgegen:

»O Herrin, daß du es weißt: der junge Herr, Raṭṭhapālo ist da!«

»Ist das wahr, was du sagst, so sollst du frei sein!«

Und des ehrwürdigen Raṭṭhapālo Mutter eilte zum Vater des ehrwürdigen Raṭṭhapālo und sprach also zu ihm:

»O Hausvater, daß du es weißt: Raṭṭhapālo, heißt es, unser edler Sohn ist hier!«

Inzwischen nahm der ehrwürdige Raṭṭhapālo die von Abend übrig gebliebene Grütze, an einer Mauer rastend, ein. Und der Vater des ehrwürdigen Raṭṭhapālo suchte ihn auf, trat an seine Seite und sprach also zu ihm:

»Ist es denn möglich, o Raṭṭhapālo, daß du von Abend übrig gebliebene Grütze einnimmst? Willst du denn nicht, o Raṭṭhapālo, dein eigenes Haus betreten?«

»Woher, o Hausvater, wär' uns ein Haus eigen, die wir aus dem Hause in die Hauslosigkeit gezogen sind? Hauslos sind wir, o Hausvater. Gekommen sind wir, o Hausvater, zu deinem Hause, und haben da weder Gabe empfangen noch Absage, sondern nur Schimpf haben wir empfangen.«

»Komm', o Raṭṭhapālo, wir wollen in den Saal gehn.«

»Genug, Hausvater: fertig bin ich für heute mit dem Mahle.«

»Wohlan denn, o Raṭṭhapālo, so gewähre mir die Bitte, morgen bei mir zu speisen!«

Schweigend gewährte der ehrwürdige Raṭṭhapālo die Bitte.

Als nun der Vater des ehrwürdigen Raṭṭhapālo der Zustimmung sicher war, begab er sich nach Hause zurück. Dort ließ er einen großen Haufen von Gold und Geschmeide aufschichten, ihn mit Matten bedekken und befahl dann den früheren Frauen des ehrwürdigen Raṭṭhapālo:

»Herbei, ihr Gesponsen! Mit was für Schmucke geschmückt ihr ehedem Raṭṭhapālo dem jungen Edelmanne lieblich erschient und reizend, mit diesem Schmucke sollt ihr euch schmücken!«

Am nächsten Morgen nun ließ der Vater des ehrwürdigen Raṭṭhapālo in seiner Behausung ausgewählte feste und flüssige Speise auftragen und sandte einen Boten an den ehrwürdigen Raṭṭhapālo mit der Meldung: ›Es ist Zeit, o Raṭṭhapālo, das Mahl ist bereit.‹ Und der ehrwürdige Raṭhapālo rüstete sich beizeiten, nahm Mantel und Schale und begab sich zu seines Vaters Wohnung. Dort angekommen nahm er auf dem dargebotenen Sitze Platz. Da ließ nun der Vater jenen Haufen von Gold und Geschmeide enthüllen und sprach also zum ehrwürdigen Raṭṭhapālo:

»Das kommt dir, o Raṭṭhapālo, als Erbteil der Mutter zu, ein anderes vom Vater, ein anderes vom Großvater: man kann, o Raṭṭhapālo, den Reichtum genießen und Gutes tun. Komm', o mein Raṭṭhapālo: gib die Askese auf, kehr' zur Gewohnheit zurück, genieße den Reichtum und tue Gutes!«

»Wenn du, Hausvater, tun wolltest was ich rate, so würdest du diesen Haufen von Gold und Geschmeide auf Wagen laden und hinausfahren und mitten in den Strom der Gangesfluten versenken lassen:

und warum das? Du wirst ja, Hausvater, Wehe, Jammer, Leiden, Gram und Verzweiflung daran erfahren.«

Da stürzten des ehrwürdigen Raṭṭhapālo frühere Frauen vor ihm nieder, und jede umfing seine Füße, und sie sprachen zu ihm:

»Was mögen das nur, edler Gemahl, für Huldinnen sein, um die du Kasteiung übst?«

»Nicht üben wir, o Schwestern, Kasteiung um Huldinnen.«

»Schwestern hat uns der edle Gemahl, Raṭṭhapālo genannt!« schrien sie und fielen da bewußtlos zu Boden.

Und nun wandte sich der ehrwürdige Raṭṭhapālo also an seinen Vater:

»Soll, Hausvater, Atzung gereicht werden, so reiche sie: laß' uns nicht länger quälen.«

»Bediene dich, Raṭṭhapālo, bereit ist das Mahl.«

Und des ehrwürdigen Raṭṭhapālo Vater bediente und versorgte eigenhändig den ehrwürdigen Raṭṭhapālo mit ausgewählter fester und flüssiger Speise.

Nachdem nun der ehrwürdige Raṭṭhapālo gespeist und das Mahl beendet hatte, ließ er, schon erhoben, folgende Weise verlauten:

»Schau' wie der Balg ist aufgeputzt,
Der ganz aus Wunden doch besteht,
Der siech ist, voll von Willensdrang,
Der dauerlos erstirbt, verstiebt.

»Schau' wie der Leib ist aufgeputzt,
Rubinbehangen, goldgeschmückt,
Das hautverbrämte Beingerüst,
Im Glanze seiner Kleiderpracht!

»Das rotbelackte Füßlein da,
Der Lippe Purpur; Lippe Duft:
Verblendet blinzelt schon der Tor,
Doch keiner, der die Küste sucht.

»Das achtgeteilte Haargezöpf,
Die schwanken Wimpern, schwarz gefärbt:
Verblendet blinzelt schon der Thor,
Doch keiner, der die Küste sucht.

»Gleichwie man Wände neu bemalt
Betünchen sie den faulen Leib:
Verblendet blinzelt schon der Thor,
Doch keiner, der die Küste sucht.

»Die Schlinge warf ein Wildrer aus,
Das Wild verbarg sich, floh den Bast,
Genoß das Futter, fing sich nicht
Und ließ den Wildrer lauern nur.«

Als dann der ehrwürdige Raṭṭhapālo, schon erhoben, diese Weise gesagt hatte, ging er hinweg und begab sich zu König Koravyos Jagdgelände. Dort saß er am Fuß eines Baumes nieder, bis Abend zu verweilen.

Aber König Koravyo hatte den Wildmeister zu sich befohlen:

»Sorge dafür, guter Wildmeister, daß mein Jagdgelände, der Wildgarten, sauber sei: wir wollen eine Ausfahrt machen, in die schöne Umgebung hinaus.«

»Wohl, o König!« entgegnete da gehorsam der Wildmeister dem Herrscher. Und er ließ das Jagdgelände säubern und sah den ehrwürdigen Raṭṭhapālo am Fuß eines Baumes tagüber sitzen. Und er ging zum Herrscher zurück und sprach also zu ihm:

»Sauber, o König, ist das Jagdgelände; doch weilt Raṭṭhapālo darin, ein junger Edelmann, der Erbe eines der ersten Adelsgeschlechter eben hier von Thūlakoṭṭhitam, den du oft gepriesen hast: der hat sich am Fuß eines Baumes über den Tag hingesetzt.«

»So sei es denn, guter Wildmeister, um die heutige Gartenfahrt: wir wollen dann eben diesen Herrn Raṭṭhapālo aufsuchen.«

Und König Koravyo befahl: »Was an Speise und Trank da vorgesorgt war, das soll alles verteilt werden«; und er ließ viele prächtige Wagen bespannen, bestieg selbst einen solchen und fuhr also mit überaus reichem königlichen Gepränge aus der Stadt hinaus, den ehrwürdigen Raṭṭhapālo zu besuchen. So weit gefahren als man fahren konnte, stieg er vom Wagen ab und ging dann zu Fuße, während er das Gefolge zurückbleiben hieß, dorthin wo der ehrwürdige Raṭṭhapālo weilte. Bei ihm angelangt wechselte er höflichen Gruß und freundliche, denkwürdige Worte und stellte sich seitwärts hin. Seitwärts stehend sprach nun König Koravyo also zum ehrwürdigen Raṭṭhapālo:

»Möge Herr Raṭṭhapālo sich hier auf die Schabracke hinsetzen!«

»Schon gut, großer König: du setze dich hin; ich bleibe auf meinem Platze.«

Da setzte sich König Koravyo auf den dargebotenen Sitz. Und er sprach also zum ehrwürdigen Raṭṭhapālo:

»Vier Arten gibt es, o Raṭṭhapālo, von Verderbnis, wo da mancher, davon betroffen, sich Haar und Bart abschert, das fahle Gewand anlegt und aus dem Hause in die Hauslosigkeit zieht: welche vier? Alterverderbnis, Krankheitverderbnis, Besitzverderbnis, Verwandtenverderbnis. Was ist aber, o Raṭṭhapālo, Alterverderbnis? Da ist einer, o Raṭṭhapālo, alt und greis geworden, hochbetagt, dem Ende nahe, ausgelebt. Der überlegt bei sich: ›Ich bin jetzt alt geworden und greis und hochbetagt, dem Ende nahe, ausgelebt; nicht wohl, freilich, geht es an, daß ich noch nicht erworbenen Besitz mir erwerbe, oder den erworbenen Besitz mehre. Wie, wenn ich nun, mit geschorenem Haar und Barte, mit fahlem Gewande bekleidet, aus dem Hause in die Hauslosigkeit hinauszöge?‹ Und weil er also von Alterverderbnis betroffen ist, schert er sich Haar und Bart ab, legt das fahle Gewand an und zieht aus dem Hausse in die Hauslosigkeit. Das heißt man, o Raṭṭhapālo, Alterverderbnis. Aber Herr Raṭṭhapālo steht jetzt in frischer Blüte, glänzend dunkelhaarig, im Genuße glücklicher Jugend, im ersten Mannesalter: fremd ist Herrn Raṭṭhapālo jene Alterverderbnis. Was hat Herr Raṭṭhapālo erfahren oder gesehn oder gehört, und ist aus dem Hause in die Hauslosigkeit gezogen?

»Und was ist, o Raṭṭhapālo, Krankheitverderbnis? Da ist einer, o Raṭṭhapālo, siech, leidend, schwerkrank. Der überlegt bei sich: ›Ich bin jetzt siech, leidend, schwerkrank; nicht wohl, freilich, geht es an, daß ich noch nicht erworbenen Besitz mir erwerbe, oder den erworbenen Besitz mehre. Wie, wenn ich nun, mit geschorenem Haar und Barte, mit fahlem Gewande bekleidet, aus dem Hause in die Hauslosigkeit hinauszöge?‹ Und weil er also von Krankheitverderbnis betroffen ist, schert er sich Haar und Bart ab, legt das fahle Gewand an und zieht aus dem Haus in die Hauslosigkeit. Das heißt man, o Raṭṭhapālo, Krankheitverderbnis. Aber Herr Raṭṭhapālo ist ja gesund und munter, seine Kräfte sind gleichmäßig gemischt, weder zu kühl noch zu heiß: fremd ist Herrn Raṭṭhapālo jene Krankheitverderbnis. Was hat Herr Raṭṭhapālo erfahren oder gesehn oder gehört, und ist aus dem Hause in die Hauslosigkeit gezogen?

»Und was ist, o Raṭṭhapālo, Besitzverderbnis? Da ist einer, o Raṭṭhapālo, reich, mit Geld und Gut mächtig begabt; und er büßt seinen Besitz nach und nach ein. Der überlegt bei sich: ›Ich bin ehedem reich gewesen, mit Geld und Gut mächtig begabt; und ich habe meinen Besitz nach und nach eingebüßt. Nicht wohl, freilich, geht es an, daß ich noch nicht erworbenen Besitz mir erwerbe, oder den erworbenen Besitz mehre. Wie, wenn ich nun, mit geschorenem Haar und Barte, mit fahlem Gewande bekleidet, aus dem Hause in die Hauslosigkeit hinauszöge?‹ Und weil er also von Besitzverderbnis betroffen ist, schert er sich Haar und Bart ab, legt das fahle Gewand an und zieht aus dem Hause in die Hauslosigkeit. Das heißt man, o Raṭṭhapālo, Besitzverderbnis. Aber Herr Raṭṭhapālo ist eben hier zu Thūlakoṭṭhitam Erbe eines der ersten Adelsgeschlechter: fremd ist Herrn Raṭṭhapālo jene Besitzverderbnis. Was hat Herr Raṭṭhapālo erfahren oder gesehn oder gehört, und ist aus dem Hause in die Hauslosigkeit gezogen?

»Und was ist, o Raṭṭhapālo, Verwandtenverderbnis? Da hat einer, o Raṭṭhapālo, viele Freunde und Genossen, Verwandte und Vettern; und diese Sippen sterben ihm nach und nach aus. Der überlegt bei sich: ›Einst hatte ich viele Freunde und Genossen, Verwandte und Vettern; und diese Sippen sind mir nach und nach ausgestorben. Nicht wohl, freilich, geht es an, daß ich noch nicht erworbenen Besitz mir erwerbe, oder den erworbenen Besitz mehre. Wie, wenn ich nun, mit geschorenem Haar und Barte, mit fahlem Gewande bekleidet, aus dem Hause in die Hauslosigkeit hinauszöge?‹ Und weil er also von Verwandtenverderbnis betroffen ist, schert er sich Haar und Bart ab, legt das fahle Gewand an und zieht aus dem Haus in die Hauslosigkeit. Das heißt man, o Raṭṭhapālo, Verwandtenverderbnis. Aber Herr Raṭṭhapālo hat eben hier zu Thūlakoṭṭhitam viele Freunde und Genossen, Verwandte und Vettern: fremd ist Herrn Raṭṭhapālo jene Verwandtenverderbnis. Was hat Herr Raṭṭhapālo erfahren oder gesehn oder gehört, und ist aus dem Hause in die Hauslosigkeit gezogen? – Das sind, o Raṭṭhapālo, die vier Arten von Verderbnis, wo da mancher, davon betroffen, sich Haar und Bart abschert, das fahle Gewand anlegt und aus dem Haus in die Hauslosigkeit zieht: fremd sind diese Herrn Raṭṭhapālo. Was hat Herr Raṭṭhapālo erfahren oder gesehn oder gehört, und ist aus dem Hause in die Hauslosigkeit gezogen?«

»Es sind, großer König, von Ihm, dem Erhabenen, dem Kenner, dem Seher, dem Heiligen, vollkommen Erwachten, vier Lehrsätze dargelegt worden; die hab' ich erfahren und gesehn und gehört, und bin aus dem Hause in die Hauslosigkeit gezogen: welche vier? ›Aufgerieben wird die Welt, verweslich‹: so lautet, großer König, der erste Lehrsatz, der von Ihm, dem Erhabenen, dem Kenner, dem Seher, dem Heiligen, vollkommen Erwachten, dargelegt wurde; den hab' ich erfahren und gesehn und gehört, und bin aus dem Hause in die Hauslosigkeit gezogen. ›Hilflos ist die Welt, ohnmächtig‹: so lautet, großer König, der zweite

Lehrsatz, der von Ihm, dem Erhabenen, dem Kenner, dem Seher, dem Heiligen, vollkommen Erwachten, dargelegt wurde; den hab' ich erfahren und gesehn und gehört, und bin aus dem Hause in die Hauslosigkeit gezogen. ›Uneigen ist die Welt, alles verlassend muß man gehn‹: so lautet, großer König, der dritte Lehrsatz, der von Ihm, dem Erhabenen, dem Kenner, dem Seher, dem Heiligen, vollkommen Erwachten, dargelegt wurde; den hab' ich erfahren und gesehn und gehört, und bin aus dem Hause in die Hauslosigkeit gezogen. ›Bedürftig ist die Welt, nimmersatt, durstverdungen‹: so lautet, großer König, der vierte Lehrsatz, der von Ihm, dem Erhabenen, dem Kenner, dem Seher, dem Heiligen, vollkommen Erwachten, dargelegt wurde; den hab' ich erfahren und gesehn und gehört, und bin aus dem Hause in die Hauslosigkeit gezogen. Das sind, großer König, die vier Lehrsätze, die von Ihm, dem Erhabenen, dem Kenner, dem Seher, dem Heiligen, vollkommen Erwachten, dargelegt wurden; die hab' ich erfahren und gesehn und gehört, und bin aus dem Hause in die Hauslosigkeit gezogen.«

»›Aufgerieben wird die Welt, verweslich‹, hat Herr Raṭṭhapālo gesagt: wie aber soll man, o Raṭṭhapālo, den Sinn dieser Worte verstehn?«

»Was meinst du wohl, großer König: bist du mit zwanzig oder mit fünfundzwanzig Jahren imstande gewesen Elefanten zu bändigen, Rosse zu reiten, Wagen zu lenken, Bogen zu spannen, Schwerter zu schwingen? Bist du stark in den Schenkeln, stark in den Armen gewesen, tauglich genug zum Kampfe?«

»Ich bin, o Raṭṭhapālo, mit zwanzig oder mit fünfundzwanzig Jahren imstande gewesen, Elefanten zu bändigen, Rosse zu reiten, Wagen zu lenken, Bogen zu spannen, Schwerter zu schwingen, bin stark in den Schenkeln, stark in den Armen gewesen, tauglich genug zum Kampfe. Zuweilen fühlt' ich, o Raṭṭhapālo, fast Überkraft in mir: nicht hab' ich an Stärke meines Gleichen erkannt.«

»Was meinst du wohl, großer König: bist du auch jetzt ebenso stark in den Schenkeln und Armen, tauglich genug zum Kampfe?«

»Das nicht, o Raṭṭhapālo: jetzt bin ich alt und greis geworden, hochbetagt, dem Ende nahe, ausgelebt, stehe im achtzigsten Jahre. Zuweilen will ich, o Raṭṭhapālo, den Fuß dahinsetzen, und setze ihn dorthin.«

»Daran aber, großer König, hat Er gedacht, der Erhabene, der Kenner, der Seher, der Heilige, vollkommen Erwachte, als er gesagt hat: ›Aufgerieben wird die Welt, verweslich‹; das hab' ich erfahren und gesehn und gehört, und bin aus dem Hause in die Hauslosigkeit gezogen.«

»Wunderbar, o Raṭṭhapālo, außerordentlich ist es, o Raṭṭhapālo, wie Er da so richtig gesagt hat, der Erhabene, der Kenner, der Seher, der Heilige, vollkommen Erwachte, ›Aufgerieben wird die Welt, verweslich‹: denn aufgerieben wird, o Raṭṭhapālo, die Welt, verweslich. – Versehn ist, o Raṭṭhapālo, meine Königsburg mit Kriegselefanten, mit Reiterei, mit Streitwagen, mit Fußtruppen, die uns in Not und Gefahr zu Schutz und Trutz gereichen. ›Hilflos ist die Welt, ohnmächtig‹, hat Herr Raṭṭhapālo gesagt: wie aber soll man, o Raṭṭhapālo, den Sinn dieser Worte verstehn?«

»Was meinst du wohl, großer König: leidest du an irgend einem andauernden Übel?«

»Ich leide, o Raṭṭhapālo, an dem Übel der andauernden Gicht. Zuweilen, o Raṭṭhapālo, stehn meine Freunde und Genossen, Verwandte und Vettern um mich herum und reden: ›Diesmal wird König Koravyo sterben! Diesmal wird König Koravyo sterben!‹«

»Was meinst du wohl, großer König: erlangst du das bei deinen Freunden und Genossen, Verwandten und Vettern: ›Kommt heran, ihr lieben Freunde und Genossen, Verwandte und Vettern! Alle, die ihr da seid, mögt diesen Schmerz unter euch teilen, damit ich den Schmerz minder empfinde!‹, oder aber mußt du den Schmerz allein erdulden?«

»Nicht kann ich das, o Raṭṭhapālo, bei meinen Freunden und Genossen, Verwandten und Vettern erlangen: ›Kommt heran, ihr lieben Freunde und Genossen, Verwandte und Vettern! Alle, die ihr da seid, mögt diesen Schmerz unter euch teilen, damit ich den Schmerz minder empfinde!‹, sondern ich muß den Schmerz allein erdulden.«

»Daran aber, großer König, hat Er gedacht, der Erhabene, der Kenner, der Seher, der Heilige, vollkommen Erwachte, als er gesagt hat: ›Hilflos ist die Welt, ohmächtig‹: das hab' ich erfahren und gesehn und gehört, und bin aus dem Hause in die Hauslosigkeit gezogen.«

»Wunderbar, o Raṭṭhapālo, außerordentlich ist es, o Raṭṭhapālo, wie Er da so richtig gesagt hat, der Erhabene, der Kenner, der Seher, der Heilige, vollkommen Erwachte, ›Hilflos ist die Welt, ohnmächtig‹: denn hilflos ist, o Raṭṭhapālo, die Welt, ohnmächtig. – Es findet sich, o Raṭṭhapālo, in meiner Königsburg reichlich Gold und Geschmeide vor, heimlich vergraben und offen aufgestellt. ›Uneigen ist die Welt, alles verlassend muß man gehn‹, hat Herr Raṭṭhapālo gesagt: wie aber soll man, o Raṭṭhapālo, den Sinn dieser Worte verstehn?«

»Was meinst du wohl, großer König: wie du hienieden mit dem Besitz und Genuß der fünf Begehrungen begabt bist, kannst du auch jenseit erlangen: ›Ebenso will ich mit eben diesem Besitz und Genuß der fünf Begehrungen begabt sein!‹, oder aber wird dieser Reichtum auf andere übergehn, und wirst du je nach den Taten wandeln?«

»Nicht kann ich, o Raṭṭhapālo, wie da hienieden mit dem Besitz und Genuß der fünf Begehrungen begabt, auch jenseit erlangen: ›Ebenso will ich mit eben diesem Besitz und Genuß der fünf Begehrungen begabt sein!‹, sondern auf andere wird dieser Reichtum übergehn, und ich werde je nach den Taten wandeln.«

»Daran aber, großer König, hat Er gedacht, der Erhabene, der Kenner, der Seher, der Heilige, vollkommen Erwachte, als er gesagt hat: ›Uneigen ist die Welt, alles verlassend muß man gehn‹; das hab' ich erfahren und gesehn und gehört, und bin aus dem Hause in die Hauslosigkeit gezogen.«

»Wunderbar, o Raṭṭhapālo, außerordentlich ist es, o Raṭṭhapālo, wie Er da so richtig gesagt hat, der Erhabene, der Kenner, der Seher, der Heilige, vollkommen Erwachte, ›Uneigen ist die Welt, alles verlassend muß man gehn‹: denn uneigen ist, o Raṭṭhapālo, die Welt, alles verlassend muß man gehn. – ›Bedürftig ist die Welt, nimmersatt, durstverdungen‹, hat Herr Raṭṭhapālo gesagt: wie aber soll man, o Raṭṭhapālo, den Sinn dieser Worte verstehn?«

»Was meinst du wohl, großer König: gedeiht dir herrlich in Überfluß dein Kurūland?«

»Gewiß, o Raṭṭhapālo, gedeiht mir herrlich in Überfluß mein Kurūland.«

»Was meinst du wohl, großer König: wenn da ein Mann zu dir herkäme, von den östlichen Grenzen, glaubwürdig, vertrauenswürdig; und er träte zu dir und spräche also: ›O großer König, daß du es weißt: ich komme von den östlichen Grenzen her! Da hab' ich ein mächtiges Reich gesehn, blühend, gedeihend, volkreich, von vielen Menschen bewohnt: da gibt es viel Kriegselefanten und Reiterei, Streitwagen und Fußtruppen, viel Elfenbein und Felle, viel Gold und Geschmeide, roh und bearbeitet, da gibt es viel Weibergesinde! Und man kann es mit einer gewissen Streitmacht erobern: erobere es, großer König!‹ Was würdest du da tun?«

»Wir würden es, o Raṭṭhapālo, eben erobern und beherrschen.«

»Was meinst du wohl, großer König: wenn da ein Mann zu dir herkäme, von den westlichen Grenzen, und von den nördlichen Grenzen, und von den südlichen Grenzen, und von jenseits des Ozeans, glaubwürdig, vertrauenswürdig; und er träte zu dir und spräche also: ›O großer König, daß du es weißt: ich komme von jenseits des Ozeans her! Da hab' ich ein mächtiges Reich gesehn, blühend, gedeihend, volkreich, von vielen Menschen bewohnt: da gibt es viel Kriegselefanten und Reiterei, Streitwagen und Fußtruppen, viel Elfenbein und Felle, viel Gold und Geschmeide, roh und bearbeitet, da gibt es viel Weibergesinde! Und man kann es mit einer gewissen Streitmacht erobern: erobere es, großer König!‹ Was würdest du da tun?«

»Wir würden es, o Raṭṭhapālo, eben auch erobern und beherrschen.«

»Daran aber, großer König, hat Er gedacht, der Erhabene, der Kenner, der Seher, der Heilige, vollkommen Erwachte, als er gesagt hat: ›Bedürftig ist die Welt, nimmersatt, durstverdungen‹; das hab' ich erfahren und gesehn und gehört, und bin aus dem Hause in die Hauslosigkeit gezogen.«

»Wunderbar, o Raṭṭhapālo, außerordentlich ist es, o Raṭṭhapālo, wie Er da so richtig gesagt hat, der Erhabene, der Kenner, der Seher, der Heilige, vollkommen Erwachte, ›Bedürftig ist die Welt, nimmersatt, durstverdungen‹: denn bedürftig ist, o Raṭṭhapālo, die Welt, nimmersatt, durstverdungen.«

Also sprach der ehrwürdige Raṭṭhapālo. Und nachdem er also geredet sprach er ferner noch dies:

»Ich sehe Menschen mächtig sein, gewaltig,
Und reich und törig keine Gabe geben:
Begierig häufen an sie Gut und Güter
Und haschen lüstern nach erneuten Lüsten.

»Und hätt' ersiegt ein König sich die Erde,
Und herrscht' er weithin, bis zum Meere herrlich:
Des Meeres Grenze grämt' ihn ungesättigt,
Nach neuen Siegen sehnt' er sich hinüber.

»Der König und gar viele gehn entgegen
Mit ungestilltem Durste düsterm Tode,
Vergeblich abgenutzt stirbt nur der Leib hin:
Denn keiner in der Welt wird satt an Süchten.

»Verwandte weinen, raufen sich die Locken
Und rufen ›Wehe, weh' uns, daß wir leben!‹
In weißes Linnen wickeln sie den Leichnam
Und schichten Scheite, schüren an die Lohe.

»Nun röstet er am Roste, rauh gerüttelt,
Ein einzig Tüchlein deckt ihn, das ist alles:
Der Abgelebte findet keine Zuflucht,
Geliebte, Freunde nicht und nicht Genossen.

»Die Erben reißen sich um seinen Reichtum,
Sein Wesen aber wandelt nach den Werken:
Am Hingeschiednen haftet keine Habe,
Nicht Weib und Kind, nicht Geld und Gut und Lande.

»Um Geld erkauft sich keiner langes Leben,
Und Schätze schützen elend vor dem Alter:
›Gar kurz ist‹, künden Denker, ›unser Dasein,
Und unbeständig, unstet, ohne Dauer.‹

»An Reiche rührt, an Arme rührt Berührung,
Und wie der Tor, berührt wird auch der Weise;
Doch Toren reißt Berührung rasend nieder,
An Weise rührend kann sie nimmer regnen.

»So gilt wohl mehr als Geld und Güter Weisheit,
Da sie Vollendung selig uns entbietet:
Unselig stehn ja Wirre starr gebunden
An Sein und Wiedersein und wirken Böses.

»Man keimt in Schoßen, keimt in andern Welten
Und kehrt im Wandelkreise hin und wieder,
Ergibt sich gern dem Wahne der Gewohnheit:
Und keimt in Schoßen, keimt in andern Welten.

»Gleichwie der Räuber, den die Falle festhält,
Durch eigne Tat sich richtet, der Verruchte,
So wird in andern Welten der Verwesne
Durch eigne Tat gerichtet, der Verruchte.

»Wie launisch locken uns Begierden gaukelnd hin,
Das Herz zerhämmernd, heftig, ungeheuer!
Erkannt hab' ich den Kummer der Begehrung,
Bin darum Büßer nun, o König, Bettler.

»Der Mensch fällt, wie die Frucht vom Baume fällt herab,
Noch unreif, oder reif, in raschem Sturze;
So bin ich denn, o König, gern ein Bettler:
Gewisse Pilgerschaft, sie dünkt mich besser.«

47. SUBHO

99. Rede

Das hab' ich gehört. Zu einer Zeit weilte der Erhabene bei Sāvatthī, im Siegerwalde, im Garten Anāthapiṇḍikos.

Um diese Zeit nun hielt sich Subho, ein junger Brāhmane, der Sohn Todeyyos, zu Sāvatthī auf, in der Wohnung eines gewissen Hausvaters, irgend eines Geschäftes halber.

Wie sich nun Subho der junge Brāhmane, der Sohn Todeyyos, bei jenem Hausvater dort befand sprach er also zu ihm:

»Ich habe, Hausvater, reden hören, viel besucht werde Sāvatthī von Heiligen: was für einen Asketen oder Priester sollen wir da heute aufsuchen?«

»Es weilt da, o Herr, der Erhabene zu Sāvatthī, im Siegerwalde, im Garten Anāthapiṇḍikos: Ihn, o Herr, den Erhabenen sollst du aufsuchen.«

Da begab sich denn Subho der junge Brāhmane, der Sohn Todeyyos, auf den Rat jenes Hausvaters zum Erhabenen hin. Dort angelangt wechselte er höflichen Gruß und freundliche, denkwürdige Worte mit dem Erhabenen und setzte sich seitwärts nieder. Seitwärts sitzend sprach nun Subho der junge Brāhmane, der Sohn Todeyyos, zum Erhabenen also:

»Die Priester, o Gotamo, reden also: ›Wer im Hause bleibt kann Echtes erwirken, heilsames Recht; wer vom Hause fortzieht kann es nicht.‹ Was hält nun Herr Gotamo davon?«

»Mancherlei sag' ich, Brāhmane, darüber aus, nicht sag' ich darüber einerlei aus. Ob einer, Brāhmane, im Hause bleibt, oder ob einer vom Hause fortzieht: lebt er falsch, so lob' ich es nicht. Denn wer im Hause bleibt, Brāhmane, und wer vom Hause fortzieht: lebt er falsch, so kann er um seines falschen Lebens willen nicht Echtes erwirken, heilsames Recht. Ob einer, Brāhmane, im Hause bleibt, oder ob einer vom Hause fortzieht: lebt er recht, so lob' ich es. Denn wer im Hause bleibt, Brāhmane, und wer vom Hause fortzieht: lebt er recht, so kann er um seines rechten Lebens willen Echtes erwirken, heilsames Recht.«

»Die Priester, o Gotamo, reden also: ›Die viel gewichtige, viel geschäftige, viel sorghafte, viel mühsame Tätigkeit des Hauslebens trägt viel ein; die wenig gewichtige, wenig geschäftige, wenig sorghafte, wenig mühsame Tätigkeit des Pilgerlebens trägt wenig ein.‹ Was hält nun Herr Gotamo davon?«

»Auch darüber sag' ich, Brāhmane, mancherlei aus, nicht sag' ich darüber einerlei aus. Es gibt, Brāhmane, eine Tätigkeit, die viel gewichtig, viel geschäftig, viel sorghaft, viel mühsam mißlingend wenig einträgt. Es gibt Brāhmane, eine Tätigkeit, die viel gewichtig, viel geschäftig, viel sorghaft, viel mühsam gelingend viel einträgt. Es gibt, Brāhmane, eine Tätigkeit, die wenig gewichtig, wenig geschäftig, wenig sorghaft, wenig mühsam mißlingend wenig einträgt. Es gibt, Brāhmane, eine Tätigkeit, die wenig gewichtig, wenig geschäftig, wenig sorghaft, wenig mühsam gelingend viel einträgt. Was ist das aber, Brāhmane, für eine Tätigkeit, die viel gewichtig, viel geschäftig, viel sorghaft, viel mühsam mißlingend wenig einträgt? Der Ackerbau ist, Brāhmane, eine Tätigkeit, die viel gewichtig, viel geschäftig, viel sorghaft, viel mühsam mißlingend wenig einträgt. Und was ist es, Brāhmane, für eine Tätigkeit, die viel gewichtig, viel geschäftig, viel sorghaft, viel mühsam gelingend viel einträgt? Wiederum ist der Ackerbau, Brāhmane, eine Tätigkeit, die viel gewichtig, viel geschäftig, viel sorghaft, viel mühsam gelingend viel einträgt. Was ist das aber, Brāhmane, für eine Tätigkeit, die wenig gewichtig, wenig geschäftig, wenig sorghaft, wenig mühsam mißlingend wenig einträgt? Der Handel ist, Brāhmane, eine Tätigkeit, die wenig gewichtig, wenig geschäftig, wenig sorghaft, wenig mühsam mißlingend wenig einträgt. Und was ist es, Brāhmane, für eine Tätigkeit, die wenig gewichtig, wenig geschäftig, wenig sorghaft, wenig mühsam gelingend viel einträgt? Wiederum ist der Handel, Brāhmane, eine Tätigkeit, die wenig gewichtig, wenig geschäftig, wenig sorghaft, wenig mühsam gelingend viel einträgt.

»Gleichwie nun, Brāhmane, der Ackerbau eine Tätigkeit ist, die viel gewichtig, viel geschäftig, viel sorghaft, viel mühsam mißlingend wenig einträgt: ebenso auch, Brāhmane, ist das Hausleben eine Tätigkeit, die viel gewichtig, viel geschäftig, viel sorghaft, viel mühsam mißlingend wenig einträgt. Gleichwie nun, Brāhmane, wiederum der Ackerbau eine Tätigkeit ist, die viel gewichtig, viel geschäftig, viel sorghaft, viel mühsam gelingend viel einträgt: ebenso auch, Brāhmane, ist das Hausleben eine Tätigkeit, die viel gewichtig, viel geschäftig, viel sorghaft, viel mühsam gelingend viel einträgt. Gleichwie nun, Brāhmane, der Handel eine Tätigkeit ist, die wenig gewichtig, wenig geschäftig, wenig sorghaft, wenig mühsam mißlingend wenig einträgt: ebenso auch, Brāhmane, ist das Pilgerleben eine Tätigkeit, die wenig gewichtig, wenig geschäftig, wenig sorghaft, wenig mühsam mißlingend wenig einträgt. Gleichwie nun, Brahmane, wiederum der Handel eine Tätigkeit ist, die wenig gewichtig, wenig geschäftig, wenig sorghaft, wenig mühsam gelingend viel einträgt: ebenso auch, Brāhmane, ist das Pilgerleben eine Tätigkeit, die wenig gewichtig, wenig geschäftig, wenig sorghaft, wenig mühsam gelingend viel einträgt.«

»Die Priester, o Gotamo, geben fünf Bedingungen an, um Gutes zu tun, Heilsames zu erwerben.«

»Was da, Brāhmane, die Priester als fünf Bedingungen angeben, um Gutes zu tun, Heilsames zu erwerben: wenn es dir nicht schwer fällt magst du wohl diese fünf Bedingungen der Versammlung hier mitteilen.«

»Es fällt mir, o Gotamo, nicht schwer, wo so Ehrwürdige versammelt sind, oder ihnen Ähnliche.«

»Wohlan denn, Brāhmane, so rede.«

»Wahrhaftigkeit, o Gotamo, geben die Priester als erste Bedingung an, um Gutes zu tun, Heilsames zu erwerben. Buße, o Gotamo, geben die Priester als zweite Bedingung an, um Gutes zu tun, Heilsames zu erwerben. Keusches Wandeln, o Gotamo, geben die Priester als dritte Bedingung an, um Gutes zu tun, Heilsames zu erwerben. Andacht, o Gotamo, geben die Priester als vierte Bedingung an, um Gutes zu tun, Heilsames zu erwerben. Entsagung, o Gotamo, geben die Priester als fünfte Bedingung an, um Gutes zu tun, Heilsames zu erwerben. Die Priester, o Gotamo, geben diese fünf Bedingungen an, um Gutes zu tun, Heilsames zu erwerben. Was hält nun Herr Gotamo davon?«

»Was glaubst du, Brāhmane: gibt es unter den Priestern auch nur einen Priester, der da gesagt hat: ›Ich selber kann den Erfolg dieser fünf Bedingungen als erfahren und verwirklicht aufweisen‹?«

»Wohl nicht, o Gotamo!«

»Was glaubst du, Brāhmane: gibt es unter den Priestern auch nur einen Meister, oder Meister und Altmeister, bis zum siebenten Großmeisterahnen hinauf, der da gesagt hat: ›Ich selber kann den Erfolg dieser fünf Bedingungen als erfahren und verwirklicht aufweisen‹?«

»Wohl nicht, o Gotamo!«

»Was glaubst du, Brāhmane: die da vormals der Priester Seher waren, die Verfasser der Sprüche, Verkünder der Sprüche, deren uralte

Spruchlieder, wie sie gesungen, ausgesprochen, gesammelt wurden, die Priester heute und hier ihnen nachsingen, ihnen nachsagen, das Gesagte weitersagen, das Gelehrte weiterlehren, als da waren Aṭṭhako, Vāmako, Vāmadevo, Vessāmitto, Yamataggi, Aṅgiraso, Bhāradvājo, Vāseṭṭho, Kassapo, Bhagu: haben etwa diese gesagt: ›Wir selber können den Erfolg dieser fünf Bedingungen als erfahren und verwirklicht aufweisen‹?«

»Wohl nicht, o Gotamo!«

»So gibt es denn, Brāhmane, unter den Priestern auch nicht einen Priester, der da gesagt hat: ›Ich selber kann den Erfolg dieser fünf Bedingungen als erfahren und verwirklicht aufweisen‹; gibt es unter den Priestern auch nicht einen Meister, oder Meister und Altmeister, bis zum siebenten Großmeisterahnen hinauf, der da gesagt hat: ›Ich selber kann den Erfolg dieser fünf Bedingungen als erfahren und verwirklicht aufweisen‹; und die da vormals der Priester Seher waren, die Verfasser der Sprüche, Verkünder der Sprüche, deren uralte Spruchlieder, wie sie gesungen, ausgesprochen, gesammelt wurden, die Priester heute und hier ihnen nachsingen, ihnen nachsagen, das Gesagte weitersagen, das Gelehrte weiterlehren, als da waren Aṭṭhako, Vāmako, Vāmadevo, Vessāmitto, Yamataggi, Aṅgiraso, Bhāradvājo, Vāseṭṭho, Kassapo, Bhagu: auch diese haben nicht gesagt: ›Wir selber können den Erfolg dieser fünf Bedingungen als erfahren und verwirklicht aufweisen.‹ Gleichwie etwa, Brāhmane, eine Reihe Blinder, einer dem anderen angeschlossen, und kein vorderer sieht, und kein mittlerer sieht, und kein letzterer sieht: ebenso nun auch, Brāhmane, als eine Reihe Blinder will mir das Reden der Priester erscheinen, wo kein vorderer sieht, und kein mittlerer sieht, und kein letzterer sieht.«

So berichtet wurde Subho der junge Brāhmane, der Sohn Todeyyos – vom Erhabenen mit dem Gleichnisse von der Blindenreihe belehrt – unwillig und unzufrieden; und den Erhabenen lästernd und den Erhabenen tadelnd und den Erhabenen warnend – ›Ob wohl der Asket Gotamo vollbracht hat‹ – sprach er also zum Erhabenen:

»Pokkharasāti, o Gotamo, der Priester, der Opamaññer von Subhagavanam, hat gesagt: ›Ebenso auch behaupten da gar manche Asketen und Priester ein überirdisches, reiches Heiltum der Wissensklarheit zu besitzen: denen gereicht diese Rede nur zum Spotte, zum bloßen Namen, erweist sich ganz eitel und nichtig. Denn wie sollte wohl ein Erdensohn ein überirdisches, reiches Heiltum der Wissensklarheit verstehn oder erkennen oder verwirklichen? Das ist unmöglich.‹«

»Wie denn, Brāhmane: kann der Priester Pokkharasāti, der Opamañner von Subhagavanam, auch aller Asketen und Priester Herz im Herzen schauen und erkennen?«

»Freilich, o Gotamo, nicht einmal bei seiner Magd Puṇṇikā kann der Priester Pokkharasāti, der Opamañner von Subhagavanam, das Herz im Herzen schauen und erkennen: woher sollt' er denn gar aller Asketen und Priester Herz im Herzen schauen und erkennen?«

»Gleichwie etwa, Brāhmane, wenn da ein Blindgeborener wäre: der sähe keine schwarzen und keine weißen Gegenstände, keine blauen und keine gelben, keine roten und keine grünen, er sähe nicht was gleich und was ungleich ist, sähe keine Sterne und nicht Mond und nicht Sonne. Und er spräche also: ›Es gibt nichts Schwarzes und Weißes, es gibt keinen, der Schwarzes und Weißes sähe; es gibt nichts Blaues und Gelbes, es gibt keinen, der Blaues und Gelbes sähe; es gibt nichts Rotes und Grünes, es gibt keinen, der Rotes und Grünes sähe; es gibt nichts Gleiches und Ungleiches, es gibt keinen, der Gleiches und Ungleiches sähe; es gibt keine Sterne, es gibt keinen, der Sterne sähe; es gibt weder Mond noch Sonne, es gibt keinen, der Mond und Sonne sähe. Ich selber weiß nichts davon, ich selber seh' nichts davon: darum ist es nicht.‹ Würde der wohl, Brāhmane, also redend recht aussagen?«

»Gewiß nicht, o Gotamo! Es gibt Schwarzes und Weißes, und man sieht es; es gibt Blaues und Gelbes, und man sieht es; es gibt Rotes und Grünes, und man sieht es; es gibt Gleiches und Ungleiches, und man sieht es; es gibt Sterne und Mond und Sonne, und man sieht sie. ›Ich selber weiß nichts davon, ich selber seh' nichts davon: darum ist es nicht‹: also redend, o Gotamo, würde jener Mann gewiß nicht recht aussagen.«

»Ebenso nun auch, Brāhmane, ist der Priester Pokkharasāti, der Opamañner aus Subhagavanam, blind und augenlos. Daß der etwa ein überirdisches, reiches Heiltum der Wissensklarheit verstehn oder erkennen oder verwirklichen würde, ist unmöglich. – Was meinst du wohl, Brāhmane: jene hochmögenden, kosalischen Priester, als da sind Caṅkī der Priester, Tārukkho der Priester, Pokkharasāti der Priester, Jāṇussoṇi der Priester, oder dein Vater Todeyyo: welche gelten bei denen als besser, die da mit Zusammenhang reden können, oder ohne Zusammenhang?«

»Mit Zusammenhang, o Gotamo!«

»Welche gelten ihnen als besser, die da mit Bedacht reden können, oder ohne Bedacht?«

»Mit Bedacht, o Gotamo!«

»Welche gelten ihnen als besser, die da mit Begründung reden können, oder ohne Begründung?«

»Mit Begründung, o Gotamo!«

»Welche gelten ihnen als besser, die da sinnig reden können, oder unsinnig?«

»Sinnig, o Gotamo!«

»Was meinst du wohl, Brāhmane: ist es also, hat dann der Priester Pokkharasāti, der Opamaññer aus Subhagavanam, mit Zusammenhang geredet, oder ohne Zusammenhang?«

»Ohne Zusammenhang, o Gotamo!«

»Mit Bedacht geredet, oder ohne Bedacht?«

»Ohne Bedacht, o Gotamo!«

»Mit Begründung geredet, oder ohne Begründung?«

»Ohne Begründung, o Gotamo!«

»Sinnig geredet, oder unsinnig?«

»Unsinnig, o Gotamo!«

»Fünf gibt es, Brāhmane, der Hemmungen: welche fünf? Die Hemmung durch Wunscheswillen, die Hemmung durch Hassensgroll, die Hemmung durch matte Müde, die Hemmung durch stolzen Unmut, die Hemmung durch Schwanken. Das sind, Brāhmane, die fünf Hemmungen. In diese fünf Hemmungen, Brāhmane, ist der Priester Pokkharasāti, der Opamaññer aus Subhagavanam, eingeschlossen, eingeschnürt, verzogen und verwickelt. Daß der etwa ein überirdisches, reiches Heiltum der Wissensklarheit verstehn oder erkennen oder verwirklichen würde, ist unmöglich. Fünf gibt es, Brāhmane, der Begehrungen: welche fünf? Die durch das Gesicht ins Bewußtsein tretenden Formen, die ersehnten, geliebten, entzückenden, angenehmen, dem Begehren entsprechenden, reizenden; die durch das Gehör ins Bewußtsein tretenden Töne, die ersehnten, geliebten, entzückenden, angenehmen, dem Begehren entsprechenden, reizenden; die durch den Geruch ins Bewußtsein tretenden Düfte, die ersehnten, geliebten, entzückenden, angenehmen, dem Begehren entsprechenden, reizenden; die durch den Geschmack ins Bewußtsein tretenden Säfte, die ersehnten, geliebten, entzückenden, angenehmen, dem Begehren entsprechenden, reizenden; die durch das Getast ins Bewußtsein tretenden Tastungen, die ersehnten, geliebten, entzückenden, angenehmen, dem Begehren entsprechenden, reizenden. Das sind, Brāhmane, die fünf Begehrungen. Diesen fünf Begehrungen, Brāhmane, hat sich der Priester Pokkharasāti, der Opamaññer aus Subhagavanam, verlockt, geblendet, anheimgefallen, ohne das Elend zu sehen, ohne an Entrinnung zu denken, hingegeben. Daß der etwa ein überirdisches, reiches Heiltum der Wissensklarheit verstehn oder erkennen oder verwirklichen würde, ist unmöglich. – Was meinst du wohl, Brāhmane: wenn Feuer, durch Heu und Holz genährt, entfacht würde; oder wenn Feuer, durch regengetränktes Heu und Holz genährt, entfacht würde: welches von beiden hätte da Flamme und Glanz und Leuchtkraft?«

»Wär' es möglich, o Gotamo, Feuer, durch regengetränktes Heu und Holz genährt, zu entfachen, so hätte auch dieses Feuer Flamme und Glanz und Leuchtkraft.«

»Unmöglich ist es, Brāhmane, es kann nicht sein, daß Feuer, durch regengetränktes Heu und Holz genährt, entfacht werde, es sei denn durch magische Macht. Gleichwie nun, Brāhmane, als ob man Feuer, durch regengetränktes Heu und Holz genährt, entfachte, erscheint mir, Brahmane, eine Heiterkeit, durch die fünf Begehrungen genährt. Gleichwie nun, Brāhmane, als ob man Feuer, durch Heu und Holz genährt, entfachte, erscheint mir, Brāhmane, eine Heiterkeit, gar fern von Begierden, fern von unheilsamen Dingen. Was ist das aber, Brāhmane, für eine Heiterkeit, gar fern von Begierden, fern von unheilsamen Dingen? Da weilt, Brāhmane, ein Mönch, eben fern von Begierden, fern von unheilsamen Dingen, in sinnend gedenkender ruhegeborener seliger Heiterkeit, in der Weihe der ersten Schauung. Das ist nun, Brāhmane, eine Heiterkeit gar fern von Begierden, fern von unheilsamen Dingen.

»Weiter sodann, Brāhmane: nach Vollendung des Sinnens und Gedenkens erwirkt der Mönch die innere Meeresstille, die Einheit des Gemütes, die von sinnen, von gedenken freie, in der Einigung geborene selige Heiterkeit, die Weihe der zweiten Schauung. Das ist nun, Brāhmane, eine Heiterkeit gar fern von Begierden, fern von unheilsamen Dingen.

»Was da, Brāhmane, die Priester als fünf Bedingungen angeben, um Gutes zu tun, Heilsames zu erwerben: welche davon erklären sie als die wirksamste, um Gutes zu tun, Heilsames zu erwerben?«

»Was da, o Gotamo, die Priester als fünf Bedingungen angeben, um Gutes zu tun, Heilsames zu erwerben: Entsagung erklären sie davon als am wirksamsten, um Gutes zu tun, Heilsames zu erwerben.«

»Was meinst du wohl, Brāhmane: es habe da irgend ein Priester eine große Opferfeier vorbereitet, und es kämen zwei andere Priester heran: ›Wir wollen dem Opferfeste dieses Priesters beiwohnen.‹ Und der eine der beiden gedächte bei sich: ›Ach daß mir doch bei dem Mahle der beste Sitz, das beste Wasser, der beste Bissen zufiele, und nicht etwa einem anderen Priester!‹ Möglich, Brāhmane, daß einem anderen Priester beim Mahle der beste Sitz, das beste Wasser, der beste Bissen zugeteilt werde, und nicht ihm. Und er würde erbittert und mißvergnügt: ›Ein anderer Priester hat beim Mahle den besten Sitz, das beste Wasser, den besten Bissen erhalten, nicht ich!‹ Was geben nun wohl, Brāhmane, die Priester als Vergeltung dafür an?«

»Nicht reichen ja, o Gotamo, die Priester also Almosen: ›Dadurch soll der Nächste erbittert und mißvergnügt werden‹, sondern sie reichen, o Gotamo, eben aus Mitleid Almosen.«

»Ist es also, Brāhmane, so haben die Priester diesen sechsten Anlaß Gutes zu tun, nämlich aus Mitleid.«

»Also ist es, o Gotamo, daß die Priester diesen sechsten Anlaß haben Gutes zu tun, nämlich aus Mitleid.«

»Was da, Brāhmane, die Priester als fünf Bedingungen angeben, um Gutes zu tun, Heilsames zu erwerben: wo hast du diese zumeist angetroffen, bei Hausleuten oder bei den Pilgern?«

»Was da, o Gotamo, die Priester als fünf Bedingungen angeben, um Gutes zu tun, Heilsames zu erwerben: diese hab' ich zumeist bei den Pilgern angetroffen, wenig bei Hausleuten. Wer im Hause lebt, o Gotamo, ist ja viel betätigt, viel beschäftigt, viel besorgt, viel bemüht, nicht jederzeit ganz und gar der Wahrhaftigkeit zugetan. Wer aber dem Hause fern steht, o Gotamo, ist wenig betätigt, wenig beschäftigt, wenig besorgt, wenig bemüht, jederzeit ganz und gar der Wahrhaftigkeit zugetan. Wer im Hause lebt, o Gotamo, ist ja viel betätigt, viel beschäftigt, viel besorgt, viel bemüht, nicht jederzeit ganz und gar bußhaft, keusch, andächtig, entsagungsvoll. Wer aber dem Hause fern steht, o Gotamo, ist wenig betätigt, wenig beschäftigt, wenig besorgt, wenig bemüht, jederzeit ganz und gar der Buße, der Keuschheit, der Andacht, der Entsagung zugetan. Was da, o Gotamo, die Priester als fünf Bedingungen angeben, um Gutes zu tun, Heilsames zu erwerben: diese hab' ich zumeist bei den Pilgern angetroffen, wenig bei Hausleuten.«

»Was da, Brāhmane, die Priester als fünf Bedingungen angeben, um Gutes zu tun, Heilsames zu erwerben: des Herzens Geräte heiße ich diese, wo das Herz ohne Grimm, ohne Groll darauf hinarbeitet. Da ist, Brāhmane, ein Mönch wahrhaftig, und ›Ich bin wahrhaftig‹ weiß er und gewinnt Verständnis des Sinnes, Verständnis der Wahrheit, verständnisreife Wahrheitswonne; und was da heilsame Wonne ist, das heiß' ich des Herzens Gerät, wo das Herz ohne Grimm, ohne Groll darauf hinarbeitet. Da ist, Brāhmane, ein Mönch bußhaft, keusch, andächtig, entsagungsvoll, und er weiß es und gewinnt Verständnis des

Sinnes, Verständnis der Wahrheit, verständnisreife Wahrheitswonne; und was da heilsame Wonne ist, das heiß' ich des Herzens Gerät, wo das Herz ohne Grimm, ohne Groll darauf hinarbeitet. Was da, Brāhmane, die Priester als fünf Bedingungen angeben, um Gutes zu tun, Heilsames zu erwerben: des Herzens Geräte heiße ich diese, wo das Herz ohne Grimm, ohne Groll darauf hingearbeitet.«

Nach diesen Worten wandte sich Subho der junge Brāhmane, der Sohn Todeyyos, also an den Erhabenen:

»Reden hab' ich hören, o Gotamo: ›Der Asket Gotamo kennt den Weg, der zu Brahmā führt.‹«

»Was meinst du wohl, Brāhmane: ist Naḷakāram das Dorf nahebei, liegt es unweit von hier?«

»Freilich, Herr, ist Naḷakāram das Dorf nahebei, es liegt unweit von hier.«

»Was meinst du wohl, Brāhmane: es sei da ein Mann, in Naḷakāram von Geburt auferwachsen, und man fragte ihn, wie weit es noch des Weges nach Naḷakāram sei: würde da etwa, Brāhmane, dieser Mann, in Naḷakāram von Geburt auferwachsen, um den Weg nach Naḷakāram gefragt, irgend zögern oder zaudern?«

»Gewiß nicht, o Gotamo!«

»Und warum nicht?«

»Der Mann ist ja, o Gotamo, in Naḷakāram von Geburt auferwachsen: so kennt er denn alle die Wege nach Naḷakāram genau.«

»Doch könnte, Brāhmane, dieser Mann, in Naḷakāram von Geburt auferwachsen, um den Weg nach Naḷakāram gefragt, irgend zögern oder zaudern: nicht aber kann der Vollendete, um die Brahmawelt oder den Pfad, der zur Brahmawelt führt, gefragt, irgend zögern oder zaudern. Den Brahmā kenn' ich, Brāhmane, und die Brahmawelt und den Pfad, der zur Brahmawelt führt, und auf welche Weise man in brahmische Welt gelangt, auch das kenn' ich.«

»Reden hab' ich hören, o Gotamo: ›Der Asket Gotamo zeigt den Weg, der zu Brahmā führt.‹ O daß mir doch der Herr Gotamo den Weg zeigte, der zu Brahmā führt!«

»Wohlan denn, Brāhmane, so höre und achte wohl auf meine Rede.«

»Ja, Herr!« erwiderte da aufmerksam Subho der junge Brahmane, der Sohn Todeyyos, dem Erhabenen. Der Erhabene sprach also:

»Was ist das also, Brāhmane, für ein Weg, der zu Brahmā führt? Da strahlt, Brāhmane, ein Mönch liebevollen Gemütes weilend nach einer Richtung, dann nach einer zweiten, dann nach der dritten, dann nach der vierten, ebenso nach oben und nach unten: überall in allem sich wiedererkennend durchstrahlt er die ganze Welt mit liebevollem Gemüte, mit weitem, tiefem, unbeschränktem, von Grimm und Groll geklärtem. In also geübter liebevoller Gemüterlösung, Brāhmane, kann beschränktes Werk nicht mehr übrig bleiben, nicht mehr bestehn. Gleichwie etwa, Brāhmane, ein kräftiger Trompeter gar mühelos nach den vier Seiten posaunen kann, ebenso nun auch, Brāhmane, kann in also geübter liebevoller Gemüterlösung beschränktes Werk nicht mehr übrig bleiben, nicht mehr bestehen. Das aber ist, Brāhmane, der Weg, der zu Brahmā führt.

»Weiter sodann, Brāhmane: erbarmenden Gemütes, freudevollen Gemütes, unbewegten Gemütes weilend strahlt ein Mönch nach einer Richtung, dann nach einer zweiten, dann nach der dritten, dann nach der vierten, ebenso nach oben und nach unten: überall in allem sich wiedererkennend durchstrahlt er die ganze Welt mit erbarmendem Gemüte, mit freudevollem Gemüte, mit unbewegtem Gemüte, mit weitem, tiefem, unbeschränktem, von Grimm und Groll geklärtem. In also geübter erbarmender, freudevoller, unbewegter Gemüterlösung, Brāhmane, kann beschränktes Werk nicht mehr übrig bleiben, nicht mehr bestehn. Gleichwie etwa, Brāhmane, ein kräftiger Trompeter gar mühelos nach den vier Seiten posaunen kann, ebenso nun auch, Brāhmane, kann in also geübter erbarmender, freudevoller, unbewegter Gemüterlösung beschränktes Werk nicht mehr übrig bleiben, nicht mehr bestehn. Das aber ist, Brāhmane, der Weg, der zu Brahmā führt.«

Nach dieser Rede sprach Subho der junge Brāhmane, der Sohn Todeyyos, zum Erhabenen also:

»Vortrefflich, o Gotamo, vortrefflich, o Gotamo! Gleichwie etwa, o Gotamo, als ob einer Umgestürztes aufstellte, oder Verdecktes enthüllte, oder Verirrten den Weg wiese, oder Licht in die Finsternis brächte: ›Wer Augen hat wird die Dinge sehn‹: ebenso auch ist von Herrn Gotamo die Lehre gar mannigfach dargelegt worden. Und so nehm' ich bei Herrn Gotamo Zuflucht, bei der Lehre und bei der Jüngerschaft: als Anhänger möge mich Herr Gotamo betrachten, von heute an zeitlebens getreu. – Wohlan denn, o Gotamo, jetzt wollen wir aufbrechen: manche Pflicht wartet unser, manche Obliegenheit.«

»Wie es dir nun, Brāhmane, belieben mag.«

Und Subho der junge Brāhmane, der Sohn Todeyyos, durch des Erhabenen Rede erfreut und befriedigt, stand auf von seinem Sitze, begrüßte den Erhabenen ehrerbietig, ging rechts herum und entfernte sich.

Um diese Zeit aber fuhr Jāṇussoṇi der Priester in einem weißen Zeltwagen aus Sāvatthī hinaus, am Nachmittage. Da sah Jāṇussoṇi der Priester den jungen Brāhmanen Subho, den Sohn Todeyyos, von ferne herankommen, und als er ihn gesehn sprach er also zu ihm:

»Sieh' da, wo kommt denn der verehrte Bharadvājo her, in der Sonne des Nachmittags?«

»Von dort, Lieber, vom Asketen Gotamo komme ich.«

»Was meint wohl Herr Bhāradvājo: hat der Asket Gotamo große Geisteskraft? Man hält ihn für weise.«

»Wer bin ich, Lieber, daß ich über die große Geisteskraft des Asketen Gotamo urteilen sollte? Der müßte ihm wohl gleichen, der die große Geisteskraft des Asketen Gotamo kennte!«

»Gewaltig, fürwahr, preist Herr Bhāradvājo das Lob des Asketen Gotamo!«

»Wer bin ich, Lieber, daß ich den Asketen Gotamo preisen sollte? Von Gepriesenen gepriesen wird Herr Gotamo, der Höchste der Götter und Menschen. Und was da, Lieber, die Priester als fünf Bedingungen angeben, um Gutes zu tun, Heilsames zu erwerben: nur des Herzens Geräte sind es, hat Herr Gotamo gesagt, wo das Herz ohne Grimm, ohne Groll darauf hinarbeitet.«

Also berichtet stieg Jāṇussoṇi der Priester von seinem weißen Zeltwagen herab, entblößte eine Schulter, verneigte sich ehrerbietig nach der Richtung wo der Erhabene weilte, und ließ dann den Gruß ertönen:

»Gesegnet ist
König Pasenadi von Kosalo,
Hochgesegnet ist
König Pasenadi von Kosalo,
In dessen Reiche
Der Vollendete weilt,
Der Heilige, vollkommen Erwachte.«

48. AṈGULIMĀLO

86. Rede

Erstes Bruchstück

Das hab' ich gehört. Zu einer Zeit weilte der Erhabene bei Sāvatthī, im Siegerwalde, im Garten Anāthapiṇḍikos.

Um diese Zeit nun lebte im Reiche König Pasenadis von Kosalo ein Räuber, Aṅgulimālo genannt, grausam und blutgierig, an Mord und Totschlag gewohnt, ohne Mitleid gegen Mensch und Tier. Der machte die Dörfer undörflich, die Städte unstädtlich, die Länder unländlich. Er brachte die Leute um und hing sich die Fingerlein um den Hals.

Und der Erhabene, zeitig gerüstet, nahm Mantel und Schale und begab sich nach Sāvatthī um Almosenspeise. Und als der Erhabene, von Haus zu Haus tretend, Almosen erhalten, kehrte er zurück und nahm das Mahl ein; dann brach er das Lager ab und ging, mit Mantel und Schale versehn, des Weges hin, nach der Gegend wo Aṅgulimālo der Räuber hauste.

Es sahn aber Hirten und Landleute den Erhabenen des Weges hingehn, nach der Gegend wo Aṅgulimālo der Räuber hauste; und als sie den Erhabenen gesehn sprachen sie also zu ihm:

»Nicht dahin, Asket, wolle gehn! In jener Gegend, Asket, haust ein Räuber, Aṅgulimālo genannt, grausam und blutgierig, an Mord und Totschlag gewohnt, ohne Mitleid gegen Mensch und Tier. Der macht die Dörfer undörflich, die Städte unstädtlich, die Länder unländlich. Er bringt die Leute um und hängt sich die Fingerlein um den Hals. Nach jener Gegend, Asket, sind ja zehn Mann, und zwanzig Mann, und dreißig Mann, und vierzig Mann vereint ausgezogen, sind aber alle in die Gewalt Aṅgulimālo des Räubers geraten!«

Also angeredet schritt der Erhabene schweigend weiter.

Und ein zweites Mal, und ein drittes Mal sprachen Hirten und Landleute den Erhabenen also an: aber schweigend schritt der Erhabene weiter.

Und Aṅgulimālo der Räuber sah den Erhabenen von ferne herankommen, und als er ihn gesehn gedacht' er bei sich: ›Wunderbar, wahrlich, außerordentlich ist es! Auf diesem Wege sind ja zehn Mann, und zwanzig Mann, und dreißig Mann, und vierzig Mann vereint ausgezogen und sind alle in meine Gewalt geraten: und dieser Asket da kommt einzeln, allein, wie ein Eroberer heran! Wie, wenn ich nun diesem Asketen den Garaus machte?‹

Und Aṅgulimālo der Räuber nahm Schwert und Schild, hing Bogen und Köcher um und ging dem Erhabenen Schritt für Schritt nach.

Da ließ nun der Erhabene eine magische Erscheinung von solcher Art erscheinen, daß Aṅgulimālo der Räuber den Erhabenen, der gelassen dahinschritt, mit aller Macht laufend nicht einholen konnte. Und Aṅgulimālo der Räuber gedachte bei sich: ›Wunderbar, wahrlich, außerordentlich ist es! Ich habe ja früher einen flüchtigen Elefanten überrascht und erreicht, ein flüchtiges Roß überrascht und erreicht, einen flüchtigen Wagen überrascht und erreicht, ein flüchtiges Reh überrascht und erreicht: aber diesen Asketen da, der gelassen dahingeht, kann ich mit aller Macht laufend nicht einholen!‹ Und er blieb stehn und rief dem Erhabenen zu:

»Stehe, Asket! Stehe, Asket!«

»Ich stehe, Aṅgulimālo: steh' auch du.«

Da kam nun Aṅgulimālo dem Räuber der Gedanke: ›Diese Asketen des Sakyersohnes reden die Wahrheit, bekennen die Wahrheit: gleichwohl aber sagt dieser Asket, der da wandelt: Ich stehe, Aṅgulimālo: steh' auch du. Wie, wenn ich nun diesen Asketen fragte?‹ Und Aṅgulimālo der Räuber sprach den Erhabenen mit dem Spruche an:

»Du wandelst, Büßer, wähnst dich aber stetig,
Und mich, der stetig ist, mich wähnst du wandelnd;
Ich frage dich, o Büßer, gib mir Kunde:
Wie bist du stetig denn, wie bin ich unstet?«

Der Herr:

»Beständig immerdar, Aṅgulimālo,
Bin ich, der keinem Wesen Leides antut;
Doch du hast wild gewütet gegen Wesen:
So bin ich stetig denn, so bist du unstet.«

Zweites Bruchstück

Aṅgulimālo:

Schon lang ist's her, als einst der hohe Meister,
Der Mönch erschienen mir in Waldes Mitte:

Da rief ich aus: »Entsagen tausend Sünden
Will ich um eines Wortes deiner Wahrheit!«

Ein Räuber war ich, ja, war Mord und Marter,
War grausam, gräßlich wie die Höllengründe:
Zu Füßen lag der Räuber dem Willkommnen,
Den Auferwachten fleht' er an um Weihe.

Und Er, der auferwacht ist, mild und heilig,
Der Herr der Welt mit allen ihren Göttern,
»So komm', o Jünger!« sprach zu mir der Meister,
Nahm also auf mich in den Jüngerorden.

Drittes Bruchstück

Und der Erhabene begab sich nun, gefolgt vom ehrwürdigen Aṉgulimālo, auf die Wanderung nach Sāvatthī, von Ort zu Ort wandernd näherte er sich der Stadt.

Zu Sāvatthī weilte nun der Erhabene, im Siegerwalde, im Garten Anāthapiṇḍikos.

Um diese Zeit nun hatte sich vor dem Palaste König Pasenadis von Kosalo eine große Menschenmenge angesammelt, die laut lärmte und schrie:

»Ein Räuber, o König, lebt in deinem Lande, Aṉgulimālo genannt, grausam und blutgierig, an Mord und Totschlag gewohnt, ohne Mitleid gegen Mensch und Tier. Der macht die Dörfer undörflich, die Städte unstädtlich, die Länder unländlich. Er bringt die Leute um und hängt sich die Fingerlein um den Hals. Den soll der König unschädlich machen!«

Da brach denn König Pasenadi von Kosalo mit fünfhundert Reitern von Sāvatthī auf und kam noch am Nachmittag bis an den Garten hin. So weit gefahren als man fahren konnte, stieg er vom Wagen ab und ging dann zu Fuße dorthin wo der Erhabene weilte, bot ehrerbietigen Gruß dar und setzte sich seitwärts nieder. Und an König Pasenadi von Kosalo, der da zur Seite saß, wandte sich nun der Erhabene also:

»Was ist dir, großer König: hat etwa Magadhās König, Seniyo Bimbisāro, gedroht, oder Vesālis Licchavier-Fürsten, oder andere deiner Mitherrscher?«

»Nicht hat mir, o Herr, Magadhās König, Seniyo Bimbisāro, gedroht, noch auch Vesālis Licchavier-Fürsten oder andere meiner Mitherrscher: ein Räuber, o Herr, lebt in meinem Lande, Aṉgulimālo genannt, grausam und blutgierig, an Mord und Totschlag gewohnt, ohne Mitleid gegen Mensch und Tier. Der macht die Dörfer undörflich, die Städte unstädtlich, die Länder unländlich. Er bringt die Leute um und hängt sich die Fingerlein um den Hals. Den will ich, o Herr, unschädlich machen.«

»Wenn du aber, großer König, Aṉgulimālo sähest, mit geschorenem Haar und Barte, mit fahlem Gewande bekleidet, aus dem Hause in die Hauslosigkeit gezogen, dem Töten entfremdet, dem Stehlen entfremdet, dem Lügen entfremdet, zufrieden mit einer Mahlzeit, keusch wandelnd, tugendrein, edelgeartet; was würdest du da mit ihm machen?«

»Wir würden ihn, o Herr, ehrerbietig begrüßen, uns vor ihm erheben und ihn zu sitzen einladen, ihn bitten Kleidung, Speise, Lager und Arznei für den Fall einer Krankheit anzunehmen, würden ihm wie sich's gebührt Schutz und Schirm und Obhut angedeihen lassen: wie aber sollte, o Herr, ein so arger, bösartiger Mensch eine solche Tugendläuterung erfahren?«

Nun saß eben damals der ehrwürdige Aṉgulimālo nicht fern vom Erhabenen. Und der Erhabene wies mit dem rechten Arme hin und sprach also zu König Pasenadi von Kosalo:

»Der ist, großer König, Aṉgulimālo.«

Da kam nun den König Pasenadi von Kosalo Furcht an, Entsetzen an, seine Haare sträubten sich. Und der Erhabene sah den König Pasenadi von Kosalo erschreckt und erschüttert, mit gesträubtem Haar, und sprach also zu ihm:

»Sei unbesorgt, großer König, sei unbesorgt, großer König: da droht dir keine Gefahr.«

Und König Pasenadi von Kosalo wurde wieder beruhigt und beschwichtigt; und er trat an den ehrwürdigen Aṉgulimālo heran und sprach also zu ihm:

»Ist es denn, Herr, Aṉgulimālo?«

»Ja, großer König.«

»Welchem Stamme, Herr, gehörte des Ehrwürdigen Vater, welchem die Mutter an?«

»Gaggo war, großer König, mein Vater, Mantāṇī meine Mutter.«

»Mög' es, Herr, der ehrwürdige Gaggo, der Sohn der Mantaṇī, zufrieden sein: ich will dafür Sorge tragen, daß der ehrwürdige Gaggo, der Sohn der Mantāṇī, mit Kleidung und Speise, Lager und Arznei für den Fall einer Krankheit versehn sei.«

Aber jetzt war der ehrwürdige Aṉgulimālo Waldeinsiedler geworden, Brockenbettler, Fetzenträger, hatte drei Kleidungsstücke. Und der ehrwürdige Aṉgulimālo sprach also zu König Pasenadi von Kosalo:

»Genug, großer König, schon hab' ich mein Dreiwams.«

Da ging denn König Pasenadi von Kosalo wieder zum Erhabenen hin, bot ehrerbietigen Gruß dar und setzte sich seitwärts nieder. Seitwärts sitzend sprach nun König Pasenadi von Kosalo zum Erhabenen also:

»Wunderbar, o Herr, außerordentlich, o Herr, ist es, wie da, o Herr, der Erhabene Unbändige bändigt, Unstillbare stillt, Unaussöhnliche aussöhnt! Denn ihn, o Herr, den wir weder mit Strafe noch Schwert bezwingen konnten, den hat der Erhabene ohne Strafe und Schwert bezwungen. – Wohlan, o Herr, jetzt wollen wir aufbrechen: manche Pflicht wartet unser, manche Obliegenheit.«

»Wie es dir nun, großer König, belieben mag.«

Und König Pasenadi von Kosalo stand von seinem Sitze auf, begrüßte den Erhabenen ehrerbietig, ging rechts herum und entfernte sich.

Viertes Bruchstück

Und der ehrwürdige Aṉgulimālo, zeitig gerüstet, nahm Mantel und Schale und ging nach Sāvatthī um Almosenspeise. Da sah der ehrwürdige Aṉgulimālo, als er auf der Straße von Haus zu Haus um Almosen stand, irgend ein Weib: die hatte eine Frühgeburt, eine Fehlgeburt getan. Als er das gesehn gedacht' er bei sich: ›Übel steht es, wahrlich, um die Wesen, übel steht es wahrlich, um die Wesen!‹ – Und als der ehrwürdige Aṉgulimālo, von Haus zu Haus tretend, Almosen erhalten, kehrte er zurück, nahm das Mahl ein und begab sich dann dorthin wo der Erhabene weilte. Dort angelangt begrüßte er den Erhabenen ehrerbietig und setzte sich seitwärts nieder. Seitwärts sitzend sprach nun der ehrwürdige Aṉgulimālo zum Erhabenen also:

»Ich war da, o Herr, zeitig gerüstet, mit Mantel und Schale versehn, nach der Stadt gegangen, um Almosenspeise. Da hab' ich auf der Straße von Haus zu Haus um Almosen stehend, irgend ein Weib gesehn, die eine Frühgeburt, eine Fehlgeburt getan: und als ich es sah gedacht' ich bei mir: ›Übel steht es, wahrlich, um die Wesen, übel steht es, wahrlich, um die Wesen!‹«

»So gehe denn, Aṉgulimālo, zu jenem Weibe hin und sprich also zu ihr: ›Seitdem ich, o Schwester, geboren bin weiß ich nicht, daß ich mit

Absicht ein Wesen des Lebens beraubt hätte: so wahr ich sage, sei genesen, du, genesen deine Frucht!‹«

»Würd' ich da nicht, o Herr, bewußte Lüge reden: hab' ich doch, o Herr, mit Absicht vielen Wesen das Leben geraubt!«

»So gehe denn, Aṅgulimālo, zu jenem Weibe hin und sprich also zu ihr: ›Seitdem ich, o Schwester, in heiliger Geburt geboren bin weiß ich nicht, daß ich mit Absicht ein Wesen des Lebens beraubt hätte: so wahr ich sage, sei genesen du, genesen deine Frucht!‹«

»Wohl, o Herr!« erwiderte da der ehrwürdige Aṅgulimālo, dem Erhabenen gehorchend. Und er begab sich zu jenem Weibe hin und sprach also zu ihr:

»Seitdem ich, o Schwester, in heiliger Geburt geboren bin weiß ich nicht, daß ich mit Absicht ein Wesen des Lebens beraubt hätte: so wahr ich sage, sei genesen du, genesen deine Frucht!«

Und das Weib war genesen, genesen ihre Frucht.

Und der ehrwürdige Aṅgulimālo, einsam, abgesondert, unermüdlich, in heißem, innigem Ernste verweilend, hatte gar bald was edle Söhne gänzlich vom Hause fort in die Hauslosigkeit lockt, jenes höchste Ziel des Asketentums noch bei Lebzeiten sich offenbar gemacht, verwirklicht und errungen. ›Versiegt ist die Geburt, vollendet das Asketentum, gewirkt das Werk, nicht mehr ist diese Welt‹ verstand er da. Auch einer war nun der ehrwürdige Aṅgulimālo der Heiligen geworden.

Fünftes Bruchstück

Und der ehrwürdige Aṅgulimālo, zeitig gerüstet, nahm Mantel und Schale und ging nach Sāvatthī um Almosenspeise. Um diese Zeit nun flog ein Stein, den einer geworfen, dem ehrwürdigen Aṅgulimālo an den Leib, flog ein Stock, den einer geworfen, dem ehrwürdigen Aṅgulimālo an den Leib, flog ein Scherben, den einer geworfen, dem ehrwürdigen Aṅgulimālo an den Leib. Da kam nun der ehrwürdige Aṅgulimālo mit zerschnittenem Kopfe und strömendem Blute, mit zerbrochener Schale und zerrissenem Mantel zum Erhabenen hin. Und es sah der Erhabene den ehrwürdigen Aṅgulimālo von ferne herankommen, und als er ihn gesehn sprach er also zu ihm:

»Dulde nur, Heiliger, dulde nur, Heiliger! Um welcher Tat Vergeltung du viele Jahre, viele Jahrhunderte, viele Jahrtausende Höllenqual erlittest, dieser Tat Vergeltung, Heiliger, findest du noch bei Lebzeiten.«

Sechstes Bruchstück

Da ließ der ehrwürdige Aṅgulimālo, während er einsam zurückgezogen sann, das Heil der Erlösung erfahrend, um diese Zeit folgende Weise vernehmen:

»Wer früher töricht sorglos war,
Doch endlich seine Schuld erkennt,
Der leuchtet durch die finstre Welt
Gleichwie der Mond aus Wolkennacht.

»Wer einst begangne böse Tat
In wahrer Buße tief bereut,
Der leuchtet durch die finstre Welt
Gleichwie der Mond aus Wolkennacht.

»Wer noch in holder Jugendkraft
Als Jünger hier dem Sieger folgt,
Der leuchtet durch die finstre Welt
Gleichwie der Mond aus Wolkennacht.

»Die Lüfte sollen lauschen meinem Sange
Und lieblich wehen um den Auferwachten,
Die Lüfte sollen grüßen mir die Menschen,
Die Großen, die sich nach der Wahrheit sehnen.

»Den Lüften tu' mein Leid ich kund,
Das Lob der Liebe, der Geduld:
O wehet nieder, neigt euch her
Und tragt die Wahrheit weiter dann!

»O sei mir jeder wohlgesinnt
Und allem andern was er sieht:
Den höchsten Frieden findet froh
Wer schützt was atmet, schützt was lebt.

»Kanäle schlichten Bauern durch das Feld,
Die Bogner schlichten spitze Pfeile zu,
Die Zimmrer schlichten schlanke Balken ab,
Sich selber, wahrlich, machen Weise schlicht.

»Geschlichtet wird gar mancher Streit
Mit Stock und Stachel, Peitsche, Strick:
Doch ohne Stock, doch ohne Stahl
Hat mich der Meister schlicht gemacht.

»Einst hat man Friedrich mich genannt,
Und Friedensmörder war ich nur:
Den echten Namen führ' ich heut,
Genesen froh als Friedenswalt.

»Berüchtigt war das Räuberhaupt,
Aṉgulimālo war der Mord:
Da brach der Strom die Bresche durch
Und trieb mich hin zum wachen Herrn!

»Mit Blut befleckt' ich meine Hand,
Aṉgulimālo war der Mord:
Gerettet sieh' mich rasten hier,
Die Daseinsader ist verdarrt.

»Der solche Taten ich getan,
Von Unheil schwer, von Unheil schwül,
Genieße reichlich reifen Lohn,
Entsündigt nehm' ich Atzung ein.

»Dem leichten Sinn ergeben sich
Erlahmte Männer, ohne Mut;
Den Ernst bewahrt der weise Mann
Als köstlich besten Schatzeshort.

»Ergebt euch nicht dem leichten Sinn,
O folget nicht der Liebeslust!
Der ernst in sich gekehrte Mönch
Ist höchstem Heile selig nah.

»Gefunden hab' ich's, nicht verfehlt,
Kein übel Ding bedünkt es mich,
Von allem was die Welt gewährt
Hab' ich das Beste auserwählt.

»Gefunden hab' ich's, nicht verfehlt,
Kein übel Ding bedünkt es mich,
Drei Wissenschaften kenn' ich gut,
Erfüllt ist was der Meister will.«

49. MAKHADEVO

83. Rede

Das hab' ich gehört. Zu einer Zeit weilte der Erhabene bei Mithilā, im Mangohaine Makhadevos. Und der Erhabene ließ, an einer bestimmten Stelle weilend, ein Lächeln sehn. Und der ehrwürdige Ānando gedachte da: ›Was ist wohl der Grund, was ist die Ursach, daß der Erhabene ein Lächeln gezeigt hat? Nicht ohne Anlaß lächeln Vollendete.‹ Und der ehrwürdige Ānando schlug den Oberrock um die eine Schulter, faltete die Hände gegen den Erhabenen und sprach also:

»Was ist wohl, o Herr, der Grund, was ist die Ursach, daß der Erhabene ein Lächeln gezeigt hat? Nicht ohne Anlaß lächeln Vollendete.«

»Einst war, Ānando, eben hier zu Mithilā, ein König gewesen, Makhadevo mit Namen, ein gerechter und wahrer König, auf dem Rechte ruhend, ein großer König, der das Recht zur Geltung brachte bei Priestern und Hausvätern, bei Bürgern und Bauern, der den Feiertag feierte bei Vollmond und Neumond und beiden Vierteln.

»Und König Makhadevo, Ānando, wandte sich einst, als viele Jahre, viele Jahrhunderte, viele Jahrtausende vergangen waren, an seinen Bader:

»›Wann du, bester Bader, auf meinem Haupte graue Haare wahrnimmst, dann sag' es mir.‹

»›Wohl, o König!‹ entgegnete da gehorsam der Bader dem Herrscher.

»Und der Bader, Ānando, nahm, als viele Jahre, viele Jahrhunderte, viele Jahrtausende vergangen waren, auf dem Haupte des Herrschers graue Haare wahr; und als er sie wahrgenommen sprach er also zu ihm:

»›Gemeldet haben sich beim Könige Götterboten: auf dem Haupte sind graue Haare erschienen.‹

»›Wohlan denn, bester Bader, so nimm diese grauen Haare mit einer Zange zart heraus und leg' sie mir auf die Hand.‹

»›Wohl, o König!‹ entgegnete da gehorsam der Bader dem Herrscher, nahm diese grauen Haare mit einer Zange zart heraus und legte sie dem Herrscher auf die Hand. Und König Makhadevo, Ānando, gab dem Bader ein Dorf zu eigen, und er ließ den Kronprinzen, seinen ältesten Sohn, zu sich berufen und sprach also zu ihm:

»›Gemeldet haben sich bei mir, teurer Prinz, Götterboten: auf dem Haupte sind graue Haare erschienen. Genossen hab' ich ja die menschlichen Wonnen: es ist Zeit an himmlische Wonnen zu denken. Komme, teurer Prinz, übernimm du diese Königsmacht: denn ich will mir Haar und Bart abscheren, das fahle Gewand anlegen und aus dem Hause in die Hauslosigkeit wandern. Und so magst auch du, teurer Prinz, wann sich dir auf dem Haupte graue Haare gezeigt haben, deinem Bader ein Dorf zu eigen geben, deinen ältesten Sohn, den Kronprinzen, mit der Königsmacht treulich betrauen, dir Haar und Bart abscheren, das fahle Gewand anlegen und aus dem Hause in die Hauslosigkeit ziehn. Wie dieser gesegnete Wandel von mir gewiesen mögst du ihm nachkommen, auf daß du nicht mein letzter Nachkomme seiest. In einem Weltalter, teurer Prinz, wo der also gesegnete Wandel gebrochen wird, da wird der letzte der Nachkommen sein. Darum hab' ich dir, teurer Prinz, also geraten: Wie dieser gesegnete Wandel von mir gewiesen mögst du ihm nachkommen, auf daß du nicht mein letzter Nachkomme seiest.‹

»Und König Makhadevo, Ānando, gab seinem Bader ein Dorf zu eigen, betraute treulich seinen ältesten Sohn, den Kronprinzen, mit der Königsmacht; und eben hier, im Mangohaine Makhadevos, schor er sich Haar und Bart ab, legte das fahle Gewand an und zog vom Hause in die Hauslosigkeit hinaus. Liebevollen Gemütes weilend strahlte er nach einer Richtung, dann nach einer zweiten, dann nach der dritten, dann nach der vierten, ebenso nach oben und nach unten: überall in allem sich wiedererkennend durchstrahlte er die ganze Welt mit liebevollem Gemüt, mit weitem, tiefem, unbeschränktem, von Grimm und Groll geklärtem. Erbarmenden Gemütes – freudevollen Gemütes – unbewegten Gemütes weilend strahlte er nach einer Richtung, dann nach einer zweiten, dann nach der dritten, dann nach der vierten, ebenso nach oben und nach unten: überall in allem sich wiedererkennend durchstrahlte er die ganze Welt mit erbarmendem Gemüte, mit freudevollem Gemüte, mit unbewegtem Gemüte, mit weitem, tiefem, unbeschränktem, von Grimm und Groll geklärtem.

»König Makhadevo aber, Ānando, hat vierundachtzigtausend Jahre die Spiele der Jugend gespielt, vierundachtzigtausend Jahre ist er

Kronprinz gewesen, vierundachtzigtausend Jahre hat er, eben hier im Mangohaine Makhadevos als Büßer weilend, das Asketenleben geführt.

»Und er harrte auf den vier heiligen Warten aus, und gelangte, bei der Auflösung des Körpers, nach dem Tode in heilige Welt.

»Und König Makhadevos Sohn, Ānando, wandte sich einst, als viele Jahre, viele Jahrhunderte, viele Jahrtausende vergangen waren, an seinen Bader:

»›Wann du, bester Bader, auf meinem Haupte graue Haare wahrnimmst, dann sag' es mir.‹

»›Wohl, o König!‹ entgegnete da gehorsam der Bader dem Herrscher.

»Und der Bader, Ānando, nahm, als viele Jahre, viele Jahrhunderte, viele Jahrtausende vergangen waren, auf dem Haupte des Herrschers graue Haare wahr; und als er sie wahrgenommen sprach er also zu ihm:

»›Gemeldet haben sich beim Könige Götterboten: auf dem Haupte sind graue Haare erschienen.‹

»›Wohlan denn, bester Bader, so nimm diese grauen Haare mit einer Zange zart heraus und leg' sie mir auf die Hand.‹

»›Wohl, o König!‹ entgegnete da gehorsam der Bader dem Herrscher, nahm diese grauen Haare mit einer Zange zart heraus und legte sie dem Herrscher auf die Hand. Und König Makhadevos Sohn, Ānando, gab dem Bader ein Dorf zu eigen, und er ließ den Kronprinzen, seinen ältesten Sohn, zu sich berufen und sprach also zu ihm:

»›Gemeldet haben sich bei mir, teurer Prinz, Götterboten: auf dem Haupte sind graue Haare erschienen. Genossen hab' ich ja die menschlichen Wonnen: es ist Zeit an himmlische Wonnen zu denken. Komme, teurer Prinz, übernimm du diese Königsmacht: denn ich will mir Haar und Bart abscheren, das fahle Gewand anlegen und aus dem Hause in die Hauslosigkeit wandern. Und so magst auch du, teurer Prinz, wann sich dir auf dem Haupte graue Haare gezeigt haben, deinem Bader ein Dorf zu eigen geben, deinen ältesten Sohn, den Kronprinzen, mit der Königsmacht treulich betrauen, dir Haar und Bart abscheren, das fahle Gewand anlegen und aus dem Hause in die Hauslosigkeit ziehn. Wie dieser gesegnete Wandel von mir gewiesen mögst du ihm nachkommen, auf daß du nicht mein letzter Nachkomme seiest. In einem Weltalter, teurer Prinz, wo der also gesegnete Wandel gebrochen wird, da wird der letzte der Nachkommen sein. Darum hab' ich dir, teurer Prinz, also geraten: Wie dieser gesegnete Wandel von mir gewiesen mögst du ihm nachkommen, auf daß du nicht mein letzter Nachkomme seiest.‹

»Und König Makhadevos Sohn, Ānando, gab seinem Bader ein Dorf zu eigen, betraute treulich seinen ältesten Sohn, den Kronprinzen, mit der Königsmacht; und eben hier, im Mangohaine Makhadevos, schor er sich Haar und Bart ab, legte das fahle Gewand an und zog vom Hause in die Hauslosigkeit hinaus. Liebevollen Gemütes weilend strahlte er nach einer Richtung, dann nach einer zweiten, dann nach der dritten, dann nach der vierten, ebenso nach oben und nach unten: überall in allem sich wiedererkennend durchstrahlte er die ganze Welt mit liebevollem Gemüte, mit weitem, tiefem, unbeschränktem, von Grimm und Groll geklärtem. Erbarmenden Gemütes – freudevollen Gemütes – unbewegten Gemütes weilend strahlte er nach einer Richtung, dann nach einer zweiten, dann nach der dritten, dann nach der vierten, ebenso nach oben und nach unten: überall in allem sich wiedererkennend durchstrahlte er die ganze Welt mit erbarmendem Gemüte, mit freudevollem Gemüte, mit unbewegtem Gemüte, mit weitem, tiefem, unbeschränktem, von Grimm und Groll geklärtem.

»König Makhadevos Sohn aber, Ānando, hat vierundachtzigtausend Jahre die Spiele der Jugend gespielt, vierundachtzigtausend Jahre ist er Kronprinz gewesen, vierundachtzigtausend Jahre hat er als König geherrscht, und vierundachtzigtausend Jahre hat er, eben hier im Mangohaine Makhadevos als Büßer weilend, das Asketenleben geführt.

»Und er harrte auf den vier heiligen Warten aus, und gelangte, bei der Auflösung des Körpers, nach dem Tode in heilige Welt.

»Und auch König Makhadevos Enkel, Ānando, und Urenkel sind ihm, durch vierundachtzigtausend Geschlechter, nachgefolgt und haben eben hier, im Mangohaine Makhadevos, Haar und Bart sich abgeschoren, das fahle Gewand angelegt und sind vom Hause in die Hauslosigkeit gewandert. Liebevollen Gemütes – erbarmendem Gemütes – freudevollen Gemütes – unbewegten Gemütes weilend strahlten sie nach einer Richtung, dann nach einer zweiten, dann nach der dritten, dann nach der vierten, ebenso nach oben und nach unten: überall in allem sich wiedererkennend durchstrahlten sie die ganze Welt mit liebevollem Gemüte, mit erbarmendem Gemüte, mit freudevollem Gemüte, mit unbewegtem Gemüte, mit weitem, tiefem, unbeschränktem, von Grimm und Groll geklärtem.

»Und vierundachtzigtausend Jahre haben sie die Spiele der Jugend gespielt, vierundachtzigtausend Jahre sind sie Kronprinz gewesen, vierundachtzigtausend Jahre haben sie als König geherrscht, und vierundachtzigtausend Jahre haben sie, eben hier im Mangohaine Makhadevos als Büßer weilend, das Asketenleben geführt.

»Und sie harrten auf den vier heiligen Warten aus, und gelangten, bei der Auflösung des Körpers, nach dem Tode, in heilige Welt.

»Nimi war der letzte von diesen Königen, ein gerechter und wahrer König, auf dem Rechte ruhend, ein großer König, der das Recht zur Geltung brachte bei Priestern und Hausvätern, bei Bürgern und Bauern, der den Feiertag feierte bei Vollmond und Neumond und beiden Vierteln.

»Als da einst, Ānando, die Dreiunddreißig Götter im Saal der Seligen zu Rate beisammensaßen, erhob sich unter ihnen die Rede:

»›Gesegnet sind die Videher, hochgesegnet ist das Videherreich, wo Nimi herrscht, als gerechter und wahrer König, auf dem Rechte ruhend, ein großer König, der das Recht zur Geltung bringt bei Priestern und Hausvätern, bei Bürgern und Bauern, der den Feiertag feiert bei Vollmond und Neumond und beiden Vierteln.‹

»Da wandte sich denn, Ānando, Sakko der Götterherr also an die Dreiunddreißig Götter:

»›Wünschet ihr etwa, Würdige, Nimi den König zu sehn.‹

»›Wir wünschen es, Würdiger, Nimi den König zu sehn.‹

»Um diese Zeit nun, Ānando, hatte Nimi der König – es war ein Feiertag, Vollmond – gebadeten Hauptes, feiernd, oben auf der Zinne seines Palastes Platz genommen. Da verschwand nun, Ānando, Sakko der Götterherr, so schnell wie etwa ein kräftiger Mann den eingezogenen Arm ausstrecken oder den ausgestreckten Arm einziehn mag, aus dem Himmel der Dreiunddreißig und erschien vor König Nimi. Und er sprach also zu ihm:

»›Segen dir, großer König, hoher Segen, dir, großer König! Die Götter, großer König, der Dreiunddreißig sitzen im Saal der Seligen beisammen und singen dein Lob: Gesegnet sind die Videher, hochgesegnet ist das Videherreich, wo Nimi herrscht, als gerechter und wahrer König, auf dem Rechte ruhend, ein großer König, der das Recht zur Geltung bringt bei Priestern und Hausvätern, bei Bürgern und Bauern, der den Feiertag feiert bei Vollmond und Neumond und beiden Vierteln. Die Götter, großer König, der Dreiunddreißig möchten dich sehn! Und so werd' ich dir, großer König, das tausendjochige Rossegespann herabsenden: wolle besteigen, großer König, den himmlischen Wagen, ohne Bangen.‹

»Schweigend gewährte, Ānando, König Nimi die Bitte.

»Als nun, Ānando, Sakko der Götterherr der Zustimmung König Nimis gewiß war, verschwand er, so schnell wie etwa ein kräftiger Mann den eingezogenen Arm ausstrecken oder den ausgestreckten Arm einziehn mag, vor König Nimi und erschien im Himmel der Dreiunddreißig. Und er befahl Mātali dem Rosselenker:

»›Eile dich, bester Mātali, rüste das tausendjochige Rossegespann und fahre zu König Nimi hinab und sprich also zu ihm: Hier, großer König, ist das tausendjochige Rossegespann, das dir Sakko der Götterherr schickt: wolle besteigen, großer König, den himmlischen Wagen, ohne Bangen.‹

»›Wohl, Erlauchter, wie du befiehlst!‹ entgegnete da gehorsam Mātali der Rosselenker Sakko dem Götterherrn. Und er rüstete das tausendjochige Rossegespann und fuhr zu König Nimi hinab und sprach also zu ihm:

»›Hier, großer König, ist das tausendjochige Rossegespann, das dir Sakko der Götterherr schickt: besteige, großer König, den himmlischen Wagen, ohne Bangen. Und sage mir, großer König: über welche Bahn soll ich dich fahren? Wo die Wesen durch böse Tat böser Taten Vergeltung genießen, oder wo die Wesen durch gute Tat guter Taten Vergeltung genießen?‹

»›Über die beiden Bahnen, Mātali, fahre mich!‹

»Und Mātali, Ānando, der Rosselenker, brachte Nimi den König bis vor den Saal der Seligen hin. Da erblickte, Ānando, Sakko der Götterherr Nimi den König von ferne herankommen, und als er ihn gesehn sprach er also zu ihm:

»›Komm', o großer König, sei gegrüßt, o großer König! Die Götter, großer König, der Dreiunddreißig sitzen im Saal der Seligen beisammen und singen dein Lob: Gesegnet sind die Videher, hochgesegnet ist das Videherreich, wo Nimi herrscht, als gerechter und wahrer König, auf dem Rechte ruhend, ein großer König, der das Recht zur Geltung bringt bei Priestern und Hausvätern, bei Bürgern und Bauern, der den Feiertag feiert bei Vollmond und Neumond und beiden Vierteln. Die Götter, großer König, der Dreiunddreißig möchten dich sehn! Erfreue dich, großer König, bei den Göttern an göttlichem Glanze!‹

»›Schon gut, Würdiger! Man soll mich nur wieder nach Mithilā heimfahren: dort will ich sorgen, daß Recht gelte bei Priestern und Hausvätern, bei Bürgern und Bauern, will den Feiertag feiern bei Vollmond und Neumond und beiden Vierteln.‹

»Da wandte sich nun, Ānando, Sakko der Götterherr also an Mātali den Rosselenker:

»›Eile dich, bester Mātali, rüste das tausendjochige Rossegespann und fahre König Nimi wieder hinab nach Mithila.‹

»›Wohl, Erlauchter, wie du befiehlst!‹ entgegnete da gehorsam Mātali der Rosselenker Sakko dem Götterherrn. Und er rüstete das tausendjochige Rossegespann und fuhr König Nimi wieder hinab nach Mithilā.

»Hier sorgte nun, Ānando, König Nimi, daß Recht gelte bei Priestern und Hausvätern, bei Bürgern und Bauern, feierte den Feiertag bei Vollmond und Neumond und beiden Vierteln.

»Und König Nimi, Ānando, wandte sich einst, als viele Jahre, viele Jahrhunderte, viele Jahrtausende vergangen waren, an seinen Bader:

»›Wann du, bester Bader, auf meinem Haupte graue Haare wahrnimmst, dann sag' es mir.‹

»›Wohl, o König!‹ entgegnete da gehorsam der Bader dem Herrscher.

»Und der Bader, Ānando, nahm, als viele Jahre, viele Jahrhunderte, viele Jahrtausende vergangen waren, auf dem Haupte des Herrschers graue Haare wahr; und als er sie wahrgenommen sprach er also zu ihm:

»›Gemeldet haben sich beim Könige Götterboten: auf dem Haupte sind graue Haare erschienen.‹

»›Wohlan denn, bester Bader, so nimm diese grauen Haare mit einer Zange zart heraus und leg' sie mir auf die Hand.‹

»›Wohl, o König!‹ entgegnete da gehorsam der Bader dem Herrscher, nahm diese grauen Haare mit einer Zange zart heraus und legte sie dem Herrscher auf die Hand. Und König Nimi, Ānando, gab dem Bader ein Dorf zu eigen, und er ließ den Kronprinzen, seinen ältesten Sohn, zu sich berufen und sprach also zu ihm:

»›Gemeldet haben sich bei mir, teurer Prinz, Götterboten: auf dem Haupte sind graue Haare erschienen. Genossen hab' ich ja die menschlichen Wonnen: es ist Zeit an himmlische Wonnen zu denken. Komme, teurer Prinz, übernimm du diese Königsmacht: denn ich will mir Haar und Bart abscheren, das fahle Gewand anlegen und aus dem Hause in die Hauslosigkeit wandern. Und so magst auch du, teurer Prinz, wann sich dir auf dem Haupte graue Haare gezeigt haben, deinem Bader ein Dorf zu eigen geben, deinen ältesten Sohn, den Kronprinzen, mit der Königsmacht treulich betrauen, dir Haar und Bart abscheren, das fahle Gewand anlegen und aus dem Hause in die Hauslosigkeit ziehn. Wie dieser gesegnete Wandel von mir gewiesen mögst du ihm nachkommen, auf daß du nicht mein letzter Nachkomme seiest. In einem Weltalter, teurer Prinz, wo der also gesegnete Wandel gebrochen wird, da wird der letzte der Nachkommen sein. Darum hab' ich dir, teurer Prinz, also geraten: Wie dieser gesegnete Wandel von mir gewiesen mögst du ihm nachkommen, auf daß du nicht mein letzter Nachkomme seiest.‹

»Und König Nimi, Ānando, gab seinem Bader ein Dorf zu eigen, betraute treulich seinen ältesten Sohn, den Kronprinzen, mit der Königsmacht; und eben hier, im Mangohaine Makhadevos, schor er sich Haar und Bart ab, legte das fahle Gewand an und zog vom Hause in die Hauslosigkeit hinaus. Liebevollen Gemütes – erbarmenden Gemütes – freudevollen Gemütes – unbewegten Gemütes weilend strahlte er nach einer Richtung, dann nach einer zweiten, dann nach der dritten, dann nach der vierten, ebenso nach oben und nach unten: überall in allem sich wiedererkennend durchstrahlte er die ganze Welt mit liebevollem Gemüte, mit erbarmendem Gemüte, mit freudevollem Gemüte, mit unbewegtem Gemüte, mit weitem, tiefem, unbeschränktem, von Grimm und Groll geklärtem.

»König Nimi aber, Ānando, hat vierundachtzigtausend Jahre die Spiele der Jugend gespielt, vierundachtzigtausend Jahre ist er Kronprinz gewesen, vierundachtzigtausend Jahre hat er als König geherrscht, und vierundachtzigtausend Jahre hat er, eben hier im Mangohaine Makhadevos als Büßer weilend, das Asketenleben geführt.

»Und er harrte auf den vier heiligen Warten aus, und gelangte bei der Auflösung des Körpers, nach dem Tode, in heilige Welt.

»König Nimi aber, Ānando, hat einen Sohn gehabt, Kaḷārajanako geheißen. Der ist nicht aus dem Hause in die Hauslosigkeit gezogen. Der hat diesen gesegneten Wandel gebrochen. Der ist der letzte der Nachkommen gewesen.

»Doch hat, Ānando, jener gesegnete Wandel nicht zur Abkehr, nicht zur Wendung, nicht zur Auflösung, nicht zur Aufhebung, nicht zur Durchschauung, nicht zur Erwachung, nicht zur Erlöschung geführt, sondern nur zur Einkehr in heilige Welt. Aber dieser gesegnete Wandel, Ānando, der heute von mir gewiesen wird, der führt zu vollkommener Abkehr, Wendung, Auflösung, Aufhebung, Durchschauung, Erwachung, zur Erlöschung.

»Was ist das aber, Ānando, für ein gesegneter Wandel, der heute von mir gewiesen wird und zu vollkommener Abkehr, Wendung, Auflösung, Aufhebung, Durchschauung, Erwachung, zur Erlöschung führt? Es ist eben dieser heilige achtfältige Weg, und zwar: rechte Erkenntnis, rechte Gesinnung, rechte Rede, rechtes Handeln, rechtes Wandeln, rechtes Mühn, rechte Einsicht, rechte Einigung. Das ist, Ānando, der gesegnete Wandel, der heute von mir gewiesen wird und zu vollkommener Abkehr, Wendung, Auflösung, Aufhebung, Durchschauung,

Erwachung, zur Erlöschung führt. Darum, Ānando, nehmt meinen Rat an: Wie dieser gesegnete Wandel von mir gewiesen mögt ihr ihm nachkommen, auf daß ihr nicht meine letzten Nachkommen seid. In einem Weltalter, Ānando, wo der also gesegnete Wandel gebrochen wird, da wird der letzte der Nachkommen sein.

»Darum, Ānando, nehmt meinen Rat an: Wie dieser gesegnete Wandel von mir gewiesen mögt ihr ihm nachkommen, auf daß ihr nicht meine letzten Nachkommen seid.«

Also sprach der Erhabene. Zufrieden freute sich der ehrwürdige Ānando über das Wort des Erhabenen.

VI. VERTIEFUNG

50. SAKULUDĀYĪ I

77. Rede

Das hab' ich gehört. Zu einer Zeit weilte der Erhabene bei Rājagaham, im Bambusparke, am Hügel der Eichhörnchen. Um diese Zeit nun hielten sich gar viele wohlbekannte, wohlangesehene Pilger im Pilgerhaine auf, am Pfauenhügel, und zwar Pilger wie Anubhāro, Varataro und Sakuludāyī, und noch andere wohlbekannte, wohlangesehene Pilger. Und der Erhabene, zeitig gerüstet, nahm Mantel und Schale und wanderte gegen Rājagaham, um Almosenspeise. Und es gedachte der Erhabene: ›Allzu früh ist's noch, in der Stadt um Almosenspeise zu stehn; wie, wenn ich nun zum Pilgergarten, nach dem Pfauenhügel ginge, Sakuludāyī den Pilger besuchen?‹ Und der Erhabene begab sich zum Pilgergarten, nach dem Pfauenhügel hin.

Um diese Zeit aber war Sakuludāyī der Pilger, im weiten Kreise der Pilgerschar sitzend, in lebhaftem Gespräche begriffen; und sie machten lauten Lärm, großen Lärm, und unterhielten sich über allerhand gemeine Dinge, als wie über Könige, über Räuber, über Fürsten und Soldaten, über Krieg und Kampf, über Speise und Trank, über Kleidung und Bett, über Blumen und Düfte, über Verwandte, über Fuhrwerk und Wege, über Dörfer und Burgen, über Städte und Länder, über Weiber und Weine, über Straßen und Märkte, über die Altvorderen und über die Veränderungen, über Volksgeschichten und Seegeschichten, über dies und das und dergleichen mehr.

Und Sakuludāyī der Pilger sah den Erhabenen von ferne herankommen, und als er ihn gesehn mahnte er die Umsitzenden zur Ruhe:

»Seid nicht so laut, ihr Lieben, macht keinen Lärm, ihr Lieben: da kommt der Asket Gotamo heran! Und er liebt nicht lauten Lärm, dieser Ehrwürdige, Ruhe preist er; vielleicht mag ihn der Anblick einer lautlosen Versammlung bewegen seine Schritte hierher zu lenken.«

Und so schwiegen denn diese Pilger still. Und der Erhabene kam näher zu Sakuludāyī heran. Und Sakuludāyī der Pilger sprach also zum Erhabenen:

»Es komme, o Herr, der Erhabene, gegrüßt sei, o Herr, der Erhabene!

Lange schon, o Herr, hat der Erhabene hoffen lassen, mich einmal hier zu besuchen. Möge sich, o Herr, der Erhabene setzen: dieser Sitz ist bereit.«

Es setzte sich der Erhabene auf den dargebotenen Sitz. Sakuludāyī aber, der Pilger, nahm einen von den niederen Stühlen zur Hand und setzte sich an die Seite. Und zu Sakuludāyī dem Pilger, der an der Seite saß, wandte sich nun der Erhabene mit den Worten:

»Zu welchem Gespräche, Udāyī, seid ihr jetzt hier zusammengekommen, und wobei habt ihr euch eben unterbrochen?«

»Sei es, o Herr, um jenes Gespräch, warum wir hier beisammen sind: schwerlich, o Herr, wird dem Erhabenen etwas entgehn, wenn es auch später zur Sprache kommt. – Die vergangenen Tage, o Herr, vor einiger Zeit, haben sich mancherlei Büßer, Asketen und Priester, in der Volkshalle zu einer Sitzung eingefunden und untereinander also zu reden begonnen: ›Gesegnet, wahrlich, ist Bengālen und Magadhā, hochgesegnet, wahrlich, sein Volk, da diese Asketen und Priester, die von zahlreichen Jüngern und Anhängern umscharten Häupter der Schulen, die bekannten, gefeierten Bahnbrecher, die viel bei den Leuten gelten, sich entschlossen haben in Rājagaham über die Regenzeit zu bleiben! Da ist ja Pūraṇo Kassapo, den zahlreiche Jünger und Anhänger als Haupt ihrer Schule umscharen, ein bekannter, gefeierter Bahnbrecher, der viel bei den Leuten gilt: auch der hat sich entschlossen in Rājagaham über die Regenzeit zu bleiben. Da ist auch Makkhali Gosālo, da ist auch Ajito Kesakambalo, da ist Pakudho Kaccāyano, und Sañjayo Belaṭṭhaputto, und Nigaṇṭho Nāthaputto, da ist auch der Asket Gotamo: ein jeder von zahlreichen Jüngern und Anhängern als Haupt der Schule umschart, ein bekannter, gefeierter Bahnbrecher, der viel bei den Leuten gilt, und jeder will in Rājagaham über die Regenzeit bleiben. Welcher von diesen lieben Asketen und Priestern wird da im Kreise der Jünger wertgehalten, hochgeschätzt, geachtet und geehrt? Und wen, den sie werthalten, hochschätzen, haben sie ihres Vertrauens gewürdigt?‹ Da sagten nun einige: ›Dieser Pūrano Kassapo hat zahlreiche Jünger und Anhänger um sich, ist das Haupt einer Schule, ein bekannter, gefeierter Bahnbrecher, der viel bei den Leuten gilt: aber er wird von den Jüngern nicht wertgehalten, nicht hochgeschätzt, nicht geachtet, nicht geehrt; nicht Pūrano Kassapo ist es, den die Jünger werthalten, hochschätzen, ihres Vertrauens würdigen. Eines Tages trug Pūrano Kassapo einer vielhundertköpfigen Schar seine Lehre vor. Da ließ sich einer der Jünger Pūrano Kassapos also vernehmen: Nicht soll, ihr Lieben, Pūrano Kassapo darum befragt werden: er weiß das nicht. Wir wissen es: uns mögt ihr darum befragen, wir werden es euch Lieben erklären. Und Pūrano Kassapo rang da vergeblich die Hände und rief: Beruhigt euch, ihr Lieben! Redet, ihr Lieben, nicht so laut! Ihr Lieben seid nicht gefragt worden, uns hat man gefragt! Wir wollen es ihnen klarmachen. Und viele der Jünger haben dann Pūrano Kassapo das Wort entwunden und sind von ihm abgefallen: Nicht du kennst diese Lehre und Ordnung: ich kenne diese Lehre und Ordnung! Was wirst du diese Lehre und Ordnung verstehn? Auf falscher Fährte bist du: ich bin auf rechter Fährte. Mir ist's gelungen: dir mißlungen. Was vorher zu sagen ist hast du nachher gesagt: was nachher zu sagen ist, hast du vorher gesagt. Deine Behauptung ist umgestürzt, dein Wort dir entwunden worden: gebändigt bist du, gib deine Rede verloren, oder widersteh' wenn du kannst! Und so wird Pūrano Kassapo von den Jüngern nicht wertgehalten, nicht hochgeschätzt, nicht geachtet, nicht geehrt; und nicht Pūrano Kassapo ist es, den die Jünger werthalten, hochschätzen, ihres Vertrauens würdigen. Und erzürnt ist Pūrano Kassapo vom Zorn der Lehre.‹ – Andere wieder sagten: ›Da ist auch Makkhali Gosālo, auch Ajito Kesakambalo, auch Pakudho Kaccāyano, und Sañjayo Belaṭṭhaputto, und Nigaṇṭho Nāthaputto: ein jeder hat zahlreiche Jünger und Anhänger um sich, ist das Haupt einer Schule, ein bekannter, gefeierter Bahnbrecher, der viel bei den Leuten gilt: aber keiner wird von den Jüngern wertgehalten und hochgeschätzt, keiner geachtet und geehrt; und keiner ist es, den die Jünger werthalten, hochschätzen, ihres Vertrauens würdigen. Und erzürnt sind sie alle vom Zorn der Lehre.‹ — Wieder andere sagten: ›Dieser Asket Gotamo hat zahlreiche Jünger und Anhänger um sich, ist das Haupt einer Schule, ein bekannter, gefeierter Bahnbrecher, der viel bei den Leuten gilt: und er wird von den Jüngern wertgehalten, hochgeschätzt, geachtet und geehrt; der Asket Gotamo ist es, den die Jünger werthalten, hochschätzen, ihres Vertrauens würdigen. Eines Tages trug der Asket Gotamo einer vielhundertköpfigen Schar seine Lehre vor. Da ließ einer der Jünger des Asketen Gotamo ein Räuspern hören. Und einer der Ordensbrüder streifte ihn mit dem Knie an: Nicht so laut, Ehrwürdiger, bitte! Möge der Ehrwürdige sich leise verhalten: unser Meister, der Erhabene legt die Lehre dar. Zu einer Zeit wo der Asket Gotamo einer vielhundertköpfigen Schar die Lehre darlegt, zu einer solchen Zeit hört man eben bei den Jüngern des Asketen Gotamo nicht einmal das Geräusch des Niesens oder Sichräusperns, und die ganze Schar blickt erwartungsvoll auf zu ihm: Was uns der Erhabene wird lehren, dem wollen wir lauschen. Gleichwie etwa wenn ein Mann auf dem Hauptplatze Honig, süßen, gereinigten, ausgepreßte, und es stände eine große Schar Menschen erwartungsvoll rings um ihn her: ebenso nun auch sind sie um den Asketen Gotamo geschart, wann er vielen Hunderten die Lehre darlegt; und da hört man bei den Jüngern des Asketen Gotamo nicht einmal das Geräusch des Niesens oder Sichräusperns, und die ganze Schar blickt erwartungsvoll auf zu ihm: Was uns der Erhabene wird lehren, dem wollen wir lauschen. Selbst jene Jünger des Asketen Gotamo, die sich den Ordensbrüdern angeschlossen hatten, dann die Askese aufgaben, um zur Gewohnheit zurückzukehren, auch die preisen das Lob des Meisters, preisen das Lob der Lehre, preisen das Lob der Jüngerschaft, tadeln sich selber nur, tadeln nicht andere: Wir nur sind unselig, wir haben Schuld, die wir, in eine also wohlverkündete Lehre und Ordnung eingetreten, nicht imstande waren zeitlebens das vollkommene, vollendete Asketenleben zu führen. Und sie leben auf dem Lande, oder leben als Anhänger, und halten an ihren fünf Grundsätzen fest. So wird der Asket Gotamo von den Jüngern wertgehalten, hochgeschätzt, geachtet und geehrt; und der Asket Gotamo ist es, den die Jünger werthalten, hochschätzen, ihres Vertrauens würdigen.‹«

»Was für Eigenschaften aber, Udāyī, merkst du an mir, warum mich die Jünger werthalten, hochschätzen, achten und ehren und auch des Vertrauens würdigen?«

»Fünf sind es, o Herr, der Eigenschaften, die der Erhabene aufweist, warum die Jünger den Erhabenen werthalten, hochschätzen, achten und ehren und auch des Vertrauens würdigen: welche fünf? Der Erhabene, o Herr, nimmt karge Nahrung ein und preist das Lob der kargen Ernährung; weil nun, o Herr, der Erhabene karge Nahrung einnimmt und das Lob der kargen Ernährung preist, so ist das, o Herr, die erste Eigenschaft, die der Erhabene aufweist, warum die Jünger den Erhabenen werthalten, hochschätzen, achten und ehren und auch des Vertrauens würdigen. Weiter sodann, o Herr, ist der Erhabene zufrieden mit was immer für einem Gewande und preist das Lob der Zufriedenheit mit jeglichem Gewande; weil nun, o Herr, der Erhabene mit was immer für einem Gewande zufrieden ist und das Lob der Zufriedenheit mit jeglichem Gewande preist, so ist das o Herr, die zweite Eigenschaft, die der Erhabene aufweist, warum die Jünger den Erhabenen werthalten, hochschätzen, achten und ehren und auch des Vertrauens würdigen. Weiter sodann, o Herr, ist der Erhabene zufrieden mit was immer für Almosenbissen und preist das Lob der Zufriedenheit mit jeglichen Almosenbissen; weil nun, o Herr, der Erhabene mit was immer für Almosenbissen zufrieden ist und das Lob der Zufriedenheit mit jeglichen

Almosenbissen preist, so ist das, o Herr, die dritte Eigenschaft, die der Erhabene aufweist, warum die Jünger den Erhabenen werthalten, hochschätzen, achten und ehren und auch des Vertrauens würdigen. Weiter sodann, o Herr, ist der Erhabene zufrieden mit was immer für Sitz und Lager und preist das Lob der Zufriedenheit mit jeglichem Sitz und Lager, weil nun, o Herr, der Erhabene mit was immer für einem Sitz und Lager zufrieden ist und das Lob der Zufriedenheit mit jeglichem Sitz und Lager preist, so ist das, o Herr, die vierte Eigenschaft, die der Erhabene aufweist, warum die Jünger den Erhabenen werthalten, hochschätzen, achten und ehren und auch des Vertrauens würdigen. Weiter sodann, o Herr, ist der Erhabene abgeschieden und preist das Lob der Abgeschiedenheit; weil nun, o Herr, der Erhabene abgeschieden ist und das Lob der Abgeschiedenheit preist, so ist das, o Herr, die fünfte Eigenschaft, die der Erhabene aufweist, warum die Jünger den Erhabenen werthalten, hochschätzen, achten und ehren und auch des Vertrauens würdigen. Das sind, o Herr, die fünf Eigenschaften, die der Erhabene aufweist, warum die Jünger den Erhabenen werthalten, hochschätzen, achten und ehren und auch des Vertrauens würdigen.«

»›Karge Nahrung nimmt der Asket Gotamo ein und preist das Lob der kargen Ernährung‹: wenn mich also, Udāyī, die Jünger werthielten, hochschätzten, achteten und ehrten und auch des Vertrauens würdigten, so gibt es da Jünger, Udāyī, bei mir, die nur einen Napf, nur einen halben Napf, nur eine Bilva, nur eine halbe Bilva voll Nahrung einnehmen. Ich aber nehme, Udāyī, zuweilen diese Schale bis zum Rande und über den Rand mit Nahrung gefüllt ein. ›Karge Nahrung nimmt der Asket Gotamo ein und preist das Lob der kargen Ernährung‹: wenn mich also, Udāyī, die Jünger werthielten, hochschätzten, achteten und ehrten und auch des Vertrauens würdigten, so möchten jene, Udāyī, meiner Jünger, die nur einen Napf, nur einen halben Napf, nur eine Bilva, nur eine halbe Bilva voll Nahrung einnehmen nicht um solche Eigenschaft mich werthalten, hochschätzen, achten und ehren und auch des Vertrauens würdigen.

»›Zufrieden ist der Asket Gotamo mit was immer für einem Gewande und preist das Lob der Zufriedenheit mit jeglichem Gewande‹: wenn mich also, Udāyī, die Jünger werthielten, hochschätzten, achteten und ehrten und auch des Vertrauens würdigten, so gibt es da Jünger, Udāyī, bei mir, die sich in Fetzen hüllen, rauhe Gewänder anlegen: vom Leichenplatze, vom Kehrichthaufen, vom Tandelmarkte lesen sie Lumpen auf, stücken den Mantel zurecht und tragen ihn. Ich aber trage, Udāyī, zuweilen bürgerliche Gewänder, aus festem rauhen Gewebe, wie Kürbisfäden. ›Zufrieden ist der Asket Gotamo mit was immer für einem Gewande und preist das Lob der Zufriedenheit mit jeglichem Gewande‹: wenn mich also, Udāyī, die Jünger werthielten, hochschätzten, achteten und ehrten und auch des Vertrauens würdigten, so möchten jene, Udāyī, meiner Jünger, die sich in Fetzen hüllen, rauhe Gewänder anlegen, die vom Leichenplatze, vom Kehrichthaufen, vom Tandelmarkte Lumpen auflesen, den Mantel zurechtstücken und tragen, nicht um solche Eigenschaft mich werthalten, hochschätzen, achten und ehren und auch des Vertrauens würdigen.

»›Zufrieden ist der Asket Gotamo mit was immer für Almosenbissen und preist das Lob der Zufriedenheit mit jeglichen Almosenbissen‹: wenn mich also, Udāyī, die Jünger werthielten, hochschätzten, achteten und ehrten und auch des Vertrauens würdigten, so gibt es da Jünger, Udāyī, bei mir, die um Almosenbissen ausgehn, von Haus zu Hause hintreten, mit Resten schon befriedigt sind, und stehn sie im Hofe des Hauses und werden zum Sitzen eingeladen, nehmen sie es nicht an. Ich aber nehme, Udāyī, zuweilen auch eingeladen Reis zu mir, der gekocht und gesichtet, saftig und würzig bereitet ist. ›Zufrieden ist der Asket Gotamo mit was immer für Almosenbissen und preist das Lob der Zufriedenheit mit jeglichen Almosenbissen‹: wenn mich also, Udāyī, die Jünger werthielten, hochschätzten, achteten und ehrten und auch des Vertrauens würdigten, so möchten jene, Udāyī, meiner Jünger, die um Almosenbissen ausgehn, von Haus zu Hause hintreten, mit Resten schon befriedigt sind, und, stehn sie im Hofe des Hauses und werden zum Sitzen eingeladen, es nicht annehmen, nicht um solche Eigenschaft mich werthalten, hochschätzen, achten und ehren und auch des Vertrauens würdigen.

»›Zufrieden ist der Asket Gotamo mit was immer für Sitz und Lager und preist das Lob der Zufriedenheit mit jeglichem Sitz und Lager‹: wenn mich also, Udāyī, die Jünger werthielten, hochschätzten, achteten und ehrten und auch des Vertrauens würdigten, so gibt es da Jünger, Udāyī, bei mir, die unter Bäumen leben, in der offenen Ebene leben, die acht Monde kein Obdach aufsuchen. Ich aber wohne, Udāyī, zuweilen auch in Parkhäusern, wo die Wände, Stürmen zu wehren, mit Kalk bestrichen, mit Kalk verstrichen, die Türen verriegelt, die Fenster verschlossen sind. ›Zufrieden ist der Asket Gotamo mit was immer für Sitz und Lager und preist das Lob der Zufriedenheit mit jeglichem Sitz und Lager‹: wenn mich also, Udāyī, die Jünger werthielten, hochschätzten, achteten und ehrten und auch des Vertrauens würdigten, so möchten jene, Udāyī, meiner Jünger, die unter Bäumen leben, in der offenen

Ebene leben, die acht Monde kein Obdach aufsuchen, nicht um solche Eigenschaft mich werthalten, hochschätzen, achten und ehren und auch des Vertrauens würdigen.

»›Abgeschieden ist der Asket Gotamo und preist das Lob der Abgeschiedenheit‹: wenn mich also, Udāyī, die Jünger werthielten, hochschätzten, achteten und ehrten und auch des Vertrauens würdigten, so gibt es da Jünger, Udāyī, bei mir, die Waldeinsiedler, fern abgelegen sind, sich tief im Walde an fern abgelegenen Orten einsam aufhalten, die halbmonatlich hingehn zur Mönchgemeinde, wann die Regel verkündet wird. Ich aber lebe, Udāyī, zuweilen in Gesellschaft der Mönche und Nonnen, der Anhänger und Anhängerinnen, des Königs und königlicher Fürsten, der Büßer und büßenden Pilger. ›Abgeschieden ist der Asket Gotamo und preist das Lob der Abgeschiedenheit‹: wenn mich also, Udāyī, die Jünger werthielten, hochschätzten, achteten und ehrten und auch des Vertrauens würdigten, so möchten jene, Udāyī, meiner Jünger, die Waldeinsiedler, fern abgelegen sind, sich tief im Walde an fern abgelegenen Orten einsam aufhalten, die halbmonatlich hingehn zur Mönchsgemeinde, wann die Regel verkündet wird, nicht um solche Eigenschaft mich werthalten, hochschätzen, achten und ehren und auch des Vertrauens würdigen.

»Und also, Udāyī, sind es nicht diese fünf Eigenschaften, warum die Jünger mich werthalten, hochschätzen, achten und ehren und auch des Vertrauens würdigen; vielmehr sind es, Udāyī, fünf andere Eigenschaften, warum die Jünger mich werthalten, hochschätzen, achten und ehren und auch des Vertrauens würdigen: welche fünf?

»Da sind mir, Udāyī, die Jünger um Tugend zugetan: ›Tugendecht ist der Asket Gotamo, mit der höchsten Tugendheit begabt‹; weil mir aber, Udāyī, die Jünger um Tugend zugetan sind: ›Tugendecht ist der Asket Gotamo, mit der höchsten Tugendheit begabt‹, so ist das, Udāyī, die erste Eigenschaft, warum die Jünger mich werthalten, hochschätzen, achten und ehren und auch des Vertrauens würdigen.

»Weiter sodann, Udāyī, sind mir die Jünger um zunehmende Wissensklarheit zugetan: ›Wissend nur sagt der Asket Gotamo: Ich weiß es, sehend nur sagt der Asket Gotamo: Ich seh' es, zum Erkennen legt der Asket Gotamo die Lehre dar, nicht zum Verkennen, begründet legt der Asket Gotamo die Lehre dar, nicht unbegründet, erfaßbar legt der Asket Gotamo die Lehre dar, nicht unerfaßbar‹; weil mir aber, Udāyī, die Jünger um zunehmende Wissensklarheit zugetan sind: ›Wissend nur sagt der Asket Gotamo: Ich weiß es, sehend nur sagt der Asket Gotamo: Ich seh es, zum Erkennen legt der Asket Gotamo die Lehre dar, nicht zum Verkennen, begründet legt der Asket Gotamo die Lehre dar, nicht unbegründet, erfaßbar legt der Asket Gotamo die Lehre dar, nicht unerfaßbar‹, so ist das, Udāyī, die zweite Eigenschaft, warum die Jünger mich werthalten, hochschätzen, achten und ehren und auch des Vertrauens würdigen.

»Weiter sodann, Udāyī, sind mir die Jünger um Weistum zugetan: ›Weise ist der Asket Gotamo, mit der höchsten Weisheit begabt; daß er etwa eine künftige Redeweise nicht vorhersehn, oder eine gegebene rede nicht mit Recht wohlabgewiesen abweisen könnte, nicht findet sich ein solcher Fall.‹ Was meinst du wohl, Udāyī: möchten da nun meine Jünger, also wissend, also sehend, sich in Zwischenfragen einlassen?«

»Gewiß nicht, o Herr!«

»Denn ich erwarte, Udāyī, von den Jüngern keine Belehrung, sondern die Jünger erwarten Belehrung von mir. Weil mir aber, Udāyī, die Jünger um Weistum zugetan sind: ›Weise ist der Asket Gotamo, mit der höchsten Weisheit begabt; daß er etwa eine künftige Redeweise nicht vorhersehn, oder eine gegebene Gegenrede nicht mit Recht wohlabgewiesen abweisen könnte, nicht findet sich ein solcher Fall‹, so ist das, Udāyī, die dritte Eigenschaft, warum die Jünger mich werthalten, hochschätzen, achten und ehren und auch des Vertrauens würdigen.

»Weiter sodann, Udāyī, gehn mir die Jünger, um was sie leiden in Leiden versunken, in Leiden verloren, entgegen und fragen mich um die heilige Wahrheit vom Leiden; und ich geb' ihnen, um die heilige Wahrheit vom Leiden befragt, die Antwort: und ich erhebe ihnen das Herz durch der Frage Beantwortung. Und sie fragen mich um die heilige Wahrheit von der Leidensentwicklung, von der Leidensauflösung, von dem Pfade, der zur Leidensauflösung führt; und ich geb' ihnen, also befragt, die Antwort: und ich erhebe ihnen das Herz durch der Frage Beantwortung. Weil mir aber, Udāyī, die Jünger, um was sie leiden in Leiden versunken, in Leiden verloren, entgegengehn und mich um die heilige Wahrheit von Leiden fragen; und ich geb' ihnen, um die heilige Wahrheit von Leiden befragt, die Antwort und erhebe ihnen das Herz durch der Frage Beantwortung, und sie fragen mich um die heilige Wahrheit von der Leidensentwicklung, von der Leidensauflösung, von dem Pfade, der zur Leidensauflösung führt, und ich geb' ihnen, also befragt, die Antwort und erhebe ihnen das Herz durch der Frage Beantwortung: so ist das, Udāyī, die vierte Eigenschaft, warum die Jünger mich werthalten, hochschätzen, achten und ehren und auch des Vertrauens würdigen.

»Weiter sodann, Udāyī, hab' ich den Jüngern die Pfade gewiesen, auf deren Stegen meine Jünger zu den vier Pfeilern der Einsicht gelangen:

da wacht, Udāyī, der Mönch beim Körper über den Körper, unermüdlich, klaren Sinnes, einsichtig, nach Verwindung weltlichen Begehrens und Bekümmerns; wacht bei den Gefühlen über die Gefühle, unermüdlich, klaren Sinnes, einsichtig, nach Verwindung weltlichen Begehrens und Bekümmerns; wacht beim Gemüte über das Gemüt, unermüdlich, klaren Sinnes, einsichtig, nach Verwindung weltlichen Begehrens und Bekümmerns; wacht bei den Erscheinungen über die Erscheinungen, unermüdlich, klaren Sinnes, einsichtig, nach Verwindung weltlichen Begehrens und Bekümmerns. Da haben denn meine Jünger der Erkenntnis letzte Vollendung reichlich erreicht.

»Weiter sodann, Udāyī, hab' ich den Jüngern die Pfade gewiesen, auf deren Stegen meine Jünger die vier gewaltigen Kämpfe bestehn: da weckt, Udāyī, der Mönch seinen Willen, daß er unaufgestiegene üble, unheilsame Dinge nicht aufsteigen lasse, er müht sich darum, mutig bestrebt, rüstet das Herz, macht es kampfbereit; weckt seinen Willen, daß er aufgestiegene üble, unheilsame Dinge vertreibe, er müht sich darum, mutig bestrebt, rüstet das Herz, macht es kampfbereit; weckt seinen Willen, daß er unaufgestiegene heilsame Dinge aufsteigen lasse, er müht sich darum mutig bestrebt, rüstet das Herz, macht es kampfbereit; weckt seinen Willen, daß er unaufgestiegene heilsame Dinge sich festigen, nicht lockern, weiterentwickeln, erschließen, entfalten, erfüllen lasse, er müht sich darum, mutig bestrebt, rüstet das Herz, macht es kampfbereit. Da haben denn meine Jünger der Erkenntnis letzte Vollendung reichlich erreicht.

»Weiter sodann, Udāyī, hab' ich den Jüngern die Pfade gewiesen, auf deren Stegen meine Jünger die vier Machtgebiete erobern: da erobert, Udāyī, der Mönch das durch Innigkeit, Ausdauer und Sammlung des Willens gezeugte Machtgebiet; erobert das durch Innigkeit, Ausdauer und Sammlung der Kraft gezeugte Machtgebiet; erobert das durch Innigkeit, Ausdauer und Sammlung des Geistes gezeugte Machtgebiet; erobert das durch Innigkeit, Ausdauer und Sammlung des Prüfens gezeugte Machtgebiet. Da haben denn meine Jünger der Erkenntnis letzte Vollendung reichlich erreicht.

»Weiter sodann, Udāyī, hab' ich den Jüngern die Pfade gewiesen, auf deren Stegen meine Jünger fünf der Fähigkeiten erwerben: da wird, Udāyī, der Mönch fähig der Zuversicht, die zur Ebbung führt, zur Erwachung führt; fähig der Kraft, die zur Ebbung führt, zur Erwachung führt; fähig der Einsicht, die zur Ebbung führt, zur Erwachung führt: fähig der Innigkeit, die zur Ebbung führt, zur Erwachung führt; fähig der Weisheit, die zur Ebbung führt, zur Erwachung führt. Da haben denn meine Jünger der Erkenntnis letzte Vollendung reichlich erreicht.

»Weiter sodann, Udāyī, hab' ich den Jüngern die Pfade gewiesen, auf deren Stegen meine Jünger fünf der Vermögen erwerben: da wird, Udāyī, der Mönch vermögend an Zuversicht, die zur Ebbung führt, zur Erwachung führt; vermögend an Kraft, die zur Ebbung führt, zur Erwachung führt; vermögend an Einsicht, die zur Ebbung führt, zur Erwachung führt; vermögend an Innigkeit, die zur Ebbung führt, zur Erwachung führt; vermögend an Weisheit, die zur Ebbung führt, zur Erwachung führt. Da haben denn meine Jünger der Erkenntnis letzte Vollendung reichlich erreicht.

»Weiter sodann, Udāyī, hab' ich den Jüngern die Pfade gewiesen, auf deren Stegen meine Jünger die sieben Erweckungen wirken: da wirkt, Udāyī, der Mönch der Einsicht Erweckung; die abgeschieden gezeugte, abgelöst gezeugte, ausgerodet gezeugte, die in Endsal übergeht; wirkt des Tiefsinns Erweckung, die abgeschieden gezeugte, abgelöst gezeugte, ausgerodet gezeugte, die in Endsal übergeht; wirkt der Kraft Erweckung, die abgeschieden gezeugte, abgelöst gezeugte, ausgerodet gezeugte, die in Endsal übergeht; wirkt der Heiterkeit Erweckung, die abgeschieden gezeugte, abgelöst gezeugte, ausgerodet gezeugte, die in Endsal übergeht; wirkt der Lindheit Erweckung, die abgeschieden gezeugte, abgelöst gezeugte, ausgerodet gezeugte, die in Endsal übergeht; wirkt der Innigkeit Erweckung, die abgeschieden gezeugte, abgelöst gezeugte, ausgerodet gezeugte, die in Endsal übergeht; wirkt des Gleichmuts Erweckung, die abgeschieden gezeugte, abgelöst gezeugte, ausgerodet gezeugte, die in Endsal übergeht. Da haben denn meine Jünger der Erkenntnis letzte Vollendung reichlich erreicht.

»Weiter sodann, Udāyī, hab' ich den Jüngern die Pfade gewiesen, auf deren Stegen meine Jünger den heiligen achtfältigen Weg gewinnen: da gewinnt, Udāyī, der Mönch rechte Erkenntnis, rechte Gesinnung, rechte Rede, rechtes Handeln, rechtes Wandeln, rechtes Mühn, rechte Einsicht, rechte Einigung. Da haben denn meine Jünger der Erkenntnis letzte Vollendung reichlich erreicht.

»Weiter sodann, Udāyī, hab' ich den Jüngern die Pfade gewiesen, auf deren Stegen meine Jünger die acht Freiungen finden. Formhaft ist er und sieht die Formen: das ist die erste Freiung. Innen ohne Formwahrnehmung sieht er außen Formen: das ist die zweite Freiung. Schönheit nur hat er im Sinne: das ist die dritte Freiung. Durch völlige Überwindung der Formwahrnehmungen, Vernichtung der Gegenwahrnehmungen, Verwerfung der Vielheitwahrnehmungen gewinnt er in dem

Gedanken ›Grenzenlos ist der Raum‹ das Reich des unbegrenzten Raumes: das ist die vierte Freiung. Nach völliger Überwindung der unbegrenzten Raumsphäre gewinnt er in dem Gedanken ›Grenzenlos ist das Bewußtsein‹ das Reich des unbegrenzten Bewußtseins: das ist die fünfte Freiung. Nach völliger Überwindung der unbegrenzten Bewußtseinssphäre gewinnt er in dem Gedanken ›Nichts ist da‹ das Reich des Nichtdaseins: das ist die sechste Freiung. Nach völliger Überwindung der Nichtdaseinssphäre erreicht er die Grenzscheide möglicher Wahrnehmung: das ist die siebente Freiung. Nach völliger Überwindung der Grenzscheide möglicher Wahrnehmung erreicht er die Auflösung der Wahrnehmbarkeit: das ist die achte Freiung. Da haben denn meine Jünger der Erkenntnis letzte Vollendung reichlich erreicht.

»Weiter sodann, Udāyī, hab' ich den Jüngern die Pfade gewiesen, auf deren Stegen meine Jünger acht Grade der Überwindung durchschreiten. Innen nimmt er Formen wahr, einig; außen sieht er Formen, wenig, schöne und unschöne; solche überwindend sagt er sich ›Ich weiß es, ich seh' es‹, nimmt es also wahr: das ist der erste Grad der Überwindung. Innen nimmt er Formen wahr, einig; außen sieht er Formen, unermeßlich, schöne und unschöne; solche überwindend sagt er sich ›Ich weiß es, ich seh' es‹, nimmt es also wahr: das ist der zweite Grad der Überwindung. Innen ohne Formwahrnehmung, einig, sieht er außen Formen, wenig, schöne und unschöne; solche überwindend sagt er sich ›Ich weiß es, ich seh' es‹, nimmt es also wahr: das ist der dritte Grad der Überwindung. Innen ohne Formwahrnehmung, einig, sieht er außen Formen, unermeßlich, schöne und unschöne; solche überwindend sagt er sich ›Ich weiß es, ich seh' es‹, nimmt es also wahr: das ist der vierte Grad der Überwindung. Innen ohne Formwahrnehmung, einig, sieht er außen Formen, blaue, die blau schimmern, blau scheinen, blau aussehn. Gleichwie etwa eine Hanfblüte blau ist, blau schimmert, blau scheint, blau aussieht, oder gleichwie etwa ein Seidenstoff, auf beiden Seiten blaugefärbt, blau schimmert, blau scheint, blau aussieht: ebenso auch sieht er, innen ohne Formwahrnehmung, einig, außen Formen, blaue, die blau schimmern, blau scheinen, blau aussehn; solche überwindend sagt er sich ›Ich weiß es, ich seh' es‹, nimmt es also wahr: das ist der fünfte Grad der Überwindung. Innen ohne Formwahrnehmung, einig, sieht er außen Formen, gelbe, die gelb schimmern, gelb scheinen, gelb aussehn. Gleichwie etwa eine Zimtblüte gelb ist, gelb schimmert, gelb scheint, gelb aussieht, oder gleichwie etwa ein Seidenstoff, auf beiden Seiten gelbgefärbt, gelb schimmert, gelb scheint, gelb aussieht: ebenso auch sieht er, innen ohne Formwahrnehmung, einig, außen Formen, gelbe, die gelb schimmern, gelb scheinen, gelb aussehn; solche überwindend sagt er sich ›Ich weiß es, ich seh' es‹, nimmt es also wahr: das ist der sechste Grad der Überwindung. Innen ohne Formwahrnehmung, einig, sieht er außen Formen, rote, die rot schimmern, rot scheinen, rot aussehn. Gleichwie etwa eine Malvenrose rot ist, rot schimmert, rot scheint, rot aussieht, oder gleichwie etwa ein Seidenstoff, auf beiden Seiten rotgefärbt, rot schimmert, rot scheint, rot aussieht: ebenso auch sieht er, innen ohne Formwahrnehmung, einig, außen Formen, rote, die rot schimmern, rot scheinen, rot aussehn; solche überwindend sagt er sich ›Ich weiß es, ich seh' es‹, nimmt es also wahr: das ist der siebente Grad der Überwindung. Innen ohne Formwahrnehmung, einig, sieht er außen Formen, weiße, die weiß schimmern, weiß scheinen, weiß aussehn. Gleichwie etwa der Morgenstern weiß ist, weiß schimmert, weiß scheint, weiß aussieht, oder gleichwie etwa ein Seidenstoff, auf beiden Seiten weißgebleicht, weiß schimmert, weiß scheint, weiß aussieht: ebenso auch sieht er, innen ohne Formwahrnehmung, einig, außen Formen, weiße, die weiß schimmern, weiß scheinen, weiß aussehn; solche überwindend sagt er sich ›Ich weiß es, ich seh' es‹, nimmt es also wahr: das ist der achte Grad der Überwindung. Da haben denn meine Jünger der Erkenntnis letzte Vollendung reichlich erreicht.

»Weiter sodann, Udāyī, hab' ich den Jüngern die Pfade gewiesen, auf deren Stegen meine Jünger zehn Orte der Allheit erkunden. Der Erde Allheit erkennt er, einig, durch und durch, ungeteilt, unermeßlich. Des Wassers Allheit erkennt er, einig, durch und durch, ungeteilt, unermeßlich. Des Feuers Allheit erkennt er, einig, durch und durch, ungeteilt, unermeßlich. Der Luft Allheit erkennt er, einig, durch und durch, ungeteilt, unermeßlich. Des Blauen Allheit erkennt er, einig, durch und durch, ungeteilt, unermeßlich. Des Gelben Allheit erkennt er, einig, durch und durch, ungeteilt, unermeßlich. Des Roten Allheit erkennt er, einig, durch und durch, ungeteilt, unermeßlich. Des Weißen Allheit erkennt er, einig, durch und durch, ungeteilt, unermeßlich. Des Raumes Allheit erkennt er, einig, durch und durch, ungeteilt, unermeßlich. Des Bewußtseins Allheit erkennt er, einig, durch und durch, ungeteilt, unermeßlich. Da haben denn meine Jünger der Erkenntnis letzte Vollendung reichlich erreicht.

»Weiter sodann, Udāyī, hab' ich den Jüngern die Pfade gewiesen, auf deren Stegen meine Jünger die vier Schauungen eingehn. Da gewinnt, Udāyī, der Mönch, gar fern von Begierden, fern von unheilsamen Dingen, die sinnend gedenkende ruhegeborene selige Heiterkeit, die Weihe der ersten Schauung. Diesen Körper da durchdringt und durchtränkt, erfüllt und sättigt er mit ruhegeborener seliger Heiterkeit, so daß nicht der kleinste Teil seines Körpers von ruhegeborener seliger Heiterkeit ungesättigt bleibt.

»Gleichwie etwa, Udāyī, ein gewandter Bader oder Badergeselle auf ein erzernes Becken Seifenpulver streut und mit Wasser versetzt, verreibt und vermischt, so daß sein Schaumball völlig durchfeuchtigt, innen und außen mit Feuchtigkeit gesättigt ist und nichts herabträufelt: ebenso nun auch, Udāyī, durchdringt und durchtränkt, erfüllt und sättigt der Mönch diesen Körper da mit ruhegeborener seliger Heiterkeit, so daß nicht der kleinste Teil seines Körpers von ruhegeborener seliger Heiterkeit ungesättigt bleibt.

»Weiter sodann, Udāyī: nach Vollendung des Sinnens und Gedenkens erreicht der Mönch die innere Meeresstille, die Einheit des Gemütes, die von sinnen, von gedenken freie, in der Einigung geborene selige Heiterkeit, die Weihe der zweiten Schauung. Diesen Körper da durchdringt und durchtränkt, erfüllt und sättigt er mit der in der Einigung geborenen seligen Heiterkeit, so daß nicht der kleinste Teil seines Körpers von der in der Einigung geborenen seligen Heiterkeit ungesättigt bleibt.

»Gleichwie etwa, Udāyī, ein See mit unterirdischer Quelle, in den sich kein Bach von Osten oder Westen, von Norden oder Süden ergösse, keine Wolke von Zeit zu Zeit mit tüchtigem Gusse darüber hinwegzöge, in welchem nur die kühle Quelle des Grundes emporwellte und diesen See völlig durchdränge, durchtränkte, erfüllte und sättigte, so daß nicht der kleinste Teil des Sees von kühlem Wasser ungesättigt bliebe: ebenso nun auch, Udāyī, durchdringt und durchtränkt, erfüllt und sättigt der Mensch diesen Körper da mit der in der Einigung geborenen seligen Heiterkeit, so daß nicht der kleinste Teil seines Körpers von der in der Einigung geborenen seligen Heiterkeit ungesättigt bleibt.

»Weiter sodann, Udāyī: in heiterer Ruhe verweilt der Mönch gleichmütig, einsichtig, klar bewußt, ein Glück empfindet er im Körper, von dem die Heiligen sagen: ›Der gleichmütig Einsichtige lebt beglückt‹; so erwirkt er die Weihe der dritten Schauung. Diesen Körper da durchdringt und durchtränkt, erfüllt und sättigt er mit entseligter Heiterkeit, so daß nicht der kleinste Teil seines Körpers von entseligter Heiterkeit ungesättigt bleibt.

»Gleichwie etwa, Udāyī, in einem Lotusweiher einzelne blaue oder rote oder weiße Lotusrosen im Wasser entstehn, im Wasser sich entwickeln, unter dem Wasserspiegel bleiben, aus der Wassertiefe Nahrung aufsaugen und ihre Blüten und ihre Wurzeln von kühlem Wasser durchdrungen, durchtränkt, erfüllt und gesättigt sind, so daß nicht der kleinste Teil jeder blauen oder roten oder weißen Lotusrose von kühlem Naß ungesättigt bleibt: ebenso nun auch, Udāyī, durchdringt und durchtränkt, erfüllt und sättigt der Mönch diesen Körper da mit entseligter Heiterkeit, so daß nicht der kleinste Teil seines Körpers von entseligter Heiterkeit ungesättigt bleibt.

»Weiter sodann, Udāyī: nach Verwerfung der Freuden und Leiden, nach Vernichtung des einstigen Frohsinns und Trübsinns erwirkt der Mönch die Weihe der leidlosen, freudlosen, gleichmütig einsichtigen vollkommenen Reine, die vierte Schauung. Er setzt sich hin und bedeckt diesen Körper da mit geläutertem Gemüte, geklärtem, so daß nicht der kleinste Teil seines Körpers von dem geläuterten Gemüte, dem geklärten unbedeckt bleibt.

»Gleichwie etwa, Udāyī, wenn sich ein Mann vom Scheitel bis zur Sohle in einen weißen Mantel eingehüllt niedersetzte, so daß nicht der kleinste Teil seines Körpers von dem weißen Mantel unbedeckt bliebe: ebenso nun auch, Udāyī, setzt sich der Mönch nieder und hat diesen Körper da mit geläutertem Gemüte, mit geklärtem, überzogen, so daß nicht der kleinste Teil seines Körpers von dem geläuterten Gemüte, dem geklärten, unbedeckt bleibt.

»Da haben denn meine Jünger der Erkenntnis letzte Vollendung reichlich erreicht.

»Weiter sodann, Udāyī, hab' ich den Jüngern die Pfade gewiesen, auf deren Stegen meine Jünger also erkennen: ›Das ist mein Leib, der gestaltet, aus den vier Hauptstoffen entstanden, von Vater und Mutter gezeugt, durch Speise und Trank entwickelt, dem Vergehn, dem Untergang, der Aufreibung, Auflösung, der Zerstörung verfallen ist; das hingegen ist mein Bewußtsein, daran gebunden, daran geknüpft.‹

»Gleichwie etwa, Udāyī, wenn da ein Juwel wäre, ein Edelstein, von reinem Wasser, achteckig, wohlbearbeitet, klar, durchsichtig, mit jeder Eigenschaft begabt; und ein Faden wäre daran befestigt, ein blauer, oder ein gelber, ein roter, oder ein weißer, ein grauer Faden; und es hätte ihn ein scharfsehender Mann um die Hand geschlungen und betrachtete ihn: ›Das ist ein Juwel, ein Edelstein, von reinem Wasser, achteckig, wohlbearbeitet, klar, durchsichtig, mit jeder Eigenschaft begabt; und ein Faden ist daran befestigt, ein blauer, oder ein gelber, ein roter, oder ein weißer, ein grauer Faden‹: ebenso nun auch, Udāyī, hab' ich den Jüngern die Pfade gewiesen, auf deren Stegen meine Jünger also erkennen: ›Das ist mein Leib, der gestaltet, aus den vier Hauptstoffen entstanden, von Vater und Mutter gezeugt, durch Speise und Trank entwickelt, dem Vergehn, dem Untergang, der Aufreibung, Auflösung, der Zerstörung verfallen ist; das hingegen ist mein Bewußtsein, daran gebunden, daran geknüpft.‹

»Da haben denn meine Jünger der Erkenntnis letzte Vollendung reichlich erreicht.

»Weiter sodann, Udāyī, hab' ich den Jüngern die Pfade gewiesen, auf deren Stegen meine Jünger aus diesem Körper einen anderen Körper hervorgehn lassen, formhaft, geistig gestaltet, mit allen Gliedern begliedert, sinnenfällig. Gleichwie etwa, Udāyī, wenn ein Mann einem Rohre den Halm auszöge und sich sagte: ›Das ist das Rohr, das ist der Halm, eins ist das Rohr, eins ist der Halm: aus dem Rohre hab' ich ja den Halm gezogen‹; oder gleichwie etwa, Udāyī, wenn ein Mann das Schwert aus der Scheide zöge und sich sagte: ›Das ist das Schwert, das ist die Scheide, eins ist das Schwert, eins ist die Scheide: aus der Scheide hab' ich ja das Schwert gezogen‹; oder gleichwie etwa, Udāyī, wenn ein Mann eine Schlange aus dem Korbe nähme und sich sagte: ›Das ist die Schlange, das ist der Korb, eins ist die Schlange, eins ist der Korb: aus dem Korbe hab' ich ja die Schlange genommen‹: ebenso nun auch, Udāyī, hab' ich den Jüngern die Pfade gewiesen, auf deren Stegen meine Jünger aus diesem Körper einen anderen Körper hervorgehn lassen, formhaft, geistig gestaltet, mit allen Gliedern begliedert, sinnenfällig.

»Da haben denn meine Jünger der Erkenntnis letzte Vollendung reichlich erreicht.

»Weiter sodann, Udāyī, hab' ich den Jüngern die Pfade gewiesen, auf deren Stegen meine Jünger auf mannigfaltige Weise Machtentfaltung erfahren mögen: als nur einer etwa vielfach zu werden, und vielfach geworden wieder einer zu sein, oder sichtbar und unsichtbar zu werden, auch durch Mauern, Wälle, Felsen hindurchzuschweben wie durch die Luft; oder auf der Erde auf- und unterzutauchen wie im Wasser, auch auf dem Wasser zu wandeln ohne unterzusinken wie auf der Erde; oder auch durch die Luft sitzend dahinzufahren wie der Vogel mit seinen Fittichen; auch etwa diesen Mond und diese Sonne, die so mächtigen, so gewaltigen, mit der Hand zu befühlen und zu berühren; etwa gar bis zu den Brahmawelten den Körper in ihrer Gewalt zu haben. Gleichwie etwa, Udāyī, ein geschickter Töpfer oder Töpfergeselle was immer auch für Tonsachen er wollte aus wohlbereitetem Ton anfertigen und herstellen könnte; oder gleichwie etwa, Udāyī, ein geschickter Drechsler oder Drechslergeselle, was immer auch für Elfenbeinsachen er wollte aus wohlbereitetem Elfenbein anfertigen und herstellen könnte; oder gleichwie etwa Udāyī, ein geschickter Goldschmied oder Goldschmiedgeselle was immer auch für Goldsachen er wollte aus wohlbereitetem Gold anfertigen und herstellen könnte: ebenso nun auch, Udāyī, hab' ich den Jüngern die Pfade gewiesen, auf deren Stegen meine Jünger auf mannigfaltige Weise Machtentfaltung erfahren mögen.

»Da haben denn meine Jünger der Erkenntnis letzte Vollendung reichlich erreicht.

»Weiter sodann, Udāyī, hab' ich den Jüngern die Pfade gewiesen, auf deren Stegen meine Jünger mit dem himmlischen Gehör, dem geläuterten, über menschliche Grenzen hinausreichenden, beide Arten der Töne hören, die himmlischen und die irdischen, die fernen und die nahen. Gleichwie etwa, Udāyī, ein kräftiger Trompeter gar mühelos nach den vier Seiten posaunen kann, ebenso nun auch, Udāyī, hab' ich den Jüngern die Pfade gewiesen, auf deren Stegen meine Jünger mit dem himmlischen Gehör, dem geläuterten, über menschliche Grenzen hinausreichenden, beide Arten der Töne hören, die himmlischen und die irdischen, die fernen und die nahen.

»Da haben denn meine Jünger der Erkenntnis letzte Vollendung reichlich erreicht.

»Weiter sodann, Udāyī, hab' ich den Jüngern die Pfade gewiesen, auf deren Stegen meine Jünger der anderen Wesen, der anderen Personen Herz im Herzen schauen und erkennen, das begehrliche Herz als begehrlich und das begehrlose Herz als begehrlos, das gehässige Herz als gehässig und das haßlose Herz als haßlos, das irrende Herz als irrend und das irrlose Herz als irrlos, das gesammelte Herz als gesammelt und das zerstreute Herz als zerstreut, das hochstrebende Herz als hochstrebend und das niedrig gesinnte Herz als niedrig gesinnt, das edle Herz als edel und das gemeine Herz als gemein, das beruhigte Herz als beruhigt und das ruhelose Herz als ruhelos, das erlöste Herz als erlöst und das gefesselte Herz als gefesselt. Gleichwie etwa, Udāyī, ein Weib oder ein Mann, jung, frisch, gefallsam, in einem Spiegel oder in einer reinen, lauteren, hellen Wasserfläche das Bild des eigenen Antlitzes prüfend betrachten und, ist es nicht sauber, als nicht sauber, und ist es sauber, als sauber erkennen kann: ebenso nun auch, Udāyī, hab' ich den Jüngern die Pfade gewiesen, auf deren Stegen meine Jünger der anderen Wesen, der anderen Personen Herz im Herzen schauen und erkennen.

»Da haben denn meine Jünger der Erkenntnis letzte Vollendung reichlich erreicht.«

»Weiter sodann, Udāyī, hab' ich den Jüngern die Pfade gewiesen, auf deren Stegen meine Jünger sich an manche verschiedene frühere Daseinsform erinnern, als wie an ein Leben, dann an zwei Leben, dann an drei Leben, dann an vier Leben, dann an fünf Leben, dann an zehn Leben, dann an zwanzig Leben, dann an dreißig Leben, dann an vierzig Leben, dann an fünfzig Leben, dann an hundert Leben, dann an tausend Leben, dann an hunderttausend Leben, dann an die Zeiten während mancher Weltenentstehungen, dann an die Zeiten während mancher Weltenvergehungen, dann an die Zeiten während mancher Weltenentstehungen-Weltenvergehungen. ›Dort war ich, jenen Namen hatte ich, jener Familie gehörte ich an, das war mein Stand, das mein Beruf, solches Wohl und Wehe habe ich erfahren, so war mein Lebensende; dort verschieden trat ich anderswo wieder ins Dasein: da war ich nun, diesen Namen hatte ich, dieser Familie gehörte ich an, dies war mein Stand, dies mein Beruf, solches Wohl und Wehe habe ich erfahren, so war mein Lebensende; da verschieden trat ich hier wieder ins Dasein.‹ So erinnert er sich mancher verschiedenen früheren Daseinsform, mit je den eigentümlichen Merkmalen, mit je den eigenartigen Beziehungen.

»Gleichwie etwa, Udāyī, wenn ein Mann von seinem Orte nach einem anderen Orte ginge und von diesem Orte wieder nach einem anderen Orte und von diesem Orte nach seinem eigenen Orte zurückkehrte, der sagte sich nun: ›Ich bin von meinem Orte nach jenem Orte gegangen, dort bin ich also gestanden, also gesessen, habe also gesprochen, also geschwiegen; von jenem Orte bin ich aber nach diesem Orte gegangen, da bin ich nun also gestanden, also gesessen, habe also gesprochen, also geschwiegen; dann bin ich von diesem Orte nach meinem eigenen Orte wieder zurückgegangen‹: ebenso nun auch, Udāyī, hab' ich den Jüngern die Pfade gewiesen, auf deren Stegen meine Jünger sich an manche verschiedene frühere Daseinsform erinnern.

»Da haben denn meine Jünger der Erkenntnis letzte Vollendung reichlich erreicht.

»Weiter sodann, Udāyī, hab' ich den Jüngern die Pfade gewiesen, auf deren Stegen meine Jünger mit dem himmlischen Auge, dem geläuterten, über menschliche Grenzen hinausreichenden, die Wesen dahinschwinden und wiedererscheinen sehn, gemeine und edle, schöne und unschöne, glückliche und unglückliche, erkennen wie die Wesen je nach den Taten wiederkehren. ›Diese lieben Wesen sind freilich in Taten dem Schlechten zugetan, in Worten dem Schlechten zugetan, in Gedanken dem Schlechten zugetan, tadeln Heiliges, achten Verkehrtes, tun Verkehrtes; bei der Auflösung des Leibes, nach dem Tode, gelangen sie auf den Abweg, auf schlechte Fährte, zur Tiefe hinab, in untere Welt. Jene lieben Wesen sind aber in Taten dem Guten zugetan, in Worten dem Guten zugetan, in Gedanken dem Guten zugetan, tadeln nicht Heiliges, achten Rechtes, tun Rechtes; bei der Auflösung des Leibes, nach dem Tode, gelangen sie auf gute Fährte, in selige Welt.‹ So sehn sie mit dem himmlischen Auge, dem geläuterten, über menschliche Grenzen hinausreichenden, die Wesen dahinschwinden und wiedererscheinen, gemeine und edle, schöne und unschöne, glückliche und unglückliche erkennen wie die Wesen je nach den Taten wiederkehren.

»Gleichwie etwa, Udāyī, wenn da zwei Häuser wären, mit Türen, und es betrachtete ein scharfsehender Mann, in der Mitte stehend, die Menschen, wie sie das Haus betreten und verlassen, kommen und gehn: ebenso nun auch, Udāyī, hab' ich den Jüngern die Pfade gewiesen, auf deren Stegen meine Jünger mit dem himmlischen Auge, dem geläuterten, über menschliche Grenzen hinausreichenden, die Wesen dahinschwinden und wiedererscheinen sehn, gemeine und edle, schöne und unschöne, glückliche und unglückliche, erkennen wie die Wesen je nach den Taten wiederkehren.

»Da haben denn meine Jünger der Erkenntnis letzte Vollendung reichlich erreicht.

»Weiter sodann, Udāyī, hab' ich den Jüngern die Pfade gewiesen, auf deren Stegen meine Jünger den Wahn versiegen und die wahnlose Gemüterlösung, Weisheiterlösung noch bei Lebzeiten sich offenbar machen, verwirklichen und erringen. Gleichwie etwa, Udāyī, wenn da am Ufer eines Alpensees von klarem, durchsichtigem, ungetrübtem Wasser ein scharfsehender Mann stände und hinblickte auf die Muscheln und Schnecken, auf den Kies und Sand und die Fische, wie sie dahingleiten und stillestehn; der sagte sich nun: ›Klar ist diese Wasserfläche, durchsichtig, ungetrübt; ich sehe darunter die Muscheln und Schnekken, den Kies und Sand und die Fische, die dahingleiten oder ruhn‹: ebenso nun auch, Udāyī, hab'ich den Jüngern die Pfade gewiesen, auf deren Stegen meine Jünger den Wahn versiegen und die wahnlose Gemüterlösung, Weisheiterlösung noch bei Lebzeiten sich offenbar machen, verwirklichen und erringen.

»Da haben denn meine Jünger der Erkenntnis letzte Vollendung reichlich erreicht.

»Das ist, Udāyī, die fünfte Eigenschaft, warum die Jünger mich werthalten, hochschätzen, achten und ehren und auch des Vertrauens würdigen.

»Das sind, Udāyī, die fünf Eigenschaften, warum die Jünger mich werthalten, hochschätzen, achten und ehren und auch des Vertrauens würdigen.«

Also sprach der Erhabene. Zufrieden freute sich Sakuludāyī der Pilger über das Wort des Erhabenen.

51. ANĀTHAPIṆḌIKO

143. Rede

Das hab' ich gehört. Zu einer Zeit weilte der Erhabene bei Sāvatthī, im Siegerwalde, im Garten Anāthapiṇḍikos.

Um diese Zeit nun war Anāthapiṇḍiko der Hausvater unwohl geworden, leidend, schwerkrank. Und Anāthapiṇḍiko der Hausvater wandte sich an einen seiner Leute:

»Geh' lieber Mann, und begib dich zum Erhabenen hin und bring' dem Erhabenen zu Füßen meinen Gruß dar: ›Anāthapiṇḍiko, o Herr, der Hausvater, ist unwohl, leidend, schwerkrank: er bringt dem Erhabenen zu Füßen Gruß dar‹; dann geh' zum ehrwürdigen Sāriputto hin und bring' dem ehrwürdigen Sāriputto zu Füßen meinen Gruß dar: ›Anāthapiṇḍiko, o Herr, der Hausvater, ist unwohl, leidend, schwerkrank: er bringt dem ehrwürdigen Sāriputto zu Füßen Gruß dar;‹ und füge hinzu: ›gut wär' es‹, sagt' er, o Herr, ›wenn der ehrwürdige Sāriputto sich zur Wohnung Anāthapiṇḍiko des Hausvaters begeben wollte, von Mitleid bewogen.‹«

»Wohl, o Herr!« entgegnete da gehorsam jener Mann Anāthapiṇḍiko dem Hausvater. Und er begab sich dorthin wo der Erhabene weilte, bot ehrerbietigen Gruß dar und setzte sich seitwärts nieder. Seitwärts sitzend sprach er also zum Erhabenen:

»Anāthapiṇḍiko, o Herr, der Hausvater, ist unwohl, leidend, schwerkrank: er bringt dem Erhabenen zu Füßen Gruß dar.«

Dann begab er sich zum ehrwürdigen Sāriputto hin, bot ehrerbietigen Gruß dar und setzte sich seitwärts nieder. Seitwärts sitzend sprach er also zum ehrwürdigen Sāriputto:

»Anāthapiṇḍiko, o Herr, der Hausvater, ist unwohl, leidend, schwerkrank: er bringt dem ehrwürdigen Sāriputto zu Füßen Gruß dar; und er läßt sagen, gut wär' es, o Herr, wenn der ehrwürdige Sāriputto sich zur Wohnung Anāthapiṇḍiko des Hausvaters begeben wollte, von Mitleid bewogen.«

Schweigend gewährte der ehrwürdige Sāriputto die Bitte.

Und der ehrwürdige Sāriputto rüstete sich, nahm Mantel und Schale und begab sich, gefolgt vom ehrwürdigen Ānando, zur Wohnung Anāthapiṇḍiko des Hausvaters. Dort angelangt nahm er auf dem dargebotenen Sitze Platz. Und er wandte sich also an Anāthapiṇḍiko den Hausvater:

»Fühlst du dich, Hausvater, schon wohler, geht es dir etwas besser, nehmen die Schmerzen wieder ab und nicht zu, merkt man, daß sie nachlassen und nicht zunehmen?«

»Nicht fühl' ich mich, werter Sāriputto, wohler, es geht mir nicht besser, heftig nehmen die Schmerzen zu und nicht ab, man merkt, daß sie zunehmen und nicht nachlassen. Gleichwie etwa, werter Sāriputto, wenn ein starker Mann mit scharfer Dolchspitze die Schädeldecke zerhämmerte, ebenso nun auch, Sāriputto, schlagen mir überheftige Strömungen auf die Schädeldecke auf: nicht fühl' ich mich, werter Sāriputto, wohler, es geht mir nicht besser, die heftigen Schmerzen nehmen zu und nicht ab, man merkt, daß sie zunehmen und nicht nachlassen. Gleichwie etwa, werter Sāriputto, wenn ein starker Mann feste Riemenstränge auf dem Kopfe peitschend tanzen ließe, ebenso nun auch, werter Sāriputto, hab' ich im Kopfe betäubende Kopfgefühle: nicht fühl' ich mich, werter Sāriputto, wohler, es geht mir nicht besser, die heftigen Schmerzen nehmen zu und nicht ab, man merkt, daß sie zunehmen und nicht nachlassen. Gleichwie etwa, werter Sāriputto, wenn ein geschickter Schlächter oder Schlächtergeselle mit scharfem Schlachtmesser den Bauch durchschlitzte, ebenso nun auch, werter Sāriputto, schneiden mir überheftige Strömungen durch den Bauch: nicht fühl' ich mich, werter Sāriputto, wohler, es geht mir nicht besser, die heftigen Schmerzen nehmen zu und nicht ab, man merkt, daß sie zunehmen und nicht nachlassen. Gleichwie etwa, werter Sāriputto, wenn zwei starke Männer einen schwächeren Mann an beiden Armen ergriffen und in eine Grube voll glühender Kohlen hineinquälten, hineinrollten, ebenso nun auch, werter Sāriputto, hab' ich im Körper überheftig glühende Qual: nicht fühl' ich mich, werter Sāriputto, wohler, es geht mir nicht besser, heftig nehmen die Schmerzen zu und nicht ab, man merkt, daß sie zunehmen und nicht nachlassen.«

»Da hast du denn, Hausvater, dich also zu üben: ›Das Auge werd' ich nicht anhangen lassen, und nicht an das Auge gebunden sein wird mein Bewußtsein‹: also hast du dich, Hausvater, wohl zu üben. Da hast du denn, Hausvater, dich also zu üben: ›Das Ohr werd' ich nicht anhangen lassen, und nicht an das Ohr gebunden sein wird mein Bewußtsein‹:

also hast du dich, Hausvater, wohl zu üben. Da hast du denn, Hausvater, dich also zu üben: ›Die Nase werd' ich nicht anhangen lassen, und nicht an die Nase gebunden sein wird mein Bewußtsein‹: also hast du dich, Hausvater, wohl zu üben. Da hast du denn, Hausvater, dich also zu üben: ›Die Zunge werd' ich nicht anhangen lassen, und nicht an die Zunge gebunden sein wird mein Bewußtsein‹: also hast du dich, Hausvater, wohl zu üben. Da hast du denn, Hausvater, dich also zu üben: ›Den Leib werd' ich nicht anhangen lassen, und nicht an den Leib gebunden sein wird mein Bewußtsein‹: also hast du dich, Hausvater, wohl zu üben. Da hast du denn, Hausvater, dich also zu üben: ›Den Geist werd' ich nicht anhangen lassen, und nicht an den Geist gebunden sein wird mein Bewußtsein‹: also hast du dich, Hausvater, wohl zu üben.

»Da hast du denn, Hausvater, dich also zu üben: ›Keiner Form werd' ich anhangen, und keiner Form verbunden sein wird mein Bewußtsein‹: also hast du dich, Hausvater, wohl zu üben. Da hast du denn, Hausvater, dich also zu üben: ›Keinem Tone werd' ich anhangen, und keinem Tone verbunden sein wird mein Bewußtsein‹: also hast du dich, Hausvater, wohl zu üben. Da hast du denn, Hausvater, dich also zu üben: ›Keinem Dufte werd' ich anhangen, und keinem Dufte verbunden sein wird mein Bewußtsein‹: also hast du dich, Hausvater, wohl zu üben. Da hast du denn, Hausvater, dich also zu üben: ›Keinem Safte werd' ich anhangen, und keinem Safte verbunden sein wird mein Bewußtsein‹: also hast du dich, Hausvater, wohl zu üben. Da hast du denn, Hausvater, dich also zu üben: ›Keiner Tastung werd' ich anhangen, und keiner Tastung verbunden sein wird mein Bewußtsein‹: also hast du dich, Hausvater, wohl zu üben. Da hast du denn, Hausvater, dich also zu üben: ›Keinem Dinge werd' ich anhangen, und keinem Dinge verbunden sein wird mein Bewußtsein‹: also hast du dich, Hausvater, wohl zu üben.

»Da hast du denn, Hausvater, dich also zu üben: ›Keinem Sehbewußtsein werd' ich anhangen, und keinem Sehbewußtsein verbunden sein wird mein Bewußtsein‹: also hast du dich, Hausvater, wohl zu üben. Da hast du denn, Hausvater, dich also zu üben: ›Keinem Hörbewußtsein werd' ich anhangen, und keinem Hörbewußtsein verbunden sein wird mein Bewußtsein‹: also hast du dich, Hausvater, wohl zu üben. Da hast du denn, Hausvater, dich also zu üben: ›Keinem Riechbewußtsein werd' ich anhangen, und keinem Riechbewußtsein verbunden sein wird mein Bewußtsein‹: also hast du dich, Hausvater, wohl zu üben. Da hast du denn, Hausvater, dich also zu üben: ›Keinem Schmeckbewußtsein werd' ich anhangen, und keinem Schmeckbewußtsein verbunden sein wird mein Bewußtsein‹: also hast du dich, Hausvater, wohl zu üben. Da hast du denn, Hausvater, dich also zu üben: ›Keinem Tastbewußtsein werd' ich anhangen, und keinem Tastbewußtsein verbunden sein wird mein Bewußtsein‹: also hast du dich, Hausvater, wohl zu üben. Da hast du denn, Hausvater, dich also zu üben: ›Keinem Denkbewußtsein werd' ich anhangen, und keinem Denkbewußtsein verbunden sein wird mein Bewußtsein‹: also hast du dich, Hausvater, wohl zu üben.

»Da hast du denn, Hausvater, dich also zu üben: ›Keiner Sehberührung werd' ich anhangen, und keiner Sehberührung verbunden sein wird mein Bewußtsein‹: also hast du dich, Hausvater, wohl zu üben. Da hast du denn, Hausvater, dich also zu üben: ›Keiner Hörberührung werd' ich anhangen, und keiner Hörberührung verbunden sein wird mein Bewußtsein‹: also hast du dich, Hausvater, wohl zu üben. Da hast du denn, Hausvater, dich also zu üben: ›Keiner Riechberührung werd' ich anhangen, und keiner Riechberührung verbunden sein wird mein Bewußtsein‹: also hast du dich, Hausvater, wohl zu üben. Da hast du denn, Hausvater, dich also zu üben: ›Keiner Schmeckberührung werd' ich anhangen, und keiner Schmeckberührung verbunden sein wird mein Bewußtsein‹: also hast du dich, Hausvater, wohl zu üben. Da hast du denn, Hausvater, dich also zu üben: ›Keiner Tastberührung werd' ich anhangen, und keiner Tastberührung verbunden sein wird mein Bewußtsein‹: also hast du dich, Hausvater, wohl zu üben. Da hast du denn, Hausvater, dich also zu üben: ›Keiner Denkberührung werd' ich anhangen, und keiner Denkberührung verbunden sein wird mein Bewußtsein‹: also hast du dich, Hausvater, wohl zu üben.

»Da hast du denn, Hausvater, dich also zu üben: ›Keinem durch Sehberührung entstandenen Gefühle werd' ich anhangen, und keinem durch Sehberührung entstandenem Gefühle verbunden sein wird mein Bewußtsein‹: also hast du dich, Hausvater, wohl zu üben. Da hast du denn, Hausvater, dich also zu üben: ›Keinem durch Hörberührung entstandenen Gefühle werd' ich anhangen, und keinem durch Hörberührung entstandenen Gefühle verbunden sein wird mein Bewußtsein‹: also hast du dich, Hausvater, wohl zu üben. Da hast du denn, Hausvater, dich also zu üben: ›Keinem durch Riechberührung entstandenen Gefühle werd' ich anhangen, und keinem durch Riechberührung entstandenen Gefühle verbunden sein wird mein Bewußtsein‹: also hast du dich, Hausvater, wohl zu üben. Da hast du denn, Hausvater, dich also zu üben: ›Keinem durch Schmeckberührung entstandenen Gefühle werd' ich anhangen, und keinem durch Schmeckberührung entstandenen Gefühle verbunden sein wird mein Bewußtsein‹: also hast du dich, Hausvater, wohl zu üben. Da hast du denn, Hausvater, dich also zu üben: ›Keinem durch Tastberührung entstandenen Gefühle werd' ich anhangen, und keinem durch Tastberührung entstandenen Gefühle verbunden sein wird mein Bewußtsein‹: also hast du dich, Hausvater, wohl zu üben. Da hast du denn, Hausvater, dich also zu üben: ›Keinem durch Denkberührung entstandenen Gefühle werd' ich anhangen, und keinem durch Denkberührung entstandenen Gefühle verbunden sein wird mein Bewußtsein‹: also hast du dich, Hausvater, wohl zu üben.

»Da hast du denn, Hausvater, dich also zu üben: ›Der Erdenart werd' ich nicht anhangen, und nicht an Erdenart gebunden sein wird mein Bewußtsein‹: also hast du dich, Hausvater, wohl zu üben. Da hast du denn, Hausvater, dich also zu üben: ›Der Wasserart werd' ich nicht anhangen, und nicht an Wasserart gebunden sein wird mein Bewußtsein‹: also hast du dich, Hausvater, wohl zu üben. Da hast du denn, Hausvater, dich also zu üben: ›Der Feuerart werd' ich nicht anhangen, und nicht an Feuerart gebunden sein wird mein Bewußtsein‹: also hast du dich, Hausvater, wohl zu üben. Da hast du denn, Hausvater, dich also zu üben: ›Der Luftart werd' ich nicht anhangen, und nicht an Luftart gebunden sein wird mein Bewußtsein‹: also hast du dich, Hausvater, wohl zu üben. Da hast du denn, Hausvater, dich also zu üben: ›Der Raumart werd' ich nicht anhangen und nicht an Raumart gebunden sein wird mein Bewußtsein‹: also hast du dich, Hausvater, wohl zu üben. Da hast du denn, Hausvater, dich also zu üben: ›Der Art des Bewußtseins werd' ich nicht anhangen, und nicht an Art des Bewußtseins gebunden sein wird mein Bewußtsein‹: also hast du dich, Hausvater, wohl zu üben.

»Da hast du denn, Hausvater, dich also zu üben: ›Der Form werd' ich nicht anhangen, und nicht an die Form gebunden sein wird mein Bewußtsein‹: also hast du dich, Hausvater, wohl zu üben. Da hast du denn, Hausvater, dich also zu üben: ›Dem Gefühle werd' ich nicht anhangen, und nicht an das Gefühl gebunden sein wird mein Bewußtsein‹: also hast du dich, Hausvater, wohl zu üben. Da hast du denn, Hausvater, dich also zu üben: ›Der Wahrnehmung werd' ich nicht anhangen, und nicht an die Wahrnehmung gebunden sein wird mein Bewußtsein‹: also hast du dich, Hausvater, wohl zu üben. Da hast du denn, Hausvater, dich also zu üben: ›Den Unterscheidungen werd' ich nicht anhangen, und nicht an die Unterscheidungen gebunden sein wird mein Bewußtsein‹: also hast du dich, Hausvater, wohl zu üben. Da hast du denn, Hausvater, dich wohl zu üben: ›Dem Bewußtsein werd' ich nicht anhangen, und nicht an das Bewußtsein gebunden sein wird mein Bewußtsein‹: also hast du dich, Hausvater, wohl zu üben.

»Da hast du denn, Hausvater, dich also zu üben: ›Der unbegrenzten Raumsphäre werd' ich nicht anhangen, und nicht an die unbegrenzte Raumsphäre gebunden sein wird mein Bewußtsein‹: also hast du dich, Hausvater, wohl zu üben. Da hast du denn, Hausvater, dich also zu üben: ›Der unbegrenzten Bewußtseinsphäre werd' ich nicht anhangen, und nicht an die unbegrenzte Bewußtseinsphäre gebunden sein wird mein Bewußtsein‹: also hast du dich, Hausvater, wohl zu üben. Da hast du denn, Hausvater, dich also zu üben: ›Der Nichtdaseinsphäre werd' ich nicht anhangen, und nicht an die Nichtdaseinsphäre gebunden sein wird mein Bewußtsein‹: also hast du dich, Hausvater, wohl zu üben. Da hast du denn, Hausvater, dich also zu üben: ›Der Grenzscheide möglicher Wahrnehmung werd' ich nicht anhangen, und nicht an die Grenzscheide möglicher Wahrnehmung gebunden sein wird mein Bewußtsein‹: also hast du dich, Hausvater, wohl zu üben.

»Da hast du denn, Hausvater, dich also zu üben: ›Nicht dieser Welt werd' ich anhangen, und nicht an diese Welt gebunden sein wird mein Bewußtsein‹: also hast du dich, Hausvater, wohl zu üben. Da hast du denn, Hausvater, dich also zu üben: ›Nicht jener Welt werd' ich anhangen, und nicht an jene Welt gebunden sein wird mein Bewußtsein‹: also hast du dich, Hausvater, wohl zu üben. Da hast du denn, Hausvater, dich also zu üben: ›Und was ich gesehn, gehört, gedacht, erkannt, untersucht, im Geiste erforscht habe, auch daran werd' ich nicht hangen, und nicht daran gebunden sein wird mein Bewußtsein‹: also hast du dich, Hausvater, wohl zu üben.«

Auf diese Rede kam Anāthapiṇḍiko den Hausvater Seufzen an und Tränen traten ihm in die Augen. Da wandte sich denn der ehrwürdige Ānando also an Anāthapiṇḍiko den Hausvater:

»Beruhige dich, o Hausvater, beschwichtige dich, o Hausvater!«

»Ich kann mich, werter Ānando, nicht beruhigen, nicht beschwichtigen: hab' ich doch lange Zeiten hindurch dem Meister gedient und geistesmächtigen Mönchen, und habe nie zuvor eine so tief gedachte Rede vernommen.«

»Es ist, o Hausvater, weiß gekleideten Hausleuten so tief gedachte Rede nicht klar genug: Asketen, Hausvater, ist sie klar genug.«

»Doch mag eben, werter Sāriputto, auch weiß gekleideten Hausleuten so tief gedachte Rede klar genug sein. Es gibt ja, werter Sāriputto, edle Söhne, die nicht ganz verdorben sind: hören die solche Dinge nicht, verlieren sie sich; die werden es verstehn.«

Als da nun Anāthapiṇḍiko der Hausvater mit dieser Belehrung belehrt worden, standen Sāriputto und Ānando die Ehrwürdigen von ihren Sitzen auf und entfernten sich.

Bald aber, nachdem Sāriputto und Ānando die Ehrwürdigen fortgegangen, starb Anāthapiṇḍiko der Hausvater und kehrte in Selige Gestalt wieder.

52. IM GOSIṈGAM-WALDE II

32. Rede

Das hab' ich gehört. Zu einer Zeit weilte der Erhabene im Forste des Gosiṅgam-Waldes, mit gar manchen wohlbekannten Oberen, wohl bekannten Jüngern, mit dem ehrwürdigen Sāriputto und dem ehrwürdigen Mahāmoggallāno, mit dem ehrwürdigen Mahākassapo und dem ehrwürdigen Anuruddho, mit dem ehrwürdigen Revato und dem ehrwürdigen Ānando und mit anderen wohlbekannten Oberen, wohlbekannten Jüngern zusammen.

Als nun der ehrwürdige Mahāmoggallāno gegen Abend die Gedenkensruhe beendet hatte, begab er sich dorthin wo der ehrwürdige Mahākassapo weilte, und sprach zum ehrwürdigen Mahākassapo also:

»Komm', Bruder Kassapo, laß' uns zum ehrwürdigen Sāriputto gehn, die Lehre zu hören.«

»Gern, Bruder«, erwiderte der ehrwürdige Mahākassapo dem ehrwürdigen Mahāmoggallāno.

Und der ehrwürdige Mahāmoggallāno und der ehrwürdige Mahākassapo wie auch der ehrwürdige Anuruddho begaben sich nun dorthin wo der ehrwürdige Sāriputto weilte, die Lehre zu hören. Der ehrwürdige Ānando aber erblickte diese Ehrwürdigen, wie sie sich zum ehrwürdigen Sāriputto begaben, die Lehre zu hören, und nachdem er sie gesehn ging er zum ehrwürdigen Revato und sprach also zu ihm:

»Es begeben sich, Bruder Revato, jene Edlen dorthin wo der ehrwürdige Sāriputto weilt, die Lehre zu hören; komm', Bruder Revato, laß' uns zum ehrwürdigen Sāriputto gehn, die Lehre zu hören.«

»Gern, Bruder«, erwiderte der ehrwürdige Revato dem ehrwürdigen Ānando.

Und der ehrwürdige Revato und der ehrwürdige Ānando begaben sich nun dorthin wo der ehrwürdige Sāriputto weilte, die Lehre zu hören.

Da sah der ehrwürdige Sāriputto den ehrwürdigen Revato und den ehrwürdigen Ānando von ferne herankommen, und nachdem er sie gesehn sprach er zum ehrwürdigen Ānando also:

»Willkommen sei der ehrwürdige Ānando, gegrüßt der ehrwürdige Ānando, der des Erhabenen wartet, dem Erhabenen nahe ist. Entzükkend, Bruder Ānando, ist der Gosiṅgam-Wald, herrlich die klare Mondnacht, die Bäume stehn in voller Blüte, himmlische Düfte, meint man, wehn umher. Was für ein Mönch, Bruder Ānando, mag dem Gosiṅgam-Walde Glanz verleihen?«

»Da hat, Bruder Sāriputto, ein Mönch viel gehört, ist Behälter des Wortes, Hort des Wortes der Lehre; und was da am Anfang begütigt, in der Mitte begütigt, am Ende begütigt und sinn- und wortgetreu das vollkommen geläuterte, geklärte Asketentum überliefert: das kennt er, behält er, beherrscht er mit der Rede, bewahrt es im Gedächtnis, hat es von Grund aus verstanden. Er legt den vier Arten von Hörern die Lehre dar, im Ganzen, im einzelnen und im Zusammenhang, zur völligen Wunschesvertilgung. Ein solcher Mönch, Bruder Sāriputto, mag dem Gosiṅgam-Walde Glanz verleihen.«

Nach diesen Worten wandte sich der ehrwürdige Sāriputto an den ehrwürdigen Revato:

»Der ehrwürdige Ānando, Bruder Revato, hat nach seinem Begriffe geantwortet. Jetzt fragen wir den ehrwürdigen Revato: Entzückend, Bruder Revato, ist der Gosiṅgam-Wald, herrlich die klare Mondnacht, die Bäume stehen in voller Blüte, himmlische Düfte, meint man, wehn umher. Was für ein Mönch, Bruder Revato, mag dem Gosiṅgam-Wald Glanz verleihen?«

»Da wird, Bruder Sāriputto, ein Mönch durch die Gedenkensruhe erquickt und beglückt, erkämpft innigen Geistesfrieden, widerstrebt nicht der Schauung, gewinnt durchdringenden Blick, ist ein Freund leerer Klausen. Ein solcher Mönch, Bruder Sāriputto, mag dem Gosiṅgam-Walde Glanz verleihen.«

Nach diesen Worten wandte sich der ehrwürdige Sāriputto an den ehrwürdigen Anuruddho:

»Der ehrwürdige Revato, Bruder Anuruddho, hat nach seinem Begriffe geantwortet. Jetzt fragen wir den ehrwürdigen Anuruddho: Entzückend, Bruder Anuruddho, ist der Gosiṉgam-Wald, herrlich die klare Mondnacht, die Bäume stehn in voller Blüte, himmlische Düfte, meint man, wehn umher. Was für ein Mönch, Bruder Anuruddho, mag dem Gosiṉgam-Walde Glanz verleihen?«

»Da blickt, Bruder Sāriputto, ein Mönch mit dem himmlischen Auge, dem geläuterten, über menschliche Grenzen hinausreichenden, über tausend Welten hin. Gleichwie etwa, Bruder Sāriputto, ein scharfsehender Mann von der Zinne eines hohen Turmes tausend Gehöfte im Kreise überblicken mag: ebenso auch, Bruder Sāriputto, blickt ein Mönch mit dem himmlischen Auge, dem geläuterten, über menschliche Grenzen hinausreichenden, über tausend Welten hin. Ein solcher Mönch, Bruder Sāriputto, mag dem Gosiṉgam-Walde Glanz verleihen.«

Nach diesen Worten wandte sich der ehrwürdige Sāriputto an den ehrwürdigen Mahākassapo:

»Der ehrwürdige Anuruddho, Bruder Kassapo, hat nach seinem Begriffe geantwortet. Jetzt fragen wir den ehrwürdigen Mahākassapo: Entzückend, Bruder Kassapo, ist der Gosiṉgam-Wald, herrlich die klare Mondnacht, die Bäume stehn in voller Blüte, himmlische Düfte, meint man, wehn umher. Was für ein Mönch, Bruder Kassapo, mag dem Gosiṉgam-Walde Glanz verleihen?«

»Da ist, Bruder Sāriputto, ein Mönch selbst Waldeinsiedler und preist das Waldeinsiedlertum, lebt selbst von Almosenspeise und preist das Leben von Almosenspeise, trägt selbst die geflickte Fetzenkutte und preist das Tragen der geflickten Fetzenkutte, besitzt nur drei Kleidungsstücke und preist das bloße Besitztum dreier Kleidungsstücke, hat selbst wenig Bedürfnisse und preist die Bedürfnislosigkeit, ist selbst zufrieden und preist die Zufriedenheit, ist selbst zurückgezogen und preist die Zurückgezogenheit, flieht selbst die Welt und preist die Weltflucht, ist selbst standhaft und preist die Standhaftigkeit, ist selbst ordenstüchtig und preist die Ordenstugend, hat selbst das Glück der Vertiefung errungen und preist das Glück der Vertiefung, hat selbst die Weisheit errungen und preist die Errungenschaft der Weisheit, hat selbst die Erlösung errungen und preist die Errungenschaft der Erlösung, hat selbst die Wissensklarheit der Erlösung errungen und preist die Errungenschaft der wissensklaren Erlösung. Ein solcher Mönch, Bruder Sāriputto, mag dem Gosiṉgam-Walde Glanz verleihen.«

Nach diesen Worten wandte sich der ehrwürdige Sāriputto an den ehrwürdigen Mahāmoggallāno:

»Der ehrwürdige Mahākassapo, Bruder Moggallāno, hat nach seinem Begriffe geantwortet. Jetzt fragen wir den ehrwürdigen Mahāmoggallāno: Entzückend, Bruder Moggallāno, ist der Gosiṉgam-Wald, herrlich die klare Mondnacht, die Bäume stehn in voller Blüte, himmlische Düfte, meint man, wehn umher. Was für ein Mönch, Bruder Moggallāno, mag dem Gosiṉgam-Walde Glanz verleihen?«

»Da halten, Bruder Sāriputto, zwei Mönche ein Gespräch über die Lehre, stellen sich Fragen, und nachdem sie die Fragen gegenseitig beantwortet haben, gehn sie auseinander, jeder für sich, und lehrreich war ihr Gespräch und anregend. Ein solcher Mönch, Bruder Sāriputto, mag dem Gosiṉgam-Walde Glanz verleihen.«

Und nun wandte sich der ehrwürdige Mahāmoggallāno also an den ehrwürdigen Sāriputto:

»Jeder von uns, Bruder Sāriputto, hat nach seinem Begriffe geantwortet. Jetzt fragen wir den ehrwürdigen Sāriputto: Entzückend, Bruder Sāriputto, ist der Gosiṉgam-Wald, herrlich die klare Mondnacht, die Bäume stehn in voller Blüte, himmlische Düfte, meint man, wehn umher. Was für ein Mönch, Bruder Sāriputto, mag dem Gosiṉgam-Walde Glanz verleihen?«

»Da hat, Bruder Moggallāno, ein Mönch das Herz in seiner Gewalt und nicht ist er in der Gewalt des Herzens. Welcher Vertiefung er sich morgens erfreuen will, dieser Vertiefung erfreut er sich morgens, welcher Vertiefung er sich mittags erfreuen will, dieser Vertiefung erfreut er sich mittags, welcher Vertiefung er sich abends erfreuen will, dieser Vertiefung erfreut er sich abends. Gleichwie etwa, Bruder Moggallāno, ein König oder ein Fürst aus einer Truhe voller verschiedenfarbiger Gewänder gerade das Gewand für den Morgen auswählen würde, das er morgens tragen will, gerade das Gewand für den Mittag auswählen würde, das er mittags tragen will, gerade das Gewand für den Abend auswählen würde, das er abends tragen will: ebenso auch, Bruder Moggallāno, hat ein Mönch das Herz in seiner Gewalt und nicht ist er in der Gewalt des Herzens. Welcher Vertiefung er sich morgens erfreuen will, dieser Vertiefung erfreut er sich morgens, welcher Vertiefung er sich mittags erfreuen will, dieser Vertiefung erfreut er sich mittags, welcher Vertiefung er sich abends erfreuen will, dieser Vertiefung erfreut er sich abends. Ein solcher Mönch, Bruder Moggallāno, mag dem Gosiṉgam-Walde Glanz verleihen.«

Und der ehrwürdige Sāriputto wandte sich nun zu jenen Ehrwürdigen und sprach also:

»Jeder von uns, ihr Brüder, hat nach seinem Begriffe geantwortet. Kommt, ihr Brüder, laßt uns zum Erhabenen gehn und die Sache dem

Erhabenen berichten: wie uns der Erhabene antworten wird, so wollen wir es halten.«

»So sei es, Bruder«, erwiderten da jene Ehrwürdigen dem ehrwürdigen Sāriputto.

Und jene Mönche begaben sich dorthin wo der Erhabene weilte, begrüßten den Erhabenen ehrerbietig und setzten sich zur Seite nieder. Zur Seite sitzend sprach nun der ehrwürdige Sāriputto zum Erhabenen also:

»Da hatten sich, o Herr, der ehrwürdige Revato und der ehrwürdige Ānando dorthin begeben wo ich weilte, die Lehre zu hören. Ich sah den ehrwürdigen Revato und den ehrwürdigen Ānando von ferne herankommen, und nachdem ich sie gesehn sprach ich zum ehrwürdigen Ānando also: ›Willkommen sei der ehrwürdige Ānando, gegrüßt der ehrwürdige Ānando, der des Erhabenen wartet, dem Erhabenen nahe ist. Entzückend, Bruder Ānando, ist der Gosiṉgam-Wald, herrlich die klare Mondnacht, die Bäume stehn in voller Blüte, himmlische Düfte, meint man, wehn umher. Was für ein Mönch, Bruder Ānando, mag dem Gosiṉgam-Walde Glanz verleihen?‹ – Hierauf, o Herr, erwiderte mir der ehrwürdige Ānando: ›Da hat Bruder Sāriputto, ein Mönch viel gehört, ist Behälter des Wortes, Hort des Wortes der Lehre; und was da am Anfang begütigt, in der Mitte begütigt, am Ende begütigt und sinn- und wortgetreu das vollkommen geläuterte, geklärte Asketentum überliefert: das kennt er, behält er, beherrscht er mit der Rede, bewahrt es im Gedächtnis, hat es von Grund aus verstanden. Er legt den vier Arten von Hörern die Lehre dar, im Ganzen, im einzelnen und im Zusammenhang, zur völligen Wunschesvertilgung. Ein solcher Mönch, Bruder Sāriputto, mag dem Gosiṉgam-Walde Glanz verleihen.‹«

»Gut, gut, Sāriputto, wie es eben Ānando recht beantworten kann. Denn Ānando, Sāriputto, hat viel gehört, ist Behälter des Wortes, Hort des Wortes der Lehre: und was da am Anfang begütigt, in der Mitte begütigt, am Ende begütigt und sinn- und wortgetreu das vollkommen geläuterte, geklärte Asketentum überliefert: das kennt er, behält er, beherrscht er mit der Rede, bewahrt es im Gedächtnis, hat es von Grund aus verstanden. Er legt den vier Arten von Hörern die Lehre dar, im Ganzen, im einzelnen und im Zusammenhang, zur völligen Wunschesvertilgung.«

»Hierauf, o Herr, wandte ich mich an den ehrwürdigen Revato: ›Der ehrwürdige Ānando, Bruder Revato, hat nach seinem Begriffe geantwortet. Jetzt fragen wir den ehrwürdigen Revato: Entzückend, Bruder Revato, ist der Gosiṉgam-Wald, herrlich die klare Mondnacht, die

Bäume stehn in voller Blüte, himmlische Düfte, meint man, wehn umher. Was für ein Mönch, Bruder Revato, mag dem Gosiṉgam-Walde Glanz verleihen?‹ – Hierauf, o Herr, erwiderte mir der ehrwürdige Revato: ›Da wird, Bruder Sāriputto, ein Mönch durch die Gedenkensruhe erquickt und beglückt, erkämpft innigen Geistesfrieden, widerstrebt nicht der Schauung, gewinnt durchdringenden Blick, ist ein Freund leerer Klausen. Ein solcher Mönch, Bruder Sāriputto, mag dem Gosiṉgam-Walde Glanz verleihen.‹«

»Gut, gut, Sāriputto, wie es eben Revato recht beantworten kann. Denn Revato, Sāriputto, wird durch die Gedenkensruhe erquickt und beglückt, erkämpft innigen Geistesfrieden, widerstrebt nicht der Schauung, besitzt durchdringenden Blick, ist ein Freund leerer Klausen.«

»Hierauf, o Herr, wandte ich mich an den ehrwürdigen Anuruddho: ›Der ehrwürdige Revato, Bruder Anuruddho, hat nach seinem Begriffe geantwortet. Jetzt fragen wir den ehrwürdigen Anuruddho: Entzückend, Bruder Anuruddho, ist der Gosiṉgam-Wald, herrlich die klare Mondnacht, die Bäume stehn in voller Blüte, himmlische Düfte, meint man, wehn umher. Was für ein Mönch, Bruder Anuruddho, mag dem Gosiṉgam-Walde Glanz verleihen?‹ – Hierauf, o Herr, erwiderte mir der ehrwürdige Anuruddho: ›Da blickt, Bruder Sāriputto, ein Mönch mit dem himmlischen Auge, dem geläuterten, über menschliche Grenzen hinausreichenden, über tausend Welten hin. Gleichwie etwa, Bruder Sāriputto, ein scharfsehender Mann von der Zinne eines hohen Turmes tausend Gehöfte im Kreise überblicken mag: ebenso auch, Bruder Sāriputto, blickt ein Mönch mit dem himmlischen Auge, dem geläuterten, über menschliche Grenzen hinausreichenden, über tausend Welten hin. Ein solcher Mönch, Bruder Sāriputto, mag dem Gosiṉgam-Walde Glanz verleihen.‹«

»Gut, gut, Sāriputto, wie es eben Anuruddho recht beantworten kann. Denn Anuruddho, Sāriputto, blickt mit dem himmlischen Auge, dem geläuterten, über menschliche Grenzen hinausreichenden, über tausend Welten hin.«

»Hierauf, o Herr, wandte ich mich an den ehrwürdigen Mahākassapo: ›Der ehrwürdige Anuruddho, Bruder Kassapo, hat nach seinem Begriffe geantwortet. Jetzt fragen wir den ehrwürdigen Mahākassapo: Entzückend, Bruder Kassapo, ist der Gosiṉgam-Wald, herrlich die klare Mondnacht, die Bäume stehn in voller Blüte, himmlische Düfte, meint man, wehn umher. Was für ein Mönch, Bruder Kassapo, mag dem Gosiṉgam-Walde Glanz verleihen?‹ – Hierauf, o Herr, erwiderte mir der ehrwürdige Mahākassapo: ›Da ist, Bruder Sāriputto, ein Mönch selbst Waldeinsiedler und preist das Waldeinsiedlertum, lebt selbst von Almosenspeise und preist das Leben von Almosenspeise, trägt selbst die geflickte Fetzenkutte und preist das Tragen der geflickten Fetzenkutte, besitzt selbst nur drei Kleidungsstücke und preist das bloße Besitztum dreier Kleidungsstücke, hat selbst wenig Bedürfnisse und preist die Bedürfnislosigkeit, ist selbst zufrieden und preist die Zufriedenheit, ist selbst zurückgezogen und preist die Zurückgezogenheit, flieht selbst die Welt und preist die Weltflucht, ist selbst standhaft und preist die Standhaftigkeit, ist selbst ordenstüchtig und preist die Ordenstugend, hat selbst das Glück der Vertiefung errungen und preist das Glück der Vertiefung, hat selbst die Weisheit errungen und preist die Errungenschaft der Weisheit, hat selbst die Erlösung errungen und preist die Errungenschaft der Erlösung, hat selbst die Wissensklarheit der Erlösung errungen und preist die Errungenschaft der wissensklaren Erlösung. Ein solcher Mönch, Bruder Sāriputto, mag dem Gosiṉgam-Walde Glanz verleihen.‹«

»Gut, gut, Sāriputto, wie es eben Kassapo recht beantworten kann. Denn Kassapo, Sāriputto, ist selbst Waldeinsiedler und preist das Waldeinsiedlertum, lebt selbst von Almosenspeise und preist das Leben von Almosenspeise, trägt selbst die geflickte Fetzenkutte und preist das Tragen der geflickten Fetzenkutte, besitzt selbst nur drei Kleidungsstücke und preist das bloße Besitztum dreier Kleidungsstücke, hat selbst wenig Bedürfnisse und preist die Bedürfnislosigkeit, ist selbst zufrieden und preist die Zufriedenheit, ist selbst zurückgezogen und preist die Zurückgezogenheit, flieht selbst die Welt und preist die Weltflucht, ist selbst standhaft und preist die Standhaftigkeit, ist selbst ordenstüchtig und preist die Ordenstugend, hat selbst das Glück der Vertiefung errungen und preist das Glück der Vertiefung, hat selbst die Weisheit errungen und preist die Errungenschaft der Weisheit, hat selbst die Erlösung errungen und preist die Errungenschaft der Erlösung, hat selbst die Wissensklarheit der Erlösung errungen und preist die Errungenschaft der wissensklaren Erlösung.«

»Hierauf, o Herr, wandte ich mich an den ehrwürdigen Mahāmoggallāno: ›Der ehrwürdige Mahākassapo, Bruder Mogallāno, hat nach seinem Begriffe geantwortet. Jetzt fragen wir den ehrwürdigen Mahāmoggallāno: Entzückend, Bruder Moggallāno, ist der Gosiṉgam-Wald, herrlich die klare Mondnacht, die Bäume stehn in voller Blüte, himmlische Düfte, meint man, wehn umher. Was für ein Mönch, Bruder Moggallāno, mag dem Gosiṉgam-Wald Glanz verleihen?‹ – Hierauf, o

Herr, erwiderte mir der ehrwürdige Mahāmoggallāno: ›Da halten, Bruder Sāriputto, zwei Mönche ein Gespräch über die Lehre, stellen sich Fragen, und nachdem sie die Fragen gegenseitig beantwortet haben, gehn sie auseinander, jeder für sich, und lehrreich war ihr Gespräch und anregend. Ein solcher Mönch, Bruder Sāriputto, mag dem Gosiṉgam-Walde Glanz verleihen.‹«

»Gut, gut, Sāriputto, wie es eben Moggallāno recht beantworten kann. Denn Moggallāno, Sāriputto, ist der Lehre Sprecher.«

Nach diesen Worten wandte sich der ehrwürdige Mahāmoggallāno an den Erhabenen und sagte:

»Und nun, o Herr, sprach ich zum ehrwürdigen Sāriputto: ›Jeder von uns, Bruder Sāriputto, hat nach seinem Begriffe geantwortet. Jetzt fragen wir den ehrwürdigen Sāriputto: Entzückend, Bruder Sāriputto, ist der Gosiṉgam-Wald, herrlich die klare Mondnacht, die Bäume stehn in voller Blüte, himmlische Düfte, meint man, wehn umher. Was für ein Mönch, Bruder Sāriputto, mag dem Gosiṉgam-Walde Glanz verleihen?‹ – Hierauf, o Herr, erwiderte mir der ehrwürdige Sāriputto: ›Da hat, Bruder Moggallāno, ein Mönch das Herz in seiner Gewalt und nicht ist er in der Gewalt des Herzens. Welcher Vertiefung er sich morgens erfreuen will, dieser Vertiefung erfreut er sich morgens, welcher Vertiefung er sich mittags erfreuen will, dieser Vertiefung erfreut er sich mittags, welcher Vertiefung er sich abends erfreuen will, dieser Vertiefung erfreut er sich abends. Gleichwie etwa, Bruder Moggallāno, ein König oder ein Fürst aus einer Truhe voller verschiedenfarbiger Gewänder gerade das Gewand für den Morgen auswählen würde, das er morgens tragen will, gerade das Gewand für den Mittag auswählen würde, das er mittags tragen will, gerade das Gewand für den Abend auswählen würde, das er abends tragen will: ebenso auch, Bruder Moggallāno, hat ein Mönch das Herz in seiner Gewalt und nicht ist er in der Gewalt des Herzens. Welcher Vertiefung er sich morgens erfreuen will, dieser Vertiefung erfreut er sich morgens, welcher Vertiefung er sich mittags erfreuen will, dieser Vertiefung erfreut er sich mittags, welcher Vertiefung er sich abends erfreuen will, dieser Vertiefung erfreut er sich abends. Ein solcher Mönch, Bruder Moggallāno, mag dem Gosiṉgam-Walde Glanz verleihen.‹«

»Gut, gut, Moggallāno, wie es eben Sāriputto recht beantworten kann. Denn Sāriputto, Moggallāno, hat das Herz in seiner Gewalt und nicht ist er in der Gewalt des Herzens. Welcher Vertiefung er sich morgens erfreuen will, dieser Vertiefung erfreut er sich morgens, welcher Vertiefung er sich mittags erfreuen will, dieser Vertiefung erfreut er sich mittags, welcher Vertiefung er sich abends erfreuen will, dieser Vertiefung erfreut er sich abends.«

Nach diesen Worten sprach der ehrwürdige Sāriputto zum Erhabenen also:

»Wer hat nun wohlgesprochen, o Herr?«

»Alle habt ihr wohlgesprochen, Sāriputto, der Reihe nach. Und nun hört auch von mir, was für ein Mönch dem Gosiṉgam-Walde Glanz verleihen mag. Da setzt sich, Sāriputto, ein Mönch nach dem Mahle, wenn er vom Almosengange zurückgekehrt ist, mit verschränkten Beinen nieder, den Körper gerade aufgerichtet, und pflegt der Einsicht: ›Nicht eher will ich von hier aufstehn, als bis ich ohne anzuhangen das Herz vom Wahn erlöst habe.‹ Ein solcher Mönch, Sāriputto, mag dem Gosiṉgam-Walde Glanz verleihen.«

Also sprach der Erhabene. Zufrieden freuten sich jene Ehrwürdigen über das Wort des Erhabenen.

53. EIN GUTER MENSCH

113. Rede

Das hab' ich gehört. Zu einer Zeit weilte der Erhabene bei Sāvatthī, im Siegerwalde, im Garten Anāthapiṇḍikos. Dort nun wandte sich der Erhabene an die Mönche: »Ihr Mönche!« – »Erlauchter!« antworteten da jene Mönche dem Erhabenen aufmerksam. Der Erhabene sprach also:

»Die Weise guter Menschen will ich euch zeigen, ihr Mönche, und die Weise schlechter Menschen: das höret und achtet wohl auf meine Rede.«

»Gewiß, o Herr!« antworteten da jene Mönche dem Erhabenen aufmerksam. Der Erhabene sprach also:

»Was ist nun, ihr Mönche, die Weise schlechter Menschen? Da ist, ihr Mönche, ein schlechter Mensch aus einem vornehmen Hause hinausgezogen. Der gedenkt bei sich: ›Ich bin freilich aus einem vornehmen Hause hinausgezogen, diese anderen Mönche aber, die sind es nicht.‹ Um seiner vornehmen Abkunft willen brüstet er sich und verachtet die anderen. Das ist, ihr Mönche, die Weise schlechter Menschen.

»Ein guter Mensch aber, ihr Mönche, gedenkt bei sich: ›Nicht doch um vornehmer Abkunft willen kann man begehrliche Eigenschaften verlieren, kann man gehässige Eigenschaften verlieren, kann man eitle Eigenschaften verlieren. Wenn auch einer nicht aus einem vornehmen Hause hinausgezogen ist, und er wandelt der Lehre gemäß, wandelt auf dem geraden Wege, folgt der Lehre nach, so ist er darum zu ehren, so ist er darum zu preisen.‹ Der macht eben den Wandel zum Wesen, und um seiner vornehmen Abkunft willen brüstet er sich nicht, noch verachtet er die anderen. Auch das ist, ihr Mönche, die Weise guter Menschen.

»Weiter sodann, ihr Mönche, ist ein schlechter Mensch aus einem reichen Hause hinausgezogen. Der gedenkt bei sich: ›Ich bin freilich aus einem reichen Hause hinausgezogen, diese anderen Mönche aber, die sind es nicht.‹ Um seines Reichtums willen brüstet er sich und verachtet die anderen. Auch das ist, ihr Mönche, die Weise schlechter Menschen.

»Ein guter Mensch aber, ihr Mönche, gedenkt bei sich: ›Nicht doch um des Reichtums willen kann man begehrliche Eigenschaften verlieren, kann man gehässige Eigenschaften verlieren, kann man eitle Eigenschaften verlieren. Wenn auch einer nicht aus einem reichen Hause hinausgezogen ist, und er wandelt der Lehre gemäß, wandelt auf dem geraden Wege, folgt der Lehre nach, so ist er darum zu ehren, so ist er darum zu preisen.‹ Der macht eben den Wandel zum Wesen, und um seines Reichtums willen brüstet er sich nicht, noch verachtet er die anderen. Auch das ist, ihr Mönche, die Weise guter Menschen.

»Weiter sodann, ihr Mönche, ist ein schlechter Mensch bekannt und berühmt. Der gedenkt bei sich: ›Ich bin freilich bekannt und berühmt, diese anderen Mönche aber sind unbekannt, unscheinbar.‹ Um seiner Bekanntheit willen brüstet er sich und verachtet die anderen. Auch das ist, ihr Mönche, die Weise schlechter Menschen.

»Ein guter Mensch aber, ihr Mönche, gedenkt bei sich: ›Nicht doch um der Bekanntheit willen kann man begehrliche Eigenschaften verlieren, kann man gehässige Eigenschaften verlieren, kann man eitle Eigenschaften verlieren. Wenn auch einer nicht bekannt und berühmt ist, und er wandelt der Lehre gemäß, wandelt auf dem geraden Wege, folgt der Lehre nach, so ist er darum zu ehren, so ist er darum zu preisen.‹ Der macht eben den Wandel zum Wesen, und um seiner Bekanntheit willen brüstet er sich nicht, noch verachtet er die anderen. Auch das ist, ihr Mönche, die Weise guter Menschen.

»Weiter sodann, ihr Mönche, erlangt ein schlechter Mensch Kleidung, Nahrung, Lagerstatt und Arznei im Falle der Krankheit. Der gedenkt bei sich: ›Ich freilich erlange Kleidung, Nahrung, Lagerstatt und Arznei im Falle der Krankheit, diese anderen Mönche aber, die erlangen es nicht.‹ Um dieser Erlangung willen brüstet er sich und verachtet die anderen. Auch das ist, ihr Mönche, die Weise schlechter Menschen.

»Ein guter Mensch aber, ihr Mönche, gedenkt bei sich: ›Nicht doch um der Erlangung willen kann man begehrliche Eigenschaften verlieren, kann man gehässige Eigenschaften verlieren, kann man eitle Eigenschaften verlieren. Wenn auch einer keine Kleidung, Nahrung, Lagerstatt und Arznei im Falle der Krankheit erlangt, und er wandelt der Lehre gemäß, wandelt auf dem geraden Wege, folgt der Lehre nach, so ist er darum zu ehren, so ist er darum zu preisen.‹ Der macht eben den Wandel zum Wesen, und weil er etwas erlangt, brüstet er sich nicht, noch verachtet er die anderen. Auch das ist, ihr Mönche, die Weise guter Menschen.

»Weiter sodann, ihr Mönche, weiß ein schlechter Mensch viel. Der gedenkt bei sich: ›Ich freilich weiß viel, diese anderen Mönche aber, die wissen nicht viel.‹ Weil er viel weiß, brüstet er sich und verachtet die anderen. Auch das ist, ihr Mönche, die Weise schlechter Menschen.

»Ein guter Mensch aber, ihr Mönche, gedenkt bei sich: ›Nicht doch weil man viel weiß, kann man begehrliche Eigenschaften verlieren, kann man gehässige Eigenschaften verlieren, kann man eitle Eigenschaften verlieren. Wenn auch einer nicht viel weiß, und er wandelt der Lehre gemäß, wandelt auf dem geraden Wege, folgt der Lehre nach, so ist er darum zu ehren, so ist er darum zu preisen.‹ Der macht eben den Wandel zum Wesen, und weil er viel weiß, brüstet er sich nicht, noch verachtet er die anderen. Auch das ist, ihr Mönche, die Weise guter Menschen.

»Weiter sodann, ihr Mönche, ist ein schlechter Mensch ein Künder der Ordenszucht. Der gedenkt bei sich: ›Ich bin freilich ein Künder der Ordenszucht, diese anderen Mönche aber, die sind keine Künder der Ordenszucht.‹ Um seiner Kunde der Ordenszucht willen brüstet er sich und verachtet die anderen. Auch das ist, ihr Mönche, die Weise schlechter Menschen.

»Ein guter Mensch aber, ihr Mönche, gedenkt bei sich: ›Nicht doch um der Kunde der Ordenszucht willen kann man begehrliche Eigenschaften verlieren, kann man gehässige Eigenschaften verlieren, kann man eitle Eigenschaften verlieren. Wenn auch einer kein Künder der Ordenszucht ist, und er wandelt der Lehre gemäß, wandelt auf dem geraden Wege, folgt der Lehre nach, so ist er darum zu ehren, so ist er darum zu preisen.‹ Der macht eben den Wandel zum Wesen, und um seiner Kunde der Ordenszucht willen brüstet er sich nicht, noch verachtet er die anderen. Auch das ist, ihr Mönche, die Weise guter Menschen.

»Weiter sodann, ihr Mönche, ist ein schlechter Mensch ein Sprecher der Lehre. Der gedenkt bei sich: ›Ich bin freilich ein Sprecher der Lehre, diese anderen Mönche aber, die sind keine Sprecher der Lehre.‹ Weil er über die Lehre spricht, brüstet er sich und verachtet die anderen. Auch das ist, ihr Mönche, die Weise schlechter Menschen.

»Ein guter Mensch aber, ihr Mönche, gedenkt bei sich: ›Nicht doch weil man über die Lehre spricht, kann man begehrliche Eigenschaften verlieren, kann man gehässige Eigenschaften verlieren, kann man eitle Eigenschaften verlieren. Wenn auch einer kein Sprecher der Lehre ist und er wandelt der Lehre gemäß, wandelt auf dem geraden Wege, folgt der Lehre nach, so ist er darum zu ehren, so ist er darum zu preisen.‹ Der macht eben den Wandel zum Wesen, und weil er über die Lehre spricht, brüstet er sich nicht, noch verachtet er die anderen. Auch das ist, ihr Mönche, die Weise guter Menschen.

»Weiter sodann, ihr Mönche, ist ein schlechter Mensch ein Waldeinsiedler. Der gedenkt bei sich: ›Ich bin freilich ein Waldeinsiedler, diese anderen Mönche aber, die sind keine Waldeinsiedler.‹ Um sein Waldeinsiedlertum brüstet er sich und verachtet die anderen. Auch das ist, ihr Mönche, die Weise schlechter Menschen.

»Ein guter Mensch aber, ihr Mönche, gedenkt bei sich: ›Nicht doch um Waldeinsiedlertum kann man begehrliche Eigenschaften verlieren, kann man gehässige Eigenschaften verlieren, kann man eitle Eigenschaften verlieren. Wenn auch einer kein Waldeinsiedler ist, und er wandelt der Lehre gemäß, wandelt auf dem geraden Wege, folgt der Lehre nach, so ist er darum zu ehren, so ist er darum zu preisen.‹ Der macht eben den Wandel zum Wesen, und um sein Waldeinsiedlertum brüstet er sich nicht, noch verachtet er die anderen. Auch das ist, ihr Mönche, die Weise guter Menschen.

»Weiter sodann, ihr Mönche, trägt ein schlechter Mensch die Fetzenkutte. Der gedenkt bei sich: ›Ich trage freilich die Fetzenkutte, diese anderen Mönche aber, die tragen keine Fetzenkutte.‹ Weil er die Fetzenkutte trägt, brüstet er sich und verachtet die anderen. Auch das ist, ihr Mönche, die Weise schlechter Menschen.

»Ein guter Mensch aber, ihr Mönche, gedenkt bei sich: ›Nicht doch weil man die Fetzenkutte trägt, kann man begehrliche Eigenschaften verlieren, kann man gehässige Eigenschaften verlieren, kann man eitle Eigenschaften verlieren. Wenn auch einer keine Fetzenkutte trägt, und er wandelt der Lehre gemäß, wandelt auf dem geraden Wege, folgt der Lehre nach, so ist er darum zu ehren, so ist er darum zu preisen.‹ Der macht eben den Wandel zum Wesen, und weil er die Fetzenkutte trägt, brüstet er sich nicht, noch verachtet er die anderen. Auch das ist, ihr Mönche, die Weise guter Menschen.

»Weiter sodann, ihr Mönche, ist ein schlechter Mensch ein Brockenbettler. Der gedenkt bei sich: ›Ich bin freilich ein Brockenbettler, diese anderen Mönche aber, die sind keine Brockenbettler.‹ Um sein Brockenbettlertum brüstet er sich und verachtet die anderen. Auch das ist, ihr Mönche, die Weise schlechter Menschen.

»Ein guter Mensch aber, ihr Mönche, gedenkt bei sich: ›Nicht doch um Brockenbettlertum kann man begehrliche Eigenschaften verlieren, kann man gehässige Eigenschaften verlieren, kann man eitle Eigenschaften verlieren. Wenn auch einer kein Brockenbettler ist, und er wandelt der Lehre gemäß, wandelt auf dem geraden Wege, folgt der Lehre nach, so ist er darum zu ehren, so ist er darum zu preisen.‹ Der macht eben den Wandel zum Wesen, und um sein Brockenbettlertum brüstet er sich nicht, noch verachtet er die anderen. Auch das ist, ihr Mönche, die Weise guter Menschen.

»Weiter sodann, ihr Mönche, lebt ein schlechter Mensch unter einem Baume. Der gedenkt bei sich: ›Ich freilich lebe unter einem Baume, diese anderen Mönche aber, die leben nicht unter Bäumen.‹ Weil er unter einem Baume lebt, brüstet er sich und verachtet die anderen. Auch das ist, ihr Mönche, die Weise schlechter Menschen.

»Ein guter Mensch aber, ihr Mönche, gedenkt bei sich: ›Nicht doch weil man unter einem Baume lebt, kann man begehrliche Eigenschaften verlieren, kann man gehässige Eigenschaften verlieren, kann man eitle Eigenschaften verlieren. Wenn auch einer nicht unter einem Baume lebt, und er wandelt der Lehre gemäß, wandelt auf dem geraden Wege, folgt der Lehre nach, so ist er darum zu ehren, so ist er darum zu preisen.‹ Der macht eben den Wandel zum Wesen, und weil er unter einem Baume lebt, brüstet er sich nicht, noch verachtet er die anderen. Auch das ist, ihr Mönche, die Weise guter Menschen.

»Weiter sodann, ihr Mönche, lebt ein schlechter Mensch auf einem Leichenhofe. Der gedenkt bei sich: ›Ich freilich lebe auf einem Leichenhofe, diese anderen Mönche aber, die leben nicht auf Leichenhöfen.‹ Weil er auf einem Leichenhofe lebt, brüstet er sich und verachtet die anderen. Auch das ist, ihr Mönche, die Weise schlechter Menschen.

»Ein guter Mensch aber, ihr Mönche, gedenkt bei sich: ›Nicht doch weil man auf einem Leichenhofe lebt, kann man begehrliche Eigenschaften verlieren, kann man gehässige Eigenschaften verlieren, kann man eitle Eigenschaften verlieren. Wenn auch einer nicht auf einem Leichenhofe lebt, und er wandelt der Lehre gemäß, wandelt auf dem geraden Wege, folgt der Lehre nach, so ist er darum zu ehren, so ist er darum zu preisen.‹ Der macht eben den Wandel zum Wesen, und weil er auf einem Leichenhofe lebt, brüstet er sich nicht, noch verachtet er die anderen. Auch das ist, ihr Mönche, die Weise guter Menschen.

»Weiter sodann, ihr Mönche, lebt ein schlechter Mensch in einer offenen Ebene. Der gedenkt bei sich: ›Ich freilich lebe in einer offenen Ebene, diese anderen Mönche aber, die leben nicht in offenen Ebenen.‹ Weil er in einer offenen Ebene lebt, brüstet er sich und verachtet die anderen. Auch das ist, ihr Mönche, die Weise schlechter Menschen.

»Ein guter Mensch aber, ihr Mönche, gedenkt bei sich: ›Nicht doch weil man in einer offenen Ebene lebt, kann man begehrliche Eigenschaften verlieren, kann man gehässige Eigenschaften verlieren, kann man eitle Eigenschaften verlieren. Wenn auch einer nicht in einer offenen Ebene lebt, und er wandelt der Lehre gemäß, wandelt auf dem geraden Wege, folgt der Lehre nach, so ist er darum zu ehren, so ist er darum zu preisen.‹ Der macht eben den Wandel zum Wesen, und weil er in einer offenen Ebene lebt, brüstet er sich nicht, noch verachtet er die anderen. Auch das ist, ihr Mönche, die Weise guter Menschen.

»Weiter sodann, ihr Mönche, ruht ein schlechter Mensch nur sitzend aus. Der gedenkt bei sich: ›Ich freilich ruhe nur sitzend aus, diese anderen Mönche aber, die legen sich hin.‹ Weil er nur sitzend ausruht, brüstet er sich und verachtet die anderen. Auch das ist, ihr Mönche, die Weise schlechter Menschen.

»Ein guter Mensch aber, ihr Mönche, gedenkt bei sich: ›Nicht doch weil man nur sitzend ausruht, kann man begehrliche Eigenschaften verlieren, kann man gehässige Eigenschaften verlieren, kann man eitle Eigenschaften verlieren. Wenn auch einer sich hinlegt, und er wandelt der Lehre gemäß, wandelt auf dem geraden Wege, folgt der Lehre nach, so ist er darum zu ehren, so ist er darum zu preisen.‹ Der macht eben den Wandel zum Wesen, und weil er nur sitzend ausruht, brüstet er sich nicht, noch verachtet er die anderen. Auch das ist, ihr Mönche, die Weise guter Menschen.

»Weiter sodann, ihr Mönche, ist einem schlechten Menschen ein jeder Ort recht. Der gedenkt bei sich: ›Mir freilich ist ein jeder Ort recht, diesen anderen Mönchen aber, denen ist nicht ein jeder Ort recht.‹ Weil ihm ein jeder Ort recht ist, brüstet er sich und verachtet die anderen. Auch das ist, ihr Mönche, die Weise schlechter Menschen.

»Ein guter Mensch aber, ihr Mönche, gedenkt bei sich: ›Nicht doch weil einem ein jeder Ort recht ist, kann man begehrliche Eigenschaften verlieren, kann man gehässige Eigenschaften verlieren, kann man eitle

Eigenschaften verlieren. Wenn auch einem nicht ein jeder Ort recht ist, und er wandelt der Lehre gemäß, wandelt auf dem geraden Wege, folgte der Lehre nach, so ist er darum zu ehren, so ist er darum zu preisen.‹ Der macht eben den Wandel zum Wesen, und weil ihm ein jeder Ort recht ist, brüstet er sich nicht, noch verachtet er die anderen. Auch das ist, ihr Mönche, die Weise guter Menschen.

»Weiter sodann, ihr Mönche, nimmt ein schlechter Mensch nur einmal Nahrung ein. Der gedenkt bei sich: ›Ich freilich nehme nur einmal Nahrung ein, diese anderen Mönche aber, die nehmen nicht nur einmal Nahrung ein.‹ Weil er nur einmal Nahrung einnimmt, brüstet er sich und verachtet die anderen. Auch das ist, ihr Mönche, die Weise schlechter Menschen.

»Ein guter Mensch aber, ihr Mönche, gedenkt bei sich: ›Nicht doch weil man nur einmal Nahrung einnimmt, kann man begehrliche Eigenschaften verlieren, kann man gehässige Eigenschaften verlieren, kann man eitle Eigenschaften verlieren. Wenn auch einer nicht nur einmal Nahrung einnimmt, und er wandelt der Lehre gemäß, wandelt auf dem geraden Wege, folgt der Lehre nach, so ist er darum zu ehren, so ist er darum zu preisen.‹ Der macht eben den Wandel zum Wesen, und weil er nur einmal Nahrung einnimmt, brüstet er sich nicht, noch verachtet er die anderen. Auch das ist, ihr Mönche, die Weise guter Menschen.

»Weiter sodann, ihr Mönche, gewinnt ein schlechter Mensch, gar fern von Begierden, fern von unheilsamen Dingen, in sinnend gedenkender ruhegeborener seliger Heiterkeit die Weihe der ersten Schauung. Der gedenkt bei sich: ›Ich habe freilich die Weihe der ersten Schauung gewonnen, diese anderen Mönche aber, die haben die Weihe der ersten Schauung nicht gewonnen.‹ Weil er die Weihe der ersten Schauung gewonnen hat, brüstet er sich und verachtet die anderen. Auch das ist, ihr Mönche, die Weise schlechter Menschen.

»Ein guter Mensch aber, ihr Mönche, gedenkt bei sich: ›Auch von der Weihe der ersten Schauung hat der Erhabene als Unbestand gesprochen:

> Denn je mehr sie mehr vermeinen,
> Immer wandelbarer wird es.‹

»Der macht eben den Unbestand zum Wesen, und weil er die Weihe der ersten Schauung gewonnen hat, brüstet er sich nicht, noch verachtet er die anderen. Auch das ist, ihr Mönche, die Weise guter Menschen.

»Weiter sodann, ihr Mönche, gewinnt ein schlechter Mensch, nach Vollendung des Sinnens und Gedenkens die innere Meeresstille, die Einheit des Gemütes, die von Sinnen, von Gedenken freie, in der Einigung geborene selige Heiterkeit, die Weihe der zweiten Schauung. Der gedenkt bei sich: ›Ich habe freilich die Weihe der zweiten Schauung gewonnen, diese anderen Mönche aber, die haben die Weihe der zweiten Schauung nicht gewonnen.‹ Weil er die Weihe der zweiten Schauung gewonnen hat, brüstet er sich und verachtet die anderen. Auch das ist, ihr Mönche, die Weise schlechter Menschen.

»Ein guter Mensch aber, ihr Mönche, gedenkt bei sich: ›Auch von der Weihe der zweiten Schauung hat der Erhabene als Unbestand gesprochen:

Denn je mehr sie mehr vermeinen,
Immer wandelbarer wird es.‹

»Der macht eben den Unbestand zum Wesen, und weil er die Weihe der zweiten Schauung gewonnen hat, brüstet er sich nicht, noch verachtet er die anderen. Auch das ist, ihr Mönche, die Weise guter Menschen.

»Weiter sodann, ihr Mönche, empfindet ein schlechter Mensch, in heiterer Ruhe, gleichmütig, einsichtig, klar bewußt, ein Glück im Körper, von dem die Heiligen sagen: ›Der gleichmütige Einsichtige lebt beglückt‹; so gewinnt er die Weihe der dritten Schauung. Der gedenkt bei sich: ›Ich habe freilich die Weihe der dritten Schauung gewonnen, diese anderen Mönche aber, die haben die Weihe der dritten Schauung nicht gewonnen.‹ Weil er die Weihe der dritten Schauung gewonnen hat, brüstet er sich und verachtet die anderen. Auch das ist, ihr Mönche, die Weise schlechter Menschen.

»Ein guter Mensch aber, ihr Mönche, gedenkt bei sich: ›Auch von der Weihe der dritten Schauung hat der Erhabene als Unbestand gesprochen:

Denn je mehr sie mehr vermeinen,
Immer wandelbarer wird es.‹

»Der macht eben den Unbestand zum Wesen, und weil er die Weihe der dritten Schauung gewonnen hat, brüstet er sich nicht, noch verachtet er die anderen. Auch das ist, ihr Mönche, die Weise guter Menschen.

»Weiter sodann, ihr Mönche, gewinnt ein schlechter Mensch nach Verwerfung der Freuden und Leiden, nach Vernichtung des einstigen Frohsinns und Trübsinns die Weihe der leidlosen, freudlosen, gleichmütig einsichtigen vollkommenen Reine, die vierte Schauung. Der gedenkt bei sich: ›Ich habe freilich die Weihe der vierten Schauung gewonnen, diese anderen Mönche aber, die haben die Weihe der vierten Schauung nicht gewonnen.‹ Weil er die Weihe der vierten Schauung gewonnen hat, brüstet er sich und verachtet die anderen. Auch das ist, ihr Mönche, die Weise schlechter Menschen.

»Ein guter Mensch aber, ihr Mönche, gedenkt bei sich: ›Auch von der Weihe der vierten Schauung hat der Erhabene als Unbestand gesprochen:

Denn je mehr sie mehr vermeinen,
Immer wandelbarer wird es.‹

»Der macht eben den Unbestand zum Wesen, und weil er die Weihe der vierten Schauung gewonnen hat, brüstet er sich nicht, noch verachtet er die anderen. Auch das ist, ihr Mönche, die Weise guter Menschen.

»Weiter sodann, ihr Mönche, gewinnt ein schlechter Mensch nach völliger Überwindung der Formwahrnehmungen, Vernichtung der Gegenwahrnehmungen, Verwerfung der Vielheitwahrnehmungen in dem Gedanken ›Grenzenlos ist der Raum‹ das Reich des unbegrenzten Raumes. Der gedenkt bei sich: ›Ich habe freilich das Reich des unbegrenzten Raumes erworben, diese anderen Mönche aber, die haben das Reich des unbegrenzten Raumes nicht erworben.‹ Weil er das Reich des unbegrenzten Raumes erworben hat, brüstet er sich und verachtet die anderen. Auch das ist, ihr Mönche, die Weise schlechter Menschen.

»Ein guter Mensch aber, ihr Mönche, gedenkt bei sich: ›Auch von der Erwerbung der unbegrenzten Raumsphäre hat der Erhabene als Unbestand gesprochen:

Denn je mehr sie mehr vermeinen,
Immer wandelbarer wird es.‹

»Der macht eben den Unbestand zum Wesen, und weil er das Reich des unbegrenzten Raumes erworben hat, brüstet er sich nicht, noch verachtet er die anderen. Auch das ist, ihr Mönche, die Weise guter Menschen.

»Weiter sodann, ihr Mönche, gewinnt ein schlechter Mensch nach völliger Überwindung der unbegrenzten Raumsphäre in dem Gedanken ›Grenzenlos ist das Bewußtsein‹ das Reich des unbegrenzten Bewußtseins. Der gedenkt bei sich: ›Ich habe freilich das Reich des unbegrenzten Bewußtseins erworben, diese anderen Mönche aber, die haben das Reich des unbegrenzten Bewußtseins nicht erworben.‹ Weil er das Reich des unbegrenzten Bewußtseins erworben hat, brüstet er sich und verachtet die anderen. Auch das ist, ihr Mönche, die Weise schlechter Menschen.

»Ein guter Mensch aber, ihr Mönche, gedenkt bei sich: ›Auch von der Erwerbung der unbegrenzten Bewußtseinssphäre hat der Erhabene als Unbestand gesprochen:

> Denn je mehr sie mehr vermeinen,
> Immer wandelbarer wird es.‹

»Der macht eben den Unbestand zum Wesen, und weil er das Reich des unbegrenzten Bewußtseins erworben hat, brüstet er sich nicht, noch verachtet er die anderen. Auch das ist, ihr Mönche, die Weise guter Menschen.

»Weiter sodann, ihr Mönche, gewinnt ein schlechter Mensch nach völliger Überwindung der unbegrenzten Bewußtseinssphäre in dem Gedanken ›Nichts ist da‹ das Reich des Nichtdaseins. Der gedenkt bei sich: ›Ich habe freilich das Reich des Nichtdaseins erworben, diese anderen Mönche aber, die haben das Reich des Nichtdaseins nicht erworben.‹ Weil er das Reich des Nichtdaseins erworben hat, brüstet er sich und verachtet die anderen. Auch das ist, ihr Mönche, die Weise schlechter Menschen.

»Ein guter Mensch aber, ihr Mönche, gedenkt bei sich: ›Auch von der Erwerbung der Nichtdaseinssphäre hat der Erhabene als Unbestand gesprochen:

> Denn je mehr sie mehr vermeinen,
> Immer wandelbarer wird es.‹

»Der macht eben den Unbestand zum Wesen, und weil er das Reich des Nichtdaseins erworben hat, brüstet er sich nicht, noch verachtet er die anderen. Auch das ist, ihr Mönche, die Weise guter Menschen.

»Weiter sodann, ihr Mönche, gewinnt ein schlechter Mensch nach völliger Überwindung der Nichtdaseinssphäre die Grenzscheide möglicher Wahrnehmung. Der gedenkt bei sich: ›Ich habe freilich die Grenzscheide möglicher Wahrnehmung erworben, diese anderen Mönche aber, die haben die Grenzscheide möglicher Wahrnehmung nicht erworben.‹ Weil er die Grenzscheide möglicher Wahrnehmung erworben hat, brüstet er sich und verachtet die anderen. Auch das ist, ihr Mönche, die Weise schlechter Menschen.

»Ein guter Mensch aber, ihr Mönche, gedenkt bei sich: ›Auch von der Erwerbung der Grenzscheide möglicher Wahrnehmung hat der Erhabene als Unbestand gesprochen:

Denn je mehr sie mehr vermeinen,
Immer wandelbarer wird es.‹

»Der macht eben den Unbestand zum Wesen, und weil er die Grenzscheide möglicher Wahrnehmung erworben hat, brüstet er sich nicht, noch verachtet er die anderen. Auch das ist, ihr Mönche, die Weise guter Menschen.

»Weiter sodann, ihr Mönche, gewinnt ein guter Mensch nach völliger Überwindung der Grenzscheide möglicher Wahrnehmung die Auflösung der Wahrnehmbarkeit, und des weise Sehenden Wahn ist aufgehoben. Das ist, ihr Mönche, ein Mönch, der gar nichts vermeint, von gar nichts vermeint, um gar nichts vermeint.«

Also sprach der Erhabene. Zufrieden freuten sich jene Mönche über das Wort des Erhabenen.

54. BEDACHTSAME EIN- UND AUSATMUNG

118. Rede

Das hab' ich gehört. Zu einer Zeit weilte der Erhabene bei Sāvatthī, im Osthaine, auf Mutter Migāros Terrasse, mit gar manchen wohlbekannten Oberen, wohlbekannten Jüngern, mit dem ehrwürdigen Sāriputto und dem ehrwürdigen Mahāmoggallāno, mit dem ehrwürdigen Mahākassapo und dem ehrwürdigen Mahākaccāyano, mit dem ehrwürdigen Mahākoṭṭhito und dem ehrwürdigen Mahākappino, mit dem ehrwürdigen Mahācundo und dem ehrwürdigen Anuruddho, mit dem ehrwürdigen Revato und dem ehrwürdigen Ānando und mit anderen wohlbekannten Oberen, wohlbekannten Jüngern beisammen.

Um diese Zeit nun unterwiesen und belehrten die oberen der Mönche die neu aufgenommenen. Einige der oberen Mönche unterwiesen und belehrten etwa zehn der neuen Mönche, andere der oberen Mönche unterwiesen und belehrten ihrer etwa zwanzig, einige wieder der oberen Mönche unterwiesen und belehrten ihrer etwa dreißig, andere wieder der oberen Mönche unterwiesen und belehrten ihrer etwa vierzig. Und diese neuen Mönche, von den oberen der Mönche unterwiesen und belehrt, erfanden ein großes, allmählich gemerktes Ergebnis.

Damals nun hatte der Erhabene – es war ein Feiertag, im halben Monat, zur Offenbarung, in der voll aufgegangenen Mondnacht – inmitten der Mönchgemeinde unter freiem Himmel Platz genommen. Und der Erhabene blickte über die stillgewordene, lautlose Schar der Mönche hin und wandte sich also an sie:

»Erstarkt bin ich, ihr Mönche, auf also beschrittenem Pfade, erstarkt im Herzen bin ich, ihr Mönche, auf also beschrittenem Pfade: wohlan denn, ihr Mönche, immer noch stärker müßt ihr da werden, um das Unerreichte zu erreichen, um das Unerlangte zu erlangen, um das Unverwirklichte zu verwirklichen. Ich werde nunmehr Sāvatthī am letzten herbstlichen Vollmonde verlassen.«

Es kam nun den Mönchen im Lande zu Ohren: ›Der Erhabene, heißt es, wird gar bald von Sāvatthī, am letzten herbstlichen Vollmonde fortziehn.‹ Da machten sich denn die Mönche im Lande gen Sāvatthī auf, den Erhabenen zu besuchen.

Die oberen der Mönche aber unterwiesen und belehrten die neu hinzugekommenen immer genauer noch. Einige der oberen Mönche unterwiesen und belehrten etwa zehn der neuen Mönche, andere der oberen Mönche unterwiesen und belehrten ihrer etwa zwanzig, einige wieder der oberen Mönche unterwiesen und belehrten ihrer etwa dreißig, andere wieder der oberen Mönche unterwiesen und belehrten ihrer etwa vierzig. Und diese neuen Mönche, von den oberen der Mönche unterwiesen und belehrt, erfanden ein großes, allmählich gemerktes Ergebnis.

Als nun die Zeit angebrochen war, hatte der Erhabene an diesem Feiertage, im halben Monat, am letzten Herbsteswechsel, in der voll aufgegangenen Mondnacht, inmitten der Mönchsgemeinde unter freiem Himmel Platz genommen. Und der Erhabene blickte über die stillgewordene, lautlose Schar der Mönche hin und wandte sich also an sie:

»Keine Worte wechselt, ihr Mönche, diese Versammlung, keine

Worte äußert, ihr Mönche, diese Versammlung, ist rein aus dem Kerne bestanden. Solcherart ist, ihr Mönche, diese Jüngerschar, solcherart ist, ihr Mönche, diese Versammlung, daß sie Opfer und Spende, Gabe und Gruß verdient, heiligste Stätte der Welt ist. Solcherart ist, ihr Mönche, diese Jüngerschar, solcherart ist, ihr Mönche, diese Versammlung, daß bei ihr geringe Gabe als groß gilt und große Gabe als größer. Solcherart ist, ihr Mönche, diese Jüngerschar, solcherart ist, ihr Mönche, diese Versammlung, wie eine solche schwer zu finden ist in der Welt. Solcherart ist, ihr Mönche, diese Jüngerschar, solcherart ist, ihr Mönche, diese Versammlung, daß man gern etliche Meilen geht, um sie zu sehn, und sei es auch nur von rückwärts.

»Solcherart ist, ihr Mönche, diese Jüngerschar, solcherart ist, ihr Mönche, diese Versammlung, daß es da, ihr Mönche, unter diesen Jüngern Mönche gibt, die Heilige, Wahnversieger, Endiger sind, die das Werk gewirkt, die Last abgelegt, das Heil sich errungen, die Daseinsfesseln vernichtet, sich durch vollkommene Erkenntnis erlöst haben: eben solche Mönche gibt es, ihr Mönche, unter diesen Jüngern. Es gibt, ihr Mönche, Mönche unter diesen Jüngern, die nach Vernichtung der fünf niederzerrenden Fesseln emporsteigen, um von dort aus zu erlöschen, nicht mehr zurückzukehren nach jener Welt: auch solche Mönche gibt es, ihr Mönche, unter diesen Jüngern. Es gibt, ihr Mönche, Mönche unter diesen Jüngern, die nach Vernichtung der drei Fesseln, von Gier, Haß und Irre erleichtert, fast schon geläutert, nur einmal wiederkehren, nur einmal noch zu dieser Welt gekommen dem Leiden ein Ende machen werden: auch solche Mönche gibt es, ihr Mönche, unter diesen Jüngern. Es gibt, ihr Mönche, Mönche unter diesen Jüngern, die nach Vernichtung der drei Fesseln zur Hörerschaft gelangen, dem Verderben entronnen zielbewußt der vollen Erwachung entgegeneilen: auch solche Mönche gibt es, ihr Mönche, unter diesen Jüngern.

»Es gibt, ihr Mönche, Mönche unter diesen Jüngern, die als Eroberer der vier Pfeiler der Einsicht beharrlich ausharren: auch solche Mönche gibt es, ihr Mönche, unter diesen Jüngern. Es gibt, ihr Mönche, Mönche unter diesen Jüngern, die als Eroberer der vier gewaltigen Kämpfe beharrlich ausharren: auch solche Mönche gibt es, ihr Mönche, unter diesen Jüngern. Es gibt, ihr Mönche, Mönche unter diesen Jüngern, die als Eroberer der vier Machtgebiete, der fünf Fähigkeiten, der fünf Vermögen, der sieben Erweckungen, des heiligen achtfältigen Weges beharrlich ausharren: auch solche Mönche gibt es, ihr Mönche, unter diesen Jüngern.

»Es gibt, ihr Mönche, Mönche unter diesen Jüngern, die als Eroberer liebevollen Gemütes beharrlich ausharren: auch solche Mönche gibt es, ihr Mönche, unter diesen Jüngern. Es gibt, ihr Mönche, Mönche unter diesen Jüngern, die als Eroberer erbarmenden Gemütes, freudevollen Gemütes, unbewegten Gemütes beharrlich ausharren: auch solche Mönche gibt es, ihr Mönche, unter diesen Jüngern.

»Es gibt, ihr Mönche, Mönche unter diesen Jüngern, die als Eroberer im Schauder beharrlich ausharren: auch solche Mönche gibt es, ihr Mönche, unter diesen Jüngern. Es gibt, ihr Mönche, Mönche unter diesen Jüngern, die als Eroberer im Wahrnehmen der Wandelbarkeit beharrlich ausharren: auch solche Mönche gibt es, ihr Mönche, unter diesen Jüngern.

»Es gibt, ihr Mönche, Mönche unter diesen Jüngern, die als Eroberer in bedachtsam geübter Ein- und Ausatmung beharrlich ausharren. Ein- und Ausatmung, ihr Mönche, bedachtsam geübt und gepflegt, läßt hohen Lohn erlangen, hohe Förderung. Ein- und Ausatmungen, ihr Mönche, bedachtsam geübt und gepflegt, lassen die vier Pfeiler der Einsicht zustande kommen; die vier Pfeiler der Einsicht, bedachtsam geübt und gepflegt, lassen die sieben Erweckungen zustande kommen; die sieben Erweckungen, bedachtsam geübt und gepflegt, lassen die wissende Erlösung zustande kommen.

»Wie aber wird bedachtsam, ihr Mönche, Ein- und Ausatmung geübt, wie gepflegt, auf daß sie hohen Lohn verleihe, hohe Förderung? Da begibt sich, ihr Mönche, der Mönch ins Innere des Waldes oder unter einen großen Baum oder in eine leere Klause, setzt sich mit verschränkten Beinen nieder, den Körper gerade aufgerichtet, und pflegt der Einsicht. Bedächtig atmet er ein, bedächtig atmet er aus. Atmet er tief ein, so weiß er ›Ich atme tief ein‹, atmet er tief aus, so weiß er ›Ich atme tief aus‹; atmet er kurz ein, so weiß er ›Ich atme kurz ein‹, atmet er kurz aus, so weiß er ›Ich atme kurz aus‹. ›Den ganzen Körper empfindend will ich einatmen‹, ›Den ganzen Körper empfindend will ich ausatmen‹, so übt er sich. ›Diese Körperverbindung besänftigend will ich einatmen‹, ›Diese Körperverbindung besänftigend will ich ausatmen‹, so übt er sich. ›Heiter empfindend will ich einatmen‹, ›Heiter empfindend will ich ausatmen‹, so übt er sich. ›Selig empfindend will ich einatmen‹, ›Selig empfindend will ich ausatmen‹, so übt er sich. ›Die Gedankenverbindung empfindend will ein einatmen‹, ›Die Gedankenverbindung empfindend will ich ausatmen‹, so übt er sich. ›Diese Gedankenverbindung besänftigend will ich einatmen‹, ›Diese Gedankenverbindung besänftigend will ich ausatmen‹, so übt er sich. ›Die Gedanken empfindend will ich einatmen‹, ›Die Gedanken empfindend will ich ausatmen‹, so übt er sich. ›Die Gedanken ermunternd will ich einatmen‹, ›Die Gedanken ermunternd will ich ausatmen‹, so übt er sich. ›Die Gedanken einigend will ich einatmen‹, ›Die Gedanken einigend will ich ausatmen‹, so übt er sich. ›Die Gedanken lösend will ich einatmen‹, ›Die Gedanken lösend will ich ausatmen‹, so übt er sich. ›Die Vergänglichkeit wahrnehmend will ich einatmen‹, ›Die Vergänglichkeit wahrnehmend will ich ausatmen‹, so übt er sich. ›Die Reizlosigkeit wahrnehmend will ich einatmen‹, ›Die Reizlosigkeit wahrnehmend will ich ausatmen‹, so übt er sich. ›Die Ausrodung wahrnehmend will ich einatmen‹, ›Die Ausrodung wahrnehmend will ich ausatmen‹, so übt er sich. ›Die Entfremdung wahrnehmend will ich einatmen‹, ›Die Entfremdung wahrnehmend will ich ausatmen‹, so übt er sich. Also wird bedachtsam, ihr Mönche, Ein- und Ausatmung geübt, also gepflegt, auf daß sie hohen Lohn verleihe, hohe Förderung.

»Wie aber werden bedachtsam, ihr Mönche, Ein- und Ausatmung geübt, wie gepflegt, auf daß sie die vier Pfeiler der Einsicht zustande bringen? Zu einer Zeit, ihr Mönche, wo der Mönch, tief einatmend, weiß ›Ich atme tief ein‹, tief ausatmend, weiß ›Ich atme tief aus‹; kurz einatmend, weiß ›Ich atme kurz ein‹, kurz ausatmend, weiß ›Ich atme kurz aus‹; ›Den ganzen Körper empfindend will ich einatmen‹, ›Den ganzen Körper empfindend will ich ausatmen‹, so sich übt; ›Diese Körperverbindung besänftigend will ich einatmen‹, ›Diese Körperverbindung besänftigend will ich ausatmen‹, so sich übt: zu einer solchen Zeit wacht, ihr Mönche, der Mönch beim Körper über den Körper, unermüdlich, klaren Sinnes, einsichtig, nach Verwindung weltlichen Begehrens und Bekümmerns. Bei den Körpern nenne ich es, ihr Mönche, den Körper verändern, nämlich das Einatmen und das Ausatmen: darum aber, ihr Mönche, wacht der Mönch zu einer solchen Zeit beim Körper über den Körper, unermüdlich, klaren Sinnes, einsichtig, nach Verwindung weltlichen Begehrens und Bekümmerns. – Zu einer Zeit, ihr Mönche, wo der Mönch ›Heiter empfindend will ich einatmen‹, ›Heiter empfindend will ich ausatmen‹, so sich übt, ›Selig empfindend will ich einatmen‹, ›Selig empfindend will ich ausatmen‹, so sich übt; ›Die Gedankenverbindung empfindend will ich einatmen‹, ›Die Gedankenverbindung empfindend will ich ausatmen‹, so sich übt; ›Diese Gedankenverbindung besänftigend will ich einatmen‹, ›Diese Gedankenverbindung besänftigend will ich ausatmen‹, so sich übt: zu einer solchen Zeit wacht, ihr Mönche, der Mönch bei den Gefühlen über die Gefühle, unermüdlich, klaren Sinnes, einsichtig, nach Verwindung weltlichen Begehrens und Bekümmerns.

Bei den Gefühlen nenne ich es, ihr Mönche, das Gefühl verändern, nämlich beim Einatmen und Ausatmen wohl darauf achthaben: darum aber, ihr Mönche, wacht der Mönch zu einer solchen Zeit bei den Gefühlen über die Gefühle, unermüdlich, klaren Sinnes, einsichtig, nach Verwindung weltlichen Begehrens und Bekümmerns. – Zu einer Zeit, ihr Mönche, wo der Mönch ›Die Gedanken empfindend will ich einatmen‹, ›Die Gedanken empfindend will ich ausatmen‹, so sich übt; ›Die Gedanken ermunternd will ich einatmen‹, ›Die Gedanken ermunternd will ich ausatmen‹, so sich übt; ›Die Gedanken einigend will ich einatmen‹, ›Die Gedanken einigend will ich ausatmen‹, so sich übt; ›Die Gedanken lösend will ich einatmen‹, ›Die Gedanken lösend will ich ausatmen‹, so sich übt: zu einer solchen Zeit wacht, ihr Mönche, der Mönch beim Gemüte über das Gemüt, unermüdlich, klaren Sinnes, einsichtig, nach Verwindung weltlichen Begehrens und Bekümmerns. Nicht kann, ihr Mönche, sag' ich, ein besonnener Mensch, der unklar denkt, bedachtsam Ein- und Ausatmung üben: darum aber, ihr Mönche, wacht der Mönch zu einer solchen Zeit beim Gemüte über das Gemüt, unermüdlich, klaren Sinnes, einsichtig, nach Verwindung weltlichen Begehrens und Bekümmerns. – Zu einer Zeit, ihr Mönche, wo der Mönch ›Die Vergänglichkeit wahrnehmend will ich einatmen‹, ›Die Vergänglichkeit wahrnehmend will ich ausatmen‹, so sich übt; ›Die Reizlosigkeit wahrnehmend will ich einatmen‹, ›Die Reizlosigkeit wahrnehmend will ich ausatmen‹, so sich übt; ›Die Ausrodung wahrnehmend will ich einatmen‹, ›Die Ausrodung wahrnehmend will ich ausatmen‹, so sich übt; ›Die Entfremdung wahrnehmend will ich einatmen‹, ›Die Entfremdung wahrnehmend will ich ausatmen‹, so sich übt: zu einer solchen Zeit wacht, ihr Mönche, der Mönch bei den Erscheinungen über die Erscheinungen, unermüdlich, klaren Sinnes, einsichtig, nach Verwindung weltlichen Begehrens und Bekümmerns. Und wie da Begehren und Bekümmern überstanden wird, hat er weise gemerkt, und wohl hat er es ausgeglichen: darum aber, ihr Mönche, wacht der Mönch zu einer solchen Zeit bei den Erscheinungen über die Erscheinungen, unermüdlich, klaren Sinnes, einsichtig, nach Verwindung weltlichen Begehrens und Bekümmerns. Also werden bedachtsam, ihr Mönche, Ein- und Ausatmungen geübt, also gepflegt, und lassen die vier Pfeiler der Einsicht zustande kommen.

»Wie aber werden, ihr Mönche, die vier Pfeiler der Einsicht geübt, wie gepflegt, auf daß sie die sieben Erweckungen zustande bringen? Zu einer Zeit, ihr Mönche, wo der Mönch beim Körper über den Körper wacht, unermüdlich, klaren Sinnes, einsichtig, nach Verwindung weltlichen Begehrens und Bekümmerns, gewärtig hat er zu einer solchen Zeit die Einsicht, unverrückbar; zu einer Zeit, ihr Mönche, wo der Mönch die Einsicht gewärtig hat, unverrückbar, der Einsicht Erweckung hat er zu dieser Zeit erwirkt, der Einsicht Erweckung vollbringt er da, der Einsicht Erweckung wird da von ihm zur Vollendung gebracht. Also besonnen weilend zerlegt er weise den Sinn, zerteilt ihn, dringt in seine Tiefe ein; zu einer Zeit, ihr Mönche, wo der Mönch also besonnen weilend weise den Sinn zerlegt, ihn zerteilt, in seine Tiefe eindringt, des Tiefsinns Erweckung hat er zu dieser Zeit erwirkt, des Tiefsinns Erweckung vollbringt er da, des Tiefsinns Erweckung wird da von ihm zur Vollendung gebracht. Also den Sinn weise zerlegend, ihn zerteilend, in seine Tiefe eindringend erwirkt er Kraft, unbeugsame; zu einer Zeit, ihr Mönche, wo der Mönch also den Sinn weise zerlegend, ihn zerteilend, in seine Tiefe eindringend Kraft erwirkt, unbeugsame, der Kraft Erweckung hat er zu dieser Zeit erwirkt, der Kraft Erweckung vollbringt er da, der Kraft Erweckung wird da von ihm zur Vollendung gebracht. Hat er Kraft erwirkt, erhebt sich in ihm eine überweltliche Heiterkeit; zu einer Zeit, ihr Mönche, wo der Mönch Kraft erwirkt hat und in ihm eine überweltliche Heiterkeit aufgeht, der Heiterkeit Erweckung hat er zu dieser Zeit erwirkt, der Heiterkeit Erweckung vollbringt er da, der Heiterkeit Erweckung wird da von ihm zur Vollendung gebracht. Hat er Heiterkeit im Herzen, wird er lind im Leibe, lind im Gemüte: zu einer Zeit, ihr Mönche, wo der Mönch Heiterkeit im Herzen hat und lind im Leibe, lind im Gemüte wird, der Lindheit Erweckung hat er zu dieser Zeit erwirkt, der Lindheit Erweckung vollbringt er da, der Lindheit Erweckung wird da von ihm zur Vollendung gebracht. Hat er selig den Leib gelindert, wird ihm das Gemüt einig; zu einer Zeit, ihr Mönche, wo der Mönch selig den Leib gelindert hat und das Gemüt ihm einig wird, der Innigkeit Erweckung hat er zu dieser Zeit erwirkt, der Innigkeit Erweckung vollbringt er da, der Innigkeit Erweckung wird da von ihm zur Vollendung gebracht. Also einig geworden im Gemüte hat er es wohl ausgeglichen; zu einer Zeit, ihr Mönche, wo der Mönch also einig geworden im Gemüte es wohl ausgeglichen hat, des Gleichmuts Erweckung hat er zu dieser Zeit erwirkt, des Gleichmuts Erweckung vollbringt er da, des Gleichmuts Erweckung wird da von ihm zur Vollendung gebracht.

»Zu einer Zeit, ihr Mönche, wo der Mönch bei den Gefühlen über die Gefühle wacht, beim Gemüte über das Gemüt wacht, bei den Erscheinungen über die Erscheinungen wacht, unermüdlich, klaren Sinnes, einsichtig, nach Verwindung weltlichen Begehrens und Bekümmerns, gewärtig hat er zu einer solchen Zeit die Einsicht, unverrückbar; zu einer Zeit, ihr Mönche, wo der Mönch die Einsicht gewärtig hat, unverrückbar, der Einsicht Erweckung hat er zu dieser Zeit erwirkt, der Einsicht Erweckung vollbringt er da, der Einsicht Erweckung wird da von ihm zur Vollendung gebracht. Also besonnen weilend zerlegt er weise den Sinn, zerteilt ihn, dringt in seine Tiefe ein; zu einer Zeit, ihr Mönche, wo der Mönch also besonnen weilend weise den Sinn zerlegt, ihn zerteilt, in seine Tiefe eindringt, des Tiefsinns Erweckung hat er zu dieser Zeit erwirkt, des Tiefsinns Erweckung vollbringt er da, des Tiefsinns Erweckung wird da von ihm zur Vollendung gebracht. Also den Sinn weise zerlegend, ihn zerteilend, in seine Tiefe eindringend, erwirkt er Kraft, unbeugsame; zu einer Zeit, ihr Mönche, wo der Mönch also den Sinn weise zerlegend, ihn zerteilend, in seine Tiefe eindringend Kraft erwirkt, unbeugsame, der Kraft Erweckung hat er zu dieser Zeit erwirkt, der Kraft Erweckung vollbringt er da, der Kraft Erweckung wird da von ihm zur Vollendung gebracht. Hat er Kraft erwirkt, erhebt sich in ihm eine überweltliche Heiterkeit; zu einer Zeit, ihr Mönche, wo der Mönch Kraft erwirkt hat und in ihm eine überweltliche Heiterkeit aufgeht, der Heiterkeit Erweckung hat er zu dieser Zeit erwirkt, der Heiterkeit Erweckung vollbringt er da, der Heiterkeit Erweckung wird da von ihm zur Vollendung gebracht. Hat er Heiterkeit im Herzen, wird er lind im Leibe, lind im Gemüte; zu einer Zeit, ihr Mönche, wo der Mönch Heiterkeit im Herzen hat und lind im Leibe, lind im Gemüte wird, der Lindheit Erweckung hat er zu dieser Zeit erwirkt, der Lindheit Erweckung vollbringt er da, der Lindheit Erweckung wird da von ihm zur Vollendung gebracht. Hat er selig den Leib gelindert, wird ihm das Gemüt einig; zu einer Zeit, ihr Mönche, wo der Mönch selig den Leib gelindert hat und das Gemüt ihm einig wird, der Innigkeit Erweckung hat er zu dieser Zeit erwirkt, der Innigkeit Erweckung vollbringt er da, der Innigkeit Erweckung wird da von ihm zur Vollendung gebracht. Also einig geworden im Gemüte hat er es wohl ausgeglichen; zu einer Zeit, ihr Mönche, wo der Mönch also einig geworden im Gemüte es wohl ausgeglichen hat, des Gleichmuts Erweckung hat er zu dieser Zeit erwirkt, des Gleichmuts Erweckung vollbringt er da, des Gleichmuts Erweckung wird da von ihm zur Vollendung gebracht.

»Also werden, ihr Mönche, die vier Pfeiler der Einsicht geübt, also gepflegt, und lassen die sieben Erweckungen zustande kommen.

»Wie aber werden, ihr Mönche, die sieben Erweckungen geübt, wie gepflegt, auf daß sie die wissende Erlösung zustande bringen? Da übt, ihr Mönche, der Mönch der Einsicht Erweckung, die abgeschieden gezeugte, abgelöst gezeugte, ausgerodet gezeugte, die in Endsal übergeht; übt des Tiefsinns Erweckung, die abgeschieden gezeugte, abgelöst gezeugte, ausgerodet gezeugte, die in Endsal übergeht; übt der Kraft Erweckung, die abgeschieden gezeugte, abgelöst gezeugte, ausgerodet gezeugte, die in Endsal übergeht; übt der Heiterkeit Erweckung, die abgeschieden gezeugte, abgelöst gezeugte, ausgerodet gezeugte, die in Endsal übergeht; übt der Lindheit Erweckung, die abgeschieden gezeugte, abgelöst gezeugte, ausgerodet gezeugte, die in Endsal übergeht; übt der Innigkeit Erweckung, die abgeschieden gezeugte, abgelöst gezeugte, ausgerodet gezeugte, die in Endsal übergeht; übt des Gleichmuts Erweckung, die abgeschieden gezeugte, abgelöst gezeugte, ausgerodet gezeugte, die in Endsal übergeht. Also werden, ihr Mönche, die sieben Erweckungen geübt, also gepflegt, und lassen die wissende Erlösung zustande kommen.«

Also sprach der Erhabene. Zufrieden freuten sich jene Mönche über das Wort des Erhabenen.

55. SECHSFACHER ARTUNG ABZEICHEN

140. Rede

Das hab' ich gehört. Zu einer Zeit wanderte der Erhabene im Lande Magadhā von Ort zu Ort weiter und kam nach Rājagaham, begab sich zu Bhaggavo dem Hafner, sprach Bhaggavo den Hafner also an:

»Wenn es dir, Bhaggaver, nicht ungelegen ist, bleiben wir über Nacht im Vorsaale.«

»Es ist mir, o Herr, nicht ungelegen; doch ist ein Pilger da, der schon sein Lager hier aufgeschlagen hat: wenn es dem recht ist, mögt Ihr bleiben, o Herr, nach Belieben.«

Um diese Zeit nun war ein edler Sohn, Pukkusāti mit Namen, um des Erhabenen willen, von Zutrauen bewogen, aus dem Hause in die Hauslosigkeit gezogen. Der hatte im Vorsaale bei jenem Hafner sein Lager schon aufgeschlagen. Da schritt nun der Erhabene an den ehrwürdigen Pukkusāti heran und sprach also zu ihm:

»Wenn es dir, Mönch, nicht ungelegen ist, bleiben wir über Nacht im Vorsaale.«

»Geräumig, Bruder, ist der Vorsaal des Hafners: bleibe der Ehrwürdige nach Belieben.«

Da trat nun der Erhabene in den Vorsaal des Hafners ein, spreitete an der einen Wand die Strohmatte auf und setzte sich nieder, die Beine verschränkt, den Körper gerade aufgerichtet, der Pflege der Einsicht oblegen. Und der Erhabene brachte einen großen Teil der Nacht im Sitzen zu. Und auch der ehrwürdige Pukkusāti brachte einen großen Teil der Nacht im Sitzen zu. Da gedachte denn der Erhabene bei sich: ›Ob wohl dieser edle Sohn fröhlich beflissen ist? Wie, wenn ich ihn nun fragte?‹ Und der Erhabene wandte sich also an den ehrwürdigen Pukkusāti:

»Um wessen willen, o Mönch, bist du hinausgezogen? Wer ist wohl dein Meister? Oder zu wessen Lehre bekennst du dich?«

»Es ist, o Bruder, der Asket Gotamo, der Sakyersohn, der dem Erbe der Sakyer entsagt hat! Diesen Herrn Gotamo aber begrüßt man allenthalben mit dem frohen Ruhmesrufe, so zwar: ›Das ist der Erhabene, der Heilige, vollkommen Erwachte, der Wissens- und Wandelsbewährte, der Willkommene, der Welt Kenner, der unvergleichliche Leiter der Männerherde, der Meister der Götter und Menschen, der Erwachte, der Erhabene.‹ Um des Erhabenen willen bin ich hinausgezogen, Er, der Erhabene, ist mein Meister, und zu seiner, zu des Erhabenen Lehre bekenne ich mich.«

»Wo aber, Mönch, weilt Er jetzt, der Erhabene, der Heilige, vollkommen Erwachte?«

»Es ist, o Bruder, oben im nördlichen Reiche eine Stadt gelegen, die Sāvatthī heißt: dort hat Er, der Erhabene, gegenwärtig seinen Aufenthalt, der Heilige, vollkommen Erwachte.«

»Hast du aber, Mönch, Ihn, den Erhabenen, schon einmal gesehn, und würdest du ihn, wenn du ihn sähest, erkennen?«

»Nein, Bruder, ich habe Ihn, den Erhabenen, noch nicht gesehn, und sähe ich ihn, würd' ich ihn nicht erkennen.«

Da gedachte denn der Erhabene bei sich: ›Um meinetwillen ist dieser edle Sohn hinausgezogen; wie, wenn ich ihm nun die Lehre darlegte?‹ Und der Erhabene wandte sich an den ehrwürdigen Pukkusāti und sprach:

»Die Lehre will ich dir, Mönch, darlegen: höre sie und achte wohl auf meine Rede.«

»Gern, Bruder!« sagte da zustimmend der ehrwürdige Pukkusāti dem Erhabenen. Der Erhabene sprach also:

»Sechsfache Artung, Mönch, hat der Mensch an sich, sechsfache Berührung, achtzehn geistige Angehungen, vier Belehnungen; Weisheit soll er nicht preisgeben, Wahrheit bewahren, Entsagung vollziehn, den Frieden eben zu finden suchen; auf daß ihn wo er steht kein dünkendes Wähnen ankommen kann: kann aber kein dünkendes Wähnen ankommen, wird er der ›Stille Denker‹ genannt. Das ist der Stempel der Abzeichen sechsfacher Artung.

»›Sechsfache Artung, Mönch, hat der Mensch an sich‹: das ist gesagt worden; und warum ist das gesagt worden? Sechs gibt es, Mönch, der Artungen: Art der Erde, Art des Wassers, Art des Feuers, Art der Luft, Art des Raumes, Art des Bewußtseins. ›Sechsfache Artung, Mönch, hat der Mensch an sich‹: wurde das gesagt, so war es darum gesagt.

»›Sechsfache Berührung, Mönch, hat der Mensch an sich‹: das ist gesagt worden; und warum ist das gesagt worden? Gesicht ist Berührung, Gehör ist Berührung, Geruch ist Berührung, Geschmack ist Berührung, Getast ist Berührung, Gedenken ist Berührung. ›Sechsfache Berührung, Mönch, hat der Mensch an sich‹: wurde das gesagt, so war es darum gesagt.

»›Achtzehn geistige Angehungen, Mönch, hat der Mensch an sich‹: das ist gesagt worden; und warum ist das gesagt worden? Hat man mit dem Gesichte eine Form erblickt, so geht man die erfreulich bestehende Form an, geht die unerfreulich bestehende Form an, geht die gleichgültig bestehende Form an. Hat man mit dem Gehöre einen Ton gehört, hat man mit dem Geruche einen Duft gerochen, hat man mit dem Geschmacke einen Saft geschmeckt, hat man mit dem Getaste eine Tastung getastet, hat man mit dem Gedenken ein Ding erkannt, so geht man das erfreulich bestehende Ding an, geht das unerfreulich bestehende Ding an, geht das gleichgültig bestehende Ding an. So gibt es sechs erfreuliche Angehungen, sechs unerfreuliche Angehungen, sechs gleichgültige Angehungen. ›Achtzehn geistige Angehungen, Mönch, hat der Mensch an sich‹: wurde das gesagt, so war es darum gesagt.

»›Vier Belehnungen, Mönch, hat der Mensch an sich‹: das ist gesagt worden; und warum ist das gesagt worden? Um die Belehnung mit Weisheit, die Belehnung mit Wahrheit, die Belehnung mit Entsagung, die Belehnung mit Beruhigung. ›Vier Belehnungen, Mönch, hat der Mensch an sich‹: wurde das gesagt, so war es darum gesagt.

»›Weisheit soll er nicht preisgeben, Wahrheit bewahren, Entsagung vollziehn, den Frieden eben zu finden suchen‹: das ist gesagt worden; und warum ist das gesagt worden? Wie also, Mönch, gibt man die Weisheit nicht preis? Sechs Artungen sind da, Mönch, vorhanden: Art der Erde, Art des Wassers, Art des Feuers, Art der Luft, Art des Raumes

Art des Bewußtseins. Was ist nun, Mönch, Art der Erde? Art der Erde mag innerlich sein oder äußerlich. Was ist aber, Mönch, innerliche Erdenart? Was sich innerlich einzeln fest und hart dargestellt hat, als wie Kopfhaare, Körperhaare, Nägel, Zähne, Haut, Fleisch, Sehnen, Knochen, Mark, Nieren, Herz, Leber, Zwerchfell, Milz, Lunge, Magen, Eingeweide, Weichteile, Kot, oder was sich irgend sonst noch innerlich einzeln fest und hart dargestellt hat: das nennt man, Mönch, innerliche Erdenart. Was es nun da an innerlicher Erdenart und was es an äußerlicher Erdenart gibt, ist eben Art der Erde. Und: ›Das gehört mir nicht, das bin ich nicht, das ist nicht mein Selbst‹: so ist das, der Wahrheit gemäß, mit vollkommener Weisheit anzusehn. Hat man das also, der Wahrheit gemäß, mit vollkommener Weisheit erkannt, wird man der Erdenart satt, löst den Sinn von der Erdenart ab.

»Was ist nun, Mönch, Art des Wassers? Art des Wassers mag innerlich sein oder äußerlich. Was ist aber, Mönch, innerliche Wasserart? Was sich innerlich einzeln flüssig und wässerig dargestellt hat, als wie Galle, Schleim, Eiter, Blut, Schweiß, Lymphe, Tränen, Serum, Speichel, Rotz, Gelenköl, Harn, oder was sich irgend sonst noch innerlich einzeln flüssig und wässerig dargestellt hat: das nennt man, Mönch, innerliche Wasserart. Was es nun da an innerlicher Wasserart und was es an äußerlicher Wasserart gibt, ist eben Art des Wassers. Und: ›Das gehört mir nicht, das bin ich nicht, das ist nicht mein Selbst‹: so ist das, der Wahrheit gemäß, mit vollkommener Weisheit anzusehn. Hat man das also, der Wahrheit gemäß, mit vollkommener Weisheit erkannt, wird man der Wasserart satt, löst den Sinn von der Wasserart ab.

»Was ist nun, Mönch, Art des Feuers? Art des Feuers mag innerlich sein oder äußerlich. Was ist aber, Mönch, innerliche Feuerart? Was sich innerlich einzeln flammig und feurig dargestellt hat, als wie wodurch Wärme erzeugt wird, wodurch man verdaut, wodurch man sich erhitzt, wodurch gekaute Speise und geschlürfter Trank einer vollkommenen Umwandlung erliegen, oder was sich irgend sonst noch innerlich einzeln flammig und feurig dargestellt hat: das nennt man, Mönch, innerliche Feuerart. Was es nun da an innerlicher Feuerart und was es an äußerlicher Feuerart gibt, ist eben Art des Feuers. Und: ›Das gehört mir
…cht, das bin ich nicht, das ist nicht mein Selbst‹: so ist das, der Wahr-
…mäß, mit vollkommener Weisheit anzusehn. Hat man das also,
…it gemäß, mit vollkommener Weisheit erkannt, wird man
… löst den Sinn von der Feuerart ab.

…ch, Art der Luft? Art der Luft mag innerlich sein
…s ist aber, Mönch, innerliche Luftart? Was sich in-

nerlich einzeln flüchtig und luftig dargestellt hat, als wie die aufsteigenden und die absteigenden Winde, die Winde des Bauches und Darmes, die Winde, die jedes Glied durchströmen, die Einatmung und die Ausatmung: dies oder was sich irgend sonst noch innerlich einzeln flüchtig und luftig dargestellt hat, das nennt man, Mönch, innerliche Luftart. Was es nun da an innerlicher Luftart und was es an äußerlicher Luftart gibt, ist eben Art der Luft. Und: ›Das gehört mir nicht, das bin ich nicht, das ist nicht mein Selbst‹: so ist das, der Wahrheit gemäß, mit vollkommener Weisheit anzusehn. Hat man das also, der Wahrheit gemäß, mit vollkommener Weisheit erkannt, wird man der Luftart satt, löst den Sinn von der Luftart ab.

»Was ist nun, Mönch, Art des Raumes? Art des Raumes mag innerlich sein oder äußerlich. Was ist aber, Mönch, innerliche Raumart? Was sich innerlich einzeln räumlich und örtlich dargestellt hat, als wie die Ohrhöhle, die Nasenhöhle, die Mundöffnung, wodurch man gekaute Speise und geschlürften Trank einnimmt, wo gekaute Speise und geschlürfter Trank sich aufhalten, wodurch gekaute Speise und geschlürfter Trank unten abgeht, oder was sich irgend sonst noch innerlich einzeln räumlich und örtlich dargestellt hat, das nennt man, Mönch, innerliche Raumart. Was es nun da an innerlicher Raumart und was es an äußerlicher Raumart gibt, ist eben Art des Raumes. Und: ›Das gehört mir nicht, das bin ich nicht, das ist nicht mein Selbst‹: so ist das, der Wahrheit gemäß, mit vollkommener Weisheit anzusehn. Hat man das also, der Wahrheit gemäß, mit vollkommener Weisheit erkannt, wird man der Raumart satt, löst den Sinn von der Raumart ab.

»Es bleibt nunmehr noch das Bewußtsein übrig, das geläuterte, das geklärte. Mit diesem Bewußtsein wird man wessen bewußt? Wohles wird man da bewußt, Wehes wird man da bewußt, weder Wehes noch Wohles wird man da bewußt. Auf eine Berührung, Mönch, die wohlig zu empfinden ist, erfolgt ein wohliges Gefühl. Und ein wohliges Gefühl empfindend erkennt man: ›Ein wohliges Gefühl empfind' ich.‹ Weil aber die wohlig zu empfindende Berührung aufhört, hört ein dadurch fühlbar gewordenes, auf wohlig empfundene Berührung erfolgtes wohliges Gefühl auf, und man erkennt: ›Es löst sich auf.‹ Auf eine Berührung, Mönch, die wehe zu empfinden ist, erfolgt ein wehes Gefühl. Und ein wehes Gefühl empfindend erkennt man: ›Ein wehes Gefühl empfind' ich.‹ Weil aber die wehe zu empfindende Berührung aufhört, hört ein dadurch fühlbar gewordenes, auf wehe empfundene Berührung erfolgtes wehes Gefühl auf, und man erkennt: ›Es löst sich auf.‹ Auf eine Berührung, Mönch, die weder wehe noch wohl zu empfinden ist, erfolgt ein weder wehes noch wohliges Gefühl. Und ein weder wehes noch wohliges Gefühl empfindend erkennt man: ›Ein weder wehes noch wohliges Gefühl empfind' ich.‹ Weil aber die weder wehe noch wohlig zu empfindende Berührung aufhört, hört ein dadurch fühlbar gewordenes, auf weder wehe noch wohlig empfundene Berührung erfolgtes weder wehes noch wohliges Gefühl auf, und man erkennt: ›Es löst sich auf.‹

»Gleichwie etwa, Mönch, wann da zwei Scheite miteinander gerieben, miteinander geraspelt werden, Wärme entsteht, Feuer hervorbricht; und wann ebendiese beiden Scheite auseinandergeraten, sich trennen, die erst entstandene Wärme wieder vergeht und sich auflöst: ebenso nun auch, Mönch, erfolgt auf eine Berührung, die wohlig zu empfinden ist, ein wohliges Gefühl. Und ein wohliges Gefühl empfindend erkennt man: ›Ein wohliges Gefühl empfind' ich.‹ Weil aber die wohlig zu empfindende Berührung aufhört, hört ein dadurch fühlbar gewordenes, auf wohlig empfundene Berührung erfolgtes wohliges Gefühl auf, und man erkennt: ›Es löst sich auf.‹ Auf eine Berührung, Mönch, die wehe zu empfinden ist, erfolgt ein wehes Gefühl. Und ein wehes Gefühl empfindend erkennt man: ›Ein wehes Gefühl empfind' ich.‹ Weil aber die wehe zu empfindende Berührung aufhört, hört ein dadurch fühlbar gewordenes, auf wehe empfundene Berührung erfolgtes wehes Gefühl auf, man erkennt: ›Es löst sich auf.‹ Auf eine Berührung, Mönch, die weder wehe noch wohlig zu empfinden ist, erfolgt ein weder wehes noch wohliges Gefühl. Und ein weder wehes noch wohliges Gefühl empfindend erkennt man: ›Ein weder wehes noch wohliges Gefühl empfind' ich.‹ Weil aber die weder wehe noch wohlig zu empfindende Berührung aufhört, hört ein dadurch fühlbar gewordenes, auf weder wehe noch wohlig empfundene Berührung erfolgtes weder wehes noch wohliges Gefühl auf, und man erkennt: ›Es löst sich auf.‹

»Es bleibt nunmehr noch der Gleichmut übrig, der geläuterte, der geklärte, der geschmeidige, biegsame, durchleuchtige. Gleichwie etwa, Mönch, wenn ein geschickter Goldschmied oder Goldschmiedgeselle ein Schmelzfeuer anmachte, und hat er das Schmelzfeuer angemacht, den Schmelztiegel zusetzte, und hat er den Schmelztiegel zugesetzt, mit der Zange ein Stück Gold faßte und in den Schmelztiegel hineinlegte und es nun von Zeit zu Zeit auftriebe, von Zeit zu Zeit mit Wasser beträufelte, von Zeit zu Zeit in Augenschein nähme: da wird dieses Stück Gold dann bald getrieben sein, gut getrieben, fein getrieben, fein gesäubert, gereinigt von Unrat, geschmeidig, biegsam, durchleuchtig geworden; und zu was für Schmucksachen auch immer er es verarbeiten will, sei es zu einem Armreifen oder einem Ohrringe, zu einem Halsbande oder einer güldenen Kette, es wird seinem Zwecke entsprechen: ebenso nun auch, Mönch, bleibt nunmehr noch der Gleichmut übrig, der geläuterte, der geklärte, der geschmeidige, biegsame, durchleuchtige.

»Also gewahrt man da: ›Mag ich nun diesen Gleichmut, den also geläuterten, also geklärten, der unbegrenzten Raumsphäre zukehren und dementsprechend das Gemüt ausbilden, mag mir also dieser Gleichmut, daran gewohnt, daran gehangen, geraume lange Zeiten hindurch ausdauern. Mag ich nun diesen Gleichmut, den also geläuterten, also geklärten, der unbegrenzten Bewußtseinssphäre zukehren und dementsprechend das Gemüt ausbilden, mag mir also dieser Gleichmut, daran gewohnt, daran gehangen, geraume lange Zeiten hindurch ausdauern. Mag ich nun diesen Gleichmut, den also geläuterten, also geklärten, der Nichtdaseinssphäre zukehren und dementsprechend das Gemüt ausbilden, mag mir also dieser Gleichmut, daran gewohnt, daran gehangen, geraume lange Zeiten hindurch ausdauern. Mag ich nun diesen Gleichmut, den also geläuterten, also geklärten, der Grenzscheide möglicher Wahrnehmung zukehren und dementsprechend das Gemüt ausbilden, mag mir also dieser Gleichmut, daran gewohnt, daran gehangen, geraume lange Zeiten hindurch ausdauern.‹

»Also gewahrt man da: ›Mag ich nun diesen Gleichmut, den also geläuterten, also geklärten, der unbegrenzten Raumsphäre zukehren und dementsprechend das Gemüt ausbilden: es ist zusammengesetzt. Mag ich nun diesen Gleichmut, den also geläuterten, also geklärten, der unbegrenzten Bewußtseinssphäre zukehren und dementsprechend das Gemüt ausbilden: es ist zusammengesetzt. Mag ich nun diesen Gleichmut, den also geläuterten, also geklärten, der Nichtdaseinssphäre zukehren und dementsprechend das Gemüt ausbilden: es ist zusammengesetzt. Mag ich nun diesen Gleichmut, den also geläuterten, also geklärten, der Grenzscheide möglicher Wahrnehmung zukehren und dementsprechend das Gemüt ausbilden: es ist zusammengesetzt.‹

»Man setzt aber nichts zusammen und sinnt nichts zusammen, weder an Sein noch an Nichtsein. Weil man nichts zusammensetzt, nichts zusammensinnt, an Sein oder Nichtsein, ist man an nichts in der Welt gehangen. An nichts gehangen ist man unerschütterlich. Unerschütterlich erlangt man eben die eigene Wahnerlöschung: ›Versiegt ist die Geburt, vollendet das Asketentum, gewirkt das Werk, nicht mehr ist diese Welt‹, versteht man da.

»Empfindet man nun ein wohliges Gefühl, so erkennt man ›es ist vergänglich‹, erkennt ›ist unangelegen‹, erkennt ›ist unangenommen‹. Empfindet man ein wehes Gefühl, so erkennt man ›es ist vergänglich‹, erkennt ›ist unangelegen‹, erkennt ›ist unangenommen‹. Empfindet man ein weder wehes noch wohliges Gefühl, so erkennt man ›es ist vergänglich‹, erkennt ›ist unangelegen‹, erkennt ›ist unangenommen‹.

»Empfindet man nun ein wohliges Gefühl, so empfindet man es als ein Losgelöster. Empfindet man ein wehes Gefühl, so empfindet man es als ein Losgelöster. Empfindet man ein weder wehes noch wohliges Gefühl, so empfindet man es als ein Losgelöster.

»Empfindet man nun ein körpergefährdendes Gefühl, so erkennt man: ›Ein körpergefährdendes Gefühl empfind' ich.‹ Empfindet man ein lebensgefährdendes Gefühl, so erkennt man: ›Ein lebensgefährdendes Gefühl empfind' ich.‹ Man erkennt: ›Wann der Körper sich auflöst, bis das Leben verbraucht ist, wird noch hienieden alles, was empfinden und annehmen heißt, erloschen sein‹.

»Gleichwie etwa, Mönch, das Öl und der Docht eine Öllampe leuchten lassen; wann aber Öl und Docht verbraucht sind und neue Nahrung nicht zugeführt wird, sie ohne Nahrung erlischt: ebenso nun auch, Mönch, erkennt man, ein körpergefährdendes Gefühl empfindend, ›Ein körpergefährdendes Gefühl empfind' ich‹; erkennt man, ein lebensgefährdendes Gefühl empfindend, ›Ein lebensgefährdendes Gefühl empfind' ich‹; erkennt man ›Wann der Körper sich auflöst, bis das Leben verbraucht ist, wird noch hienieden alles, was empfinden und annehmen heißt, erloschen sein‹.

»So ist nun ein dahin gelangter Mönch mit dieser höchsten Weisheit belehnt. Das ist ja, Mönch, die höchste, heilige Weisheit, nämlich alles Leiden versiegt wissen.

»Der hat eine Freiheit gefunden, die wahrhaft besteht, unantastbar. Das ist ja, Mönch, falsch, was eitel ist: und das ist wahr, was echt ist, Wahnerlöschung. So ist nun ein dahin gelangter Mönch mit dieser höchsten Wahrheit belehnt. Das ist ja, Mönch, die höchste, heilige Wahrheit, nämlich was echt ist, die Wahnerlöschung.

»Was er aber da einst als Unwissender für Anhaftungen vollzogen und vollbracht hatte, die hat er überstanden, an der Wurzel abgeschnitten, einem Palmstumpf gleichgemacht, so daß sie nicht mehr keimen, nicht mehr sich entwickeln können.

»So ist nun ein dahin gelangter Mönch mit dieser höchsten Entsagung belehnt. Das ist ja, Mönch, die höchste, heilige Entsagung, nämlich aller Anhaftungen sich entäußern.

»Was er aber da einst als Unwissender für Begier hatte und Willen und Eigensucht, die hat er überstanden, an der Wurzel abgeschnitten, einem Palmstumpf gleichgemacht, so daß sie nicht mehr keimen, nicht mehr sich entwickeln können.

»Was er aber da einst als Unwissender für Ärger hatte und Haß und Verbitterung, die hat er überstanden, an der Wurzel abgeschnitten, einem Palmstumpf gleichgemacht, so daß sie nicht mehr keimen, nicht mehr sich entwickeln können.

»Was er aber da einst als Unwissender für Unkenntnis hatte und Blödigkeit und Verblendung, die hat er überstanden, an der Wurzel abgeschnitten, einem Palmstumpf gleichgemacht, so daß sie nicht mehr keimen, nicht mehr sich entwickeln können.

»So ist nun ein dahin gelangter Mönch mit dieser höchsten Beruhigung belehnt. Das ist ja, Mönch, die höchste, heilige Beruhigung, nämlich Gier, Haß und Irre aufgelöst haben. – ›Weisheit soll er nicht preisgeben, Wahrheit bewahren, Entsagung vollziehn, den Frieden eben zu finden suchen‹: wurde das gesagt, so war es darum gesagt.

»›Auf daß ihn, wo er steht, kein dünkendes Wähnen ankommen kann: kann aber kein dünkendes Wähnen ankommen, wird er der Stille Denker genannt‹: das ist gesagt worden; und warum ist das gesagt worden? ›Ich bin‹ ist, Mönch, ein Dünken, ›Ich bin nicht‹ ist ein Dünken, ›Ich werde sein‹ ist ein Dünken, ›Ich werde nicht sein‹ ist ein Dünken; ›Formhaft werde ich sein‹ ist ein Dünken, ›Formlos werde ich sein‹ ist ein Dünken; ›Bewußt werde ich sein‹ ist ein Dünken, ›Unbewußt werde ich sein‹ ist ein Dünken, ›Weder bewußt noch unbewußt werde ich sein‹ ist ein Dünken. Dünken, Mönch, ist krank sein, Dünken ist wund sein, Dünken ist weh sein: ist aber alles Dünken, Mönch, überstanden, so wird man ›Stiller Denker‹ genannt. Und der Denker nun, Mönch, der stille, entsteht nicht, vergeht nicht, erstirbt nicht, erbebt nicht, verlangt nicht. Das eben, Mönch, gibt's nicht bei ihm, daß er entstände; weil er nicht entsteht, wie sollt' er vergehn? weil er nicht vergeht, wie sollt' er ersterben? weil er nicht erstirbt, wie sollt' er erbeben? weil er nicht erbebt, wonach sollt' er verlangen? – ›Auf daß ihn, wo er steht, kein dünkendes Wähnen ankommen kann: kann aber kein dünkendes Wähnen ankommen, wird er der Stille Denker genannt‹: wurde das gesagt, so war es darum gesagt.

Das magst du nun, Mönch, als kurz von mir umrissene Abzeichen sechsfacher Artung betrachten.«

Da wußte ja der ehrwürdige Pukkusāti: ›Der Meister, wahrlich, hat mich besucht, der Willkommene, wahrlich, hat mich besucht, der vollkommen Erwachte, wahrlich, hat mich besucht‹; und er stand auf, entblößte die eine Schulter, fiel dem Erhabenen zu Füßen und sprach also:

»Möchte mir, o Herr, der Erhabene selbst die Ordensweihe erteilen!«

»Hast du denn, Mönch, Mantel und Almosenschale schon erhalten?«

»Noch nicht erhalten, o Herr, hab' ich Mantel und Almosenschale.«

»Nicht mögen, o Mönch, Vollendete ohne Mantel und Almosenschale die Ordensweihe erteilen.«

Und der ehrwürdige Pukkusāti, durch des Erhabenen Rede erfreut und befriedigt, stand auf, begrüßte den Erhabenen ehrerbietig, ging rechts herum und zog von dannen, Mantel und Almosenschale sich zu verschaffen.

Wie nun der ehrwürdige Pukkusāti nach Mantel und Almosenschale umherzog, wurde er durch eine Kuh des Lebens beraubt.

Da begaben sich denn viele Mönche zum Erhabenen hin, begrüßten den Erhabenen ehrerbietig und setzten sich seitwärts nieder. Seitwärts sitzend sprachen nun die Mönche zum Erhabenen also:

»Der da, o Herr, Pukkusāti hieß, der edle Sohn, den der Erhabene in kurzer Aufklärung aufgeklärt hatte, der ist gestorben. Wo ist er jetzt, was ist aus ihm geworden?«

»Weise, ihr Mönche, ist Pukkusāti der edle Sohn gewesen, nachgefolgt ist er der Lehre gelehrig, und nicht hat er an meiner Belehrung Anstoß genommen. Pukkusāti, ihr Mönche, der edle Sohn, ist nach Vernichtung der fünf niederzerrenden Fesseln emporgestiegen, um von dort aus zu erlöschen, nicht mehr zurückzukehren nach jener Welt.«

Also sprach der Erhabene. Zufrieden freuten sich jene Mönche über das Wort des Erhabenen.

ANHANG

Verzeichnis der Abkürzungen und Quellen

I. Pālikanon: Lehrreden (Sutta-pitakam)

A — Anguttara-Nikāya
Die Lehrreden des Buddha aus der Angereihten Sammlung. Anguttara-Nikāya. Aus dem Pāli übersetzt von Nyanatiloka. Überarbeitet und herausgegeben von Nyanaponika, 4. überarbeitete Auflage, 5 Bände, Freiburg 1984 (Aurum Verlag).

Ap — Apadāna. Heiligengeschichten. Teil der Kürzeren Sammlung. Noch nicht ins Deutsche übersetzt.

Bv — Buddha-vamsa. Leben der Buddhas. Teil der Kürzeren Sammlung. Noch nicht ins Deutsche übersetzt.

D — Dīgha-Nikāyo. Die Reden Gotamo Buddhos aus der Längeren Sammlung Dīghanīkayo des Palikanons übersetzt von Karl Eugen Neumann, 3. Aufl., Wien 1957 (Paul Zsolnay Verlag), Gesamtausgabe Bd. I.

Dh — Dhammapadam. Teil der Kürzeren Sammlung.
Dhammapadam. Der Wahrheitspfad. Ein buddhistisches Denkmal. Aus dem Pāli übersetzt von Karl Eugen Neumann, 5. Aufl., München 1984 (Serie Piper 317).

It — Itivuttakam. Teil der Kürzeren Sammlung.
Itivuttaka. Das Buch der Herrnworte. Eine kanonische Schrift des Pālibuddhismus, übersetzt von Karl Seidenstücker, Reprint Moers 1982.

J — Jātakam. Teil der Kürzeren Sammlung.
Julius Dutoit, Jātakam, das Buch der Erzählungen aus früheren Existenzen Buddhas, Leipzig 1908–1921, 7 Bände.
Auswahl: J. Mehlig, Buddhistische Märchen, Wiesbaden 1984 (Drei Lilien Verlag). Enthält 123 der 547 Geschichten.

M — Majjhima-Nikāyo
Die Reden Gotamo Buddhos aus der Mittleren Sammlung Majjhimanikāyo des Pāli-Kanons, zum ersten Mal übersetzt von Karl Eugen Neumann, 5. Aufl., Wien 1956 (Paul Zsolnay Verlag), Gesamtausgabe Bd. II.

S — Samyutta-Nikāyo
Wilhelm Geiger, Samyutta-Nikāya. Die in Gruppen geordnete Sammlung aus dem Pāli-Kanon der Buddhisten, München (Benares-Verlag) Bd. 1, 1930; Bd. 2: 1925.
Gotamo Buddho. Lehrreden aus der Systematischen Sammlung des Pāli-Kanons (Samyutta-Nikāya 17-34). Zum ersten Male aus dem Pāli ins Deutsche übersetzt von Nyānaponika Mahāthera auf Ceylon, Hamburg 1967 (Horae Subsicivae philosophiae, Bd. 4) = Bd. 3.
Von Bd. 4 und 5 liegt noch keine deutsche Übersetzung im Druck vor.

Sn	Sutta-nipāto, Teil der Kürzeren Sammlung. Die Reden Gotamo Buddhos aus der Sammlung der Bruchstücke / Sutta-nipāto / des Pali-Kanons übersetzt von Karl Eugen Neumann, 4. Aufl., Wien 1957 (Paul Zsolnay Verlag), Gesamtausgabe Bd. III, S. 3–272.
Thag / Thig	Thera-gāthā / Therī-gāthā, Teile der Kürzeren Sammlung. Die Lieder der Mönche und Nonnen Gotamo Buddhos aus den Theragāthā und Therīgathā, zum ersten Mal übersetzt von Karl Eugen Neumann, 4. Aufl., Wien 1957 (Paul Zsolnay Verlag), Gesamtausgabe Bd. III, S. 273–613.
Ud	Udāna, Teil der Kürzeren Sammlung. Udāna, das Buch der feierlichen Worte des Erhabenen. Eine kanonische Schrift des Pāli-Buddhismus in erstmaliger deutscher Übersetzung aus dem Urtext von Dr. Karl Seidenstücker, München 1920. Udāna. Aus dem Pali übersetzt von Fritz Schäfer, Dicken 1985 (Bodhi-Blätter Nr. 20), Übersetzung der Verse, Inhaltsangabe der Rahmengeschichten.

II. Pālikanon: Ordenszucht (Vinaya-pitakam)

Eine deutsche Übersetzung liegt noch nicht vor. Von einer späteren Sanskritfassung, die etwas variiert, liegt vor:

Valentina Rosen, Der Vinayavibhanga zum Bhiksruprātimoksa der Sarvastivadins, Sanskritfragmente nebst einer Analyse der chinesischen Übersetzung, Berlin 1959 (Akademie-Verlag), Veröff. d. Inst. f. Orientforschung Bd. 27.

CV	Culla-vaggo (Kleines Buch)
MV	Mahā-vaggo (Großes Buch)
Pāc	Pācittiya (Beichtvergehen)
Pj	Parājika (Ausschlußvergehen)

III. Sonstiges

E	Kommentierende Erläuterung einer Lehrrede
KEN	Karl Eugen Neumann
LS	Längere Sammlung (D), übersetzt von KEN
MS	Mittlere Sammlung (M), übersetzt von KEN
NBZ	Neubuddhistische Zeitschrift (Berlin) 1917–1922, hrsg. von Paul Dahlke
VRÜ	Verfassung und Recht in Übersee (Hamburg), ab 1968
wtl.	wörtliche Übersetzung aus dem Pāli
WW	Wissen und Wandel (Hamburg / Bindlach), ab 1955, hrsg. von Paul Debes

Kommentar

1. Bodhi der Königssohn *(Bodhi-rāja-kumāra-Suttam)*(M 85)

Diese längste Rede der MS behandelt in ihrem Hauptteil das Leben des Buddha, kombiniert aus M 26 und 36 (siehe WW 1973, S. 71–192). Die Formulierung »Das hab ich gehört« am Anfang der Lehrreden bezieht sich auf Anando, der beim 1. Konzil die Reden aus dem Gedächtnis vortrug.

24: Anfang wie CV V, 21 als Vorgeschichte zur Regel, nicht über Teppiche zu gehen.

25: Ab hier wie M 26. Ālāro hatte den Beinamen »der Dunkle« (Kālāmo), so wie Heraklit. Er war ein Weiser vom Format Meister Ekkehards oder Nisargadattas. Ihn hielt der Buddha für fähig, als erster die Lehre zu verstehen (s. u. S. 38). Ālāro hatte Erfahrungen der dritten Formfreiheit, wenn auch nicht als Körperzeuge (sechste Freiung).
Nicht einmal, besser: nicht nur er, sondern auch ich habe die 5 Eigenschaften.

26: **ungenügend, unbefriedigt**, aber nur vom Standpunkt des *Nirvāna*. Als Durchgangsstufe preist der Buddha die Formfreiheiten immer.

27: Uddako hatte die vierte Formfreiheit nicht selber erfahren, sondern nur sein Vater. Daher übertraf ihn der Bodhisattva dann.

28: Ab hier M 36. Holzscheitgleichnisse auch in WW 1957, S. 97–100; 1962, S. 140–144. Dazu: »So ist auch unser Herz noch wie grünes Holz durchdrungen von der Feuchte der Begierlichkeit.« (Richard v. St. Viktor: Eccl. Homilia I)
»Das Herz gleiche grünem Holz, das von Furcht und Liebe entzündet wird, wobei es zunächst qualme (Triebe), bis reines Feuer übrig bleibe.« (Hugo v. St. Viktor, bei: Preger, Geschichte d. dt. Mystik, Bd. I, Leipzig 1874, S. 232.)
»Solange der Mensch achtlos lebt, sind seine Kräfte gleichsam von Feuchte der Leidenschaft durchsetzt. Feuchtes Holz brennt aber nicht. Von dem Zeitpunkt, da dein Herz sich erwärmt, beginnt die innere Wandlung. Die Herzenswärme trocknet die Feuchte, verbrennt alles Unreine in dir, schmilzt es um und beginnt alles zu vergeistigen.« (Die Starzen von Walaam, 19. Jh., in: Selawry, Das immerwährende Herzensgebet, München [2]1973, S. 191.)

29: Die zweite Gruppe geht nicht mehr mit dem Leib den sinnlichen Wünschen nach, wohl aber noch in der Vorstellung, wtl.: »nicht mittels des Körpers von den Begierden angezogen«.

30: Dieses Unterdrücken wird in M 20 nur als Ultima ratio genannt. **Selbstverlierung** (*jhāna*) = falsche Schauung wie in M 108. An seine rechte Schauung erinnert er sich erst später (S. 33).
Gestählt, wie M 4 u. 19, dort aber ist der Leib ruhig.

32: **himmlischen Tau** = astrale Lebenskraft, feinstoffliche Energie.

33: Sein Vater Suddhodano der Sakyer (Sakka) vollzog jährlich die symbolische Frühjahrsbestellung (s. M 129).

34: Der Weg der Vertiefung näher in M 4, 19, 128 usw. Fortsetzung bis S. 36 wie M 4 u. 19, dann wieder wie M 26.

36: Nach den Versen wird in MV I ausführlich über die ersten Wochen nach der Erwachung geschrieben. Der Brahmā Sahampati (s. Kommentar zu M 67) war Nichtwiederkehrer.

37: **edlerer Art**, wtl.: mit wenig Leidenschaften (oder Staub), meist übersetzt mit »wenig Staub auf den Augen«; Lotosgleichnisse für drei Menschen: ganz im Sumpf Versunkene; Ahnende und Suchende, die den Kopf schon etwas über Wasser haben; diejenigen unter diesen, die auch am Jenseits Tadelhaftes und Gefahren sehen, die den Ausweg aus dem Daseinskreislauf suchen.

39: Upako wurde nach manchen Umwegen später Mönch und Nichtwiederkehrer. Die Verse des Buddha können bei den Zuhörern den Eindruck von Eigenlob hervorrufen – der Buddha sprach später nie wieder in dieser Art.

42: Die berühmte Rede von Benares s. Kommentar zu M 141.

43: **fünf Kampfeseigenschaften:** s. auch M 90 usw. E: Buddh. Leben u. Denken 1936/7, S. 2–9. Nr. 1, 4, 5 gehören zu den 5 Fähigkeiten, dabei **witzig** = gewitzigt-weise, **rüstig** = gesund, körperliche Eigenschaft. **Ehrlichkeit** (s. M 80) ist Herzensqualität. Je nach der Stärke der 5 dauert es dann 7 Jahre oder einen Tag, bis der Mönch unter Leitung des Buddha heilig geworden ist.

44: **am Morgen eingeführt...**: so Yaso (MV I,7) und Dabbo (WW 1981, S. 240 ff).

2. Zweierlei Erwägungen *(Dvedhā-vitakka-Suttam)* (M 19)

45: **unvollkommen Erwachter**, wtl.: noch nicht ein vollkommen Erwachter seiend.

Begehren, Schaden, Wüten (*kāma-*, *vyāpāda-*, *vihimsa-*), in M 2 übersetzt: Wunsch, Haß, Wut. Das ist Anziehung (*rāgo*) und Abstoßung (*doso*) im Sinnlichen:

1. *kāma* = Sinnenlust, materielle Bedürftigkeit, Habenwollen, Weltsucht.
   nekkhamma = entsagen, wtl.: Heraus-schreiten in die Weite der Freiheit, Überschreiten der Enge.
2. *vyāpādo* = Er ist mir unsympathisch, er tat mir das, er stört mich (Gegenwart), er soll Übel, Strafe, Vernichtung erleben (Zukunft), und wenn dies geschieht, bin ich schadenfroh (Vergangenheit).
   avyāpādo = sich in den anderen hineinversetzen, einfühlen, mitempfinden, verstehen, entschuldigen, bedauern.
3. *vihimsa* = aktiv gegen ihn vorgehen, übelwollend, rücksichtslos, gewaltsam planen: verweigern (abwenden), entreißen / verfolgen (Gegenwendung), Widerstand / Verteidigen. Kurz: vorenthalten, angreifen, abwehren.
   avihimsa = gönnen / schonen, helfen / erbarmen, nachgeben / anerkennen;

Beschränkung (sonst »Beschwer« übersetzt): **eigene** (Durst verstärkt), **fremde** (anderen geschadet), **beider** (der andere schadet wiederum mir).
sann, wtl.: dies vor Augen geführt habend.

46: **Was da ... ein Mönch lange ...:** Das ist der Inbegriff der Wissenschaft von der Meditation. Durch die sprachliche Aktivität (erwägend überlegen und sinnend gedenken) spricht man ins Herz hinein. Dann wandelt sich dadurch die Neigung des Gemütes (*ceto*), d. h. das Wertgefälle, allmählich aber auch das gesamte Herz (*citta*) in seinem Geneigtsein.

46: 1. Gleichnis: **Hirt** (rechte Ansicht) bringt **Herde** (Herz) mit Stock (unübersetzt bei KEN: Elend sehend) in **Ställe** (gedankliche Grenzen), weil nach Regenzeit alles versumpft ist, um **Verlust** und Tadel (**Unbill**) zu vermeiden.

47: **matt**, wtl.: aufgeregt, die 4. Hemmung.
festigte = machte stark (M 20, 119), fügte zusammen (M 36).

48: 2. Gleichnis: kein Sumpf, sondern Überfülle von Gras und Reis. Es ist jedoch nötig, achtzuhaben, daß die Herde nicht in die Reisfelder geht (Gedanken schweifen ab) und daß sie gemolken wird (Überfluß des Wohls nutzen).

50: 3. Gleichnis: dazu WW 1960, S. 355 ff.; **Natur** (*Māro*), die Mortur, Sterblichkeit, Verführer; **sumpfige Fährte** (*oka-caro*) = wtl.: anheimelnder Wandel = weiden, wo es heimatlich scheint = Genügenslust = aus Genußsucht Suchtgenuß. Das Bewußtsein ist heimsuchend (S 22,3); **Gang in den Sumpf** (*okacārika*) = veranlassen, daß man den anheimelnden Wandel vollführt (Kausativ). Das tut das Nichtwissen, das den Abweg nicht kennt und sich so vom Sumpf faszinieren läßt; **günstig und fröhlich zu wandeln** (*sovatthika, pītigamaniyo*): Der Weg führt zum Heil (*svastika*) und zum Gang in die Heiterkeit (*pīti*), aber subjektiv ist er anfangs oft schwer.

51: **Wirket Schauung** (ebenso M 8, 106, 152; A V/73, VII/70, IX/19 usw.) sagt der Buddha stets nur zu Mönchen, nie zu Laien.

3. Furcht und Angst *(Bhaya-bherava-Suttam)* (M 4)

52: **die Waldschluchten ...**, wtl.: dem Mönch, der keine Einigung erlangen kann, halten die Wälder den Geist besetzt. Nach A X/99 heißt das: Er wird entweder verrückt oder flieht abgeschreckt aus der Einsamkeit; **weil**, wtl.: der Befleckungen wegen. Es werden hier 16 Befleckungen genannt, aus denen Angst entsteht, so wie in M 7 bzw. 15 je 16 Fehler stehen, die sich teils überschneiden. Immer sind es Formen von Gier, Haß und Verblendung des Herzens. In M 4: 4 Tatengänge, 5 Hemmungen, 2 Besonderheiten, 5 Fähigkeiten in Abwesenheit; **schuldige**, wtl.: unheilsame (heillose); **Heilige** (*ariya*), d. h. die 4 edlen Jünger, nicht nur der 4. (*arahat* = Heiliger sonst). Der Bodhisattva war damals gerade noch kein *arahat*, was sich daran zeigt, daß er noch Furcht bekommt (S. 55): ein *arahat* ist stets furchtlos; **Wesen**, wtl.: Lebensführung, die 5. Stufe des Achtpfads.

53: **aufgeregt**: eine der wenigen Stellen, wo KEN dieses Wort aus der 4. Hemmung nicht mit »stolz« übersetzt.

54: **Selbstlob und Nächstentadel**, ebensogut sonst **sich brüsten und andere verachten** übersetzt. Wer die Befleckungen Nr. 1–9 abgetan hat, wird leicht deswegen stolz und überheblich; **zittern und zagen** (*chambhī bhiruka – jātikā*): Bei erfolgreicher Vertiefung kommt Angst vor Ichverlust auf, wie in M 128 (*chambhitatta*); es ist gerade Angst vor dem Zustand, der angstfrei machen würde. Beim Gegenteil heißt es, man sei frei von Haarsträuben. Die nächste Befleckung ist seelische Habsucht (Ehrgeiz), wie in M 15. Gegenteil: Bescheidenheit, wtl.: wenig Verlangen, nämlich an Beachtung; das ist eine Form von Selbstvertrauen, der 1. der Fähigkeiten.

55: Die hier folgenden 4 Eigenschaften stellen sich als Fehlen der 4 weiteren Fähigkeiten dar, wie in M 5, dort anders übersetzt.
Von einem, der auszog, das Fürchten zu verlernen, sagt S. Johannes Klimakus in seiner Himmelsleiter, Stufe 21: »Es gibt gewisse Stätte, die euch Schrecken einjagen: Zögert daher nicht, euch mitten in der Nacht dorthin zu begeben. Wenn ihr nicht dagegen ankämpft, wird euch dies Gefühl bis ins Alter begleiten.«
Um seine Furchtlosigkeit zu erproben, begab sich der Buddha in Ausnahmesituationen: an den 4 Mondnächten gehen Geister an Gräbern um. Dunkelangst und Geisterfurcht haben reale Anlässe. Für die Angst ist der Tag anders als die Nacht (S. 56). Auch wer sich tags furchtfrei dünkt, kann doch nachts Angst haben.

56: Weil der Buddha ohne Verblendung (hier: **Wahn**) ist, kann er anderen die Verblendung nehmen – alle Angst ist Verblendung des Ichwahns: Nur der Tor hat Angst (M 115); **standhaft...**: hier folgen die 3 mittleren Heilsfähigkeiten, die zur Schauung (Inbegriff der Einigung, Stufe 8 des Achtpfades) führen und diese zu den 3 Weisheitsdurchbrüchen, ebenso wie in M 19.

58: **mein eigenes Wohlbefinden**: Der Buddha als Heiliger weilt stets im vollkommenen Wohl. Nur der Leib, mit dem er sich in keiner Weise mehr identifiziert, der ihm fremd ist wie ein Stück Holz im Wald (M 22), kann noch mehr Wohl empfinden. Das gewährt er ihm durch Waldeinsamkeit. Gegenüber dem Laien bedient sich der Buddha der konventionellen Sprache, die ohne Worte wie **ich** und **mein** nicht auskommen kann.

4. Verschlackung *(Upakkilesa-Suttam)* (M 128)

59: Hintergrund: Der »Streit von Kosambī« um eine Vinaya-Regel: Dazu: WW 1973, S. 281–290. Vers 8–9 werden in Dh 328/9 und Sn 45/6 anders übersetzt.

61: **Niedersoolenbrunn** (bālaka-lonakāra-gāmo), nahe bei Kosambi.
Der alte Kommentar nimmt Bālaka als Eigennamen, und zwar entweder als Person oder als Ort. So übersetzt Dutoit in J 428 (Jataka Bd. III, S. 540) »Das Dorf des Salzbereiters Bālaka«. Die andere Alternative ergäbe die Übersetzung »Das Salzmacherdorf Bālaka«. Neumann geht von der Bedeutung von *bālaka* (Kind, Kleiner) aus und überträgt klein = nieder, wie auch bei uns oft in Ortsnamen. *Lona-kāra* (wtl. Salz-Macher) versteht er als die Quelle, die Salz macht, daher Brunnen. So kommt er zum Dorf Nieder-soolen (Soole = Salz)-brunn.

62: Die drei Mönche waren Sakyer, zwei Vettern des Buddha. Zu den vier Fragen des Buddha an sie: WW 1967, S. 18–27. KEN weist dazu auf das Leben der 5 Gottesfreunde im Oberland im Mittelalter hin (bei K. Schmidt, Nikolaus von Basel, Wien 1866, S. 102–38).

63: Als Antwort auf die vierte Frage nennen die Mönche hier angrenzende Sammlung (*samādhi*), dagegen in M 31 im Gosingam-Wald, wohin sie später zogen, die 4 Schauungen! Bald wurden sie heilig.

67: **Abglanz** und **Umrisse** = inneres Licht des selbsterleuchtenden Gemütes, in dem eidetische Bilder (Visionen) des Jenseits erscheinen, wie in A VIII/64 vom Bodhisatto erfahren, der zuerst nur Abglanz ohne Umrisse erlebte. Licht ist Anfang und Inbegriff des *samādhi*. Hier 11 Trübungen (Verschlackungen) des Herzens innerer Art, während in M 17 nur 16 äußere genannt sind. Es sind in M 128 die 5 Hemmungen und ihr Umkreis:

1. **Schwanken** = Zweifelsucht; die 5. Hemmung: Man hält das Licht für Halluzinationen, für irreal, zweifelt an ihm.
2. **Unachtsamkeit**: Man läßt seine Aufmerksamkeit wieder ablenken, hält Abglanz und Umrisse insbesondere für unwichtig und vertreibt sie so wieder. Diese Unaufmerksamkeit ist die Quelle aller Hemmungen.
3. **matte Müde** = die 3. Hemmung.
4. **Entsetzen** = Angst vor Ichverlust = Hemmung durch Nichtwissen.
5. **Schwerfälligkeit** = sexuelle Regungen, grobe Formen der 1. Hemmung.
6. **Entzücken** = eine Form von Erregung (4. Hemmung).

7./8. **zu straff** und **zu schlaff** = Zubringer zur 3. u. 4. Hemmung. Näher in A VI/55.

9.–11. feinere Formen der 1. Hemmung (Welt-Begier).

Die 2. Hemmung (Haß, Nächstenblindheit) hatten die 3 Mönche schon vorher aufgehoben, wie ihre dreifache Liebe zeigt, im auffälligen Gegensatz zu den streitenden Mönchen von Kosambī.

69: Die **dreifache Sammlung** (*samādhi*) ist nur eine andere Aufteilung der 4 Schauungen:

1. nach Gedanken: Sinnen mit und ohne Erwägen (1. Schauung); ohne Sinnen und Erwägen (ab 2. Schauung);
2. nach geistigen Gefühlen; mit Heiterkeit (1.–2. Schauung) und über Heiterkeit hinaus (ab 3. Schauung);
3. nach körperlichen Gefühlen: **hellmütig** (*sāta-sahagatam*), d. h. mit tiefem Wohl im Leibe, wie es in der 3. Schauung voll entfaltet wird; **gleichmütig** (*upekhat-sahagatam*), d. h. auch über jenes Wohl hinaus (4. Schauung).

70: Den Schlußvers sprach der Buddha nach der Erwachung (M 26).

5. Brahmāyu *(Brahmāyu-Suttam)* (M 91)

E: WW 1972, S. 38–52
Thema: Woran kann ein Heilssucher einen vollkommen Erwachten erkennen? An 32 Körpermerkmalen, an der Lebensweise (hier 9 Punkte s. S. 75) und an dem Wunder der Belehrung, durch das Brahmāyu zum Nichtwiederkehrer wurde.

Im alten Indien ging die Kunde von einem »Messias«, der der Welt den Schleier der *Māyā* hinwegnehmen würde und der am Leibe 32 Merkmale aufweisen würde. Der Buddha offenbarte dann, wie diese Merkmale durch 20 Tugenden in früheren Leben erworben worden waren (D 30), während die Brahmanen nur die Merkmale selber aufzählend aufwiesen. So besaß der Seher Bāvarī drei davon (Sn 1019–1022). Die Schilderung, wieso Uttaro zwei ihm nicht sichtbare Merkmale sehen konnte, läßt KEN aus (S. 71, ebenso M 92 u. D 3). Drei Merkmale bereiten Schwierigkeiten: Nr. 10:

heiter anzuschauen, wtl.: sieben Schwellungen – wohl das Gegenteil der abgezehrten Asketen in M 89; Nr. 21: **mächtige Ohrmuscheln**, wtl. wohl: beste Schmeckorgane. Die großen Ohren vieler Buddhastatuen gehören zu den 80 Nebenmerkmalen, die im Kanon nur als Zahl erwähnt (z. B. Bv p. 55), aber erst in den Kommentaren einzeln aufgezählt werden; Nr. 32: **Scheitelkamm**, wtl.: Helm-Kopf. In einer Anm. zu M 129 weist KEN auf 30 Merkmale des Hl. Franz von Assisi hin (Thomas Celano, Erste Fassung der Vita, Werl 1955, Kap. 29).

74: Die achtfach ausgezeichnete Eßweise: s. Maßhalten beim Essen (M 53) und beim Pflegen (M 2).

78: Der dritte Vers = M 98 = Sn 647 = Dh 423.

79: Die 5 Grade rechter Erkenntnis: s. oben S. 11 ff.

6. Wahre Denkmale *(Dhamma-cetiya-Suttam)* (M 89)

81: Bemerkenswert für den Ruf des Buddha ist, daß der Kanzler auf Anhieb den jeweiligen Aufenthaltsort des Buddha zu kennen scheint.

82: **Ahnung der Wahrheit** (*dhamm'anvayo*) dürfte weniger als *dhamm'anusari* (= Wahrheitsnachfolger, Pfad zur Hörerschaft) sein. Der König hatte trotz seiner zahlreichen Gespräche mit dem Buddha (siehe das ganze 3. Samyutta) offenbar nur ein gewisses Maß an Liebe und Vertrauen, was nach M 22 für Hörerschaft noch nicht ausreicht. Er verpaßte seine Chance.
Eine Parallele zu den auf den folgenden Seiten genannten 8 Lobpreisungen ist A X/70, wo Pasenadi 10 Eigenschaften des Buddha preist.

82 f: Gleiche Formulierung der streitenden Personengruppen wie in M 13: Streit kommt aus Gier. Die Mönche streiten nicht, weil sie nicht gieren.

83: **Fesseln fehlen uns** (*bandhuka-rogo*) KEN leitet von *bandha* ab, eventuell im Sinne von »fesselnde Aufgaben fehlen uns«. Das Wort könnte auch als »bindungs-krank« verstanden werden, d. h. Heimweh nach Verwandten. Die birmanische Lesart *panduka-rogino* könnte auf *pandu-rogo* (Gelbsucht, M 46) deuten.

85: Über die **Kammerherren**: A VI/44 und S 55,6. Beide waren Einmalwiederkehrer und wurden im *Tusita*-Himmel wiedergeboren.

86: **manche Pflicht...**, ebenso in M 56 u. 86. Der Kanzler verriet den König, der seine Verwandten hatte töten lassen, aus Rache und krönte dessen Sohn mit der Krone, die Pasenadi ihm in M 89 anvertraut hatte. Siehe auch Kommentar zu M 87.

7. Abhayo der Königssohn *(Abhaya-rājakumāra-Suttam)* (M 58)

E: WW 1955, S. 310–318. Lebenslauf Devadattos: WW 1967, S. 322–347.
Thema: Unwahres ist nie heilsam, darum sagt es der Buddha nie. Heilsames ist immer wahr, aber nicht alles Wahre ist auch heilsam – darum weiß der Buddha die Zeit zu ermessen, wann er wahres Heilsames sagt. Ob etwas dagegen andern lieb oder unlieb ist, ist unmaßgeblich.
Abhayo, wtl.: Ohne Furcht, war ein unehelicher Sohn König Bimbisāros und seinerseits der uneheliche Vater des in M 55 vorkommenden Hofarztes Jīvako. Nach Bimbisāros Tod wurde er Mönch und Heiliger (Thag 26).

87: **unselig**, wtl.: den Abweg Beschreitender; **unrettbar**, wtl.: der Hölle Zugehöriger; **Zwecke sucht** (*kappattho*): KEN deutet es als *kapp'attho* (denkend suchen nach Zwecken), nämlich nach egoistischem Ruhm. Die Tradition deutet es als *kappa-ṭṭho* = für ein Weltzeitalter (Sanskrit *kalpa*, Pāli *kappa*). Für seine Untaten kam Devadatto bis ans Ende dieses Äons in die Hölle. Den genannten Satz der Kritik an Devadatto prophezeite der Buddha in CV VII, 5.

89: Das Gleichnis vom Kind, dem man mit Gewalt etwas Schädliches entreißt, näher in A V/7.

8. Der Wahrheit Abzeichen *(Sacca-vibhanga-Suttam)* (M 141)

Bei Benāres setzte der Buddha das Rad der höchsten Lehre in Bewegung, und zwar in Form eines mehrtägigen Intensivkurses über die vier Wahrheiten für seine fünf Mitasketen. Davon ist nur eine kurze Disposition erhalten, die sog. Predigt von Benāres (S 56,11; deutsch: »Bodhi Blätter« Nr. 13, Dicken bei St. Gallen 1981, mit Erläuterung). Etwas ausführlicher referiert Sāriputto hier diese 4 edlen Wahrheiten:

1. Wahrheit: Was ist Leiden? Immer wieder wandelt sich Jugend in Alter, Leben in Tod, immer wieder wird man geboren, um zu sterben. Im Leben wandelt sich alles Glück und Wohl immer wieder in das fünffache Wehe, auch in höchsten Himmeln ist keine ewige Seligkeit. Immer wieder bleiben Wünsche unerfüllt, greifen ins Leere; immer wieder herrscht Entbehren, Mangel, Diskrepanz von Verlangen und Erlangen. Kurz: Formen verschleißen, Gefühle enden in Wehe, Triebe sind unerfüllbar. Man bleibt im Leidenskreis gefangen, aus dem keine Aktivität herausführt.

2. Wahrheit: Was ist die Leidensursache? Wenn man dem Drang, sich mit dem Wandelbaren zu identifizieren, folgt, indem man es ergreift, genießt, bejaht, dann verewigt man Leiden. Solange man den Durst nach unbeständigen Erscheinungen befriedigt, strebt man vergeblich aus dem Leiden heraus und setzt es nur fort.

3. Wahrheit: Im Maße wie Durst aufgelöst wird, offenbart sich Freiheit. Und je mehr die Freiheit des Ungewordenen entdeckt wird, desto mehr wird der Durst nach Geschaffenem aufgelöst. Die Verleugnung des Durstes führt nicht ins leere Nichts, sondern der Durst greift immer wieder ins Leere und erweist sich als nichtig und sinnlos. Das wahre Wohl ist die Befreiung von Gier, Haß und Verblendung, d. h. das *Nirvāna*.

4. Wahrheit: Im Leiden (1. W.), das Leidlose vor Augen (3. W.), die Leidensursache bekämpfend (2. W.), entfaltet man die Kräfte zum Heil (4. W.). Der Heilsweg beginnt mit der Weisheit, die Vertrauen ins Heil schenkt (Stufe 1). Auf dieser Grundlage erhellt man die Gesinnung zum Außen und die Unternehmungen (Stufe 2–5), gipfelnd in der Tatkraft der Herzensläuterung (Stufe 6), gefolgt von tief beobachtender Einsicht ins Triebwerk der Existenz (Stufe 7) und mündend in das wachsende Wohl des Herzensfriedens.

9. Die rechte Erkenntnis *(Sammā-diṭṭhi-Suttam)* (M 9)

Thema: Die rechte Anschauung des heiligen Jüngers erweist sich daran, daß er durch die Hörerschaft gezwungen wird, alle Triebe und Dürste und damit alles Leiden zu überwinden. Der Hörerschaftsanblick vom Bedingungszusammenhang der Erscheinungen wird in dieser Rede vierfach dargestellt, an 10 Tatengängen, 4 Nahrungen, 4 Wahrheiten und 12 Gliedern der bedingten Entstehung. Siehe dazu die Tabelle über die Triebe:

	Anziehung	Abstoßung	Blindheit
Aktion (»Böses«)	*abhijjhā* (»Gier«) Habsucht	*vyāpādo* (»Wut«) Aversion	*miccha-ditthi* »falsche Erkenntnis«
Wurzel I	*lobho* (»Sucht«)	*doso* (»Haß«)	*moho* (»Irre«)
Wurzel II (»Regung«)	*rāg'anusayo* (»Wollen«)	*patigh'anusayo* (»Scheuen«)	*asmi-ti-ditthi-mān' anusayo* (»Ichheit«)
Wurzel III	*kām'āsavo* (»Wunscheswahn«) *bhav'āsavo* (»Daseinswahn«)		*avijj'āsavo* (»Nichtwissenswahn«)

100: **das Böse**, wtl.: Unheilsame = die oft genannten 10 falschen Tatengänge (M 8, 41, 46, 73, 84, 93, 96, 114, 136), mit denen man auf den Stufen des Achtpfades kämpft; **Wünschen fröhnen** = sexuelle Ausschweifung, wie Ehebruch.

101: **Vier Arten der Nahrung:** Berührung ernährt Gefühl, Wahrnehmung, Unterscheidungen; **geistiges Innewerden** (die entscheidende Unterscheidung) ernährt das Bewußtsein, das die Außenform ernährt, von der sich die Innenform (Körper) ernährt.

104: **Werden** (*bhavo*), Frucht des Wirkens, heranreifende Ernte, genannt »Schicksal«. Der »Schoß der Zeit«, den man schuf, ist Ursache für die (Wieder-) Geburt in den drei Bereichen der Werdensmöglichkeiten; **Anhangen**, wtl.: Hingabe; Aneignen, Ergreifen von materiellen und intellektuellen Objekten sowie von Weltverbesserung und Ichverbesserung.

105: **Sechs Arten** (*kāyo* = Körper, übertragen Art), je nach den sechs Sinnen bei Durst, Gefühl, Berührung, Bewußtsein. Dagegen nicht bei Anhangen, Werden, Unterscheidungen, Wahn, wo KEN auch »Art« übersetzt.

107: **Bild und Begriff**, wtl.: Form und Name = Körperliches und Geistiges. Im tibetischen Lebensrad dazu das Symbol vom Boot (Form) auf dem Strom (Bewußtsein), in welchem drei Fahrgäste (gespeicherte Erlebnisse, die einen berührten) sitzen (**Gefühl, Wahrnehmung, Denken** [Unterscheidungen, wtl.: Absicht]) und ein Ruderer steht (**Aufmerksamkeit**).

110: M 9 ist die einzige Stelle im Pāli-Kanon, bei der Nichtwissen auf **Wahn** (*āsava*) zurückgeführt wird, wie in A X/61 auf die fünf Hemmungen. Zu *āsava* s. M 2, S. 111–116. Wahn, Regungen, Hemmungen sind drei Aspekte von Anziehung, Abstoßung und Verblendung.

10. Alles Wähnen *(Sabb'āsava-Suttam)* (M 2)

Wähnen/Wahn (*ā-savo*), Wurzel: fließen. A III/25: Angestoßenes Geschwür sondert Ausfluß (*āsavo*) ab; ebenso platzt Herz mit Zorn heraus. Diese Beeinflußbarkeit ist eine Schwäche (so Franke für *āsavo*). Wofür jemand eine Schwäche hat, dahin treibt es ihn (so übersetzen Dahlke und Nyanaponika mit »Trieb«). KEN sagt »Wahn« i. S. von »Wunsch«: Wünsche aber sind Triebe. Eine Übersetzung mit »Einfluß« läßt an äußere Einflüsse denken, wie bei den »Freien Brüdern« (Jainas/Jinas); diese sind aber nur Anstoß fürs Zutagetreten der Beeinflußbarkeit, die insbesondere Gefühle beeinflußt. – Drei Arten von Beeinflußbarkeit:

1. **Irrwahn** = Nichtwissenstrieb, intellektuelle Beeinflußbarkeit, Schwäche für Ansichten. Ist **wissend**-schauend zu überwinden. Damit schwinden die drei ersten **Umgarnungen** (Fesseln), zuletzt auch die zehnte.

2. **Wunscheswahn** = sinnliche Triebe, Besitzgier, die vierte und fünfte Fessel. Zu überwinden fünffach:

a) **wehrend**, Sinnenzügelung als erster der vier Kämpfe.

b) Wo Kontakt nötig, da ist Lebensnotwendiges zu **pflegen**, anderes zu **dulden** bzw. zu **fliehen** (wtl.: umgehen). Das ist die höchste Tugend.

c) In Gedanken aber sind die Sinnestriebe **kämpfend** zu überwinden als zweiter der vier Kämpfe.

3. **Daseinswahn** = Seinwollen, moralische Triebe, Streben nach Höherentwicklung: die sechste bis neunte Fessel; **wirkend** zu überwinden, d. h. durch Benutzung als Mittel, indem die sieben Erwachungsglieder ins Dasein gesetzt werden: dritter Kampf.

111: Anāthapiṇḍiko stiftete das Siegerwaldkloster. Dort spielt etwa die Hälfte aller Reden der MS. Zu seiner Vita s. WW 1967, S. 130–154.
seichte Achtsamkeit, wtl.: nicht auf den Schoß gerichtete Aufmerksamkeit; **das Würdige**, wtl.: der Aufmerksamkeit Wertes.

112: Diese 16 seichten **Erwägungen** (wtl.: Aufmerksamkeiten) schließen tiefste Fragen ein, die aber seicht sind, weil sie Ich und Welt stillschweigend voraussetzen und daher sechs um das Ich kreisende Ansichten gebären; **Beseelt ahn' ich Entseelung**, wtl.: vom Ich aus gewahre ich das Nicht-Ich; **Mein selbiges Selbst ...**, wtl.: dies mein Ich als Sprecher und Empfinder ... Siehe auch M 38 für das Bewußtsein. **Erdensohn**, sonst übersetzt: »gewöhnlicher Mensch«.

113: **verstörendes, sehrendes** = wtl.: Zerschlagung (geistig durch Nichtwissenstrieb) u. Fieberbrand (seelisch).

11. Kennzeichnung der Werke I *(Cūḷa-kamma-vibhaṅga-Suttam)* (M 135)

E: WW 1970, S. 262–298.

Die 7 Komplexe des Saat-Ernte-Zusammenhanges sind die, welche Subho auffielen, so wie Königin Mallikā in A IV/197 nur nach 3 von ihnen fragt. Dort werden aber nur die Folgen eines einzigen der 8 Tugendangebote (Nichttöten) genannt, die in A VIII/40 derart beschrieben werden. Nur in D 30 werden in 20 Konstellationen die karmischen Folgen vollständig behandelt.

Nr. 1: **blutgierig**, wtl.: bluthändig. Das ist jeder, der Tiere tötet oder töten läßt. Siehe ebenso M 41 und 114.

Nr. 2: Das sind Räuber und Diebe, die mit 5 Mitteln die Eigner verfolgen (*vihethaka*), und ihnen gewaltsam etwas entreißen.

rüstig, wtl.: wenig bedrängt: das ist das Pāliwort für »gesund«.

Nr. 3: Haß macht häßlich, schon zu Lebzeiten.

Nr. 4: Neid und Eifersucht machen eng und schmal im Gemüt und gewähren keine Fülle der Gunst des Schicksals. Wer aber großzügig und weitherzig gönnt, gewinnt seelisch viel Vermögen und findet offene Türen (»Glückspilz«; Sonntagskind).

Nr. 5: Geben macht seliger als Nehmen und Verweigern.

Nr. 6: Trotz und Hochmut (Überhebung) sind 2 der Herzenstrübungen aus M 7. Wer sich selbst erhöht, wird erniedrigt (Matth. 23,12).

Nr. 7: Wer oberflächlich dahinlebt und nicht nach dem Heil fragt, wird stumpfsinnig, dumm, unverständig, er vertiert.

12. Die Götterboten *(Deva-dūta-Suttam)* (M 130)

Das Gleichnis am Anfang ist das für das 2. der 3 Wissen, hier mit 3 Abweichungen von D 2 ff.

Der **Richter der Schatten** (*Yama raññо*) ist der Totengott (**König** = *deva*), der König (*raññо*) des Gespenster- und Schattenreiches, wie Rhadamantys bei den Griechen einer der Totenrichter ist.

123 f: Wurzel des Unheils sind hier die 3 bösen Gesinnungen: **unbarmherzig** (*a-metteyyo*), ohne Liebe, voll Härte und Kälte; ohne Entsagen und Lauterkeit (voll Sinnengier); ohne Achtung vor Älteren als Beispiel für Gewalt (*vihimsa*); **unachtsam** (*pamādo*) = leichtsinnig, oberflächlich weltgläubig, die 16. Herzenstrübung in M 7; sie ist die Wurzel der o. g. 3 üblen Gesinnungen.

130: **Anhangen** an die Dinge, die zur Wiedergeburt mit Alter, Krankheit und Tod führen, ist der Motor des Leidens. Anhangen macht leichtsinnig; aus Leichtsinn kommt man zu den 3 üblen Gesinnungen, die zu bösen Taten führen, die Höllen schaffen.

13. Der Hundelehrling *(Kukkura-vatika-Suttam)* (M 57)

Selbstlosigkeit ist nicht möglich durch Aufgeben von Vernunft und Moral – das macht den Menschen zum Tier. Wie verführerisch solche falschen Demütigungen sind, zeigt Stefan Zweigs Novelle »Die Augen des ewigen Bruders«. Der Ausweg führt nur über das Lichte zum Über-Hellen.

133: **Tat** (*kamma*) ist Saat, Welt ist Ernte. **Empfindungen**, sonst mit »Berührungen« übersetzt, sind das Verhältnis von Ernte zum Säer, woraus sich Gefühlsernte ergibt; über **beschwerhaft** s. Kommentar zu M 19, S. 496 f.

134: **Erben der Werke**, s. M 135; vgl. zu den ersten drei Existenzebenen Goethe in Faust I:

»Er findet sich in seinem ewgen Glanze (= strahlende Götter)

uns hat er in die Finsternis gebracht (= Hölle Mephistos)
und euch taugt einzig Tag und Nacht (Menschen usw.).«

Die Strahlenden sind die dritte Brahmastufe, also sind bei den ersten beiden Brahmaformen wohl noch gewisse Reste von Dunkel.

Das **weder dunkle noch lichte** Wirken ist das Beschreiten des Achtpfades (A IV/235), zielend auf das *Nirvāna* (D 33 VI). Es steht noch über dem bloß Lichten, es ist jenseits von Schatten. Vgl. Meister Ekkehard: »Ein Meister aber spricht: Der Himmel hat kein Licht – er ist zu hoch dazu« (Franz Pfeiffer, Meister Eckhart, Aalen 1962, Prd. 98). Dies Jenseits von Licht und Schatten hat mit Nietzsches »Jenseits von Gut und Böse« nichts zu tun. **Verleugnung, die gedacht wird**, wtl.: Absicht zur Überwindung (jeden Wirkens).

135: Die Regel von der Probezeit steht in MV I, 38: davon gab es nur Ausnahmen für Asketen, die Feuerpriester und Sakyer waren. Sie brauchten keine Probezeit.

14. Assalāyano *(Assalāyana-Suttam)* (M 93)

Thema: In 10 Punkten widerlegt der Buddha hier das Kastendogma der Brahmanen.

138: **Ionier und Kābuler** = *Yona-Kambojesu* = Griechen und Perser.

139: 10 Tatengänge s. Kommentar zu M 9, S. 502.
ohne Grimm und Groll ..., wtl.: ohne Feindschaft u. Bedrängen ein liebreiches Herz entfalten = ohne Politik der Stärke und ohne Druckausübung an Güte im Charakter zunehmen. Das ist der Weg zu Brahma. Ebenso M 96.

140: Das Bild vom Feuermachen in M 90, dort aber mit vier anderen Holzarten.

143: Die alten **Seher** (*Rischis*) mit ihrem Übelwollen und ihrer Schwarzmagie sind also recht untugendhaft.

144: **Keimling** (*gandhabbo*). Eine erdnahe Klasse der Götter der vier Großen Könige waren die *Gandhabbas* (wtl.: Düftlinge). Im Volke wurde dies – pars pro toto – der Name für Jenseitiger, Astralperson, Wiedergeburt suchende Seele. Der Buddha selber benutzt in M 38 diesen Ausdruck für das, was er sonst als sich-inkarnierendes Bewußtsein bezeichnet (D 15).

15. Die Leidensverkettung I *(Mahā-dukkha-kkhandha-Suttam)* (M 13)

E: WW 1963, S. 100–122.

Thema: Was ist an Sinnesobjekten (Begehrtem), Sinneswerkzeugen (Körperlichem) und den aus dem Außen und Innen zusammenkommenden Gefühlen je Labsal, Elend und Entrinnung?

149: **brechen sie Verträge**; in M 76 u. 84 von KEN richtig übersetzt: »brechen in Häuser ein«, »betrügen«; wtl.: sich als Straßenräuber in den Hinterhalt legen. Nur solche schwersten Verbrechen zogen die schwersten Strafen nach sich. Der Buddhismus schaffte jene grausamen Strafen ab.

150: Hier ist nicht **Körperliches** (*rupa* = Form) als Begehrensobjekt (anderes Geschlecht) gemeint, sondern das Wohl am eigenen Leibe: wer schön ist, hat es leicht. Frauenschönheit ist hier das naheliegendste Beispiel.

Die 9 Betrachtungen über die Vergänglichkeit des Körpers, die auch in M 10 im gleichen Wortlaut vorkommen, gehen immer vom eignen Leibe aus.

152: **abhängig**, sonst übersetzt mit »Beschwer« oder »Beschränkung«, siehe Kommentar zu M 19, S. 496f.; wtl.: Bedrängnis, Belastung.

16. Was einem lieb ist *(Piya-jātika-Suttam)* (M 87)

Die scheinbar so gemütvolle Familienatmosphäre am Hofe des *Mahārājas* von Kosalo führte zu einer Art indischer Nibelungentragödie:
Mallikā, die Hauptgemahlin Pasenadis, starb zu seinem untröstlichen Schmerz vor ihm (A V/49) und kam sogar für einige Tage zur Hölle, ehe sie in den Himmel kam. Lebenslauf: WW 1972, S. 70–77. Pasenadi war sehr traurig, daß Mallikā ihm keinen Sohn geboren hatte (S 3,16). Vajīrī, seine Tochter, wurde die Gattin des Vatermörders Ajātasattu von Magadha (J 283), der vom eignen Sohn ermordet wurde. Vāsabhā, Nebenfrau Pasenadis, war eine uneheliche Tochter des Sakyer-Fürsten Mahānāno, der Pasenadi über ihre Unebenbürtigkeit getäuscht hatte. Viḍūḍabho, Sohn Pasenadis und Vāsabhās, entriß seinem 80jährigen Vater die Herrschaft, der dann auf der Flucht elend umkam. Lebenslauf Pasenadis: WW 1969, S. 336–359. Dann zerstörte Viḍūḍabho aus Rachsucht die Sakyer-Hauptstadt, wobei die meisten Sakyer den Tod fanden, auch sein Großvater Mahānāmo (dessen Lebenslauf: WW 1970, S. 358–366). Bald darauf kam Viḍūḍabho selber um.
Erst daran ist klar zu ermessen, wie aus der bedürftigen Liebe (*piya* = griechisch *eros*) Leiden über alle Beteiligten kam, während die unbegrenzte Liebe (*mettā* = griechisch *agape*) nur heilsam ist.

17. Māgandiyo *(Māgandiya-Suttam)* (M 75)

E. WW 1983, S. 197–228.
Thema: Warum ist sinnliches Begehren so schwer zu überwinden?
1. Die meisten kennen nur sinnliches Wohl und nichts Höheres. Daher ist ihnen das Gegenteil des Sinnengenußes nur das Entbehren, der Mangel. Sie kennen nur das Pendeln zwischen erfüllter und unerfüllter Begierde, wie Faust: »So taum'l ich von Begierde zu Genuß und im Genuß verschmacht' ich nach Begierde« (Faust I, Wald und Höhle).
2. Selbst wenn jemand Höheres erfahren hat, erkennt er dessen Wert nicht und vergißt es wieder – wie auch der Buddha seine Schauung vergaß.
3. Heute mehr denn je sieht man außen keine lebendigen Vorbilder für die Überwindung der Sinnensucht.
4. Man übersieht, wie durch Sinnengenuß und Hingabe das Begehren un-merklich-merklich stärker wird.
5. Man hat nicht genügend Geduld, um ebenso langsam inneres Wohl durch Tugend anzusammeln, mit welchem man dann das Sinnenwohl allmählich überhöhen kann.

159: Im **Kurū-Land** (etwa Delhi) wurde besonders Tugend gepflegt (J 276). Daher konnte der Buddha in den Reden, die er dort hielt (M 10, 82, 100, D 15 usw.) stets über das Begehren hinausweisen.

162: **Gemeines entbehren**, wtl.: wegen Niederem nicht beneiden – dasselbe Pāliwort wird von KEN in dieser Rede auch mit **beneiden** übersetzt.

165: Der Vers wtl.: »Ungebrechlichkeit ist höchstes Erlangen, Wunschlosigkeit (*nirvāna*) ist höchstes Wohl, der achtgliedrige Pfad führt zum Frieden, zum Todlosen.«

169: **den Guten gesellt sein ..., gute Lehre hören ..., der Lehre gemäß leben:** das sind 3 der 4 Bedingungen zur Hörerschaft (s. D 33 IV). Zur Probezeit vgl. auch M 57 (S. 131–136) und M 73.

18. Dīghanakho *(Dīghanakha-Suttam)* (M 74)

170: Der **Geierkulm** (wtl.: Geier-Spitze) ist einer der Berge, in deren Talkessel die Hauptstadt von Magadha, Rajagaham, lag. Der Berg ist noch beim heutigen Rajgir im indischen Bundesstaat Bihar identifizierbar.
Eberswühl ist wtl.: »Wildschwein-Wühle«. Nach KENs Kommentar dürfte es sich dabei um eine Höhle am Berge gehandelt haben.

171: **Widerspruch, Widerstreit, Widerstand, Widerwille** bedeuten: Auseinandergehen (obj. Widersprüche), Auseinanderreden (subj. Streiten), Zerschlagenheit von Problemen, Verfolgen (Tendenz zum Gegenangehen). Nr. 1–2 sind sprachliche Gestaltungen, Nr. 3 ist eine schiefe geistige Wahrnehmung, Nr. 4 ist eine Trübung des Bewußtseins, eine Herzenstrübung, die Gegenteil des Erbarmens ist.

172: Beim Körper sind 10 Übel zu betrachten, die die 3 Merkmale betreffen: **wandelbar** (vergänglich) = 1. Merkmal; **wehe, siech, bresthaft, übel, gebrechlich** = 2. Merkmal; **ohnmächtig, hinfällig, eitel, als nichtig zu betrachten,** wtl.: fremd, spaltend, leer, nicht-ich = 3. Merkmal.

173: **gemüterlöster**: hier steht nicht wie sonst bei KEN *ceto-vimutti*, sondern *vimutta-citto* (erlöst im Herzen), was jeder ist, auch der Weisheitserlöste. Der Erlöste spricht nicht zu (Gier), nicht ab (Haß), überschätzt Worte nicht (Verblendung). Nachdem Sāriputto ab seinem Ordenseintritt unmittelbar vor der hier geschilderten Szene 14 Tage lang Klarblick geübt hatte (M 111), gelangte er ohne Mühe und schnell zur Heiligkeit (A IV/168). Nachdem er alle Dinge nach den 3 Merkmalen durchschaut (*pariñña*, 1. Wahrheit) hatte, überblickte er nun alles vom *Nirvāna*-Standpunkt (*abhiñ-ña*, 3. Wahrheit), bekämpfte alles (*pahāna*, 2. Wahrheit) und ließ es los (*patinissagga*, 4. Wahrheit).
Dīghanakho, ein Neffe Sāriputtos, erlangte durch das gleiche Gespräch die Frucht der Hörerschaft, blieb aber Laienanhänger, obwohl er Pilger war. Nicht nur Hausleute, sondern auch Mönche können also Anhänger sein.

19. Sandako *(Sandaka-Suttam)* (M 76)

Thema: *Brahma-cariyam* = göttlicher Wandel = religiöses Leben, insb. Mönchtum, Askese, Keuschheit. Es gibt unechtes, unerquickliches und echtes *Brahma-cariyam (Bc)*:

I. Unrechtes (*a-brahma-cariyam*): Sinnloses, haltloses *Bc*, weil beruhend auf 4 unreligiösen Ansichten:

1. Mit dem Tode endet alles. Leben ist nur Materie. Es gibt kein Jenseits, keine Fortexistenz, keinen Sinn der Moral. Diese »Verkürzungs-Theorie« (D 2) hält sich nur an das Sichtbare.
2. Auch wenn es ein Jenseits gibt, so gibt es keinen Lohn für Gutes und keine Strafe für Böses. Moral ist sinnlos.
3. Auch wenn es ein Jenseits und Folgen der Taten gibt, so ist doch alles prädestiniert, man kann sich nicht ändern, jeder muß seiner Bestimmung gemäß handeln. Diese Lehre nennt der Buddha die verderblichste aller Ansichten (A I,26 und III, 135).
4. Es gibt Wiedergeburt und Wirken, aber jeder muß erst unzählige Daseinsebenen in Äonen durchwandern, bis er lauter wird.
Bei diesen 4 Ansichten (Nihilismus, Amoralismus, Fatalismus, Samsarismus) ist Askese sinnlos, da durch sie nichts zu verbessern ist.
II. Unerquickliches *Bc*: Man glaubt an Wiedergeburt und Läuterung, aber kennt nicht die Wege zur Labsal und wahren Erquickung. Hier ist Askese nicht sinnlos, aber sie bringt nicht das wahre Heil:
1. So behaupten die Jinas Allwissenheit ihres Gründers, der aber nicht einmal naheliegende Zukunft erkennt, dem »Schicksal« ausgeliefert bleibt.
2. So hängen die Brahmanen an ihren Veden, sind vom Hörensagen abhängig, vom Gedächtnis der Tradition.
3. So hängen philosophische Grübler an ausgedachten Welterklärungen, die einmal richtig, ein andermal falsch sind.
4. Bestenfalls huldigt man einem Agnostizismus, der sich aus tiefer Unsicherheit nicht festlegen will.
III. Echtes *Bc*: Das ist der sog. *Tathāgata*-Gang, der Läuterungsweg des Mönches, der Erquickung bringt: Wohl der Tugend, Wohl der Sinnenzügelung, Wohl der Einigung, Wohl der Triebversiegung, Wohl des *Nirvāna*.

177: Zu den 27 unnützen Gesprächen s. Kommentar zu M 77, S. 529 f.

190: Ein **Wahnversieger** (Triebversiegter) kann mindestens 5 Dinge nicht mehr tun (s. D 29): absichtlich töten, stehlen, Geschlechtsverkehr ausüben, lügen, im sinnlichen Überfluß leben. Siehe Mongtse: »Nur Menschen, die zu manchen Taten nicht mehr fähig sind, sind wirklicher Taten fähig.«

20. Die Schritte des Kämpfers *(Sekha-patipadā-Suttam)* (M 53)

193: Außer Ānando bestimmt der Buddha nur Sāriputto und Mogallāno zu seiner Vertretung. Der müde Rücken ist dem Leib lästig, aber der Buddha identifiziert sich nicht mehr damit. Die **Schritte** sind eine Kurzfassung des **Tathāgata**-Ganges für Mönche. Sie werden hier den Laien zur Information über den Weg gegeben. Da die Tugend ihnen bekannt ist, wird sie hier nicht näher ausgeführt.

hütet... die Sinne = Sinnenzügelung (der erste der vier Kämpfe), eine Übung der Weltüberwindung, die für Laien höchstens am **Uposatha**-Tag zu beginnen ist. Das gleiche gilt für das Essen. Dazu ein berühmter Vers in S 3,13:

»Ein Mensch, der stets besonnen hier

beim Essen Maß zu halten weiß,
gar wenig gibt's an Schmerzen ihm,
gemächlich alternd wahrt er Kraft.«

194: **Wachsamkeit** ist der Endspurt des Mönches, der noch zu Lebzeiten heilig werden will. Von den 12 Stunden der Tropennacht gönnt er sich nur während der vier mittleren Schlaf. Die **sieben Eigenschaften** nennen vier Heilsfähigkeiten, dabei noch drei Zubringer (**schamhaft** sein, **schüchtern** sein, **viel gehört** haben) zur

195: **Einsicht**, die dann zur **Einigung** (**vier Schauungen**) führen.

196: Zum oft genannten Bild vom **Küchlein** (Küken), sieheAngelus Silesius: »Mein Leib ist eine Schal', in dem ein Küchelein vom Geist der Ewigkeit will ausgebrütet sein.« (Cherubinischer Wandersmann II, 87). Die ersten 7 Stufen des Heilsweges sind das Futter der Henne, die 8. Stufe ist die Eibildung, die 9. der Durchbruch des Kükens, die 10. die Freiheit, neben der die Welt wie zerbrochene Eierschalen erscheint.

197: **der ewige Jüngling** ist der Eigenname eines bestimmten Brahmas. Den Vers zitiert der Buddha noch fünfmal.

21. Rechner Mogallāno *(Ganaka-mogallāno-Suttam)* (M 107)

201: **Der Weg** (Achtpfad) **nach Rajāgaham** (**Wahnerlöschung**):

1. Wegweisung = Ansicht, vom Buddha einem gezeigt und eingesehen.
2. **eine Weile gehen** = Gesinnung = der Ansicht im Geiste nachgehen und sie pflegen, anerkennen u. ausbauen.
3. **Dorf** = Rede = im Dorf fällt höfliche Rede schwer.
4. **Burg** (Stadt) = Handeln = in der Stadt fällt Tatenzügelung schwer.
5. **Garten** (Klostergarten) = Lebensführung = am Feiertag ist mönchischer Wandel angebracht. (3.–5. ist der große Tugendabschnitt, dessen Formel auf S. 198 gegeben wird. Sie kommt in der MS nur noch in M 53 vor.)
6. **Hain** = Mühen = Kampf mit dem Dickicht der eignen Triebe. Hierzu sind S. 199 für den Mönch drei Stufen genannt: Sinnenzügelung, Maßhalten beim Essen, Wachsamkeit (Nachtwachen).
7. **heitere Landschaft** (Lichtung im Wald) = Einsicht = neue Perspektiven lichten sich innen. Hierzu S. 199f: Klarbewußtsein und Überwindung der 5 Hemmungen, als je eine Übung des 1. bzw. 4. Pfeilers der Einsicht.
8. **Weiher** (Lotosteiche) = Einigung = die erquickend kühlenden 4 Schauungen (S. 200).

202: Beschreibung der schlechten und guten Mönche ebenso in M 5 (S. 332–339) und A V/167. Letztlich geht es darum, ob sie die 5 Fähigkeiten besitzen oder nicht.

22. Vierzigmächtig *(Mahā-cattārīsaka-Suttam)* (M 117)

203: **Vertiefung** (*samādhi*) hat zur Voraussetzung und Hilfe (**Gefolge, Begleitung**) die 7 vorangehenden Stufen des Achtpfades.

204: **rechte Erkenntnis, die wahnhaft, hilfreich, zuträglich ist** (Anschauung) = die 4 ersten Lehren (Geben, Tugendwerke, Jenseits, Askese); **rechte Erkenntnis, die wahnlos, überweltlich, auf dem Wege zu finden ist** = die höchste Weisheit, die unterwegs zum Heil ist, d. h. die 4 Wahrheiten.

Besonnen (*sato*), **Einsicht** (*sati*). Die *sati*, die bei den ersten 5 Gliedern des Achtpfades wirkt, ist etwas anderes als die Kraft der *sati*, welche das 7. Glied (*satipatthāna*) ausmacht!

Lust, Groll, Wut (*kāma, vyāpāda, vihimsā*) = Sinnensucht, Kälte, Gewalt.

205: Jede **Gesinnung (Nachsinnen**) besteht aus Diskursivem (**Denken, Bedenken**) und Kontemplativem: Dies richtet sich auf eines aus (**Greifen**), nachdem es Falsches verworfen hat (**Begreifen**) und gestaltet Rechtes aus. Das Ganze sind die sprachlichen Gestaltungen (**Zwiegespräch**), hier im hl. Herzen.

vermeiden = verwerfen im Geiste, daher bekämpfen; **abneigen** = das Herz ist schon fern davon, wird nicht mehr dazu gereizt, es widersteht ihm schon.

206: Die 5. Stufe des Achtpfades (**Wandel**) wird hier allein für Mönche beschrieben. Diese sollen für ihren Unterhalt den Laien keine Gegenleistungen erbringen (**Vorteil um Vorteil**); dafür 4 Beispiele (in der Übersetzung nicht erkennbar).

208: Nur wer die drei Arten von Erkenntnis unterscheiden kann, beginnt den Achtpfad, der in 4 Dekaden zur Zehnheit wird (= **vierzigmächtig**):

1. Aus wahnloser rechter Erkenntnis folgen alle weiteren 7 Pfadglieder mit ihren 2 Früchten (**Wissen** und **Erlösung**).
2. Ist wahnlose rechte Erkenntnis erreicht, dann nehmen falsche Erkenntnis und die 9 weiteren Falschheiten ab.
3. Als Heiliger hat einer alles, was sich aus den 10 Falschheiten an Unheil ergeben könnte, endgültig überwunden.
4. Alles, was aus den 10 Rechtheiten für jetzt und immer an Heil folgen kann, reift auf dem Pfade heran bis zur ewigen Erlösung.

23. Caṉkī *(Cankī-Suttam)* (M 95)

E: WW 1981, S. 426–532.

211: Zu diesen 20 Vorzügen des Buddha werden in D 4 noch weitere aufgezählt. Es geht dabei zuerst um karmische Ernte, dann um die Lehrtätigkeit.

214: Die 10 Seher (*Rischis*) s. auch in M 84 und 99 (S. 401–411). Es sind die Verfasser des *Rigveda*. In M 93 (S. 136–145) sind 7 Seher erwähnt.

eine Reihe Blinder: blinde Blindenführer nennt Jesus in Matth. 15,14. Siehe ebenso hier M 99 (S. 401–411).

215: **Fünf Dinge... zweierlei Ausgang:** s. auch in M 101 u. 102.

: Drei Bezüge zur Wahrheit:

1. Ihr **nachgehen** (*anu-rakkhati*), in M 140 übersetzt mit »bewahren«. Sinn: Überhaupt die Wahrheit im Auge haben, nach ihr suchen und fragen, Unwahrheit verwerfen.
2. Ihr **nachkommen** (*anu-bodho*), ihr nachforschen, sie prüfen, mit Erfahrung vergleichen, falsche Gurus wägen (s. M 47).

216: **der Wahrheit Nachkunft** enthält zehn Schritte: Mit angeborenem Ver-
217: trauen in Größeres **gesellt** man **sich** denen **zu**, die davon künden. Man hört zu, und zwar **offenen Ohres**, dann behält man es auch im Leben. Wenn man die Lehre auswendig kann, betrachtet man ihren **Inhalt** und Sinn. So **billigt** man die neue Ansicht (**gewähren... die Sätze Einsicht**), erzeugt den Willen zur Nachfolge (**billigt** ist hier = willigt). Der Verwirklichungswille läßt dann Versuchungen ausdauernd überstehen (**läßt gelten** ist zu blaß). Nun erst kann man früher und später erfahrungsbegründet vergleichen und merken, daß Anstrengung mehr nützt als Sichgehenlassen: das ist Abwägen. So arbeitet und kämpft man (4 Kämpfe).

3. ihr **nachfolgen** (*anu-patti*), als Nachfolger praktisch die heilsamen Dinge nun **pflegen** und **ausbilden** und so **wichtig** nehmen.

24. Der Sohn der Samaṇamuṇḍikā *(Samaṇa-muṇḍikā-Suttam)* (M 78)

E: WW 1972, S. 238–279.

220: **die geistig tätigen**, wtl.: den Geist entfaltenden, und zwar nicht intellektuell-geistig, sondern spirituell-geistlich.
Die 27 Gespräche, s. Kommentar zu M 77, S. 529.

221: **Leben** = Lebensführung, Lebensunterhalt, Lebenswandel (die 5. Stufe des Heilsweges).

222: **üble Gehabung** (*a-kusala-sīla*), wtl.: unheilsame Gewohnheit, und zwar an äußerem Gehaben. Meist ist *sīla* aber gute Gehabensgewohnheit, Tugend (3. – 5. Stufe des Heilsweges).

223: **aus dem Herzen kommt sie her:** dazu *Subal'upaniśad*: »Aus dem Herzen gebiert sich alles«, oder Jesus: »Aus dem Herzen kommen arge Gedanken: Mord, Ehebruch/Hurerei, Dieberei, falsch Zeugnis.« (Matth. 15,19) Das sind genau die Verstöße gegen die ersten 4 der buddh. 5 *silas*!
Die 4 Kämpfe (6. Stufe) richten sich hier gegen die Untugend u. falsche Gesinnung wie in M 117 (S. 203–208), aber auch gegen das Hangen an Tugend und guter Gesinnung.

224: **nicht aber Tugend sei:** vgl. Ekkehard: »Niht also, daz ich die tugent versmehe, mer: diu tugent sol in mir wesentlich sin und ich sol ob der tugende wesen« (Prd. 57). So auch hier: Man soll nicht Tugend sein (sich nicht anhangend mit ihr identifizieren), sondern soll sie haben, als notwendiges Werkzeug besitzen und einsetzen.
Die Wahrnehmung empfindet nicht Lust, Groll, Wut, im Pāli steht nicht **empfinden**. Gemeint ist die von Sinnenlust, Hartherzigkeit und Gewalt beeinflußte Wahrnehmung. Diese 3 Triebe wohnen im Herzen und fließen bei dessen Berührung in Gefühl, Wahrnehmung und Denken ein. (s. M 2).

225: In der **zweiten Schauung** geht Erwägen und Sinnen unter, und dazu gehört auch **Gesinnung**. In ihr enden eben die sprachlichen Unterscheidungen.
untrüglich: siehe Kommentar zu M 65, S. 518.
Die **zehn Dinge**: Der ganze Heilsweg ist in dieser Rede angesprochen worden:

Erkenntnis (guter Geisteswandel), Gesinnung, Rede/Handel/Lebensführung (Gehaben), Mühen (4 Kämpfe), Achtsamkeit (stillschweigend bei allem, s. M 117, S. 203–208), Einigung (1. u. 2. Schauung), Weisheit und Erlösung als Früchte des Heilswegs.

25. Vor Kīṭāgiri *(Kīṭāgiri-Suttam)* (M 70)

Thema: Welches Gewicht hat das Leiden der Begierden-Überwindung auf dem Wege der völligen Leidensüberwindung? Für die weltverliebten und stets renitenten Sechsermönche, deren wildeste Vertreter Assaji und Punabbasu waren, hatte das Sinnenwohl Hauptgewicht und darunter wieder besonders das Essen. Daher weigerten sie sich, hier auf etwas zu verzichten. Sie hielten sich an den Spatz in der Hand, genau wie moderne Libertinisten. Der Buddha dagegen legt nur Wert auf Heilsames: Wohl und Leid des *Samsāro* ist unendlich: Sinnengenuß führt nie heraus. Dessen gegenwärtiges Wohl führt zu künftigem Wehe. Das Leid der Überwindung dagegen ist endlich, ist nur ein Übergang, der schon bald zu höherem Wohl führt. Das Wohl der Heiligkeit aber ist ewig und unendlich: der Heilige braucht nie mehr zu kämpfen.

226: Über das Essen s. auch M 21, 65, 66.
Die beiden renitenten Mönche traten bald nach dieser Szene aus dem Orden aus.

230: Die oft genannten (z. B. M 65) **sieben Arten von Menschen** werden nur hier ausführlich erläutert:
der Beiderseiterlöste hat nicht nur Schauungen sondern auch Formfreiheiten und *Nirvāna* erlebt u. ist daher höchster Gemüterlöster. Außerdem hat er alles durchschaut und alle Triebe aufgehoben und ist daher auch Weisheiterlöster.

231: **der Weisheiterlöste** hat weder Formlosigkeiten noch *Nirvāna* erlebt, mindestens aber die 1. Schauung (M 52) und den 3. Weisheitsdurchbruch.
der Körperzeuge = Nichtwiederkehrer auf dem Weg zur Heiligkeit. Er kann *Nirvāna* erlebt haben, ohne schon heilig zu sein. Sein **Wahn** ist nur teilweise aufgehoben (5 niedere Fesseln).
der Aufgeklärte (wtl.: Ansichts-Erlangte) und **der Gläubigerlöste** = der Weisheits- und Gemütstyp auf der Stufe der Hörerschaftsfrucht bis zum Einmalwiederkehrer. Er hat nur einen Teil des Nichtwissenswahns abgelegt, nämlich die 3 Fesseln.

232: **der Wissendergebene** (*dhamm'ānusārī*) und **der Gläubigergebene** (*saddh'ānusārī*) = der Weisheits- und Gemütstyp auf dem Weg zur Hörerschaft sind unterwegs dazu, bald die 3 Fesseln aufzuheben. Die 5 Fähigkeiten regen sich, sind aber noch keine Kräfte. Beim **Wissendergebenen** genügt es, wenn er die Wahrheit **allmählich** (wtl.: in gewissem Maße) billigt; beim **Gläubigergebenen** genügt aber ein gewisses **Vertrauen** noch nicht, hier ist unerschütterliches Vertrauen nötig (s. M 22).

233: Das **Herankommen** wie in M 95 (Kommentar S. 510f.).

234: Von einem **Trödler** verlangt man »erst die Ware, dann das Geld«. Schon von weltlichen Lehrern tut man das nicht: man zahlt vorher Lehrgeld und erlangt Frucht erst später. Erst recht gilt es nicht bei spirituellen Lehrern.

Der hier beschriebene gläubige Jüngling (*saddhassa*) gewinnt durch sein Yoga 4 **Zuversichten** (wtl.: nachfolgende Eigenschaften), nämlich Demut (eine Form von *sati*), Erquickend-köstliches (wtl.: Wachstum und innere Kräftigung) als *samādhi*, dann *viriya* und schließlich Weisheit der **Gewißheit** (*aññā*).

26. Der Rinderhirt II (*Cula-gopālaka-Suttam*) (M 34)

Der Buddhismus lehrt nicht nur, zum Heil in dieser Welt zu kommen, sondern auch in der geistigen Welt in den Himmel zu gelangen – ebenso wie alle anderen Religionen. Aber er geht noch darüber hinaus und zeigt den Weg zum **anderen Ufer**, um über das Reich der Natur, der Zeitlichkeit, Vergänglichkeit hinauszugelangen ins Reich der Freiheit, der Ewigkeit und Unvergänglichkeit. Dies Bild von den zwei Ufern gebraucht der Buddha oft: s. M 22, 64, D 13, S 35, 197. Er zeigt dabei eine Furt (Achtpfad), um die Strömung der Triebe zu kreuzen. Die 6 Tiere stehen für folgende Nachfolger:
Stiere: Das sind die stärksten und mutigsten Jünger, die noch zu Lebzeiten das andere Ufer erreichen, d. h. heilig und triebversiegt werden.
Kühe und Ochsen, wtl.: starke Rinder, zähmbare Rinder: das sind die Nichtwiederkehrer, die noch in diesem Leben die Sinnenwelt überwinden und in die Nähe des anderen Ufers kommen.
Farren und Färsen, d. h. ausgewachsene Kälber: die Einmalwiederkehrer, die noch Geschlechtsunterschiede kennen, aber gerade damit zu kämpfen haben, um sie im nächsten Leben zu überwinden. Sie stehen mitten in der Strömung.
schwächliche Kälbchen: die vollendeten Hörer, die die Frucht der Hörerschaft besitzen, die noch bis zu 7 Leben mit der Strömung kämpfen müssen, bis sie drüben ankommen.
zarte Kälblein, eben erst geboren (geistige Geburt), **der Mutter** (Scheingeborgenheit in den Erscheinungen) **mit Wehegebrüll entrissen** (die Desillusionierung schmerzt zuerst; s. M 22). Das sind die auf den Pfad zur Verwirklichung der Frucht der Hörerschaft Gelangten, und zwar zwei Typen: **der Wahrheit ergeben** (*dhamm'-anu-sārī*) und **der Lehre ergeben** (*saddh'anu-sārī*), in M 70 übersetzt mit »Wissendergebener« und »Gläubigergebener«. Beide eilen der vollen Erwachung entgegen (M 22), nur noch nicht zielbewußt, wie der, der die Frucht der Hörerschaft besitzt.
Der Strom kann nur mit 5 Kräften gekreuzt werden: Die Weisheit der Vorschwimmer ist das Vorbild, das Vertrauen erweckt, wodurch die Kraft zur Nachfolge beflügelt wird, immer wieder die Erinnerung (Einsicht) an das Mögliche geweckt wird und kraft der Ablösung von der Strömung des Unheilen das Wohl des inneren Friedens (Einigung) entsteht.

27. Zu betreiben und nicht zu betreiben (*sevitabb'-asevitabba-Suttam*) (M 114)

Diese Rede gibt ein Rätsel auf, das starres Schematisieren verhindert. Die Entschlüsselung zeigt, daß sie den Achtpfad betont für Laien darstellt. Daher weicht der Wortlaut stark von den üblichen Textformulierungen der Tugendregeln und Tatengänge ab und auch die Reihenfolge ist anders:

1. Nachdem Laien alle 5 Lehren gut kennen, steht für sie die Tugend weitaus im Vordergrund:

a) Handeln (Stufe 4): Von den 3 Regeln ist nicht nur, wie sonst, die Keuschheit auf Asoziales beschränkt, sondern auch das Armutsgebot ist seines asketischen Gehalts entkleidet.

b) Rede (Stufe 3): Auch hier wird bei einer Regel (Lügen) der Schwerpunkt auf das Asoziale ausgerichtet.

c) Denken (Stufe 2): Von den 3 Gesinnungen wird hier zunächst nur das unmittelbar Handeln und Wort planende Denken genannt, dabei statt Sinnensucht nur die asoziale Habsucht, statt allgemeiner Kälte nur das vernichtende Übelwollen, und Gewaltsamkeit fehlt ganz.

2. Außer dem Denken beim Außen pflegt auch der Laie das tiefere Denken nach innen ins Herz, das unmerklich von Stufe 2 in Stufe 6 (2. Kampf) übergeht: Statt der 3. Art (*vihimsa* = Gewalt) wird wieder nur die asozialste Weise genannt (*vihesā* = Rachgier = Verfolgen).

3. Um die Gedanken kontrollieren zu können, ist Kontrolle der Vorstellungen (»Verständnis«) nötig: Für den Laien ist hier die *sati* (Stufe 7) auf die Ebene der 3 bei **Herzensentschließung** genannten Dinge gerichtet.

4. Wo immer bisher Schwierigkeiten auftauchten, können sie durch Rückgriff auf die Wert-Orientierung der Erkenntnis (Stufe 1) gelöst werden. Für Laien liegt der praktische Schwerpunkt auf den 3 ersten Lehren (Geben, Tugendwirken, Jenseits). Die 4. Lehre (Mystik) ist praktisch hier nur der Blick auf asketische Vorbilder, unter denen im Orden auch die Künder der 5. Lehre sind.

5. Auch für den Laien ist das Ziel – wenigstens am Feiertag und bei Meditation – die Selbstentwicklung zum selbstleuchtenden Gemüt (innere Erhellung, Stufe 8), wo man weder durch Gewissensvorwurf beschwert ist noch durch Ernte beschwerhafter Saat.

6. Erst nach diesem fünffachen Stempel nennt der Buddha danach noch Dinge (hier fehlt »entgegengesetzt«), die dem Laien am fernsten sind, hier zunächst Sinnenzügelung (Stufe 6, erster Kampf): Während der Mönch auf dieser Stufe alle Sinnesbezüge abweist, sortiert der Laie nach heilsam und unheilsam.

7. In der Lebensführung (Stufe 5) unterscheiden sich Mönch und Laie am stärksten. Der in D 31 beschriebene Wandel des Laien wird hier nur insofern genannt, als er bei Lebensnotdurft (Essen, Kleidung, Wohnen) und Umgang ebenfalls nach heilsam und unheilsam sortiert, wobei er im Unterschied zum Mönch starke Rücksicht auf Besitz, Beruf und Familie zu nehmen hat. Darum wird Stufe 5 hier erst ganz am Ende genannt.

28. Die Lebensführung II *(Mahā-dhamma-samādāna-Suttam)* (M 46)

251: Nicht nur Menschen sondern die meisten Wesen (so im Pāli) streben nach **Ersehnte**(m), auch Tiere und Geister. Nur die Heiligen brauchen nichts mehr zu ersehnen und ebenso zeitweise die Götter ab Brahma.

252: **Vier Arten der Lebensführung** = Leben nach Prinzipien, hier bezogen auf die 10 Tatengänge (näher in M 114, S. 241–250), in M 45 bezogen auf Asketenleben:

gegenwärtiges Wehe... künftiges Wehe: Wer aus gutem Charakter Hemmungen beim Bösen hat, sündigt mit schlechtem Gewissen so lange, bis er sich die gute Art abgewöhnt hat. In M 45 Selbstquäler, ihr eigentliches Heilsstreben abwürgend (dort als Nr. 2). Unbesonnen trinkt man Gift, das übel schmeckt.

gegenwärtiges Wohl... künftiges Wehe: Wer im Herzen dunkel ist, hat Freude am Dunklen und keinen Gewissenszwiespalt. In M 45 sind dies die libertinistischen Schein-Asketen (dort als Nr. 1). Unbesonnen trinkt man wohlschmeckendes Gift.

gegenwärtiges Wehe... künftiges Wohl: Wer starke Leidenschaften mitgebracht hat (Gier, Haß, Verblendung), hat es schwer, sie zu überwinden und kann oft nur unter Tränen durchhalten. Indem er so gegen den Strom kämpft (A IV / 5), ist er trotz seines Wehes zu loben (A V / 5). Nur mühsam kommt er voran, weil seine 5 Fähigkeiten schwach sind (A IV / 162). Seuse: »Es ist nichts galliger als Leiden und nichts honigsüßer als gelitten haben.« (Weisheit Kap. 13) So lebte der Bodhisatto in einem früheren Leben 50 Jahre als Asket in der »dunklen Nacht«, ehe er Wohl erntete (J 444). Er trinkt eine bittere Medizin.

gegenwärtiges Wohl... künftiges Wohl: Je schwächer Gier, Haß und Verblendung in einem sind, desto leichter hat man es mit den 10 guten Tatengängen. In M 45 werden hier die Schauungen als das höchste Wohl genannt. Hier trinkt man süße Medizin.

254: **selbstsüchtig..., boshaft..., falsch** = habsüchtig (Gier), hartherzig (Haß), falscher Ansicht (Verblendung). Diese 3 letzten der 10 Tatengänge nennen die beiden ersten Stufen des Achtpfades: Ansicht (Nr. 10) und Gesinnung (Nr. 8–9).

29. Vor Sāmagāmo *(Sāmagāma-Suttam)* (M 104)

258: Diese Begebenheit, nach dem Tod Nāthaputtos, ereignete sich im letzten Lebensjahr des Buddha, auch in D 29, D 33, CV IV.

259: Die 7 Inhalte der Lehre (M 103, 118, 151), die in M 77 einzeln genannt werden, gruppieren sich um die 5 Fähigkeiten und Vermögen, wobei deren drei mittlere hier noch durch Übungen näher geklärt werden: Kraft (4 Kämpfe), Einsicht (4 Pfeiler), **Innigkeit** (7 Erweckungen und ganz speziell 4 Machtgebiete). Auch der Achtpfad ist nichts anderes: Kraft (1.–6. Glied), Einsicht (7. Glied), **Innigkeit** o. Einigung (8. Glied). Er ist die Brücke vom Vermögen des Vertrauens (1. Fähigkeit) zum Vermögen der Weisheit (5. Fähigkeit).

260: **Sechs... Wurzeln des Haders** sind Beispiele für die Triebe: Nr. 1–4 nennen paarweise 8 der Herzenstrübungen aus M 7, Nr. 5 ist Ehrgeiz (nicht boshaft), Nr. 6 ist falsche Ansicht.

261: **Vier Arten... der Streitigkeiten**, die 7 Weisen der Streitschlichtung erfordern: Hader über Lehransichten (Weise 1–2), Tadel ohne Schuld (Weise 3–4), Schuld wegen Vergehen in Werken und Worten (Weise 5–7), Pflichten (die Übersetzung **Sühne** ist zu eng, da nur einige Ordenspflichten Sühne für ein Vergehen darstellen).

262: **Ausschließung** aus dem Orden erfolgt nur bei 4 Taten: Tötung eines Menschen, Diebstahl von Wert, Geschlechtsverkehr und Lüge über spirituelle Erreichungen.

Fälle 3 und 4 sind Freisprüche wegen erwiesener Unschuld oder Unzurechnungsfähigkeit. Danach darf an Tadel nicht mehr **erinnert** werden oder der Täter nicht als zurechnungsfähig (**entblödet**) behandelt werden!

264: ein **grobes Vergehen** = obige 4 Ausschlußtaten sowie 13 zu beichtende schwere Regelverstöße. Diese müssen aufgeklärt werden; **häuslicher Vorgang** = wo Laien betroffen, so daß ihretwegen Klärung nötig.

Sechs Dinge sind die oben angesprochenen Pflichten; **mit liebevollem Herzen**: an Parallelstellen übersetzt KEN richtig mit »Geist« (M 48) oder »Gesinnung« (M 128, S. 59–70). Sowohl wenn man dem anderen **offen** gegenübersteht, als auch wenn man allein (**verborgen**) ist, soll man liebevoll denken.

30. Upāli *(Upāli-Suttam)* (M 56)

E: WW 1972, S. 206–232, mit Neuübersetzung der Verse.

Die meisten Menschen überschätzen äußeres Tun und bewundern heroische Taten; Worte sind ihnen Schall und Rauch, Gedanken nur Hirnbewegungen. In Wirklichkeit gilt: »Vom Geiste gehn die Dinge aus« (Dh 1). Daher sagt Paul Dahlke: »Lehrt die Menschen anders denken, und ihr braucht sie nicht zu zwingen, anders zu handeln.« (»Buddhist. Monatshefte« 1950, S. 59; ähnlich in »Buddhist. Welt« 1912/13, S. 441)

266: **Handlung/Tat** (*kamma*) ist der Oberbegriff für Werk (*kammanta* = äußeres Ende des *kamma*), Wort, Gedanke.

270: **frisches Wasser abweist:** die Jinas tranken kein frisches Quellwasser, weil angeblich in frischem Wasser mehr Lebewesen seien, die durch Trinken getötet würden. Sich derart jeden **Born** zu verbieten, ist die vierfache Zucht der Jinas.

271: Ein Beispiel für **Zorngedanken** ist bei dem tibetischen Mystiker Milarepa zu finden, der in seiner Jugend sich durch Magie an seinen bösen Verwandten rächte, dies aber später tief bereute (s. Hecker, Asiatische Mystiker, Wien 1981, S. 306).

273: Zur fünfstufigen Lehrdarlegung siehe Einleitung. Voraussetzung für die 5. Lehre ist Abwesenheit der 5 Hemmungen, die hier anders bezeichnet werden.

274: Upāli gewann durch die Belehrung die Frucht der Hörerschaft, d. h. die 3 Fesseln wurden aufgelöst.

278: Das Gleichnis dürfte so zu deuten sein: **eine junge Brahmanin, ... die war schwanger** = Nāthaputto; ein **Brahmane** = Upāli; **Färber** = der Buddha; **Affe** = die widersprüchliche Lehre Nāthaputtos; die **gelbe Farbe** = das Mönchsgewand, das der Buddha und Nāthaputto gleichermaßen trugen;

279: **das Tuch** = die widerspruchsfreie Lehre des Buddha.

281: Nach dem Blutsturz soll Nāthaputto gestorben sein, ein Jahr vor dem Buddha, in dessen 79. Lebensjahr also M 56 spielt.

31. Jīvako *(Jīvaka-Suttam)* (M 55)

Leben Jīvakos: WW 1978, S. 27–45.
Der auf Almosen angewiesene Mönch soll keine Wünsche bezüglich seiner Nahrung haben. Bekommt er Fleisch oder Fisch in seine Schale, so soll er es aufessen. Hat er aber gesehen, wie ein Tier geschlachtet wurde oder davon gehört oder es vermutet, so soll er das Fleisch nicht nehmen. Generell darf er nie rohes Fleisch annehmen und nie Fleisch von Menschen oder großen Tieren essen (MV VI, 23). Vegetarismus um jeden Preis pflegten die Jinas und einige Mahāyāna-Schulen. Devadatto wollte ihn einführen.
Jeder Laie aber begeht eine vierfache **Schuld** (wtl.: Nicht-Verdienst), wenn er ein Tier töten läßt. Eine 5. Schuld ist es noch, wenn er Mönchen davon Fleisch vorsetzt. Wenn Laien keine Tiere umbringen, müssen Mönche auch kein Fleisch essen.
Weit wichtiger als Vegetarismus ist aber die geistige Überwindung des Tötens und der Tötenswelt durch die Strahlungen, die alle Gaumenlust übersteigen (ohne Gier) und fern aller Verletzung und Beschwer sind (ohne Haß) und dem edlen Jünger der Weg zur Entrinnung sind (ohne Verblendung).
Jede Strahlung hat, wie auch M 62 sagt, ihr genaues Gegenteil, was hier durch die Zusammenziehung bei KEN verschwimmt:
Liebe überwindet **Verderben** (Aversion u. Kälte); Erbarmen überwindet **Wut** (Verfolgen, Aggression); Mitfreude überwindet Unlust am Guten (insb. Neid); **Unbewegtheit** (Gleichmut) überwindet **Widerstreit** (Widerstand). Diese vier Übel sind Formen von Abstoßung (**Haß**).

32. Rāhulos Ermahnung I *(Ambalatthikā-Rāhulo-vāda-Suttam)* (M 61)

Lebenslauf Rāhulos siehe: Hecker, Rāhulo – Buddhas zwiefacher Sohn, Dicken bei St. Gallen 1978 (Bodhi-Blätter Nr. 9), S. 15–19.

285: **bewußter Lüge**, wtl.: klarbewußt Falsches sagen. Unbeabsichtigte Lügen oder Halbwahrheiten fallen nicht hierunter, jedoch unter die detaillierten Regeln des Vinayo über das Lügen. Da gilt der schöne Vers:
»Wenn auch die Winde die Berge verwehten,
Sonne und Mond und die Erde verdrehten,
wenn alle Flüsse auch stromaufwärts gingen:
niemand doch könnte zum Lügen mich zwingen.« (J 506 u. 537)
Zum Elefantengleichnis vgl. M 125.

286: Zur dreifachen Beschwer s. M 19 (S. 45–51).

287: **eine derartige Tat dem Meister... anzugeben...:** im Buddhismus ist eine Beichte nur im Orden, nicht für Laien vorgeschrieben. Nach dem Vinayo sind auch nur Taten und Worte, nicht jedoch Gedanken zu beichten.
selig heitere Übung..., wtl.: mit Begeisterung und Freude magst du weilen, Tag und Nacht übend bei heilsamen Dingen. – Über diese Himmelsleitergefühle s. auch M 15 (S. 340–349), 83 (S. 420–428), 99 (S. 401–411), 151 mit gleicher Formulierung. Schon weit vor der Einigung sind aus der Tugend solche Gefühle zu entnehmen.

33. Bhaddāli *(Bhaddāli-Suttam)* (M 65)

Bhaddāli ist zwar ein »Oberer« (Thero, S. 291), d. h. seit mindestens 10 Jahren Mönch, aber von den in M 48 genannten 7 Merkmalen des Hörers fehlen ihm mindestens 3: Er erfüllte nicht mit Freude die Regel, er beichtete Verstöße erst auf Vorhalt, und er lauschte nicht hingegeben der Lehre. Er besaß nur ein gewisses schwaches Vertrauen: ein Zeichen für Nichtbesitz der Hörerschaft (s. M 22 u. 70, S. 226–234). Er kommt einzig in M 65 vor.

290: **Ich nehme ... einmal des Tages Nahrung zu mir** = nur zu einer der beiden Tageszeiten und nie nachts essen, nämlich zwischen Sonnenaufgang und Sonnenhöchststand – in Indien zwischen 6 und 12 Uhr (Pāc. 37). In dieser Zeit durfte der Mönch nur einmal auf Almosengang gehen, aber das dort Erhaltene konnte er in Portionen essen. Auch durften die Mönche in jener Zeit das von Laien Gebrachte außerdem essen. Zu diesem »Einmalessen« s. auch M 21 (S. 349–358), M 66 (S. 361–370) und M 70 (S. 226–234).

292: **ein Beiderseiterlöster, ...ein Weisheiterlöster, ...ein Körperzeuge**, usw.: die sieben edlen Jünger s. M 70 (S. 226–234). Sie würden sich selbst einem unsinnigen Befehl des Meisters nicht widersetzen, jedoch ev. nach dem Grund fragen, während Bhaddāli einer begründeten Regel trotzt.

297: Über das Verhältnis zwischen Zunahme der Ordensregeln und Minderung der Moral: Streben die Mönche ernst nach dem Heil, dann erfüllen sie von selber die naturrechtlich gegebenen Verhaltensnormen. Je weniger intensiv sie aber streben, desto mehr folgen sie den Trieben (**Wahn**) und vergehen sich gegen das Naturrecht. Dann werden immer mehr äußere Regeln nötig. Innere Regellosigkeit zieht äußere Regeln nach sich. Vgl. Laotse:

> »Das Tao wird verlassen:
> da gab es Sittlichkeit und Pflicht.« (Taoteking 18)

Die Gründe zum Erlaß von Regeln: Pj I,3. Dazu Hecker, VRÜ 1977, S. 89 ff. Zum buddh. Naturrecht: Hecker, VRÜ 1970, S. 349 ff.

298: **Gleichnis vom jungen Rosse** und zehn Stufen des Heilsweges:
Gebiß (Trense) und **Anschirren** (Zaumzeug) sind wie Ansicht (Erkenntnis) und Gesinnung. Die Trense lenkt den Kopf, das Zaumzeug den Leib.
Schritt, Trab, Galopp = Rede, Handeln, Wandel; **rennen und springen** = Mühen u. Achtsamkeit.
königlichen Gang und königliche Haltung = Einigung. Dazu *rāja-yoga* (königliche Übung).
Das Ergebnis von Stufe 8 ist, daß das Roß den Reiter am **schnellsten** und **verläßlichsten** befördert = Weisheitsdurchbrüche.

299: **letzte Strählung und Striegelung** = höchste Frucht (rechte edle Erlösung) = kleinste Falten und Glanzlosigkeiten verschwinden.
untrüglich (*a-sekha*) = wtl.: ohne Übung, die nicht mehr nötig ist, weil alle Übung geübt wurde. Siehe M 117 (S. 203–208).

34. Ghaṭīkāro *(Ghaṭīkāra-Suttam)* (M 81)

300: Der Buddha **Kassapo** ging als der dritte Buddha unseres glücklichen Weltzeitalters dem Buddha Gotamo unmittelbar voran.

305: Mit der Schilderung der 9 Eigenschaften Ghaṭīkāros gibt der Buddha implizite folgenden geistigen Entwicklungsgang in 3 Stufen wieder:

1. Als gläubiger Weltling hatte er Zuflucht zu den 3 Kleinodien genommen und hielt die 5 Tugendregeln ein.
2. Dann wurde er Hörer: Da gewann er unwiderrufliche Zufriedenheit bei den 3 Kleinodien, besaß die Tugenden, die den Edlen lieb sind und die zur Einigung führen und hatte die 3 Fesseln aufgehoben.
3. Schließlich war er im Hause sogar Nichtwiederkehrer geworden: Er hob zwei weitere Fesseln auf: Sinnensucht (volle Keuschheit, nachmittags nichts essen, ganz ohne Luxus leben) und Kaltherzigkeit (Rücksicht gegen Tiere, Elternliebe).

306: **die Freude darüber** (*pīti-sukham*), in M 15 u. 61 übersetzt mit »selig-heiter«.

307: Am Schluß ließ KEN den Satz weg, daß Jotipālo der Bodhisattva (d. h. der Buddha in einer früheren Existenz) war! Dieser hatte damals solchen brahmanischen Standesdünkel, daß er sich nicht nur über die anderen Kasten, sondern auch über niedere Brahmanengruppen wie die seines Freundes Ghaṭīkāro erhob, ja sogar über den Buddha Kassapo, dem er verübelte, die Brahmanenkaste aufgegeben und »kahler Pfaffe« geworden zu sein. Obwohl er dann doch bei ihm Mönch geworden war, verstand er die Lehre nicht und brauchte noch viele Leben bis zur Erwachung. Es heißt, daß die 6 Jahre vergeblicher Askese in seinem letzten Leben die Frucht jener Überhebung waren (Ap. Nr. 387).

Ghaṭīkāro hingegen wurde als Nichtwiederkehrer bei den Reinhausigen wiedergeboren und lebte dort noch, als der Buddha Gotamo lehrte: Ihm erschien er zweimal (S 1,50 u. 2,24).

35. Dhanañjani *(Dhanañjani-Suttam)* (M 97)

Dh., ein einflußreicher Brahmane, war nach dem Tode seiner ersten **frommen** (*saddhā* = gläubig) Frau unter der Genußsucht seiner zweiten **unfrommen** (*a-saddhā* = ungläubig) Frau ethisch nachlässig geworden (**unbeflissen** = *pamatto* = die 16. Herzenstrübung in M 7). Er spielte Adel und Geistlichkeit gegeneinander aus. Er **verlästerte** (wtl.: plünderte), d. h. er nahm wohl Bestechungen. Sein Gewissen beschwichtigte er damit, daß er von seinen Einnahmen 9 andere Kreise fördere und erst ganz zuletzt auch für eigenen Genuß sorge. Er folgte also der verderblichen Maxime »Der Zweck heiligt die Mittel«, die vom Buddhismus nie gebilligt wurde. Er handelte so aber mehr aus Unwissen und unter dem schlechten Einfluß seiner zweiten Frau als aus verderbtem Herzen, bewahrte vielmehr noch eine starke Sehnsucht nach brahmischer Reinheit. So konnte er sich in der Todesstunde noch umstellen und in der Brahmawelt wiedergeboren werden, indem er die 4 Strahlungen pflegte.
Obwohl die Brahmawelt nicht aus dem Leidenskreis befreit, sondern ihn nur lindert,

daher vom höchsten Standpunkt aus **hinfällig** (*hīna* = geringwertig) ist, war Dh. offenbar für noch höhere Einsichten nicht empfänglich. Obwohl objektiv noch mehr zu tun war, war subjektiv für Dh. nicht mehr zu tun. Indem Sāriputto ihn zur Brahmawelt führte, war dies die optimal erreichbare Verbesserung.

308: **Und wie gar,...** ist entweder ironisch gemeint oder es wäre zu übersetzen »Wie wäre Dh. recht beflissen?«.

309: **Manen** = Vorverstorbene

313: Die 6 sinnlichen Götterreiche und die Brahmawelt sind im Paralleltext aus M 120 ausführlich erläutert in WW 1983, S. 11–24.

36. Potaliyo *(Potaliya-Suttam)* (M 54)

E: WW 1983, S. 229–288.

316: Die hier vom Buddha genannten 8 Dinge nennen den Tugendabschnitt des Heilsweges, wobei 3 Herzenstrübungen mit eingebaut werden. Dabei wird unter den 3 Geboten des Handelns die Ausschweifung nur von der Wurzel her genannt (**begehrlich süchten**). Unter den 4 Redeweisen steht für Plappern dessen Hauptmotiv: **Anmaßung** hält sich für so wichtig, daß man anderen seine Gedanken aufschwatzt; als Quelle des Scheltens steht noch **Wüten und Verzweifeln** (wtl.: Zorn und Erregung). 3 Motive der Überwindung: Scham (sich verachten), Scheu (andere tadeln mich), Weisheit (verborgene Leidensverkettung sehen).

317: **Kein Wesen töten** (wtl.: auf Nichttöten gestützt) **läßt vom Töten der Wesen abstehn:** Man weiß, wieviel besser man sich fühlte, wenn man schonte. Auf diese Erfahrung stützt man sich, nimmt sie zum Verbündeten. Ebenso bei den anderen 7 Dingen.

320: Die 7 Begierdengleichnisse zeigen die Weltüberwindung (E auch in WW 1963, S. 111–119). Es läßt sich eine Ordnung nach den 4 Elementen erkennen, und zwar jeweils innerseelische Eigenschaften und äußere Begegnungssituationen:
Festes: **Kahle Knochen** täuschen blutvolles Leben vor (innere Unersättlichkeit). Außen: Raubvögel reißen **Fleischfetzen** weg (Rivalität).
Feuriges: **Strohfackel gegen den Wind** (Geschäftigkeit verzehrt Kraft). Außen: In Kohlengrube gezerrt, in Hölle.
Luftiges: **Traumbilder** sind Luftgebilde, der Wind des »Schicksals« weht unberechenbar und läßt mich leer. Außen: Gläubiger fordern zurück, ich stehe leer da, falle aus allen rosa Wolken.
Flüssiges: **Früchte** genießen, aber andere »graben mir das Wasser ab«, ohne böse Absicht, wegen Überschneidung der Interessensphären. Die innere Seite dazu dürften die 3 weiteren Gleichnisse aus M 22 nennen.
Anblick ist wörtlich, sonst mit »Gleichmut« übersetzt. Die 4. Schauung ist der höchste Gleichmut gegenüber Formen, dann werden die Formen durchbrochen (Weisheitsdurchbrüche).

323: Der Halbasket Potaliyo nimmt wieder die Pflichten des Hausners auf sich, indem er hier seine Absicht bekundet, wieder Büßern und Pilgern zu spenden.

37. Das Gleichnis vom Kleide *(Vatth'upama-Suttam)* (M 7)

E: WW 1963, S. 2–28, 42–56; die 16 Trübungen auch 1979, S. 109–117. Thema: Die durch die Existenzen gehende Psyche ist wie ein mehr oder weniger beschmutztes Kleid. Vgl. aus der Bhagavadgita II den Vers:
»Wie Kleider, die man abgetragen abwirft,
und andere, neue, wieder nimmt und anlegt,
so läßt man ab von abgelegten Leibern,
geht andre, neue wieder ein lebendig.«
(KEN, Krischnas Weltengang, München 1905, S. 118)
Der »Stoff« wird in jedem Leben neu gefärbt, aber die Flecken (Trübungen) bleiben als solche, wenn sich auch ihre Art verändert. Das Heil (vollkommenes Wohl) ist durch keinerlei äußere Mittel erreichbar, Waschen in heiligem Wasser nützt nichts. Nur Herzensläuterung hilft. Es gibt nur 3 Trübungen: Anziehung, Abstoßung, Verblendung (M 14), diese werden in M 128 in 11, in M 7 in 16 Arten aufgefächert, vergl. auch M 3, 8, 15, 104. Die Übersetzung schwankt.
1.–2.: Grundlagen; sinnliche Anziehung und Abstoßung, die beiden ersten Hemmungen, die 4.–5. Fessel, der 8.–9. falsche Tatengang.
3.–6.: Falsches Forcieren, Verschwendung von Tatkraft: Zorn und Rachsucht (Niedertracht), Machtgier (Hervorhebung der eigenen Person) u. Herrschsucht (Unterdrückung anderer).
7.–10.: Falsches Blockieren, nutzlose Passivität: Neid und Geiz, Heuchelei und Heimlichkeit.
11.–16.: Falsches Sortieren, sinnlose Achtsamkeit: Trotz und Rechthaberei, Dünkel und Überhebung, Rausch und Leichtsinn. Dünkel und Rausch sind die einzigen der 16 Arten von Trübungen, die über das soziale Feld hinausgehen.

329: Die 3 Kleinodien (Erwachter, Lehre, Jüngerschaft), die buddhistische Trinität. Wo sie ganz erfaßt sind, sind sie die 3 ersten Glieder der Hörerschaft. Die 4 Paare sind: Hörer, Einmalwiederkehrer, Nichtwiederkehrer, Heiliger, jeweils als Weg und als Frucht. Das 4. Glied der Hörerschaft wird meist als heilige Tugend beschrieben, hier aber als **Rücksicht abgetan**, wtl.: von Beschränktem (Sinnlichem) geistig Abstand genommen, zurückgetreten, keine falsche Rücksicht mehr darauf nehmen.

5 Gefühle der Himmelsleiter (WW 1978, S. 185 ff): **Verständnis** (intellektuelle Wahrheitswonne), **Wonne** u. **Beseligung** (gemütsmäßige Freude an der Lehrnachfolge und Herzensläuterung), **Stille** und **Heiterkeit** (Lindheit und Wohl im Körper). Das sind die Stufen zur vollen Einigung. Wer individuell auf die 5 Hemmungen schaut, kommt zur Schauung, wer sozial auf die 16 Trübungen blickt, wird zur Strahlung neigen.

Tugend, Wahrheit (*dhamma*), **Weisheit.** Sonst als Mittelglied Einigung o. Herz, in It 97 die 7 Erweckungen, in M 68 übersetzt »leben, lehren, wissen«.

330: **Gemeines**, wtl.: Niederes (Sinnensuchtebene), **Edles** (Welt brahmischer Strahlung). Auch über die höchste **sinnliche Wahrnehmung** (*sañña-gata*), nämlich Formlosigkeit hinaus führt die Erwachung aus dem Leidenstraum.

331: In den Versen wechseln die beiden Haupt-Metren ab, der achtsilbige Śloka (1, 3, 5) und das Mehrsilbige (2, 4). Dieser Metrumwechsel bewirkt besondere

Eindringlichkeit dieser ersten Verse der MS. Dreimal kommt darin das *Karma* vor: **gewirkte Schuld** = wtl.: dunkles Wirken. **Sündentat** = wtl.: böses Wirken. **Reines wirkt** = wtl.: reines Wirken. Dazu die Mystikerin Jeanne Marie Guyon (1648–1717):

»Alles ist Lachen und blühen
für den, der nichts begehret.
Er hat ohne Mühen,
was das All nur gewähret:
ird'sche Blumen hienieden,
des Himmels Blau droben
und im Herzen den Frieden,
der aus Reinheit gewoben« (Cantiques spirituels, ed. 1790, Bd. II, p. 98; auf franz. bei KEN: LS Bd. II, S. 719.)

38. Unschuld *(An-aṉgaṇa-Suttam)* (M 5)

E: WW 1984, S. 66–92.

Thema: Richtige Einstellung des Geistes gegenüber den Eigenschaften des Herzens.

332: **Schuld**, wtl.: Schmier, Makel. Solche Unreinheit ist Trübung des Herzens, das erst nach der 4. Schauung makellos (**gediegen** bei KEN) ist.

333: **Blenden der Erscheinung bewogen** = wtl.: auf blendend-schöne Vorstellung richtet er Aufmerksamkeit.

334: die **bösen verderblichen Sinnesrichtungen**, wtl.: böse, unheilsame Verlangensrichtungen, und zwar in allen im folgenden aufgezählten 19 Fällen hier Ehrgeiz, der in Pāli wörtlich »böses Verlangen« heißt. Das Böse am Ehrgeiz ist, daß er bei Zurücksetzung Haß ausbrütet, Erbitterung und Mißvergnügen (Ärger u. Unwilligkeit).

335: **bei Mahlzeit satt werden**, wtl.: nach Mahlzeit Segenswunsch sprechen. Der Wunsch, jemand möge nicht satt werden, kommt im Text gar nicht vor.

339: Diese Eigenschaften der Leute, die unwillig aus dem Hause fortgezogen sind, erscheinen auch in M 107 u. A V / 167. Es werden drei Gruppen unterschieden:
1. Falsche Richtung der Fähigkeiten: **unwillig, nicht aus Zuversicht**, wtl.: ohne Vertrauen, nicht aus Vertrauen. Wo Vertrauensgrundlage fehlt, gibt es falsche Ruhe (**Heuchler ...**) und falsche Aktivität (**aufgeblasene ... Plauderer**).
2. Fehlen von Übungen: **schlechte Hüter ... aufdringlich**.
3. Fehlen der Heilsfähigkeiten: ohne Selbstvertrauen (**anspruchsvoll ... fliehen**), dann wtl.: u. a. ohne Tatkraft (**schwach**), Einsicht (**verworren**), Einigung (**unbeständig**), Weisheit (**beschränkte**).
Diese freuen sich, wenn schlechte Eigenschaften anderer (Ehrgeiz), die sie selber gerade weniger haben, getadelt werden, so daß sie dadurch ihre massiven eigenen Fehler verdrängen können. So werden sie, wie die schmutzige Schüssel, nur immer schmutziger!

39. Das Maß *(Anu-māna-Suttam)* (M 15)

340: **Fordert ... auf** = Der Buddha schrieb vor, daß die Mönche sich am Ende der gemeinsamen Regenzeit-Klausur gegenseitig auffordern sollten, Regelverstöße zuzugeben; **mißlich** (*du-vaco*) = schlecht ansprechbar, sich schwer etwas sagen lassen, keine Kritik vertragen. Gegenteil S. 341: **günstig** (*suvaco*) = ansprechbar.

343: **Herzensentschluß**, s. auch M 8 u. 114.

345: **selig heitere Übung**, s. auch M 61.

Von den 16 hier genannten Eigenschaften gehören viele zu den Herzenstrübungen (M 3, 7, 8, 104), von KEN dort teils anders übersetzt; auch hier in M 15 ist die Übersetzung oft irreführend, was hier nur kurz angedeutet werden kann:

1. **boshaft** (*pāp'iccho*), wtl.: zwar »böse Wünsche«, aber gemeint ist Ehrgeiz als Gegenteil von Bescheidenheit (*app'iccho*); M 104;

2. **brüsten/verachten** = Dünkel;

3.–6. **zornig und feindselig**;

7.–11. sind die 4 falschen Redeweisen, in A VIII/14 ausführlich mit Gleichnissen, siehe WW 1969, S. 98–118;

12. **heuchlerisch und neidisch** = prestige- und herrschsüchtig;

13. **eifernd u. selbstsüchtig** = neidisch u. geizig;

14. **listig und gleißnerisch** = heimlich und heuchlerisch;

15. **störrisch und eitel** = trotzig und überheblich;

16. **nur für das vor Augen Liegende Sinn haben**, s. auch M 8, 104. Das ist eine Geistestrübung (materialistische Anschauung), in der alle Herzenstrübungen und falschen Reden wurzeln.

40. Das Gleichnis von der Säge *(Kakac'upama-Suttam)* (M 21)

Der Mönch M. war aus **Zuversicht** (*saddhā*) Mönch geworden, aber jetzt gesellte er sich **über die Zeit hinaus** (so KEN in D 1) zum anderen Geschlecht. Bald trat er aus dem Orden wieder aus (S 12,32), was jederzeit möglich war. Thema: Sich in Geduld üben:

1. Werden Nahestehende gescholten oder geschlagen, dann soll man innerlich ruhig bleiben und das Mantra des Buddha pflegen. Es ist aber nicht gesagt, daß man nicht helfen soll, wenn es möglich ist, nur ohne Groll.

2. Wenn der Buddha etwas empfiehlt, was keine Pflicht ist (Einsames Mahl, eine Übung der strengen Zucht: der Vorfall in M 65, dort aber übersetzt »einmal des Tags«), dann soll der Jünger dies willig erdulden, wie das Roß den Wunsch des Kutschers, denn der Buddha ist auf das Heil des Mönches bedacht, wie der Förster auf das Gedeihen des Waldes.

3. Wird der Mönch unangemessen angesprochen oder erhält er nicht genug zum Unterhalt, dann soll er geduldig bleiben, anders als die Hausfrau Vedehikā.

4. Wird man belogen (**unsinnig**), beschimpft (**grob**), angeschwatzt (**unzweckmäßig**), durch Hintertragen herabgesetzt (**heimtückisch**) oder wird einem wahres

Heilsames freundlich und liebevoll, aber völlig zur Unzeit gesagt, dann hat man wieder jenes Mantra zu üben und Liebesstrahlung zu entfalten. Wie Erde nicht auffährt, wenn man gräbt, spukt und harnt (**lockerte, löste** bei KEN, richtig aber in M 12), wie es den Raum nicht stört, wenn einer Bilder hineinmalen will, wie der Ganges nicht davon beeinflußt wird, wenn ihn einer ausdünsten will, und wie ein Katzenfell keine Töne von sich gibt (**saftlos, kraftlos**) – siehe entspr. M 62. Zu den 5 Redeweisen siehe WW 1962, S. 70–87.

5. Wird man selbst mißhandelt, dann ist das Mantra zu üben und Liebe zu strahlen, selbst bei Mördern mit der Säge. Nie soll man in Wut geraten: aber es ist nicht gesagt, daß man vor Mördern nicht fliehen soll.

41. Puṇṇo *(Puṇṇa-vāda-Suttam)* (M 145)

358: **Lust**, sonst mit »Genügen« übersetzt: »Genügen ist des Leidens Wurzel« (M 1). Genügen ist Gefühlsbefriedigung (M 38). KEN zitiert Ekkehard: »Alles leit kumet von liebi unt minne; wan minne unt liebi ist leides anevanc unt uzganc.« (Traktat Nr. 5: Buch der göttl. Tröstung).

360: **verabscheuen und verachten** können wohl noch Nichtwiederkehrer, nicht aber Heilige.

milde Geduld, wtl.: des Gebändigten Ruhe. Mit dem 3. Wissen wurde Puṇṇo ein Heiliger, als solcher sprach er den Vers Thag 70.

361: Schluß wie M 140, nur wurde Pukkusati noch wiedergeboren, Puṇṇo nicht.

42. Das Gleichnis von der Wachtel *(Lahutik'opama-Suttam)* (M 66)

E: WW 1984, S. 130–173.

361: Der Mönch Udāyī wurde oft vom Buddha getadelt (siehe M 59 und 136), wurde aber dann doch ein Heiliger (Thag 689–704).

unselig/selig, wtl.: leidig, wohlig. Als Beispiel nennt Udāyī den Segen und die Beruhigung, den es mit sich bringt, nicht mitten am Tage (mittags) etwas zu essen und auch nach Sonnenhöchststand den Magen nicht mehr zu belasten. Siehe auch M 21, 65, 70.

363: **Fessel/Bande**, beides *bandhana* (wtl.: Band)

366: **Anhaften**, wtl.: Zutat, Bezug, ist Synonym für Genügen und Ergreifen. **Anhaften ist des Leidens Wurzel** (S. 367) = »Genügen ist des Leidens Wurzel« (M 1).

Die hier genannten 4 Menschen entsprechen den 4 Edlen:

1. Der Hörer geht noch dem meisten Anhaften nach;
2. der Einmalwiederkehrer kämpft stark mit dem Anhaften;
3. der Nichtwiederkehrer hat nur noch selten Anhaften zu bekämpfen;
4. der Heilige ist restlos von ihm frei, entfesselt.

368: Drei Arten von Wohl werden hier vom Buddha unterschieden:
1. Vor Sinneswohl hat sich der Mönch zu hüten (wtl.: fürchten);
2. Das Wohl der ersten 3 Schauungen soll man zuerst pflegen, dann aber jeweils noch die Regungen darin abtun;
3. Die 4. Schauung und die 4 Formfreiheiten sind reglos, aber noch **unzulänglich** (wtl.: nicht ausreichend), nämlich bezogen auf das höchste *Nirvāna*-Wohl.

43. Vor Cātumā *(Cātumā-Suttam)* (M 67)

Die zuchtvolle Übung im Orden ist den meisten so ungewohnt wie der Aufenthalt im Wasser. Wie man im Wasser nur oben bleiben kann, wenn man aktiv strampelt, so auch kann man im Orden nur wachsen, wenn man kämpft und nicht »wasserscheu« flieht. Die 4 Gefahren, die versinken lassen (s. ebenso A IV/122): zuerst je zwei, die das Wasser als solches betreffen und grundlegend sind (**Woge, Strudel**), dann je zwei, die Wassertiere betreffen (**Krokodil, Hai**).

371: Der Buddha handelte nicht aus Ärger, sondern aus pädagogischen Motiven. Gleiche Passage: S 22,80 u. Ud III/2.

372: Vom Brahmā Sahampati wird viermal ein Eingreifen im Kanon berichtet.

373: Sāriputto, der Jünger, der dem Meister gleicht, handelt doch nicht immer so weise wie ein Buddha. Mogallāno übertrifft ihn hier an Fürsorglichkeit.

376: Wo Krokodile leben (Süßwasser), gibt es keine **Haie**, die nur im Salzwasser des Meeres leben. Es könnte mit dem in seiner Bedeutung nicht ganz eindeutigen Pāliwort, das KEN mit **Hai** übersetzt, daher auch eine Wasserschlange gemeint sein. Der Vergleich von Schlange und Sexualität ist ja nicht selten (A V/229–230).

44. Der Rinderhirt I *(Mahā-gopālako-Suttam)* (M 33)

Paralleltexte: A XI/18 u. 23.

1. **Leibesart** (*rūpa* = Form): 4 Elemente (= Hauptstoffe) und Raum (= was durch die 4 Hauptstoffe besteht) bestehen nur durch Bewußtsein, nicht a priori.

2. **Lebensweise**, wtl.: Merkmale. Alle Form ist in ihrem Sosein durch Taten (*kamma*) gewirkt. Alles Mangelhafte ist vom Toren, alles Zweckmäßige vom Weisen gewirkt. Siehe M 129.

3. **verscheucht ... das Schädliche**, wtl.: Fliegeneier zerstören. Wer die 3 unheilsamen Gedanken duldet, züchtet Fliegen (A III/126). Wer sie auflöst, kämpft den 2. Kampf.

4. Die 6 Sinnestore machen das Herz verwundbar, wenn man nicht Sinnenzügelung (1. Kampf) übt.

5. **Feuer**, wtl.: Rauch, **machen**: Durch rauchendes Feuer hält der Hirt Raubtiere und Moskitos von den Rindern fern. Wer seine tiefere Überzeugung nicht verschweigt, hält sich seichte Menschen fern.

6. Die religiösen Führer hießen in Indien **Furt**bereiter, entsprechend in Rom pontifex (Brückenbauer). Sie kennen die Furt unter Wasser, um den Strom der Triebe zu kreuzen (s. M 34), damit man nicht in Zweifeln untergeht oder weit abgetrieben wird.
7. An der **Quelle** löschen die Rinder den Durst. Mit dem lebendigen Verständnis des Heils trinkt man Wahrheitwonne (s. M 7 u. 48): dies Wasser des Lebens löscht den Durst der Triebe.
8. Der **Steig** ist der Achtpfad.
9. **Weide** = tägliche feste Nahrung. Der Mönch ernährt seine Vorstellungen nur noch durch die 4 Pfeiler der Einsicht. So wird die Wahrnehmung wahnlos.
10. **Übermäßig melken**, wtl.: ohne Rest (im Euter) melken = Maßlosigkeit im Annehmen statt Genügsamkeit, die die Sinnengier mindert.
11. Den erfahrenen Ordensälteren mit Liebe dienen (s. M 48 und 104) mindert die kalte Lieblosigkeit.

45. Der Erwägungen Eingehen *(Vitakka-santhāna-Suttam)* (M 20)

E: WW 1976, S. 2–22.

Wer nach Hohem strebt ..., wtl.: Der sich an Herzensläuterung anjochende Mönch hat 5 Vorstellungen, je nach der Zeit Aufmerksamkeit zu schenken. »Hochherzige« Herzensläuterung folgt auf die Tugendläuterung als mittlerer der 3 Abschnitte der Selbsterziehung. Wer die Probleme der Begegnung gelöst hat, übt nun allein den inneren Kampf, den 2. Kampf der 4 Kämpfe (Stufe 6 des Achtpfades), hier gegliedert in folgende 5 Möglichkeiten:
1. Da jeder **Erwägung** eine Wahrnehmung (**Vorstellung** ist hier der Gegenstand der Wahrnehmung) zu Grunde liegt, wird durch Veränderung der Vorstellung am direktesten die Erwägung verbessert. Anziehendes, Emporziehendes, Befreiendes betrachten, ist am hilfreichsten.
2. Hilft das nicht, dann betrachte man leidige Folgen: Gier wird stärker, man hat schlechtes Gewissen, wird an Unbestand gebunden usw. Laß das, was ins Elend führt.
3. Hilft der Appell an die Abschreckung nicht, dann lenke man sich ab mit neutralen Tätigkeiten.
4. Versagt auch die Ablenkung, dann stelle man das Erwägen (diskursives Denken) allmählich ein, stelle sich erst um auf Sinnen (kontemplatives Denken) und dann auf reines Betrachten und Aufmerken, z. B. auf den Atem.
5. Wenn alles nichts hilft, kann man mit Hilfe der Körperkraft und Gemütskraft (**Wille**) die Triebseele momentan unterdrücken. Das ist nur Ultima ratio, meistens aber fällt einem dies schlechteste Mittel als erstes ein.

46. Raṭṭhapālo *(Raṭṭhapāla-Suttam)* (M 82)

E: Nyanamoli, The Wheel, Kandy 1967, Nr. 110.

385: **Kurū**, s. Kommentar zu M 75, S. 506.

386: **dreifache Versammlung** = die der 3 oberen Kasten. Raṭṭhapālo wird vom Buddha als an der Spitze derer stehend gepriesen, die aus Vertrauen in die Hauslosigkeit zogen (A I/19).
Nach MV I,54 hatte der Buddha aus Mitleid mit Weh und Not der Eltern den Eintritt in den Mönchsorden (nicht Nonnen) von der **Zustimmung der Eltern** abhängig gemacht. Das galt nach M 82 auch für bereits verheiratete Söhne und auch wenn die Eltern ohne jede wirtschaftliche Not waren.

387: **iß und trink und ergetze dich**. Vgl. Jesus: »Liebe Seele, du hast einen großen Vorrat auf viele Jahre; habe nun Ruhe, iß, trink und habe guten Mut. Aber Gott sprach zu ihm: Du Narr! diese Nacht wird man deine Seele von dir fordern; und wes wirds sein, das du bereitet hast? Also geht es, wer sich Schätze sammelt und ist nicht reich in Gott.« (Luk 12,19–21)

388: Fasten bis zum Tode wurde, allerdings als politisches Druckmittel, auch von Gandhi und anderen angewandt. Der Buddha enthält sich hier jedes Werturteils. In der Pāli-Überlieferung finden sich 3 Fälle davon, die ungünstige Folgen für den Täter hatten. Vgl. auch Sumedhā (Thig 460). Heiligt ein guter Zweck bedenkliche Mittel?

391: R.'s Druckmittel war bedenklich, aber das des Vaters war übel: einen Mönch zum Aufgeben der Askese zu verführen, ist nach allgemeiner indischer Auffassung teuflisch.
Reichtum genießen und **Gutes tun**: als Maxime des Laien vom Buddha gelobt (A X/91 u. V/227). Vom Standpunkt der Weltüberwindung aus erscheint es R. sinnvoller, Gold in den Ganges zu werfen als es für soziale Zwecke zu verwenden.

392: R. hatte mehrere legale Ehefrauen (s. auch M 66, D 31 usw.): **Huldinnen** (Sanskrit: *apsaras*) = schöne Göttermädchen.
Die Verse = Thag 769–774. Der erste Vers = Dh 147 in anderer Übersetzung, auch von anderen Mönchen übernommen (Thag 1020 u. 1157).

399: Verse = Thag 776–788. Die Verse Thag 789–793 stehen nicht in M 82. – KEN zitiert zwei Verse der Antike:
»Du mußt verlassen Heim und Herd,
die liebe Frau, auch Feld und Flur;
kurzlebig dir hier nichts gehört
als Grabes Wipfelrauschen nur.« (Horaz, Oden II, 14)
»Leichtfertig sein, wie's alle sind,
bringt nimmer Glück dem Sterblichen:
vergeblich ständig suchen sie
zu haschen, was sie immer flieht.« (Bakchylides I, Z. 36–39)

47. Subho *(Subha-Suttam)* (M 99)

Subho argwöhnt, daß der Buddha ein ostentatives Bekenntnis zur Askese ablegen würde und will dann gegen korrupte Mönche losziehen. Als der Buddha ihm aber erwidert, ein recht lebender Laie sei besser als ein falsch lebender Mönch, ist ihm der Wind aus den Segeln genommen. Er kann nur noch entgegnen, die größeren Pflichten und Betätigungen der Hausner brächten auch größeren Gewinn. Der Buddha aber gibt zu bedenken, daß häusliche Berufe trotz aller Aktivität mißlingen können, während die »passiven« Asketen mit Almosen und Ruhm überschüttet werden können. Erst danach wird das eigentliche Problem des Verhältnisses von Vita activa (Hausner, Laie) und contemplativa (Asket, Mönch) erörtert (dazu in der schweizer buddhist. Zeitschrift »Die Einsicht« 1952, S. 88–93), nämlich der innere Gewinn.

403: Die 5 **Bedingungen** (*dhamma* = hier Eigenschaften), »des Herzens Geräte« (M 117 »Rüstzeug«) sind Konkretisierungen der 5 Fähigkeiten:

1. **Wahrhaftigkeit**, wtl.: Wahrheit sagen: ist Weisheit.
2. **Buße** ist Tatkraft.
3. **keusches Wandeln** ist Selbstvertrauen, unabhängig vom Außen; dazu auch **Mitleid** (S. 408) als Vertrauen in die Gleichheit des Strebens aller Wesen.
4. **Andacht** ist eine Form der Einsicht (*sati*), es ist aufmerksames Lernen gemeint.
5. **Entsagung** steht – wie oft (s. M 96, 120 usw.) – für Einigung.

Das Blindengleichnis wie in M 95.

406: Die **fünf Hemmungen** als Hindernis der Einigung wie in D 13.

407: Das Feuergleichnis deutet KEN nach seiner Lesart: So unmöglich wie nasses Holz brennt – es sei denn durch Magie – ist eine **Heiterkeit** (*pīti*) durch die 5 Sinne; entsprechend wie das Holzscheitgleichnis in M 85.

Nach der Mehrzahl der Lesarten wäre zu deuten: Wie Feuer normalerweise nur durch Holz brennt, so kennt der normale Mensch *pīti* nur bei den Sinnen (so auch Sn 766, D 30 X, S 36,29). Wie aber Feuer ohne Holz nur durch geistigen Einfluß (Magie) brennen kann, so gibt es eine *pīti* ohne die Sinne nur durch das geistige Bemühen (jene 5 Eigenschaften, Aufhebung der 5 Hemmungen, Verständnis des Sinnes). So unterscheidet S 36,29 drei Arten von *pīti*: grobe bei den Sinnen, feine in den ersten beiden Schauungen sowie die feinste der Erlösung. Man könnte sagen, daß *pīti* nie durch die Sinne, sondern nur bei ihnen vorkommt, in Wahrheit aus innerer Quelle.

48. Aṉgulimālo *(Aṉgulimāla-Suttam)* (M 86)

Der dramatische Lebenslauf dieses Brahmanen (WW 1970, S. 114–127) ist zum psychologischen Verständnis dieser Musterrede zum Thema »Vom Mörder zum Heiligen« unerläßlich. Nur seine religiöse Anlage und nur der Buddha konnten ihn so wandeln.

412: **grausam**. Dies ist die Formel für jeden Tötenden (M 41, 114) und bedeutet keine besondere Blutrünstigkeit Aṉgulimālos.

413: Der Buddha war mit Wundern zurückhaltender als Jesus, da er auf das Wunder

der Belehrung größeren Wert legte (D 11). In M 86 werden zwei **magische Erscheinungen** erwähnt: die andere ist die einzige Totenerweckung des Buddha (S. 417).

415: Die Tugenden Aṅgulimālos als Mönch wie in M 81 bei Ghaṭīkāro, dem Laien. Aṅgulimālo praktizierte dieselben 4 Asketenregeln wie Mahākassapo (s. Kommentar zu M 32, S. 531): er hatte einen schweren Weg.

417: 5. Bruchstück, zur Steinigung Aṅgulimālos: Nur der Leib des Triebversiegten erleidet noch Schmerzen, sein Herz ist davon völlig unberührt. Die Ernte früherer Übeltat trifft nur noch den Leib.

418 ff: Alle Verse = Thag 866–886, dort noch weitere Verse 887–891.

49. Makhadevo *(Makhadeva-Suttam)* (M 83)

421: Zum Alter zitiert KEN:
»Alter altert dir das Haar,
die Zähne altern, alternd dir,
es altert Sehn und Hören dir:
der Durst allein, der altert nicht.« (Mahābhārata XIII, 7)
Über Alter als **Götterbote** s. M 130.
Im goldenen Zeitalter der Erde wurden die besten Wesen 4 × 84000 Jahre alt, insbesondere die tugendhaften Herrscher. Vgl. in der Bibel Methusalem, der »nur« 969 Jahre alt wurde (1. Mose 5,27).

423: Die **heiligen Warten** (*Brahma-vihāra*) sind die 4 Strahlungen, die zu brahmischer Welt führen.

424: **Nimi** s. Nimi-Jātaka (J 541).

425: In J 541 werden die **beiden Bahnen** breit ausgeführt. KEN zitiert:
»Weit sind die Wolken, weit die Erdentale,
weit überm Ozean das andere Ufer:
doch weiter noch als diese, wahrlich, sagt man,
daß gute Art und schlechte sei, o König.« (J 537 v. 43)

428: KEN läßt am Ende den Satz weg, daß Makhadevo damals der Bodhisattva war, nach J 541 war er auch Nimi. Ānando war in seinem früheren Leben der Barbier Makhadevos (J 9) und in einem anderen Leben der Kutscher Mātali (J 541), Rāhulo war der Sohn Makhadevos (J 9), Anuruddho war Sakko (J 541).

50. Sakuludāyī I *(Mahā-sakuludāyī-Suttam)* (M 77)

431: Die oft genannten 27 unnützen Gespräche (M 76–79, 122 usw.) über 5 Themen: Macht (**Könige**, **Räuber**, **Fürsten**, **Soldaten**, **Krieg**, **Kampf**), Genuß (**Speise**, **Trank**, **Kleidung**, **Bett**, **Blumen**, **Düfte**), Gemeinschaft (**Verwandte**, **Fuhrwerk**, **Wege**, **Dörfer**, **Burgen**, **Städte**, **Länder**, **Weiber**, **Weine**, **Straßen**, **Märkte**), Geschichte (**Altvorderen**, **Veränderungen**, **Volksgeschichten**, **Seegeschichten**).

432: Die 6 Irrlehrer erscheinen mehrfach (M 30, 36, D 2), sie lehren: Amoralismus,

Fatalismus, Materialismus, phantastischen Okkultismus, unnütze Selbstqual.

434: **leben auf dem Lande oder leben als Anhänger**, d. h. entweder als Laienbrüder noch im Klosterbezirk oder als Laienanhänger im Hause.
Grundsätze, wtl.: Übungsschritte, hier die 5 Tugenden.

436: **8 Monde** wandern die Mönche, während sie die 4 Monate der Regenzeit am festen Klosterplatz verbringen.

438: **Pfade und Stege** = das Vorschreiten und Vorgeschrittensein. Für »gelangen, bestehn, erobern, erwerben, wirken« steht immer dasselbe Pāliwort »entfalten«.
Die Pfade beginnen mit 7 Übungen, die häufig als Inbegriff des Heilweges genannt werden (M 103, 104, 118, 151), s. bei M 104. A VIII/19 gibt ein Gleichnis vom Weltmeer dafür. Über den Unterschied der 5 Fähigkeiten und Vermögen s. S 48,43. Die 7 Erweckungen s. bei M 118.

440: Hier stehen vor den 4 Schauungen drei besondere Weisen der Einigung: Nach D 34 sind davon die 8 Freiungen zu verwirklichen, die 8 Überwindungen zu überblicken, die 10 Orte der Allheit zu entfalten. Allen diesen 3 Übungen ist gemeinsam, daß sie bereits den Frieden vor den Schauungen – die sog. angrenzende Sammlung – mit einbeziehen und daß sie die auf die Schauungen folgenden Formfreiheiten anstreben (näher: Heilsweg S. 351 ff.):
1. noch in der Sinnenwelt liegen: Freiung 1–2 = Überwindung 1–4 = Allheit 1–4;
2. zur formhaft-brahmischen Schauungswelt gehören: Freiung 3 = Überwindung 5–8 = Allheit 5–8. Zu diesem Bereich gehören auch die in M 77 fehlenden Strahlungen;
3. zur Formlosigkeit gehören: Freiung 4–5 = Allheit 9–10; dann Freiung 6–7;
4. das *Nirvāna* ist nur Freiung 8.

444: Die Gleichnisse sind dieselben wie in D 2, mit nur 2 kleinen Abweichungen bei Ohr und Auge.

448: **fünfte Eigenschaft**: Die 4 ersten S. 437 f., diese fünfte S. 438–448.

51. Anāthapiṇḍiko *(Anāthapiṇḍik'ovada-Suttam)* (M 143)

Der Großkaufmann Anāthapiṇḍiko stand an der Spitze der Spender, er stiftete dem Orden das berühmte Kloster im Siegerwalde (*jeta-vana*) in Sāvatthi und führte viele Gespräche mit dem Buddha. Er war im Besitz der Frucht der Hörerschaft. Ausführlicher Lebenslauf: WW 1967, S. 130–154.
Thema: Welche Erkenntnis nützt einem todkranken edlen Jünger am meisten? Wenn die Sechssinnenmaschine des Leibes elend daliegt, wenn man die Welt der 6 Objekte lassen muß, wenn sich die Erkenntnisfähigkeit des Bewußtseins selbst trübt, wenn die es berührenden Gefühle schmerzlich und trostlos sind, wenn eben alles, was der Geist ausbrütet und erfährt, sich als haltlos erweist, dann hilft am meisten, das Ichbewußtsein aus allem Vergänglichen herauszuziehen, sich nicht mehr damit zu identifizieren. Dann kann man untreffbar werden.

Diese Rede ist für Anāthapiṇḍiko als Hörer an sich nichts Neues, aber in dieser radikalen Weise hat er eine so verbindliche Anweisung noch nie gehört. Eine solche Meditationsanleitung ist für weltüberwindende Mönche, aber nicht für Hausleute geeignet – es sei denn eben in der Sterbestunde. Derartig abstrakte Analysen bleiben sonst leicht bloße Vokabeln.
Er wurde dann unter Überspringung der drei menschenähnlichsten Himmel bei den Seligen Göttern wiedergeboren, von woher der Buddha auf die Erde gekommen war. Einem anderen Laien zeigte Sāriputto in der Sterbestunde den Weg zu Brahma und dieser wurde dann in der Brahmawelt wiedergeboren (M 97). Aber Wiedergeburt bei den Seligen mit Garantie des *Nirvāna* ist unendlich mehr als Wiedergeburt bei Brahma ohne Hörerschaft.

52. Im Gosiṉgam-Walde II *(Mahā-gosiṉga-Suttam)* (M 32)

Alle 6 Mönche gehören zu den Spitzen der Jüngerschaft, siehe A I/19, dort mit gleichen Eigenschaften, jedoch Ānando noch mit 4 weiteren Vorzügen. Die gleichen Eigenschaften haben sie in S 14,15 (dort fehlt nur Revato), wo auch ihre Schüler ihre Eigenschaften erwarben.
1. Ānando (WW 1968, S. 34–75; Thag 1018–1050), Vetter des Buddha. In Aufzählungen der Ordensführer steht er immer am Ende (auch M 68, 118), weil er erst nach dem Tode des Buddha heilig wurde. Auf dem 1. Konzil bewies er seine Eigenschaft des phänomenalen Gedächtnisses, indem er alle Reden rezitierte.
2. Revato (Thag 3). In A I/19 an der Spitze der Schauungsmeister. Hier Eigenschaften wie in M 6, dort nur anfangs Tugend, hier Zurückgezogenheit als Tugend der Vertiefen.
3. Anuruddho (WW 1975, S. 91–111; Thag 892–919), Vetter des Buddha. Er ist Meister des 2. Wissens (Jenseits-Hellblick).
4. Der große Kassapo (WW 1975, S. 173–195; Thag 1051–1090) ist in A I/19 Lehrer strenger Asketenzucht. Die ersten 4 Eigenschaften hier gehören dazu. Die weiteren 10 Dinge sind in M 24 u. 122 heilsame Gesprächsthemen, davon sind die 5 letzten die sog. 5 Lehrabschnitte (*dhamma-khandha*), die den Achtpfad und seine beiden Früchte beinhalten.
5. Der große Mogallāno (WW 1976, S. 250–289; Thag 1146–1208) steht an der Spitze der Magiebegabten, während Punno an der Spitze der Lehrsprecher steht (A I/19; S 14,15). Hier ist Mogallāno der, der von höherer Warte, mit den transzendierenden Erfahrungen des Magiers, über die Lehre spricht.
6. Sāriputto (WW 1968, S. 194–226; Thag 981–1017) ist von mächtiger Weisheit (A I/19; S 14,15). Er leistet die Schwerarbeit, vom Wahn zur Wahrheit zu führen und die Menschen zur Hörerschaft zu bringen, während Mogallāno die leichtere Arbeit hatte, Hörer zur Heiligkeit zu geleiten (s. M 141). Hier zeigt sich seine Weisheit nach innen in souveräner Macht über die Vertiefungen (wtl. hier Verweilens-Erreichungen = 9 Warten in M 30–31).
Das Ende ist wohl insbesondere auf Ānando gemünzt, der als einziger der 6 noch nicht heilig war. – Bei Kassapo ist die Tatkraft, bei Ānando die Einsicht, bei Revato die Einigung, bei den übrigen die Weisheit bestimmend.

53. Ein guter Mensch *(Sa-ppurisa-Suttam)* (M 113)

463: Ein »guter Mensch« = *sa-puriso* ist einer, der das *Nirvāna* als letztes Ziel hat und damit auch die Überwindung jeder Eigensucht. Jeder andere ist ein *a-sa-puriso*, aber nicht eigentlich ein »schlechter Mensch«. Nach A VIII/30 ist gerade Bescheidenheit eine Eigenschaft des *sa-puriso*.

466: Ab hier folgen 9 Fälle der »rauhen Zucht« aus indischer Asketen-Tradition, die der Buddha zwar zuließ, aber nie gebot. Siehe M 32 bei Kassapo.

469: Der normale Mönch ißt zwar nur zu einer Tageszeit (von Sonnenaufgang bis Mittag), darin jedoch Frühstück u. Mittagsmahl. In der rauhen Zucht wird nur eine einzige Mahlzeit morgens genommen.

Bis zur Regel einmaliger Nahrungsaufnahme ging es um gute karmische Ernte, um Lehrerqualitäten und die 9 Asketenübungen – alles Dinge, die zum Heil nicht notwendig sind. Bei den 4 Schauungen und 4 Formfreiheiten heißt es dagegen nicht, daß auch ohne sie Gier, Haß und Verblendung überwindbar seien. Die Reihe dieser 8 Stufen ist unverzichtbar. Aber wer nicht das *Nirvāna* zum Ziel hat, kann sich ihretwegen überheben.

Unbestand: Ohne auf die problematischen Fragen der Lesart und Ableitung des Pālibegriffs (*a-tammayata*) eingehen zu können, ist der Sinn folgender: Die Schauungen und Formfreiheiten sind unbeständig, vergänglich, gehören noch zum *Samsāra*; allein das *Nirvāna* hat Bestand, besteht unmittelbar aus sich, ist das andere Ufer. Die genannten 8 Stufen sind zwar der Weg zum Heil, aber noch nicht das Ziel. Der Mönch legt an diese 8 Stadien die Frage an, ob ihr Wesen Bestand hat oder nicht. Indem er erkennt, daß auch dort noch Unbestand herrscht, strebt er weiter bis zum *Nirvāna*.

473: Ein *a-sa-puriso* kann die **Auflösung der Wahrnehmbarkeit** (das *Nirvāna*-Erlebnis) nie gewinnen. Wer es aber gewinnt, kann sich deswegen nicht mehr überheben, weil zu seiner Gewinnung gehört, daß jede Ich-Idee, auch die feinste, bei ihm überwunden wurde.

54. Bedachtsame Ein- und Ausatmung *(Ānā-pāna-sati-Suttam)* (M 118)

474: Diese hier beschriebenen Einführungslehrgänge für obere Mönche – buddhistische Intensivkurse – sind als solche nicht überliefert.

Offenbarung = Versammlung am Ende der Regenzeit. Dabei werden Vorwürfe aus jener Zeit des engeren Zusammenlebens offenbart, damit die Mönche unbeschwert wieder auf die Wanderung gehen können.

Keine Worte wechselt = kein streithafter Wortwechsel, kein Geschwätz.

475: Die 7 Lehrinhalte – die »asketische Telefonnummer« (4445578) – s. M 104. Außerdem hier noch die 4 Strahlungen und 3 sati-Übungen, deren letztere besonders ausgeführt.

476: **Schauder** (*a-subha*) = Unschönheit des Leibes sehen. Die 16fache Atembetrachtung – je 4 bei den 4 Pfeilern – wird im Kanon hier und an 6 weiteren Stellen stets für gereifte Mönche als 7. Stufe des Achtpfades genannt.

476: **will** = wtl.: werde.

Körperverbindung (*kāya-sankhāro*) = körperliche Aktivität und Bewegtheit.

heiter (*pīti*) = überweltliches Entzücken, weil Leibesfessel sich löst.

Gedankenverbindung (*citta-sankhāra*) = die Gestaltung, die die aus dem *citta* aufkommenden Gefühle und Gewahrungen jetzt zuerst als heilsam vermerkt, die dann aber auch besänftigt wird.

Gedanken (*citta*, S. 480 **Gemüt**) = das seelische Gewoge der Kräfte, die Psyche, meist mit **Herz** übersetzt.

477: **nach Verwindung**: erst wenn die Welt nicht mehr lockt, kann die Fessel an den Leib gelöst werden. Durch die Atemübung ist der Körper verändert, weil die Identifizierung mit ihm aufgegeben wird.

478: **unbesonnen** = ohne *sati* obiger Kraft.

Erscheinungen (*dhammā*) = Dinge, Gedankenkomplexe

Die **7 Erweckungen** gehören zur 8. Stufe und sind die ausführlichste Darlegung der buddhistischen Einigung (*samādhi*):

Nr. 1–5 angrenzend:

Nr. 1: Diese *sati* ist die Kraft, die durch die 4 Pfeiler wuchs;

Nr. 2: Die Sicherheit der Gedanken, daß nur das *Nirvāna* lohnt;

Nr. 3–5: Kraft zum Aufschwung; Entzücken; Lindheit (oben: Besänftigung);

Nr. 6: *samādhi* der Schauungen;

Nr. 7: formfreier Gleichmut.

55. Sechsfacher Artung Abzeichen *(Dhātu-vibhanga-Suttam)* (M 140)

E: WW 1987, S. 66ff.

Der Rahmen dieser Rede, die Dahlke eine der mächtigsten der MS nennt, ist der Hintergrund von Karl Gjellerup's Roman »Der Pilger Kamanita«. Pukkusāti war in einem Vorleben Mönch des Buddha Kassapo gewesen (s. WW 1970, S. 98), im jetzigen Leben war er König von Taxila in Kaschmir. Auf die Kunde vom Erscheinen eines Buddha verließ er seinen Thron und pilgerte nach Indien, um ihn zu finden.

482: Der Mensch hat nicht die 6 Arten an sich (Anthropologie), sondern die ganze phänomenale Welt beruht auf ihnen, die im Bewußtsein wurzeln.

483: **Angehungen** = sich mit etwas geistig beschäftigen, ihm nachgehen, sich damit befassen.

Belehungen = entscheidende Möglichkeiten: Weisheit im Subjekt findet Wahrheit im Objekt; Entsagung im Subjekt findet den objektiven Frieden. Weisheit und Entsagung sind auszubilden, Wahrheit und Frieden sind zu entdecken.

485: **Geläutert** ist das Bewußtsein, wenn es sich von den unbewußten Triebbezügen zur Form (4 Elemente im Raum) gelöst hat. Dies geklärte Bewußtsein nimmt die noch verbleibenden Gefühle als seine eigenen Resonanzen wahr.

486: Die 3 Weisen des **Goldschmiedes** in A III/99, s. WW 1983, S. 310–315.

Gleichmut besteht in den 4 Formfreiheiten, die aber noch zusammengesonnen nicht das *Nirvāna* sind.

488: **Docht** (Form, Gestalt, Körperlichkeit) und **Öl** (Geistigkeit) ernähren das Leuchten (Bewußtsein) mit seinem Schein (Gefühl), wie in M 146: »Gleichwie die Lampe, wenn das Öl versiegt, alsbald zur Neige geht, so muß das Schicksal, wenn die Tat versiegt, alsbald zur Neige gehn.« (Mahābhārata XIII, 338)
Die hier genannte höchste, heilige Wahrheit ist das *Nirvāna* selbst, nicht nur die Kunde von ihm (Ansicht). »Wahrheit« (*sacca* = *sat-ya*) ist Sein.

489: Der **stille Denker** ist nicht ein still vor sich hin Denkender, sondern der Schweiger (*muni*) in Stille (*santo*). Das *Nirvāna* ist immer, es entsteht und vergeht nicht. Es ist, wie der Buddha hier sagt, nicht zu bewegen (»erbeben«, passiv) und es bewegt sich nicht (»verlangen«, aktiv).

490: Pukkusāti war durch die Belehrung Nichtwiederkehrer geworden, gelangte zu den Göttern der Reinhausigen und wurde dort heilig (S 1,50).

Verzeichnis der Reden in numerischer Reihenfolge

Arthur Schopenhauer

»Die Philosophie Schopenhauers ist der absolute philosophische Ausdruck für den inneren Zustand des modernen Menschen.« (Georg Simmel).

Schopenhauers große Vorlesung von 1820 ist eine didaktisch aufbereitete Fassung seines Hauptwerks »Die Welt als Wille und Vorstellung« und damit zugleich der Königsweg in das Zentrum seiner Philosophie.
In keiner anderen Edition von Schopenhauers handschriftlichem Nachlaß erhältlich sind seine jahrzehntelang vergriffenen »philosophischen Vorlesungen«

Theorie des gesamten Vorstellens, Denkens und Erkennens

Philosophische Vorstellungen Teil I. Aus dem handschriftlichen Nachlaß.
Hrsg. und eingeleitet von Volker Spierling. 1986. 573 Seiten.
Serie Piper 498

Metaphysik der Natur

Philosophische Vorlesungen Teil II. Aus dem handschriftlichen Nachlaß.
Hrsg. und eingeleitet von Volker Spierling. 1984. 212 Seiten.
Serie Piper 362

Metaphysik des Schönen

Philosophische Vorlesungen Teil III. Aus dem handschriftlichen Nachlaß.
Hrsg. und eingeleitet von Volker Spierling. 1985. 229 Seiten.
Serie Piper 415

Metaphysik der Sitten

Philosophische Vorlesungen Teil IV. Aus dem handschriftlichen Nachlaß.
Hrsg. und eingeleitet von Volker Spierling. 1985. 273 Seiten.
Serie Piper 463

Piper 4/2f

PIPER

Texte christlicher Mystiker

Aurelius Augustinus
Aufstieg zu Gott

Texte christlicher Mystiker. Herausgegeben, eingeleitet und übersetzt von Ladislaus Boros. 1985. 266 Seiten. Serie Piper 521

In dieser neuen Reihe werden bedeutende Werke, die das christliche Denken des Abendlandes entscheidend mitbestimmt haben, in kommentierten Auswahlbänden vorgestellt und damit der Zugang zu diesen theologisch, philosophisch und kulturgeschichtlich gleich wichtigen Texten erleichtert. Aurelius Augustinus ist ohne Zweifel der bedeutendste westliche Kirchenlehrer. In sein von Wahrheitssuche bestimmtes Leben und sein immenses Werk führt mit Ladislaus Boros einer der besten Augustinus-Kenner ein.

»... eine prachtvolle Blütenlese aus dem reichen Schrifttum des Kirchenvaters. Boros öffnet dem Leser in kritischer Wertung den Zugang zur oft verwirrenden Eigenart augustinischen Denkens.«

Der Bund, Bern

Hildegard von Bingen
Gott Sehen

Texte christlicher Mystiker. Ausgewählt und eingeleitet von Heinrich Schipperges. 1985. 216 Seiten. Serie Piper 522

»Wie kein anderer christlicher Mystiker ist Hildegard Seherin, die bis ins Letzte dem ›Gegenstand‹, den sie geschaut hat, verpflichtet bleibt und nur von ihm Zeugnis gibt. Schipperges, der um Hildegards Werk reich verdiente Forscher, präsentiert eine vorzügliche Einleitung in Leben und Werk Hildegards und eine ausgezeichnete Textauswahl aus der Dichtung, Theologie und Schrifttum.«

Neue Zürcher Zeitung

Texte christlicher Mystiker

Meister Eckhart
Einheit im Sein und Wirken

Texte christlicher Mystiker. Herausgegeben von Dietmar Mieth. 1986. 355 Seiten. Serie Piper 523

Der große Prediger und Mystiker des deutschen Mittelalters (um 1260 bis etwa 1328) wird hier in bedeutenden Texten vorgestellt: Seine Mystik ist nicht (oder nicht vorrangig) Meditation; sie ist vor allem »Lebenslehre, dient also zur tätigen Seinserneuerung. In einer ausführlichen Einleitung setzt sich Dietmar Mieth mit der historischen Figur Meister Eckharts auseinander und zeigt die Aktualität seines Denkens für unsere Zeit.

Ignatius von Loyola
Gott suchen in allen Dingen

Texte christlicher Mystiker. Herausgegeben von Josef Stierli. 1987. 234 Seiten. Serie Piper 524

Ignatius von Loyola (1491–1556) ist der Gründer des Jesuitenordens, der bis heute eine der wichtigsten Organisationen der Katholischen Kirche geblieben ist. Aber neben dem Ordensgründer und Kirchenmann gibt es noch einen anderen Ignatius: den Denker und Mystiker. Ihn will dieses Buch anhand von Texten, unterstützt von Originaldokumenten und fundierten Einführungen in die gesellschafts- und kirchenpolitischen Zusammenhänge jener Zeit, vorstellen.

Piper 20/1b

Dhammapadam
Der Wahrheitpfad

Ein buddhistisches Denkmal
Vorwort von Friedrich Griese. 1984. 126 Seiten.
Serie Piper 317

Das »Dhammapadam«, der Wahrheitpfad, manchmal auch »Worte der Lehre« genannt, ist eines der frühesten Zeugnisse des Buddhismus. Es ist eine Sammlung von 423 Versen, die, eingeteilt in 26 Kapitel, von den wichtigsten Glaubensgrundsätzen und den ethischen Vorstellungen einer Lehre handeln, die zu Achtsamkeit, Besonnenheit, Stärkung von Willenskraft und Zielstrebigkeit auffordert.
Das »Dhammapadam« enthält einige der berühmten Worte, die der Tradition zufolge Buddha nach seiner Erleuchtung gesprochen haben soll. Es ist ein Buch, das dem Suchenden hilft, sich in einer Welt zurechtzufinden, die nur durch praktisches Handeln gestaltet werden kann.
1893 erschien das »Dhammapadam« erstmals in der hier vorliegenden klassischen Übertragung von Karl Eugen Neumann. Seine Nachdichtung des buddhistischen Werks gibt die ursprünglichen Metren wieder und schließt sich, wie Neumann selbst schrieb, »dem Original vollständig an, fast einem Gypsabgusse vergleichbar«.
Die Textgestalt des Neumannschen »Dhammapadam« wurde für diese Edition unverändert übernommen, in die ein Vorwort des bekannten Übersetzers und Buddha-Kenners Friedrich Griese einführt.

Piper 21/1a

PIPER